개혁주의 설교학

성경신학적 설교의 원리와 실제

개혁주의 설교학

성경신학적 설교의 원리와 실제

이 홍 찬

한국학술정보[주]

Reformed Homiletics

-Principles of Preaching the Whole Bible as Christian Scripture-

by

HONG CHARN RHEE, Ph.D.

Korean Studies Information CO., LTD

Paju, Korea

2007

추 천 사

우리가 가지고 있는 복음과 타락한 세상을 연결하는 가장 큰 고리 중 하나가 설교이다. 불신자들을 변화시키고, 신자들을 바로 세우는 데 가장 중요한 역할을 하는 것이 설교라는 것에는 이견이 없다. 그러므로 목회자에게 그리고 목회자가 되려는 사람에게 깊이 고민되고 준비되어야 하는 부분이 설교이다.

현대 한국 교회는 영상문화의 발전과 음악의 역할의 확대로 인해 설교의 의미와 역할에 의문을 제시하는 소리들이 있다. 하지만 이는 말씀이 선포되고 사람이 변화되는 기독교의 본래적 과정을 제대로 인식하지 못한 것이다. 이러한 도전들은 오히려 강단을 바로 세우지 못한 설교자들의 잘못이라고 할 수 있다. 설교자들은 설교에 대한 진지한 고민이 필요하다.

현재 많은 목회자들과 목회자 후보생들이 설교에 대한 고민을 가지고 있다. 매주 강단에 서서 말씀을 전해야 하는 목회자들에게, 설교는 큰 고민이다. 하지만 이 고민의 해결을 위해 너무 쉬운 길을 찾아 나서는 것은 문제가 있다.

많은 설교자들이 깊이 있는 대답을 찾지 못하고 유명한 설교자들의 설교를 모방하거나 수사적 방법에 골몰하는 것이 안타까운 현실이다. 이러한 모방하는 설교로는 강단을 바로 세울 수 없다. 진지한 고민과 진지한 대답을 필요로 한다.

이러한 의미에서 "개혁주의 설교학"을 펴내는 것은 큰 의미를 가진다고 할 수 있다. 개혁주의 설교학은 개혁주의 설교의 원리와 구약 시대에서 현대까지의 설교의 역사의 이론적인 부분과 설교의 구조와 작성법, 전달 방식의 실재적인 부분을 잘 조합하여 설명하고 있다. 이를 통해 설교의 의미와 나아갈 방향을 제시할 뿐 아니라 그 과정에서 실재적인 방법들을 자세히 안내해 주고 있다.

그러한 의미에서 이 책은 설교에 고민하고 있는 목회자들과 목회자 후보생들에게 모두 필요한 책이라고 할 수 있다. 청중들과 공감하며, 청중들을 변화시켜 나가는 설교를 꿈꾸는 많은 설교자들에게 이 책이 좋은 길잡이 역할을 해 줄 것이라 믿는다.

길 자 연 목사

現왕성교회 담임목사
現기독교북한선교회 총재
前한국기독교총연합회대표회장
前총신대학교신학대학원운영이사장
前대한예수교장로회(합동) 제83회 총회장

추천의 글

설교학의 권위자인 알프레드 깁스(Alfred P. Gibbs)는 말하기를 "설교는 복음의 사실에 대한 증거"(Preaching is a witness to fact of the Gospel)라고 말하였는가 하면, 세계적인 명설교가 포스딕(Fosdick)은 고백하기를 "나는 30분의 설교를 위하여 30시간을 준비하였다."고 한 말이 있다.

저희 서울성경신학대학원대학교의 실천신학 교수이신 이홍찬 박사님은 고신대학교와 총신대학교신학대학원을 거쳐 미국센츄럴주립대학교와 Calvin Theological Seminary, Reformed Theological Seminary, Columbia University와 Faith Christian University에서 장기간 실천신학 분야를 연구에 연구를 거듭해 오면서 신학자로써 고귀한 학문성과 전문적 깊고 폭넓은 지식과 능력 그리고 인격과 재덕을 골고루 겸비하신 학자 중에 학자요, 교수 중에 교수시라고 말씀드리고 싶다.

서울과 미국 NEWE YORK과 L. A에서 목회사역에도 남다른 열정으로 헌신해 오신 이홍찬 박사님은 또 다른 한편으로 저작 활동에도 왕성하게 활동하셔서 「기독교교육사상사」, 「언약과 이스라엘」, 「기독교 상담학 개론」, 「성경적 구원론」외 다수의 신학총서를 집필하셨다.

특별히 금번에 출판하게 된 성경신학적 설교의 원리와 실제에 입각하여 저술한 「개혁주의 설교학」은 저자가 오랫동안 실천신학을 교수하여 오는 가운데 집필하신, 신학적으로 심오한 학문적 깊이와 전문적 지식이 전장(全章)에 차고 넘치는, 그래서 신학생들과 목회자들이 꼭 읽어야 할 필독서로서 설교학 분야에 있어서 진수(眞髓) 중에 진수임을 다시 밝히고자 한다.

"황금의 입"(Golden Mouth)이라고 불렸던 크리소스톰(Chrysostom)은 그의 Message를 통해서 (1) 하나님께 영광을 돌리고 (2) 성경이 증거하는 대로 예수 그리스도께서 죄인의 구주가 되심을 성경대로 증거하며 (3) 복음진리의 말씀을 외치는 사명에 일생토록 최선을 다하였다고 고백한 말처럼, 목회후보생들인 신학생들과 목회자 곧 하나님의 말씀을 선포하는 설교자들이 이 「개혁주의 설교학」을 통해서 설교의 이론과 방법 그리고 Preaching 사역에 많은 도움과 큰 힘을 얻어서 땅 끝까지 복음을 증거하고 하나님 나라를 확장하는 성역에 크게 이바지하는 계기가 되기를 간절히 바라는 마음에서 이 책을 추천하는 바이다.

서울성경신학대학원대학교
총장 신학박사 노 왈 수

서 문

설교자!

그의 왕좌는 설교단이다.

그는 그리스도의 자리에 서 있다.

그의 메시지는 하나님의 말씀이다.

그의 주위에는 불멸의 영혼들이 있다.

보이지 않는 구세주께서 그의 곁에 계신다.

성령께서 회중들에게 역사하고 계신다.

천사들이 그 광경을 보고 있다.

천국과 지옥이 일의 결과를 기다리고 있다.

얼마나 큰 특권이며 얼마나 막대한 책임인가!

하나님의 종이 강단에 가까이 갈 때에는

천사들도 날지 못하게 하고,

천국의 호산나 소리도 잠잠케 하며,

어른들은 경청케 하고, 아이들은 귀를 기울이게 하고,

젊은이들은 정신을 바짝 차리게 하여,

천국이 응답하고 지옥이 떨도록

전 교회의 모든 성도들은 거룩함으로 기다려야 한다.

그럴 때 영원한 모든 것은 떨며

사탄과 그의 사자들은 두려움으로 흠뻑 젖게 될 것이다.

－Matthew Simpon & Jack Hyles－

서울성경신학대학원대학교 연구실에서

목 차

제 2 장 설교의 역사 • 93

제 4 장 설교의 구조 • 259

제5장 설교의 작성 • 329

제6장 설교의 전달 • 409

제 7 장 설교의 적용 • 485

제8장 설교의 예화 · 521

제 9 장 설교의 분석 및 평가 • 575

제 10 장 개혁주의 설교론 • 595

제1장

총 론

1. 설교학에 대한 이해

1) 설교학의 개념

일반적으로 설교학이란 설교의 기술, 방법 그리고 실제를 연구하는 것으로 주님의 교회에서 말씀봉사를 목적으로 하는 신학적 학문이라고 할 수 있다. 설교학(Homiletics)[1]이란 말은 중세시대까지만 해도 설교 방법이란 뜻으로 *Ars Praedicandi* 또는 *Ars Praedicatoria*란 말로 쓰이거나 강론법이란 의미로 *Ratione concionandi*로 쓰였다. 그리고 에라스무스는 이를 합리적 강론이란 의미로 *Ratione concionandi*라고 했다. 또 종교개혁 이후에는 개혁주의 설교학자들이 설교학을 교회적 수사학 또는 거룩한 수사학이라 해서 *Rhetorica Eccleriasiastica* 또는 *Rhetorica Cacra*라고 하였다. 그리고 17세기 후반에 이르러 설교학을 Homiletiek라고 쓰면서 신학의 한 과목으로 채용하였다.[2] 물론 Homiletiek이란 말은 독일의 루터파 신학자인 괘벨(S. Goebel)이 1672년에 그의 저서 「설교학 방법론」(*Methodologia Homiletica*)에서 처음으로 사용하였다. 그 후 바이어(J. G. Baier)는 1677년에 그의 저서 「설교신학의 요약」(Coupendum Theologiae Homiletiae)에서 사용하였으며, 레이셔(J. Leyser)는 1701년에 그의 저서 「설교학 개요」(Cursus Homileticus)라는 책을 쓰면서 사용하였다. 그로부터 설교학(Homiletiek)이란 말이 복음주의 신학에

1) 설교학(Homiletic)의 명칭은 개혁주의 학자들에 의하면 *κηρύΥμα*의 전달이라는 뜻으로 *keryktiek 이라고* 하였고, 누가복음 5:10에 '사람을 취하리라'는 것이 설교의 의미와 부합한다는 뜻으로 *Halieutiek*이라고 하였으며, 복음을 전한다는 헬라어 *εὐαΥΥελιξαμαι*는 뜻으로 *Evangelistik*이라고도 하였으며, 그리고 증거(*μαρτύριον*)란 의미로 *Martyretiek* 이라는 명칭으로 사용하였다.

2) T. Hoekstra, *Gereformeerde Homiletek* (Wageningen: Gebr, Zomer & Keuning's Uitgevers maatschappij, 1926) 정성구, 개혁주의 설교학 (서울: 총신대학출판부, 1991), 37-38.

널리 쓰이게 되었고 신학의 학명으로 정립되기에 이르렀다.[3)]

특히 화란에서는 두데스(Doedes)나 카이퍼(A. Kuyper) 같은 학자들이 신학백과사전학에서 신학의 한 과목으로서의 설교학을 명백히 제시했다. 그리고 봔 오스텔지(J. J. Van Oosterzee)는 그의 저서 「실천신학」(*Praktische Theologie*)에서, 그리고 비스터벨트(P. Biesterveld)는 「실천과목의 목적」(*Het object der ambtejuke wakken*) 등에서 설교학의 이론을 정립시켰다. 한편 영어권의 학자들은 Homiletiek이란 말 대신 Preaching을 많이 사용했다. 예컨대 펠프(A. Pheps)의 「설교 이론」(Theory of Preaching, 1882), 칸펜터(W. Boyd Carpentar)의 「설교 강의」(Lectures of Preaching), 부로더스(J. A. Broadus)의 「설교의 준비와 전달」(The Preparation and Delivery of Sermon, 1905) 등이 발표되었다. 이처럼 영어권의 학자들이 Homiletiek 이란 말 대신 Preaching을 주로 사용하는 것은 '설교'라는 말을 번역할 때 그 용어들이 서로 다른 어근에서 나왔다는 것을 이해할 필요가 있다. 즉 설교(Sermon), 설교하는 것(Preaching), 설교학(Homiletics)은 어근이 각각 다르다. 영어의 Sermon은 라틴어의 *Sermo*에서 나온 말로서 본래는 '담화'나 '연설' 같은 뜻을 가지고 있었으나 근대적인 의미로는 교회에서 예배의 중심으로서의 설교 형식을 갖춘 연설(Formal address)로 이해되었다. 이때 Sermon은 넓은 뜻으로서 설교를 말할 때 쓰인다. 그러나 Preaching은 설교하는 행위 자체를 두고 하는 말이다. 이것은 곧 헬라어의 ὁμιλια에 해당하는 말의 번역으로서 말씀의 선포 또는 복음의 내용을 선포하는 것을 의미한다. 그런데 Preach란 말 자체는 라틴어의 *Praedico*에서 나온 말로서 '전파하다, 선포하다, 설교하다, 찬미하다, 예언하다' 라는 뜻이며, 이는 또한 헬라어의 προφήμι 에서 유래했다. 그리고 영어의 Preach는 라틴어의 *Praedico*에서 나왔고 이는 헬라어의 προφήμι에서 인출되었다. 그것은 예언을 말하거나 신적 계시인 말씀을 선포(χηρύσσω)하는 의미를 가진 뜻이다. 이러한 개념은 주로 이사야29:21, 아모스5:10 등의 구약의 성경 구절에 근거를 두었다. 그러므로 성경에 나타난 선지자란 바로 말씀의 문자적인 의미를 설교하는 자로서 이해되었다. 칠십인경

3) *Ibid.*

(LXX)이나 필로나 요세푸스에 의하면 선지자는 하나님의 계시에 대한 선포자요 해석자로서 역할을 하는 것이다. 그렇다고 해서 오늘날의 설교자가 선지자와 같다고는 할 수 없다. 설교자는 하나님께서 사람들을 위해 행하신 기록을 담아 둔 계시의 말씀인 성경을 그의 구원받은 백성들에게 공적으로 선포하는 행위인 것이다. 선지자는 바로 하나님의 입(출 7:1~2, 4:10~17, 신 18:18~19, 암 3:7~8)이며, 외치는 자의 소리(막 1:2)로서 하나님의 말씀을 백성들에게 들려주는 역할을 했다(행 8:28, 30, 느 8:3, 8). 또 예수님 자신도 당시의 사람들에게 선지자로 이해되었다(마 21:10).

Homiletiek이란 말은 본래 헬라어의 ὁμιλία에서 나온 말인데, 이미 크리소스톰이나 바실리우스 등에 의해서 4세기 때부터 설교라는 뜻으로 쓰였다. ὁμιλία는 신약성경 고린도전서 15:33에 나오며 그 파생어는 누가복음 24:14~15, 사도행전 24:26, 사도행전 20:11에 나타나 있다. 여기에 나타난 ὁμιλία의 의미는 '같이 이야기하다, 함께 말하다'라는 뜻이며, 또 '함께 온다'(*Samen Komst*) 또는 '만나다'(*ontmoeting*)라는 뜻을 가지고 있다. 그래서 신학자 아브라함 카이퍼는 설교란 하나님과 그의 백성이 실제로 만나게 하는 것이라고 했다.[4] 즉 참된 설교란 설교자가 하나님을 창조주요 구속주요 심판주 되심을 증거하고, 죄인으로서의 인간을 밝히 증거함으로써 하나님과 그의 백성을 만나도록 하는 것이 설교자의 임무이다. 그러므로 ὁμιλία의 의미는 교회에서 하나님의 말씀을 선포하는 특수한 의미로 쓰이게 되었다. 또한 기독교회에서 말씀으로 봉사하는 것을 뜻한다. 그러므로 설교학은 설교의 기술, 방법 또는 실제만을 연구하는 것이 아니고 그것은 신학이며 과학이다. 또 설교학의 어근인 ὁμιλία는 본래 성도들의 모임이란 의미로 쓰였는데 매우 신비적인 의미이다. 즉 설교해야 할 이유는 약속의 말씀을 따라서 성도들이 삼위 하나님과 만나도록 하는 데 있다. 즉 예수께서 말씀하시기를 "두세 사람이 내 이름으로 모인 곳에는 나도 그들 중에 있느니라."(마 18:20)고 하였다. 여호와 하나님께서는 그의 백성과 만나신다. 그 만남은 하나님의 말씀을 통해서 그의 백성을 깨우치며 만나는 것이다. 칼빈의

---

4) A. Kuyper, *Encyclopaedie der Heilige Godgeleerdheid*, Deel Drie (Amsterdam, 1894), 정성구, *op. cit*, 37.

설교관 역시 말씀 선포 속에서 하나님과 인간의 만남이라고 설명할 수 있다. 설교 즉 ὁμιλία가 만남의 개념을 가진다고 할 때 하나님과 인간의 만남은 오직 하나님의 말씀을 통해 성령 안에서 되는 것이다. 그러므로 이때의 설교자는 오직 말씀 증거의 도구에 불과한 것이다.[5] 따라서 카이퍼는 설교학이란 메시지를 어떻게 증거하느냐의 문제도 중요하지만 본질적으로 메시지의 내용을 어떤 신학적 입장에서, 해석학적으로 어떻게 접근하는가를 문제 삼기 때문에 예배학이나 교육학과도 완전히 구분된다고 하였다.[6]

2) 설교학의 신학적 이해

설교학은 신학분류학적으로는 실천신학의 영역에 속한다. 일반적으로 실천신학은 학자들에 의하여 다양하게 정의되고 있다. 먼저 실천신학을 독자적인 학문 분야로 장을 열게 한 Schleiermacher는 "목회자는 교회의 여러 가지 관심사를 통합하고 그 관심의 부분들이 각각의 개별성도 유지하면서 동시에 전체적으로도 그것들을 보다 공고하게 발전시키는 기술이 필요한데, 이 기술을 이루고 있는 체제의 종합이 실천신학이다."[7]라고 하였다. 따라서 그의 실천신학의 정의는 오늘날 교회의 내적 관심 분야인 예배, 설교, 상담, 기독교 교육 등의 것들로서 이것을 수행하는 데 필요한 체계적이고 집약된 기술적 연구를 의미하는 것 같다. 그의 저서 「복음주의적 교회의 원칙에 따른 실천신학」에서는 실천신학을 "교회를 유지하고 완전하게 하는 방법"[8]이라고 정의하였다. 또 신정통주의 신학자인 Karl Barth의 견해는 '실천신학의 의제는 어떻게 하나님의 말씀이 인간의 말로써 적용될 수 있는가의 문제라고 전제하고 실천신학은 설교하고,

---

5) 정성구, *op. cit.*, 38.
6) A. Kuyper, *op. cit.*, 271.
7) Friedrich Schleiermacher, *Brief Outline on the study of Science*(Richimond: John Knox Press, 1966), 25.
8) Alastair V. Campbell, *실천신학은 가능한가?*, 이기춘 역(서울: 대한기독교출판사, 1986), 239.

교육하고, 예배하고, 이야기를 추구하고, 발견하고, 배우고, 실천하기 위하여 연구한다.'[9]고 포괄적으로 정의하고 있다. 실천신학이 실천적 과학으로서의 학문적 가치를 새롭게 평가받기 위해서는, 성경, 교의, 역사신학 등의 성경신학적 규명을 통해 복음적 메시지를 교회와 세상의 현실에 적용하는 과정에서 필요한 목회적 기술에 대한 연구뿐만 아니라 실제적인 적용의 경험을 통해서 독자적인 가치와 평가적인 기능을 가지고 수행하는 연구가 따라야 할 것이다. 신학 자체가 실천적인 과학이라는 사실은 기독교 신학의 초기부터 그 안에 내재되어 있었던 개념이었다. 성경은 듣고 아는 것에서 끝나도 좋은 것이 아니라 반드시 그것을 실행에 옮기고 실천하는 것이 더 중요시되었다(마 7:21, 요14:15, 21, 약 2:14). 이론적 측면에서 더 나아가 행하고 지키는 실천적 측면으로서의 확대가 통전적으로 결합되어 있었던 것이다. 그러므로 양자의 조화를 이룰 때 신학의 본래적인 목표를 달성한다고 본다.

그러므로 복음 선포의 내용과 방법을 연구하는 설교학은 신학의 대표적인 학문으로서의 위치에 놓여 있다. 실천신학의 한 분야인 설교학의 학문적 위치를 좀 더 자세히 말하면 다음과 같다. 카이퍼는 실천신학을 크게 세분하여 교육적 과목, 다스림의 과목, 봉사적 과목, 평신도 과목 등 넷으로 구분하고 그중에 설교학을 교육적 과목의 첫 번째로 생각했다.[10] 그리고 반델 류(Vander Leeuw)는 설교학을 실천신학의 둘째 부분 즉 예배신학 다음에 두고 과목 이름을 설교신학(*Theologia Homiletica*)으로 불렀다.[11] 이 말의 뜻은 설교학이 단순한 설교 방법이나 기술이 아니라 설교학 자체가 하나의 신학이 되어야 한다고 보는 것이다. 그리고 설교학은 다시 세분하여 나누어진다. 첫째는, 설교에 대한 역사적 접근을 하는 학문이다. 여기에 기초한 것이 이른바 설교사이다. 둘째는, 설교에 대한 이론적이고 기술적인 요소를 다루는 학문이다. 이 부분이 흔히 우

---

9) Duncan B. *Forrester*, "*practical Theology: Yesterday, Tomorrow*," "*실천신학의 어제와 오늘 그리고 내일*," 황영훈역, 「신학 이해」제15권(1997, 9), 412.

10) A. Kuyper, *Onze eredienst*(Kampen: Kok, 1911), 271: 정성구, *개혁주의 설교학*(서울: 총신대학출판부, 1991), 41.

11) Phan Van Leeun, *Inleiding tot Theologie* (1944), 55: 정성구, *op. cit.*, 42.

리가 말하는 설교학이다. 오래전부터 설교학에 있어서 수사학(*Rhetorica*)이 보조학문으로서의 역할을 했다. 최근에는 교회 성장과 실천신학의 전반적인 성장으로 설교학에 대한 많은 서적들이 쏟아져 나왔다. 설교학을 해석학이나 성경신학과 연결짓고, 구속사적인 안목에서 접근할 때 설교신학에 대한 문제가 제기된다. 이 부분이 바로 설교학의 셋째 요인인 설교의 교리적인 요소를 취급하는 부분이다. 여기서는 설교학을 다루되 신학적인 성경을 추적한다. 그러나 카이퍼는 여기에다 설교집만을 연구하는 분야를 두고 이를 설교집 연구(*De Anthdogie der Prediking*)라는 과목을 두기도 했다. 그러므로 설교학의 신학분류학적 위치로는 실천신학에 속하며, 그중에서도 교육적 과목의 첫 번째에 해당한다.[12)]

3) 설교학의 역사적 이해

설교학의 기원은 고대 수사학, 히브리적 예언, 기독교 복음 등 세 가지 요소를 가지고 있다. 여기에서 언급된 순서는 설교와의 관련성 그리고 설교에 끼친 중요성에 따른 것이다. 첫째에 의해 상당한 영향을 받고 둘째에 직접적으로 의존하면서 셋째로부터 비로소 역사가 아는바 설교가 생겨났다. 웅변술과 예언은 설교에 예비적이고 보조적인 힘으로 작용했고, 복음은 실제적인 시발 요인이었다. 복음과 성향과 능력의 요소들을 다른 양쪽의 흐름들에서 취했던 것이다.[13)]

교회사를 살펴보면 세련된 수사가(修辭家)와 화술에 뛰어난 웅변가들이 개종해서 하나님의 말씀을 증거하는 예가 많았다. 그래서 그들이 설교자로 사역할 때 자연스럽게 자기들이 이미 훈련받은 수사학 또는 웅변학의 형식을 따를 수밖에 없었다. 말하자면 메시지의 내용은 히브리적이나 방법과 형식은 주로 수사학에서 나온 것이다. '수사학'이란 글을 쓰는 사람이나 말하는 이의 감정을

---

12) 정성구, *op. cit.*, 42.

13) Edwin C. Dargan, *A History of Preaching*, Vol. Ⅰ, 김남준 역, *설교의 역사*(서울: 도서출판 솔로몬, 1995), 29.

읽는 사람 또는 듣는 사람에게 가장 정확하고 효과 있게 전하려는 언어 표현상의 방법을 연구하는 학문이다. 설교가 하나님의 말씀을 사람들에게 전달하는 것이라고 한다면, 설교와 수사학의 만남은 자연스런 것이었다. 그래서 설교와 수사학은 밀착되어 있었고 이것이 설교학 발전에 공헌을 한 것이 사실이다. 그러나 때로는 수사학의 기교를 지나치게 의지한 나머지 말씀의 내용을 약화시킨 것도 많이 있었다. 그래서 어거스틴이나 설교학자인 안드레아스 겔할트(Andreas Gerhard)는 수사학의 문제점에서 벗어나려고 애썼다. 어거스틴은 당대의 둘도 없는 수사학자였으나 웅변술과 설교를 엄격히 구분하였다. 즉 설교는 웅변을 필요로 하는 것이지만, 설교자는 오직 성경에서만 그 지혜와 방법을 찾아야 할 것을 역설했다.

사실 수사학의 이론은 고대로부터 이미 발달하였다. 수사학적 원리를 기록한 최초의 사람은 B.C. 465년경 시실리의 코락스(Corax)와 그의 제자인 티시아스(Thisias)로 알려졌다. 그때 수사학의 원리는 시민들에게 몰수당한 재산을 되찾아 주기 위해서 법정에 나가 진술할 이야기를 준비하는 데 도움을 주려고 만들었던 것이다. 여기서부터 수사학의 이론은 급진적으로 발전되고 아리스토텔레스(Aristoteles B.C. 384~322)에 와서 절정에 이른다. 그는 「수사학」(Rhetoric)이란 책을 저술해서 이 방면의 최초의 대가가 된 셈이다. 그 후에 로마 시세로(Cicero, B.C. 166~43), 퀸틸리안(Quintilian, A.D. 35~95) 등이 「웅변술」(*De Oratore*)을 저술했는데, 이는 아리스토텔레스의 수사학을 기초로 해서 쓰였다. 고대 수사학의 개념은 고안, 정리, 양식, 전달, 기억으로 구분되는데 오늘날의 대중연설법과 큰 차이가 없다. 따라서 히브리적 설교와 고대 수사학은 설교의 터전으로 동시에 발전하였다. 그러나 그들은 서로 독립해서 존재하였다. 히브리적 설교의 바탕은 하나님의 말씀인 성경이었다. 그러나 고대 수사학은 형식 곧 수사학의 법칙들에 대해서 도움을 준 것이다. 사실 수사학은 이교적 토양(*Pagaustische Smetten*) 위에서 자랐지만 설교학은 신학적 과학이다. 다만 수사학은 설교학을 위한 형식을 제공했으며 설교학을 위한 보조학문(*hulp-Wetenschap*)으로 가치를 지닌 것이다.[14)]

14) 정성구, *op. cit.*, 44.

(1) 초대교회 시대의 설교학

바울의 설교를 살펴보면 수사학적인 훈련을 받았음을 알 수 있다. 복음이 이방세계에 전파되자 수사학을 배운 사람들이 개종해서 기독교 설교자로 사역하였다. 그래서 자연스럽게 기독교 메시지를 전달하는 데 수사학의 법칙들이 들어오게 되었다. 또 알렉산더의 클레멘트(160~230)와 터툴리안(150~220) 역시 수사학의 훈련을 쌓은 자들이다. 그러나 본격적으로 수사학의 원리들을 적용하고 가르친 것은 오리겐으로부터 시작되었다. 오리겐(Origen, 185~254) 이전에는 설교가 형식이 없었고 질서가 없었다. 그러나 오리겐으로부터 설교가 형식을 갖춘 강화로서 전달되었다. 물론 오리겐은 설교학 분야보다는 해석학에 큰 공헌을 하였다. 그는 이른바 성경 해석의 3중 의미를 다음과 같이 지적했다. 성경이 가진 의미는 첫째는 육체적, 역사적(somatic, historical) 의미, 둘째는 심리적 또는 신학적 의미, 셋째는 영적(pneumatic) 의미라고 주장했다. 오리겐은 우화적(allegorical) 설교의 시조이다. 그는 성경 본문에 우화적이고 영적인 의미를 지나치게 하여서 교회사에 나쁜 영향을 끼쳤다.

그런데 설교학의 이론이 본격적으로 연구 개발되고 최초의 설교 방법이 책으로 나오게 된 것은 4세기에서 5세기 초엽의 일이다. 그 이유를 살펴보면, 첫째로 그 시기에 와서는 기독교가 공인된 종교가 되었고 예배 참석이 대중화되었다. 둘째는, 학원에서 수사학 교육의 비중이 높아졌다, 셋째는, 유능한 설교가일수록 수사학을 배웠던 사람이었다. 그래서 이때로부터 설교학의 발전을 가져온 것이다. 당시의 설교학자로는 바실(Basil, 330~379)이나 안디옥의 요한(John of Antioch, 347~407) 등이 있었으나 설교학 발전에 위대한 공헌을 한 사람은 크리소스톰과 어거스틴 두 사람이다. 크리소스톰(Chrysostom)은 황금입이란 별명을 가진 명설교가이며, 설교학자였다. 크리소스톰은 그의 저서인 '성직'(Sacerdotio)에서 성직자를 하나님 말씀의 봉사자로 규정하고, 설교란 바로 하나님의 말씀의 해석부터 시작되어야 할 것을 선언하였다. 그는 설교의 궁극적인 목표를 하나님의 말씀 선포에다 두었고, 또 하나님께 영광을 돌리는 것을 최우선으로 생각하였다.

또 설교학 발전의 놀라운 전기를 마련한 사람은 어거스틴(St. Augustine, 35

4~430)이다. 그는 기독교로 개종하기 전에 수사학 교사로 있었다. 수년간 성경을 연구하고 「기독교의 교리」(*De Doctrine Christiana*)를 저술하였다. 이 책은 설교학을 학문적으로 체계화한 최초의 책이라고 할 수 있을 것이다. 이 책은 네 권으로 되어 있는데, 처음 세 권은 주로 성경 해석의 원리를 다루었고, 마지막 권은 설교학을 다룬 책이다. 그는 수사학의 이론과 원리들을 설교학에 도입시키면서 학문적 체계를 세웠다. 그의 설교학은 시세로나 아리스토텔레스의 저서에 의존하였으며 특히 명료성, 박력, 다양성의 필요를 강조하였다. 설교자는 성경 자체에 대해서 열려 있어야 하며 지혜와 실제적인 것 사이에 조화를 이루어야 할 것을 지적하였다.[15)]

(2) 중세교회 시대의 설교학

중세교회는 말씀의 종교에서 의식적인 종교로 나아감에 따라 성경에서 멀어지게 됨으로 자연히 설교에 대한 관심도 약해지게 되었다. 이에 따라서 설교학의 발전은 크게 없었다. 그러나 독일 마인츠의 대주교인 라바누스 마우루스(Rabanus Maoros, 776-856)가 설교학 정립에 상당한 공헌을 남겼다. 특히 그가 쓴 「성직자 강요」(*De clericonum Instituone*)는 설교학에 대한 내용을 포함하고 있다. 하지만 그마저도 어거스틴의 입장을 답습하는 것에 불과했다. 그 밖에 릴레의 알란(Alan of Lille, 1203)은 「설교법 요약」(Summary of the Art of preaching)이란 책을 저술하였다. 그러나 그 역시 어거스틴의 입장을 답습하는 것에 불과하였다. 보나벤츄라는 주로 주제 설교를 권장했는데 스콜라주의의 발전과 무관하지 않았다. 또 화란의 더 인슬리스(Alanus de Insulis)는 1204년 「설교법 대전」(*Suruna de arte Praedicatoria*)을 썼고 이른바 도덕적 설교를 강조했다. 그리고 로마의 험버트(Humbert)가 쓴 「설교자의 교육론」(On the Education of Preachers)이 있다. 그는 윤리적 설교를 강조하였다.[16)] 이처럼 중세는 설교학의 퇴조기였기에 설교학의

15) T. Hoekstra, *Gereformeerde Homiletek*, 정성구, *op. cit.*, 45-46.
16) *Baker's Dictionary of Preaching Theology*, ed. R. G. Turnbull(Grand Rapids: Baker Book House), 50.

발전은 없었고 다만 어거스틴의 이론을 답습하는 것에 불과했다.

(3) 종교개혁 시대의 설교학

종교개혁 시대의 설교학은 인문주의자들로 말미암아 헬라 및 라틴 고전이 새롭게 연구되었고, 이로 말미암아 중세에 침체되었던 설교학 연구가 활기를 되찾게 되었다. 그중에서도 가장 설교학 연구의 자극적인 연구서를 낸 사람은 화란 로텔담 출신의 에라스무스(Desidenus Erasmus, 1457~1536)였다. 그의 저서 「복음 설교자」(The Gospel Preacher)는 1535년에 출판되었는데, 설교 기술을 논하는 귀한 문헌이 되었다. 이 책은 설교학 전반을 광범하게 취급했으나 완벽한 설교학에 관한 책은 되지 못했다. 그러나 이런 책의 영향으로 당시의 학자들에게 영향을 끼치게 되었고 성경 연구에 주력하도록 만들었다. 점차 당시의 분위기는 성경이 설교를 위한 기초로 바꾸어지게 하였다. 종교개혁자들은 하나님의 말씀 선포에 대한 이런 강조를 받아들여서 강단을 보다 풍성하게 하였다. 곧 종교개혁은 바로 설교 회복의 운동이며, 강단의 회복이라고 말할 수 있을 것이다. 그리고 설교의 핵심은 바로 하나님의 말씀인 성경 그 자체에서 찾아야 할 것을 역설하였다. 물론 종교개혁자들은 설교학에 대한 저술을 하지는 않았지만, 그들은 하나같이 설교에 우선권을 두었고, 또 그들의 저서 중에 설교에 관한 가르침이 많았다. 개혁자들의 공통된 인식은 교회의 기초는 하나님의 말씀에 있다는 것이다. 특히 마틴 루터(Martin Luther, 1483-1546)는 그의 저서 「탁상 담화」에서 설교에 관한 이론을 세웠다. 여러 부분에 설교자와 설교에 관한 부분으로 할애하였다.

먼저 루터의 성경관과 설교를 생각해 보기로 하자. 즉, 그는 주장하기를 성경을 가지고 있는 평신도는 성경을 갖고 있지 않는 모든 교황보다 믿을 만하며, 또 대학교수나 교황이라도 성경의 뜻을 아는 아홉 살 난 아이에게 복종해야 한다는 것이다. 그리고 하나님을 예배하는 도중에 가장 위대한 부분은 하나님의 말씀을 선포하고 또 전하는 일이라고 하였다. 마틴 루터의 설교의 5대 원칙을 보면, 우선 설교자는 성경의 문법적 지식을 가지고 해석해야 하며, 둘째로 설교자는 해석할 성경의 성경 시대나 환경 그 밖에 고려할 일들을 이해해야 한다는 것이다. 셋째로는 성경의 문맥을 주의 깊게 살필 것이며, 넷째로 설교에는 전체적으로 신앙의 조화가 보장되어 있어야 하고, 다섯째로 설교할 때는 언제나 예수 그리스도가 성경의 중심 주제가 되어야 한다고 주장하였다.

루터는 설교자가 지녀야 할 덕을 다음과 같이 주장하였다. 첫째는 조직적으로 가르칠 것, 둘째는 위트(wit)가 있을 것, 셋째는 능변이 있을 것, 넷째는 기억력이 좋을 것, 다섯째는 음성이 좋을 것, 여섯째는 끝맺음을 잘할 것, 일곱째는 자기주장에 대한 확신이 있을 것, 여덟째는 말을 할 때는 심혈을 기울일 것, 아홉째는 조소나 조롱도 감수해야 할 것 등이다. 그리고 설교자는 논리적일 뿐 아니라 수사적이어야 한다는 것이다.[17]

죤 칼빈(John Calvin, 1509~1564)은 최대의 강해 설교자로서 설교의 권위를 가장 높인 개혁자이다. 칼빈은 설교는 무엇보다 하나님의 말씀을 옳게 해석하는 데서 시작되어야 한다고 주장하였다. 칼빈은 설교자가 하나님의 말씀에 대한 학자가 될 뿐 아니라 동시에 생도여야 한다고 여겼다. 먼저 성경을 연구하면 비로소 성령께서 다른 사람을 가르칠 수 있도록 한다는 것이다. 칼빈은 설교에 있어서 또한 청중을 중요시하였다. 청중이 해야 할 일은 듣고 있는 하나님의 말씀에 복종하려는 마음을 가져야 한다는 것이다. 종교개혁 시대에 가장 두드러진 설교학자는 안드레아스 히페리우스(Andreas Hyperius, 1511~1564)이다. 그가 쓴 책 중에서 설교 작성법이라고 할 수 있는 「*De Formandis Consionibus Sacris*」가 1562년 출판되었는데 이 책은 개혁주의 입장에서 쓰인 최초의 설교학이었다. 이 책은 두 권으로 되었고 각 권마다 16장으로 나누어졌다. 사실 이 안드레아스 히페리우스는 설교학에 관한 한 최대의 학자라고 할 수 있으며, 그 후의 설교학은 그의 책을 근거로 해서 약간의 발전을 한 정도이다.[18]

---

17) Vernon L. Stanfield, *Homiletics*(Grand Rapids: Baker Book House, 1967), 14-15.
18) *Ibid.*

(4) 종교개혁 이후 시대의 설교학

종교개혁으로 빛을 발하였던 설교 운동은 17, 18세기에 와서 다시 시들기 시작하였다. 루터와 칼빈 이후 100여 년 동안은 프로테스탄트 사이에서도 신학적 논쟁이 심화되면서 점차 개혁주의 사상이 약해지게 된다. 반면에 합리주의 철학과 경제 과학이 발전되어 이른바 개신교 안에서 스콜라주의로 불리는 지성주의가 일어났다. 그래서 이때의 설교는 성경 중심의 설교 형태가 변하고 일반 민중과는 동떨어진 헛된 관념적인 것을 되풀이하게 된다. 그래서 설교는 소수의 지식계급의 취향에 알맞게 농락되었으며, 이런 관념적인 지식이 복음의 본래의 뜻을 왜곡시켰다. 또 이런 합리주의적인 신앙에서 이신론이 나타나 이적을 부인하고 계시로서의 성경을 부인할 뿐만 아니라 예수의 신성과 인성을 부정하고 그분을 단순히 도덕 교사 정도로 이해하였다. 이렇게 계몽주의 사상 아래 자라난 기독교 신학은 결국 고등 비평주의와 자유주의로 기울어져 설교학도 낙후되어 버렸다. 그런 가운데서도 루터파 설교학자인 웰레(H. Weller), 안드레아스 팡그라티우스(A. Pangratius), 오시안더(L. Osiander), 안드레아(J. Andreae), 랑게(J. Lange), 람파흐(J. J. Rambach) 등이 있었으며, 경건주의 학파들 가운데는 스팔딩(J. Spalding), 스테인발트(G. S. Steinbart), 모어졸(J. G. Moorzoll) 등이 있었다. 그중에서도 설교학에 대한 중요한 작품을 쓴 분은 영국의 따드릿지(P. Doddridge, 1702~1751)로 그 책은 「설교학 강의」이다. 본래는 그의 강의를 학생들이 필기했던 것을 편집한 것이지만 설교학에 대한 매우 중요한 원리들을 제시하고 있다. 그중에 설교 작성의 원칙들을 살펴보면 대개 다음과 같다. 첫째는 주제 선택, 둘째는 줄거리 작성, 셋째는 설교 작성의 양식, 넷째는 사상 확증, 다섯째는 순서 배열 등이다. 그 외에 메터(Cotten Mather, 1663~1728)가 쓴 「목회 지침」이란 책도 설교학에 대한 이론을 세운 좋은 책으로 알려지고 있다.[19]

---

19) Phillip Doddridge, *Lectures on Preaching*: 정성구, *op. cit.*, 50-51.

(5) 최근의 설교학 동향

최근에 와서는 설교학의 발전기를 맞이하게 되었다. 설교학에 대한 방대한 저서들이 한꺼번에 쏟아져 나와 교회 성장의 기초가 설교에 달려 있음을 강조하였다. 19세기에는 슈라이엘막허(F. Schleiemacher)를 위시해서 루터파 사람들이 설교학에 대한 발전을 시도했다. 그의 「실천신학」(*Praktische Theologie*)의 제1권은 설교학에 대해 많은 분량을 할애한다. 또 슈라이엘막허와 입장을 같이하는 알렉산더 슈바이쳐(Alexander Schweizer)는 「복음주의적 프로테스탄트 교회의 설교학」(Homiletik der evangelisch protestantischen Kirche)을 발표하여 학계에 인정을 받았으며, 그 외에도 실천신학의 거장인 게팅겐대학의 니버갈(F. Neibergall)은 실천신학 핸드북시리즈 제20권에 「신학과 실제」(Theologie und Praxis)란 작품을 통해 설교학 및 현대 실천신학의 디딤돌을 놓았다. 또 독일의 아켈리스(E. C. Achelis)는 1921년에 「실천신학서」(Lelubuch der Prukitsche Theologie)에서 설교학의 이론을 정립하였다. 그러나 19세기 최초의 설교학 대작을 남긴 사람은 알렉산더 비네(Alexander Vinet, 1797~1847)이다. 불란서가 낳은 실천신학의 대가로서 종교개혁의 정신을 설교학에 담았고, 그것은 현대 설교학 발전에 결정적인 영향을 끼쳤을 뿐 아니라, 영어로 번역되어 후일 미국 교회의 설교학 발전에 절대적인 자극제가 되었다.

특히 미국 최대의 설교학자로는 브로더스(John A. Broadus, 1827~1895)를 들 수 있다. 그가 쓴 「설교의 준비와 전달법」(A Treatise on the Preparation and Delivery of Sermons)은 1871년에 출판되어 미국에서 주목받는 설교학 교과서가 되었다. 특히 신약학뿐 아니라 설교학에 대한 브로더스의 영향은 그가 서거한 100년이 가깝도록 여전하다. 이 책은 그의 후학들인 다간(E. C. Dargan)과 웨덜스푼(J. B. Weatherspoon) 등이 이 책의 자료를 정리하여 새롭게 꾸민 것으로, 그의 책은 재판을 거듭하면서 현재 미국 각 신학교의 교재로 쓰이고 있다. 그 밖에도 괄목할 만한 설교학의 연구로는 오스틴 펠프(Austin Phelps)의 「설교 이론」으로 메시지 못지않게 청중 이해에 역점을 두었다. 그리고 패티슨(A. H. Pattison)의 「설교 작성」, 호이트(A. S. Hoyt)의 「설교자」 등도 설교학 발전에 기여한 책들이다. 그 외에도 이른바 「예일 강의」는 헨리 비쳐(Henry Ward Beecher)로 말미암아 시작되었는데 여기서 설교학에 대한 중요한 강의가 나왔다. 또한 최근에 와서 각광을 받는 포사이드(P. T. Forsyth)의 「긍정적인 설교와 현대인의 마음」(1905)은 학적인 가치가 매우 높은 책이다. 그 후 1960년대까지 약 50여 년간은 설교학에 대해서 이렇다 할 발전이 없었다. 그러나 설교의 효과적인 면을 논하면서 예화가 설교에 미친 영향을 살피는 시도가 있었다. 특히 브라이언(Dawson Bryan)의 「예화 설교법」이라든지 생스터(W. F. Sangster)의 「설교 예화의 기술」이 출판되어 예화 설교의 발전을 가져오기도 하였다. 그러나 앞서의 생스터는 「설교 작성의 기술」에서 설교에 있어서 심리학적 방법의 중요성을 제기하였다. 그 후에 설교의 방법과 형식에 있어서 심층심리학과 사회 심리학의 지식을 연결시키려는 운동이 일어났다.

한편 화란에서는 1935년을 기점으로 해서 화란 칼빈주의자들이 이른바 구속사적 설교에 관심을 갖고 많은 토론을 가졌다. 특히 스킬더(K. Schilder)나 베인호프(C. Veenhof), 훅스트라(T. Hoektra) 같은 학자들이 중심이 되어 구속사적 설교를 발전시켰다. 이와 때를 맞추어서 설교와 신학의 관계성을 관찰하기 시작하였다. 특히 다드(C. H. Dodd)가 쓴 「설교의 원형과 발전」(1936)은 설교신학을 위한 중요한 암시를 준 책이다. 특히 전 미국웨스트민스트신학교 교장이었던 에드문드 클라우니(Edmund P. Clowney)의 「설교와 성경신학」이란 책은 설교와 성경신학의 관계를 설정해 줄 뿐 아니라 구속사적 설교를 깨우치는 중요한 제안을 한 셈이다. 최근에 이르러는 설교신학에 대한 관심뿐 아니라 초대교회나 종교개혁 시대의 설교 형식을 재발견하려는 움직임이 활발하고, 그때의 설교 원형으로서 강해 설교(Expository Preaching)에 대한 새로운 눈을 뜨기 시작하였다. 한동안 설교가 제목 설교, 예화 설교에서 맴돌고 있었으나 이제는 강해 설교에 관심을 갖게 되었다. 사실 1960년대에 와서 실천신학의 발전으로 말미암아 설교학에 대한 연구가 신학의 가장 중요한 부분을 차지하게 되었다.[20]

---

20) 정성구, *op. cit.*, 51-52.

2. 설교에 대한 이해

1) 설교의 정의

(1) 성경적 의미

설교에 대한 성경적 의미를 이해하기 위해서 성경에 나오는 설교에 대한 다양한 용어들을 살펴볼 필요가 있다. 먼저 헬라어로 케루세인(κηρύσσέιν)인데 이 말은 왕의 이름으로 그의 뜻을 선포하며 알리는 사자(herald)를 가리킨다. 성경에는 '전파하다'(마 3:1, 4:23, 막 1:4, 16:15, 눅 4:44, 9:2)와 '전하다'(행 8:4)의 의미로 사용되었으며 모두 천국 복음을 전파하는 것과 관련되어 사용되었다. 이 케루세인(κηρύσσέιν)은 비밀히 복음을 전하는 것이 아니라 공개적으로 구원의 복음을 전파하는 것으로 예수님의 제자들은 왕 되신 하나님의 구원의 소식을 모든 사람들에게 알리기 위해 '나가 두루 전파하였다"(막 16:20). 여기에서 구원의 메시지나 케리그마(κηρυϒμα), 전도설교가 나온 것이다. 다음으로 '뉴앙겔리제스다이'(ευαϒϒελιξέσθαι)로 '복음을 전파하다'(마11:1, 눅27:1), '복음을 전하다'(눅9:6, 행5:24, 고전9:16, 15:1)는 뜻이다. 이것은 우리들의 구원에 대한 하나님의 언약이 성취되었으며 구원이 이르렀다는 소식을 전하는 것이다. 다시 말하면 구원의 길에 대한 공개적인 선언인 케루세인(κηρύσσέιν)의 내용인 죄인의 구원에 대한 하나님의 언약이 완전히 이루어졌다는 기쁜 소식 즉 복음을 전하는 것이다. 그 다음으로 '디다스케인'(διδασκειν)은 '가르치다'라는 뜻을 가진 말로 구원의 도리를 모르는 사람들에게 그 구원의 길을 가르쳐 주어 회개하게 하려는 뜻을 가지고 있다. 예수 그리스도의 3중 사역은 회당에서 가르치시고, 복음을 전파하시고, 병을 고치시는(마 4:23) 것으로 가르치는 일과 전파하는 일이 항상 밀접하게 상관관계를 가지고 있음을 알 수 있다(참조, 눅 27:1, 행15:35, 마9:35, 행28:31). 설교는 성도의 덕성을 함양시키며, 성도를 견고히 세워 주는 교훈이 되어야 한다. 그리고 또한 프로페튜에인(προφητευειν)이라는 말은 '예언하다'라는 뜻으로 성령의 감동으로 하나님의 섭리 속에 감추어진 뜻을 훤히 드러내어 알려 주는 것을 가리킨다. 구약에서는 미래를 예고한다는 뜻을 가지고 있었지만(대하 18:7, 렘 19:14, 겔 4:7) 신약에 와서는 성령의 권능 아래에서 그리스도로 말미암아 성취된 구원을 알려 주는 것을 가리키는데 사용되었다(눅 1:67, 행 2:17).

또한 설교를 나타내는 용어로 프로페튜에인(προφητευειν)과 프로페테이아(προφητεία)가 있는데 이 말의 뜻은 '하나님의 섭리 가운데 숨겨져 있던 인간과 세계의 미래에 대한 일을 알린다'는 뜻을 가지고 있다(행 21:10, 계 1:3, 22:7). 그리고 설교는 사도행전6:4의 사도적 개념인 말씀의 봉사(διακονια τοὺ λόΥου)이다. 물론 교회 안에는 주의 이름으로 섬기는 다양한 은사를 가진 봉사자들이 많다. 그 가운데서 복음 전하는 일을 '말씀의 봉사'(the ministry of the word)로 표현하고 있다(행 6:4). 따라서 오늘날 개혁주의 교회에서는 설교를 초대교회 사도들의 표현대로 '말씀의 봉사'라고 부르며 설교자들은 '말씀의 봉사자'라고 부르고 있는 것이다.[21]

(2) 어원적 의미

우리가 사용하고 있는 '설교'(sermon)라는 말은 라틴어의 '담화'(sermo)라는 단어에서 유래되었다. 이 단어의 의미는 교회의 예배의 중심이 되는 형식을 갖춘 연설(formal address)로 이해되고 있다. 또 영어의 Preach(설교하다)라는 말 자체는 라틴어의 *praedico*에서 나온 말로서 '설교하다, 예언하다'라는 뜻으로 헬라어의 προφήμι에서 유래되었다. 이것은 예언을 말하거나 신적 계시인 말씀을 선포(χηρὺσσω)한다는 의미를 가진 뜻이다. 물론 선지자들과 사도들의 선포는 오늘날 설교자의 선포는 동일하지 않다. 선지자들과 사도들의 선포는 하나님의 직접적이고 초월적인 계시에 의해 모든 시대, 모든 사람에게 적용되는 영

21) 배굉호, *설교학*(서울: 개혁주의 신행협회, 1988), 26-27.

원한 우주적 진리이지만 오늘날의 설교자의 선포는 기록된 말씀을 해석하고 적용하는 것으로 구체적인 청중을 향한 의존적이며 제한적인 선포이다.22) 그럼에도 불구하고 오늘날의 설교자의 선포가 하나님의 예언이라고 할 수 있는 것은 설교 중에 역사하시는 성령의 사역 때문이다. 선지자들과 사도들을 감동시켜 말씀을 선포하게 하셨던 성령은 오늘날 설교자들에게도 변함없이 역사하신다. 사도 바울은 "내 말과 내 전도함이 지혜의 권하는 말로 하지 아니하고 다만 성령의 나타남과 능력으로 하여 너희 믿음이 사람의 지혜에 있지 아니하고 다만 하나님의 능력에 있게 하려 하였노라"(고전 2:4~5)고 증거하였다. 그리고 또 하나의 설교에 해당되는 Homiletic이란 말은 본래 헬라어의 ὁμιλία에서 나온 말인데, '만나다'라는 뜻을 가지고 있다. 그러나 우리가 사용하는 설교라는 말의 Sermon은 넓은 뜻으로서 설교를 말할 때 쓰인다. 하나님은 우리를 만남 즉 교제하실 때 말씀이라는 방편을 사용하신다. 말씀을 통해 거룩한 영으로 임재하셔서 우리에게 말씀하시며 인도하시며 보호하시는 은혜의 손길을 나타내신다. 이렇게 하나님과의 살아 있는 교제를 가능케 하는 커뮤니케이션의 통로는 예배 때마다 선포되는 설교인 것이다. 랜돈 킬키이는 "예수 그리스도는 하나님의 말씀이 읽혀지고 선포되고 응답될 때 비로소 그의 공동체인 교회와 자신을 연결시킨다."라고 하였다.23) 그러므로 설교는 하나님과의 생명적 만남의 사건이요 역동적인 교제의 순간이다. 설교를 단순히 예배 중의 한 순서나 성경 해석이나 신학강의 정도로 여겨서는 안 된다. 설교는 우리에게 자신을 주시는 하나님의 계속적인 은혜의 행위이다.24) 종교개혁자들은 하나님의 말씀을 설교하는 것은 곧 하나님의 말씀이라고 고백하였으며, 설교자는 하나님의 입이라고 단언했다. 따라서 비넷(Vinet)의 정의에 의하면 설교는 '공적인 예배에 포함되어 기독교 진리를 받아들인 자들에게는 생활에 적용하게 하기 위하여 꾸며진 담화'

---

22) 설교학자 리셔는 선지자의 예언과 구별하여 "설교는 구체적인 시간과 장소와 사람들을 향한 하나님의 말씀이다"라고 하였다. Richard Lischer, *A Theology of Preaching*(Nashville: Abingdon, 1981), 79.

23) Landon Gilkey, *How the Church Can minister to the World without Losing Itself*(New York: Harper & Raw, 1960), 74.

24) Paul Scott Wilson, *The Practice of Preaching*(Nashille: Abingdon Press, 1955), 12.

라고 하였다. 설교에 대한 정의는 좀 더 살펴본 후에 내리도록 하자.

(3) 설교학적 의미

앞서 말한 대로 훅스마는 설교학이란 설교의 기술이나 방법 또는 실제를 연구하는 것으로 주님의 교회에서 말씀봉사를 목적으로 하는 신학적 학문이며 과학이라고 하였다.[25] 설교를 준비하고 구사하는 기술은 일반적으로 설교학의 불리는 신학적 연구의 한 부분이다. 그리고 목회학적 훈련의 관점에서 보면 설교는 "기독교의 예배를 목적하여 모인 정규적 집회에서 하나님의 진리를 선포하고 교훈하도록 꾸며진 공적 담화의 근본적인 원리를 가르치는 과학"이라 할 수 있다. 그러므로 설교는 특수한 학술이나 기술을 필요로 하는 강의와도 다른 것이며 몇몇 사람들만이 이해하고 참여하는 어떤 종교적인 좌담회나 토론회와도 다른 것이다. 설교는 결코 종교의 일반적인 토론이나 성경에 있는 가벼운 야화나 풍자의 성질도 아니다. 설교는 주제의 가치에 따라 분명하고 명확한 명제가 제한되어야 하고 사상의 통일이 있는 종교적인 진리에 근거하여 하나님의 진리를 가르치는 신학이며 과학이다.

(4) 설교의 정의

설교가 무엇인가라는 정의를 내리기 전에 설교학자들의 정의를 살펴보기로 하자. 먼저 펠프(A. Phelps)는 그의 저서 「설교의 이론」(The Theology of Preaching)에서 밝히기를 "설교의 순수한 개념은 설득을 목적으로 성경에 포함된 종교적 진리를 사람들의 마음을 향해서 구두로 연설하는 것"이라고 했다.[26] 호핀(Hoppin)은 "설교란 공예배시에 기독교 진리를 계획적이고 구체적으로 확신을 가지고 선포하는 것이다."라고 했으며, 필립 부룩스(Phillips Brooks)는 설교를 가리켜 "인간에 의한 인간에게 전해지는 진리의 전달"이라고 묘사했다.[27]

---

25) T. Hoekstra, *op. cit.*, 11-12.
26) A. Phelps, *Theory of Preaching* (Dickinson, 1882), 28.

알프렛 가르비(Alfred Garvie)는 "설교란 영생을 위해 인간의 인격을 통한 신적 진리의 전달이다."라고 했다.[28] 윌리엄 에반스(William Evans)도 설교를 "인간에 대한 구원의 복음에의 선포"(proclamation of the good news of salvation through man to men)라고 했다. 포사이드(P. T. Forsyth)는 "설교는 복음의 연장이고 복음의 선포이다. 설교는 그리스도 안에 있는 하나님의 영원하고 중단 없는 행위로서 그것이 계속적으로 반복되어 선언되는 것"이라고 했다.[29] 마틴 로이드존스(Martin Lloyd Jones)는 설교란 '전인'(the total person)을 다루는 것이고, 듣는 이가 감복하게 되어 이 설교를 통해서 하나님께서 자기를 다루고 계시며, 자기에게 말씀하신다는 것을 알게 하는 것"이라고 하였다.[30]

특히 한국 장로교회는 전통적으로 헤릭 존슨(Herrick Johnson)의 설교 정의를 받아들이고 있다. 존슨은 정의하기를 "설교는 하나님의 말씀에 기초하고 사람을 구원하려는 계획과 목적에서 사람을 감동하도록 권면하는 법 있는 종교적 강화이다"라고 정의하였다. 이러한 헤릭 죤슨(Herrick Johnson)의 정의에 대하여 한국 최초의 신학교인 평양신학교 설교학 교수였던 곽안련(C. A. Clak)박사는 설명하기를 첫째로 '설교는 강화이다'라고 하였다. 설교에는 형식이 많다. 예컨대 개인 전도, 노방 전도 등에서 하는 무형식적(informal) 설교와 기도회 같은 데서 하는 즉석 설교도 있다고 하였다. 둘째로 '설교는 종교적 영적 강화'라고 하였다. 세상에는 종교적 진리가 아닌 다른 많은 진리가 있다. 그러므로 설교는 언제나 종교적 진리를 증거하는 것이어야 한다. 종교적 진리란 현세와 내세에 있어서 하나님과 인간과의 관계를 설명하는 것이다. 셋째로 '하나님의 말씀에 기초하고' 있다고 하였다. 즉 '기초를 둔다'는 것은 설교에 있어서 구절구절마다 반드시 성경을 인용해야 한다는 말이 아니라 하나님의 말씀에 기초하고 종교적 진리를 증거하면 참된 설교가 될 수 있다. 넷째로 '인간을 구원하는 계획'이라고 하였다. 즉 설교는 명백하고 확실한 목적을 가져야 한다. 그러므로 모든

27) Phillpis Brooks, *Lectures on Preaching* (New York, 1877), 5.
28) A. E. Garvie, *The Christian Preacher* (New York, 1921), 9.
29) P. T. Forsyth, *Positive Preaching and the Modern Mind* (Independent Press, 1907), 5.
30) Llyd-Jones, *Preaching & Preachers* (Zondervan Press, 1972), 56.

설교는 듣는 사람을 정죄에서, 악한 생각에서, 사악한 행위에서, 그리고 죄악된 삶에서 구원하는 것을 목적으로 해야만 한다. 다섯째로 '감동하도록 권면'하는 것이라고 하였다. 즉 설교는 듣는 사람들의 의지에 호소하는 것이므로 새로운 믿음, 깊은 회개, 진리에 대한 확신, 경건한 생활에 대한 새로운 결심이 일어나도록 하지 않으면 안 된다. 설교자는 듣는 모든 사람들의 영혼을 움직이고, 의지를 움직이며, 인격을 바꾸는 것이어야 한다. 그러므로 설교자는 듣는 사람들을 권면하기 위하여 연구하여야 하며, 간절히 기도하여, 가장 좋은 방법으로 그들을 감동시키며 권면할 수 있는 기회를 가져야 한다. 여섯째로 '유효적'이라 하였다. 여기서 말하는 유효적인 설교는 노방 전도나 개인 전도와는 구별되는 것으로 통일된 순서와 과정을 가진 수사학적(rhetorics)으로 꾸며지고 조직된 설교여야 한다. 마지막 일곱째로 '강화'라고 하였다. 즉 설교는 구두로 하는 강화(講話)이며 다른 사람을 감동시키는 것 중에 가장 강력한 방법이다. 그러므로 설교자는 언제나 열렬한 인간적 감화를 가지고 있어야 하며, 말씀을 증거할 때 성령께서 역사하심을 기대하고 믿어야 한다. 이러한 헤릭 죤슨의 설교의 정의는 초대교회 사도들이 믿고 행했던 '말씀의 봉사'라는 의미의 사도적 개념과도 일치하는 것이다.[31]

필자는 설교의 정의를 강해 설교의 권위자로 알려진 해돈 W. 로빈슨 박사의 설교 정의로 대신하려고 한다. 그는 그의 저서 'Biblical Preaching'에서 신적 권위를 가장 잘 보여 주는 설교의 형태를 강해 설교라고 전제하면서 정의하기를 "강해 설교란 일정한 배경 속에 주어진 성경 본문을 역사적, 문법적, 문화적 연구를 통해 얻어낸 성경의 개념을 전달하는 것으로서 성령께서 먼저 설교자의 인격과 경험에 적용하게 하시고 또 설교자를 통하여 그의 청중에게 적용하게 하는 것"이라고 정의하면서 다음과 같이 설명하였다.[32]

첫째, 강해 설교는 본문이 설교를 지배한다(The passage governs the sermon). 무엇보다도 중요한 것은 성경 저자의 사상이 강해 설교를 기본 내용(substance)

31) 곽안련, *설교학*(서울: 대한기독교서회, 1990), 39-43.

32) Haddon W. Robinson. *Biblical Preaching: The development and delivery of expository messages* (Grand Rapids, MI: Baker Book House, 1995), 19-28.

을 결정짓는다는 점이다. 몽고메리(R. H. Montgomery)가 묘사한 대로 강해 설교에서 설교자는 다른 사람이 최근의 베스트셀러를 읽을 때 도취되는 것처럼 특정한 본문(성경)에 도취되는 것이다. 강해 설교란 근본적으로 하나의 방법이 아니라 하나의 원리라고 지적한다.

둘째, 강해자는 하나의 개념을 전달한다(The expositor communicates a concept). 설교자는 성경을 대할 때 각 단어가 무엇을 의미하는지에 관심을 가지기보다는 그 본문을 기록한 성경 저자가 그 단어를 통하여 무엇을 의미하고 있는지에 관심을 가져야 한다. 단순히 본문의 단어들을 분석해 냈다고 해서 본문이 전하는 개념들을 올바로 이해했다고 볼 수 없다.

셋째, 그 개념은 본문으로부터 나온다(The concept comes from the text). 설교자는 본문의 언어와 배경과 상황에 대한 이해를 통하여 그 본문의 객관적 의미를 탐구하여야 한다. 설교자는 성경 본문이 기록되던 그 세계 속으로 되돌아가서 그 본문이 전하는 메시지를 이해하여야 한다.

넷째, 그 개념을 강해자에게 적용시킨다(The concept is applied to the expositor). 하나님께서 설교자를 설교라는 과정의 중심에 두고 계심을 의미한다. 따라서 설교자는 그 메시지와 분리될 수 없다. 모든 성도는 설교자를 지나서(past) 주님(the Savior)께로 가지 않으면 안 된다. 필립 브룩스(Phillips Brooks)는 설교를 "인격을 통해 부어지는 진리"라고 하였다. 따라서 강해 설교는 설교자를 한 사람의 원숙한 크리스천으로 발전시켜 준다.

다섯째, 다시 그 개념을 청중들에게 적용시킨다(The concept is applied to the hearers). 성령께서는 그의 진리를 설교자의 인격과 경험에 적용시킬 뿐만 아니라 그 다음으로 그 진리를 그를 통하여 그의 청중들에게 적용시킨다.

따라서 해돈 W. 로빈슨은 설교에 대해 세 가지 측면에서 보고 있다. 첫째는 주석가(exegete)로서 성경 저자들이 가졌던 의미들을 찾고자 노력하는 것이다. 둘째는 하나님의 사람으로 설교자를 하나님께서 인격적으로 어떻게 변화시키고자 하시는지 하는 문제로 고심하게 하는 것이다. 셋째는 설교자로서 하나님께서 그의 회중들에게 무슨 말씀을 하시려는지를 생각하게 한다는 것이다.

2) 설교의 목적

(1) 설교의 궁극적 목적

설교의 궁극적인 목적은 무엇인가? 설교는 무엇을 위해 존재하는가? 이 물음에 대한 대답은 인간에게 생명을 주는 것이다. 그러므로 설교사역의 목적은 반드시 인간을 구원하는 것이 전제되어야 한다. 예수님께서 말씀하시기를 "도적이 오는 것은 죽이고 멸망시키려는 것뿐이요, 내가 온 것은 양으로 생명을 얻게 하고 더 풍성히 얻게 하려는 것이라"(요 10:10)고 하셨다. 따라서 설교자는 설교의 궁극적인 목표가 영혼의 구원이라는 이 위대한 사명을 바로 아는 설교자라면 그의 설교는 신적인 확신에 넘치는 설교가 될 것이다. 설교자는 설교단에 설 때마다 생사의 기로에 서 있는 자들을 향하여 최후의 설교를 하려는 각오를 가지고 오직 성령의 능력으로 말씀을 선포하는 성령의 도구임을 기억해야 할 것이다.

둘째로 설교는 청중들로 하여금 말씀 선포 속에서 하나님을 만나게 하는 것이어야 한다. 칼빈의 설교는 그의 설교를 듣는 자마다 누구든지 인간이 하나님의 면전에 서 있음을 실감하게 하였다. 그의 설교는 끊임없이 청중을 하나님 앞에 세우는 경건의 삶을 제시하면서 말씀 선포 속에서 하나님을 만나게 하는 설교였다. 칼빈에 의하면 설교는 설교자가 진리를 명확하게 해석함으로써 설교를 듣는 자들이 하나님의 면전에 있다는 사실을 경고하는 데 효과적이라고 하였다. 그래서 칼빈은 그의 설교에 있어서 진실한 하나님의 대변자로서 설교자와 청중이 함께 회개와 믿음과 복종의 겸허한 자세를 취하는 것이 하나님이 그 얼굴에 나타내는 계시라는 것을 분명하게 알고 있다는 것을 보여 준다. 그러므로 설교자는 그의 설교에서 먼저 구원의 필요성에 대해서 바른 지식을 주고 그 후에 그 교훈이 사람의 심령에 생생하게 접촉하도록 해 주어야 한다.

셋째로, 설교는 성도들로 하여금 그리스도의 장성한 분량에까지 자라게 하며 주의 몸된 교회를 세우는 것이다. 설교는 교회 안에 있는 각 개인의 영혼이 믿음으로 자라 가고 주님의 거룩한 모습을 본받게 하며 그의 삶이 거룩한 주님의 몸된 교회로 세워지도록 해야 한다. 성경의 기록에 의하면 사도들의 설교와 그들과 함께한 사람들의 설교의 목적은 "우리가 다 하나님의 아들을 믿는 것과 아는 일에 하나가 되어 온전한 사람을 이루어 그리스도의 장성한 분량이 충만한 데까지 이르는 것"(엡 4:13)이라고 하였고, 또한 "너희도 산돌같이 신령한 집으로 세워지고 예수 그리스도로 말미암아 하나님이 기쁘게 받으실 신령한 제사를 드릴 거룩한 제사장이 될지니라"(벧전 2:5)고 하였다. 우리 주님께서도 승천하시기 직전에 지상 대위임령(The Great Commission)을 주실 때 "하늘과 땅의 모든 권세를 내게 주셨으니 그러므로 너희는 가서 모든 족속으로 제자를 삼아 아버지와 아들과 성령의 이름으로 세례를 주고 내가 너희에게 분부한 모든 것을 가르쳐 지키게 하라 볼지어다. 내가 세상 끝날 때까지 너희와 항상 함께 있으리라."(마 28:18~20)고 하셨다. 이 명령은 하나님을 향한 사랑을 세워 가는 것과 이웃에 대한 사랑을 세워 가는 것을 말하는 것이다. 다시 말하면 이 명령은 개인에 대한 교화와 몸된 교회에 대한 교화를 의미한다.[33] 따라서 설교는 단순히 말씀의 선포로 끝나는 것이 아니라 "그리스도 안에서 완전한 자로 세우려"(골 1:28)하여 복음을 전파하고 가르치는 거룩한 행위인 것이다.

「하이델베르크 요리문답」(Sunday XXV)은 이러한 근거에서 설교의 목적에 대해 다음과 같이 표현하고 있다. "당신은 믿음으로 말미암아 그리스도와 그의 복에 참여하고 있다고 고백합니다. 그렇다면 그 믿음은 어디서 오는 것입니까? 성령께서 거룩한 복음의 설교를 통하여 우리의 마음에 믿음을 일으키시며…… 설교의 목적은 신앙을 일깨울 뿐만 아니라, 그의 전 인격을 그 복음이 의미하는 바에 따라 바르게 세우고 강하게 하며 가르치는 관심을 갖는다. 설교의 목적은 교회 사역을 위하여 회원을 바르게 세우고 준비시키는 것이며(엡 4:11~12), 그들을 신앙에서 바르게 세워 하나님과 그 백성들 간에 보다 깊은 교제를 나눌 수 있도록 하는 것이다. 이것은 그들이 그리스도의 사랑의 넓이와 길이와 높이와 깊이가 어떠한지를 모든 신자들과 함께 이해할 수 있게 됨을 의미한다

33) Jay E. Adams, Preaching with Purpose(Presbyterian & Reformed Publishing Co., 1983), 13-14.

(엡 3:18). 그리하여 모든 성도들로 하여금 하나님께 영광을 돌리게 하는 것이 설교의 최고 목적이며 궁극적인 목적이 되는 것이다(롬 11:36, 고전 1:26, 31, 3:23, 6:20).

(2) 설교의 주요 목적

설교는 궁극적인 목적과 아울러 성도 개개인의 기본적인 필요의 영역들을 만족시킬 수 있도록 계획되어야 한다. 각 교회 안에는 몇 가지의 기본적인 요구가 있다. 즉 사람들이 구원받는 것, 하나님께 대한 헌신 속에서의 성장, 하나님의 진리에 대한 성숙한 이해의 발견, 다른 사람과의 더 나은 관계의 삶, 더욱 헌신적인 방법으로 하나님을 섬기는 것, 그리고 어려움 속에서 위안과 힘을 얻는 것 등을 필요로 한다.[34] 따라서 모든 설교는 이러한 기본적인 필요의 영역을 충족시키도록 설계되어야 한다.

◎ 전도적 목적: 교회나 공동체 안에 있는 구원받지 못한 사람들의 존재는 전도적이고 복음적인 목적을 필요로 한다. 그것은 하나님에 대한 한 가지 이상 또는 몇 가지의 진리를 포함하고 있다. 전도 위주의 설교는 복음을 모르거나 믿음으로 그것을 받아들이지 못한 사람들에게 주어진다.

◎ 경건의 목적: 경건의 목적이나 사랑의 목표는 그리스도인들로 하여금 하나님을 사랑하고, 경외하고, 경배하게 하는 것을 통하여 그들에게 적용된다. 기도, 찬양, 감사, 믿음의 기쁨과 아름다움, 하나님의 거룩함과 위엄 같은 일반적인 주제들은 그리스도인들로 하여금 하나님을 경외하고 예배하게 하는 데 도움이 된다.

◎ 교리적 목적: 교리적인 목적은 하나님과 그의 진리에 대한 예리한 분별력이 필요할 때 사용된다. 그리스도인들은 계속적으로 믿음에 대한 크고 숭고한 진리를 가지고 싸우는 데 있어서 도움을 필요로 한다. 설교자는 이와 관련된 메시지를 찾을 때 그의 회중들이 하나님의 성품과 그리스도의 탄생, 십

34) H. C. Brown, H. G. Clinard and J. J. Northcutt, *Steps to the Sermon: A Plan for Sermon Preparation,* 장정복 역, 설교구성론(서울: 도서출판 엠마오, 1984), 38-40.

자가의 죽으심, 부활, 승천, 그리고 재림 등을 쉽게 이해하지 못한다는 사실을 고려해야 할 것이다. 또한 통찰력과 믿음을 분명하게 해 주는 여러 가지 다른 주제들로 인하여 교리적인 설교를 해야 할 때가 있다. 교리적인 목표는 단독으로 쓰일 경우 확실한 목표가 되지만 다른 목표들과 같이 사용될 때는 그것들에게 종속된다.

◎ 윤리적 목적: 윤리적인 목적은 대부분의 시대에 있어서 창조적인 도전으로 나타난다. 회개한 사람이 다른 사람의 삶에 관여하는 한 거기에는 그리스도인의 도덕이 작용한다. 진정한 기독교인의 윤리는 구원받은 사람과 하나님과의 사귐에 근거를 두고 있지만 그것은 생활의 모든 면에서 나타난다. 즉, 가족 관계, 사업 관계, 공립학교, 군대, 국제관계 등에서이다. 기독교인이 하나님과 이웃에 대한 효과적인 윤리 관계를 형성함으로써 그의 이웃은 하나님을 알고 싶어 하게 될 것이다. 주님과 이웃과의 적절한 관계에 대한 회중들의 필요는 효과적인 윤리적 설교에 의해 충족될 수 있다.

◎ 헌신적 목적: 헌신적인 혹은 행동적인 목적은 하나님의 자녀들이 완전히 그에게 헌신해야 할 필요를 요구한다. 어떤 사람들은 지역 교회에서 무조건 순종의 생활을 요구하는 하나님의 목소리를 들어야 할 필요가 있다. 헌신적인 목적을 통하여 목사는 그의 회중들이 그들의 주관 아래 있는 시간, 재능, 성격을 포함한 모든 것을 하나님께 바치도록 요구한다. 촉진의 목적은 때때로 별개의 것으로 사용될 수도 있지만 헌신적인 목적과 병행하여 논하는 것이 유용하다. 때때로 목사는 교회 건축 계획이나 교회 조직에 관한 프로그램 또는 교회의 제도적 측면을 촉진시킬 필요를 느끼게 된다. 헌신적 목적의 한 부분인 촉진의 목적을 고려함으로써 목사는 회중을 장려하는 일에 있어서의 그의 태도나 방법들을 향상시킬 수 있다.

◎ 목회적 목적: 목회적 혹은 후견적 목적은 고통 속에 있는 사람들의 무거운 짐과 괴로움에서 비롯되었다. 남자들과 여자들 그리고 어린이들이 하나님의 은혜와 한없는 보호를 원한다는 것은 부인 못할 사실이다. 이 목적을 사용함에 있어서 목회자는 영적인 위안을 원하는 그의 성도들의 삶의 정황을 발견할 것이고 이에 의거하여 본격적으로 작업에 착수할 것이다. 궁핍한 성

도들을 섬기는 데에는 영적인 기쁨이 있지만 목회자는 주의를 요하는 인위적인 상황을 만들어야 하는 것과 이러한 필요의 영역에 그의 모든 관심을 투자해야 함을 인식하고 있지 않으면 안 된다.

(3) 설교의 목적과 기능

① 설교의 목표(Focus)와 목적(Function)

설교자는 성경 본문이 말하는 것(to say)과 청중들과 함께하려고 하는 것(to do)을 설교를 통해 말하고 행하려 한다. 설교를 통해서 말하려고 하는 것을 우리는 설교의 목표(Focus)라 하고, 설교가 청중들과 함께 행하려고 하는 것을 설교의 목적(Function)이라 한다. 전체 설교의 내용이 이러한 목표와 목적을 중심으로 하여 준비되면서 설교자는 설교를 발전시켜 가는 그 첫 단계로서 설교의 목표와 목적을 분명하게 할 필요가 있다. 대부분의 경험 많은 설교자들은 이것을 그저 머릿속에 두고 진행하기도 하지만 설교를 배우는 사람들에게는 정식으로 목표와 목적에 대한 서술들을 직접 써 보는 것이 보다 유익할 것이다. 경험이 많은 설교자라 할지라도 역시 때때로 설교의 의도를 정확하게 하기 위한 훈련으로서 그것들을 기록할 필요가 있다.

설교자가 청중들이 듣게 될 모든 것과 설교에서 일어나는 모든 것을 예언할 수 있고 조정할 수 있다고 생각하는 것은 물론 어리석은 것이며 이것은 단지 가정에 불과하다. 목표와 목적에 대한 진술은 단지 설교가 다루게 될 내용을 배열하는 나침반에 불과하다. 그것은 통일성과 명확성, 그리고 성경의 본문과 긴밀한 연결성을 가진 설교를 준비할 수 있도록 설교자를 인도한다. 그것들이 없다면 설교는 분명한 목표 없이 헤매게 될 위험에 빠지게 될 것이다. 그러나 그것들은 분명히 청중들이 설교를 듣는 가운데 일어나게 될 모든 것을 다 서술하지는 않는다. 만약 목표와 목적에 대한 진술이 설교자가 설교를 발전시켜 나가는데 참으로 도움이 된다면 그들은 다음 세 가지 원칙을 준수해야 할 것이다.[35]

---

35) J. MacArthur, *Rediscovering Expository Preaching*, 김동완 역, 강해 설교의 재발견(서울: 생명의 말씀사, 1993), 176-83.

② 설교의 목표와 목적을 진술하는 원칙

◈ 설교의 목표와 목적에 대한 진술은 설교 본문의 석의로부터 직접 나와야 한다.

설교 본문이 "우리 주 그리스도 예수 안에 있는 하나님의 사랑에서 끊을 수 없으리라"는 확신과 함께 끝을 맺고 있는 로마서 8:28~39이라고 가정해 보자. 만약 설교자가 어려움과 심각한 문제들, 생사에 관한 문제와 씨름하고 있는 회중들의 자리로부터 그 본문이 나왔다면 이 본문은 힘을 더해 주는 말씀이 될 것이며, 그에게 다시 확신을 갖게 해 주고, 소망을 갖게 해 주는 말씀을 제시해 줄 것이다. 가족과의 사별, 가난, 건강을 송두리째 앗아가 버린 질병, 인종차별, 죽음, 정부에 의한 박해, 성도 수의 감소, 기아, 의심 등과 같은 많은 갈등과 문제에 직면해 있는 교회의 회중들은 본문의 중심이 되는 그와 같은 질문에서 그들의 외침을 발견하게 될 것이다. 고통과 혼동 가운데 있는 회중들을 위하여 이 본문을 읽고 본문으로부터 하나님의 말씀을 듣는 설교자는 다음과 같이 말함으로써 석의적인 발견의 결과를 잘 서술할 수 있을 것이다. 이제 설교로 옮겨가면서, 이 설교자는 다음과 같은 설교의 목표와 목적에 대한 진술을 그 본문에서 찾아내어 이러한 요구를 표현하게 될 것이다.

* *목표: 예수 그리스도 안에서 우리는 하나님이 우리를 위하신다는 사실을 보았기 때문에 비록 삶의 여건들이 그러한 사실을 부인하는 때라 할지라도 하나님이 우리를 사랑하시며 돌보신다는 사실을 확신할 수 있다.*

* *목적: 고통의 삶 현장 한 가운데서 혼란 가운데 있는 회중들을 다시 확신시키며, 새로운 희망을 주기 위하여*

설교에 대한 두 가지 과제는 본문의 석의 작업으로부터 설교자가 직접 얻은 것들이다. 목표의 진술에 나타나 있는 대로 첫 번째 과제는 말해야 할 '메시지'이며, 목적의 진술에 잘 나타나 있는 대로 두 번째 과제는 행해야 할 '행동'에 관한 것이다. 이러한 과제들이 전체적으로 설교를 통해 성취된다는 것을 주목하라. 설교자는 이러한 과제를 중심으로 전체 설교를 디자인하게 되는데, 그것은 설교의 모든 부분들이 그러한 성취를 향하여 작용하도록 하기 위한 것이다. 그러므로 설교의 전반적인 내용은 그 회중들을 향한 본문의 요구에 대한 증언이요 표현이 될 것이다.

◆ 설교의 목표와 목적은 서로 연결되어야 한다.

설교가 말하는 것은 본질적으로 그 설교가 행할 것과 관련되어야만 한다. 그리고 설교의 목표와 목적에 대한 진술은 서로 연결되어 있는 이 관련성을 반영하여야 한다. 다시 말해 그 목표와 목적에 대한 진술은 서로 연결되어 있는 한 쌍이 되어야 하며 상호 보완적이어야 한다. 예수님께서 밤새워 기도하신 후 열두 제자를 택하시는 장면을 기록한 누가복음 6:12～16의 본문을 택하여 설교를 준비한다고 하자. 본문을 해석한 후에 설교자는 설교의 목표와 목적에 대해 다음과 같이 진술한다.

* *목표: 예수님 사역의 초창기에 교회의 지도력과 교회의 선교는 그리스도의 기도로부터 싹터 왔다.*
* *목적: 그리스도께서 하나님의 사역을 위해 각기 다른 사람들을 부르고 계시는 것을 청중들로 하여금 보게 함으로써 교회 안에 이 개방성을 함양하기 위하여*

이러한 진술은 분명 유용한 것임에 틀림이 없다. 그러나 이 진술이 안고 있는 문제점은 서로 연결되어 있지 못하다는 것이다. 그것들은 다른 두 설교에 속한 것들이며, 각 진술들은 다른 진술들을 요청한다. 예를 들어보면,

* *설교 제1의 목표: 예수님 사역의 초창기에 교회의 지도력과 교회의 선교는 그리스도의 기도로부터 시작되어 자라간다.*
* *설교 제1의 목적: 그리스도께서 행하셨던 바로 그 선교에 동참하고 있는 그 사람들을 돕고, 섬기는 사람들에게 자신감을 불어넣어 주기 위해서이다.*
* *설교 제2의 목표: 섬기도록 부르시는 그리스도의 부르심은 각기 다른 다양한 형태의 사람들에게 주어진다. 간절한 기도를 통해 열두 제자를 택하시는 예수님의 선택은 놀라우리만큼 다양성을 포함하고 있는데, 즉 세리, 어부, 열심 당원 그리고 그를 배반할 사람까지도 그는 부르고 계신 것이다.*

* *설교 제2의 목적: 그리스도께서 하나님의 사역을 위해 각기 다른 다양한 형태의 사람들을 부르고 계시는 것을 청중들이 보게 함으로써 교회 안에 이 개방성을 함양하기 위하여*

◈ 설교의 목표와 목적에 대한 진술은 분명하고 통일성을 가져야 하며 비교적 단순해야 한다.

설교자가 성경 본문의 책임 있는 석의를 시작할 때마다 그것은 창조적이고 관련성이 있는 많은 통찰들(insights)을 얻을 수 있는 좋은 기회가 된다. 설교자가 열성과 열린 마음 그리고 기대감을 가지고 본문에 질문을 던지면서 본문 연구에 많은 시간을 보낼 때 그 본문은 처음에는 거의 부딪쳐 오는 말씀이 없거나, 한두 가지 있을까 말까 할 정도이지만, 결국에는 많은 말씀들과 요구들을 제시할 것이다. 설교자가 직면하는 유혹은 그가 본문에서 듣고 본 모든 것을 한 설교에 담으려고 하는 것이다.

이 유혹을 극복하지 못한다면 그 설교는 불가피하게 아주 작은 것을 이루고 끝나 버릴 것이다. 왜냐하면 그 설교자는 한꺼번에 모든 것을 이루려고 하기 때문이다. 설교는 한 가지를 말하고 행해야 한다. 즉, 설교는 본문으로부터 한 가지 명제(Proposition)을 중심으로 통일성 있게 배열하여야 한다. 설교의 목표와 목적에 대한 진술을 써야 하는 이유 중의 하나가 오늘 전하는 설교를 통하여 청중들에게 본문으로부터 나온 오직 한 줄기의 빛만을 비춰지도록 하기 위한 것이다. 이것을 우리의 설교 준비에 실질적으로 적용시켜 나가야 하는데 설교가 하나의 통일된 목적을 수행할 수 있도록 하기 위하여 우리는 설교의 목표와 목적을 깊이 생각하고 진술해야 할 것이다. 설교의 목표와 목적에 대한 진술이 여러 다른 과제들을 이루도록 우리에게 요구하고 있다면 그렇게 준비된 설교는 아마도 한꺼번에 여러 방안들을 제시함으로써 비틀거리게 될 것이다. 물론 이 사실에 너무 집착하여 단순한 설교를 준비하려고 하다 보면 오히려 내용이 없는 설교를 준비할 가능성도 있을 것이다.[36]

---

36) *Ibid.*

3) 설교의 내용

(1) 성경강해

하나님은 말씀을 통해서 자신을 구체적으로 나타내고 계신다. 이 말은 하나님이 성경 진리의 선포를 통하여 영적으로 활동하신다는 뜻이다. 하나님의 말씀은 능력이다. 왜냐하면 하나님은 말씀 안에서 자신의 능력을 나타내시고, 말씀을 통해서 만물을 지으셨으며, 능력의 말씀으로 만물을 붙들고 계신다. 창조가 하나님의 말씀을 통해서 이루어진 것처럼, 새로운 창조사역도 살아 있는 하나님의 말씀을 통해서 이루어진다. 그래서 야고보는 "그가 진리의 말씀으로 우리를 낳으셨다"(약 1:18)고 했던 것이다. 베드로도 "너희가 거듭난 것이 썩어질 씨로 된 것이 아니요 썩지 아니할 씨로 된 것이니 하나님의 살아 있고 항상 있는 말씀으로 되었느니라"(벧전 1:23)고 하였다. 성경의 진리는 우리가 시험하고 검토해서 발표하는 수동적인 연구 대상이 아니다. 오히려 말씀이 우리들을 시험하고 검토한다. "말씀이 마음의 생각과 뜻을 감찰하시는"(히 4:12) 것이다. 그리스도는 말씀 안에 살아 역사하시면서 하나님의 뜻을 이루신다. 그러므로 말씀을 증거하는 사람에게는 그 말씀을 자신의 것으로 만들 능력도 권리도 없다. 설교자가 말씀이 지닌 능력을 깨닫게 되면. 자신의 소명에 대한 확신이 생기고, 심지어 자신의 일에 성과가 없어도 낙담하지 않는다. 우리가 진리의 말씀을 전할 때, 하나님은 자신의 목적을 이루기 위해서 말씀에 능력을 부여하기 때문에, 우리는 무능하다고 두려워할 필요가 없다. 반면에 자신의 능력 때문에 사람들이 영적으로 변화했다고 생각하는 것은, 마치 사자가 평화조약 문서를 전달했다고 해서 자신이 전쟁을 종식시킨 장본인이라고 주장하는 것과 같다. 이러한 전달자는 자신의 임무를 잘 수행했지만, 개인적인 성취를 주장함으로써 진정한 승리자를 가리는 실수를 저지른다. 설교의 결과로 생겨나는 모든 명성과 영예와 영광은 오직 하나님께 돌려야 한다.

(2) 구원의 비밀

하나님의 말씀은 구원의 특징을 가지는 것이다. 성경은 하나님과 그의 백성들이 관계하는 중에 일어난 사건 기록이 아니라 하나님께서 택한 민족을 계시의 수용자로 삼고 그들에게 역사를 통해서 구원의 길을 제시한 것으로 기록되었다. 하나님의 말씀은 전체 역사를 통해서 그 중심이 된다. 하나님의 구원계시는 창세기 3:15에서부터 역사적 점진성을 가지면서 더욱 풍성해져 가고 있다. 하나님께서는 족장들에게 구원을 약속하고 그 구체적인 방법으로 피 흘리는 제사를 통해서 속죄함을 받을 수 있음을 계시하셨다. 하나님은 다윗 왕을 통해서 메시아가 올 것을 선언하시고, 구약의 선지자들은 이 하나님의 약속을 바라보며 신앙하도록 백성을 가르친다. 결국 예수 그리스도는 약속의 성취자로서 세상의 구원자로서 오신 것이다. 그러므로 구속사의 중심은 예수 그리스도인 것이다. 따라서 하나님의 구속 계획과 예수 그리스도가 없는 설교는 설교가 될 수 없으며 모든 설교는 구속사적인 설교여야 한다. 설교자는 본문을 통해 하나님의 구속의 계획과 예수 그리스도 안에서의 구속과 어떤 관계가 있는지를 명백히 드러내야 한다. 그러므로 설교자로 부름받은 자는 "그리스도의 일군이요 하나님의 비밀을 맡은 자"(고전 4:1)이다.

(3) 삼위일체 하나님

성경은 하나님이 이 세상의 창조자요 역사의 주인이시며 인간의 구원자인 삼위일체 하나님이심을 증언하고 있다. 따라서 개혁주의 설교는 하나님의 주권에 입각한 해석과 선포여야 한다. 칼빈의 설교 중 가장 두드러진 특징은 철저한 하나님 중심이며 칼빈의 설교의 사상은 그의 하나님 중심 사상과 '오직 하나님께 영광'을 그 주축으로 한다. 그리고 칼빈의 설교는 '하나님'이란 통괄적인 명칭으로 신성(神性)을 강조한다. 반면에 루터는 성경의 모든 구절을 그리스도 중심으로 강해(A Christ centered exposition of every Passage of Scripture)하였다. 그런데 칼빈은 알기 쉽게 삼위일체이신 구세주 하나님을 나타내고 있다. 칼빈의 설교는 그것이 단순히 신학의 일부분이거나, 성경의 한 조각이 아니라, 하나님의 주권 아래 있는 구원과 성도들의 삶 전체를 다루며, 하나님의 은혜의 행위로서의 삼위일체 하나님 중심의 설교였다. 그러나 오늘날의 설교자들은 대부분 삼위일체 하나님을 각 위(位)별로 독립적으로 분산시켜서 언급하려는 경향이 농후하다. 개혁주의 설교는 그리스도 안에서 우리를 택하시고 구속의 역사와 언약을 이루어 가시는 기독론 중심적이어야 하며, 동시에 성부의 구속의 경륜과 성자의 구속의 성취 그리고 그 구속의 성취를 오늘 우리들에게 계속하여 적용시키시는 성령의 역사하심을 증거하는 삼위일체 하나님을 설교해야 한다. 그러므로 개혁주의 설교는 우리의 구원을 예정하시고 섭리하시는 하나님 중심의 설교, 언약의 중보자이시며 성취자이신 그리스도 중심의 설교, 그리고 구원을 적용하시며 이루어 가시는 성령의 역사와 조명에 의해서 증거되는 성령론 중심의 설교여야 한다.

(4) 삶의 전 영역

칼빈주의의 영역 주권(Sphere-Sovereignty) 사상은 하나님을 절대 주권자로 믿으며 하나님은 인간이 살고 있는 모든 영역에 있어서 주인이 되시는 것을 말한다.[37] 하나님께서 주권을 가지시고 일하시는 곳은 교회뿐만 아니라 정부, 가족, 학교, 사업장, 과학 등 모든 영역에서이다. 이 모든 영역은 예수 그리스도를 머리(골 2:10)로 하여서만 존재하고 그에게 소속되어 있으므로, 곧 인생의 모든 영역의 중심은 어떤 인간이나 인간이 부여한 권위가 아니라 하나님이 되는 것이다. 나아가서 칼빈주의 교회는 그 본질에 있어서 신령한 영적 유기체로서 하늘과 땅을 포함한다. 하나님께서 우주를 지구 중심적으로 창조하셨다. 인간은 하나님의 형상을 가진 자로서 우주를 하나님의 영광을 위해서 바치라는 소명을 받은 존재이다. 그러므로 인간은 하나님의 피조물 속에서 선지자와 제사장과 왕의 위치를 차지하고 있다.[38] 그러므로 개혁주의 설교는 우리 삶의 전

---

37) 정성구, *칼빈주의 사상과 삶*(서울: 기독교문서선교회, 1979), 155-56.

38) Abraham Kuyper, *Christianity as a Life-System*, 서문강역, 삶의 체계로서의 기독교(서울: 새순출판사, 1981), 69.

영역에서의 설교가 되어야 한다. 하나님으로부터 이 자연 세계를 향한 사명을 받았는데 그 사명은 창조명령(The Creation Mandate) 또는 문화적 사명으로서 하나님의 창조물 곧 자연을 인식하고 그 속에 창조 시로부터 부여된 모든 가능성을 찾아 개발하고 발전시켜 하나님께 영광 돌리는 것이다. 모든 성도는 각자가 하나님께로부터 부여받은 재능에 따라서 전 삶의 영역에서 하나님의 선한 청지기로서 하나님으로부터 받은 문화적 사명을 감당하기 위해서는 하나님의 말씀으로 거듭나야 한다. 따라서 개혁주의 설교는 말씀이 육신이 되신 예수 그리스도를 문화의 변혁자로 해석하고 선포하여야 한다. 그것은 역사와 문화의 부패성을 강조하고 그 모든 것이 하나님의 심판 아래 있으며 동시에 하나님의 주권적 통치 아래 있다고 선언하는 것이다. 이러한 문화 변혁적 설교는 하나님의 영광을 향하여 변화된 인간의 삶과 문화의 재창조를 선포한다. 창조력의 중심은 십자가이고 통치하시는 분은 성령이시며 그 활동 장소는 새로운 인격체이다.[39] 그러므로 개혁주의 설교는 '오직 하나님의 말씀으로(*Scriptura Sola*), 성경전체(*Scriptura Tota*)를 구속사적으로 그리고 삶의 전 영역에서 하나님의 영역주권(Sphere-Sovereignty)을 선포하는 설교여야 한다.

3. 설교자에 대한 이해

1) 설교자의 초상

(1) 그리스도의 사신

설교는 복음의 좋은 소식을 선포하는 것이다. 우리를 위해 죽으시고 부활하

39) 배광호, *op. cit.*, 37.

시고 다시 오실 예수 그리스도를 선포하는 것이 설교이다. 고대 희랍에서 전쟁터의 전황을 알려 주는 것은 전령의 몫이었다. 벌판을 가로질러 숨 가쁘게 달려오는 전령을 목격하는 순간 사람들은 숨을 죽이고 바라본다. 그의 머리에 승리를 상징하는 화관이 씌어져 있으면 사람들은 술렁이기 시작한다. 마침내 백성들 앞에 우뚝 서서 그는 손을 높이 들고 승리를 외친다. 설교자도 이와 같은 전령으로 강단에 선다. 이 우주의 전쟁마당에서 사탄을 이기신 우리 대장 예수의 승전보를 소리 높여 외치기 위한 것이다. 신약성경은 선포와 관련된 다양한 어법들을 보여 준다. 선포되는 메시지 케리그마(κηρυϓμα)인데 이것은 '소식', '선언', '명령', '승전보' 등을 의미한다. 선포자는 κηρμξ라고 하는데 좋은 소식을 전하는 '전령', '사자' 등을 뜻한다.[40] 바울은 자신이 이런 전령으로 세움을 받아 하나님의 구원의 소식을 온 세상에 전파하게 되었다고 천명한다(딤전 2:7, 딤후 1:11). 바울은 자신의 직분을 그리스도로부터 권위를 부여받아 세상에 화목을 선포하는 그리스도의 사신이요, 전권대사라고 하였다(고후 5:18~21). 전령에게는 자신이 받은 왕의 메시지를 있는 그대로 정확하게 전달하는 것이 중요하다. 결단코 자신의 생각이나 판단으로 메시지를 첨삭해서는 안 된다. 동시에 전령에게는 백성들이 메시지를 바르게 받아들이고 반응할 수 있도록 호소하는 책무도 있다. 호소와 관련해서 고린도후서 5:27은 두 개의 동사를 보여 준다. παρακαλούντος는 '격려하다', '권면하다', '간청하다'라는 의미를 가진 말이며 δεόμεθα는 '구하다', '탄원하다', '간청하다'라는 뜻을 가졌다. 바울은 그리스도로 말미암아 이루어진 하나님과의 화목을 단순히 반포만 한 것이 아니라, 백성들이 그 화목을 받아들이고 그 열매를 누리도록 간절한 마음으로 호소하고 권면했다. 오늘날의 설교자도 선포와 호소라는 이중적 책무를 져야 한다. 설교자는 역사 속에서 완성된 구원의 사역을 철저하고 정확하게 선포해야 하며, 동시에 사람들로 하여금 회개하고 구원의 축복에 동참할 수 있도록 열정적으로 호소할 수 있어야 한다.[41]

---

40) 한진환, *설교의 영광*(서울: 생명의 말씀사, 2005), 11.
41) *Ibid.*, 32.

(2) 그리스도의 증인

예수께서는 승천하시기 전 제자들을 세워 놓고 "너희는 이 모든 일의 증인이라"고 하셨다(눅 24:48). 전도자 바울에게는 "네가 그를 위하여 모든 사람 앞에서 너의 보고들은 것에 증인이 되리라"는 사명이 주어졌다(행 22:15). 설교자는 단순히 자신의 생각이나 의견을 피력하거나, 어떤 사상을 변호하는 사람이 아니다. 자신의 심령 속에 새겨진 하나님의 말씀이 있고, 자신에게 임한 은혜와 빛이 있기 때문에 그것을 증언하는 증인일 뿐이다.[42] 바울은 사도인 자신의 사명을 "주 예수께 받은 사명 곧 하나님의 복음을 증거하는 일"이라고 천명한다(행 20:4). 여기서 '증거하다'라는 말은 법정적인 용어로서, 어떤 사실에 대한 직접적인 지식을 가지고 자신이 보고 들은 것을 재판정 앞에서 공언하는 행위를 뜻한다. 신약성경은 증인의 역할에 대해 자주 '보다'와 '증언하다'는 두 동사를 결합시켜 설명한다. 주님은 니고데모에게 우리는 "우리 아는 것을 말하고 본 것을 증거하노라"(요 3:11~13)고 하셨고, 요한 사도는 "우리가 보았고 증거하여"라고 말한다(요일 1:2). 즉 증인이 증인의 역할을 바르게 감당하기 위해서는 먼저 자신의 체험이 선행되어야 한다는 말이다. 설교자는 제3자의 입장에서 복음을 증거하는 리포터가 아니며, 단 자신의 생각으로 복음을 옹호하는 변호자도 아니다. 그는 자신이 체험한 복음의 능력을 증언하는 증인이 되어야 한다. 존 스토트는 이렇게 말한다. "설교자는 반포자로서 우리에게 되어진 능하신 구원행위를 전파해야 할 뿐만 아니라, 여기에 덧붙여서 이 '말씀'과 '하나님의 행위'의 생명적 체험을 한 증인으로서 이 말씀들을 해석하고 구원 행위를 전파해야 한다.[43]

---

42) Thomas G. Long, *The Witness of Preaching* (Louisville, KT: Westminster & John Knox Press, 1989), 42-47.

43) John Stcott, *The Preacher's Portrait*, 문창수 역 '설교자상'(서울: 한국개혁주의실행협회, 1972), 90.

(3) 하나님의 동역자

설교자에게 부가된 가장 대담하고 놀라운 호칭은 '하나님의 동역자'라는 말일 것이다(고전 3:9, 살전 3:2). 하나님의 동역자란 '하나님과 함께 일하는 자'라는 뜻이다. 데살로니가 3:2에서 바울은 디모데를 가리켜 "그리스도의 복음 안에서 하나님의 동역자(한글개역 성경에는 '일군') 된 자"라고 불렀다. 설교자가 복음을 들고 외칠 때 그는 언제나 하나님과 팀워크를 이루어 일하는 하나님의 동역자이다. 하나님은 연약한 인생을 동역자라고 선언하시는 것은 엄청난 파격이다. 우리의 불완전함과 죄성을 알면서도 우리를 쓰시겠다고 하는 것은 우리 편에서는 두렵기까지 한 특권이 아닐 수 없다. 오코너는 이 신비를 다음과 같이 표현한다. "설교자는 역설적인 존재이다. 그는 숙명적인 인간이나, 자신의 운명을 주관하는 자는 아니다. 그는 개인적인 중요성은 없으나, 세상의 구원에 있어 결정적인 존재이다. 그는 권위와 자유로 가르치나, 본질적으로는 전달을 위한 단순한 기관에 불과하다. 그는 '자기 것'으로 말하는 메시지를 가질 수 있으나, 그것은 그와 함께 발생한 것도 아니고 그것에 관해 어떠한 힘을 가진 것도 아니다. 그는 사람들 가운데서 선택되어 영예로운 칭호를 받았으나, 그의 특권은 봉사하고 고통하는 것이다. 그는 종이지만 사랑의 동기로 그리되는 것이다."[44)]

2) 설교자의 표지(標識)

(1) 설교자의 위치

예수 그리스도께서는 성부(聖父)와 긴밀하고 산 교제를 가졌으며, 또 한편으로 일반 사람들과 계속적으로 활발한 접촉을 가지셨다. 그가 말씀하실 때 그는

44) Jerome Mulphy-O'Conner. *Paul on Preaching* (New York: Sheed & Ward, 1963), 76: 한진환, *op. cit.*, 76.

살아계신 하나님의 이름으로 말씀하시고 그의 안에서 말씀하셨다. 그는 또 당시 사람들의 필요를 따라 적절하게 말씀하셨으므로 사람들은 그의 가르침이 권위 있고 그의 이해가 깊다는 잊을 수 없는 인상을 가지고 떠났다(막 1:22). 우리가 말씀의 효과 있는 설교자가 되고 교사가 되려면 우리는 하나님께 귀 기울이고 사람을 이해해야 한다. 이 사실은 설교자에게 있어서 서재와 길거리, 강단의 설교와 목회의 심방 간의 긴장 관계를 의미한다.[45] 데니스 레인박사가 말하는 하나님의 말씀의 설교자로 부름을 받은 설교자의 표지(標識)는 무엇인가?[46]

① 하나님은 위대하시고 살아계신다는 의식(意識)

우리가 살아계신 하나님의 실재하심과 위대하심을 우리의 마음으로 알 뿐 아니라 우리의 마음으로 느끼지 아니하면 우리의 전하는 말씀은 확신을 가져오지 못할 것이다. 이사야 선지자가 그의 직무를 시작하기 전에 높이 들린 보좌에서 다스리시고 경배를 받으시며 그의 영광으로 온 땅을 충만케 하시는 주님을 뵈올 필요가 있었다(사 6:1~8). 에스겔은 알 수 없으나 스스로 계시하시고, 항상 움직이시나 변치 않으시고, 지존(至尊)하시고, 만물을 다스리시고, 거룩하시며 자비하신 하나님의 형상을 보았다(겔 1장). 다니엘은 하나님 앞에서 그의 얼굴을 땅에 대고 엎드렸을 때 그의 몸에서 힘이 빠졌다(단 10:2~9). 사도 요한은 부활하신 그리스도가 나타나시자 그의 발아래 엎드려 죽은 자와 같이 되었다. 주님께서도 그의 일을 시작하시기 전에 자신을 아버지의 뜻에 복종시키기 위하여 밤낮 40일을 금식하셨다. 오늘날 설교가 빈약한 한 이유는 하나님을 아는 설교자의 지식이 빈약한 데 있다.

② 하나님의 힘주심 없이는 무력하다는 의식(意識)

이사야 선지자는 주께서 친히 자기의 더러운 입술의 문제를 처리하시는 것을 보았다. 에스겔은 "네 발로 일어서라"는 말씀을 듣고 그렇게 하도록 힘을

45) *Ibid.*, 16-20.

46) Denis J. V. Lane, *Preach the World*, 최낙재 역, 강해 설교(서울: 성서유니온, 1982), 13-15.

주시는 성신을 받았다. 주께서 그의 손을 다니엘에게 얹으시고 그를 세워 처음에는 손과 무릎이 떨리게 하시고 그 후에 반듯이 서게 하셨다. 사도 요한은 주의 오른 손이 자기의 엎드러진 몸을 대시며 두려워 말라고 하시는 말씀을 들었다. 하나님의 크심과 실재를 안 사람은 경솔하게 말하지 않는다. 그는 그리스도 없이는 우리가 아무것도 할 수 없음을 이론으로만 아니고 실지로 안다(요 15:5). 세상은 오늘도 재잘거린다. 그러나 하나님 앞에서 하나님의 능력을 의지하여 말하는 사람은 드물다. 우리 세상은 말들로 가득하나 하나님에게서 오는 말씀은 알지 못한다. 우리가 먼저 하나님이 우리에게 무어라 말씀하시는지 시간을 내어 귀 기울임 없이 그 말씀을 다른 사람들에게 전할 수 없다.

③ 그 메시지를 자신의 한 부분으로 만들 책임(責任)

에스겔은 말씀을 전하라는 책임을 받았을 때 입을 열어 하나님이 주시는 것을 먹으라는 말씀을 들었다(겔 2:8). 그는 메시지가 쓰인 두루마리가 자기 앞에 있는 것을 보았다. 그것은 결코 즐거운 것이 아니었다. 그 두루마리는 '애가와 애곡과 재앙'의 말로 가득하였다. 아무도 그러한 내용을 전파하려는 사람은 없었다. 그러나 그는 그 두루마리를 먹고 그것으로 배를 채우고 가서 이스라엘 집에 고하라는 엄격한 명령을 받았다. 그가 그대로 했을 때 하나님의 말씀의 맛은 달갑지 않은 내용과는 달리 그의 입에 달기가 꿀과 같았다. 확실히 그는 설교자로서 그것을 자기 자신의 마음속에 받고 그것을 자기 귀로 듣고 그것을 완전히 자기의 한 부분으로 만들어서 나아가 다른 사람에게 말하여야 했다. 이와 같이 사도 요한은 그 진리를 사람들에게 천거했다(요일 1:1~3). 이 진리는 생명의 말씀이었다. 그가 이 말씀을 천거할 수 있었던 것은 그 자신이 그 말씀을 듣고 보고 주목하고 만졌기 때문이었다. 이와 같이 이사야 50:4에도 보면 그 선지자는 "제자의 혀"를 가졌고 곤핍한 자를 말로 어떻게 도울 줄을 알았다. 어느 설교자가 자기 봉사에서 그러한 능력을 원하지 않으랴! 이사야는 하나님이 아침마다 그를 깨우치사 제자처럼 알아듣게 하시는 것을 경험했다. 그는 고난과 수치를 감수할 준비가 되어 있었기 때문에 이 능력을 얻었다(사 50:5~6). 죠지 A. 스미스(George Adam Smith)는 마치 어린아이가 들음으로 말을 배우듯이 선지자도 같은 방법으로 말하기를 배운다고 하였다. 또한 은혜는 열린 귀를 통하여 입술 위에 부어진다고 말하였다. 의미심장하게도 이 구절은 그리스도 자신에 대한 예언이다. 설교자가 하나님의 음성에 매일 귀 기울이는 일은 타인을 위한 봉사에 있어서 필요한 자료의 풍성한 원천이 된다. 그러나 그것은 많은 노력을 요구하는 일이다.

④ 하나님에게서 받은 것을 말할 용기

예레미야는 자기가 어린 탓으로 자신을 업신여기지 말며(렘 1:6~8), 전도에 대한 반응으로 낙담하지도 말라는 경고를 받았다(렘 1:17~19). 듣는 자들이 그를 향하여 싸우려 하겠지만, 그의 하나님은 그를 견고한 성읍으로 만들 것이요, 그를 구원하실 것이다. 하나님은 에스겔에게 말씀하시기를 만일 그가 다른 나라 말을 하는 사람들에게 갔더라면 그들은 그의 말을 들었을 것이지만, 자기 백성은 고집 세고 마음이 굳어졌다고 하셨다. 하나님은 비록 에스겔의 마음을 굳어지게 하리라고는 말씀하지 아니하셨으나 그의 이마는 그의 말을 들을 백성보다 더 단단하게 하겠다고 약속하셨다(겔 3:5~11). 어린 사무엘은 하나님께서 다른 사람에게 전하라고 주신 말씀을 그대로 품고 있으면 안 된다는 경고를 나이 많은 사사 '엘리'로부터 받았었다(삼상 3:17~18).

⑤ 하나님의 말씀을 즐겨 배우고 순종함

설교자는 그의 청중을 대할 때 그들과 더불어 하나님의 말씀 아래 앉아야 한다. 그가 강단 위에 섰다는 것은 말씀 위에 선 것을 의미하지 않는다. 하나님은 그의 청중에게와 마찬가지로 그에게도 말씀하신다. 바울은 디모데전서 4:11에서 디모데에게 이것들을 명하고 가르치라고 하였다. 이것들은 그 안의 말씀에서 이미 디모데 자신에게 준 명령들이었다. 그는 "믿음의 말씀과 네가 좇은 선한 교훈으로 양육"을 받을 것이었다. 그는 망령되고 허탄한 신화를 버려야 했다.

⑥ 청중의 필요를 이해하고 채워 주려는 관심

어떤 설교자들은 회중을 별로 찾아가지 않는다. 모르는 사람을 어떻게 이해할 것인가? 하나님의 말씀은 시대가 지나도 변하지 않으나, 사람들이 이해하는 말로 사람들의 마음과 생각에 새로이 작용되어야 한다. 에스겔은 자기의 직무를 시작하기 전에 포로들 가운데 앉아 있었다(겔 3:15). 그것은 그에게 큰 느낌을 주는 경험이었다. 하나님이 모세를 불러 이스라엘 백성을 그 황량한 벌판을 지나 인도하라고 하시기 전에 그는 광야의 40년 생활을 참았다. 주께서는 바리새인들을 충분히 이해하였기 때문에 그들에게 설교할 수 있었다. 그러므로 설교자는 자기가 섬기는 사람들이 어떤 생각을 하며, 그 소망과 두려움과 소원이 무엇인지 정규적으로 접촉하여 아는 것이 꼭 필요하다. 그는 복음을 더 인기 있게 하기 위하여 변조하여서는 안 되며 그들에게 적절하게 그들의 필요에 맞춰 복음을 적용할 수 있어야 한다. 예수님의 예화는 일상생활에서 이끌어 온 것이다. 그래서 마음에 부딪치는 말씀이 되었다.

(2) 설교자의 인격

① 설교자의 인격과 메시지

하나님이 자신을 나타내신 최고의 계시는 성육신 곧 사람이 되신 말씀으로 우리에게 왔다. 그리스도 안에 있는 진리는 온전한 사람의 매개체를 통하여 우리에게 이르렀다. 참 빛은 주님의 환한 인격을 통과함으로써 굴절되거나 어두워지거나 막히는 일이 없었다. 우리 인간이 실수가 많지만 하나님께서는 여전히 사람들에게 진리를 전파하실 때 다른 사람을 통하여 하신다. 필립 브룩스(Philip Brooks)는 그의 유명한 「설교학 강의」에서 설교란 '인격을 통하여 전달된 진리'라고 묘사했다. 바울은 고린도후서 5:20에서 "우리가 그리스도를 대신하여 사신이 되어 하나님이 우리로 너희를 권면하시는 것같이"라고 하여 설교자를 그리스도의 사신으로 말하였다. 효력 있는 설교는 말을 잘하거나 메시지의 주의 깊은 구상이나 효과적인 방법만으로 되지 않는다. 우리의 인격과 하나님과의 관계가 설교의 중요 부분을 이룬다. 예레미야의 소명과 봉사는 하나님께서 그 전파자의 사람됨을 특별히 중요시함을 드러낸다. 하나님은 예레미야가 태어나기 전부터 그를 아셨고, 그가 태에서 나오기 전부터 구별하여 선지자로 세우셨다(렘 1:4). 그는 그의 일에 대하여 선택의 여지가 없었고 그의 나이 때문에 반대를 하자 하나님은 듣지 아니하시고 백성들이 들어야 할 메시지를 가지고 백성들에게 가라고 명령하셨다(렘 1:7). 예레미야는 말하여야 했고 그 결과 하나님의 말씀이 그의 입에 있게 되어 결국 인격을 통하여 전달된 진리가 되었다(렘 1:9). 예레미야의 직분에 주어진 권위는 성경에서 모세, 사무엘, 엘리야, 이사야, 다니엘과 같은 사람들의 경우에 다시금 반복되었다. 하나님의 길은 변하지 않는다. 하나님은 여전히 사람을 사용하신다. 그런 의미에서 "설교자는 하나님의 메시지를 전하는 대변인이요 나팔로 세움을 입었으므로 그는 청중 개개인을 향한 메시지의 표상과 모델이 되는 것이요 그 메시지의 구체적 형상이 될 수밖에 없다."[47] 마틴 루터는 말하기를 "나를 비롯해서 그리스도의 말씀을 전하는 모든 사람들이 내 입이 곧 그리스도의 입이라고 자랑하게 내버려 두라. 나의 말이 내 것이 아니라 그리스도의 말씀이라는 사실을 나는 확신한다. 내 입은 곧 자신에 대해서 말씀하시는 그분의 입이다."[48] 설교자가 전하는 말이 그리스도의 입에서 나온 말이라면 설교자의 말이 그 진리뿐만 아니라 그의 성품까지도 그대로 나타내는 것이어야 한다.

② 설교자의 진실과 열정

설교자는 자신의 경험, 관심사, 신앙과 관계없는 화제(話題)에 대하여 강의할 수 있는 강연자가 아니라, 자신의 메시지에 대하여 인격적으로 책임을 져야 하는 사람이기 때문이다. 그러므로 모든 설교자들은 진실해야만 한다. 설교자가 진실해야 하는 데는 두 가지 면이 있다. 즉, 그는 강단에서는 자신이 말할 바를 진지하게 말해야 하며, 강단 밖에서는 자신이 설교한 것을 실행해야 한다. 리차드 박스터(Richard Baxter)가 "진지하게 말하는 사람은 틀림없이 자신이 말

47) J. I. Paker, *Introduction: Why Preacher? in The Preacher and Preaching*, ed. Samuel T. Logan, Jr.(Grand Rapids, MI: Baker Book House, 1986), 16.
48) Edward Marquart, *Quest for Better Preaching* (Minneapolis: Augsberg, 1985), 83-84.

한 대로 행동할 것이다."라고 말했듯이 사실상 이 두 가지 면은 서로 불가분의 관계가 있는 것이다.

바울은 디모데와 디도에게 기독교적 행실의 모범이 되라고 말했다. 마찬가지로 베드로도 장로들에게 주장하는 자세 대신에 '양 무리의 본'이 되라고 하였다. 그러므로 강조점은 명백하게 나타난다. 의사 전달은 구두에 의해서뿐만 아니라 상징에 의해서도 이루어진다. 왜냐하면 사람은 설교만을 하고 있을 수는 없다. 그는 설교도 하지만 세상을 살아가는 자이다. 그러므로 그의 일상적이며 사소한 생활 자세들로부터 다음의 결과들이 나타나게 된다. 즉, 그의 삶으로 인해 그의 설교가 허물만 남게 되거나, 혹은 그의 삶이 그의 설교에 피와 살을 공급하게 된다. 우리는 자신의 됨됨이를 감추지는 못한다. 진실로, 인격은 우리의 말만큼이나 설득력이 있다. 그러므로 인격과 설교가 일치될 때 메시지의 영향력은 두 배가 된다.

필립스 브룩스(Phillips Brooks)는 「설교의 두 요소」(The Two Elements in Preaching)라는 책에서 설교는 인간에 의해 인간에게로 전해지는 진리의 통로이다. 그것은 그 자체에 두 본질적인 요소가 있는데, 진리와 인격이 바로 그것이다. 이 두 가지 중 어떤 한 요소라도 결핍되면 설교를 행할 수 없다. 설교는 인격을 통한 진리의 전달이다. 진리는 그 자체가 고정되어 있는 불변의 요소이며 인격은 변화하며 성장하는 요소라고 하였다. 열정은 진실에서 한 걸음 더 나아간다. 진실하다는 것은 우리가 진실하게 말해야 한다는 것과 우리가 말하는 바를 행하여야 한다는 것을 의미한다. 열정이란 심오한 감정이며, 설교자에게는 필수 불가결한 요소이다. 바울이 아덴에 갔을 때 '마음에 분하였던' 이유는 그가 우상에 의해 질식될 것만 같은 도시를 보고 아덴인의 우상숭배에 분개했으며, 살아계신 하나님의 명예를 위하여 질투하였기 때문이다(행 17:16). 그는 하나님의 영광에 관심을 가졌다. 그러므로 그는 빌립보 성도들에게 여러 사람들이 '그리스도 십자가의 원수로' 행한다고 '눈물을 흘리면서' 말했던 것이다(빌 3:18). 그분의 의(義) 대신 자기들의 의를 믿으며, 성결 대신 방종으로 살아감으로써 그리스도의 죽으심의 목적과는 반대로 살아가는 사람들을 생각하면서 바울은 눈물을 흘렸던 것이다. 그는 그리스도의 영광에 관심을 기울였다.

리챠드 박스터는 그의 동료들에게 위대한 열정을 권고하기를 "자신의 모든 힘을 동원하여 설교하는 목사가 과연 몇 명이나 되는가? 아아 슬프다. 우리가 너무나 힘없이 또한 부드럽게 설교하기 때문에 잠자는 죄인들은 들을 수가 없다. 그 호통 소리가 너무 약하기 때문에 강퍅한 마음을 가진 사람들은 느끼지 못한다. 우리 설교자들은 얼마나 우수한 교훈들을 가지고 있는가? 그러나 그것들은 주의 깊고 생명력 있는 적용에서 실패한 우리의 손 안에서 죽어 무효(無效)하게 되어 버린다. 오! 설교자들이여 인간의 영생과 죽음의 문제가 달려 있는 그러한 메시지를 전달할 때 우리는 얼마나 명료하게 얼마나 주의 깊게 얼마나 열정적으로 전하여야 하겠는가? 또한 인간의 구원을 위하여 어떻게 냉담하게 말할 수 있단 말인가? 인간의 구원을 위하여 설교하는 이러한 사역은, 사람들이 우리 설교를 들을 때 우리를 느낄 수 있도록 우리의 모든 힘을 다하여 이루어지지 않으면 안 된다."[49]

③ 설교자의 용기와 겸손

오늘날 세계 도처의 강단에서는 "성령이 충만하여 담대히 하나님의 말씀을 전했던"(행 4:31, 참조 4:13) 초대교회의 사도들 같은 용기 있는 설교자들이 시급히 요구되고 있다. 인간을 즐겁게 해 주는 사람이나 기회주의자들은 결코 훌륭한 설교자가 될 수 없다. 우리는 성경 해석을 위한 거룩한 임무에 부름을 받았으며, 인간들이 듣기 원하는 것이 아닌, 하나님께서 말씀하신 바를 선포하도록 위임받았다. 현대의 많은 성도들은 "자기의 사욕을 좇을 스승을 많이 두는"(딤후 4:3) 결과를 초래하는 소위 '귀 가려움증'(itching ears)이라는 만성 질병으로 고생하고 있다. 그러나 우리에게는 그들의 가려움을 긁어주거나 그들의 사욕을 채워 주는 중개 역할을 할 자유가 없다. 오히려 우리는 바로 이러한 유혹에 저항하며, 선포되어야 할 것, 즉 그들을 위하여 유익한 것은 무엇이든지, 실로 하나님의 모든 뜻을 거리낌 없이 전하였다고 두 번씩이나 주장한 에베소의 바울을 닮아야 한다(행 20:20, 27). 실로 "사람을 두려워하면 올무에 걸리게"

49) John R. W. Stott, *The Art of Preaching in the Twentieth Century Between Two Worlds*, 정성구역, *현대교회와 설교*(서울: 도서출판 풍만, 1989), 284-301.

된다(잠 29:25). 그런데 많은 설교자들이 그 덫에 걸려들고 있다. 그러나 일단 그 덫에 걸리게 되면 좀처럼 빠져나올 수가 없다. 그러므로 그렇게 되면 우리는 여론에 알랑거리는 종들이 되어 버리는 것이다. 이제 내가 사람들에게 좋게 하랴 하나님께 좋게 하랴 사람들에게 기쁨을 구하랴 내가 지금까지 사람의 기쁨을 구하는 것이었다면 그리스도의 종이 아니니라(갈 1:10).

나단 선지자는 밧세바와의 간통과 그녀의 남편을 살인한 죄에 대해 감히 유다왕 다윗을 책망했다. 아모스 선지자는 죄악에 항거하여 베델에 있는 왕의 성소에서 맹렬한 책망을 퍼부었으며, 그의 입을 막으려 하였던 궁중 제사장 아마샤에게 끔찍한 운명을 예언하였다(암 7:10~17). 예레미야선지자는 또 하나의 외로운 목소리였다. 그의 선지자적 사역의 초기부터 하나님께서는 국가가 쇠망하리라는 그의 메시지가 반대와 두려움에 직면할 것을 경고하시면서 그를 "그 온 땅과 유다 왕들과 그 족장들과 그 제사장들과 그 땅 백성 앞에 견고한 성읍, 쇠기둥, 놋 성벽이 되게" 할 것을 약속하셨다. 그들은 그와 대항하여 싸웠으나 그를 이기지 못하였다(렘 1:17~19). 예레미야의 자기 연민이나 절망 혹은 개인적인 복수의 열망에 관하여는 묵과할 수 없다 할지라도, 그가 외로움 속에서 용감하게 참아 내었다는 사실에 대해 우리는 그를 깊이 존경하지 않을 수 없다. 구약의 선지자들의 증거는 여론에 의해 흔들리는 갈대와 같은 사람도 아니요, 육체의 정욕에 빠져 있는 부드러운 옷의 정신(廷臣)도 아닌, 하나님의 말씀에 의해 움직였던 진실한 선지자이며, 실로 여자가 낳은 자 중에 가장 위대한 사람이었다고 예수께서 말씀하신 세례 요한 즉 '광야에서 외치는 자의 소리'에 와서 절정에 달하였다(마 11:7~11). 그가 하나님의 통치가 시작되었음을 선포하고 또한 왕의 간음을 고발하였을 때, 그는 종교적, 사회적 방면이라는 사역의 동일한 두 요소에 의해 재현된 새 엘리야였다.

그 어떤 설교자가 스코틀랜드의 개혁자 존 낙스보다 더 용기 있었을까? 그의 동시대 사람들은 그를 작고 연약한 사람으로 묘사했다. 그러나 그는 맹렬한 기질과 열정적인 화술을 가지고 있었다. 1559년 제네바의 포로생활로부터 그가 스코틀랜드로 돌아왔을 때, 그의 대담한 성경적 설교는 불란서의 로마가톨릭으로부터 벗어나 개혁주의 교회를 세우고자 열망하던 스코틀랜드 사람들에게 새로운 열정을 심어주었다. 영국의 외교관 란돌프(Randolph)는 엘리자베스(Elizabeth) 여왕에게 보내는 공문서에서 "한 사람의 단 한 시간 동안의 소리가 우리 귀에 계속적으로 불어대는 500대의 트럼펫 소리보다 더 큰 활기를 주었습니다."라고 할 정도였다. 스코틀랜드의 메리(Mary) 여왕이, 스코틀랜드에 교황권의 세력을 부식시키고 스페인의 종교 재판소를 설치하려 했던, 스페인 필립 왕의 아들인 돈 칼로스(Don Carlos)와의 결혼을 숙고하고 있었을 때, 낙스는 공개적으로 그것에 반대하여 설교하였다. 그러한 연합은 '이 왕국으로부터 그리스도를 추방하는 것'이라고 그는 외쳤다. 여왕은 심히 감정이 상하여 그를 불러오게 하여 항의했으며 울음을 터뜨리면서 복수할 것을 맹세했다. 낙스(Knox)는 여왕에게 이렇게 대답했다. 여왕님, 설교 장소 밖에서는 나 때문에 화를 내는 사람은 거의 없다고 생각합니다. 그러나 여왕이여, 설교단에서는 내가 나의 주인이 아니며, 내게 솔직히 말하라 하신 그분께 순종해야만 하고, 지표면에 발을 딛고 서 있는 어떤 인간에게라도 아첨하지 말아야 합니다." 낙스는 1572년에 사망하여 에든버러(Edinburgh)의 성 길레스(Giles) 성당 뒤에 있는 묘지에 장사되었다. 그 당시 섭정(the Regent)으로 있던 몰톤 백작(the Earl of Morton)은 그의 무덤에서 "여기에 결코 사람의 외모를 두려워하지 않았던 사람이 잠들어 있다."라고 말했다.

또한 불행하게도 강단에서 용기 있는 설교자가 되고자 하는 결심은 설교자들을 고집스럽고 거만하게 만드는 결과를 초래할 수 있다. 우리는 솔직히 말하는 데는 성공할지 모르나 우리의 솔직함을 자랑하게 됨으로써 실패할 수도 있다. 사실대로 말하자면 강단이란 아담의 자손이라면 누구라도 차지하기에 위험한 장소이다. 강단은 '높이 드리운' 곳이므로 하나님의 보좌에 한정되어야 할 탁월함을 지니고 있다(사 6:1). 우리 설교자들이 그곳에 홀로 서 있는 동안 모든 회중의 눈은 우리들에게 집중된다. 우리가 독백의 형태로 설교하는 동안 모든 회중은 잠잠히 앉아서 침묵을 지킨다. 누가 이러한 대중들의 주목을 견디어 낼 수 있으며, 허영심에 의해 상처받지 않고 지낼 수 있겠는가? 의심할 바 없이 교만은 설교자의 주요한 직업적 위험 요소이다. 그것은 많은 설교자들을 타락시켰고 그들의 목회의 능력을 빼앗았다. 그러므로 우리는 우리 자신이나 타인에게 할 수 있는 모든 일을 다 하여 "모든 이론을 파하여 하나님 아는 것을 대적하여 높아진 것을 다 파하고 모든 생각을 사로잡아 그리스도에게 복종케" 해야 하는 것이다(고후 10:5).

그리스도 안에서 하나님의 계시에 순종하는 겸손한 마음은 설교자들에게서 어떻게 나타나는가? 겸손한 설교자는 자기 자신의 사색에 따라 성경에 무엇을 더하거나 혹 편견에 의하여 성경으로부터 무엇인가 감하는 것을 피하여야 한다. 참된 설교자는 자기를 기쁘게 할 만한 '새 교리'를 발명해 내는 사색가도 아니며, 자기를 불쾌하게 하는 교리를 삭제하는 편집자도 아닌 다만 한 사람의 청지기, 즉 하나님의 청지기로서 성경 안에서 그에게 맡겨진 진리를 신실하게 하나님의 가족에게 분여(分與)하는 자일 뿐 그 이상도, 그 이하도, 그 이외도 아닌 것이다. 그러므로 이 사역을 위해서는 겸손한 마음이 필요하다. 우리는 날마다 성경으로 다가가서 마리아같이 예수의 발아래 앉아 그분의 말씀을 듣는 것이 필요하다.[50] 설교자로서 우리의 가장 절실한 요구는 "위로부터 능력을 입힘"(눅 24:49)인 것이다. 그리하여 사도들처럼 "하늘로부터 보내신 성령을 힘입어 설교함으로써"(벧전 1:12) 복음이 우리의 설교를 통해 "말로만 너희(회중)에게 이른 것이 아니라 오직 능력과 성령과 큰 확신으로" 전달될 수 있도록 하는 것이다(살전 1:5).

3) 설교자의 권위

설교는 누가 할 수 있는가? 설교자가 무슨 권위로 이런 말을 할까? 이런 질문은 메시지의 진실성과는 관계가 아닌 다만 그 설교자가 과연 그 메시지 전달자로서 합당한가 하는 데 대한 문제의 제기일 수도 있다. 설교자가 무슨 근거를 가지고 강한 확신을 드러내 보이며, 성경을 자유자재로 사용하고, 심지어 반론을 도저히 참아내지 못하는 강한 독단을 드러내면서 하나님과 교회를 위해서 말할 권위가 자기에게 있다고 주장할 수 있는가?

---

50) *Ibid.*, 323-59.

(1) 신적 소명(a divine call)

설교자에게 있어서 신적인 소명은 가장 결정적인 것이라고 할 수 있다. 구약의 선지자들과 신약의 사도 바울은 자기의 직분 혹은 사명이 자기 자신이 선택한 것이 아니라 하나님이 정하신 것이라는 사실을 보여 주기 위해 상당히 애를 쓰기도 했다. "주께서 가라사대 가라 이 사람은 내 이름을 이방인과 임금들과 이스라엘 자손들 앞에 전하기 위하여 택한 나의 그릇이라"(행 9:15). "사람들에게서 난 것도 아니요 사람으로 말미암은 것도 아니요 오직 예수 그리스도와 및 죽은 자 가운데서 그리스도를 살리신 하나님 아버지로 말미암아 사도된 바울은"(갈 1:1) 사도로 부르심을 받았다. 사도 바울이 말한 대로 "보내심을 받지 아니하였으면 어찌 전파하리요"(롬 10:15)라는 바울의 메시지는 설교자는 곧 소명자여야 할 것을 의미한다. 하나님의 소명은 개인적인 동시에 내적인 것이다. 그러므로 설교자의 소명은 그 사람의 외부적인 어떤 조건 때문이 아니고 하나님의 강권적인 은총의 사역이다.

그렇다면 소명은 언제 어떻게 주어지는 것인가? 그것은 오직 하나님의 주권에 달렸으며 각 사람마다 다른 처지와 환경에서 하나님이 부르신다. 예컨대 이사야는 성전에서, 예레미야는 뜰에서, 아모스는 농장에서, 베드로와 그의 형제는 어장에서, 어그스틴은 마니교의 미망(迷妄)에서, 루터는 친구의 참사에서, 웨슬레는 대학연구회에서, 스펄전은 소년시대에 출석한 어느 교회의 한 성도의 설교를 통해서, 그리고 무디는 구둣방 가게에서 소명을 받은 것이다.[51] 그러므로 설교자의 권위는 신적 소명(a divine call)에 결정적인 근거를 두고 있다. 이런 사실 때문에 설교자는 '나는 이렇게 이해해야 한다고 생각합니다', '나는 이런 뜻으로 믿습니다'와 같은 표현을 하지 않도록 주의해야 한다. 설교자가 본문의 진리에 관하여 '성경이……말하고 있습니다' 라고 분명하게 단언하지 못한다면 세상의 문화 속에서 갈등하며, 비극적인 사건으로 고통받는 성도들에게 세상 철학자의 이론보다 설교자의 결론에 더 큰 경의와 관심을 가져야 할 이

---

51) 정성구, *op. cit.*, 228.

유가 없다. 그러므로 성경이 명령하고 있는 것처럼, "하나님의 말씀을 하는 것 같이"(벧전 4:11) 설교를 해야 한다. 설교자는 이런 권위가 설교자 자신 안에 있는 것이 아니라 말씀의 진리 안에 있다는 사실을 이해해야 한다.

(2) 하나님의 말씀의 도구

설교자의 권위는 자신의 말의 능력이나 지혜에 있지 아니하고 오직 하나님의 말씀의 도구로서의 특별한 권위를 가지게 된다. 사도 바울은 "그리스도께서 나를 보내심은 세례를 주게 하려 하심이 아니요 오직 복음을 전케 하려 하심이니 말의 지혜로 하지 아니함은 그리스도의 십자가가 헛되지 않게 하려 함이라 십자가의 도가 멸망하는 자들에게는 미련한 것이요 구원을 얻는 우리에게는 하나님의 능력이라"(고전 1:17~18)고 하였다. 또한 그는 "이러므로 우리가 하나님께 쉬지 않고 감사함은 너희가 우리에게 들은바 하나님의 말씀을 받을 때에 사람의 말로 아니하고 하나님의 말씀으로 받음이니 진실로 그러하다 이 말씀이 또한 너희 믿는 자 속에서 역사하느니라"(살전 2:13)고 하였다. 그러므로 "모든 성경은 하나님의 감동으로 된 것으로 교훈과 책망과 바르게 함과 의로 교육하기에 유익하니 이는 하나님의 사람으로 온전케 하며 모든 선한 일을 행하기에 온전케 하려 함이니라"(딤후 3:16~17)고 하였다. 그러므로 설교자는 하나님의 말씀의 도구로서 말씀의 권위를 강화시키기 위해 자신의 권위를 불어넣을 필요가 전혀 없다. 설교자의 삶 자체에서 하나님의 권위를 확신하고 있다면 어떤 방법으로도, 어느 곳에서라도 하나님의 말씀을 성경이 명령하는 대로 "모든 권위를 가지고 책망하라"(딛 2:15)고 하신 말씀에 순종할 수 있다.

(3) 교회의 위임

설교자의 권위는 주님의 몸된 교회로부터 위임받았으므로 권위를 가진다. 교회는 하나님의 말씀 위에 세워진 그리스도의 왕국으로서 오직 그의 말씀에 의해서만 지배를 받는다. 교회가 교회 되는 것은 바로 그리스도의 죽으심과 부활을 선포하는 성경을 설교하기 때문이다. 그러므로 개혁주의자들은 '오직 성경'(*Scriptura Sola*)과 '성경 전부'(*Scriptura Tota*)의 원리들을 개혁주의 설교의 원리로 삼는다. 하나님의 그의 말씀을 통하여 교회를 부흥케 하시며, 교회를 유지하며, 지도하시고 거룩하게 하시며, 개혁하시며, 새롭게 하신다. 하나님의 말씀은 그리스도께서 교회를 다스리는 홀이며 교회를 양육하시는 음식이다.[52] 이런 의미에서 설교자는 주님의 몸된 교회로부터 설교자로 세우심을 받았으므로 설교자는 권위가 있다. 사도 바울은 디모데에게 편지하기를 "내가 이를 때까지 읽는 것과 권하는 것과 가르치는 것에 착념하라. 네 속에 있는 은사 곧 장로의 회에서 안수받을 때에 예언으로 말미암아 받은 것을 조심 없이 말며 이 모든 일에 전심전력하여 너의 진보를 모든 사람에게 나타나게 하라."(딤전 4:13~15)고 하였다. 또한 그는 "우리가 그를 전파하여 각 사람을 권하고 모든 지혜로 각 사람을 가르침은 각 사람을 그리스도 안에서 완전한 자로 세우려 함이니 이를 위하여 나도 내 속에서 능력으로 역사하시는 이의 역사를 따라 힘을 다하여 수고하노라"(골 1:28~29)고 하였다.

4. 설교와 성령에 대한 이해

1) 설교의 원동력이 되는 성령

(1) 말씀 증거와 성령

하나님 말씀과 성령의 관계는 신앙생활의 중요한 원리가 된다. 하나님의 말씀과 성령의 관계는 모든 교회 정치의 원리가 되며, 성도들의 개인적인 신앙생

52) John R. Stott, *Between Two Worlds*, 정성구역(풍만출판사, 1988), 106-110.

활의 삶의 원리가 되며, 그리고 목회자에게는 설교의 원리가 된다. 이는 성경 데살로니가전서 1장 5절에서 "……이는 복음이 말로만 너희에게 이른 것이 아니라 오직 능력과 큰 확신으로 된 것이니"라는 말씀에서 잘 나타나고 있다. 따라서 하나님의 말씀을 증거하는 설교자는 말씀과 성령의 관계를 확실하게 알아야만 한다. 성령은 곧 하나님의 말씀이라 함은 바르트(Barth)가 말한 것처럼 문자적으로 하나님의 말씀이 되는 것이 아니다. 그러나 성경자체가 항상 하나님의 말씀으로만 동일시된다는 것에도 또한 문제가 있다. 왜냐하면 성경은 그 배후에 성자, 성령, 성부가 계심으로 히브리서 4:12 이하에 있는 말씀과 같이 항상 살아 움직이고 역사하는 것으로 이해될 수 있기 때문이다. 성경이 기록된 목적을 생각할 때에도 성경은 홀로 있는 것이 아니고 성경을 기록하신 성령이 항상 함께 역사하신다는 것으로 이해해야만 한다.

말씀이란 하나님의 뜻으로 말미암아 하나님에게서 나온 것이지만 이 말씀이 우리에게 이해되기 위해서는 인간적인 방법 즉 사람의 언어를 통해 사람의 습관과 배경을 참착하면서 인격과 모든 사상을 유기적으로 연관시킬 필요가 있다. 그래서 하나님께서는 말씀을 사도와 선지자를 통해 우리에게 주신 것이다. 그러므로 기록되어 있는 말씀을 그대로 읽는 것이 아니라 기록된 말씀을 기록하게 하신 성령의 뜻을 살려야 한다. 이것은 다시 말하면 오순절에 성령이 역사하셔서 사도들을 통해 말씀을 기록하게 하신 후에 그 다음에도 변함없이 역사하셔서 말씀이 살아나고 전파되며 교회 안에 효력있게 나타나 생명력을 나타내는 것이다.[53]

종교개혁자들의 모토인 '오직 성경으로'(*Sola Scriptura*)라는 말은 '오직 성령은' 주격이 아니다. 물론 여성이기 때문에 주격이 될 수도 있지만 이것은 탈격으로 '오직 성령을 통해서', '오직 성경과 더불어', '오직 성경에 의해서'라는 말이다. 종교개혁자들은 성경을 통해서, 성경과 더불어, 성경을 주석하고 말씀을 전파하는 등 성경으로 일했다.[54] 나아가서 칼빈주의자들은 신학의 원리인 '계시 의존 믿음'으로서 말씀과 성령의 관계를 매우 중요하게 다루고 있다. 하

53) 차영배, *오순절 성령 강림의 단회성과 반복성*(총신대학교신학대학원, 1988), 4-8.
54) *Ibid.*, 8.

나님의 성령의 역사는 교회 위에 이루어져 성경을 기록하게 하고, 믿음을 일으키어 계시 의존의 말씀을 의존하게 하신다. 하나님의 성령이 우리에게 찾아오시면 성경 말씀으로 충족하게 되고, 이 성경 말씀을 가지고 증거할 때 능력이 나타나고 이 성경 말씀을 바로 이해할 수 있도록 인도해 주신다. 그러므로 요한1서 2:27을 보면 "너희 속에 기름부음이 있으면 다른 사람이 가르쳐 줄 필요가 없다"라고 하였다. 그러나 로마가톨릭교회는 성도들이 무식하므로 성경을 읽지 못하게 했다. 그러나 개신교는 모든 성도들에게 하나님의 성령의 역사함으로 모두가 이 성경 말씀을 읽으면 이해할 수 있다고 했다. 칼빈주의에서는 누구든지 성령의 인도로 하나님의 말씀을 읽으면 성령의 조명에 의해 이해할 수 있다는 명료성의 교리를 주장한다. 이와 같이 신학의 객관적 원리는 성경이며, 주관적 원리는 성령이라는 것이 오늘날 칼빈주의 신학뿐만 아니라 목회사역, 설교사역, 그리고 신앙생활에 똑같이 역사되어야만 한다.[55]

또 에베소서 6:17에 "성령의 검 곧 하나님의 말씀을 가지라"고 했다. 성령이 주인이 되고, 주체가 되어서 성령의 검으로, 수단으로 사용하신다는 것이다. 그러나 성경 말씀을 성령에 항상 종속적으로 위치해 두는 것도 문제이다. 왜냐하면 우리가 말씀이라고 하는 것은 단순한 말씀이 아니고 요한복음 1장에 나타난 대로 말씀은 하나님이기 때문이다. 성경은 성령의 검(엡 6:17)이며 결코 설교자의 검이 아니다. 그런데 많은 경우 설교자들이 주인이 되어서 또는 신학자가 주인이 되어서 이 성경을 난도질한다. 성령이 주인이 되어서, 성령께서 이 말씀을 사용하실 수 있도록 자리를 양보해야 한다. 하나님 말씀의 사역을 수종드는 설교자들은 하나님의 말씀은 나의 칼이 아니며, 성령의 칼이심을 명심해야 할 것이다.[56]

성령은 사람을 무시하지 않는다. 만약에 사람이 없이 하실 수 있었다면 벌써 다 하셨을 것이다. 오순절에 한꺼번에 세계 도처에 성령이 역사하지 무엇 때문에 지금까지 2000여 년 동안 많은 사람들이 수고와 죽음과 눈물로써 이루어져 오고 있는가? 하나님께서는 이렇게 장구한 세월 동안 너무 연약하고 무식하고

55) *Ibid.*, 16-7.
56) *Ibid.* 18.

미련하여 지혜가 없고 날마다 주님을 거역하여 합당치 못한 부족한 인간을 버리지 아니하시고 사용하고 계신다. 더군다나 하나님은 우리를 동역자라고 말씀하신다. 성령이 역사하실 때 사람들을 통해서, 사람들의 입을 통해서, 사람들의 모든 사상과 인격을 통해서 역사하심으로 단순히 성경과 성령만으로 되는 것이 아니다. 거기에는 쓰이는 그릇이 필요한 것이다.[57] 이제 주님께서 그 뜻대로, 나를 통해 성경 말씀을 사용하실 수 있도록, 하나님 말씀의 나팔이 될 수 있도록, 나를 붙들어 주시고, 나의 마음속에, 나의 뜻에 하나님의 말씀이 살아 있어서 하나님의 성령이 원하시면 언제든지 사용하실 수 있는 그릇으로 준비될 수 있도록 기도해야 할 것이다. 이는 성령님께서 우리 설교의 원동력이 되시기 때문이다.

(2) 말씀 증거의 축으로서의 오순절

그리스도의 사역의 핵심은 오순절 사건이다. 오순절에 성령을 베푸신 자는 바로 예수님이시다. 그리스도의 사역 전체를 요약하면 성령선물 즉 성령세례를 확보하신 다음 그것을 오순절에 교회에 주신 것이라 할 수 있다. 특히 복음서에서 세례 요한의 준비사역과 선포를 기록하고 있는데, 요한복음 1:29~34에 나타난 세례 요한의 증거를 보라. "세상 죄를 지고 가는 하나님의 어린양"(29절)과 "하나님의 아들"(34절)이신 예수 그리스도의 사역의 절정과 초점을 어디에 두고 있는가? 그것은 요한이 물로 세례를 주기 위해 보내심을 받은(1:31, 33) 반면에 예수님은 "성령으로 세례를 주시는 자"(33절)라는 데 있다(눅 3:15~18, 마 3:11 이하, 막 1:7 이하 참조). 특히 무리들이 세례 요한의 정체가 무엇인지, 그가 메시아인지 여부를 몹시 궁금해 했다(15절). 요한은 여기에 대해 그 뿌리까지 뚫고 내려가 핵심을 잡아내는 식으로 대답했다. 그의 대답은 자기의 사역과 "오실 자"이신 예수님의 사역을 세례를 공통분모로 비교 요약한 것이다. 세례 요한의 역할은 잠정적·예비적이며, 그의 회개 요청은 준비적인 것이다(요 3:4과 7:27 이하 참조). 따라서 그의 사역의 전체는 물세례로 표현되었

---

57) *Ibid.*

다. 이에 비해 예수님의 사역은 예비가 아니라 성취이다. 따라서 예수님의 사역 전체는 요한의 예비사역이 실제로 성취되어 나타난 성령과 불세례로 요약되는 것이다. 요한복음 3:17을 보면 메시아의 세례의 불이 멸망의 불이며, 또한 전체적으로 볼 때, 이 세례가 구원 혹은 멸망의 이중적 결과를 초래하는 종말적 심판을 내포하고 있음도 볼 수 있다. 메시아의 성령·불세례는 세상이란 타자마당을 정하게 하시는 하나님의 대분리작업(大分籬作業)인 것이다. 달리 표현하면, 성령·불세례는 역사의 종말에 세상이란 밭에서 추수하여 알곡과 가라지를 골라내시는 하나님의 작업인 것이다.

다시 말해서 성령·불세례가 오순절에 드디어 실현되었는데 그것이 메시아의 백성에게 멸망세례가 아니라 축복세례가 되기 위해서는 메시아 자신이 그들의 죄를 담당하실 대속자로서 동일시되어야 하고(마 3:14 참조), 또 먼저 성령을 받으셔야 했던 것이다. 그들의 죄 때문에 마땅히 하나님의 진노와 정죄를 받아야 했는데 이 진노와 정죄를 제거하시기 위해서는 예수님께서 그들보다 먼저 세례를 받으시고, 그들보다 먼저 성령을 받으신 것이다. 그들이 성령을 선물과 축복으로 받기 위해서는 예수께서 먼저 그들 위에 놓여 있는 저주를 제거하셔야 했는데, 그러기 위해서는 그가 먼저 성령을 받으셔야 했던 것이다.[58] 이와 같이 세례 요한의 사역과 세례 그리고 예수님의 자신이 성령 받으신 사건과 오순절 사건이 서로 밀접하게 연결되어 있는데, 예수님의 사역 전체는 메시아 세례(성령·불세례)를 베푸시기 위해 친히 종말 심판(정죄)을 당하신 과정으로 보아야 한다는 것이다. 지금까지 그리스도의 사역의 약속의 관점에서 살펴보았다.

(3) 설교의 원동력으로서의 오순절

그리스도의 사역의 성취의 관점에서 베드로의 오순절 설교(행 2:14~39)를 살펴보자. 베드로의 설교는 근본적으로 그리스도 중심의 설교였다. 그 설교의 축은 사고행전 2:32, 33에 있다. 베드로는 먼저 부활사건을, 그리스도를 십자가

58) Richard Gaffin, *Perspectives on Pentecost,* 권성수 역, *성령의 은사론*(서울: 기독교문서선교회,1989), 16.

에 못 박은 악인들(23절)에 대한 하나님의 반응으로 상고한 다음(24~31절) 이렇게 요약해서 말했다. "이 예수를 하나님이 살리신지라 우리가 다 이 일에 증인이로다. 하나님이 오른손으로 예수를 높이시매 그가 약속하신 성령을 아버지께 받아서 너희 보고 듣는 이것을 부어주셨느니라"(2:32, 33절). 성령은 성부가 약속하신 성령이요(행 1:4, 눅 24:49), 따라서 구약 시대에 대망하던 약속 성취의 핵심인데(행 2:39, 갈 3:14, 엡 1:13 참조), 이 성령을 부어주신 사건은 그리스도의 획기적·절정적 사건들, 특히 부활 및 승천과 직결된 것으로 나타나 있다. 이 사건은 여러 사건들이 종합된 제 사건의 단일복합체이다. 오순절 사건은 이런 제 사건들의 진행과정에서 나타난 획기적인 사건이다. 또한 이 사건들은 단회적인 사건들이면서 서로 연관이 있어서 한 사건이 다른 사건들 없이는 일어날 수 없었을 것이다.[59)]

베드로의 오순절 설교(행 2:14~39)와 바울의 해석(고전 15:45)을 종합하여 살펴보면, 그리스도께서 오순절에 성령선물을 교회에 쏟아 부어주셨다는 점과 그리스도께서 "살려주는 영"으로서 교회에 직접 임하신 사건이 바로 오순절 사건이라는 점을 분명히 알 수 있다. 즉 오순절의 성령은 그리스도의 부활생명, 승귀하신 그리스도의 생명인 것이다. 예수님이 제자들에게 친히 말씀하신 내용(요14~16장)을 볼 때, 이 점이 더욱 분명해진다. 예수님은 보혜사(상담자, 위로자) 성령이 오실 것을 약속하셨다. 특히 요한복음 14:12이하에 보면, 예수께서 영광(죽음, 부활 및 승천) 중에 성부께로 가야만(12절) 성부께서 성령(다른 보혜사, 16절)을 주시기로 약속하셨고, 또 성부께서 성령을 주시는 것은 예수께서 친히 모시는 것을 의미한다(18절에 "내가 너희를 고아와 같이 버려두지 아니하고 너희에게로 오리라"). 19~23절에, 예수께서 와서 함께 하시겠다는 약속도 이렇게 성령이 오실 것을 가리킨 것이다. 예수께서 와서 함께 계시겠다는 것을 예수께서 부활하실 후 짧은 기간 동안 나타나신 것이나, 앞으로 재림하실 것으로 이해해서는 안 된다. 여기서 주목할 만한 것은 교회 안에서의 그리스도의 사역과 성령의 사역이 절대적·전폭적으로 일치한다는 점이다. 이것은 신약의

---

59) *Ibid.*, 17.

기독론과 성령론의 가장 기본적인 주요원리 중의 하나이다. 성령의 사역은 그리스도의 사역에 약간 참가하는 사역이 아니다. 그것은 그리스도의 행적에서 한 걸음 더 나아가 그것을 보충하는 보충사역이 아니다. 그것은 그리스도의 사역과 분리되는 독자적인 사역도 아니다. 그것은 그리스도께서 완성하신 구원의 기초 위에 덧붙여 주는 '보너스'가 아니다. 오히려, 성령의 사역은 그리스도께서 살아계셔서 어떤 일들을 행하셨는가를 밝히 보여 줄 뿐 아니라, 그리스도에서 지금도 종말 생명의 근원으로서 교회 안에 살아계셔서 활동하심을 밝히 보여 준다. 이렇게 성령은 그리스도께서 교회 안에 계속 살아계심을 보여 주는 '공개된 비밀', '계시된 신비'이다. 여기서 그리스도의 대위임령 마지막 구절을 생각해 보자. "내가 세상 끝날 때까지 너희와 항상 함께 있으리라"(마 28:20). 이 말씀은 그리스도께서 신성(神聖) 면에서 어디나 계신다는 것을 가리킬 뿐 아니라 성령의 존재와 사역을 통해 교회와 늘 함께하신다는 것을 가리킨다. 본문에는 신성의 편재(偏在)보다 성령의 동행이 더 강조되어 있다. 본문의 '나'는 곧 오셔서 성령의 능력으로 교회 안에 임재하실, 생명을 주는 성령, 영화된 인자이다.

그리스도의 인격과 사역의 관점에서 볼 때, 오순절 사건은 성령께서 그리스도의 완성된 구속 사역의 토대 위에, 또 그 사역의 절정으로서 언약민(言約民) 속에 임재하사 활동하시는 것을 의미한다. 이와 같이 성령선물(성령세례, 성령강림)은 그리스도의 사역의 절정적 성취이다. 그것은 승귀하신 그리스도께서 성령의 능력으로 교회에 오신 것을 의미한다. 그것은 구원의 단회적 완성이다. 그것은 지금까지 진행된 구속 역사의 절정이다.[60] 따라서 오순절은 제자들에게 그야말로 엄청난 영향을 주었다. 그것이 그들이 예수님의 인격과 사역을 이해하여 그에게 그들의 생애 전체를 의탁하는 일에 있어서 마음에 불을 붙이고, 눈을 뜨게 하는 근본적인 변화를 가져왔다. 이런 의미에서 오순절 사건은 신약 교회의 사도들의 말씀 사역에 원동력이 되었다.

---

60) *Ibid.*, 18.

2) 성령의 은사로서의 설교

(1) 성령선물과 성령은사의 관계

오순절은 바로 하나님의 새 언약민이며 그리스도의 몸인 교회의 창설을 의미한다. 오순절 성령은 하나님께서 영으로 거하시는 그리스도의 몸(엡 2:22), 하나님의 영이 거하시는 하나님의 성전으로서의 그리스도의 몸(고전 3:16)을 이루었다. 따라서 성령세례 받은 그 몸속으로 연합되어 들어가 거기에 참여하는 자들은 누구나 성령선물을 누린다(고전 12:13). 성령은사론에서 가장 두드러지게 나타나는 구절들은 로마서 12장 3~8절, 고린도전서 12~14장, 에베소서 4장 7~13절이다. 성령선물과 성령은사는 다음 두 가지 의미에서 차이가 있다. 그러나 다음 두 가지 의미는 서로 연관된 것이다.

① 보편수여와 상이분배의 원리

즉 교회의 모든 구성원이 체험하는 성령사역(성령선물)은 '상이분배'의 원리에 의하여 주어지는 성령, 즉 교회 안에서 서로 다르게 분배되는 성령의 역사들과 구분되어야 한다. 이 두 원리는 고린도전서 12장에 분명히 나타나 있다. '보편수여'(universal donation)의 원리는 12장 13절에 나타나 있다. 즉 한 성령으로 모두 세례받고 한 성령을 모두 마시게 된다는 것이다. '상이분배'의 원리는 12장 29, 30절에 나타나 있다. 즉 모두가 사도가 아니며 모두가 예언자들이 아닌 것이다.

② 잠정적·반(半)종말적(provisional, subeschatological) 특성

성령선물(단수)은 그리스도 안에서의 구원경험(생명에 이르는 회개, 행 11:18)에 필수적인 것이다. 그것은 종말 생명의 실제적 시식(始食)이며, 미래의 부활추수를 기대하는 '첫열매'이며(롬 8:23), 최후에 얻을 기업과 '예약금'(언약으로 전체를 소유하는 '다운 페이먼트', 고후 1:22, 5:5, 엡 1:13 이하)이다. 이와 반면에

성령은사(복수)는 여러 사역에 관한 구체적인 역사들로서(고전 12:4~6) 그 자체가 잠정적·반(半)종말적(provisional, subeschatological)[61]이다. 이것이 고린도전서 13:8이하에서 바울이 말한 요점 중의 하나이다. 은사 중에서도 예언과 방언이 잠정적·부분적 특성을 가지고 있다. 따라서 예언과 방언은 믿음·소망 사랑처럼 항상 계속되는 성령의 역사들(13절)이 아니라, 일시적인 것, 지나가 버리게 되어 있는 것이다(8, 9절). 그러므로 교회 안에서 항상 성령이 어떻게 역사하시는가를 전체적으로 볼 필요가 있다. 한편으로는 모든 신자들이 경험하는 종말적 활동과 역사를 인식하고 다른 한편으로 반(半)종말적 기능들(이 중에 그 어느 것도 모든 신자들에게 주어지는 것이 아님)을 인식하는 것이 필요하다. 보편수여를 통하여 종말적으로 존재하는 것과 상이분배를 통하여 반(半)종말적으로 주어진 것을 반드시 구분해야 한다. 독자들은 성령선물과 성령은사의 구분을 기본원리로 삼고 이것을 완전히 이해하고 있어야 한다. 성령은사론에 있어서 결정적인 역할을 하는 것이 바로 성령선물과 성령은사의 구분이다.[62]

(2) 성령의 은사를 주신 목적

교회는 순전히 하나님의 은혜로 창설되었고, 순전히 하나님의 은혜로 계속 존속하고 있다. 그러므로 교회 전체 즉 그 모든 방면과 활동에 있어서 교회는 은사적이라고 봄이 합당하다. 성도의 신앙생활을 살펴볼 때 신앙생활은 은혜로 되는 것이며(엡 2:8), 처음부터 끝까지 신앙생활의 전체가 은사적이다. 그러므로 교회의 어떤 은사는 은사적이고 어떤 은사는 은사적이 아니라고 말할 수 없다. 성령의 은사는 하나님께서 성령의 능력으로 신자들을 도구 삼아 하나님을 봉사하게 하시는 모든 방면을 다 포함한다. 고린도전서 7:7은 이런 포괄적 범위를 보여 주는 좋은 예이다. 독신이든 결혼이든 신령한 생활이 되어야 하고 또 그

61) 여기 반(半)종말적이란 말은 완전한 종말, 즉 우리가 흔히 이해하는 천국이 완성되는 때는 사라져 버릴 것이라는 의미에서 쓰인 말이다. 즉 성령은사는 천국에 가서도 계속되는 것이 아니고 already-not yet의 기간에만 존속되는 것이다-역자 주.

62) *Ibid.*, 49-50.

렇게 될 수 있다. 성경적으로 볼 때 '은사적'이란 말과 '크리스천'이란 말은 동의어이다. 신자의 생활 전체는 은사적 생활(Charismatic life)이고 또 그래야만 한다. 그리스도의 교회 전체는 은사적 움직임이다.[63)]

따라서 은사는 철두철미 교회 봉사를 위해 주어진 것이다. 여기에는 예외가 없다. 은사의 목적이 이렇게 교회 봉사를 위한 것이라는 점이 특히 고린도전서 12:4이하에 잘 나타나 있다. 4~6절에 은사((gifts, 4절), 직임(ministries, 5절), 역사(workings, 6절), 이렇게 세 용어가 기록되어 있는데 이 세 용어는 각기 다른 것을 가리키는 것이 아니라 각기 서로의 의미를 규정해 주는 역할을 하는 것이다. 즉 직임과 역사는 은사의 본질이 무엇인가를 알려 준다. 따라서 8~10절에 열거된 은사들이 교회 봉사의 기능을 가지고 있음을 보여 준다. 성령께서 다양하게 여러 방면으로 나타나시는 것은 공동의 유익을 위한 것이다(7절). 모든 은사의 목적이 무엇이며 그 은사들을 어떻게 행사해야 하는가 하는 문제는 교회의 덕을 세우는 방향에서 생각해야 한다(고전 14:12, 14:26에 모든 것을 덕을 세우기 위하여 하라). 이렇게 모든 은사의 본질이 봉사에 있다는 말속에는 개별은사를 행사함으로써 그 은사를 가진 자가 얻게 되는 주관적·정서적 유익은 항상 그 은사(봉사를 위해 주어진)의 일면이지, 별도의 추가 은사가 아니라는 점이 포함되어 있다. 따라서 은사를 행사함으로써 얻는 이런 경험은 교회의 유익원리와 무관한 것이 아니라 엄격하게 그 원리에 종속되는 것이다. 그런 경험들은 "덤으로 얻는 혜택들"(fringe benefits)인 것이다.[64)]

신약성경은 성령선물과 직무 간의 조화를 보여 준다. 목회서신에 보면 카리스마가 '직무'의 의미로 사용되어 있다(딤전 4:14에 "장로회에서 안수받을 때에 예언으로 말미암은 은사" 딤후 1:6, 딛 1:5에 "부족한 일을 바로잡고 나의 명한 대로 각성에 장로들을 세우게 하려 함"). 사도직(은사) 역시 직무의 성격을 띠고 있음이 분명하다.[65)] 은사와 직무는 적극적으로 결합되어 있어야 한다. 이

63) *Ibid.*, 55.

64) *Ibid.*, 57.

65) 저자 리차드 개핀박사는 은사 대신에 열정이란 단어를, 직무 대신에 질서란 단어를 사용하여 열정과 질서(ardor & order)의 압운을 맞춤으로써 은사와 직무의 불가분성을 말의 동음이어로 나타내고 있다-역자 주.

문제는 교회생활에 있어서 중요하고 아주 실제적인 문제이다. 따라서 동일한 한 성령은 열정(ardor)의 성령이자 질서(order)의 성령이다.[66]

(3) 성령은사의 선별 기준

성령 은사에 대한 사도 바울의 선별 기준을 해석하기 전에 적어도 은사목록을 전체적으로 보며 일반원리 두 가지를 제시하고자 한다. 첫째는 이 많은 은사들은 칼로 두부 베듯 딱 갈라놓을 수는 없다. 가령 지혜의 말씀과 지식의 말씀(고전 12:8)을 예리하게 구분해 내는 데 성공한 주경학자가 있었던가? 또한 병 고치는 은사와 능력 행함을 예리하게 구분하기도 어렵다(고전 12:9, 10). 가르치는 일과 권위하는 일(롬 12:7, 8)도 역시 구분하기 힘들다. 신약 전체의 교훈에 비추어 볼 때 고린도전서 12장 28절의 목록("첫째는 사도요 둘째는 선지자요 셋째는 교사요")은 일종의 계층을 암시하는 듯하다. 여기서 계층이란 말은 뒤의 두 은사는 앞의 은사의 한 측면이라는 것, 즉 예언은 사도의 기능이요, 또 교육은 예언자와 사도의 기능이라는 의미에서의 계층을 가리킨다. 가령 바울은 예언자의 예언기능을 발휘했고(롬 11:25 이하, 고전 15:51 이하, 살전 4:15 이하, 살후 2:3 이하) 두 번이나 자신을 포괄적으로 지칭하여 사도와 교사라 하였다(딤전 2:7, 딤후 1:11). 이 모든 것은 은사들 간에 겹치는 면이 있음과 어떤 경우에는 한 사람(가령 사도)이 하나 이상의 은사를 행사함을 암시해 준다.

둘째는 은사 목록이 언듯 보기에는 의미없이 열거되어 있는 것 같지만 다음과 같이 두 가지 기본적인 범주로 나누어 볼 수 있다. 즉 말씀 은사(word-charismata)와 실행은사(deed-charismata)가 그것이다. 이 두 범주는 물론 불가분의 관계가 있으며 교회생활에 있어서 상호보완적이다. 이렇게 불가분의 관계가 있다고 해서 말씀은사와 실행은사의 구분을 무시하거나 등한시해서도 안 된다. 개별은사는 어느 것이나 말씀봉사 혹은 실행봉사이다. 그중에 어떤 은사, 특히 사도직은 말씀봉사와 실행봉사를 다 포함한다. 은사목록을 이렇게 두 가지로

---

66) *Ibid.*, 59.

나눌 만한 근거가 어디에 있는가? 베드로전서 4:10,11에 그것이 있다(카리스마가 바울서신 외에서는 여기만 나옴).

"각각 은사를 받은 대로 하나님의 각양 은혜를 맡은 선한 청지기 같이 서로 봉사하라. 만일 누가 말하려면 하나님의 말씀을 하는 것같이 하고, 누가 봉사하려면 하나님의 공급하시는 힘으로 하는 것같이 하라."

이 구절은 신약성경의 은사를 전체적으로 간추려 요약하는 구절로 종합되어 있음을 주목하라. 즉 교회 회중에게 주어진 은사의 다양성, 하나님의 은혜의 구체적인 현현으로서의 은사, 은사의 봉사적 성격, 말씀은사와 실행은사의 구분 등이 여기에 압축되어 나타난 것이다.

① 추상적·기계적 접근 방식

내가 무슨 은사를 받았는지 어떻게 알 수 있을까? 교회생활에 적극적으로 참여하면 할수록 이 질문은 더욱 절실해진다. 영적 은사는 우리의 자연적인 능력과 재능을 포함하는 광범위한 것이며 은사는 봉사적·기능적 본질을 가지고 있다. 우선 은사 문제에 있어서 추상적·기계적 접근 방법은 피해야 한다. 여기서 추상적·기계적 접근 방법이란 로마서 12장, 고린도전서 12장, 에베소서 4장 등에 비추어 신령한 자기 점검을 한 다음 그중에 원하는 은사나 부족한 은사를 위해 기도하는 식의 접근 방법을 말한다. 이러한 태도는 뜻밖에도 신약성경이 말하는 진정한 영성(spirituality)보다는 전문적 영성 즉 영적 세계에 있어서의 전문가상(專門家像)을 좋아하는 현대 서구인의 의식구조를 잘 드러내 주는 것 같다. 이런 태도는 신약성경에 비추어 보면 잘못된 태도이다. 첫째, 성경에 기록된 은사목록이 하나부터 열 가지를 다 포괄하는 전체목록이 아니라 몇 가지만 골라서 열거한 것이기 때문에 그것을 기준하여 거기에 열거된 것을 자기가 못 받았으면 그것을 받기 위해 기도한다는 것이 너무 제한된 틀 속에 자신을 묶는 것이 된다. 둘째, 이런 태도는 혼란을 초래한다. 어떤 은사는 일시적인 것으로서 사도시대만 있었기 때문이다.[67]

② 기능적·상황적 접근 방식

은사 파악의 방법은 영적으로 나의 '것'이 무엇이냐? 다른 신자들과 다른 나의 영적 특기, 나로 하여금 교회의 특수 분야에서 활동할 수 있게 하는 나의 특기가 무엇이냐는 격의 질문을 던지는 것이 아니다. 오히려 신약 전체는 그보다 훨씬 더 기능적 내지 상황적(functional or situational) 접근 방법을 제시해준다. 즉 이렇게 질문해야 한다. "하나님께서 내게 허락하신 이 상황 속에서 말과 행동으로 다른 신자들을 봉사할 수 있는 특수한 일에는 어떤 것이 있는가?"(벧전 4:10, 11) '내가 봉사해야 할 구체적인 일은 무엇인가?' 이 질문을 던져 보고 거기에 대해 효과적으로 응답할 때 우리의 영적 은사를 발견하게 될 뿐만 아니라 실제로 사용할 수 있게 될 것이다.

사도 바울은 신약성경에 나타난 어떤 신자보다 더 비상하게 은사를 받았지만(행 19:11, 12, 28:3~6, 8, 9, 고전 9:1, 2, 고후 12:1 이하), 한편으로 누구보다도 자신의 제한과 연약을 직면하고 있었기에 교회에서 자기가 어떻게 봉사해야 할 것인가에 대한 참된 비결을 깨달은 것이다(고후 12:7 이하). 최고의 경험을 얻고(12:2, 3) 형언할 수 없는 계시론 받은(12:4) 그는 자고하지 못하도록(7절) 연약함을 통해서 효력을 발생하는(9절), 그래서 "내가 약할 그때에 곧 강하니라"(10절)고 고백할 수 있게 하는 그리스도의 능력을 덧입도록, "육체에 가시"를 받아 가지고 있었던 것이다. 아마도 가장 중요하면서도 우리가 배우기에 가장 힘든 교훈은 영적인 은사는 우리가 생각하는 힘과 재질, 즉 '우리가 가지고 있는'(혹은 받아가지고 있는) 어떤 것이 아니라, 하나님께서 우리 자신과 우리의 연약에도 불구하고 우리를 통해서 일하시는 바로 그것이라는 교훈이다. "내 은혜가 네게 족하도다. 이는 내 능력이 약한 데서 온전하여짐이라"(고후 12:9). 승귀하신 그리스도의 이 말씀은 바울에게뿐 아니라 우리에게도 하신 것인데, 이 말씀이 영적 은사 문제를 포함하여 모든 신자의 존재에 기본율인 것이다.[68]

67) *Ibid.*, 61.
68) *Ibid.*, 61-62.

3) 예언은사와 설교의 관계

(1) 계시은사로서의 신약의 예언

현재 신약예언자의 역할에 관한 토론이 광범위하게 벌어지고 있고 그 결과 견해가 구구하다. 이렇게 견해가 구구한 것은 사도행전과 바울서신과 계시록, 이렇게 다소 서로 다른 자료를 근거하여 앞뒤가 잘 들어맞는 전체적인 모습을 재구성하기가 어렵기 때문이다. 따라서 리챠드 개핀 박사는 먼저 다음과 같은 전제하에서 이 문제를 다룬다는 것을 밝혀두고자 한다.

고린도전서 12~14장에서 바울이 말한 것은 예언 전체, 즉 예언의 모든 국면에 적용되는 것으로서 예언이 고린도에서 어떤 기능을 발휘했나를 보여 준 것이다. 물론 어떤 측면을 두드러지게 강조하느냐 하는 문제는 경우에 따라 상대적으로 차이가 있지만, 전체적으로 볼 때 고린도 교회에서의 예언은 바울서신과 사도행전과 계시록에서 언급된 예언과 다른 현상이 아니라 동일한 현상이다. 이 말은 고린도전서 12~14장이 예언을 가장 포괄적으로 다루고 있지만 다른 데 있는 구절들도 주요하게 취급해야 한다는 말이다. 여기서 전체적인 균형을 잡기 위해서 먼저 알아야 할 것은 신약성경에 의하면 모든 신자들이 예언자들이라는 점, 즉 전교회는 예언자들의 회중이라는 점이다. 종교개혁자들이 모든 신자들이 제사장들이라고 강조한 것과 같이 우리는 새 언약민은 모두 '예언자'라고 말할 수 있다(만인제사장설에 대해 만인예언자설). 여기서 모든 신자가 예언자란 말은 누구나 하나님의 말씀에 접근할 수 있고(롬 3:2), 성령의 역사를 통해 언약의 율법과 규례가 모든 사람들의 마음속에 기록되어 있고 그들의 생활 속에 나타나 있다는 말이다(사 59:21, 렘 31:33, 겔 36:27, 고후 3:3 이하, 요일 2:27). 그러나 신약성경이 예언자라 할 때는 이런 의미로 쓴 것은 아니다. 신약성경이 말하는 예언은 다음과 같은 두 가지 기본 특징을 가진 은사 내지 기능이다.[69]

---

69) *Ibid.*, 68.

먼저, 예언은 교회 안에서 모두 받는 것이 아니라 일부의 사람들이 받는 은사이다. 그것은 '상이분배'(相異分配)의 원리에 의해 주어지는 은사이다. 또한, 예언은 계시은사이다. 즉 예언은 교회에 일차적, 본원적 의미의 하나님 말씀을 전해 주는 은사이다. 예언은 이미 존재하는 영감 된 본문 내지 구전의 해석이 아니라 그 자체가 영감 된 일차적인 하나님의 말씀이다. 이것은 예언의 필연적 특징 중의 하나이다. 구약의 예언자들과 신약의 사도들은 중요한 점에 있어서 밀접하게 연결되어 있다. 예언은사 자체는 특수한 경우에 일시적으로 다른 사람들에게 나타날 수는 있지만, 예언자란 호칭은 자주 혹은 정규적으로 예언하는 자들에게만 적용되는 명칭이다(행 19:6, 21:9, 고전 11:4, 5).

(2) 구약 선지자와 신약 설교자의 관계

구약의 선지자와 신약의 설교자는 어떤 차이가 있는가? 이러한 점을 연구하기 위해서는 구약의 예언자이나 신약의 사도들과는 별도의 그룹으로서의 신약의 예언과 예언자에 대해 자세히 다루어야 할 점이므로 성경 관련구절에 따라 다음과 같이 다루고자 한다.[70]

첫째, 고린도전서 12~14장에서 예언은 교회의 일부 신자들에게만 주어진 은사이다(12:10, 28, 29의 본문에 나타난 기타 사실들을 보라). 이 점은 로마서 12:6과 에베소서 4:11에 나타난 예언에도 적용된다. 또한 예언이 계시은사란 점도 분명히 나타나 있다.

(A) 바울은 예언을 알아들을 수 있는 모든 말과 연결시켜서 언급했다(14:19, 6절에서 교육 은사와의 관계 참조). 그러나 계시의 요소가 예언의 핵심으로 나타나 있다. 30절(26절 참조)에서도 이 점을 볼 수 있다. "만일 곁에 앉은 다른 이에게 계시가 있거든 먼저 하던 자들은 잠잠할지니라" 여기서 '다른 이'는 29, 31절에서 '예언자'이다. 26절은 공예배의 질서에 관한 내용을 다룬 부분(33절까지)의 서언이다. 26절에 예언이 열거되어 있지 않지만 그다음 구절들이 방언과

70) *Ibid.*, 69-85.

더불어 예언을 통제할 것을 집중적으로 다루고 있으므로 예언이 26절의 목록에 포함된 것으로 보는 것이 타당하다. 구체적으로, 30절에 비추어 볼 때 '계시'는 예언의 동의어다. 26절에서도 '계시' 다음에 바로 '방언과 통역'이 뒤따라 나오는 것을 주목하라. 14장 전체에서 예언과 방언이 서로 연결되어 나오는 것을 볼 때 위에서 '계시'는 예언을 가리킨다. 이렇게 볼 때 6절에서 '계시나 지식이나 예언이나 가르치는 것'은 4개의 개별은사를 의미하는 것이 아니라 '계시'('지식', 13:2, 8참조)와 '예언'은 각기 서로의 의미를 규정해 주는 것이다. 26절과 30절에서 말하는 '계시'는 '지혜와 계시의 영'(엡 1:17)인 성령의 일반적인 역사로 나타나는 것을 가리키지 않는다. 성령의 일반적인 역사로 나타나는 계시는 모든 신자들이 받는 것이다(빌 3:15 참조). 26절과 30절의 '계시'는 교회의 유익을 위하여 영감을 통해 어느 한 사람에게 주어지는 구체적인 계시를 가리킨다.

(B) 예언이 계시라는 사실은 예언과 '모든 비밀'을 아는 것(13:2)을 연결시킨 것을 보아도 알 수 있다. 13장 1~3절에 나타난 조건절의 구성을 보면 다음과 같다.

"내가 사람의 방언과 천사의 말을 할지라도……"(1절)

"내가 예언하는 능이 있어 모든 비밀과 모든 지식을 알지라도……"(2절 상반절)

"내가 산을 옮길 만한 모든 믿음이 있을지라도……"(2절 하반절)

"내가 내게 있는 모든 것을 구제할지라도……"(3절 상반절)

"내 몸을 불사르게 내어 줄지라도……"(3절 하반절)

여기서 '만일'(우리말 번역에 "~지라도")이란 말이 반복되어 나타나는데 이 '만일'이란 말이 각각의 은사를 구분하는 경계선 역할을 하는 것 같다. 즉 '만일'이란 말 하나로 하나의 은사를 언급한 다음, 그 은사가 사랑 없이 행사될 때는 아무것도 아니라고 한 것이다. 2절 상반절에서 비밀을 아는 것과 지식과 예언을 한 절로 묶은 것을 보면 비밀을 아는 것과 지식이 설령 별개의 은사라 할지라도 그것은 예언과 밀접한 은사임을 알 수 있다. 그러나 이보다 더 정확한 해석은 비밀과 지식이 예언의 내용을 가리킨다고 보는 것이다.

둘째, 에베소서 3장 3~5절의 내용은 고린도전서 12~14장에 관한 우리의 결론이 핵심을 찌른 결론임을 확증해 준다. 바울은 에베소 3장에서 자신의 사역을 가장 광범위하고 기본적인 관점에서 개괄하면서 그 사역의 기초가 "비밀이 계시로 내게 알려졌다"(3절)는 사실에 있음을 지적했다. 그는 계속해서 설명하기를 이 비밀은 "그리스도의 비밀"(4절)로서 측량할 수 없이 충만한 비밀이며(8, 16~19절), 이 비밀은 "이제 그의 거룩한 사도들과 선지자들에게 성령으로 나타내신 것같이 다른 세대에서는 사람의 아들들에게 알게 하지 아니하신" 비밀이라고 했다(5절). 이 구절 전체의 관점에서 볼 때, 신약성경의 예언관을 전체적으로 볼 수 있는 기본적인 결론을 뽑아낼 수 있다. 여기서 에베소의 예언자들은 고린도의 예언자들과 다른 별개의 개념이라고 생각한 근거가 없다. 첫째, 신약의 예언자들에게 주어져서 그들에 의하여 알려진 계시는 바울과 기타 사도들이 받아서 선포한 영감된 계시와 동일한 것이다. 둘째, 예언자들의 계시는 어느 개인, 어느 지역에만 국한된 것이 아니라, 사도들의 계시와 함께 교회의 신앙과 생활을 위한 풍성하고도 다양한 그리스도 안에서의 구원에 관한 것이다.

셋째, 로마서 12장 6절에서 바울은 이렇게 말한다. "혹 예언이면 믿음의 분수대로" 이 명제는 상당한 논란의 대상이 되고 있다. 어떤 학자들은 헬라어를 직역해서 "믿음의 유추(analogy)대로"라고 해석한다. 이 경우에는 '유추'는 교회의 객관적 계시체계로서의 '믿음', 즉 규칙 내지 규범의 의미로 이해된 것이다('믿음'이 이렇게 객관적인 진리체계로 쓰인 곳은 행 6:7, 딤전 5:8, 유 3 등이다). 그렇다면 12장 6절의 의미는 예언을 이미 교회에 계시된 진리에 맞추어 하라는 것이 될 것이다. 그러나 위의 명제는 모든 표준 영역본이 다 같이 번역한 대로 예언자 자신의 신앙의 분량 내지 분수를 의미한다. 신약성경의 어느 부분에서도 구원받는 믿음의 크기에 따라 혹은 구원받는 믿음에 필연적으로 따르는 "성령의 열매"(갈 5:22, 23)가 나타나는 정도에 따라 구체적인 은사를 얻느냐 못 얻느냐가 달려 있다고 가르치지 않는다(오히려 고린도전서 13장에서 바울의 요점은 은사'들'의 소유가 사랑으로 역사하는 강한 믿음의 필연적인 증거가 될 수 없다는 점이다).

따라서 그리스도의 몸 안에 은사가 다르듯이 서로 다른 은사를 행사한다는 점에서 각자의 믿음도 역시 다르다. 여기서 믿음이 서로 다르다고 하는 말은 은사를 받은 자의 은사행사에 나타나는 믿음이 다르다는 말이다. 신자의 은사가 다르듯이 각기 은사에 따른 '믿음의 분량'도 다르다. 여기서 '믿음'은 은혜, 즉 다양한 은사, 특히 그 은사의 행사를 말하는 것으로서 그 은사를 받은 자 편에서 보았을 때의 은혜이다. 중요한 점은 '믿음의 분량'(유추)이 계시된 객관적 진리체계를 가리키든, 아니면 예언자 자신의 믿음(행사)을 가리키든 그것은 부분적으로건 전체적으로건 예언의 주관성과 비계시성이나 예언자의 권위의 상대성을 함의하는 것은 아니라는 것이다. 그것이 객관적 진리체계일 경우 예언자는 자기에게 주어진 계시가 교회에 주어진 계시와 맞도록 해야 한다는 권면이다. 이것은 마치 베드로가 안디옥에서 사도로 행동할 때에 베드로 자신과 타인들이 이미 계시받고 가르친 내용과 모순되도록 행동해서는 안 된다고 권면받은 것과 같은 것이다(갈 2:11～14, 행 10:9～16, 28, 29, 34 이하, 11:4 이하). '믿음의 분량'이 예언자 자신의 믿음을 가리킨다면, 예언자 자신이 마치 베드로가 자신의 사도적 행사를 일관성 있게 바로 하도록 권면 받은 것처럼, 예언자 자신의 통제를 받아(고전 14:32) 자기의 은사를 믿음 있게 적절하게 사용하도록 해야 한다는 권면이다. 로마서 12장 6절에서 예언이 일차적·본원적 의미의 하나님의 말씀이 아니라는 의미는 찾을 수 없다. 여기서 예언은 분별·평가할 필요가 있다는 말씀(고전 12:10, 14:29)을 잘못 이해함으로써 견해가 서로 엇갈린다.

넷째, 사도행전, 특히 아가보 사건을 통해서 예언계시의 근원과 성격에 관한 교훈을 찾을 수 있다.

(A) 사도행전 21:10, 11에서 예언자 아가보가 유대로부터 가이사랴에 내려와서 바울의 허리띠를 취해서 자기의 손발을 묶은 다음 이렇게 말했다. "성령이 말씀하시되 예루살렘에서 유대인들이 이같이 이 띠 임자를 결박하여 이방인의 손에 넘겨주리라" 여기서 예언자의 신분으로 말한 아가보의 말은 명명백백하게 성령 자신의 말씀, 즉 성령이 말씀하신 것을 인용한 것이다. 예언자가 받는 것뿐 아니라 그가 남에게 말하고 전달하는 것이 영감된 계시인 것이다. 여기서 신약예언이 구약예언과도 일치되고 있음이 명백하다. 신약예언도 구약예언처럼 "여호와께서 말씀하시되"란 서언 대신에 "성령께서 말씀하시되"란 서언이 있고

거기에 상징적인 행동이 뒤따랐던 것이다(가령, 사 20:2~6), 구약예언도 그렇지만, 모든 예언이 이 형식에 들어맞는 것은 아니다. 또 모든 예언이 미래사를 말하는 것도 아니다. 그렇다고 해서 이 사건이 전형적이 아니거나 신약예언의 근원과 성격을 말해 주지 않는 것이라고 생각할 근거도 없다.

(B) 사도행전에 예언자들의 활동에 대해 언급된 곳이 몇 군데 더 있는데 그 구절들을 보면 이미 개괄한 내용이 더 명백하게 확인될 것이다. 사도행전 13:1, 2에 보면 안디옥에서 '예언자들과 교사들'이 주를 섬기며 금식하던 중에 "성령이 가라사대 내가 불러 시키는 일을 위하여 바나바와 바울을 따로 세우라 하셨다." 성령의 이 말씀은 제1차 선교여행을 시작하도록 권위 있게 임무를 부여한 것인데(4절) 이 말씀은 1절에 언급된 예언자들 중의 한두 사람을 통해 말씀하신 것이라고 강력하게 주장할 만한 정확한 근거는 물론 없다.

사도행전 15장 32절에 예언자 유다와 실라가 바울과 바나바와 함께 예루살렘 회의 결정사항을 담은 서신을 가지고 안디옥에 파송되어(22, 27절), 드디어 안디옥에서 형제들을 격려하고 강하게 한 사실이 나온다. 여기서 '유다와 실라도 예언자'라고 하여 그들의 예언자 신분을 강조한 이유가 무엇인가? 아마 그들과 동행한 바울과 바나바도 예언자들이었을까?(행 13:2, 14:4, 14). 이 구절(15:32)은 예언자의 활동이 권면하는 일임을, 혹은 적어도 권면 요소를 포함하고 있음을 보여 준다. 이것은 바울이 제시한 일반원리(고전 14:3), 즉 예언하는 자는 덕을 세우며 권면하며 안위하는 자라는 원리와 부합한다. 지금까지 고찰한 것을 근거로 하여 볼 때 신약성경에 두 종류의 예언자가 있다는 것은 근거가 없다는 견해이다. 즉 고린도의 예언자와 사도행전의 예언자, 영감된 예측적 예언과 영감되지 못한 권면적 예언을 구분할 만한 근거가 없는 것이다.

다섯 번째, 요한계시록 자체는 신약의 예언을 잘 보여 주는 거대한 예언서이다. 저자 사도 요한이 자신을 예언자라고 하지 않았지만 그가 예언자인 것은 분명한 사실이다. 계시록 전체가 거듭 분명하게 예언서라고 언급되어 있다. 이 점은 요한계시록이 처음에도 나오고 마지막에도 나온다. 가령 "예언의 말씀"(1:3), "이 책의 예언의 말씀"(22:7, 10, 18), "이 예언의 책의 말씀"(22:19) 등이 그것이다. 요한계시록은 그 자체가 '예수 그리스도의 계시' 즉 그리스도가 그의 종들에게 주신 계시(1:1), '하나님의 말씀', "예수 그리스도의 증거"(1:2, 9)이다. 그것은 승천하신 그리스도의 말씀임과 동시에(1:11, 17 이하), "성령이 교회들에게 하시는 말씀"이다. 일곱 교회에 보낸 편지의 형태를 보면 여러 가지로 묘사된 승귀하신 그리스도께서 하신 말씀으로 시작하여(2:1, 8, 12, 18, 3:1, 7,14), 성령께서 하신 말씀으로 끝난다(2:7, 11, 17, 29, 3:6, 13, 22). 이것이 일곱 편지의 일정한 형식이다. 계시록의 예언은 이렇게 영화를 입으신 그리스도 즉 생명을 주시는 성령의 말씀이다.

여섯 번째, 바울은 고린도전서 12:10에서 예언을 영 분별은사와 연결시켰다. 마치 방언과 통역 은사를 연결시키듯이 말이다. 또한 14:29에서도 예언자들이 말하는 것이 '다른 사람들'에 의해서 비평되어야 한다고 말했다. 여기서 '다른 사람들'이란 예언자를 제외한 성도 전체를 가리키는 것이지, 다른 예언자들만을 가리키는 것은 아닐 것이다. 그러나 그렇다고 해도 12:10의 이와 비슷한 연결 관계(예언, 분별력, 방언, 통역)와 14:27이하에 이와 비슷한 방언과 예언의 규제('두셋이' 먼저 하고 통역 평가하라)를 볼 때 12:10에 영 분별은사를 받은 자들이 예언 비평과정에서 주도적 역할을 할 것이 확실하다.

요한일서 4:1에도 이런 비평기능이 일반적인 용어로 언급되어 있다. "영을 다 믿지 말고 오직 영들이 하나님께 속하였나 시험하라. 많은 거짓 선지자가 세상에 나왔음이라." 이 문맥에서 핵심은 예수께서 완전한 육체로 성육하신 것과 예수께서 계속 완전한 육체로 살아계시는 것을 고백하는 문제이다(2절 5:6). 이것은 바울이 고린도전서 12장에서 성육신하신 예수님을 승귀하신 주님으로 고백하는 것을 중점적으로 이야기한 것과 비슷하다(3절). 데살로니가서도 역시 이와 비슷한 것을 교훈한다. "모든 것을 시험하라"(살전 5:21, 요일 4:1과 같은 동사)는 명령(예언도 여기에 포함됨, 20절)은 주님의 재림일이 이미 이르렀다는 식으로 '영'(예언, NIV)에 의해 혼란에 빠질 가능성이 있는데 이것을 피하라는 구체적인 명령이다(살후 2:2). 바울은 "영으로나……혹 우리에게서 받았다 하는 편지로나"라고 하여 '영'과 편지를 나란히 언급하였는데, 이 점을 보면 바울이 여기서 교회 안의 거짓 예언과 예언은사의 남용을 경고하고 있음이 분명하다.

여기서 또 꼭 파악하고 지나가야 할 것은 진짜 예언에 있어서 그것을 평가

하라는 것은 그것이 하나님의 말씀의 완전한 권위가 없기 때문에 평가하라는 것이 아니라는 점이다. 여기서 평가하라는 것은 건설적으로 분변하라, 긍정적으로 시험하라는 말과 같다. 바울사도도 로마서 12: 2과 에베소서 5: 10(갈 1:8 참조)에서 자기 자신의 교훈에 대해서도 이렇게 하도록 명령했다(살전 5:21, 요일 4:1에서 사용된 동사와 같은 동사 δοκιμάζω). "하나님의 선하시고 기뻐하시고 온전하신 뜻이 무엇인지 분별하라", "주께 기쁘시게 할 것이 무엇인가 시험하여 보라" 데살로니가전서 5:19~22도 역시 이 점을 보여 준다. "성령을 소멸치 말며 예언을 멸시치 말고 범사에 헤아려 좋은 것을 취하고 악은 모든 모양이라도 버리라" 이 구절을 바로 이해하려면 하나의 단위로 보아야 한다. 즉 일반적인 것에서 구체적인 것으로 구체적인 것에서 일반적인 것으로 바꾸어 가면서 하나의 핵심을 지적하고 있다. 다시 말해서 영감된 말씀이며 그 어느 것도 거부하지 말라는 일반원리에서 시작하여 구체적으로 예언에 있어서 예언을 멸시하지 말라(고린도에서처럼 데살로니가에서도 방언 등 기타 은사에 비해 예언을 멸시하지 말라)는 구체적인 적용으로 넘어가고, 또다시 일반원리로 돌아와(비단 예언만이 아니라) 모든 영감된 말씀을 분별하라고 하였고, 구체적으로 참된 것은 고수하고 거짓된 것은 버리라고 한 것이다. 베뢰아 사람들은 간절한 마음으로 말씀을 받고 이것이 그러한가 하여 날마다 성경을 상고하였다(행 17:11)고 했는데 이런 반응은 사도들의 영감된 설교만이 아니라 예언에도 똑같이 적용되어야 할 것이다.

(3) 예언과 설교의 차이

지금까지의 내용을 요약하면 신약예언이 계시라는 점이다. 문제는 예언의 계시가 전에 숨겨졌던 내용을 펴 보임에 있어서 '새로운 계시'인가 아닌가, 혹은 어느 정도로 '새로운 계시'인가 하는 점에 있는 것이 아니다. 여기서 핵심은 예언은 성령의 역사에서 나온 영감 된 것, 그래서 권위 있는 것이라는 점이다. 예언자의 말씀은 하나님의 말씀이다. 따라서 이에 합당하게 받고 반응해야 한다. 일반적으로 예언자들은 그리스도 안에 계시된 신비의 측량할 수 없는 풍성과 각종 지혜를 교회에 계시한다는 점에서 사도들과 연결되어 있다(엡 3:5, 8~10). 이 신비에 관한 예언계시는 "밝히 말함"(행 15:32, 고전 14:3)과 "미리 말함"(행 11:28, 21:10)을 포함하고 있다. 이 두 가지의 광범위한 기능이 본질적으로 서로 다른 두 종류의 예언이라고 생각할 만한 근거가 없다. 가령 전자는 완전 영감된 권위 있는 하나님의 말씀이 아니라는 식의 주장을 할 수 없다. 이 두 기능이 실제로 나타나는 과정에 있어서 경우에 따라 전자가 강하게 나타날 때도 있고 후자가 강하게 나타날 때도 있다. 그러나 사도행전과 바울서신의 자료를 볼 때 신약에 언급된 여러 교회(안디옥, 에베소, 고린도, 데살로니가 등)에 하나의 통일된 예언활동이 있었으며, 그것은 구약 예언자들과 사도들이 연결되어 있음을 보여 주는 주요한 특징 중의 하나이다.

이제 설교와 예언의 근본적인 차이 면에서 결론을 간추릴 수 있다. 비예언적 선포는 기존 본문(Text)에 근거한 것이다. 그것은 하나님의 성문화된 말씀－경우에 따라서 신약성경이 쓰이고 있던 시기에는 권위 있는 사도들의 구전－의 적절한 해석인 것이다. 이와 대조적으로 예언적 선포는 성령으로부터 나왔으므로 권위 있는, 성령의 역사로 나타난 말씀인 것이다. 예언과 설교의 근본적인 차이점은 예언자에게는 기존 본문이 없다는 점이다. 예언자는 하나님의 말씀을 계시하고 설교자는 그 말씀을 해설하는 것이다.

제 2 장

설교의 역사

설교학자 알프레드 E. 가레비(Alford Ernest Garvie)는 말하기를 "어떤 주제에 대한 가장 훌륭한 접근 방식은 역사적인 방법에 의한 것이다. 설교학도 과학인 만큼 이전에 설교된 것을 역사적으로 배우는 것이 마땅하다"[1]라고 하였다. 그러나 에드윈 C. 다간(Edwin C. Dargan)의 지적대로 1900년 전까지만 하더라도 설교사가 설교학자에 의해 쓰인 것이 아니라 일반작가들, 교회사가, 문학사들에 의해서 작성되었기 때문에 적절하면서도 포괄적이고 균형 잡힌 설교사가 나오지 못했다. 그러나 1900년 초에 에드윈 C. 다간에 의해서 설교사(A History of Preaching)의 대작이 집필되면서 설교사에 훌륭한 저작을 남기었다. 설교사에 의하면 위대한 설교자가 있던 시대는 그 시대의 조국과 민족에게 절대적인 영향을 끼치고, 그 시대를 건강하고 도덕적인 기초 위에 세우며, 역사의 방향의 키를 바로잡아 갔다. 그러므로 설교는 그 시대 사람들에게 도덕과 습관에 있어 절대적인 영향을 끼쳤다. 그러나 설교자가 하나님의 말씀을 바로 증거하지 못하여 의식적인 종교가 되었을 때 설교는 그 시대의 거짓된 사상과 윤리에 감염되고 순수한 복음은 변질되며 교회는 세속화와 타락의 길을 갔다. 이처럼 설교는 인간의 삶의 모든 영역, 즉 정치, 경제, 사회, 문화, 예술, 교육, 문학, 철학, 언어, 과학 등과 서로 영향을 주고받는 밀접한 관계를 맺었던 것이다. 그러므로 설교사를 이해하는 것은 그 시대의 정신을 이해하는 것이며, 그 시대에 임하신 하나님의 메시지를 듣는 것이므로 역사의 중심부에 접근하는 것이다.[2] 그러므로 이 장에서 교회 시대의 설교의 흐름을 살펴보는 것은 설교 연구에 반드시 필요한 부분이 될 것이다.

---

1) Alford E. Garvie, The Christian preacher(NY: Charles Scriber's Sons, 1921), 22; 정성구, *개혁주의 설교학*(서울: 총신대학교출판부, 1991), 63.
2) Edwin C. Dargan, *A History of Preaching* (Hodder & Stoughton, 1911), 정성구 *op.cit.*, 63-64.

1. 구약 시대의 설교

구약 시대의 설교를 포사이드(P. T. Forsyth) 같은 학자들은 구약성경 자체가 최대의 설교라고 보았으나 구약 선지자들의 사역에서 그 특징을 찾는 것이 가장 좋은 방법이 될 것이다. 구약성경에 기록된 선지자를 히브리어로 '나비'라고 부르는데 '나비'라는 말의 뜻은 '메시지를 운반하다'는 의미이다. 또 다른 의미는 '샘물처럼 솟아오르다'라는 의미를 가지고 있다. 그러므로 선지자는 하나님의 영감이 임하여 그들의 가슴속에 하나님께서 부어주신 말씀으로 충만하여 그 말씀을 선포하지 않을 수 없었던 소명의 사람들이었다. 따라서 선지자에게 있어서 그 주도권은 오직 하나님께 있다(출 3:1~4:17 참조, 사 6장, 렘 1:4~19, 겔 1:3). 따라서 스스로 선지자의 직분을 취하는 자는 거짓 예언자일 뿐이다(렘 14:14, 23:21). 바로 선지자의 입을 통해서 하나님의 말씀이 선포되는 것이 설교였다. 그러므로 구약성경은 하나님의 구속사인 동시에 하나님의 구원의 설교라고 할 수 있다. 구약의 선지자가 있기 전에도 설교자가 있었다는 것을 알 수 있다. 아담의 칠대손 에녹은 예언을 하였으며, 노아는 하나님의 심판을 선포한 '의의 설교자'(벧후 2:5)였으며, 출애굽기와 신명기에는 모세가 하나님의 말씀을 대언하는 설교자로 나타난다. 에드먼드 클라우니(Edmund P. Clowney)는 구약의 선자자들의 사역을 두 가지로 보았다.[3]

첫째 사역은, 예언자적 중계자(mediator)로서 하나님의 말씀을 백성들에게 전하는 것으로 이스라엘 백성들이 하나님의 음성듣기를 두려워함으로 백성들에게 하나님의 계시를 중계해 주기 위해 선지자로서 모세가 부름을 받은 것이다(출 21:19, 신5:27~33). 또한 성경을 기록함으로써 예언자적 중계자의 역할을 계속할 수 있었다.

둘째 사역은, 계시된 말씀을 바로 가르치는 것으로 모세 오경(Torah)을 비롯

---

3) Edmund P. Clowney, *Biblical Theological & Preaching* (Presbyterian & Reformed Publishing Co., 1957) 51-54.

한 구약성경의 하나님의 언약적 내용은 이스라엘 백성들과 그의 자손들에게 가르쳐 줄 것을 요구하는데(출 4:14~16, 신 5:31) 이 사명이 바로 선지자들에게 주어진 것이다. 특히 모세와 같이 분명한 임무를 가지고 나타난 선지자들은 백성들에게 죄를 깨우쳐 주었고, 회개하기를 선포했으며, 종교적, 도덕적, 사회적, 개인적인 의무도 가르쳐 주어야 했다. 또 이스라엘의 본격적인 선지자 시대는 사무엘부터 시작하여 그 후 여러 세기에 걸쳐서 많은 예언자들이 활동하였으며, 포로 시대와 포로 귀환 이후에도 선지자들의 활동이 계속되었다. 대체로 선지자들의 활동은 이스라엘 민족의 죄를 지적하고 여호와의 말씀을 거역하고 우상을 섬기며 타락한 백성들의 죄를 지적하면서 하나님의 심판을 경고했으며, 그와 동시에 회개하고 여호와께 돌아오기를 촉구한 것이다. 선지자들이 담대하게 하나님의 말씀을 선포했을 때는 그 백성들이 그 말씀에 순종하므로 이스라엘이 흥왕하였고, 반면에 선지자들의 메시지가 없을 때에는 이스라엘이 타락과 멸망의 암흑기를 맞이했다. 선지자들의 설교는 왕을 비롯하여 모든 백성들에게 이르기까지 솔직하고 담대하게 죄악을 지적하며 하나님의 공의를 선포하였다. 반면에 진실로 회개하고 주께로 돌아오는 자에게는 하나님의 긍휼과 사랑과 그리고 용서하시는 하나님이심을 증거하였다. 따라서 선지자의 메시지의 중심은 장차 오실 메시아를 증거하며 구원의 소망을 설교하는 것이었다. 베드로는 그의 설교에서 "선지자도 증거하되 저를 믿는 사람들이 다 그 이름을 힘입어 죄사함을 받는다 하였느니라"(행 10:43)고 증거하였다.

2. 신구약 중간기 시대의 설교

신구약 중간기 시대는 구약성경 말라기가 완성된 때로부터 세례 요한이 출현하기까지의 약 400년간 이스라엘은 나라도 잃어버렸고 선지자의 메시지도 없었던 것이 특징이다. 범죄한 결과 하나님의 진노로 인해 북왕국 이스라엘은 앗수르에 의해 멸망당하고, 남왕국 유다는 바벨론에 의해서 점령당하여 예루살렘 성전이 불타 없어지고 백성들이 포로로 끌려가 포로 시대를 맞이하게 되었다. 그러나 바벨론 포로 기간에 회당에서의 예배 제도는 이스라엘의 영적인 맥을 잇는 것으로 하나님의 말씀이 랍비들에 의해서 설교되었다. 이스라엘 백성들에게는 '카할'(에클레시아, ἐκκλησία)과 '에다'(쉬나고게, συναγωγή)라는 두 집회가 있었다. 그 가운데 '쉬나고게' 즉 회당은 성전을 잃어버리고 포로생활을 하는 그들에게 생활의 중심이며 율법을 배우는 교육의 장소였다. 이방인의 땅에 사는 이스라엘백성들에게 회당에서의 예배와 교육은 하나님의 말씀을 듣고 배우는 유일한 장소였던 것이다. 그 후 포로에서 귀환한 후에도 이스라엘 민족은 곳곳에 회당을 세워 평일에는 어린아이들에게 종교 교육의 장소로, 안식일에는 예배를 드리며 율법 교육을 행하는 장소로 사용되었다(마 4:23, 9:35, 11:1, 막 1:21, 22:39). 이 회당에서 모든 이스라엘 사람은 율법 교육을 받아야 하는데 6세에서 9세까지는 초급 과정을, 10세에서 12세까지는 고급 과정을 공부하였다.

회당에서의 예배는 신앙고백(쉐마, 신 6:4, 9, 11:13, 21), 율법 낭독, 설교, 예언서 낭독, 축도 순으로 행해졌으며 후에는 시편의 합창이 있었다. 그 가운데 율법 낭독과 설교가 집회의 가장 중요한 부분이었다. 설교가 행해졌던 회당에는 입구 맞은편의 단 위에 책상이 놓여 있고, 성상이나 그림 같은 것은 없는 직사각형의 방이 있으며, 단 뒤에는 율법의 사본을 넣어두는 통이 있었다. 당시에는 정해진 설교자가 없었으며 회당장이 사회를 보고 맡았으며 주로 랍비 즉, 율법학자가 설교를 했으며, 낭독하는 성경 구절은 모세 오경과 선지자의 글을 읽은 후에 그것을 해석하는 성경강해의 형태였다. 때로는 율법학자가 아닌 평신도도 설교할 수 있었고, 어떤 경우에는 특별하신 손님에게 설교를 부탁하는 경우가 있었다(행 13:15, 42).

그러나 세월이 흘러감에 따라 회당에서의 율법학자들 곧 랍비들의 설교는 성경을 가지고 설교하기보다는 유명한 유대인 율법학자들의 해석을 인용하고 탈무드, 미쉬나, 미드라슈 같은 유대 전설집이나 구전(口傳)을 인용하였다. 이렇게 설교가 점점 생명력을 잃어버리고 변질되어, 하나님의 말씀을 장로들의 유전이 대신했으며 하나님의 말씀의 권위보다 장로들의 유전이나 전통이 더 앞서 버리는 영적 암흑시대가 시작되었다. 그래서 예수님께서 그들을 책망하시기를 "너희가 하나님의 계명을 버리고 사람의 유전을 지키느니라 또 가라사대 너희가 너희 유전을 지키려고 하나님의 계명을 잘 버리는 도다"(막 7:8)라고 하였다. 그 결과 이스라엘은 영적인 암흑의 시대를 맞이하였고 오실 메시아에 대한 신앙까지 왜곡되어 예수 그리스도를 십자가에 못 박는 죄를 짓게 되었다. 결국 말라기 이후 예수님 오시기 직전의 중간기 시대에는 하나님의 말씀을 잃어버린 참된 설교의 부재로 인해 이스라엘의 메시아사상은 물론 사회와 국가 그리고 민족 전체가 병들게 되었다.

3. 신약시대 초기의 설교

1) 세례 요한의 설교

세례 요한은 예수 그리스도의 오심을 예비하는 선구자의 역할을 하였다. 세례 요한의 설교는 그리스도의 선구자로서 그 당시의 형식적인 종교에 매이지 아니하였다. 따라서 그의 설교의 형식은 유대의 전통적인 랍비들의 설교가 아닌 선지자로서의 설교 형식을 취하였다. 또 회당이 아닌 광야에서 설교하게 된 것도 당시 랍비라고 불리는 율법학자들의 회당에서의 설교에 대한 잘못된 관행을 거부하고 동조하지 않으려는 것이었다. 그는 생활 방식까지도 전통적인 랍비들의 형식을 떠나 약대 털옷을 입고, 허리에 가죽띠를 두르고, 음식도 메뚜기와 석청을 먹으며 금욕 생활과 광야 생활을 함으로써 제의적 형식의 종교의식과 생활 그리고 랍비들의 설교 방식을 단호히 거절하였다.

세례 요한의 설교는 그 시대 종교 지도자들과 백성들의 불신앙과 죄를 책망했으며 그들에게 하나님의 임박한 심판을 선포하였다. 그의 첫 설교는 "회개하라 천국이 가까웠느니라"(마 3:2)였다. 또한 그는 그리스도의 선구자로서 예수님을 향해 "보라 세상 죄를 지고 가는 하나님의 어린양이로다"(요 1:39)라고 증거하였다. 그러나 그는 자신의 사명을 바로 알고 오실 메시아이신 예수님을 "내 뒤에 오시는 이는 나보다 더 능력이 많으시니 나는 그의 신들메를 풀기에도 감당치 못하겠노라"(마 3:11)고 설교했으며, "그는 흥하여야 하겠고 나는 쇠하여야 하리라"(요 3:30)고 외쳤다. 그는 오직 메시아의 선구자로서의 사명에 충실하였다. 세례 요한의 설교는 죄를 책망하고 오실 메시아를 증거했을 뿐만 아니라 설교자 자신은 철저하게 낮아지고 오직 그리스도만을 높이는 설교자의 모범을 보여 주었다. 이러한 그의 설교는 지도자들과 백성들의 죄를 책망하고 임박한 심판을 선포하였음에도 불구하고 많은 사람들에게 큰 감화를 주었고 종교적 각성을 일으키게 되었다. 그 결과 많은 종교 지도자들까지도 요단강으로 나와 그 앞에서 죄를 고백하고 회개하며 세례를 받았다. 예수님은 세례 요한을 가리켜 "내가 진실로 너희에게 말하노니 여자가 낳은 자 중에 세례 요한보다 큰 이가 일어남이 없도다. 그러나 천국에서는 지극히 작은 자도 저보다 크니라"(마 11:11)라고 말씀하셨다. 회개를 촉구하는 그리스도의 선구자요 설교자로서 그는 탁월하나 예수 그리스도의 생명의 복음을 증거하는 설교에 비하면 그의 설교에는 분명한 한계가 있다는 사실을 알 수 있다.

2) 예수 그리스도의 설교

성경의 중심은 예수 그리스도이시며, 예수 그리스도는 바로 복음 그 자체이며 계시인 동시에 그 자신이 그것을 사람들에게 설교하셨다.[4] 그러므로 예수 그리스도는 설교의 대상이시고 설교의 중심이시며 설교의 근거이시다. 예수 그리스도 그분이 바로 기독교의 첫 번째 설교자가 되신다.[5] 그의 12사도들이 그

4) *신학사전*(서울: 개혁주의 신행협회, 1978) 273.

뒤를 따랐다. 그리고 이들이 설교에서 보여 준 그리스도의 생명의 복음을 증거하는 설교와 가르침은 기독교의 본질이 되었다. 그래서 기독교는 말씀의 종교 즉 설교의 종교라고 불리게 되었다.

마가는 예수 그리스도의 공생애를 설명하면서 "예수께서 갈릴리에서 오셔서 하나님의 말씀을 전파하여"(막 1:14)라고 기록함으로써 설교자로서의 예수님의 사역을 보여 주고 있다. 또 마태도 증거하기를 "예수께서 모든 성과 촌에 두루 다니다 저희 회당에서 가르치시며 천국 복음을 전파하시며"(마 9:35)라고 기록하고 있다. 예수 그리스도께서는 스스로 자신이 복음을 증거하기 위해 오셨음을 밝히셨다. 예수께서 나사렛 회당에서 성경을 읽으시고 구약 이사야 61장의 예언의 성취가 곧 자신임을 증거하셨다. "주의 성령이 내게 임하셨으니 이는 가난한 자에게 복음을 전하게 하시려고 내게 기름을 부르시고 나를 보내사 포로된 자에게 자유를 눈먼 자에게 다시 보게 함을 전파하며 눌린 자를 자유케 하고 주의 은혜의 해를 전파하게 하려 함이라"(눅 4:18~19). 이 말씀을 하신 후 "오늘날 너희 귀에 응하였느니라"(눅 4:21)라고 밝힘으로서 예수 그리스도 자신이 구속주가 되실 뿐만 아니라 복음을 전파하기 위해 이 땅에 오신 메시아이심을 밝히셨다. 이처럼 예수님은 설교자로서의 자의식이 뚜렷했다. 그래서 예수께서는 "내가 다른 동네에서도 하나님의 나라 복음을 전하여야 하리니 나는 이 일로 보내심을 입었노라"(눅 4:43)고 하심으로 자신이 이 땅에 오신 설교자이심을 명백하게 밝히셨다. 빌라도 앞에서는 "네 말과 같이 내가 왕이니라 내가 이를 위하여 왔으며 이를 위하여 세상에 왔나니 곧 진리에 대하여 증거하려 함이로라"(요 18:37)고 말씀하셨다. 그럼 예수 그리스도의 설교의 특징은 무엇이며 그의 설교의 방법은 어떠했는가?[6)]

첫째, 예수님의 설교는 그 당시 유대 종교 지도자들인 바리새인이나 서기관들의 설교와는 분명한 차이점을 드러낸 권세 있는 가르침이었다. 그래서 안식일 가버나움 회당에서 예수님의 설교를 들었던 청중들은 그의 가르침에 놀랐

---

5) J. Stott, *Between two Worlds: Art of Preaching in 20th Century*, 정성구 역. *현대교회의 설교*(서울: 풍만출판사, 1985), 22.

6) 정성구, *개혁주의 설교학*(서울: 총신대학교출판부, 1991), 73-7.

다. 마가는 기록하기를 “이는 그 가르치는 것이 권세 있는 자와 같고 서기관들과 같지 아니함일러라”(마7:29)라고 증거하고 있다. 그리고 브루스(F. F. Bruce)는 이 성경 구절을 주석하면서 “여기서 비교의 논점은 예술적이거나 미학적인 것이 아니라 윤리적인 것이다. 서기관들은 전부터 내려오는 전통의 권위로 말했으나 예수님은 진리에 근거한 권위를 가지고 말씀하셨다. 그러므로 청중들에게 해답을 주는 것이었다. 사람들은 그 차이점을 잘 설명은 못해도 희미하게나마 느낀 것이다”[7]라고 설명하였다. 이러한 예수님의 권위는 그의 신적 권위에 기초한다. 예수님의 도덕적 분별력은 그의 도덕적 완전성에 의한 것이며, 그의 영적 통찰력은 하나님과 단절되지 아니한 교제에 기인한다.[8] 바리새인들과 서기관들은 유전에 따른 권위로 말했으나 예수님은 직접 소유하신 진리에 근거한 권위를 가지고 말씀하셨다. 따라서 예수님은 그의 신적 권위에 기초하여 설교하셨으므로 그의 말씀은 권세 있는 가르침이었다.

둘째, 예수님의 설교는 주어진 구약의 계시의 반복이 아닌 성취와 완성을 보여 주는 연속성을 가졌다. 예수님의 메시지는 혁신적인 내용이거나 반복이 아니라 성취이며 완성이었다. 그로 인하여 그의 전파함과 가르침에 많은 사람들이 기이히 여기게 되었고, 그의 말씀은 그 당시의 모든 가르침을 초월하는 은혜로운 말씀이었다. 누가는 예수님께서 나사렛 회당에서 설교하신 내용을 기록하기를 “저희가 다 그를 증거하고 그의 입으로 나오는바 은혜로운 말을 기이히 여겨”(눅4:22)라고 했다. 이는 곧 예수님의 설교가 그의 선함, 친절함, 온유함, 그리고 하나님의 사랑에 근거한 용서의 은혜에 대한 말씀이었기 때문이다. 그의 설교에서는 하나님의 아버지 되심, 죄인을 잃음과 찾음에 대한 하나님의 슬픔과 기쁨, 죄의 용서, 죄로부터의 구원, 그리고 영광스러운 승리의 확신 등을 발견하게 된다. 그러므로 이러한 예수님의 설교 방식은 구약의 구원 역사를 그의 신적 권위로 현재를 향해 외치며, 역사적 계시를 그 시대의 역동적 현실로 변형시키는 예언적 설교이며, 구속사적 설교(redemptive historical preaching)의

7) F. F. Bruce, *Expositor's Greek Testament*, i. 136, A. E. Garvie, *The Christian preacher* (New York: Charles Scribner's Sons, 1921), 29.

8) *Ibid.*

방식이었음을 알 수 있다.

셋째로 예수님의 설교의 특징은 비유적인 설교였다. 예수님의 설교의 주제는 언제나 하나님 나라와 관계가 있었다. 예수님은 하나님 나라의 본질을 설명하고, 예증하며, 단순화하고 구체화하여 모든 사람들이 다 이해할 수 있도록 쉽게 말씀하기 위해 많은 비유를 사용하셨다. 그의 제자들이 왜 예수님께서 비유로 말씀하는지를 묻었을 때, 예수님은 "저희가 보아도 보지 못하며 들어도 듣지 못하며 깨닫지 못함이니라"(마 13:13)라고 대답했다. 예수님은 마태복음 13장의 씨 뿌리는 자의 비유, 가라지 비유, 겨자씨 비유, 누룩 비유, 감추인 보화 비유, 진주 비유, 그물 비유 등을 통해 하나님 나라에 대한 알아듣기 쉬운 설교를 하셨다. 그의 메시지의 내용과 어휘는 단순하고 자연스러운 특성이 있다. 특히 예수님은 자연을 통한 교훈을 많이 하셨다. 공중의 새와 들의 백합화(마 6:26~29), 아궁이에 던지는 들풀(마 6:30), 참새(마 10:29), 저녁노을(마 16:2), 뱀과 비둘기(마 10:16) 암탉(눅 13:34), 가시나무와 엉겅퀴(마 7:16), 한 알의 밀(요 12:24) 등은 농부를 비롯한 일반 청중들이 항상 가까이 보고 느낄 수 있는 것으로, 예수님은 자연을 비유로 하나님의 나라를 증거하셨다. 또한 예수님은 그가 가시는 어느 곳에서나 하나님 나라에 관한 말씀을 전파하셨다. 들에서도, 배에서도, 산중턱에서도, 우물가에서도, 성전에서도, 집안에서도, 회당에서도 말씀을 증거하셨다. 그러므로 예수님의 설교는 그 당시의 서기관과 바리새인들이 가르치는 율법주의적 설교에 식상한 청중들에게는 은혜와 소명이 넘치는 생명의 설교였다. 이러한 예수님의 설교는 자신이 창조주요 구속주이며 메시아임을 나타내신 것이다. 또 한량없이 부어주신 성령의 역사 때문이다. 스토커 박사는 예수님의 설교에 대해 말하기를, "이 권능은 성령의 역사의 결과이다. 이것 없이는 가장 고상한 진리조차도 아무런 효과가 없다. 그분은 한량없이 성령으로 충만했다. 그러므로 진리가 그분을 사로잡고 그것이 그분의 가슴을 불태웠다. 그리고 그분은 그것을 마음에서 마음으로 전했다. 예수님은 자신을 채울 뿐 아니라, 다른 사람에게 공급해 줄 만큼 성령이 충만했다. 그것은 그분의 말씀에서 흘러넘쳐서 청중들의 영혼을 사로잡고 그들의 마음과 생각에 열정을 가득 채웠다. 이로써 우리는 예수님의 매력과 권능이 얼마나 위대한가를 알 수 있다[9])고

하였다.

오늘날의 설교자들은 하나님의 말씀을 지나치게 번쇄하게 증거하고, 철학적, 신학적인 용어에 담아서 증거하는 것을 좋아한다. 이러한 방법은 다양한 계층에게 적절한 소재와 어휘를 사용하심으로써 진리를 소박하고 단순하게 설명하셨던 예수님의 설교 방법을 이해하지 못한 것에서 기인된 것이다. 또 청중들을 지나치게 의식한 나머지 그들의 지식적 욕구 충족을 위해서 설교하는 경향이 많은 것도 반성해야 할 일이라고 본다. 하나님의 말씀을 소박하고 명료하게 독창적으로 증거했던 예수님의 설교 방식이 결코 복음의 본질적인 것을 끌어내리는 것이 아니었다.

3) 사도들의 설교

사도들의 설교는 예수님의 설교의 모범을 따라 구약성경을 통해 메시아이신 예수 그리스도를 확증하는 동시에 예수 그리스도의 십자가와 부활과 승천을 통해 생명과 심판의 주가 되심을 증거하는 것이었다. 예수님께서 구약성경을 인용하여 자신의 예언 성취를 설명하여 주시며 “모세와 예언과 시편”에 예언된 그리스도가 자신을 가리켜 말씀하신 것임을 증명하셨다. 또 “고난을 받으시고 사흘 만에 죽은 자 가운데서 부활”(눅 24:44, 45)하실 내용을 제자들에게 설교하셨다. 이러한 예수님의 설교 방법이 그의 사도들의 설교에서 그대로 나타나고 있다. 특히 사도행전 17:2~3에서 “바울이 자기의 규례대로 저희에게로 들어가서 세 안식일에 성경을 가지고 강론하며 뜻을 풀어 그리스도가 해를 받고 죽은 자 가운데서 다시 살아야 할 것을 증명하고 이르되 내가 너희에게 전하는 이 예수가 곧 그리스도라 하니”라고 증거한 말씀은 초대교회 사도들의 설교의 내용과 방법을 잘 보여 주고 있다.

---

9) A. E. Garvie, *The Christian Preacher* (New York; Charles Scribner's Sons, 1921), 33. Dr. Stalker, The life of Jesus Christ, 67-68.

필립 샤프(P. Schaff)는 말하기를 "기독교회는 역사적으로 유대교에 기초하므로 기독교의 예배는 성경봉독에 이어 교훈적인 강연 혹은 설교가 행하여졌는데, 그때 설교는 본문을 설명하는 것만 아니고 적용이 이루어졌다"[10]고 하였다. 오순절 성령 강림 이후 사도들은 설교사역에 우선권을 두었으며 "기도하는 것과 말씀 전하는 것"(행 6:4)에 전념하였다. 예수님께서 사도들을 부르신 것은 복음을 증거하기 위해서 부르셨기 때문이다. 그러면 오순절 성령 강림 사건 이후 사도들의 설교사역을 살펴보자.

(1) 베드로의 설교

사도행전에 기록된 오순절에 행한 베드로의 설교는 사도시대의 첫 메시지로서 그리스도의 죽음이 무엇을 의미하는지를 증거하고 있다. 오순절 성령 강림으로 인하여 베드로의 위대한 설교가 시작되었고 그것은 곧 기독교 신앙의 골격을 이루었던 것이었다. 베드로는 성령 강림의 사건은 구약성경에 기록된 선지자 요엘의 예언 성취임을 설명하면서 구약에 여러 선지자들이 예언한 메시아가 바로 예수 그리스도이심을 담대하게 증거했다. 특히 예수의 십자가와 부활을 가지고 예수 그리스도가 성경에 예언된 구주되심을 설교했다. 이러한 베드로의 설교의 특징은 무엇인가?

첫째, 베드로의 설교는 구약성경을 인용하고 있다는 것이다. 즉 그의 설교는 성경에 기초한 설교였다. 사도행전에 나타나는 베드로의 설교 가운데 구약성경의 인용이 절반 이상을 차지하고 있다. 즉 이것은 구약의 예언 성취가 예수 그리스도 안에서 이루어졌다는 구속사적 설교였다. 베드로의 설교는 하나님의 구속의 역사는 마침내 예수 그리스도에 의해서 성취되었으며, 그리스도의 죽으심과 부활로 완성되었다는 구속사적 설교였다.

둘째, 베드로의 설교는 긴박성과 경각성을 가진 열정적인 설교였다. 사도행전 2:14에서 "베드로가 열한 사도와 같이 서서 소리를 높여 가로되 유대인들과 예

10) Garvie, *op. cit.*

루살렘에 사는 모든 사람들아 이 일을 너희로 알게 할 것이니 내 말에 귀를 기울이라"고 외쳤다. 바로 이러한 베드로의 설교는 설교자로서의 열정적인 긴박성과 경각성을 가진 설교였다. 그는 이미 성령으로 충만했고 전날의 겁쟁이 베드로가 아니었다. 그는 이제 설교자로서 당당한 모습을 보이고 있는 것이다. 14절의 말씀 서두를 보면 청중들의 주의를 환기시키면서 청중들을 끌어당기는 강한 흡인력을 가지고 있음을 알 수 있다.

셋째, 베드로의 설교는 변증적이며 조직적이며 통일성을 가진 설교였다. 그의 설교의 구조를 살펴보면 형식(form)과 구조(structure)가 있는가 하면 청중들을 설교에 끌어들이는 대화(dialogue)의 방법까지 사용하고 있다는 사실을 볼 수 있다. 베드로는 설교 가운데 사도행전 2:15에서 먼저 그는 설교의 첫 부분에 암시적으로 청중들의 관심을 일으키려고 먼저 본문 요엘서 2:28~32를 제시했다. 그는 이 본문을 통해 요엘 선자자의 예언이 예수 그리스도의 죽으심과 부활, 승천 그리고 성령 강림으로 성취되었음을 강조하고 있다. 이러한 베드로의 설교에 대하여 홀렌드(De Witte Holland)는 말하기를 "오순절 베드로의 설교는 새로운 차원(dimension)의 설교였다. 이제는 하나님의 나라가 가까이 왔다는 말을 하는 대신 사도의 설교는 하나님의 나라는 이미 왔고 주님의 날이 성취되었음은 설교했다."[11] 23절에서 24절까지에서 그는 "그가 하나님의 정하신 뜻과 미리 아신 대로 내어준 바 되었거늘 너희가 법 없는 자들의 손을 빌어 못 박아 죽였으나 하나님께서 사망의 고통을 풀어 살리셨으니 이는 그가 사망에게 매여 있을 수 없었음이라"고 힘 있게 외쳤다. 이는 창조주 하나님, 구속주의 하나님이 예수 그리스도를 죽음에서 부활하게 하시고 구속을 성취하셨음을 선포하는 구속사적 설교의 좋은 예가 된다. 그리고 31절에서는 이는 하나님의 언약과 약속 때문이며 하나님이 약속대로 예수 그리스도를 살리셨고 그가 약속하신

---

11) De Witte T. Holland, *The preaching Tradition, A brief histor* (Nashville: Abingdon, 1980), 18. 정성구, *op. cit,* 81.(Peter's address on the day of Pentecost was preaching in a new dimension. No longer was it necessary to say that the Kingdom ol God was at hand; the apostle now could proclaim that the kingdom had come; the promised day ol the Lord was ushered in).

성령을 아버지께 받아서 부어주셨다고 말함으로써 오순절 성령 강림도 하나님의 주권적 섭리와 미리 예언된 약속의 성취인 것을 밝혔다. 그러므로 베드로의 설교는 성경적 설교이며, 변증적이며, 조직적이며, 통일적이며 점진적이며, 간결한 케리그마적 설교라고 할 수가 있다. 그러므로 베드로는 전에는 어부에 불과했으나 삼년 동안의 주님의 제자로서의 삶과 성령의 감동으로 위대한 설교자가 되었다. 베드로의 설교의 내용을 요약해 보면 그의 설교는 사도행전 2:14~40, 사도행전 3:12~16, 사도행전 10:34~43 등 세 번이었는데 결국 강조점은 첫째는 하나님의 언약의 성취(행 2:16, 3:33~36), 둘째로는 하나님의 주권적 능력을 강조(행 3:13), 셋째로는 구속을 성취하신 그리스도(행 10:34~43), 넷째로는 성령의 사역(행 10:38, 2:28), 다섯째로는 구속 사역에 대한 윤리적 결단(행 2:40, 3:19) 등을 그 골격으로 하고 있다고 할 것이다.

마지막으로 베드로의 설교는 구속 사역에 대한 윤리적인 결단, 즉 회개하고 죄 용서함 받을 것을 촉구하였다(행 2:40, 3:19). 그 결과 베드로의 설교는 놀라운 결과를 가지고 왔다. 사람들은 베드로의 설교를 듣고 마음에 찔려 베드로와 다른 사도들에게 "우리가 어찌할꼬" 하는 고백에 이르게 되었다. 그리고 사도들은 "회개하고 예수를 믿으라"고 촉구했다. 이것이 곧 그의 설교의 궁극적인 목적이었던 것이다. 베드로의 윤리적 결단을 촉구하는 설교는 3천명이 회개하는 놀라운 성령의 역사가 일어났다.

(2) 바울의 설교

베드로의 설교가 사도행전 전반부에 기록되었다면, 이방인의 사도로 부르심을 받은 바울의 설교는 사도행전 후반부에 기록되어 있다. 그의 설교는 사도행전에 9편으로 나타난다. 첫째 비시디아 안디옥에서의 설교(행 13:16~41), 둘째 루스드라에서의 설교(행 14:14~18), 셋째 아덴에서의 설교(행 17:16~34), 넷째 밀레도에서의 설교(행 20:17~38), 다섯째 예루살렘에서의 설교(행 22:1~21), 여섯째 공회 앞에서의 설교(행 23:1~11), 일곱째 벨릭스총독 앞에서의 설교(행 24:10~21), 여덟째 아그립바 왕 앞에서의 설교(행 26:1~23), 아홉째 로마에서의 설교(행 28:17~20) 등이다.

바울은 부활하신 예수 그리스도로부터 이방인을 위한 사도로 부르심을 받았다(행 9:15, 22:21). 바울은 바리새인 중의 바리새인이며, 유대인으로서 최고의 교육을 받은 사람이며, 당대 제일의 율법학자로서 유명한 랍비 가말리엘 문하생이었다. 더욱 헬라문화가 번성한 다소에서 성장했기 때문에 헬라학문에 정통하고 헬라어에 능통했다. 그리고 그는 로마 시민권을 가지고 있었다(행 22:3, 28). 이런 배경 때문에 사도 바울은 이방인을 위한 사도로서 적격자라고 할 수 있다. 사도 바울의 설교 방식은 현대 설교자에게 하나의 모델이 될 수 있다. 이방인을 위한 사도였지만 그의 설교의 요점은 결국 예수 그리스도의 십자가의 죽으심과 부활이었다. 그런데 상대가 이방인들이었던 만큼 그의 설교의 접근 방법에서 당대에 유행하던 수사학의 방법을 엿볼 수 있다. 사도행전에 기록된 바울의 설교를 살펴보자.

① 비시디아 안디옥에서의 바울의 설교(행 13:16~41):

비시디아 안디옥에서의 바울의 설교는 그의 첫 번째 설교로서 구약의 역사와 구약성경을 인용하여 이스라엘을 애굽에서 인도해 낸 사건으로부터 예수께서 다윗의 씨에서 태어난 사건까지를 설명하면서 그 예수가 메시아임을 증거한다. 사도 바울은 예수 그리스도의 수난과 죽음이 유대인의 책임이지만 그렇게 된 것은 결국 구약성경의 예언과 약속의 성취로 되었음을 선언했다(행 13:27). 그는 예수님의 부활을 증거하기 위해서 시편 2:7, 이사야 55:3, 시편 16:10을 인용하고 있다. 그래서 여기 인용된 말씀들은 서로 밀접한 관계를 맺고 있다. 이런 맥락으로 볼 때, 다윗에게 약속한 언약이 그리스도 안에서 성취되었으며 그리스도의 나라는 영원할 것을 설교한 것이다.[12] 이러한 바울의 설교는 자신이 경험한 게리그마(*kerygma*)였다.[13] 하나님의 나라가 예수 그리스도의 십자가와 부활로 말미암아 도래하게 되었고, 교회 안에 임한 성령이 그 현재적 축복

12) 정성구, *op. cit.*, 87.

13) Charles H. Dodd, *The Apostolic Preaching and Its Developments* (New York: Harper & Row, 1964), 27.

의 증표라는 케리그마는 사실상 신약전체의 요약이며 핵심이기도 하다.

② 루스드라에서의 바울의 설교(행 14:14~18):

루스드라에서 바울은 구약성경을 인용하지 않고, 자연계시를 통해서 나타난 하나님을 증거하고 있다. 그 이유는 바울의 설교의 대상이 이방인들이었기 때문이다. 그렇기 때문에 우상숭배의 조잡한 행위에 대해서 조롱하는 말을 하지 않고 청중들의 감정을 상하지 않게 하면서도 우상숭배의 무익함을 지적하고 더 나은 길을 제시하고 있다. 바울은 이 설교에서 하나님이 창조주이심을 강조하면서도 구약의 출처를 분명히 밝히지 않는데, 그것은 루스드라 사람들이 성경을 모르기 때문이다. 그리고 그의 설교에는 하나님의 섭리가 언급되었는데 하나님이 자연을 통해서 은혜 베푸심을 증거한다.

③ 밀레도에서의 바울의 설교(행 20:17~38):

바울이 밀레도에서 행한 설교는 에배소의 장로들에게 한 내용으로 설교에서 진정한 목회자상을 볼 수 있다. 설교의 대상이 장로들이기 때문에 설교의 내용이 목회적이다. 바울은 에베소 교회를 겸손과 눈물과 인내로 섬겼다. 바울은 말씀 선포를 공중 앞에서와 각 집에서 행하였다. 그리고 바울은 이 설교에서 하나님께 대한 회개, 그리스도에 대한 믿음, 하나님 나라의 특징을 강조했다. 여기서 교회를 섬기는 지도자가 어떻게 처신해야 할지 그 내용을 찾을 수 있고 기독교의 이상적인 목회자 상을 보여 준다.

④ 예루살렘에서의 바울의 설교(행 22:1~21):

바울은 예루살렘에서 체포되어 천부장의 보호를 받으면서 그를 송사한 유대인들을 향하여 자신을 변호하며 예수 그리스도를 증거하는 설교를 한다. 바울의 설교를 살펴보면 먼저 바울은 화해적이고 존경의 예를 표한 후(행 22:1) 히브리 방언으로 설교를 시작했다. 바울은 자기 자신의 성장 배경, 교육 배경을 설명하면서 자기 자신이 어떤 이유로 회심했음을 자세히 설명하였다. 청중들이 유대인들이었기에 그 자신이 유대주의의 배경에서 자랐음을 설명한 것이다. 바울은 자신이 당시에 유명한 학자인 가말리엘의 문하생임을 힘주어 말하고 있다. 그리고 그는 부활하신 예수 그리스도에 의해 이방인의 사도로 부르심을 받았음을 증거하였다. 그의 설교의 요점은 나사렛에 살았던 역사적 예수는 그리스도이시며 부활하여 영광 중에 계시는데 누구든지 그를 영접해야 한다고 호소하고 있다. 바울은 자신의 간증을 통해서 청중에게 회개하고 예수 그리스도의 이름으로 세례를 받고 하나님에게 돌아올 것을 강력히 호소함으로써 결론을 맺는다(행 22:16).

⑤ 벨릭스 총독 앞에서의 바울의 설교(행 24:1~8):

벨렉스 총독 앞에서 행한 바울의 설교는 유대인들이 바울을 죽이기 위해 변사인 더둘로를 고용하여 그를 고소하자 바울이 더둘로의 고소에 대해 변증하는 형식에 의한 설교이다. 더둘로의 고소 내용은 유대인들을 다 소요케 하는 자요 나사렛 이단의 괴수요 성전을 더럽게 하는 자라는 것이었다. 여기에 대한 바울의 논리적인 변증은 가히 그가 기독교 최고의 변증가요 신학자라는 데 이의가 없게 한다. 당시 수사학에 정통했던 바울은 이 설교에서 율법과 복음을 대조함으로써 하나님의 은혜를 강조하고 의인과 악인의 부활을 설교한다. 그리고 바울 자신이 바로 그 생명의 도를 확실히 믿는다고 고백하고 있다. 특별히 여기서 예수 그리스도께서 사망 권세를 이기시고 부활하셨음을 증거하면서 죽은 자의 부활에 대해 강조하고 있다(행 22:21).

⑥ 아그립바 왕 앞에서의 바울의 설교(행 26:1~23):

아그립바 왕 앞에서 행한 바울의 설교는 서론(1~3), 바울의 초기생활(4~11), 바울의 회심과 사명(12~18), 그리스도에 대한 바울의 증거(19~23) 등의 내용을 담고 있다. 바울은 자신이 엄한 바리새인의 생활을 했고 하나님께서 그의 조상들에게 약속하신 하나님의 약속의 소망과 죽은 자의 부활로 인하여 유대인들에게 송사를 받게 되었다고 변호하였다. 바울은 자신이 처음에는 예수 믿는 자를 핍박하는 데 앞장섰던 사람임을 고백한다. 그리고 부활하신 주님을 만나 회심하게 된 사건을 상세하고 간증하면서 동시에 예수 그리스도를 증거하고 있다. 바울은 아그립바 왕 앞에서 다메섹에서 예수 그리스도를 만나 변화된 삶을 증거하고 그리스도로부터 직접 사명을 받은 사실을 명백히 고백한다. 사도 바울의 설교는 예수의 죽으심과 부활을 강조하는 동시에 회개와 회개에 합당한 생활이 뒤따라야 할 것을 강조하는 데서 절정에 이른다. 이러한 바울의 설교의 요점은 그리스도의 십자가의 죽으심과 부활이었다. 또한 사도 바울은 그의 독특한 설교 접근 방법을 가지고 있다. 당시에 유행하던 수사학(rhetoric)의 방법으로 아레오바고에서 공개 설교를 했으며(행 17:22~31), 청중의 형편에 맞추어 청중의 반응에 따라 설교를 변형시키는 탁월한 설교가였다.[14)]

(3) 기 타

신약성경에 나타난 설교를 연구할 때 스데반의 설교의 중요성을 간과할 수 없을 것이다. 스데반은 사도는 아니었으나 사도행전 7장에 그의 설교가 기록되어 있다. 그의 설교는 구속사적인 설교로서 유대인들의 정곡을 찌르는 설교였다. 이러한 스데반의 설교의 내용에 대하여 앤드류(Andrew) 박사는 말하기를 "스데반의 중요성은 거의 높이 평가되지 못하고 있다. 그의 설교는 교회에 있었던 어떤 설교보다 가장 결정적인 것을 보여 준다. 이때까지 기독교 공동체는 유대인들과 밀접한 관계를 맺고 있었다. 스데반 이전까지의 기독교는 실제로 유대교의 분파 이를테면 바리새주의와 같았다. 유일하게 구별되는 점은 예수를 메시아로 믿는 믿음이었다. 최초로 교회를 단지 한 유대주의 분파에서 벗어나 세계주의적 성격을 띠게 한 사람이 스데반이었다. 그의 주장은 기독교 교회가 율법과 성전에서 독립되어야 하며 편협한 유대주의 신앙과 관습의 울타리에 한정되어서는 안 된다는 것이다."[15)]라고 했다.

스데반의 설교의 핵심적인 내용은 첫째, 율법과 성전이 있기 전에 이미 하나님께서 아브라함과 언약을 맺으셨다. 둘째, 하나님은 이스라엘이 거룩한 예루살렘 성에서 멀리 떨어진 애굽에 있을 때 요셉과 모세에게 당신을 계시하셨다.

---

14) 배굉호, *설교학*(서울: 개혁주의신행협회, 1989), 56-58.
15) *Ibid.*

셋째, 하나님은 이스라엘이 광야에서 방황하고 있는 동안 그들과 함께 하시며 그들의 예배를 받으셨다. 넷째, 솔로몬에 의해 성전이 완공되었을 때에도 하나님의 임재는 성전 안에만 제한되지 않았음이 봉헌기도에 나타났다는 것이다.[16)]

이와 같은 스데반의 설교는 구약의 역사를 통해서 그 역사 가운데 하나님의 구원 계획이 어떻게 나타났는가를 밝히면서 메시아이신 예수님을 증거하는 설교였다. 또한 스데반은 하나님의 언약을 버리고 선지자들을 박해하고 신앙적으로 타락하여 마침내 선지자들이 그토록 오시리라고 예언한 메시아인 예수 그리스도를 십자가에 못 박아 죽인 이스라엘 백성들을 향하여 담대하게 그 죄를 책망하며 회개를 촉구하였다. 사도행전 7:52에 "너희 조상들은 선지자 중에 누구를 핍박치 아니하였느냐 의인이 오시리라 예고한 자들을 저희가 죽였고 이제 너희는 그 의인을 잡아준 자요 살인한 자가 되나니……"라고 하였다. 사도행전 7장에 기록된 스데반의 설교는 하나님의 주권적 구원과 언약에 근거한 설교였다. 사도행전 7:38에서 이스라엘의 공동체를 광야 교회로 표현한 것, 모세의 예언(신 8:15)을 인용하여 메시아이신 그리스도에게 적용한 것, 모세의 율법의 중보자로서 장차 오실 은혜의 중보자이신 예수 그리스도를 증거한 것, 율법을 가리켜 '생명의 도' 즉 생명의 말씀으로 증거한 것은 신구약 66권을 하나의 언약과 계시의 틀로 보는 탁월한 해석이라고 할 수 있다. 스데반은 예수를 십자가에 못 박은 권력자들과 공회 앞에서 두려워하지 않고 담대하게 케리그마적 설교를 하였고 그로 인하여 순교자가 되었으나 그가 외친 십자가의 복음은 열매를 맺어 초대교회가 주님의 지상 명령을 준행하여 사마리아로, 수리아의 다메섹으로, 안디옥으로 흩어져 복음을 전하는 계기가 되었다. 또 바리새인 율법학자요 핍박자였던 사울이 다메섹으로 가는 도중에 그리스도를 만나 이방인을 위한 사도요 선교사가 되었다.

16) *Ibid*.

4. 속사도 시대의 설교

초대교회는 속사도 시대에서부터 교부들과 기독교의 변증가들이 활동한 약 4세기 말까지를 가리킨다. 즉 교부 시대라고 할 수 있는 주후 70년의 예루살렘 멸망에서부터 위대한 신학자요 교회감독이며 설교가였던 어그스틴이 사망한 A.D. 430년까지를 말한다. 초대교회 설교가들은 주로 헬라적 학문에 탁월했던 교부들로서, 기독교의 복음이 예루살렘과 유대와 사마리아를 넘어 안디옥, 에베소, 고린도, 알렉산드리아, 히포, 로마 등 헬라 문화권과 로마 문화권으로 퍼졌기 때문에 그들에게 기독교의 복음을 변호하려고 하는 것은 자연스러운 현상이었다. 그래서 당시의 설교자들의 설교는 자연히 변증적 설교 즉 교부적 설교[17]가 될 수밖에 없었다. 이러한 변증적 설교로 인하여 초대교회의 설교자 즉 변증가인 그들은 기독교의 교리를 명확하게 설명하고 신앙적 계승을 집대성하게 되었다. 이러한 변증적인 설교의 영향으로 주후 1세기 말경에 이방문화권인 소아시아 전체에 기독교가 퍼져 나갔고, A.D. 150년경에 이르러는 로마 문화권에까지 기독교의 복음이 널리 전파되기에 이르렀다. A.D. 150년경에 기독교회의 예배와 설교의 형식은 중대한 계기를 맞이하여 주일예배 형식이 정착되었다. 2세기 후반부터 3세기 초엽 사이에는 교회 건물들이 세워졌으며, 예배의 일정한 형식과 순서가 만들어졌다. 초대교회의 설교가요 변증가였던 교부들의 활동은 초대교회 시대의 설교의 성격을 규명하는 중요한 단서가 된다.

1) 저스틴(Justin Martyr, 100~165)

순교자 저스틴은 초기 기독교의 제일가는 변증가로서 복음을 열정적으로 가

---

17) De Witte T. Holland, *The Preaching Tradition: A Brief History* (Nashiville: Abingdon, 1980), 21에서 홀랜드는 변증적 설교를 교부적 설교(patristic Preaching)라고 했다.

르쳤으며 복음을 증거하다가 순교하였다. 그는 본래 훌륭한 교육을 받았으며 플라톤의 철학에 열렬한 사람이었으나 개종 이후 이방철학과 기독교의 조화를 시도하여 특히 금욕주의 스토아 철학과 플라톤 철학(Platonism)에서 기독교적 체제를 모색하였다. 그는 험악한 박해와 위협 속에서 기독교 교리적 주장과 윤리를 명확하게 하기 위한 시도로 '제일 변증서'(First Apology)를 저술해 황제에게 탄원했다. 그는 그 글에서 '기독교인들은 무신론자들이요, 국가에 반대하는 자들이며, 사람의 고기를 먹는다'는 상투적인 비난들을 반박하고, 기독교의 참된 신앙과 고상한 도덕적 훈계를 이방 종교들의 교리와 비교하여 그 우월성과 기독교를 변호하였으며, 주일마다 드리는 기독교의 예배에 대하여 설명하였다. 성경 읽기와 성경 본문설교에 대한 강조점과 말씀과 성례전의 결합에 대한 언급은 오늘날의 개신교 예배 형식과 별 차이가 없었다는 것을 알 수 있다.[18] 또한 저스틴의 '트리포(Trypho)와의 대화'는 가장 긴 작품으로 유대인들에게 그리스도인의 신앙을 설명할 목적으로 쓰인 것이다. 여기에서 그는 세 가지를 변호하였는데 '첫째는 신약은 구약을 대치한다. 둘째, 예수 그리스도는 선지자들이 예언한 메시아요, 하나님이 성경에 자기를 나타내신 로고스이다. 셋째, 하나님의 선민을 대신하기 위해 이방인들을 부르셨다.'는 것이다. 이 작품은 반유대인 신학적 변론의 시작이었다. 마침내 그는 크레셴이라는 철학자의 시기와 적대로 인한 심문에서 정죄를 받고 A.D. 165년경 마르쿠스 아우렐리우스 치하에서 순교를 당했다.

2) 클레멘트(Clement of Alexandria, 160~220)

철학과 고전학의 권위자였던 클레멘트는 알렉산드리아에서 교리문답학교의 교장이었던 판테누스(Pantaenus)에 의해 기독교로 개종하였다. 그는 190년경 판

18) J. Stott, *Between tow World: Art of Preaching in 20th Century*; 정성구역, *현대교회와 설교*(서울: 풍만출판사, 1985), 22.

테누스의 뒤를 이어 알렉산드리아에서 기독교에 입문하기를 원하는 자들에게 기독교 신앙의 원리를 가르치기 위한 교리문답학교의 제2대 교장이 되었다가 박해를 받아 202년경에 추방을 당했다. 그는 스토아(Stoa) 철학의 영향을 많이 받은 인물로서 설교 가운데서 헬라의 철학과 기독교를 조화시키고 결합함으로써 신비적이며 문명된 헬라적인 기독교를 제시했다. 그는 일종의 주해 설교인 "공동 서신의 개요"를 썼는데 마가복음10:17~31을 본문으로 한 부자에 관한 설교는 널리 알려져 있다. 그는 철학자요 신학자이며, 주석가요 변증적 설교가였다. 그의 신앙을 물려받아 더욱 발전시킨 사람은 그의 제자 오리겐이다.

3) 오리겐(Origen, 185~254)

기독교 설교사에서 빼놓을 수 없는 논쟁과 연구의 대상이 되고 있는 오리겐은 경건한 기독교인 가정에서 태어났다. 그가 17세 때 그의 아버지는 순교를 당했다. 그는 클레멘트 신학교에 입학하여 공부를 했으며, 클레멘트의 뒤를 이어 알렉산드리아의 교리문답학교의 교장이 되었다. 그는 뛰어난 교사이며 저술가로서 성경 주석가이며 유력한 설교자로 알려지고 있다. 오리겐(Origen)에서부터 비로소 설교가 보다 체계적인 형식을 갖추게 되기에 이르렀다. 그의 설교는 성경을 깊이 있게 연구하고 성경에 대한 영적인 의미를 탐구하는 일에 주력하였으나 성경의 문자적 해석(literary interpretation)을 등한시하고 풍유적 해석(allegorical interpretation)에 치중하였다. 그의 풍유적 해석방법은 유대인 학자 필로(Phillo, B.C. 25~50)에 의한 것인데 헬라 철학과 구약성경을 조화시키려는 것이다. 그의 설교에 있어서는 알레고리 해석이 상당히 많지만 진지한 호소와 건전한 실제적 적용이 있으며, 풍부한 상상력과 매력적이고 절제미가 있으며 감동적인 문체들이 많다. 오리겐의 인격과 설교관에 대해 역사가 유세비우스에 의하면 그의 비범한 능력과 온화한 성품, 열정, 그의 동정심은 많은 청중들을 끌게 하였다.[19] 네베(Nebe)는 그의 저작에서 그는 하나님의 부르심과 설교자의 자질 모두를 중시하였고, 신령한 예언의 은사를 얻고 개발하기 위한 노력과, 간단명료하고 확신에 찬 말씀 해석을 강조했다. 그의 설교사역에 있어서 청중들에게 하나님의 진리를 올바르게 가르치기 위해서는 설교자 자신이 순결하고 덕스러워야 한다고 했다.[20)]

오리겐은 알렉산드리아 감독의 분노를 사서 243년에 소집된 종교회의에서 파면을 당해 알렉산드리아를 떠나 팔레스틴의 가이사랴에서 학교를 세웠으며 254년 박해로 순교를 당했다. 그러나 그의 신학적 사상을 이단시하는 경향은 유일신론의 논쟁에 관한 문제 때문이었지 설교 그 자체와는 관계가 결코 아니었다고 주장하는 견해도 있다.[21)] 오리겐이 설교사에 큰 공헌을 남긴 것은 성경전체에 관한 설교들을 하나의 시리즈로 구성한 최초의 설교자라는 것이며, 현존하는 그의 설교 175편은 누가복음의 39편을 제외하고는 대부분 구약 본문을 기초로 한 것들이다. 그래서 그는 "본문 설교의 형태를 세운 최초의 설교자이며, 설교 본문의 역사적, 문법적 의미에 대한 주해의 중요성을 강조한 설교자"[22)]라고 평가받고 있는 것이다.

4) 터툴리안(Terullian, 150~220)

북아프리카의 칼타고 출신의 천부적인 설교가이며 엄격한 법률가였던 터툴리안은 성경교사로서도 기독교 문학에 헌신하면서 변증가의 사명을 감당했다. 그가 활동한 칼타고는 페니키아의 식민지로 라틴어 사용의 신학 중심 도시였으며, 법학을 전공한 그는 기독교 사상의 체계를 세운 라틴신학의 원조라고도 불린다. 그는 그릇된 비난들로부터 기독교를 해명하고 그리스도인들이 참아내야

---

19) Edwin C. Dargan, *A History of Preaching* Vol. I , 김남준, 설교의 역사 I (서울: 도서출판 솔로문, 1992), 78.

20) Nebe, *Zur Geschichte der Predigh* I. S. 8ff, *Ibid.*,

21) 정장복, *인물로 본 설교의 역사, 상권*(서울: 장로회신학대학출판부, 1986), 61.

22) Clyde E. Fant Jr. ed., *20 Centuries of Great preaching* (Waco. Texas: Word Books, 1971), 배광호, *op. cit.*, 63 재인용.

만 하는 박해의 부당함을 증명하기 위하여 변증론(*apologeticus*)을 사용해 「그리스도인 사회의 특색」을 썼다. 그는 거기서 말하기를 "우리는 우리의 거룩한 글들을 읽기 위하여 모인다. 그 거룩한 말씀으로 우리는 우리의 신앙을 살찌우며, 우리의 희망을 고무시키고 우리의 신앙을 더욱 견고하게 한다. 그리할지라도 하나님의 교훈들을 반복적으로 배움으로써 우리는 좋은 습관들을 굳힌다. 또한 동일한 곳에서 권면이 행해지고 꾸지람과 거룩한 책망들이 베풀어진다." 라고 하였다.[23] 터툴리안은 헬라 철학을 경계하였고, 헬라 철학화한 기독교를 비난했으며, 스토아적(stoic), 플라톤적 논리를 단호하게 배척하였다. 현재 그의 설교는 전해져 오는 것은 없으나 그가 남긴 서간문들이 남아 있다. 그의 저작 가운데 나타난 설교에서 각 주제들을 꿰뚫는 통찰력, 현란한 상상력, 압도해 오는 열정, 거침없이 쏟아지는 문체, 문장의 우아함, 문법의 구속에 개의치 않는 과장법, 그리고 반대자에 대한 신랄한 논박 등은 천부적인 설교가였음을 보여주고 있다.[24]

5) 크리소스톰(Chrysostom, 347~407)

안디옥의 크리소스톰은 교부 시대의 헬라 교회에서 설교자로 섬기며 종교적 수사법의 극치를 이룬다. 그의 본명은 요한(John of Antioch)이었으나 그의 웅변적 설교가 워낙 뛰어났기 때문에 크리소스톰(황금의 입, golden mouth)이라는 이름을 얻었다. 크리소스톰은 유명한 수사학 교수였던 리바니우스(Libanius)에게서 수사학을 공부하였다. 법학을 전공한 그는 성공적인 법률가였고 법정에서의 그의 변론은 널리 절찬을 받았으나, 그는 법률에 환멸을 느끼고 기독교의 신앙으로 개종하였다. 그는 수도원에 들어가 금욕 생활을 하며 성경을 연구하던 중 수도원장 다소의 디오도레(Didore of Tarsus)의 사사를 통해 성경의 문자

---

23) Johm R. W. Stott, *Between Two Work*, 정성구역(서울: 충만출판사, 1987), 25.
24) *Ibid*, 86.

적 역사적 연구를 정확하게 하는 안디옥 학파의 전통을 접하게 되었다. 결국 그는 우수한 수사적 훈련, 논리적인 법률학적 지식, 철저한 문자적 역사적 성경 해석 방법을 통해 기독교 역사상 최고의 변증가요 설교자가 되었다. 그의 설교는 첫째, 단순하고 솔직한 것으로 풍유적(allegorical) 해석을 버리고 문자적 해석(literal exegesis)을 따랐다. 그의 신학적 진리에 대한 예리하고 깊은 통찰력과 함께 풍부한 감수성으로 사람보다 하나님을 기쁘게 하는 일에 설교의 초점을 두었다.

둘째, 그의 위대한 설교의 힘은 성경적 진리를 실존 현황에 적용시키는 능력을 가진 데 있었다. 크리소스톰이 설교했던 안디옥은 무역의 전략적 지역으로 전 제국에서 모여든 사람들로 인하여 사회적으로 매우 타락한 곳이었다. 그는 그들의 죄악의 실상을 잘 알고 있었기 때문에 그들의 죄를 지적하는 데 날카로웠다. 동시에 그는 시민들의 아픔과 어려움을 너무나 잘 알고 있었기 때문에 가난한 자들에 대한 깊은 관심과 동정을 가지고 있었다. 그래서 그의 설교는 청중들의 상처를 알았고 청중들의 상처를 치료해 주는 설교였다. 따라서 그의 설교의 소재는 빈부의 문제, 정치적인 문제, 이교도들의 우상숭배, 많은 사회적 문제 전반을 다루었다. 이러한 그의 설교를 통해 그 당시 황제의 궁전의 화려함과 귀족 사회의 사치, 경기장에서의 야만적인 경기 등 4세기 말엽 도시의 모든 생활상을 상상해 볼 수 있을 정도로 그의 설교는 도덕적 적용이 탁월한 설교였다.

셋째, 그의 뛰어난 설교의 능력을 들 수 있다. 크리소스톰은 그 당시의 강력한 서술적 능력으로 고도로 정돈된 비유들과 직유들을 사용했는데 그러한 그의 설교는 청중들을 감화시키기에 충분했다. 그뿐만 아니라 그의 신학적 깊은 통찰력과 더불어 설교에 대한 불붙는 열정으로 청중의 수용능력에 따라서 본문의 구조를 조절했고, 청중에 대한 민감성이 뛰어났으며, 지식수준이 낮은 청중들에게도 설교 커뮤니케이션에 막힘이 없었기 때문에 그의 설교는 청중들로부터 뜨거운 박수를 받았다. 이러한 그의 탁월한 재능들로 말미암아 그가 비록 39세에 설교자로 부르심을 받았지만 기독교 역사상 가장 위대한 강해자요 천재적인 설교자로 평가받게 되였다. 심지어 황금의 입이라는 별명을 가진 크리소스톰이 설교할 때면 사람들이 너무 심취하여 소매치기들이 톡톡한 재미를 볼 정도였다고 하며, 크리소스톰이 새로운 임지로 옮겨 갈 때면 그를 유괴하듯이 모셔 갈 정도였다고 한다. 그만큼 그의 설교는 당대 많은 청중들의 마음을 사로잡는 설교였다. 크리소스톰이 남긴 설교는 1,000편이 넘으며 창세기 67편, 시편 60편, 이사야 6편, 마태복음 91편, 요한복음 87편, 사도행전 55편, 로마서 32편, 고린도전서 44편, 고린도후서 30편, 에베소서 24편, 빌립보서 15편, 골로새서 12편, 데살로니가전서 11편, 데살로니가후서 11편, 디모데전서 18편, 디모데후서 10편, 디도서 6편, 빌레몬서 3편, 히브리서 34편, 기타 설교 및 연속 설교, 절기 설교 등이 있다.[25)]

6) 어거스틴(St. Augustine, 354~430)

아울렐리우스 어거스틴은 프로테스탄트와 로마가톨릭교회가 공유하는 위대한 신학자로서 크리소스톰과 함께 교부 설교의 쌍벽을 이루는 당대의 신학자요 탁월한 설교가였다. 그는 수사학을 배우고 마니교(Manichaeism)를 믿어 교사 자격증까지 가졌으나 밀라노에서 예수 그리스도를 영접하고 회심한 후 아프리카로 돌아와서 36세에 히포교회의 감독이 되어 설교하기를 시작했다. 그는 카르타고에서 방탕한 생활을 하였으나 어머니 모니카(Monica)의 눈물의 기도와 더불어 밀란(Milan)에서 마침내 고상한 인격의 소유자요 대설교가인 암브로스(Ambrose, 340~397)의 설교를 듣고 그의 선한 삶과 설교에 감동을 받아 하나님의 은혜로 기독교 신앙을 기쁨으로 인정하게 되었다. 어느 날 그는 수도사 안토니(Anthony)의 성스러운 명상 생활을 듣고 자신의 음란한 생활을 회개하고 정원에서 엎드려 통곡하며 기도하는 중 "들어 읽으라, 들어 읽으라."는 어린아이의 목소리가 들려오는 것을 경험했다. 그는 눈물을 씻고 성경을 열어보았는데 "낮에와 같이 단정히 행하고 방탕과 술 취하지 말며 음란과 호색하지 말며 쟁투와 시기하지 말고 오직 주 예수 그리스도로 옷 입고 정욕을 위하여 육신의 일을 도모하지 말라"

---

25) 정장복, *op. cit.*, 84.

(롬 13:13~14)는 말씀이었다. 이때 그의 의심이 모두 물러갔고, A.D. 383년 부활 절기 동안에 아들과 함께 세례를 받고 인생의 새로운 길을 걸어가기 시작하였다. 타가스테로 돌아오는 도중 평생 눈물의 기도와 사랑으로 자신을 돌아오게 한 어머니가 병환으로 숨을 거두게 되는 순간 자신의 인생이 부서지는 것 같은 아픔을 맛본 그 후 그는 위대한 설교자가 되었다.

어거스틴은 뛰어난 수사학자였으나 그의 설교에서 설교와 웅변술을 분리하려고 시도했다. 그의 설교 이론에 대한 그의 저서인 「기독교 교리」(*De Doctrine Christianus*)는 수사학과 설교의 유사점을 서술한 최초의 저술인데, 특히 이 책 제4권에 설교는 무엇보다도 성경의 해설이 앞서야 한다는 것을 입증하려고 애썼다.[26] 그러나 그는 결코 수사학에 얽매이지 않고 다양하게 성경을 풀어가는 설교를 했다. 어거스틴은 인간의 타락과 전적 무능을 설교했을 뿐 아니라 구원은 오직 예수 그리스도의 속죄와 성령에 의한 중생에 의한다고 설교했다. 어거스틴의 설교와 그의 신학 사상은 개신교와 로마가톨릭교회에 많은 영향을 주었으며 그의 설교 중에는 클레멘트의 영향을 받은 풍유적 설교(Allegorical preaching)가 있었고 또 텍스트(text)에 의하지 않았다는 지적이 있는 것도 사실이다.[27] 어그스틴은 설교에서 예화를 거의 다루지 않았지만 그가 사용한 예화는 적절하고도 효력 있는 것들이다. 설교자는 오직 성경 자체에서만 그 지혜와 방법을 찾아야 함을 강조했다. 어거스틴의 설교에 대한 위대성의 원인을 Daniel E. Weiss는 다음과 같이 열거하였다.

첫째 그는 성자다운 명상 생활 속에서 수립한 인생관과 험한 인간적 경험의 쓰라림을 경험하면서 그것들이 한데 합해져 큰마음을 가질 수 있었으며, 둘째 그는 자신이 직접 체험한 하나님의 사랑으로 말미암아 말씀을 주의 깊게 파헤치는 해석자의 사명을 다했으며, 셋째 청중을 향한 의사소통의 재능이 비범했다는 점이며, 넷째 설교자로서 기독교인의 생활에 일치하는 삶을 살아갔다는 것을 들 수 있다. 그러나 어거스틴은 누구보다도 성경에서 설교의 자료를 얻고 오직 성경을 정확히 해석하려는 뛰어난 설교자였다. 전체적으로 볼 때 그는 가

---

26) De Witte T. Holland, *op. cit.*, 27.

27) A. Phelps, *The Theology of Preaching* (NY: Charles Schriber's Son, 1893), 471.

장 위대한 라틴 설교가로 청중 분석에 능하여 청중의 반응에 따라 설교를 변형시키는 센스가 뛰어났다. 오늘날도 그의 설교에 관한 더 많은 관심이 불러일으켜지고 있는 것은 그의 영향력을 증거해 주는 일이 아닐 수 없다. 교부들의 설교와 저술은 사상이 풍부하며, 감동적이고, 품위가 있으며, 어떤 것들은 탁월한 수사의 귀감이 될 뿐만 아니라 교리사의 설명에도 도움이 되는 본질적인 가치를 가지고 있다. 그러나 크리소스톰과 어거스틴 이후에는 기독교의 설교는 쇠약해지기 시작했다.

5세기에 이르러 설교가 급진적으로 쇠퇴하게 된 데는 네 가지 주요 요소가 있다.[28] 첫째, 초기교부 시대에 금욕주의로 하나님의 부르심을 받은 젊은이들이 아무 일도 하지 않고 수도 생활에만 빠져들어 은둔 생활을 함으로써 그 결과 유능한 젊은이들이 말씀의 선포나 활동을 무시하고 오로지 참회와 고행만으로 그들의 삶을 보내게 된 것이다.

둘째, 예배의 의식화인데 예배 의식에 더 많은 의미를 두게 되자 케리그마를 단독 선포함으로서의 설교의 시간도 줄어들게 되고 설교자들의 훈련과 기술 그리고 설교의 능력도 쇠퇴해질 수밖에 없었다.

셋째, 기독교는 국교화로 말미암아 완전히 종교의 자유를 얻게 되었으나 교회는 거듭나지 않은 사람들의 수가 더 많아지게 되었고 따라서 개인적인 회개와 하나님의 뜻보다는 교회의 의식과 법규를 따르는 것이 크게 강조되기 시작했으며, 그 결과로 설교는 약화될 수밖에 없었다.

넷째, 기독교가 국교화 된 이후에 발생한 교회의 세속 권한(secular power)의 증대이다. 즉 교회 재판소를 설치하여 관리하며, 세금을 부과하여 거둬들이고, 방대한 자선 사업을 계획하여 실시하며, 상당한 정치력을 행사하고, 이단을 처벌하며, 죄를 지은 자에게 벌도 주어야 했다. 이러한 일로 인해 교회는 상당한 인적 자원과 행정력을 필요로 할 수밖에 없었고 그 결과 자연히 설교에 등한히 할 수밖에 없었으며 그것이 설교의 쇠퇴를 가져온 것이다. 이러한 설교의 쇠퇴는 종교개혁자들이 일어나 종교개혁을 하기 까지 약 1000여년 동안 계속되었다.

28) *Ibid.*, 31-35.

5. 중세교회 시대의 설교

중세교회 시대를 가리켜 우리는 영적 암흑기라고 하는데, 4세기 이후 약 천 년 동안을 중세교회는 설교의 암흑시대라고도 할 수 있다. 중세교회는 콘스탄틴 대제 이후 박해가 없어지자 안일에 젖기 시작했다. 그동안 기독교는 핍박과 환난 속에서 진리를 파수하며 교회의 순결을 지키려는 뚜렷한 목표를 가졌지만, 이제 평화의 시대가 되어 안주하게 되자 뚜렷한 목표와 방향을 잃어버린 교회가 되었다. 말씀 증거가 약해지니 서서히 의식적인 종교로 바뀌어 갔고, 설교는 종교의식의 그늘에 가려 점점 빛을 잃게 되고 말았다. 따라서 설교가 점점 힘을 잃고 사라짐에 따라 종교적 의식이 발전하게 되었고 세속적인 권위를 얻으려고 하였다. 기독교가 박해를 벗어나서 로마제국의 국교가 되어 세속적인 힘을 얻게 되자 로마의 상류 사회 사람들이 교회에 들어오게 되었고, 설교자들은 그들의 환심을 사기 위해 하나님의 말씀을 말씀으로 증거하지 못했다. 그러자 복음은 철학과 종교를 조화시킨 스콜라 철학에 화를 입어 그 모습을 잃어가게 되었고 설교자는 하나님의 말씀에다 여러 가지 이교철학과 지식과 함께 교회의 그릇된 전승(Tradition)을 붙여 의식적인 것으로 장식함으로써 말씀의 올바른 선포는 뒤로 밀려나 버렸다.

중엽에 들어서 설교가 십자군(Crusades)과 수도원(Monasteries) 그리고 스콜라주의(Scholasticism)의 영향을 받게 되어 사제 계급과 제도와 의식으로 나타났다. 특히 스콜라 철학이 기독교 신학과 결부되어 유럽에 확장되었는데 신앙에서의 진리와 이성에서의 진리가 조화된다고 생각한 토마스 아퀴나스(Thomas Aquinas), 알버투스(Albertus), 보나벤투라(Bonaventura) 등에 의해서 교회 안에 깊숙이 들어오게 되었다. 그들은 아리스토틀의 변증법이나 논리학을 따랐다. 또한 스콜라주의와 수도원주의(monasteries)가 결합하였는데 스콜라주의적인 요소로 인해 설교를 학문적 분석의 수단으로 과시하려고 하는 위험한 요소가 상존하였다. 그 결과 중세교회의 예배는 예배의 본래 정신에서 벗어나 순전히 의식화되어 청중들이 알아듣지 못하는 라틴어를 사용하여 성경봉독과 기도, 그리고 옛 교부들의 설교문이나 강의를 읽는 것으로 설교를 대치하였다. 더구나 6세기에 와서는 성경 본문을 읽는 것 자체를 중단해 버렸으며, 사제들은 성경 본문을 가지고 설교하는 것 자체가 부자연스럽고 설교의 내용이 제한된다고 생각하여 본문 사용을 하지 않으려 했다.

결국은 형식과 틀에 얽매이다 보니 설교의 내용은 소홀해질 수밖에 없게 되었다. 결국 중세교회는 말씀의 생명력을 잃어버리는 교회로 전락되고 말았다. 특히 토마스 아퀴나스의 「신학 대전」은 철학과 종교를 조화시킨 로마가톨릭 스콜라시즘의 완성이라고 할 수 있는데 그의 사상은 로마가톨릭교회의 정신을 지배하는 영향력을 발휘하게 되었다. 그 결과 중세교회는 전통이나 교회가 성경 해석자라고 생각하여 성경을 교회의 전승이나 교의에 합의하도록 해석했다. 이러한 성경 해석은 마침내 성경을 알레고리적으로 해석함으로써 예배는 점점 의식화되어 복잡한 제사의식으로 대치되어 갔고 성직자가 전문적으로 의식을 집행함으로 말미암아 성도들은 완전히 수동적이고 소극적이 되어 갔으며, 결국은 사제 계급과 평신도 계급의 이층 구조를 낳게 되었다. 그래서 의식화된 종교는 성상숭배, 마리아숭배, 유물숭배 등으로 발전되고, 미사에 우상숭배 행위가 합법화되어 예배의 중심이 되고 말았다.[29] 그 결과 중세교회는 하나님의 말씀이 사라지고 강단에서 설교를 잃어버린 교회가 되고 말았다.

1) 버나드(Bernard of Clairvaux, 1091~1153)

12세기 불란스의 가장 유명한 설교가 중에 한 사람인 클레르보의 수도원 원장이었던 버나드는 중세 암흑시대의 한 가닥의 빛이라고 할 수 있다. 그는 경건한 어머니의 영향을 받았으며, 처음에는 기사가 되려고까지 결심하였으나 결국 수도 생활의 매력에 굴복하여 수도사가 되었다. 유명한 설교가 브로더스

29) *Ibid.*, 31-32.

(John Broadus)는 말하기를 중세기의 어떤 설교자보다도 버나드는 오늘날 기독교인들에게 도움을 줄 것으로 생각한다고 하였다. 그는 사람을 두려워하지 않고 끝까지 자기의 메시지를 주장하였으며 신비주의적 경향을 가졌다. 그의 설교의 두 가지 목표는 첫째 이단으로부터 교회를 보호하고, 둘째 제2차 십자군을 위한 병사들을 모집하는 데 있었다. 그 시대에는 인쇄술이 없었기 때문에 이단에 대한 공격은 구두로 행해졌다. 그의 설교가 다소 결점이 있었던 것은 사실이나 하나님의 은총의 위대한 도구와 인간의 마음이 하나님께로 나아가도록 하는 대표적 수단으로 간주하였다. 그리고 성경을 그 시대의 비성경적인 문제들과 이단들을 쳐부수는 무기로 사용하여 교회를 이단으로부터 보호하려고 한 그의 노력은 높이 평가해야 할 것이다. 그의 설교는 강력하고 정열적인 지성과 목적과 행동에 대한 풍부한 에너지는 그의 경건의 부드럽고 영적인 감미로움을 더 돋보이게 하였다. 그 당시 예리하고 철학적인 아벨라르도 이단과의 투쟁에서 그의 감화력 있는 설교는 당할 수 없었다. 그의 설교사역은 세속적인 성직자들의 잘못된 점을 책망하기도 하였으나 특히 확신과 열정과 설득력이 재능을 가진 평화의 설교자요 분쟁의 해결자로서 은사를 받은 순회 설교가요 탁월한 설교가였다.

2) Francis 교단 및 Dominicus 교단

13세기에 가장 중요하고 의미심장한 운동은 두 개의 커다란 설교 교단(Francis교단 및 Dominicus 교단)의 창설과 이들의 특유의 사역이었다. 즉 아시시의 성 프란시스(Francis of Assisi, 1192~1226)의 가난한 형제단(The Brothers of the Poor)과 도미니쿠스의 전도단(Preaching Brochers)은 유럽의 서로 다른 지역에서 같은 시기에 일어났는데, 프란시스 수도회는 1209년에 이탈리아에서, 그리고 도미니쿠스 수도회는 1215년에 남부 프랑스에서 일어났다. 성 프란시스는 하나님의 말씀을 필요로 하는 사람들을 보았고, 그들에게 은혜와 사랑의 메시지를 가져다주기 위해 비참한 가난의 생활로 자청해 들어갔으며, 그의 교단에 속한 수도사들은 말씀 전파를 위해 어디든지 갔다. 그들은 아프리카와 아시아 등 해외 선교까지 하게 되었다. 도미니쿠스 교단은 처음에 이단을 대처하는 것을 주요한 일로 생각하여 가르치는 것에 헌신되어 있었지만 후에는 프란시스 교단의 복음적 성격에 동화되어 경쟁의식을 통해 후반기에는 배움에 더 많은 관심을 기울이게 되었다. 처음에 이 교단들은 순결하고 창립자들의 열정과 정신으로 불타고 있었으나 점점 수가 증가되고 학식이 발전함에 따라 영향력이 증가되자 점점 세속화되어 선을 향한 그들의 힘은 감소되었다.[30)]

그러나 두 수도회는 13세기에 성경을 떠나 있는 알레고리 해석, 완전한 상상, 억지로 만들어 놓은 의미와 적용으로 왜곡된 설교에 대항하여 형제단과 함께 자선에 헌신하고 설교하는 형제들(수사들)을 도와주고 격려해 주는 '가난한 자들의 작은 형제단'(The Brothers of the Poor)과 '가난한 자들의 작은 자매단'(Little Sister of the Poor)을 함께 세워 자선에 의해 살고 백성들에게 복음을 전파하는 형제단(수사들)을 조직함으로써 많은 영향을 끼쳤다. 교회와 사회의 부패한 상태를 다루는 설교의 필요성을 느꼈고 어느 교구에서나 설교할 수 있는 자유를 가졌다. 그들은 수도원의 규칙을 따르며 정직과 복종을 맹세했지만 은둔 생활에 얽매이지 않고 사람들 가운데서 그들과 함께 일했으며 그들에게 말씀을 증거했다. 이들로 인해 대중적 설교의 부활이 서구 전역에서 일어났다. 프란시스와 도미니쿠스 수도사들은 설교 이론과 관행에 중대한 공헌을 했다. 도미니쿠스 수도사들은 완벽한 고전적 수사학 원리에 입각한 최신의 설교 전통수법으로 완전하게 훈련을 받았다.[31)] 프란시스의 설교는 조용하고 좌담식이었다고 전해지며 이에 반해 도미니쿠스의 설교는 대단한 박력과 열정이 있는 설교였다고 알려져 있다. 프란시스는 그의 설교에서 우리의 행동과 가르침은 조화되어야 한다고 주장하면서, 어느 곳을 지나가더라도 가는 그곳에서 설교하지 않는다면 설교하기 위하여 어디를 가든 그것은 쓸모없는 일이라고 하여 설교에 대한 열정을 보여 주었다. 프란시스는 그 당시 도시들 사이에 만연해 있던 불화와 반목을 보고 하나님의 사랑으로 서로 화목해야 할 것을 설교했다. 프란시스는 심지어 전쟁의 화

30) Edwin C. Dargan. *op. cit.*, 310.
31) De Witte T. Holland, *op. cit.*, 46.

염을 뚫고 모슬렘 군대의 회교도 군주를 포함한 이교도들에게 설교하기를 원했으며 스스로 그리스도의 빈곤을 본받아 가난 속에 거하면서 가난한 자들에게 설교하였다. 프란시스는 그리스도를 모방하여 그의 가르침을 따라 사랑과 평화를 몸소 실천하려고 평생을 헌신한 설교자라고 할 수 있을 것이다. 그는 비록 44세의 젊은 나이로 세상을 떠났으나, 평생 사랑과 평화의 사도로서 그리스도의 모습을 보여 주기 위해 생활 속에서 실천한 설교자일 뿐만 아니라 기독교회사에 있어서 가장 거룩한 인물 가운데 한 분임에 틀림없다.

도미니쿠스 수도회가 설립된 지 약 30년이 지난 후에 당시의 수도회 원장이었던 훔베르트 드 로만스(*Humbert de Romans*)는 순회 설교자들의 이념을 표현했고 설교 준비와 전달에 관한 완성된 논문을 발표했다. 그는 말하기를 "평신도들이 라틴 예배 의식을 전혀 이해하지 못했다 할지라도 그들은 설교를 이해할 수 있었기 때문에 설교에 의해 하나님께서는 예배의 다른 어떤 행위보다도 더욱더 분명하고 더욱 확실하게 영광 받으신다. 그리고 설교의 재능은 하나님의 특별한 은사로 말미암아 얻지만 지혜로운 설교자는 자신의 본분을 다하며, 바르게 설교하기 위해 부지런히 공부할 것이다."[32]라고 했다. 그리고 1세기 후에 프란시스 수도회의 위대한 설교자 시에나의 성 베르나르디노(St. *Bernardino of Siena*, 1380~1444) 역시 설교의 중요성을 주장하기를 "미사를 드리거나 설교를 듣거나, 둘 중에서 여러분이 한 가지밖에 할 수 없다면 여러분은 설교보다는 차라리 미사를 포기하도록 하라. 설교를 듣지 않는 것보다는 미사를 드리지 않는 것이 여러분의 영혼에 덜 위험하다."[33]라고 했다.

3) 토마스 아퀴나스(Thomas Aquinas, 1225~1274)

스콜라 신학의 가장 위대한 신학자이며, 또 천사 같은 선생(angelic doctor)이

---

32) *Ibid.*, 47.

33) John Stott, *op. cit.*, 28.

라고 호칭을 가졌던 토마스 아퀴나스는 이탈리아의 도미니쿠스 수도사요 신학자였으며, 스콜라 철학자의 여왕(Prince of Scholastics)이라고도 불리웠다. 특히 그는 신학자로서 「신학 대전」이란 광대하고 광범위한 책을 저술했는데 이 책에서 그의 부지런함과 그의 놀라운 학식과 논리력, 사상의 깊이와 예리함을 보여주며 동시에 가톨릭적인 정통성을 증거해 주고 있다. 그가 훌륭한 설교자임은 그의 자질과 저작을 통해서 알 수 있다. 그는 교사와 연사로서 다양한 곳에서 수도사들과 학생들에게, 때로는 큰 교회 행사에서 설교했으며, 또는 평민들에게 호소력 있는 힘을 가지고, 원고 없이 사람들이 사용하는 언어로 연설했다.[34)] 설교학자 브로더스(Broadus)는 설교자 토마스 아퀴나스에 대해 "그는 매우 상상력이 풍부한 것이 아니었고, 또 표현이 유창한 것도 아니었다. 문장들은 짧았으며 모든 것들은 셋씩 구분되고 세분된다. 하지만 장식이나 부풀어 오르는 열정은 없을지라도 그는 논쟁뿐 아니라 설명을 위해서 많은 소박하고 생기 있는 비유들을 사용한다."[35)] 그의 설교는 당시의 청중들로부터 외면당하고 있는 무미건조한 중세기 설교자들의 것과 달랐다. 따라서 나폴리에서 수난절 설교를 했을 때 참석한 청중들이 너무도 감동을 받아 눈물바다가 되는 바람에 설교를 중지하지 않을 수 없었고, 부활 주일의 설교 때에는 청중들이 억제된 감정을 부수고 환희의 승리감이 넘치도록 나타내기도 했다. 그의 설교는 그 당시 많은 사람들에게 큰 효능을 얻고 많은 영향을 준 것임에는 틀림이 없다. 그러나 그의 설교에서도 그리스도의 복음에 대한 해석보다 윤리적 교훈에 중점을 둔 것이 많이 있고, 중세적 알레고리적 해석이 심하게 나타나며, 또한 설교의 전개과정에서 내용을 현저하게 비약한다는 지적이다. 그러나 아퀴나스는 서방교회의 신학을 체계화시킨, 스콜라 신학의 대표자로 인정되고 있다.

그 외에도 중세의 설교자 중에는 신비주의자이며 학문적인 보나벤튜라(Bonaventura, 1221~1274)를 비롯하여 독일의 도미니쿠스 수도회의 신학자이며 설교자인 미이스터 엑하르트(Meister Eckharc, 1260~1327), 요하네스 타울러(Johannes Tauler, 1266~1367), 신비주의 순회 설교자인 하인리히 수소(Heinrich Suso. 129

34) Edwin C. Dagan, *op. cit.*, 325.
35) *Ibid.*, 326.

5~1366), 프랑스 신학자 장 게르송(Jean cle Gerson, 1363~1429), 스페인의 도미니쿠스 수도사 빈센트 페러(Vincenc Ferrer, 1359~1419), 이탈리아의 프란시스 수도사인 존 카피스트라노(John Capistrano, 1386~1456), 시에나의 베르나디노(Bemardino of Siena, 1380~1444), 경건한 신비주의자이자 「그리스도를 본받아」의 저자인 토마스 아켐피스(Thomas a Kempis, 1380~1471) 등이 유명했다. 중세기 후기에 이르러 수도원을 중심으로 서서히 복음적이고 개혁주의 설교자들이 일어나 종교개혁이 싹트기 시작한 것이다.

6. 종교개혁 이전 개혁자들의 설교

우리는 14세기 후반의 위클리프와 더불어 시작되는 설교의 새로운 움직임이 깊은 영적 암흑기에 빠져 잠들어 있던 중세교회에 복음적인 설교가 싹트기 시작하고 새로운 정화 운동이 일어나기 시작함으로써 종교개혁의 여명을 여는 하나의 디딤돌이 되었다. 지금까지의 오랜 침묵에서 드디어 샛별 같은 설교자들이 나타나기 시작하였다. 그들은 영국의 존 위클리프(John Wycliff, 1320~1384)와 위클리프의 저술에 영향을 받은 보헤미아의 종교개혁자 존 후스(John Huss, 1373~1415) 그리고 이탈리아의 도미니쿠스 수도회의 개혁자 지로라모 사보나롤라(Girolamo Savonarola, 1452~1498) 등의 개혁주의 설교자들이었다.

1) 존 위클리프(John Wycliff, 1320~1384)

위대한 설교자이자 개혁의 기수였던 존 위클리프는 1320년 요크셔(Yorkshire)의 리치몬드(Richmond) 근처의 명문가에서 태어나 어릴 때부터 좋은 교육을 받았고 옥스포드에서 공부를 하여 학자와 설교자로 명성을 떨쳤다. 1361년에 사제로 서품을 받았고, 1374년 말 국왕이 그를 루터 워스(Lutter Worth)교구의 사제로 임명하였으며 그는 그곳에서 죽을 때까지 머물렀다. 물론 정규적인 사제의 일 이외에 다른 곳에 가서 자주 설교를 하였으며 그의 설교는 어디에서나 청중들에게 큰 감화를 끼쳤다. 그러나 위클리프가 설교를 통해서 사제들의 타락과 죄를 심하게 공격했기 때문에 사제들로부터 외면과 비난을 받았다.

1378년에 위클리프는 설교여행을 떠나기 위해 「가난한 사제단」(Poor priests)을 조직하여 영국 전역을 다니면서 영어로 된 성경의 사본을 만들어 사람들에게 나누어주었으며, 라틴어 성경을 영어로 번역하기 시작하였다. 그는 프란시스 수도사들을 비난했지만 동시에 그들의 이상주의를 그 자신의 설교에 많이 모방하여 그것을 그의 제자들에게 가르쳤다. 그는 사도시대를 교회와 설교의 황금시대로 간주했다. 그는 설교가 성만찬보다 더 중요하다는 것을 입증하려고 열심히 애를 썼으며 설교를 단순히 전하기 위해, 그리고 가난한 자들에게 필요한 것들에 관해 직접적으로 전하기 위해 그의 「가난한 사제들」(Poor priests) 또는 「검소한 사제들」(simple priests)을 훈련시켰다. 그는 성경 연구를 통해서 성경만이 믿음의 최고 권위를 가진다는 사실을 인정하고 개혁자가 되어 1351년 로마가톨릭의 교리인 화체설(Trans-substantiation)을 반대하는 논문을 내었다. 또한 설교 형식의 작은 사상과 표현 등으로 가득 찬 「위클리프의 작은 창구」(Wycliff Little Wicket)라는 소책자는 피쉬(Fish)의 「강단설교의 걸작 모음집」(Masterpieces of Pulpit Eloquence)에 들어 있는데, 이것은 개혁의 정신과 방법을 알려 주는 좋은 표본이 되고 있다. 위클리프는 설교가 으뜸이라는 새로운 교리의 가장 강한 옹호자가 되었으며 설교만이 참으로 교훈이 된다는 주장을 하였다. 그리고 모국어로 하는 설교만이 진정한 설교라고 생각하여 라틴어 성경을 영어로 번역하여 그의 나라의 모든 일반 백성들에게 읽혀지도록 하여 복음을 전하려는 깊은 관심도 보였다.

그는 성찬 중심주의, 끊임없는 미사, 기도와 명상 제일주의에 계속 반대했으며 그것들의 대안으로 설교의 중요성을 강조했다. 그리고 성직자들에게 가장 좋은 생활은 복음을 설교하는 것이라고 결론지었다. 위클리프는 의례에만 치우쳐 왔던 예배에 말씀 선포의 귀중성을 확인케 해 주었고, 결국 설교 강단의 우월성을 되살리는 데 크게 기여했으며, 또한 중세 설교의 천편일률적인 주해와 타성에 젖은 형식적 설교, 압운설교(rhyming sermon) 등을 배격하고 논리적인 설교를 함으로써 중세 설교 발전에 크게 이바지했다.[36] 물론 그의 설교도 그 시대의 스콜라적이고 풍유적인 해석과 로마가톨릭적인 문제점에서 완전히 벗어나지는 못하였다. 그러나 그의 설교는 복음적 교리 쪽으로 기울어져 있었다. 그리고 위클리프의 논리적 설교는 그 시대의 기나긴 강단의 침묵을 깨뜨리는 데 결정적인 공헌을 했으며, 개혁가로서의 그의 중요성은 말할 것도 없거니와 그는 활기찬 문체, 엄격한 표현, 치밀한 타당성 등으로 뛰어난 재능을 지닌 설교자였다.

2) 존 후스(John Huss, 1373~1415)

존 후스는 1373년 보헤미아의 후시네츠(Hussinetz)에서 태어나 프라그(Prague) 대학에서 공부했으며 후일에 그 대학의 학장이 되었다. 그는 위클리프의 영향을 받았으며 신학자요 또한 영향력 있는 설교자로서 보헤미아의 방언을 하는 청중을 위해 세워진 베들레헴 교회의 담임 설교자로 사역하였다. 후스는 위클리프의 책을 읽어 가는 동안에 이 위대한 개혁자의 사상에 공감하게 되었고 후스는 말과 글로써 교황권과 교회의 부패에 대해 공격하기 시작하였다. 그의 단호한 태도는 친구들도 놀랄 정도로 그의 적들과 정면 대결을 피할 수 없었다. 후스는 위클리프와 같은 용기와 능력을 갖춘 개혁자로서 성경에 근거하여 교황권의 부패를 지적했고, 위험에 직면했을 때에도 흔들림이 없이 자신의 신앙고백을 지킴으로써 진정한 개혁을 향해 소리를 발하였다. 후스의 공격은 로마 교황청을 자극하게 되었고 마침내 후스는 프라하의 대주교에 의해 소환되었는데 대주교는 후스 자신과 위클리프의 책을 불태우라고 지시하였다. 후스는

36) Clycle E. Fant., *op. cit.*, 233.

교황청의 지시에 불응하였으며 이에 따라 1410년에 후스는 이단으로 선고받아 파문을 당했다.[37]

그러나 여전히 그의 추종자들이 있었기 때문에 그는 설교를 계속하였으며 이에 대해 대주교는 모든 예배 행위를 금지한다고 발표하기까지 이르렀다. 그렇지만 이에 굴하지 않고 후스는 고향 후시네츠로 돌아가 후시네츠를 비롯하여 여러 곳에서 기회가 닿는 대로 선교 활동을 계속했다. 그러나 1414년 황제가 신분을 보호한다는 거짓 서신을 보내오자 죤 후스는 저 유명한 콘스탄스(Constance) 공의회에 참여하게 되고 거기서 그는 자신이 진리라고 여겨 온 모든 것을 철회하라는 요구를 거절하였으므로 감금되어 사형 선고를 받게 된다. 감옥 생활을 하던 중 1415년에 그는 화형에 처해졌으며, 용감하게 화형대의 불꽃 속에 순교했다. 후스는 비록 순교했으나 그의 영향과 많은 설교가 전해져 내려오며, 그의 설교는 언변적 재능은 없었으나 그의 설교의 내용이 지닌 무게와 힘 그리고 확신으로부터 오는 능력과 진실성 때문에 더욱 사람을 끄는 힘을 가지고 있다. 후스의 사상은 마틴 루터에게 영향을 주었을 뿐만 아니라 그의 감화로 독일의 모라비안 형제단이 일어나게 되었다.[38]

3) 사보나롤라(Gilolamo J. Savonarola, 1452~1498)

사보나롤라(Gilolamo Jerome Savonarola)는 1452년 9월 21일에 이태리 북부에 있는 페라라의 교양 있고 존경받을 만한 집안에서 태어났으나 침울한 성격을 소유한 소년이었다. 그는 일찍이 그 당시 만연했던 죄악의 문제에 민감하였으며, 젊은 시절의 사랑의 실패로 인해 세상적인 쾌락에 빠지지 않고 일생을 순결하게 살기로 했다. 22세 때 그 시대의 죄와 타락상에 대한 설교를 듣고 그는 수도 생활을 시작하기로 결심하고 '설교자들의 수도회'(Order of Preaching)라 불렸던 볼로그나의 '도미니쿠스 수도원'에 들어가 견습 신부로서 경건 생활과 학문에 큰

---

37) Dagan, *op. cit.*, 90.
38) 배굉호, *op. cit.*, 79.

열심과 성의를 나타내었다. 볼로그니에서 7년간 학문과 수양을 받은 후 설교자로 파송 받게 되었다. 그의 고향 페라라에서 설교하였으나 큰 성공을 거두지 못하고 바로 그해 1481년 플로란스로 파송되어 유명한 사마르코 수도원에서 가르쳤다. 그 후 산로렌쪼의 유서 깊은 교회의 설교자로 임명받았으나 실패하고, 북부 이태리 브레스키아(Brescia)에서 설교를 했는데 그때 영향력 있는 설교를 하게 되었다. 그의 설교로 인해 이태리가 온통 그의 명성과 예언으로 시끄러워지기 시작하였다. 한편 그는 도미니칸 교단의 총회가 열리는 레기오에서 설교하게 되었는데 교회의 부패와 세상의 죄악을 지적함으로써 타락한 성직자들로부터 미움을 사게 되었다. 이렇게 되자 악명 높은 교황 알렉산더 6세(Pope Alexander VI)는 여러 가지 방법을 동원하여 그의 입을 막으려 했으나 막지 못했으며, 그를 로마로 초청했으나 사보나롤라는 거절했다. 또 한번은 그의 마음을 돌이키면 추기경의 빨강 모자를 주겠다고 제의하였으나 사보나롤라는 자신이 쓰고 싶은 단 하나의 모자는 순교자의 모자뿐이라고 대답했다. 결국 1496년 교황은 사보나롤라를 파면시켰다. 그 후 그는 폭도들에 의해 체포되어 법정에 서게 되고 화형 선고를 받아 1498년 5월 23일 순교의 잔을 마셨다.

사보나롤라는 천성적으로 뛰어난 웅변가였으며 그의 설교는 청중을 사로잡는 호소력을 가지고 있었다. 그의 설교는 스콜라적인 정교함과 예리함, 사고의 명료함을 지녔으며, 논리적이고 상상력이 풍부했다. 그리고 그의 설교에 드러난 생각과 정서는 고결하며 정직하다.[39] 사보나롤라와 함께 종교개혁 이전 시대는 끝을 맺는다. 종교개혁자 마틴 루터는 사보나롤라가 화형을 당할 때 아이제나흐의 거리에서 노래를 부르며 가난한 학비를 조달을 하면서 먼 훗날 위대한 사역을 준비하는 14세의 학생이었다. 종교개혁 이전의 선구자로는 위클리프, 후스, 그리고 사보나롤라인데 이들은 마틴 루터의 선구자들이었다.

39) *Ibid.*, 96, 99, 103.

7. 종교개혁자들의 설교

16세기에 일어난 종교개혁은 약 1천여 년 동안 하나님의 말씀을 잃어버린 중세교회로부터 설교의 회복이며 예배의 회복이며 성경의 재발견이었다. 중세교회는 영적인 암흑시대로 하나님의 말씀의 빛이 사라져 버린 시기였다. 이러한 암흑시대가 가장 깊을 무렵, 위클리프와 후스와 그리고 사보나롤라 같은 설교자들에 의해 서서히 생명의 말씀에 대한 관심과 함께 말씀 전파의 움직임이 시작되었다. 이 말씀 전파의 불길은 성경의 재발견과 때를 맞추어 확산되었을 뿐만 아니라 성경에 대한 새로운 번역의 시도가 일어났기에 말씀 전파와 설교의 회복은 더욱 활발하게 전개되었다. 마침내 16세기에 이르러 종교개혁자들은 첫 작업으로 성경을 번역하고 성경을 그대로 강단에서 설교하는 사역을 시작하게 되었다. 종교개혁자들의 예배는 종교의식에서 벗어나 하나님의 말씀이 중심이 되는 예배로 전환하게 되었다. 종교개혁이 성경의 재발견이었다면 바로 이 성경을 제자리로 돌려놓는 운동은 강단을 통한 신실한 하나님의 말씀 전파에서 시작되었다. 따라서 종교개혁자들은 설교를 통하여 로마가톨릭의 부패와 횡포에 대한 공격의 포문을 열기 시작하였다. 오직 성경의 권위만을 유일한 권위로 받아들인 종교개혁자들의 불같은 설교를 통하여 종교개혁의 불길은 확산되어 갔다.

1) 마틴 루터(Martin Luther, 1483~1546)

아우구스티안 수도승이며 비텐베르그의 색슨대학의 교수였던 마틴 루터는 1483년 11월 10일 삭소니(Saxony)에 있는 아이슬레벤(*Eisleben*)이라는 조그마한 마을에서 농부의 아들로 태어났으며 엄격한 교육을 받고 자라났다. 그는 나이 20세가 되는 해, 도서관에서 처음으로 라틴어 성경(the Latin Vulgate)을 발견하게 되고 성경 연구에 몰두하게 된다. 그는 스콜라 철학과 신학에 관심을 가져 에르푸르트 대학에서 우수한 성적으로 졸업하였으나 친구의 갑작스런 죽음으로 인해 종교에 관한 내적 갈등을 경험한 후, 수도승이 되기로 서원하고 그 서원을 지키고자 1505년 7월에 에르푸르트에 있는 아우구스티안(Augustian)수도원에 들어갔다. 이 수도원에서 비질(Virgil)과 플라우투스(*Plaotos*)의 책들을 읽었으며 엄격한 수도 생활을 했지만 마음의 안식과 만족을 얻을 수가 없었다. 그는 부수도원장인 존 쉬타우피쯔(*Staupitz*)의 도움을 받게 되는데 '봉사와 선행을 통해서 평안을 얻으려 하지 말고 오직 그리스도를 통하여 찾도록 하라'는 권면을 받게 된다. 이때부터 성경을 연구하던 중 그리스도를 믿음으로만 의롭게 되고 구원을 얻는다는 확신을 얻게 되었다.

그 후 1510년 그는 비텐베르크(*Wittenberg*) 대학의 교수로 임명을 받게 되고, 1511년 로마를 방문하여 새로운 전환점을 맞게 된다. 성베드로 교회의 성스러운 계단(Holy Stairway)을 무릎으로 기어 올라가게 되지만 그 마음속에서 로마의 성직자들의 위선, 거짓, 세속화, 부패, 허무를 지울 수 없었다. "오직 의인은 믿음으로 말미암아 살리라"는 성경 말씀이 그의 귓가에 맴돌았다. 다시 비텐베르크에 돌아온 그는 1512년 박사학위를 받고 시편, 로마서, 갈라디아서, 히브리서 등을 강의하면서 점점 복음에 대한 확신을 가지게 되었다. 그는 1517년 면죄부 판매를 역설하는 존 테젤(Tetzel)의 연설에 분개하여, 마침내 1517년 10월 31일 면제부의 부당성을 지적하고 비텐베르크의 교회 정문(Castle Church door at *Wittenberg*)에 95개 조항의 강령을 내걸고 종교개혁의 횃불을 높이 올리게 되였다. 루터의 신앙 대강령은 인쇄되어 2주 만에 독일 전 지역에서 읽혔다. 그 후 마틴 루터는 종교개혁자로서, 신학자로서, 설교자로서 많은 업적을 남겼다. 그는 천부적인 재능과 인격 곧 그의 강인한 의지력과 훌륭한 상상력, 동족에 대한 동정심과 온화한 성품 그리고 용기와 정직성을 소유한 설교자였다. 그는 학문과 성경 및 신학에 대한 지식, 인간과 사물에 대한 예리한 통찰력 그리고 유창한 언변력과 문장력을 갖추고 있었으며, 무엇보다도 하나님의 은총에 대한 체험과 동료 인간들의 영혼에 너무도 중대한 하나님의 진리를 선포해야만 한다는 불타는 확신이 주는 영적 부담감과 중압감 등은 그를 역사상 가장 위대한 설교가 중의 한 사람으로 만드는 요인이 되었다.

루터의 설교 원칙은 다음과 같았다. ① 설교자는 문법적인 지식을 가져야 한다. ② 설교자는 해석할 본문의 시대나 환경이나 그 밖의 고려할 일들을 이해해야 한다. ③ 설교할 본문의 문맥의 전후 관계를 명백히 파악해야 한다. ④ 신앙의 조화(신앙과 행위, 율법과 복음)가 있어야 한다. ⑤ 설교의 주제는 언제나 예수 그리스도 안에 나타난 하나님의 영광이 되어야 할 것을 역설했다.[40] 그뿐만 아니라 그는 성도의 도덕적 의무와 영적인 본성에 대해서도 설교했다.

루터의 설교 형식이나 논조에 대해서 설교학자 다아간(E. C. Dargan)은 말하기를 "그는 분석적인 방법에 얽매이지 않고 개략적인 고찰 방법을 취하나 종종 설교학적인 과오가 눈에 띈다. 그리고 서론과 결론에 있어서는 약간의 언급만 할 뿐이고, 주안점을 둔 곳은 설교의 본론 부분이었으며, 종종 주제를 벗어날 때도 있었다. 그러나 대개 명료하고도 잘 정의된 주제를 설정해 놓고 있었다. 성경 본문은 단문이거나 몇 부분으로 나누어 택하였고, 이전의 설교 형식대로 구절마다 해석을 한 것이 있는가 하면, 전체 본문을 분석하여 다루는 방식도 있다."[41]라고 하였다. 루터는 가식과 강요가 없이 자유롭고도 감명 깊은 설교를 하였고, 세심한 주의를 기울여 설교 내용을 생각했으며, 항상 생각에 잠겨 있었고, 원고도 없이 상황과 환경에 따라 자유롭게 설교하였다. 그는 사명감과 하나님과 인간에 대한 사랑으로 목전의 인간을 두려워하지 않고 외쳤던 것이다. 루터는 하나님의 말씀인 성경을 읽는 특권에 대해서 성경을 가지고 있는 평신도는 성경을 가지고 있지 않는 모든 교황보다도 믿을 만하며, 또 교황이나 대학교수라도 신앙을 가지고 성경의 뜻을 아는 아홉 살 난 어린이에게 복종해야 할 것을 확신한다고 말했다. 또 그는 성경봉독과 설교를 존중하여 하나님께 예배하는 중에 가장 위대한 부분은 하나님의 말씀을 선포하고 또 전하는 일이라고 했다.

마틴 루터도 그 시대의 아들이었으므로 그의 설교 역시 가끔 풍유적으로 해

40) H. Pattison, *The History of Christian preaching* (Philadelphia: American Baptist Publication Society, 1903), 136-37.

41) Dargan, *op. cit.*, 146.

석하고 일부 곡해한 부분도 있었음을 우리는 찾아볼 수 있다. 그러나 종교개혁자 마틴 루터는 위대한 개혁주의 설교자로서 당시의 설교로부터 과감하게 탈피하여 성경에 나타난 하나님의 말씀만을 해석하고 성도들의 생활에 적용하려는 의도를 분명하게 시도했으며 또한 믿음으로 의롭게 된다는 교리를 확정하여 믿음이 구원에 이르는 유일한 길임을 설교했다. 그는 죽음을 3일 앞두고까지 설교를 했던 사람으로 청교도 목회자 리차드 박스터(Richard Baxter)에 의해서 "죽어 가는 사람으로서 죽어 간 사람에게 설교를 했던 사람"이라고 평가될 정도로 죽음보다 설교를 우선적으로 생각한 사람이었다.

2) 츠빙글리(Huldreich Zwingli, 1484~1531)

스위스의 종교개혁자 훌드라이히 츠빙글리는 1484년 1월 1일, 스위스의 빌트하우스(*Wildhaus*)에서 태어났다. 그는 1498년에 비엔나대학교를 수학하고 1504년 바젤대학교에 입학하여 문학사 학위를 받은 후, 1506년에는 문학석사 학위를 받고 글라루스(*Glarus*)의 교구 사제로 부름을 받아 10년간 성직을 수행하였다. 그리고 1518년에 교황의 전속 사제가 되었으나 면죄부 판매의 부당성을 비판하기 시작하여, 용병 근무에 대한 반대를 주도하였다. 1519년 35세의 나이에 취리히로 옮겨와 대성당의 사제로서 새로운 지위를 맡게 되었다. 1519년 1월 1일, 그의 생일에 츠빙글리는 사제 평의회에서 기존 예배의 성무 일과에 구애됨이 없이 직접 연쇄적인 마태복음 강해 설교를 할 것을 선언하였다.[42] 스위스 종교개혁은 이와 같은 하나님의 말씀의 선포로 시작되었던 것이다. 그는 그리스도인에게는 성경만이 권위 있는 것이요, 구속의 의(義)라는 확신을 가지고 개혁에 임하였다. 1523년 그의 교리 요약서인 「67개 명제」를 출판하여 취리히 제1차 논쟁에서 자신의 입장을 취리히 의회에 천명하고 자신의 견해의 정당성을 인정받았다. 예배 의식도 개혁되어 로마가톨릭적인 행사가 하나씩 폐지되고, 대

---

42) *Ibid.*, 164-68.

신 보다 더 단순한 예배 의식을 갖추게 되었다. 결국 미사가 폐지되었고, 1525년 부활절에는 성만찬도 신약성경의 가르침에 따라 보다 단순한 개혁주의 방식으로 대체되었다. 1529년에 독일 마르부르크에서 루터와 멜랑톤과 만나 종교개혁자의 동지서에 서명을 한다. 그는 1531년 로마가톨릭 측에 대항하여 싸운 개혁편에 합류하여 같이 싸우다가 1531년 11월 11일 카펠(Cappel)이라는 도시에서 벌어진 전투에서 수적 열세로 패배하였는데 그때 츠빙글리는 칼을 손에 든 채로 쓰러졌다.

츠빙글리의 사역은 설교가 중심이었고 주로 설교에 의해 사람들을 얻고 지켰으며 개혁을 성취하였다. 그는 자유롭게 자신의 청중들과 친밀하고도 즉각적인 접촉을 유지하며 일관된 사상의 전개를 추구하기를 원했다. 그의 원고 없는 설교는 자신의 설교를 생동력 있고 적절하게 하려는 츠빙글리의 시도의 일환이었다. 그는 펜을 잡고 있기보다는 많은 시간을 명상에 잠김으로써 자신의 설교를 준비하였다. 츠빙글리는 성경의 한 책을 연속적으로 설교하거나 특별한 주제를 가지고 설교하였다. 그의 설교의 용어는 이해하기 쉬웠고 명쾌하며 감동적이었다. 그는 키가 크고 강건한 외모와 밝은 얼굴과 상냥한 태도를 지녔으나 목소리는 그리 크지 않았다. 그러나 그의 설교는 진실하였으므로 사람을 끄는 힘이 있었고, 사람들은 그의 설교를 듣기를 좋아했으며, 그의 말씀에 깊은 영향을 받았다. 그는 그의 학생들에게 과장된 몸짓을 피할 것과 너무 빠르게도 너무 느리게도 설교하지 말 것과 크게도 적게도 하지 말 것을 가르쳤다.[43] 츠빙글리는 정치적인 재능을 가진 사람이었으므로 설교를 교회개혁과 민주적 투쟁을 위하여 하나의 도구로 사용하였던 것도 사실이다. 그러나 무엇보다도 그는 투쟁의 차원에서 머무르지 않고 자신의 설교를 통해 하나님 말씀의 진수를 해설하려고 노력했으며 오직 성령의 감화에 의지하여 당시의 페리콥(*Pericope*)이나 표준적 주석들을 버리고 설교 속에서 성경의 재발견을 과감히 시도하였다고 볼 수 있다.[44]

---

43) 정성구, *op. cit.*, 134.
44) 배광호, *op. cit.*, 90.

3) 죤 칼빈(John Calvin, 1509~1564)

종교개혁자 죤 칼빈은 1509년 불란서 피카르디의 노용(Noyon)에서 태어났다. 그는 14세 되던 1523년부터 1528년까지 파리대학에서 신학을 공부하였다. 그 후 법률가인 아버지의 소망대로 법학 공부를 하였으나 부친이 별세하자 그는 신학에 대한 간절한 열망으로 파리대학으로 돌아와 신학을 연구하였다. 칼빈은 올레앙즈와 부르지즈대학의 교수였던 멜기오르 보르말(Melchior Volmar)교수를 통해 개혁사상을 고취시켰다. 그는 파리를 떠나 바젤에서 핍박을 받고 있는 복음주의 형제들을 위로, 계발(啓發)시키기 위해 논문을 쓰게 되었다. 그리하여 라틴어로 출간된 「기독교강요」(Institute of Christianity)는 신교의 신앙을 권위 있고 강력하게 설명하고 있다. 칼빈은 신학 논문을 쓰고, 성경 주석을 집필하고, 유럽 각국 종교개혁의 고문으로 있으면서 신학강의를 하며, 로마가톨릭 학자들과 신학 논쟁을 벌이면서도 그의 주된 임무인 설교에 심혈을 기울였다. 그는 수고와 슬픔, 나쁜 건강, 업무의 과로 등으로 인해 극도로 쇠약하게 된 몸으로 1546년 2월 마지막 설교를 하고, 1546년 5월 27일 길고 고통스러운 지상의 싸움에서 풀려나 영원한 안식 속으로 들어갔다. 그는 전날 그의 침대 곁에 모인 사람들에게 설교자로서의 그의 마지막 말을 남겼다. "저는 하나님 앞에서 여러분이 저에게서 들은 교리를 경솔함 없이 진리에 대한 확신을 가지고 가르쳤으며, 순수하고 신실하게 하나님께서 저에게 맡기신 책임을 따라 하나님의 말씀을 선포했습니다."[45]

칼빈의 설교는 속사(速寫)인 데니스 라구니(Danis Raguenier)에 의해서 기록으로 남게 되었는데 오늘까지 보존된 설교는 약 2,050편 정도이고 종교개혁 저작 전집에는 구약 571편, 신약 397편, 도합 968편이 수록되었다. 칼빈의 설교는 종교개혁자들의 강해식 방법이 동일하게 발견하게 된다. 한 구절 한 구절 강해하는 대부분의 설교 형태 속에는 일관적인 사상과 스콜라적인 분석방법에 의한 논리적인 연속성이 있었으며 많은 청중들을 감동시켰다. 칼빈은 창세기, 신명기, 욥기, 사사기, 사무엘상하, 열왕기상하, 대선지서 전권, 소선지서 전권, 복음

---

45) Dargan, *op. cit.*, 221.

서 전권, 사도행전, 고린도전후서, 갈라디아서, 에베소서, 데살로니가전후서, 디모데전후서, 디도서, 히브리서 등을 설교했다. 그의 설교는 성경 원문에 충실하면서도 그 시대에 적용시키는 예민한 시각을 갖고 있었다.[46] 그의 탁월한 성경 원어와 라틴어 지식, 그리고 놀라운 성경 지식이 본문을 주의 깊게 연구하는 데 결정적인 역할을 하였다. 그리고 칼빈은 단순히 성경의 한 구절 한 구절을 해석하는 것이 아니고 신속한 지각, 명확한 이해와 표현력으로 성경의 표현으로 성경의 깊은 뜻이 드러나도록 함으로써 그의 설교는 설교자의 기교를 더함 없이 청중들에게 깊은 인상을 심어주었다. 그의 설교 형태는 명쾌하고 발력 있고 예리하며 꾸밈이 없으면서도 순결하고 우아함이 있고, 따뜻함은 없지만 열정과 힘이 있는 설교였다. 칼빈은 준비된 설교 원고를 읽어서는 안 되고 설교는 언제나 살아계신 하나님의 말씀으로 선포되어야 하며, 성령의 감동 가운데 되어야 할 것이라고 역설했다. 그의 설교의 자세는 진지함과 솔직함, 그리고 단순하고 명백한 것이었다. 예화 사용도 일상적으로 평범한 것이었으며 비유도 장황하게 늘어놓지 않았다.

칼빈의 설교의 특징은 설교 전편에 나타나는 하나님 중심적(Theocentric)인 신학의 틀 위에 세워진 설교라고 할 수 있다. 하나님의 절대 주권에 대한 분명한 사상과 고백이 그로 하여금 '하나님의 면전'에 서 있는 것처럼 설교를 행하게 하였던 것이다. 그러므로 그의 하나님의 절대 주권에 대한 분명한 고백이 그의 설교 행위에서도 '신전 의식'(*Coram Deo*)을 가지고 강단에 서도록 하였으며, 동시에 설교를 통해서 죄인인 인간으로 하여금 하나님을 만나게 해야 한다는 것이 그의 주된 생각이었다. 그뿐만 아니라 그는 언제나 일인칭 단수인 '나'라는 말을 쓰지 않고 일인칭 복수인 '우리'를 사용함으로써 자신도 하나님의 말씀을 들어야 할 죄인임을 분명하게 드러냈다.[47] 칼빈이 모든 사역에서 가장 중점적으로 취급한 것은 항상 말씀의 선포였으며, 그의 설교 중심은 오직 하나님께만 영광을(*Soli Deo Gloria*) 돌리는 것이었다. 칼빈의 강해 설교는 '오직 성경만'(*Sola Scripcura*)으로 '성경 전부'(*Scriptura Tota*)를 설교한 진실한 강

46) *Ibid.*, 223.
47) 정성구, *op. cit.*, 140.

해 설교자, '말씀의 종으로서의 칼빈'의 설교사역은 오늘 이 시대의 교회개혁을 위한 새로운 방법을 암시해 주고 있다고 하겠다.

4) 죤 낙스(John Knox, 1505~1572)

제네바 종교개혁의 연장이었던 스코틀랜드의 종교개혁은 칼빈과 밀접한 관계를 가진 개혁주의 설교자 죤 낙스(John Knox)에 의해 이루어졌다. 죤 낙스는 스코틀랜드 하딩톤(Hadington) 근처의 한 마을에서 1505년에 태어났다. 그는 1530년경에 사제로 임명을 받았고, 교부들의 서신을 즐겨 읽었으며, 1542년 윌리엄 틴델의 영어 번역 성경을 읽는 중 개혁신앙으로 투신할 것을 공포하였다. 그는 교회 부패를 공공연히 비난하기 시작하였다. 죤 낙스는 불리한 정세 때문에 스코틀랜드를 떠나게 되었고, 1547년에 성앤드류의 수비대가 프랑스 원조군에게 패배하자 프랑스의 노예 생활을 19개월간 했으나 1549년에 석방되어 영국으로 갔다. 그는 1954년 영국을 떠나 체류기간 동안 일부를 제네바(Geneva)에서 칼빈과 단단한 우정을 맺었다. 그는 1559년 스코틀랜드 국민의 지도자가 되어 돌아와 궁정의 반대를 무릅쓰고 스코틀랜드에 칼빈주의에 입각한 개혁신앙을 세웠다. 죤 낙스는 열정적인 사람이었으며 강한 개성과 진실한 위대함이 명확히 드러나는 사람이었다. 다른 종교개혁자들에 비해 존 낙스의 설교는 얼마 남아 있지 않다. 죤 낙스는 작은 체구와 연약한 몸 때문에 설교하러 강단에 오를 때 부축을 받기도 하였지만 그의 설교는 놀라운 능력을 나타냈다. 정열적이고 흥분을 잘하는 동시에 부드러운 말과 행동, 그리고 타고난 웅변가의 능력을 가지고 청중들에게 생동감 넘치고 힘 있는 설교를 함으로써 많은 사람들에게 깊은 감동을 주었다. 그가 성 자인스 교회에서 설교한 이사야 26장에 대한 설교에 첨가한 서문은 자신의 기록 자료를 남기지 않은 이유를 밝히고 있다.

"나는 오늘날 성경에 대한 수많은 작품이 나오고 있기는 하지만 성경 말씀의 내용이 거의 지켜지지 않고 있다는 점을 생각해 볼 때, 내가 다음에 올 세대를 위하여 책을 저술하는 것보다는 오히려 무지한 자를 일깨워 주고, 슬픔에 잠긴 자들을 위로해 주고, 연약한 자들을 강건하게 하며, 이 타락한 시대에 있어서 죄악과 오만에 빠져 있는 사람들을 견책하는 것이 하나님께서 내리신 소명이라고 생각하고, 내가 받은 이러한 특별한 소명에 전념키로 하나님께 서약했습니다. 나는 하나님께서 나의 혀를 하나님을 두려워하지 않는 이 세대를 향하여 이 세상의 권세자들과 국가들에게 변화와 개혁을 선포하며 하나님의 말씀이 완전히 성취되리라는 사실을 알리는 나팔로 삼으셨다는 사실을 결코 부인할 수가 없습니다. 비록 나는 글을 쓰는 재능과 그러한 자격을 갖추고 있지 않는 것은 결코 아닐지라도 이러한 하나님의 계시들과 확신들은 오로지 나로 하여금 크게 부르짖으라고 명하신 하나님의 명령에 순종하는 것만으로 만족하도록 하고 있는 것입니다."[48)]

낙스는 설교를 통하여 교황권과 로마가톨릭제도를 맹렬히 지적하였으며 기독교예배 개혁의 필요성을 선포함으로써 도덕적 엄격함이나 죄악을 지적함에 있어서 탁월하였다. 그는 즉석에서 설교를 할 수 있는 언변력을 가지고 있었으며, 표현력이 명료하고, 내적인 힘을 가지고 있었다. 또한 정열적이며 흥분을 잘 하는 사람이었으나 청중들을 다루는 능력은 타고난 웅변가의 실력을 지니고 있었다. 그는 청렴하였으며 용기가 있었고 하나님과 진리와 소망과 근면과 믿음을 가지고 스코틀랜드의 개혁의 기반을 마련하였다.

칼빈이 하나님 말씀 중심의 설교 기반을 다져 그 근본을 놓았다면, 낙스는 자신의 고난을 통해서 말씀의 선포 능력을 확대시켰다. 많은 사람들이 고난을 두려워하지만 낙스는 오직 설교만 두려워했으며 어떤 것도 두려워하지 않고 하나님의 말씀의 종이 되는 데 전 생애를 바쳤다. 낙스에게 평생을 두고 두려움을 갖게 한 것은 프랑스 군대도 아니었고, 지옥 같은 노예선도 아니었으며, 자신을 핍박하는 메리 여왕(Queen Mary)도 아니었다. 오직 설교에 대한 두려움이 항상 그를 엄습했던 것이다. 몰톤(Regent Molton) 백작이 그의 묘비에 기록하기를 "여기 사람의 얼굴을 두려워하지 않았던 자가 잠들다"라고 하였다. 이는 그의 개혁주의 설교자로서의 일생을 대변해 주는 말일 것이다.

48) Garvie, *op. cit*, 152-166; 정성구 *op. cit.*, 150-51.

8. 종교개혁 이후 복음주의자들의 설교

종교개혁자들의 설교에 대한 열정과 정신은 청교도들과 복음주의자들에 의해서 명맥을 유지해 갔다. 모르간(Irvonwy Morgan)은 청교도들을 '경건한 설교자들'이라고 불렀는데 그 이유는 청교도 운동의 지도자들 가운데 한 사람인 토머스 샘슨(Thomas Sampson)은 말하기를 "다른 사람에게나 주교가 되게 하라. 나는 설교자의 일을 맡을 것이다. 그렇지 않으면 어느 누구도 그 일을 하지 않을 것이다."라고 하였다.[49]

1) 리차드 백스터(Richard Baxter, 1615~1691)

리차드 백스터는 영국 청교도(Puritan) 역사에 있어서 가장 전형적인 설교자이며 목회자였다. 그는 대학교육을 받지 못했으나 독학으로 1638년에 영국교회의 목사로 안수를 받았다. 그는 지성이나 학식의 능력보다도 오히려 덕스러운 성품과 밝게 말하는 눈과 감미롭고도 설득력 있는 목소리로 깊은 감동을 주었다. 그는 육체적인 약함과 질병, 그리고 아주 다양하게 대적하는 환경과의 전쟁 속에서 가장 유명한 작품들을 저작하고 끊임없이 열정적인 설교를 하며 개인적 돌봄의 목회적인 사역을 감당하였는지 믿어지지 않을 정도이다. 백스터 설교에 있어서 두 가지 특이한 점은 그 스타일이 명쾌하고 강하다는 것과 또 하나 무섭고도 근본으로부터 흔드는 열정이라는 것이다.[50] 특별히 그가 자주 인용하는 "나는 마지막 설교를 하는 것처럼 설교를 하였고, 죽어 가는 사람이 죽어 가는 사람에게 하는 것처럼 설교하였다."라는 말에서 그의 설교에 대한 열정을 볼 수 있다. 이 열정에 대해 브라운은 이렇게 말했다. "이 사람의 능력과 그의 성

---

49) J. Scott, *op. cit.*, 35.
50) Dargan, *op. cit.*, 173.

공의 비밀은 그가 사람들에게 말하는 자연스러운 인간적인 방법과 그의 영혼을 사로잡은 거룩한 열정에 놓여 있다. 그는 그리스도로부터 직접 사람들에게 말하였다. 기독교는 그에게 있어서 단지 받아들여야 될 일단의 교리 묶음이나 따라야 할 윤리 조항이 아니었다."[51] 그의 명작 「성도의 영원한 안식(The Saint's Everlasting Rest)」과 「참 목자상(Reformed Pastor)」에서 그의 설교의 일면을 보여 주고 있다. 그는 설교를 통해서 그가 목회한 도시를 변하게 했으며 영혼을 치료하는 목회자의 모델이 되었다.

2) 죤 번연(John Bunyan, 1628~1688)

1622년 이후 영국의 청교도들은 비국교주의라는 이름으로 명맥을 유지하고 있었다. 금속 그릇을 수선하는 가난한 땜쟁이였던 죤 번연은 경건한 부인과 함께 「하늘에 이르는 평범한 사람의 길」(The Plain man's Pathway to Heaven)과 「경건의 연습」(The Practice of Piety)이라는 책을 읽고 연구하다가 세례를 받았다. 1660년에 설교를 하다가 불법 집회의 죄가 적용되어 설교를 금지당했으나, 불순종함으로 체포되어서 베드포드(Bedford) 감옥에서 12년 동안을 머물면서 유명한 「천로 역정」(The Pilgrim's Progress)을 저술하였다. 그 외에도 「거룩한 전쟁」(The Holy War), 「넘치는 은혜」(Grace Abounding), 「기도」(Prayer) 등 48권의 저서를 남겼다. 번연의 설교는 영적인 능력의 생생함을 보여 주고 있으며, 솔직하고 단순하게 청중들의 마음을 사로잡았다. 브라운 박사는 죤 번연의 설교에 대해 말하기를 "나는 내가 느꼈던 것을 설교하고 심지어 나의 비천한 영혼이 괴로워하고 놀람으로 떨릴 때조차도 내가 날카롭게 느꼈던 것을 설교하였다."[52]라고 하였다. 그의 신앙적 체험이 그의 설교와 함께 천재적인 소질을 더하여 주었으며, 그는 세심하고 마음이 넓은 목회자로서 청교도 설교자의 삶을

51) *Ibid.*, 174.
52) *Ibid.*, 174.

살았다. 그는 은혜를 통하여 그리스도와의 연합, 성령의 기름 부음 그리고 사단의 유혹을 경험하는 세 가지 천상의 학위를 얻었다. 그것들은 대학의 학식과 학위보다도 복음을 설교하는 강력한 사역을 위하여 더 적합한 것이었다.[53)]

3) 죤 웨슬리(John Wesley, 1703~1791)

감리교의 창시자인 죤 웨슬레는 1703년 6월 28일에 목사의 아들로 태어나 옥스포드대학교를 졸업하고 1725년 영국 국교회 사제로 임명되었다. 그는 설교가의 가계(家系) 출신으로 그의 증조부, 할아버지, 아버지가 목사였고, 그의 외할아버지인 사무엘 앤슬리 박사(Dr. Samuel Annesley) 역시 런던의 유명한 미국 교회의 목사였다. 그는 청도교의 감화를 받았을 뿐만 아니라 후에는 모라비안파의 영향을 받았으며 옥스포드에서 '메더디스트 클럽'(Methodist Club)에 가입하고 동생 찰스와 휫필드 등과 함께 리더가 되었다. 웨슬리는 휫필드와 함께 야외 설교자가 되어 52년간 집회를 인도하여 왔다. 그는 잉글랜드, 스코틀랜드, 웨일즈 그리고 아일랜드 등의 도시와 농촌과 마을을 두루 다니며 설교하였고, 교회에서, 야외에서, 때로는 수천 명에게, 때로는 개인 가정집이나 작은 단체들에 모인 몇 사람에게 설교했다.

그의 설교는 성경을 깊이 묵상함으로써 설교를 준비하였고, 그가 발견한 것을 다른 사람들과 함께 나누며 거룩함과 하늘에 이르는 길을 가르쳤다. 그의 설교에는 논리적 순서, 주의 깊은 묵상, 폭넓은 지식, 훌륭한 문체, 풍부한 상상력, 그리고 깊은 감동 등이 나타난다. 그는 설교를 할 때에 조용했으나 숨겨진 강렬함이 있었고 청중들을 강력하게 감동시키는 불길이 있었다. 그의 설교의 내용은 교리적인 면에서 복음적이며 성경에 충실하였다.

그의 설교의 영향 아래에서 감리교가 창설되었고, 구세군, 복음주의 연합 형제단, 나사렛 교회 등 헤아릴 수 없는 결실이 나타났다. 웨슬리의 불같은 열정

---

53) *Ibid.*, 185.

의 설교는 전 세계에 급속하게 전파되었다. 그는 "전 세계는 나의 교구다"라는 슬로건을 내걸었고, 하루에 5번씩, 한 주간에 15번 이상을 설교했으며 일생동안 4만 번의 설교를 했으며, 어느 설교자들보다 광활한 지역에 순회 설교를 통해 복음의 흔적을 남겼다.[54]

4) 찰스 스펄전(Charles H. Spurgeon, 1834~1892)

당대 천재적인 설교자였던 스펄전(Charles Haddon Spurgeon)은 천부적인 설교의 은사를 받은 사람으로 1850년, 16세 때 케임브리지 근처의 테버샴(Teversham)의 한 농가에서 처음 설교를 하여 청중을 놀라게 한 후 설교자로서 사역을 하게 되었다. 비록 그는 받은 공식적인 목회 교육은 보잘 것 없었으나 그럼에도 불구하고 그는 폭넓게 청교도 신학을 깊이 연구했으며 그의 신학은 칼빈주의였다. 또 그는 설교가였을 뿐만 아니라 진리를 위해서는 투쟁하는 철저한 칼빈주의자였다. 그의 설교는 청중들을 향해 구차하게 변명하지 아니하고 솔직하고 담백하였으며 완숙한 웅변술과 분명한 목소리로 진리와 비진리를 명백히 드러내는 설교였다. 그는 청교도의 전통을 따라 신구약 전체에서 설교 본문과 주제를 삼았으며 교리 면에도 철저한 설교자였다. 그는 칼빈주의 신학 입장을 지킬 뿐 아니라 성경적이며 교리적인 분야에 박식하여 당시의 시대적 정황을 정확히 파악하고 날카로운 비판을 가하였기 때문이다. 그는 즉흥적 설교를 하거나 요점만 담겨 있는 요약설교의 형식을 취하였다. 스펄전은 청중에게 전달하는 능력이 탁월하였으며 종종 대화식으로 설교함으로써 청중의 집중을 유도하였으며 시대에 맞는 적절한 예화를 사용하였다. 그는 6천의 좌석을 가진 메트로폴리탄 태버내클 예배당을 건축하여 34년간의 목회 기간 중 천만 명의 청중들에게 설교를 하였으며, 1855년부터 자기가 설교한 많은 양의 설교집은 전 세계적으로 번역되어 베스트셀러의 자리를 차지하였다.

---

54) 배광호, *op. cit.*, 101-102.

그는 설교뿐만 아니라 목회자를 위한 '스펄전 대학'을 세워 전도자를 양성하였고, 고아원을 세웠으며, 기독교 서적장려협의회를 만들어 영국민들의 저속한 책읽기를 고쳐 나갔다. 독일의 신학자요 설교가였던 헬무트 틸리케(Helmut Thielicke)는 "당신이 갖고 있는 것을 팔아서 스펄전을 사라."(Sell all that you have, ……and buy Spurgeon)고 말했다. 스펄전이 활동하던 빅토리아 여왕 시대는 국내외 정치적으로 퍽 복잡한 시대로 크로아 전쟁, 미국의 남북전쟁, 칼 마르크스의 공산주의 선언, 그리고 찰스 다윈의 「종의 기원」을 출판으로 어수선하고 복잡한 상황 속에서도 불같은 정열의 소유자였던 스펄전은 어두운 세상에 빛을 주며 설교의 중흥시대를 열어 가는 설교자였다.

9. 신대륙 복음주의자들의 설교

영국의 반청교도파인 윌리암 로드(William Laud)경이 켄터베리의 대주교로 임명되자 많은 청교도들이 미국의 뉴잉글랜드 지방으로 신앙의 자유를 찾아 이주함으로 신대륙에서 청도교의 설교가 시작되었다. 그들은 경건한 청교도 문화를 갖고 갔으며, 특히 무엇보다도 중요하고 필요했던 '설교자'들을 대동하고 왔던 까닭에 미국에서 대각성 운동을 비롯하여 세계교회사에 많은 영향을 끼치게 되었다. 미국 교회에서의 설교의 시작은 1620년 플리마우스(Plymouth)에서 시작되었다.

1) 대각성 시대(The Great Awakening)

미국의 대각성 운동은 독일의 경건파인 프렐링하이센(*Theodore Jacob Freli-*

nghuyesen, 1691~1748) 목사가 1720년에 뉴저지의 라리탄 강 유역에 거주하는 네덜란드계 이주민들의 세 개의 교구를 담당하기 위해 부임함으로 시작되었다. 그는 내적 체험의 신앙을 설교하면서 그들을 회심시키고자 애썼다. 물론 논쟁이 일어났고 젊은이들과 가난한 자들은 대체로 그를 지지하며 따랐으나 상류계층과 부유층은 실망하였다. 그러나 그의 교구 가운데서 서서히 부흥이 일어났는데 이것이 '대각성'(The Great Awakening)이라고 불리는 첫 번째 단계였다. 펜실베니아 주 네샤미니에서는 장로교 목사 터넨트(William Tennent)가 그의 자녀들을 교육시키기 위해 작은 통나무 학교를 세웠다. 여러 사람이 학교를 짓기를 원하므로 장로교 목회를 지망하는 젊은이들을 가르치기 시작했는데, 이 작은 학교가 미국 교회에 많은 인재를 배출한 프린스톤 대학의 전신인 '통나무 대학'(Log College)이라고 조롱받던 학교이다.

한편 뉴저지 프렐링하이센 목사는 교회 내부뿐만 아니라 뉴욕시 근처의 다른 네덜란드 목사들로부터도 심한 반대에 부딪혔다. 그러나 그는 반대자들을 회심시키면서 그 부흥 운동을 계속 추진하였고 많은 새로운 신자들이 결신하면서 이 성령의 불길은 인근 네덜란드 개혁교회로 번져서 1726년에 절정에 달했다. 통나무 학교의 설립자인 윌리엄 터넨트의 아들이자 통나무 대학의 학생이었던 길버트 터넨트(Gilbert Tennent, 1703~1764)가 뉴저지의 뉴브런스위크(New Brunswick)의 장로교회에 담임목사로 청빙을 받아 프렐링하이센과 합세하여 뉴저지 부흥 운동을 일으키게 되었다. 그리고 뉴잉글랜드에서는 이민 1세 중 청교도의 인구가 전체의 10%에 불과했으나 이들이 문화를 지배하고 있었다. 또한 1710년경에는 성도가 전체 인구의 5%에 불과했으며 사람들의 도덕적 수준도 너무나 저조하였다. 이때 유럽에서 많은 사람들이 이 지역으로 이주하게 되었고, 이 옛 공동사회 생활의 속박으로부터 본질적으로 벗어난 새 이주자들을 돌볼 새로운 어떤 방법이 필요하게 되었다. 이때 나타난 것이 '순회 설교자'였다. 이 새로운 대륙에서 일어난 이 부흥 운동에서 칼빈주의자들의 조직적 분석과 상반되는 경건주의가 시작되었다. 즉 내적 체험을 강조하는 것이었다. 그러나 칼빈주의자들에게 적용될 때에는 경건주의적 방법이 채택되었으며, 부흥사들이 하나님 앞에서 만민의 평등을 강조할 때 사람들의 마음이 움직이고 감동되는 놀라운 효과가 나타났다.

(1) 죠나단 에드워드(Jonathan Edwards, 1703~1758)

죠나단 에드워즈는 미국이 낳은 칼빈주의 신학자요 목회자였다. 죤나단 에드워즈는 6세 때부터 아버지를 통하여 강한 교육을 받았다. 그는 6세에 라틴어를 배우기 시작해서 10세 때는 이미 라틴어와 헬라어, 히브리어 등 고전어에 능통했을 뿐 아니라 열일곱 살 때는 예일대학을 졸업하고 스무 살에 교수가 되었다가 스물네 살에 목사가 되어 23년간을 목회에 전념하였다. 1734년 12월 죠나단 에드워즈가 "믿음으로 의롭게"라는 제목의 연속 설교를 하면서부터 대각성(The Great Awakening) 운동이 불붙기 시작하였다. 그의 설교를 들은 한 창녀의 회개로 말미암아 수많은 사람들이 성령의 감화를 입어 교회마다 회개의 눈물과 울부짖는 기도가 넘치게 되었으며, 부흥의 불길은 컨네티컷과 뉴저지 시에까지 타올랐다. 그는 설교할 때 거의 제스처 없이 원고를 그대로 읽었는데 그의 설교에는 대단한 능력이 있었다. 그가 엔필드라는 곳에서 "진노하시는 하나님의 손에 있는 죄인들"(Sinners in the hands of an angry God)이라는 제목으로 설교했을 때, 그 설교를 마치기 전에 거기 모임 무리들이 크게 감동하여 애통하며 회개하였다. 그의 설교에는 분명한 논리, 그의 진실한 헌신, 영적인 통찰력, 관대함이 있었으며, 그의 설교는 사람들의 머리에 지식을 채우기보다는 그들의 영혼이 하나님의 감동으로 뜨거워지기를 원하였다. 그의 설교는 열정이 있었고 오직 성경중심의 선포였다. 그는 1758년 프린스턴 대학(Princeton College)의 초대 총장이 되고 한 달 만에 천연두 접종을 잘못하여 세상을 떠나고 말았다. 그는 미국이 낳은 칼빈주의 학자요, 목회자요, 영적이며 지성적인 강단의 거성이었으며, 하나님의 주권과 영광을 강단에서 외친 위대한 설교자였다.

(2) 조지 휫필드(George Whitfield, 1714~1770)

여관집 주인의 아들로 태어나 불량소년의 대명사에서 위대한 신앙부흥 운동가(Great revivalist)로 변화된 죠지 휫필드는 글로페스터(Gloucester)에서 태어나 옥스포드 대학에 근로장학생으로 기회를 얻어 입학하여 웨슬리 형제들의 "메소디스트 클럽(Methodist Club)"의 삶에서 경건한 체험을 얻고 사역에 동참하게 되었다. 1736년 사제 안수를 받고 설교자로서 불타는 능력 있는 사역을 시작하였다. 옥스포드에서 학위를 받은 후 휫필드는 여러 유명한 강단에 서서 수많은 회중을 매료시키며 많은 열매를 거두었다. 그러나 그를 광신자로 여기는 목회자들의 반대로 교회에서 설교 초청을 받지 못하게 되자 그는 유명한 옥외 설교를 하게 된다. 그는 미국을 일곱 번 방문하면서 설교를 하여 많은 열매를 얻었으며 스코틀랜드에서도 수천 곳의 마을과 지방에서 쉬지 않고 설교하여 많은 결실을 얻었다. 1741년 칼빈주의자요 열정적인 휫필드와 아르메니안주의자요 조직적인 웨슬리는 분열을 하게 되었다. 그러나 그들은 죽음을 앞두고 화해했고 웨슬리는 그 친구를 위한 훌륭한 고별 설교를 하였으며 그의 「일기」(Journal)에서 휫필드의 가치에 경의를 표하는 아름다운 모습을 보여 주었다. 휫필드는 1769년 9월 마지막 미국에서의 집회를 위해 항해 길에 올랐으며 여행 사역에서 거의 기력을 탕진하고 너무나 지쳐 있었다. 그때 그의 동료 중 한 사람이 "선생님, 설교보다는 침대에 가서 쉬시는 게 좋겠습니다."라고 말했을 때 그는 유명한 말을 남겼다. "주 예수여, 저는 당신의 사역으로 지쳐 있습니다. 그러나 당신의 일에 대해서 지친 것은 아닙니다. 저의 달려갈 길을 끝낼 때가 아니라면 저로 가서 다시 한번 야외에서 주를 위하여 증거하게 하시고 당신의 진리로 인치시고 집으로 돌아와 숨을 거두게 하옵소서." 그의 기도는 응답되었다. 그는 허다한 무리들 앞에서 고린도후서 13:5의 "너희가 믿음에 있는가 너희 자신을 시험하고"라는 제목의 놀라운 열정적인 설교를 하여 많은 열매를 거두고, 9월 29일(주일) 아침 일찍 면류관을 쓰려고 이 세상을 떠났다.

휫필드는 주로 영감에 의해 말씀을 전하는 설교자였기에 그의 설교는 짧은 성경 본문을 항상 자유롭게 선택하여 사용하였으므로 자연히 성경에 접근하는 방법이 자유로울 수밖에 없었다. 그 때문에 그는 성경 본문의 의미와 다르게 해석한다는 지적을 받기도 했다. 그는 설교자로서 완벽한 음성을 가지고 있었으며, 정감 넘치는 그의 표정과 뛰어난 언변술과 함께, 그의 억양은 음악이었으며, 그의 행위는 열정이었다고 설교사에 기록하였다. 휫필드의 불타는 열정, 겸손과 자기 헌신, 청중을 사로잡는 예리함과 제스처, 목소리의 조화, 뛰어난 상상력, 그리고 표현의 능력은 그의 설교의 효과를 드높인 것이라 말할 수 있을 것이다. “휫필드는 진정 모범적인 명설교가였으며, 오늘의 명설교가들은 모두 그의 복사판에 불과하다.”라고 한 존 뉴튼(John Newton)의 말은 그가 훌륭한 모범적인 설교가였음을 입증해 주고 있다.[55)]

2) 미국의 건국 초기

미국의 독립 전쟁이 끝난 후 1791년 인권선언에 명시된 대로 신앙의 자유를 채택함으로써 미국은 프로테스탄트의 예배에 자유가 주어져 신앙의 자유 시대가 도래한 것이다. 종교적 자유로 인하여 모든 교회들은 큰 기회와 함께 위험에 직면하게 되었다. 서부쪽으로 이동하면서 새로운 지역 사회를 건설하면서 서부의 개척지에서 신앙적 필요를 위해 목사와 교회들은 매우 중요한 역할을 감당해야 하였고, 동부의 교회들은 신학적 쟁점을 토론하고 있었다.

(1) 제임스 맥그레디(James McGready, 1758~1817)

개척지 신앙생활에 특기할 만한 것은 천막집회의 발전이었는데 이동하는 주민들의 신앙적 요구에 맞춘 천막집회라는 독특한 형식의 예배가 성행되었다. 이것은 1797년 장로교 목사 제임스 맥그레디(James McGready, 1758~1817)에 의해 소개된 것으로, 야외 집회를 매년 신앙 대회로 이용하려는 이 운동은 서부 켄터키에서 테네시까지 그리고 결국에는 최단 남부 지방은 물론 오하이오의 북쪽 변경 지방까지로 퍼져 나갔다. 이 천막집회에 가장 많은 사람이 모인 것은 1801년 8월 6일 켄터키 주의 켄핏지에서의 집회였는데 만 명에서 2만 5천

55) T. Harwood Pattison, *op. cit.*, 267.

명으로 추산되는 많은 청중이 모였다. 그 당시 그 주의 가장 큰 도시인 렉싱톤의 인구가 약 2만 명 정도였다는 사실에 견주어 보면 대단한 수가 참석한 집회였다. 그 집회는 평신도와 성직자 등 모든 교파에서 참석했으며 심지어 전혀 신앙을 갖지 않은 사람들도 수천 명 참석하였다. 켄핏지에서 6, 7명의 설교자가 똑같은 시간에 서로 다른 장소에서 모인 사람들에게 설교했으며, 많은 청중들이 땅에 쓰러지며, 경련을 일으키는 사람들도 있었다. 이 천막집회는 미국 교회 역사에 하나의 획을 그은 사건이었다. 이 천막집회는 미국의 첫 번째 대각성 운동 때와 비슷했는데 단지 청중들을 결신으로 유도하기 위해 수단들을 사용함으로써 부흥을 증진시키려고 했던 점이 다르다.

(2) 찰스 피니(Charles Grandislon Finney, 1792~1875)

찰스 피니는 19세기의 가장 성공적인 복음 전도자로 꼽히는 사람인데 뉴욕 변호사였으며 교회에서 활동적이었다. 그는 성령 체험 이후 목사가 되려고 공부하여 매우 유능한 설교자가 되었다. 그의 논지는 단순했으며 법률학을 공부한 그의 특성을 살려 잘 구성된 수준 높은 설교였다. 또한 그의 설교는 퉁명스럽고도 직언적인 표현을 쓰고 격식을 차리지 않았으며 청중들이 쉽게 이해했다. 그의 설교는 서부 뉴욕지방으로 광범위하게 퍼져 나갔다. 그는 미국의 여러 지역과 영국을 순회하며 신앙부흥 운동을 일으켰다. 강단에 선 피니는 언제나 눈에 가득한 눈물과 가슴속에 사무친 연민의 정을 안고 죄와 심판을 선포하였다. 그의 설교 활동은 두 가지로 구분되는데 먼저 금식과 철야 기도를 통하여 경건의 훈련을 닦으며 자기 부정과 인격의 거룩함을 도야하기 위한 노력을 끝없이 기울였다는 것이다. 그 결과는 수많은 사람이 회심하게 되고 1852년의 대부흥 운동에 하나의 전기를 마련하게 되었다. 둘째로 사회를 향한 그의 관심으로 특히 노예 제도라는 죄악이 사라지지 않으면 전쟁과 파멸이 닥쳐올 것이라는 준엄한 경고의 내용이었다. 변호사 출신이었던 피니는 마치 배심원들에게 이야기하는 방식으로 청중들에게 설교하였으며, 성경 본문을 해석함에 있어 삶의 현장에 사는 사람들에게 개인적으로 적용시키는 방법을 우선으로 삼았다.

그리고 그가 죄를 여지없이 통박할 때는 청중들은 몸을 떨고 고백의 시간을 가지지 않을 수가 없을 정도였다. 그는 일반 부흥사들이 항상 강조하는 음주에 대한 각성과 반대의 차원에 머물지 않고 인권 존중과 미국의 현실적 이익이 부딪히게 하는 문제에 이르게 되면 하나님의 의를 불같이 강조하였다. 그는 원래 칼빈주의자였으나 자신의 신학을 새로이 건설하였다. 많은 비방을 받았지만 그는 참아내고 극복하며 건강한 설교사역을 계속하다가 83세에 갑작스런 심장마비로 하나님의 부르심을 받았다. 이때 동부에서는 단일신론(unitarianism), 보편구원설(universalism), 자연신론(deism, unitarianism)이 교회 안에 침투하여 삼위일체론을 거부하고 인간의 자유 의지를 주장하며 하나님의 절대 주권에 도전하게 되었다. 결국 인본주의자들은 미국 유니테리안협회를 조직하기에 이른다. 1805년 공인된 유니테리언인 하버드(Herney Ware Harvard)에서 홀리(Hollis) 교수가 피택되었다. 이것이 계기가 되어 열심있는 전통의 Andover Theological Seminary가 1808년에 세워졌다. 이것은 미국 개신교의 복음의 상호관계라는 측면에서 매우 부정적인 영향을 끼쳤다.[56)]

3) 개혁의 시대(The Age of Reform)

남북전쟁이 끝나고 노예 제도가 폐지된 후 미국사회는 폭발적인 인구 증가와 함께 산업화 자본주의로 급속도의 성장을 가져왔다. 이러한 사회적인 변화는 교회와 설교에도 영향을 미치게 되었다. 교회는 전쟁의 상흔으로부터 회복의 필요를 느꼈다. 그러나 사회적, 경제적, 종교적 상태의 급격한 변화는 어떤 형태의 부흥 운동을 일으킬 수밖에 없었다. 그러나 부의 축적은 자유스러운 교회에서 복음주의적인 중요성을 둔화시켰다. 이때에 위대한 설교자들이 나타나 부의 편중 현상을 지적하며 사회의 새로운 흐름에 맞추어 부흥을 일으켰다.

56) 정성구, *op. cit.*, 182.

(1) 필립 브룩스(Phillips Brooks, 1835~1893)

성탄절의 아름다운 캐럴인 “오 베들레헴 작은 고을”(O little town of Bethlehem)의 작사자로 우리에게 잘 알려진 미국이 낳은 가장 유명한 설교자 가운데 한 사람인 필립 브룩스는 해박하고 감동적인 설교를 했으며, 주의 깊은 성경 연구와 열정적인 목회자의 심정을 가지고 설교한 강단의 거성이었다. 그는 1835년 12월 13일 보스턴에서 출생하여 그의 생애와 목회 생활의 거의 대부분을 거기에서 끝맺었으며, 설교자인 동시에 설교학자였다. 그는 성경, 고전, 학자들의 저서를 헬라어, 히브리어, 라틴어, 독일어, 불어 등 원서로 읽었으며, 평생 독신으로 지냈다. 그는 명문 하버드대학을 19세에 졸업한 수재로서 고급 영어로 쓴 깊은 연구로 가득 찬 원고를 만들어서 강단에 올라가서 외쳤다. 그는 2백 파운드가 넘는 거구에서 터져 나오는 우렁찬 황금의 목소리와 복음진리를 선포하는 뜨거운 가슴으로 불탔던 설교자였다. 대부분의 설교자들이 1분에 120단어 정도의 말을 했지만 필립 브룩스는 매분 190단어에서 215단어 사이를 구사하는 빠른 속도의 웅변적인 설교로 보스턴의 지성인들에게 충격적인 설교를 토해 냈다. 그의 설교는 깊은 성경 연구에서 나오는 학자적인 설교였으며, 뜨거운 가슴으로 설교하는 설교였다.

브룩스가 목회자로서 위대한 설교자가 될 수 있었던 것은 그의 어머니의 놀라운 감화력과 기도의 영향이 컸다. 결국 브룩스의 6형제 가운데 4형제가 목사가 되었는데 어머니의 신앙이 절대적이었다. 어머니는 저녁에는 구약을 읽게 하고 복음서를 암송하게 하는 한편 아이들이 잠자리에 든 후에는 성경이야기를 들려주었고 매 주일 한 곡의 찬송을 익히도록 하였다. 그래서 브룩스는 하버드대학에 갈 때에 200여 개의 찬송을 암기하였다. 또한 그의 명작이며 예일 특강인 「설교 강의」(Lectures on Preaching) 가운데서 설교 철학을 엿볼 수 있는데 첫째, 설교란 인격을 통해서 신적 진리를 전달하는 것이라고 하였다. 두 설교자가 같은 본문을 가지고 설교할지라도 서로 다른 것은 진리란 설교자의 입술이나 펜에서 나오는 것이 아니라 그 사람의 인격을 통하여 나오는 것이기 때문이라 했다. 그러므로 목회자는 먼저 한 사람의 인격자가 되도록 준비해야 한다고 하였다. 둘째, 브룩스는 사람을 사랑하는 설교자였다. 그를 크리스천 휴머니스트라고 할 정도로 그는 사람을 사랑할 줄 아는 설교자였으며 "나는 심방을 하지 않으면 설교를 할 수 없다."고 실토하기도 했다. 셋째, 설교와 목회 활동의 조화를 말하였다. 넷째, 그의 설교에는 실제적 문제를 잘 적용할 수 있었다. 그는 일생 독신이었다. 벨스베의 말에 의하면 이렇다. "그는 결혼하지 않았다. 하지만 그는 강단과 결혼하였다."(Walking with the Giants Baker, 1977, p.82.) 1893년 한평생 인격에 포로가 되어 강단에서 진리를 증거하였던 브룩스는 죽기까지 보스턴 트리니티교회를 섬겼다.

(2) 무디(Dwight L. Moody, 1837~1899)

무디는 필립 브룩스와 같은 시대에 같은 지역에서 한 시대를 움직인 위대한 설교가였지만 두 사람의 재능과 소명은 서로 달랐다. 무디는 충실한 구두 판매원이었으며, 시카고의 YMCA주일학교 운동의 주요 일군이었고, YMCA의 매우 유능한 기금 조달자였다. 또한 그의 부흥 운동에는 유명한 찬양대 지휘자 생키(Ira Sankey)가 동행했는데 22년 동안 부흥 운동에 종사하였다. 1873년부터 1875년까지 영국에서 그들의 설교를 들은 사람은 3, 4백만 명에 이르렀다. 그의 설교 스타일은 평범한 가정적인 예화와 단순한 복음을 가지고 대중들에게 호소하는 것이었다. 그의 설교의 최대 관심은 오직 죄인의 회심 그것뿐이었다. 그는 급속도로 성장하는 도시들의 사회적, 도덕적 상태는 변화되어야 한다고 생각했다. 그러나 그것은 오직 중생된 사람들에 의해서만 가능하다고 주장하였다. 무디는 예수님께서 피로 사신 모든 사람들을 거듭나게 하시는 하나님의 일에 자신의 본분을 다하려고 노력한 사람이었다.

(3) 윌리엄 A. 선데이(William A. Sunday, 1863~1935)

무디의 후계자 가운데 뛰어난 윌리엄 A. 선데이(William Ashley Sunday)는 시카코 화이트 삭스팀의 프로야구 선수였으며 YMCA에서 채프맨(J. Wilbur

Chapman)과 함께 신앙부흥 캠페인의 준비를 도왔다. 그는 1895년부터 대도시 순회 부흥 운동을 시작했으며 1917년 뉴욕의 10주 캠페인에 거의 150만 청중을 모았고 개종자는 98,264명에 달했다. 특히 그는 독특한 설교 스타일을 사용한 것이 집회의 성공 요인이었다고 말하는데, 그는 강단에서 몸을 비꼬면서 연극적 재능으로 극적인 표현을 하며 강단 위를 뛰어 달려와서 강대상을 치기도 하고, 쉴 새 없이 세련되고 재치 있는 말을 쏟아냄으로써 엘리트층을 자극했을 뿐만 아니라 서민들을 매료시켰다. 그는 결신한 자들을 제단 앞으로 불러내는 초청 형식을 취하여 예배의 분위기를 절정에 이르게 하였는데, 열 명 중에 한 사람은 초청에 응답하고 나왔다고 한다.

미국의 대중전도운동은 약 650명의 전속전도자들과 약 1,200명의 파트타임(part time)전도자들이 활동했던 제1차 세계대전 직전에 절정을 이루었다. 제1차 대전이 시작되자 신앙부흥 운동은 약해졌고, 전쟁 후에도 종교적 분위기는 급진적으로 변하여 신앙부흥 캠페인은 쇠퇴하게 되었다. 그 후 남침례교를 제외하고는 신앙부흥 운동은 대복음주의 교회들과 더불어 사라졌다. 미국의 교회 현상 가운데 흑인 프로테스탄트의 발전 상황을 보면 노예 해방 이전에는 1920년대에 조직되었던 아프리카 메더디스트감독교회(African Methodist Episcopal Church)와 약간의 침례교회를 제외하고는 독립된 흑인교회가 거의 없었으며 흑인들은 주로 정해진 뒷좌석이나 현관에서 백인들과 함께 예배를 드려야 했다. 그러나 노예 해방 후 흑인들은 대부분 자신의 선택에 의하여 백인 교회를 떠나 북부에서 자유롭게 배운 흑인들을 지도자로 해서 흑인교회를 이루어 갔고, 백인 교회들은 흑인들이 학교, 교회, 대학 등을 짓도록 보급했으며 목사를 잘 훈련시켜 안수 받도록 도와주었다. 북부의 교회들은 남부를 선교지로 생각하여 흑인들을 위한 선교사와 교육기관을 양성했다. 전형적으로 남북전쟁 이후 시대의 흑인들의 신앙은 노예 세대를 반영한 것이고, 설교도 내세적인 성경의 비유와 개념을 강조한 것이며, 죽음과 해방 그리고 하늘의 신령한 복이 주제로 반복되는 것이었다. 그리고 흑인들에게는 시민 생활, 정치적, 경제적 생활에 법률상의 제한이 가해졌기 때문에 교회야말로 그들이 자유롭게 표현하고 완전히 통제할 수 있는 단 하나의 기관이었다. 따라서 교회를 피난처로 생각한 흑인들에게 교회는 정기 간행물을 발간하고, 교육과 경제적인 면에 협조를 해 주었다. 이 흑인들의 인격적인 존엄성의 추구와 욕망은 1950년대의 흑인 혁명과 1970년 흑인 신학의 발전 때까지 기다려야만 했다.[57)]

10. 최근의 설교

19세기에 이르러 설교학을 구체적이고 광범위하게 다룬 저서들이 많이 나왔는데 비넷(Alexander Vinet)의 「설교학」(Homiletics)이 현대 설교학의 효시를 이루는 대작으로 평가를 받았다. 이 책은 설교 이론에 대하여 적절히 그 방법론을 제시한 책이었다. 이어서 19세기 미국의 설교학의 금자탑을 이룬 브로더스(John A. Broadus)의 「설교의 준비와 전달」(A Treatise on the Preparation and Delivery of Sermons)(1870)이 나왔는데 이 책은 지금도 계속 출판되고 있으며 설교학의 대부분의 분야를 다룬 책이다. 그 후 많은 학자들에 의해 중요한 작품들이 계속 쏟아져 나왔다. 펠프스(A. Pheips)의 「The Theory of Preaching」(1890), 패티슨(T. H. Pattison)의 「The Making of the Sermon」(1898), 그리고 호이트(A. S. Hoyt)의 「The Preacher」(1909)와 「Vital Elements of Preaching」(1914) 등이 있으며, 「예일 대학 강의」(Yale Lecture)로 일컬어지는 「Lyman Beecher Lectureship」(1891)과 브룩스(Philips Brooks)의 「설교 강의」(Lectures on Preaching)는 현대 설교학에 유용한 책들이다.

20세기 초반에 들어와서는 설교의 흐름이 구조(structure)에 대해서는 경시하는 경향이 있었으나, 영적인 면과 내용적인 면에 많은 강조를 하였다. 따라서 각 분야별 강조점을 둔 중요한 책들이 나왔는데 심리학과 관련된 생스터(W. E. Sangster)의 「설교 작성의 기술(The Craft of Sermon Construction)」, Arthur L.

---

57) *Ibid.*, 188.

Teikmanis의 「Preaching and Pastoral Care」(1964)가 있고, 현대 신학과의 관계를 설명한 C. H. Dodd의 「The Apostolic, Preaching and Its Development」(1936), T. Hoekstra의 「Gereformeerde homiletiek」, 그리고 Edmund P. Clowney의 「Preaching and biblical Theology」, D. W. Clevery의 「A Theological Preacher's Notebook」이 있다.

또한 설교의 실제 및 구조에 관한 새로운 강조를 한 프린스톤신학대학원의 설교학 교수 블랙우드(A. Blackwood)의 「설교 준비(The preparation of Sermons)」(1948)가 있으며, 뒤를 이어 Illion T. Johnes의 「Principles and Practice of Preaching」(1956), Davis의 「Design for Preaching」(1955), 그리고 Brown Clinard and Northcutt의 공저인 「Steps to the Sermon」(1963), Allison, D. C. Jr.의 「The Structure of Sermon on the Structure」(1971) 등이 있다.

그러나 성경의 중요성을 강조하고 초대교회와 종교개혁 당시의 설교로 복귀하는 경향은 끊어지지 않고 계속 이어져 오고 있다. 여기에 기여한 설교자들은 다음과 같다. A. Blackwood의 「Preaching from Bible」(1941)과 「Expository Preaching for Today」(1953), D. G. Miller의 「Fire in thy Mouth」와 「The Way to Biblical Preaching」, G. Wingren의 「The Living Word」, C. W. F.의 「The Authority for Biblical Preaching」, J. J. Ron Allman의 「Preaching and Congregation」, R. H. Mounce의 「The Essential Nature of New Testament」, C. W. Koller의 「Expository Preaching Without Notes」 등이다.

위의 책들은 성경 본문을 근거로 강해 설교를 강조하는 것들로 주제 설교(topical sermon)에서 강해 설교 중심으로 대체되는 것을 보여 준다. 20세기에 영향을 미친 설교자로는 영국 국교회의 지도자로서 1974년부터 1980년까지 캔터베리 대주교를 지낸 도날드 코건(Donald Coggan)이 있다. 그는 설교자 대학(College of Preachers)이 영국에 세워지도록 했는데, 그의 첫 번째 저서인 「은혜의 청지기들」(Stewards of Grace, 1958)에서 설교의 절대 필요성에 대한 그의 확신을 이렇게 표현했다. "여기 하나님의 경륜의 기적이 있다. 하나님의 용서와 죄 사이에 서 있는 설교자(the preacher)가 바로 그것이다. 하나님의 준비와 인간의 필요 사이에 서 있는 자가 곧 설교자(the preacher)이다. 하나님의 진리와 인간의 질문 사이에 서 있는 자가 곧 설교자이다. 인간의 죄를 용서에, 인간의 필요를 하나님의 전능에, 인간의 탐구를 하나님의 계시에 연결시키는 것이 그의 과업이다."

그리고 런던의 웨스트민스터 교회(Westminster Chapel in London)의 목회자로 1938년부터 1968년까지 설교해 온 마틴 로이드존스(Dr. Martin Lloyd-Jones)는 목사가 되기 이전에 의사로서의 훈련과 경험을 쌓았는데 성경의 권위와 그리스도에 대한 그의 흔들릴 수 없는 신념, 그의 예리하고 분석적인 지성, 사람의 마음을 꿰뚫어보는 그의 통찰력 그리고 그의 열정적인 웨일즈인의 기질(Welsh fire) 등으로 1950년대와 60년대의 영국의 가장 능력 있는 설교자가 되었다. 특히 그가 미국 필라델피아의 웨스트민스터 신학교(Westminster Theological Seminary)에서 행한 강의를 모은 그의 책 「목사와 설교」(Preaching and Preachers, 1971)는 많은 신학도들과 목회자들에게 깊은 감동을 주는 책으로 읽히고 있다. 그는 그 책에서 '설교의 탁월성(The Primacy of Preaching)'에 대하여 이렇게 단언한다. "내게 있어서 설교의 사역은 이제까지 부름 받을 수 있었던 누구에게나 가장 고귀하고 가장 위대하며 가장 영광스러운 소명이었던 것이다. 만약 여러분이 내가 어떤 주저함도 없이 말하고자 한 것에 무엇인가 덧붙이고자 한다면 그것은 오늘날 기독교회에 있어서 가장 절박한 필요인 참된 설교라는 사실이다." 그는 설교의 로맨스(the Romance of Preaching)에 대해 이렇게 표현한다. "그와 같은 것은 아무것도 없다. 그것은 세상에서 가장 위대한 일이다. 다시 말해서 가장 감격스럽고(the most thrilling), 가장 흥분시키며(the most exciting), 가장 보람된(the most rewarding), 그리고 가장 놀라운 일이다(the most Wonderful)."[58)]

또한 영국을 대표하는 설교자로는 존 스타트(John R. W. Stott) 목사인데 올 소울즈 교회(All Souls Church)의 목사요, 신학자요 저술가로 복음주의적 설교가로서 유명하다. 그의 「설교자상」(The preacher's Portrait, 1961)은 신학생들과 목회자들에게 많은 감명을 주고 있으며, 그의 설교는 성경에 뿌리를 두고 있고, 설교자는 전문 기술만으로는 충분하지 못하므로 자신의 설교대로 생활하기를

---

58) *Ibid.*, 189-200.

힘쓰며, 겸손과 열정으로써 성령께서 역사하시도록 간구해야 하며, 궁극적으로 삶을 변화시키는 성령의 능력 안에서 설교해야 한다고 가르치고 있다.

그 외에도 라브리 운동을 일으킨 프란시스 쉐퍼(Francis schaeffer), 강해 설교로 많은 성도들을 인도하고 있는 미국의 척 스미스(C. Smith), 존 맥아더(John MacArthuer), 찰스 스윈돌(C. Swindoll), 제임스 케네디(J. Kennedy), LA 새들백 교회의 릭 웨렌(Rick Warren), 시카코 월로우크릭교회의 빌 하이벨(Bill Hybels), 현재에 활동하고 있는 미국의 설교학자로는 하던 W. 로빈슨(Hadden W. Robinson), 그리고 「그리스도 중심의 설교(Christ-Centered Preaching)」의 저자 브라이언 채펠(Bryan Chapell) 등이 있다.

제 3 장

설교의 분류

설교를 분류하는 원리와 방법에는 여러 가지가 있다. 곽안련(C. A. Clak) 박사는 7가지로 분류하고 있다. 첫째, 청중들의 연령과 지식과 신앙의 정도에 따라, 둘째, 설교자가 설교를 처리하는 형식인 명제, 해석, 관찰에 따라, 셋째, 설교자가 포착하려고 하는 청중들의 심리적 부분에 따라, 넷째, 설교자가 설교에서 다루는 설교의 주제에 따라, 다섯째, 설교를 작성 형식에 따라, 여섯째, 설교의 구성에 따라, 그리고 마지막으로 설교의 본문에서 인용되는 성경에 의해 분류되기도 한다고 하였다.[1]) 본 장에서 필자는 설교의 목적, 설교의 유형, 그리고 설교의 구성에 따라 설교를 분류하려고 한다.

1. 설교 목적에 의한 분류

설교는 그 목적에 따라 그 형식을 달리할 수 있다. 설교의 목적은 사람을 구원하려는 것이다. 사람을 구원하려는 목적으로 한 선포적 설교(Proclamatory Preaching), 교리에 대한 가르침과 설명으로 복음을 더 잘 이해할 수 있도록 가르치는 교육적 설교(Didactic Preaching), 개인이나 단체들이 지닌 신앙적이고 인간적인 많은 문제를 치유하고 방황하는 사람들에게 위로와 용기를 주는 목양적 설교(Pastoral Preaching), 즉 치유적 설교(Therapeutic Preaching), 세상 속에서 어둠을 밝히는 빛으로서의 사명과 부패해져 가는 사회에 소금의 사명을 일깨워 주는 예언적 설교(Prophetic Preaching), 그리고 목회사역을 통해 성도들의 신앙 훈련과 지속적인 영적 생활을 지도하는 교회력에 의한 설교 등으로 분류하였다.

---

1) 곽안련, *설교학*(서울: 대한기독교서회, 1925), 52-4.

1) 선포적 설교(Proclamatory Preaching)

선포적 설교는 기독교의 가장 기본적인 구원의 메시지라 할 수 있는 케리그마로서 전도설교(Evangelistic preaching) 또는 복음적 설교(Kerygmatic Preaching)라고 할 수 있다. 이 설교의 내용은 그리스도의 동정녀 탄생, 십자가의 고난과 대속적 죽음, 부활, 승천 그리고 재림을 근거한 복음으로 주님을 믿고 회개하면 죄 용서함을 받고 구원을 얻는다는 기독교 복음의 핵심이다. 이 선포적 설교는 하나님께서 그리스도 안에서 세상을 자기와 화목하게 하신 복음(고후 5:19)을 증거하는 것이며, 베드로가 사도행전 2장에 오순절 성령 충만을 받은 후에 무리들 앞에서 선지자의 예언대로 그리스도는 죽으시고 다시 부활하신 후 하늘로 승천하신 사실에 관한 메시지를 선포하면서 회개하고 용서함을 받아야 할 것을 외친 것이다. 또한 사도 바울이 데살로니가 성도들에게 처음으로 증거했던 설교이기도 하다. 데살로니가전서 1:9～10에 "저희가 우리에 대하여 스스로 고하기를 우리가 어떻게 너희 가운데 들어간 것과 너희가 어떻게 우상을 버리고 하나님께로 돌아와서 사시고 참되신 하나님을 섬기며 또 죽은 자들 가운데서 다시 살리신 그의 아들이 하늘로부터 강림하심을 기다린다고 말하니 이는 장래 노하심에서 우리를 건지시는 예수시니라."라고 선포하였다.

따라서 선포적 설교 형태는 주로 주 예수 그리스도를 모르는 사람들에게 예수 그리스도가 누구시며 그가 행하신 구속적 사역을 증거하여 그들로 하여금 주 예수 그리스도를 구주로 영접하게 하며 회개시키려는 데 있음을 알 수 있다. 그렇지만 반드시 이 선포적 설교는 전도를 목적으로 불신자들에게만 전하는 것이 아니다. 이미 예수 그리스도를 영접한 사람들도 수시로 구속 사역에 대한 설교를 들어서 구원의 감격과 확신을 가져야 하며 이 복음 전도의 메시지는 시대와 신분을 초월하여 모든 사람들에게 선포되어야만 한다. 그리스도의 구속 사건에 대한 메시지가 선포된 후에 반드시 인간의 응답을 기대해야 한다. 따라서 이 설교에는 특별히 다루어야 할 요소들이 있다.

첫째, 선포적 설교는 하나님의 거룩성과 인간의 죄가 분명하게 부각되어야 한다. 둘째, 선포적 설교는 구원은 오직 하나님께서 인간에게 값없이 주시는 전적 은혜임을 선포해야만 한다. 셋째, 선포적 설교의 중심은 예수 그리스도가 되어야 한다. 넷째, 선포적 설교는 기독교 진리가 청중들의 삶 속에서 구체적으로 실현되게 하며, 그 사실을 선언하고 증거하기 위한 것이 되어야 한다. 다섯째, 선포적 설교는 지나친 내세 지향적인 설교만 할 것이 아니라 구원은 당연히 내세의 천국에 그 목적이 있지만 구원받은 성도는 이 땅에서도 구원의 기쁨과 평화를 누릴 수 있다는 사실도 선포해야 한다. 여섯째, 선포적 설교는 궁극적으로 죄인의 회개를 목적으로 한다. 마지막 일곱째, 선포적 설교를 하는 설교자는 결코 인간적인 기교나 강요에 의해서 회심되는 것이 아니라 전적인 하나님의 성령의 역사로 된다는 것을 명심해야 한다. 따라서 선포적 설교는 오늘도 모든 백성들에게 구원으로 초청하시는 하나님 아버지의 기뻐하시는 영광스러운 사역이다.[2)]

2) 교육적 설교(Didactic Preaching)

교육적 설교는 성도들을 세워주는 디다케 즉 성도의 교화(the edification of the saints)이며, 성도들을 견고히 세워주는 교훈(building up of the saints)을 말한다.[3)] didactic이란 가르침을 의미하는 것으로 가르치는 기능을 가진 설교를 말하는데, 교육적 설교는 청중들의 지적 능력을 통한 이해를 끄집어내고 그 이해 위에서 새로운 삶의 결단을 이끌어내는 것이다. 예수 그리스도를 구주로 영접하고 하나님의 백성이 되어 거룩한 공동체인 교회의 회원이 된 사람들에게 그 후속 조치로서 그들이 앞으로 신앙생활을 하는 데 무엇을 어떻게 믿고 따르며 행동하는 것이 하나님의 백성이 해야 될 사명인가를 교육적 설교를 통해서 가르쳐야 한다. 따라서 이 설교는 성도들의 윤리적인 면을 취급하지 않을

---

2) 배광호, *설교학*(서울: 개혁주의신행협회, 1988), 136-37.
3) Lloyd Jones, *Preaching & Preachers*, 62-63.

수가 없다. 기독교는 가장 고상한 윤리를 가진 종교로서 예수 그리스도를 영접하고 회심한 사람들에게 하나님의 백성인 기독 신자의 생활은 어떠해야 한다는 것을 당연히 가르쳐야 한다.

또한 교육적 설교를 교리적 설교라고도 할 수 있는데 바우만(J. D. Baumamn) 박사에 의하면 교리적 설교란 사람과 관계되는 하나님에 관한 진리를 강단에서 체계적으로 해설해 주는 것이라 할 수 있다. 그러나 교훈적인 설교는 여러 가지 어려움을 안고 있다. 일반적으로 설교자가 기독교의 도덕성과 윤리를 반복하여 가르치고 있지만 이것을 얼마나 청중들의 마음에 닿게 하고 깨닫게 하며 그들의 실제 생활에 적용시키느냐 하는 것이 문제이다. 또한 오늘날의 설교 경향이 가능하면 교훈적 설교, 즉 교리 설교를 회피해 버리고 청중들의 기호에 맞게 그들의 호감을 얻기 위해서 감성(emotion)과 연결하려고 하는 것이므로 더욱더 설교자에게 부담이 되고 있는 것이 사실이다. 그러나 예수를 영접한 성도는 성장해 가야 하며 궁극적으로 예수 그리스도의 형상을 닮아가야 함으로 교육적(didactic) 설교가 필요하다. 교회의 회원이 된 성도는 교리의 가르침을 받아야 하며 진리를 바로 알게 됨으로써 기독교의 신앙을 배워 가야만 하기 때문에 교훈적인 설교는 중요한 것이다. 교훈적인 설교의 특징을 잘 살린 효과 있는 설교자가 되기 위해서 몇 가지 기억해야 할 사실들이 있다.

첫째, 교육적 설교는 가능하면 한 주제 즉 단순한 주제를 다루는 것이 효과적이다. 둘째, 교육적 설교는 주로 교리의 문제를 다루기 때문에 먼저 설교자 자신이 명확한 해석과 교리에 대한 충분한 이해가 있어야 한다. 셋째, 교육적 설교는 청중들의 흥미 유발을 위해서 명확한 논리적 전개와 합리적 요점들이 제시된 주제를 뒷받침하며 연속적으로 일목요연하게 놓여져야 한다. 끝으로, 교육적 설교는 단순히 추상적인 가르침이나 교리 설교로 끝나 버리는 것이 아니다. 설교를 통해서 선포된 진리가 구체적인 삶 속에서 실천될 때 풍성한 열매를 얻게 되는 것이다.[4)]

---

4) 배광호, *op. cit.*, 139–140.

3) 목양적 설교(Pastoral Preaching)

오늘날 많은 사람들은 내면적이며 외면적인 다양한 문제를 지니고 살아가기 때문에 이러한 문제의 해결을 찾기 위해 애쓰고 노력하는 청중들에게 성경 말씀에 근거하여 해결의 길을 제시해 보려고 하는 설교가 바로 목양적 설교(Pastoral Preaching)이다. 이는 곧 성도들이 겪고 있는 걱정, 근심, 번민, 권태, 분노, 좌절, 불안, 상처 등은 말씀으로 치료받아야 될 절실한 필요성이 요구되므로 치유 설교(Therapeutic Preaching)라고도 한다. 이 치유(therapeutic)는 헬라어 데라피아(θεραπια)에서 온 말로 병을 고치는 것, 건강을 회복시키는 것 등의 의미를 가지고 있다. 따라서 이 말의 뜻은 설교를 통하여 심령이 병들어 있는 불쌍한 영혼들을 회복시키며 생명의 길로 인도하여 참된 목자이신 주님을 통하여 치유함을 받게 하는 데 그 목적이 있다고 할 수 있다. 목양적 설교가 올바르게 선포되기 위해서 설교자가 참고해야 할 몇 가지 사항들이 있다.

첫째, 목양적 설교는 설교자 자신이 청중과 함께 어려움을 같이 나눈다는 심정으로 할 때 효과가 클 것이다. 그러므로 설교자는 그의 앞에 앉아 있는 청중과 호흡을 함께하기 위해서 그들의 삶 속에 불안, 좌절, 슬픔, 걱정, 근심, 증오, 피곤 등에 대해 이해하고 문제들을 풀어가는 마음과 자세를 가져야 한다. 해리 에머슨 포스딕의 말에 의하면 모든 설교는 어떤 문제－마음을 혼란에 빠뜨리고 양심을 무겁게 하며 생활을 어지럽히는 생생하고 중요한 문제－의 해결을 그 주요 과제로 삼아야 한다. 그리고 이와 같이 현실적인 문제를 다루고 거기에 작은 빛을 던져 주며 어떤 개인들을 도와서 실제적으로 그것을 통하여 자기의 갈 길을 찾게 해 주는 설교라면 결코 흥미가 없을 수가 없을 것이다. 둘째, 목양적 설교에서 설교자가 한번에 청중들이 안고 있는 문제를 모두 해결하려고 해서는 안 된다. 셋째, 목양적 설교에서 설교자는 자기가 취급하는 문제에 대한 분명한 확신을 가지고 제시해야 한다. 넷째, 목양적 설교는 상담과 심방을 통해서 성도들의 문제에 대한 정보를 얻게 됨으로써 이 방법을 잘 선용하여 많은 유익을 얻어야 한다. 다섯째, 목양적 설교 즉 치유 설교에서 설교자는 불경건 신비주의의 어떤 의식이나 행위를 결코 용납하지 말고 오직 성경 말씀 위에 근거하고 성령의 인도하심에 전적으로 순종하여 단순한 말씀의 수종자로서 말씀의 도구 또는 전달자로서의 자세를 견지해야 한다. 따라서 목양적 설교의 특징은 청중들이 설교자의 메시지를 통해서 자기들의 문제를 해결할 수 있는 방안을 얻게 되고 설교자가 주의 양떼들에 대한 더 깊은 사랑과 돌아봄을 가지게 되는 것에 있다고 할 수 있다.[5)]

4) 예언적 설교(Prophetic Preaching)

예언적 설교는 구약의 선지자들이 하나님의 진리에 바로 서지 못한 어두운 시대를 향하여 하나님의 공의를 증거한 설교 형태이다. 예언적 설교의 목적은 이 시대를 살아가는 성도들의 타락과 불신앙을 바로잡아 주고, 그 시대의 사회적 부정과 부패, 국가적 비리와 부조리, 비도덕적인 문제들을 하나님의 말씀으로 올바르게 조명하여 그 길을 바르게 하도록 하는 질책과 방향 제시에 있다고 하겠다. 그러나 사회 정의를 외치는 예언자적 설교는 세상 속에서 어둠을 밝히는 빛으로서의 사명을 완수해야 하며, 부패해져 가는 사회에 소금의 사명을 감당할 수 있어야 한다. 예언적 설교는 우리 기독교인이 사회의 정의와 평화의 실현을 위해서 어떻게 해야 하며 어떻게 살아야 하는가를 보여 주는 것이 되어야 한다. 그러나 사실 오늘날 예언자적인 설교는 잘 행하여지고 있지 못하는 실정이다. 그 이유는 무엇일까? 일부에서는 그 원인이 설교자들의 적당한 안일주의와, 현실과 타협하여 살아가려는 기회주의적인 기류에 편승하려는 자세 때문이라는 비판이 적지 않다. 이러한 비판들을 대할 때 신학의 차이, 방법과 정도의 차이를 인정하지 않을 수가 없으므로 예언자적인 설교에 대한 인식과 평가가 다르게 나타날 수밖에 없을 것이다. 그러나 어쨌든 설교자의 신학 사상과 방법이 다르다 하더라도 설교자는 사회의 부조리와 부패 그리고 집권자

5) *Ibid.*, 141-43.

들의 공의를 일삼지 않는 것에 대한 문제를 분명히 파악해야 하며 이러한 문제들에 대하여 하나님의 말씀으로 바르게 책망하며 인도해야 될 책임과 의무를 가져야 한다.

예언적 설교에 있어서 설교자들이 참고해야 할 몇 가지 사항을 지적한다면 첫째, 예언적 설교에 있어서 설교자는 사회의 부조리나 집권층의 부정 등 명백한 사안을 바로 알고 외쳐야 한다. 둘째, 예언적 설교에 있어서 설교자는 자신을 나타내거나 부각되지 않게 하고 오직 예언적인 메시지만 강하게 나타내야 한다. 셋째, 문제가 된 부도덕성이나 부정부패에 대해 하나님의 말씀의 원리를 제시하는 것이 지혜로운 방법이라 할 수 있다. 넷째, 예언적 설교도 다른 설교와 마찬가지로 선포된 하나님의 메시지가 실제의 생활 속에 행함으로 나타나도록 강조해야 할 것이다. 바우만은 말하기를 "기독교인들로 하여금 행동으로 옮기게 하라. 정신적으로 동의하는 것만으로는 부족하다. 훌륭한 목사로서의 당신은 개인적, 사회적 관련을 직접 모범으로 보여 줌으로써 당신의 관심을 나타내어라. 목자는 인도하는 사람이다. 신자들에게 모험과 오해가 올 수도 있음을 가르쳐 주라. 당신의 신자들이 적당한 동기를 얻기 위하여 지체하지 못하도록 하라. 선한 행동을 낳는 부적절한 동기는 적당한 동기가 없어서 수동적이 되어 결국 아무것도 이루지 못하는 것보다는 낫다."[6]라고 하였다. 그러기 위해서는 설교자 자신부터 자신이 처한 그 말씀대로 스스로 실천에 옮김으로 믿음의 본을 보여 주는 용기와 결단이 있어야 할 것이다. 그때에 청중들도 알면서도 행동하지 못하는 이중적 구조의 잘못 속에 살아가는 자신들의 잘못을 깨닫고 스스로 실천하게 될 것이다.

5) 교회력에 의한 설교

설교자는 계획된 목회사역을 통해 성도들의 신앙 훈련과 지속적인 영적 생

6) J. D. Bauman, *An Introduction to contemporary Preaching*, 308-309.

활을 지도해야 하고 교회의 프로그램과 교회력에 의한 설교를 준비해야 할 필요성이 있다. 설교자가 교회의 각종 행사 및 프로그램에 의해서 또한 교회력에 맞추어서 설교할 때 효과를 가져올 수 있다. 왜냐하면 목회란 이론신학이 형성한 깊은 신학적 이해가 교회의 구체적 활동과 프로그램을 통해서 구체화 내지 실체화되는 기능을 의미하기 때문이다. 그런 뜻에서 교회 프로그램과 교회력은 설교자에게 중요한 부분을 차지하게 되며, 잘 활용하면 많은 유익을 얻게 된다.

(1) 목회프로그램에 의한 설교

목회프로그램에 의한 설교는 교회의 특별한 행사의 성격에 맞추어서 하는 설교이다. 전도 주일, 임직식, 청지기 수련회, 부흥 사경회, 전교인 수련회를 비롯해서 음악 발표회, 결혼식, 장례식까지도 그 특성에 맞추어서 설교가 준비되고 선포되어야 설교의 효과가 크게 나타날 수 있을 것이다. 이처럼 교회 프로그램에 따른 설교를 할 때 설교자는 기본적으로 몇 가지 사항을 염두에 두어야 한다. 첫째, 교회 프로그램의 동기와 목적을 바로 이해하고 설교를 준비해야 할 것이다. 둘째, 교회 프로그램 자체가 결코 목적이 아니라 그 프로그램을 통하여 말씀하시고자 하는 하나님의 말씀의 뜻을 찾는 것이 더 중요함을 기억해야 할 것이다. 셋째, 이러한 교회 프로그램들이 자칫 세속화되거나 하나의 관례화 또는 의식화되지 않도록 해야 하고 항상 프로그램에 대한 성경적인 근거를 가지고 있어야 하며 대답할 수 있어야 한다.

(2) 교회력에 의한 설교

우리 기독교에는 오랜 역사 속에서 의미 있는 절기들을 중심한 교회력이 형성되어 있으므로 설교자가 이것을 잘 이용하면 설교에 많은 도움을 얻게 될 것이다. 교회력을 통해 특별히 그리스도께서 역사 즉 시간 속에 개입하신 하나님의 계시의 특수한 형태를 발견할 수 있으며, 1년 동안의 교회력에 따른 설교 준비는 그리스도의 삶과 교훈을 추적하고 체계화함으로써 단순한 연례행사가 아닌 오늘날 성도들의 삶 속에 재현하는 사건으로 보는 데 더 큰 의의를 가지게 될 것이다. 일반적으로 교회력은 강림절, 성탄절, 현현절, 사순절, 부활절, 오순절 등을 주일별로 구분하여 지키며 이 절기에 적합한 복음을 선포하여 깊은 인상과 경험을 할 수 있도록 의도하여 시행되고 있다.

교회력에 의한 설교를 효과적으로 사용하기 위해서 첫째, 설교자 자신이 먼저 교회력에 대한 충분한 이해가 있어야 하며 둘째, 성도들에게 교회력의 의미와 중요성을 잘 인식시키고 준비하게 해야 하며 셋째, 충분한 준비 기간을 가지고 시행해야 된다. 그렇게 될 때 교회력에 의한 설교는 목회에 많은 유익을 주고 교회가 활기차게 진행되는 데도 큰 유익이 될 것이다.[7]

2. 설교 유형에 의한 분류

설교는 내용이나 목적뿐만 아니라 그 유형에 따라서 그 특징과 구조가 다양하다. 한 가지의 설교 형태에만 익숙해져 다른 형태의 설교를 전혀 하려 들지 않을 뿐만 아니라 오히려 그것을 비판하기를 좋아하는 설교자도 있다. 그러나 설교란 어떤 이들에게는 경건이라는 측면에서의 진리이며, 또 어떤 이들에게는 복음의 사회적 적용이고, 다른 이들에게는 기독교의 윤리적 명령일 수도 있다. 기독교 진리의 다른 측면에 주된 강조점을 둔다는 이유로 동료 설교자를 비방해서는 안 된다. 은사에는 여러 가지가 있는 것처럼 설교에도 여러 가지가 있을 수 있다. 그러므로 설교자에게 필요한 것은 신중하게 설교 방식을 변화시키는 것이다. 다음에서 여덟 가지 형태의 설교 유형을 설명하려고 한다.

---

7) 배광호, *op. cit.*, 146-50.

1) 주해 설교(Expository Preaching)

주해 설교 또는 강해 설교의 유형은 중요한 위치를 차지하는 설교이다. 신자들에게 있어서 성경은 신앙과 실제 생활의 최고의 법칙이다. 현대인들은 성경에 대한 무지가 만연되어 있는 까닭에 성경을 해설하는 것이 그 어느 때보다도 설교자의 중대한 의무가 되어 있다. 진지하고 체계적인 성경강해는 성도들에게 성경적인 관점으로서의 이해를 넓혀 주며 동시에 설교자에게는 자신의 편향성에 빠지는 것으로부터 벗어날 수 있게 한다. 메릴 엉거는 주해 설교가 가져다주는 유익에 대하여 다음과 같이 말했다. 먼저 주해 설교는 설교자에게 권위와 능력을 준다. 하나님의 감동으로 기록된 성경은 자신이 전파하고 있는 바가 참으로 하나님의 말씀이라고 믿고 있는 자에 의해 전파될 때 유력한 특성을 갖는다. 영감 된 말씀이 가지고 있는 권위와 능력은 강해자의 강단 사역에서 명백하게 드러난다. 참으로 감동하게 하는 사실은 그가 말하나 그와 동시에 하나님께서 그를 통해 말씀하신다는 것이다. 둘째로 주해 설교는 무한한 설교 자료의 창고를 제공한다. 체계적으로 말씀을 전파하지 않으며 말씀의 진리를 바르게 분석하고 그 뜻과 계획이 가지는 기이함을 설명하는 것을 전혀 배워 본 적이 없는 설교자들은 적절한 설교 자료를 어떻게 얻을까 하여 끊임없이 전전긍긍하게 되나 하나님의 말씀 자체의 연구에 매진하는 자에게는 설교 자료의 결핍이란 있을 수 없는 일이다. 셋째로 주해 설교는 인간이 필요로 하는 것들을 채워 준다. 인류가 근본적으로 가장 절실히 필요로 하는 것들 중의 하나는 죄의 형벌과 죄의 권세로부터의 구원이다. 성경은 오해의 여지가 없는 말로 죄의 실체와 그 죄로부터 구원받아야 할 절대적 필요를 설명하고 있다. 넷째로 주해 설교는 훌륭하게 훈련된 성숙한 그리스도인들을 배출한다. 주해 설교는 우리의 교회들을 진정으로 거듭나고 성령으로 충만한 사람, 하나님의 일에 있어서 의욕적이고 그리스도인의 교제에 있어서 기쁨이 넘치는 사람들로 가득 채워 준다.

이와는 대조적으로 비성경적인 설교는 거듭나지 아니한 사람들을 대대적으로 교회 안에 받아들이는 결과를 낳는다. 그러므로 어떤 설교자든 그가 "진리의 말씀을 옳게 분별하며 부끄러울 것이 없는 일꾼으로 인정된 자기 자신을 하나님 앞에 드리기를"(딤후 2:15) 힘쓴다면 성경적 설교를 하는 사람이 될 수 있다. 주해 설교는 하나님께서 그에게 전파하라 명하신 설교이다. 그것은 하늘의 인정을 받게 하며 현세와 영원에서 가장 중요한 설교이다. 성경을 전파하는 것은 설교자에게 지고의 기쁨을 가져다주며 듣는 자들에게도 최고의 유익을 안겨 준다. 그 이유에 대해서 메릴 웅거는 다음 몇 가지를 말하였다. 첫째, 주해 설교는 성경적 설교이기 때문이다. 둘째로 주해 설교는 성경적으로 가르침을 주는 설교이다. 셋째로 주해 설교는 계시된 진리의 조리 있게 통일된 실체(A Coherent and Coordinated Body of Revealed Truth)로서의 성경을 상술하는 설교이기 때문이다. 진정한 강해자는 성경이 분명한 계획과 목적을 가진 통일된 전체라고 믿을 뿐만 아니라, 그 성경의 전반적인 계획과 목적을 이해하고 그가 상술하려고 생각하는 성경 구절들을 그것들이 한 구절이든 보다 큰 단락이든 전체와 관련시켜 이해하기 위해 온갖 노력을 기울이기도 한다.[8]

2) 윤리적인 설교(Ethical preaching)

"하나님이 짝지어 주신 것을 사람이 나누지 못 할지니라"(마19:6)는 말씀은 매우 적절하다. 예언서와 복음서 및 서신에서 도덕적 요구에 대한 강조점을 빠뜨릴 수는 없다. 그러나 때로는 도덕적 설교라는 이유로 비난을 받는 경우가 있다. 만약 그러한 설교가 도덕적 요구는 있되 사람들로 하여금 이상을 실천할 수 있게 해 주는 그리스도의 복음을 통해 주어지는 하늘의 은총에 대해서는 한마디도 없는 것이라면 그러한 비난은 받아 마땅할 것이다. 종교로부터 유리된 도덕성은 우리로 하여금 바울과 아우구스티누스, 그리고 루터가 당면해야

8) Merill F. Unger, *Principle of Expository Preaching*, 이갑만 역, 주해 설교*의 원리*(서울: 생명의 말씀사, 1994), 20-28.

했던 곤경에 빠지게 한다. 즉 "내가 원하는바 선은 행치 아니하고, 도리어 원치 아니하는 악은 행하는 도다"(롬 7:19). 기독교는 우선 구원을 얻게 하는 하나님의 능력의 복음을 증거하지만, 행함이 없이는 그 자체가 죽은 것이다. 다시 말해서 복음이 은혜와 힘과 인격의 고결함을 낳지 못한다면 그것은 무가치한 것이라는 말이다.

딕 세퍼드(Dick Sheppard)는 만일 예수 그리스도가 고결한 인품을 가진 분이 아니셨다면 그는 아무 일도 할 수 없었을 것이라는 말을 반복해서 말하곤 했다. 그것은 물론 좀 더 자극적인 방식으로 사실을 표현해 보려는 의도에서 심사숙고 끝에 한 말이었을 뿐, 감히 어떻게 그 사실을 의심해 볼 수 있었겠는가? 개인적인 차원이든, 회중적인 차원이든 국가적인 차원이든 간에, 신앙고백과 실천이 서로 일치되지 않는 것처럼 종교를 더럽히는 것도 없을 것이다. 비윤리적이며 따라서 강한 도덕의식을 낳지 못하는 설교에 대해 요한 웨슬레는 이렇게 말했다. "나는 소위 통속적인 의미에서 복음 설교라 불리는 설교에서보다는 선한 성품이나 선행에 관한 설교에서 더 많은 유익을 얻는다. 복음 설교라는 용어는 이제 빈말이 되고 말았다. 그러니 우리 사회가 그 말을 사용하지 말았으면 한다. 그 말에는 일정한 뜻이 없다. 분별력도 없고 받은 은총도 없는 건방지고 오만한 동물에게나, 그리스도와 그의 보혈과 믿음에 의한 칭의에 대해 소리 지르게 하고, 또 그의 청중에게나 참 훌륭한 복음 설교야! 라고 떠들게 하라."

본문(Text) 없이 하는 설교란 핑계(pretext)에 지나지 않는다는 옛말에도 불구하고 본문 없이 "급구! 새로운 도덕의식!"과 같은 주제를 가지고 강단에 설 수도 있다. 이 경우 설교를 시작할 때 성경봉독을 하지 않았다 하더라도 당신의 설교 내용과 같은 주제에 대해 신문이나 잡지에 실린 기사의 내용과 구별시켜 주는 것이 분명히 제시되고, 이해 가능하게 적용된 성경에서 나온 통찰이 아니라면 당신의 직무를 게을리 한 셈이 될 것이다. 개인을 소홀히 생각해서도 물론 안 되겠지만 이러한 원리적 설교의 경우에서는 우리 세대의 문제점, 즉 물질적 진보와 정신적 진보 사이의 불균형, 과학 발달과 도덕적 지식 간의 괴리에 그 관심을 집중시켜야 할 것이다. 특히 강조되어야 할 것은, 과학의 발달이 우리에게 날마다 더욱더 큰 힘을 가져다주고 있는 것은 사실이지만, 이러한 기술 진보에 상응하는 도덕성의 진보가 없다면, 결국 비참한 지경에 떨어지고 말 것이라는 점이다. 이러한 모든 점에 있어서 강력히 촉구되어야 할 점은 얼마 전에 어느 대학에서 다음과 같이 말한 한 물리학자의 견해와 같은 것이다. "나는 세 가지 결론에 이르렀습니다. 첫째는 과학에는 구원이 없다는 것입니다. 둘째는 우리가 도덕적으로 재생되어야 한다는 것입니다. 셋째는 살아 있는 종교가 없이는 우리의 도덕적 재생이 불가능하다는 것입니다."[9]

3) 영적인 설교(Devotional Preaching)

영적인 설교의 유형에는 두 가지 형태가 있다. 첫째, 영적 생활을 심화시키려는 의도의 설교이다. 이런 유형의 설교는 우리 마음 깊은 곳에서 새로운 노력과 열정이 솟아오르게 하는 설교이다. 설교자는 청중들의 신앙이 그 깊이를 더해 가고 그들이 더욱 신앙적으로 매진할 수 있도록 이끌어 줄 수 있는 설교를 준비하기 위한 방법을 배워야 할 것이다. 둘째, 이것과 구별되는 것으로서 위안과 영감을 주도록 의도된 설교이다. 풍부한 감정과 통찰력이 있는 사람이, 약속과 확신으로 가득 찬 성경 구절을 가지고 할 수 있는 일이 무엇이겠는지 생각해 보라. "여호와의 이름은 견고한 망대라 의인은 그리로 달려가 안전함을 얻느니라"(잠 18:10), "사울의 아들 요나단이 일어나 수풀에 들어가서 다윗에게 이르러 그로 하나님을 힘 있게 의지하게 하였는데"(삼상 23:16), "내 은혜가 네게 족하도다 이는 내 능력이 약한 데서 온전하여짐이라"(고후 12:9). 이 구절들은 영감에 찬 설교들의 주제가 될 수 있다.

죤 왓슨(John Watson)은 임종 시에 자신의 가까운 친구에게 만일 자기가 다시 목회를 하게 된다면, 위안을 주는 설교를 더 많이 할 것이라고 말했다. 그

9) H. C. Brown, H. G. Clinard, & J. J. Northcutt, *Steps to the Sermon: A Plan for Sermon Preparation*: Robert J. McCracken, *The Making of the Sermon*, 정장복편 역, *설교의 구성론*(서울: 도서출판 엠마오, 1984), 292-325.

이유가 무엇이냐는 질문에, 그는 대부분의 사람들이 살아가는 동안 힘든 싸움을 하고 있기 때문이라고 대답했다. 사람들은 두려움과 불안과 회의와 유혹과 싸우고 있는 것이다. 그들은 경쟁심과 적대감으로 가득 차서 질서 있는 삶의 기반이 흔들리고 있는 세상에서 삶의 뜻과 의미를 찾으려 하고 있다. 그럼에도 불구하고, 설교가 균형과 조화를 유지하려면, 죤 왓슨의 격언과는 반대로, "기독교는 강심제와 같다. 그러나 아무도 아침부터 저녁까지 강심제만을 마시지는 않는다."는 뉴먼(Cardinal Newman)추기경의 말을 유념하는 것이 좋다. 왓슨은 위안을 주는 설교를 더 많이 해야 할 필요를 느꼈지만, 만일 그가 그러한 위안을 주는 설교만 했다면, 아마도 그의 목회는 안목이 없는 것이 되고 말았을 것이다.[10)]

4) 신학적인 설교(Theological Preaching)

신학적이며 교리적인 설교에 대해 항간에 널리 퍼져 있는 인상은 따분하다고까지는 할 수 없다 하더라도 역시 무거운 느낌이 들 수밖에 없으며 특히 실제적인 사고를 가진 사람들에게는 매우 난해하고 너무 학적인 것으로 여겨진다는 것이다. 그러나 신학적인 설교는 무겁거나 난해하거나 학적일 필요가 없다. 신학적인 설교의 임무는 사람들이 제기할 수 있는 가장 기본적인 질문에 대답해 주는 것이기 때문이다. 요즘과 같은 시대에 살고 있는 사람들이 알고 싶어 하는 문제들은 세계가 과연 우호적인 관계를 유지할 수 있을 것인지, 또 삶에는 목표와 의미가 있는 것인지 등등에 관한 것들이다. 신학은 신론(doctrine of God)을 가지고 그러한 질문에 대답하는 것이다. 또한 사람들은 인간이 삶의 의미를 깨달을 능력이 있는 것인지 그리고 교제와 봉사 속에서 하나님과 연합할 수 있는지 알고 싶어 한다. 이 질문에 대해 신학이 주는 대답이 바로 인간론(doctrine of Man)이다. 나아가 그들은 삶의 본질적인 의미가 인간에게 어떻게

---

10) *Ibid*.

나타나는지를 알고 싶어 한다. 그 대답으로 신학은 계시론을 제공한다. 그들은 또 어떻게 하여야 그들의 삶이 좌절과 무익함으로부터 벗어나 가장 높은 차원으로 끌어 올려질 수 있을 것인가를 알고 싶어 한다. 이때에 신학은 구원론으로 나아가게 된다. 이러한 질문들 가운데 그 어떤 것도 현학적이거나 아카데믹한 대답을 요구하지 않는다. 이러한 문제들은 모두 우리가 실제로 당면하고 있는 것들로서, 바로 이러한 당면 문제들로 신학이 형성되는 것이며, 나아가서 이러한 문제들로 훌륭한 설교들이 만들어지는 것이다. 그런데 이러한 영원한 주제에 대한 설교가 시사적인 잡담이나 멋들어진 종교의식이나 또는 기술적으로는 풍부하지만 순수한 종교적 내용에 있어서는 몹시 빈약한 종교 교육 프로그램으로 대치될 때, 그것은 완전히 비극적인 것이 되어 버리는 것이다.

신학적인 설교가 성도들이 한 번도 들어본 적이 없는 여러 문제를 풀어 나가는 것이거나, 아무도 묻지 않는 여러 질문들에 대답하는 것이라면, 그것이 인기를 얻지 못하는 것은 당연하다. 사실 매 주일 강대상 맞은편에 위치한 회중석에는 기독교 신앙에 대해 많은 의문점을 갖고 그것을 깊이 이해하고자 하는 수많은 사람들이 찾아와 앉게 된다. 더 나은 그리스도인이 되기 위해 그들이 필요로 하는 것은 현시대의 문제점에 대한 청산유수격의 주석이나, 막연하고 일반적인 말로 반복 표현되는 훈계를 넘어선 그 어떤 것들이다. 그들이 무엇을 믿어야 하며, 왜 믿어야 하는지에 대해 관심을 갖게 되는 것은 생생하고, 이해 가능하며, 추종할 수 있는 말로 설교가 행해질 때이다. 그러므로 하나님, 인간, 죄, 그리고 용서에 관한 예수의 가르침에 대한 일련의 설교들은 그리스도 중심의 설교일 뿐 아니라 회중들을 가르치면서 동시에 그들의 신앙을 심화시키는 설교가 될 것이다. 대부분의 사람들은 어떤 형태로든 '무엇인가 실재하는 것'(some sort or something)에 대한 신앙을 갖고 있다. 신학적인 설교가 절대적으로 필요한 것은 이성적인 존재로서 우리는 우리의 체험을 반성하고 그것을 이해해야 할 의무가 있기 때문이다. 우리는 종교의 실제적 측면만으로는 만족할 수 없고, 그것에 대한 해석을 필요로 한다. 그러한 해석이 없이는 지적인 자아 성찰이 있을 수 없다. 인간은 어느 곳에서든 자신이 처해 있는 상황의 구조를 이해하고자 하는 억누를 수 없는 욕구를 가지고 있다. 이것이 바로 신학적인 설교를 할 때, 우리가 전념해야 할 과업인 것이다.[11)]

5) 변증적인 설교(Demonstrational Preaching)

변증적인 형태의 설교의 필요성이 야기되는 것은 모든 목회자가 익히 알고 있듯이, 성경에서 당연시되고 있는 문제들에 대해서 사람들이 잘 이해할 수 있도록 도와주어야 한다는 사실 때문이다. 한 예로, 성경에는 하나님의 존재를 증명하려는 시도가 한 군데도 나타나 있지 않다. 그뿐만 아니라 하나님의 존재에 관한 문제는 아예 제기조차 되어 있지 않다. 그것은 이미 인정된 사실이며, 다른 모든 것들에 실재성과 의미를 부여해 주는 기초가 되는 사실이다. 기도의 타당성에 대해서도 마찬가지이다. 예를 들어서, 예수는 아무 데서도 기도의 타당성이나 효력에 대해 논쟁하지 않는다. 그는 그것을 당연한 것으로 간주하고, 그것을 기초로 해서 살았으며, 생생한 그리고 개인적인 체험을 통해서 그 기도의 가치를 해석해 주었다. 예수께서 주기도문을 가르쳐 주시기 직전에 하신 말씀은 이런 의미에서 깊은 의미를 포함하고 있다고 할 수 있다. 즉 '너희가 기도하려고 한다면(if you pray) 이렇게 하라'가 아니라 "너희는 기도할 때(when you pray) 이렇게 하라" 하셨던 것이다. 그러나 이러한 모든 것을 자명한 것으로 받아들이지 못하는 사람들에게는 목회자가 설교를 통하여 그 자명성을 설명해 주어야 한다. 신앙을 납득 가능하게 설명해 주는 것, 신앙 자체에 논리적인 정당성을 제공하는 것, 그리고 성도들의 마음과 지성에 신앙을 권면하는 것이 목회자의 임무인 까닭이다. 이와 같이 복음이 우리가 선포해야 하는 기쁜 소식이라는 점은 확실한 사실이지만 그 복음의 선포는 설명과 해석에 의해 보충되어야 하는 것이다. 신약에서 케리그마와 디다케는 항상 병행되어 있다. 그러므로 긍정적인 복음 선포의 우위성을 강조하면서도, 기독교에 변증론이 발붙일 곳이 없다는 인상, 기독교가 탐구와 조사를 꺼리는 인상, 또한 기독교는 아무도 감히 의문시할 수 없는 계시인 까닭, 모두가 의문 없이 그것을 받아들여야 한다는 인상을 주지 않도록 해야 할 것이다. 설교에서는 복음의 선포가 우선적으로 행해져야 하는 것이지만, 변증적인 설교를 통하여 신앙의 합리성을 제시해

11) *Ibid.*

줌으로써 믿음의 내용에 대한 이해를 증진시켜 주어야 하기 때문이다.[12)]

6) 사회적인 설교(Social Preaching)

사회적 형태의 설교 양상에는 두 가지가 포함되어 있다. 그 하나는 부패와 독재, 청소년 및 성인 범죄, 음주, 도박, 불량한 주거 환경, 부당한 노동자 처우 문제 등의 특정 사회악과 싸우는 것이다. 설교는 그리스도인으로 하여금, 이러한 사회적인 악과 싸워 이기도록 촉구해야 할 의무가 있다. 설교자가 국가적인 범죄, 사회 부정, 인종 및 계층 간의 편견, 편협함과 완고함, 경제적 착취 등의 문제를 끌어내어 책망하는 것은 옳은 일이다. 또 하나의 양상은 복음의 사회적 의미를 이끌어내는 것이다. 신약은 그리스도를 사생활과 공생활에서 공히 최상의 모범으로 표현하고 있다. 요한계시록에는 "그 머리에 많은 면류관이 있고……"(계19:12)라고 기록되어 있다. 이것은 인간의 모든 삶의 영역이, 그리스도의 권위가 인정되고 그의 뜻에 모두가 순종하는 상이한 여러 왕국이 된다는 의미이다.

현재의 시대적 상황은 특히 이러한 유형의 설교가 강조되어야 함을 요청하고 있다. 세상을 곤혹스럽게 만들고 있는 것은 기독교가 자기 주변에 경계선을 설정하여, 그 경계선 안으로 물러나 안주하고 있다는 점이다. 따라서 오늘날 기독교에 요청되고 있는 것은 기독교가 실질적으로 추방당한 영역, 즉 정치, 경제, 산업, 과학, 교육 등의 영역 안으로 전진해 들어가야 한다는 것이다. 왜냐하면 우리의 믿음은, 인간 실존의 단편적인 일부가 아니라 그 실존 전체와 관계된 것이기 때문이다. 하나님의 주권은 기도와 예배뿐만이 아니라 우리들의 모든 활동과 제도에까지 그 영향력을 행사한다. 이것이 스가랴에게 임했던 환상이었다. "그날에는 말방울에까지 여호와께 성결이라 기록될 것이라"(슥14:20). 성경과 교회사에서 기독교 신앙을 순순히 개인적인 관심사로만 여기게 만드는

12) *Ibid.*

것은 아무 데도 없다.

그렇다면 설교자들이 강단에서 정치나 경제 문제를 다루어야 한다는 말인가? 정치, 경제적인 문제를 기술적인 측면에서 다룬다는 것은 적합하지 않을 것이다. 그러나 도덕적인 측면에 대해서는 무엇인가 말해야 할 의무가 분명히 있다. 설교자의 임무는 기독교적인 기본 원칙을 설명하고, 현재의 사회 질서가 그 원칙과 어떻게 다른지를 지적해 주는 것이다. 아모스와 예레미야같이, 목회자들은 특정한 국가 정책이 백성들의 영혼에 위협이 된다고 말해야만 했다. '그렇다면 그것은 정치 활동이 아니냐'는 비난에 대해 가장 효과적인 답변은 그것이 설교 사역이라는 것이다. 예언자적으로 악을 고발하는 일은 하나님의 말씀을 충실하게 선포하는 일에 포함되는 까닭이다. 그리스도의 종은 하나님의 선한 목적에 반대되는 것이라면 그것이 무엇이든지 그것과 싸워야만 하는 것이다. 그러나 사회적인 설교를 할 때, 설교자가 특별히 경계해야 할 사항은 설교자가 단순히 사회악을 비난하는 데에서 그쳐 버리기가 쉽다는 것이다. 우리는 복음 속에 사회악에 대한 치료책이 있다고 공언하고 있기 때문에, 그 사회악에 대해 진단한 만큼 그 처방에도 주의를 기울여야 한다. 다시 말해서 말로만 비난함에 그치지 말고, 그 근본 원인을 밝혀냄으로써 그 치료책을 강구해야 한다는 것이다.[13)]

7) 심리학적인 설교(Psychological Preaching)

설교의 접근 방식에 있어서 심리학적인 설교 형태를 강조하는 사람들이 있다. 그들은 설교자들에게 새로운 세계를 제시해 준 사람들로서 프로이드(Freud)와 융(Jung) 그리고 그의 제자들을 꼽을 수 있다. 무의식에 대한 프로이드의 이론은 정신분석에 있어서 결실의 하나이며, 그것은 정신의 구조에 대한 우리의 이해를 근본적으로 뒤바꿔 놓았다. 나아가서 심리학자들은 우리로 하여금 억압, 변질, 합리화, 보상 의식, 백일몽 등의 정신적, 심리적인 기제(mechanisms)를 정

---

13) *Ibid*.

확히 이해할 수 있도록 해 주었고, 또 인간의 본성 안에 있는 완고함과 사악함 등과 같은 심층 심리 그리고 인간의 의식의 표면 아래 깔려 있는 불합리하고 이기적인 힘에 대해 더 정확히 이해할 수 있도록 해 주었다. 그들은 많은 신경증상의 근원이 성(sex)에 있다고 주장하면서, 사람들이 이 사실을 인정하기를 꺼리지만 그 사실이 공공연하게 인정되기 전에는 치료책이 있을 수 없는 신경증상들이 있다는 것을 밝혀내었다. 그들은 또한 어릴 때의 충격적인 경험이 일생 동안 무서운 영향을 미치게 된다는 점을 보여 주었다. 이러한 심리학적인 발견이 기독교 사상에 미친 영향이 오늘날의 설교의 성격과 내용에도 중대한 영향은 미치게 되었다.

그러나 심리학이 아무리 현대적인 학문이라 할지라도, 심리학적인 통찰력이나 정신의학자들의 사례집은 설교자들에게 끝없는 설교 자료들을 제공해 주는 것이며, 설교자들은 이 사례집들을 유용하게 사용할 수 있을 것이다. 그러나 설교에 있어서 말할 필요조차 없는 사실은 최상의 심리학 자료집은 다름 아닌 성경 자체라는 사실이다. 그것은 엄청난 삶의 진실이며, 프로이드와 융의 심리학과 관계 지어 볼 때 성경이야말로 엄청난 정도로 성경 심리학서라고 할 수 있을 것이다. 그러므로 성경을 무시해 버리고, 대중 잡지에나 나타날 법한 어설프고 피상적인 심리학에서 설교의 자료와 내용을 찾으려 드는 것은 설교자의 직무 유기인 셈이다.

설교자가 인간의 자기 합리화에 관하여 설교하고자 한다면, 갈멜산 상에서의 승리에 뒤따르는 결과와 엘리야에 대해 참조하는 것보다 더 나은 방법은 아마 없을 것이다. 바알의 선지자들에게 대항하여 분연히 일어났던 엘리야도 한 여인의 위협과 조롱으로부터 필사적으로 도망쳐야만 했었다. 광야의 은신처까지 추적당한 끝에 나온 엘리야의 말에서 설교자들은 무엇을 찾아내어야 하는가? 그는 "저는 불성실하였으며, 겁쟁이며, 변변찮은 예언자였습니다."라고 말하지 않고, "오직 나 혼자 남았거늘, 저희가 내 생명을 찾아 취하려 하나이다."(왕상 19:10)라고 자신을 변명했던 것이다. 여기에서 우리는 도피 기제를 찾아볼 수 있다. 이러한 엘리야의 이야기에서보다 더 잘 나타나 있는 인간의 자기 합리화에 대한 이야기를 또 어디서 발견할 수 있겠는가? 엘리야는 심리적 평온을 얻기 위해서 스스로 타협책을 강구했었지만, 그가 의식적으로 자기감정을 변호하기 위해 변명거리를 만들어 내었던 것은 아니다. 그는 단지 사실을 회피하고 있었을 뿐이며, 실제로 자신이 사실을 회피하고 있다는 사실조차 의식하지 못했다고 할 수 있다. 이와 같이 인간의 합리화가 무의식적이라는 점이 바로 합리화를 매우 유해한 것으로 만드는 것이다. 엘리야는 자신이 처한 상황을 강조하고 있지만, 사실 그것은 그가 자신의 의무를 회피하고, 그의 직책을 저버렸으며, 이세벨에게 거의 정신을 잃을 만큼 겁을 집어먹었다는 진짜 사실을 모호하게 흐리고 있는 것이다.

이러한 내용을 현대에 적용시켜 보면 어떨까? 우리의 의식적인 사고와 의지 과정의 저변에는, 눈에 띄지 않게 작용하는 감정(passions)과 편견 그리고 환상과 망상, 호와 불호 등의 무의식적 과정이 깔려 있다. 우리가 자신의 추한 부분에 대해 의식해야 한다는 것은 그리 쉽고 단순한 일이 아니다. 따라서 그러한 추한 부분들은 쉽사리 무의식의 심층으로 빠져 들어가 버리는 것이다. 이러한 우리 인간의 심리적 현상들을 성경을 통해 보게 하고 치료하는 설교가 절실히 필요한 때이다.[14)]

8) 복음적인 설교(Evangelical Preaching)

복음 전도자로서의 설교자는 사상의 유포자가 아니라, 그의 청중들을 하나님과 만날 수 있게 만드는 의무를 지닌 자로서 강단에 서게 된다. 그가 선포하고자 하는 기독교는 사상의 종교가 아니라 인격의 종교이다. 설교자가 쏟아야 할 관심은 윤리적이고 신학적인 전제에 대한 지적인 동의를 얻는 것이 아니고 사람들로 하여금 예수 그리스도와의 직접적인 만남의 경험을 갖도록 하는 데 있다. 그러므로 복음적 설교는 하나님과의 개인적인 만남을 주기 위해 선포되어야 한다. 매튜 아놀드(Matthew Arnold)는 말하기를 “도덕 법칙에 대한 정확하

14) *Ibid.*

고 과학적인 진술은 대다수의 사람들에게 있어서 거의 아무런 효력도 발생하지 못하고 있다."라고 하였다. 신약성경의 인물 가운데서도 도덕 법칙에 대한 정확하고 과학적인 진술을 시도한 사람은 아무도 없음을 발견할 수 있을 것이다. 한마디로 설교의 시작과 끝은 사람들에게 그리스도 안에 나타나시는 하나님과의 인격적인 만남의 길을 열어주는 것이라 할 수 있다.

신학자 팔머(H. H. Farmer)박사는 그의 책 "말씀의 종"(The servant ol the word)에서, 이러한 하나님과의 인격적인 만남과 설교와의 관계를 주의 깊게 설명해 주고 있다. 그는 하나님은 타인과의 관계를 단절시키고 살아가는 사람과는 결코 인격적인 관계를 맺지 않으신다고 주장한다. 선포된 말씀이 바로 '나-너' 관계의 중심에 있는 것이며, 따라서 기록된 말씀은 이러한 선포된 말씀에 대한 보잘것없는 대용품인 것이다. 모든 성경적 설교에는 직접적이고 인격적인 만남, 즉 마음과 마음, 인격과 인격 그리고 의지와 의지의 만남이 있다. 나단이 다윗에게 "당신이 바로 그 사람입니다."라고 한 말에는 항상 직접적인 것이 들어 있다. 설교자는 항상 감정과 의지가 얽혀 있는 매우 심오한 청중의 마음속에 응답을 주기 위해 심혈을 쏟아야 하며, 또 그들에게서 "이제 내 마음이 주님과 언약을 맺나이다."라는 개인적인 응답을 끌어내기 위해서 끊임없는 노력을 경주해야 한다.

9) 삶의 정황적인 설교(Circumstantial Preaching)

삶의 정황적 설교는 비현실적이며 현실에 부합되지 않는 것을 피하기 위해 우리들이 현재 처해 있는 바로 그 상황에서 출발한다. 이 설교의 출발점은 어떤 종류이든 간에 우리가 당면한 문제이다. 그 문제는 개인적인 것일 수도 있고, 사회적인 것일 수도 있으며, 또 신학적인 것일 수도 있고, 윤리적인 것일 수도 있다. 문제가 어떤 것이든지 간에, 설교자의 직무는 그 문제의 핵심에 도달한 후에 그 문제 해결에 대한 항구적인 표준과 방향이 되는 성경적 계시와 성령의 도움을 입어 그 문제를 해결해 내는 것이다. 삶의 정황적 설교는 때로 비판을 받는데, 그 이유는 이런 설교자들이 현실적인 당면 문제에만 완전히 사로잡히게 되는 유혹이 따르기 때문이다. 이러한 유혹은 많은 설교들이 세속화되고 깊이를 상실하게 되는 원인이 된다. 이러한 세속화되고 얄팍한 설교의 일차적인 자료는 신문이나 주간지, 문학 작품의 요약집들이며, 하나님의 말씀은 단지 이차적인 자료가 될 뿐이다. 주일날 교회에서 선포되는 이러한 유형의 설교는 온건한 종교적인 분위기를 지닌 신문의 논평 기사와 같은 성격을 띠게 된다. 이러한 설교는 분명한 기독교적 통찰력이 미흡하기 때문이다.

포스딕 박사는 삶의 정황적 설교를 옹호하는 대표적인 인물이며, 또한 삶의 정황적 설교자로 평가받고 있다. 1928년 7월에 그는 "설교의 문제점은 무엇인가"(What is the matter with preaching?)라는 제하의 기사를 하퍼 잡지(Harper's magazine)에 기고했다. 그 기사는 설교자가 강단에서 설교할 때, 강조하고자 하는 대목에서 깊은 숙고를 해야 한다는 구절을 싣고 있다. 그 기사는 우리가 설교하려고 자리에서 일어설 때의 상황을 다음과 같이 묘사하고 있다. "설교자 앞에 앉아 있는 거의 모든 남녀 성도들은 제각각 자신의 문제를 안고 있다. 한 유부남과 위험한 관계를 시작한 여자도 있을 수 있고, 결혼하려고 하는 자기 외아들에 대해서 분노를 느끼고 있는 과부도 있을 수 있으며, 사장을 위해 거짓말을 해 주지 않았기 때문에 사장에게 미움을 받으면서 그 밑에서 일을 하고 있는 남자 성도도 있을 수 있고, 성에 대한 불만에 가득 차서 자기의 지난날의 도덕적인 행동이 단지 얌전한 척하는 것이었을 뿐 이제라도 자유로운 이성 교제를 하지 않으면 결혼의 기회를 잃어버릴지도 모른다는 생각을 하기 시작한 소녀들도 있을 수 있다. 이와 같이 거의 모든 성도들은 제각기 나름대로의 문제를 갖고 있다. 그 문제들에 직접 부딪히라! 그들의 문제 하나하나에 직접 부딪혀 보라! 그러한 문제들을 훑어 본 후에, 당신의 설교를 시작하라. 그들의 문제는 이론적인 것이 아니다. 그것은 실제적이고, 살아 있으며, 절박한 삶의 문제들인 것이다. 성도들이 설교자에게서 도움받기를 원하는 것은 바로 이런 문제들이다. 그들은 성경적인 설교자가 자기 자신들의 문제가 아닌 다른 사람의 문제에 대해 설교를 한다 할지라도, 그 설교 말씀이 꼬집고자 하는 문제를 깨닫고, 그 문제에 대한 해답을 기다리게 될 것이다. 설교를 삶에 밀착시키라. 이러한 작업이야말로 오늘날 설교에서 긴급히 요구되는 것이다. 이렇게 삶에 밀착된 설교만큼 강단을 다시 한번 능력 있는 것으로 만들 수 있는 것은 없기 때문이다. 당신이 강해 설교를 하든, 윤리적인 설교를 하든, 또는 신앙적, 신학적, 변증적, 사회적, 심리학적, 복음적인 설교 가운데서 어떤 유형의 설교를 하든, 당신의 설교를 삶에 근접시켜야 한다."[15)]

3. 설교 구성에 의한 분류

설교자는 하나님의 말씀 전파의 효과를 극대화하기 위해 메시지를 전하는 설교의 형태를 개발하게 된다. 설교의 형태는 어느 한 가지에만 고정시키거나 얽매일 필요는 없다. 역사적으로 볼 때 설교자에 따라서 다양한 형태로 설교를 전개시켜 나갔으며 우리 주 예수님께서도 수많은 설교를 행하시면서 자유자재로 어느 형태에 구애받지 않고 강론으로, 비유로, 예화 등으로 가르치신 것을 알 수 있다. 결국 설교의 형태는 사회 현장과 직면하는 것이므로 그 형편에 맞게 전달되어야 좋은 결과가 나오게 된다. 따라서 설교의 형태는 설교자의 기질과 선호에 따라 자율적으로 선택되고 진행되어 가는 것이다. 그러나 설교자는 기본적인 메시지의 구조와 논리를 갖춘 일정한 설교 형태의 틀에 익숙해져야 할 필요가 있다. 그것은 설교가 조직적이며 논리적이지 못하면 청중들로부터 효력을 얻지 못할 뿐만 아니라 하나님의 메시지가 능력 있게 나타나지 못하기 때문이다. 그래서 설교의 구성으로 볼 때 가장 보편적인 형태로 분류한다면 본문 설교(Textual preaching), 주제 설교(Topical preaching), 강해 설교(Expository preaching)[16)] 그리고 내러티브 설교(Narrative preaching) 등으로 나눌 수 있다.

15) *Ibid*.

1) 본문 설교(Textual preaching)

본문 설교는 성경 본문으로부터 한두 절을 기초로 한 주요 대지를 취한다. 즉, 설교의 주요 주제(the main theme)와 주요 대지(the main divisions)는 본문 자체에서 나오는 것이다.[17] 본문 설교는 먼저 본문의 한 절의 주제가 발견된 후 설교자 자신의 언어들로 서술되고 그 다음에 문맥의 빛 아래서 분석되고 나누어지고 발견되어야만 한다.[18] 이 설교는 그 본문이 무엇을 말하고 있는가를 정확하게 찾으려 한다. 설교에 있어서 한 본문을 선택한 증거는 교회사를 통해서 쉽게 찾아볼 수 있다. 오리겐은 성경의 한 부분을 선택하여 형식적이고 질서 있는 설교를 하는 데 기초를 놓은 사람이며,[19] 순교자 저스틴(Justin Martyr)의 저술들도 2세기의 교회 예배 중에 본문을 사용한 것을 시사해 주고 있다. 로이드 죤스와 찰스 스펄전의 메시지들 중에는 성경의 단 한 절(a single verse or scripture)로 만들어진 설교가 많다. 본문 설교의 특징은 짧은 본문에 담긴 주제를 가지고 성경 전체를 관통하면서 밝혀 주는 방식으로 성경 중심적이며 본문을 떠나지 않고 철저히 본문을 해석하고 적용하는 것으로 성경 본문을 풍부하게 다룰 수 있다는 것이 특징이라 하겠다.

(1) 본문 선택의 기준

적합한 본문을 선택한다는 것은 본문 설교의 준비와 전달에 큰 도움을 주는 것이며 본문 설교에서 일어나는 많은 문제들을 해결해 줄 수 있다. 다음은 본문을 선택하는 기준들이다.[20]

① 목표를 가지고 시작하라.

---

16) 본문 설교(Textual preaching), 주제 설교(Topical preaching), 강해 설교(Expository preaching)에 대해 도표를 사용하여 비교한 내용을 부록(I)에서 보라!

17) J. Vines, *A Practical Guide to Sermon Preparation* (Moody Press, 1985), 3.

18) A. P. Gibbs, *The Preacher and Preaching* (Waterick Publishs: Kansas, 1964), 261.

19) W. M. kroll, *Prescription for Preaching* (Grand Rapids: Baker Book House, 1984), 226.

20) W. M. Kroll, *op. cit.*, 227-8; A. W. Blackwood, *op. cit.*, 52-55.

② 마음에 끌리는 본문들을 선택하라.
③ 기독교의 교회력을 잘 살펴보라.
④ 진지한 의미가 담긴 본문을 선택함으로써 성경의 존엄성을 보존하라.
⑤ 설교하고자 하는 사건에 적합한 본문을 선택하라.
⑥ 청중들 속에 다양한 분류가 있다는 것을 기억하라.
⑦ 본문을 선택할 때 자신의 능력에 맞는 것을 선택하라.
⑧ 청중들의 필요성에 맞는 본문을 택하라.
⑨ 부정적인 것보다 긍정적인 것을 제시하라.
⑩ 가급적 짧은 본문을 선택하라.
⑪ 하나의 설교에 하나의 본문을 선택하라.
⑫ 주마다 다른 본문을 선택하라.
⑬ 대지를 자연스럽게 나눌 수 있는 본문을 선택하라.
⑭ 단편적인 본문을 선택하지 말고 그 본문의 전체 문장을 사용하라.
⑮ 까다로운 본문을 선택하지 말라.
⑯ 호기심을 끌거나 이상한 본문을 선택하지 말라.
⑰ 반쪽 진리만을 나타내는 본문을 취하지 말라.
⑱ 너무 광범위하고 일반적인 본문을 피하라.
⑲ 의미가 분명치 않은 성경 구절들로 구성된 본문을 사용하지 말라.
⑳ 친숙한 본문이라 해서 피하지 말라. 많은 경우 새로운 접근으로 새로운 빛을 발견하게 될 것이다.
㉑ 성경의 어떤 본문을 고의적으로 피하지 말라.

디모데후서 3:16에 "모든 성경은 하나님의 감동으로 된 것으로 교훈과 책망과 바르게 함과 의로 교육하기에 유익하니"라고 하였다. 청중은 성경의 전부를 들어야 하며, 설교자는 마땅히 성경 전부를 선포해야 한다. 본문 설교에서 설교자가 본문을 올바르게 다루는 것은 무엇보다 중요하다. 설교할 본문은 하나님의 영감에 의해 기록된 말씀이므로 본문을 다루는 데 설교자는 무엇보다 정확하게 해야만 한다. 그러기 위해서는 첫째, 본문에 대해 신실해야 한다. 둘째,

본문을 정확하게 해석해야 한다. 셋째, 본문을 깊이 연구해야 한다. 넷째, 본문을 적용해야 한다. 이 일을 위해 설교자는 그 본문의 'then'뿐만 아니라 'now'도 이해해야만 한다.

(2) 본문 설교의 작성 원리

본문 설교 개요 작성에 도움이 되는 기본적인 진리들을 제임스 브래가(James Braga)는 그의 저서 '설교의 준비'(How to prepare Bible Messages)에서 다음과 같이 소개하고 있다.[21)]

① 본문 설교의 개요는 본문의 한 주제를 중심으로 작성해야 하며, 대지는 그 주제를 확대하고 발전시킬 수 있도록 본문에서 인출해야 한다.

② 대지는 본문에 드러난 진리나 원리로 구성될 수 있다.

③ 보는 관점에 따라 한 본문 안에 하나 이상의 주제나 주요 사상이 있을 수 있다. 그러나 오직 한 중심 사상만을 택하여 발전시켜야 한다.

④ 대지는 논리적인 순서나 시간적인 순서에 따라 꾸며져야 한다.

⑤ 대지나 한 주제를 중심한 것이라면 본문의 단어들이 바로 대지를 구성할 수도 있다.

⑥ 본문 앞뒤의 문맥을 주의 깊게 살피고 본문과의 관계를 잘 파악하여야 한다.

⑦ 어떤 본문들은 유사점과 차이점을 드러내는 데는 비교와 대조의 수사법을 포함하고 있다.

⑧ 성경의 여러 다른 부분에서 발췌한 두세 구절을 하나로 모아서 한 본문으로 취급할 수 있다.

---

21) James Braga, *How to prepare Bible Message*, 김지찬 역 *설교 준비*(서울: 생명의 말씀사, 1986), 42-49.

(3) 본문 설교의 특징

첫째, 본문 설교는 하나님의 말씀인 성경 안에서 주어진 진리를 청중 앞에 가져온다. 이것은 그 메시지에 신적 권위(Authority)를 주는 것이다.[22)]

둘째, 본문 설교의 방법은 구성과 선택에 있어 많은 다양성을 허용한다.

셋째, 적당한 본문 사용은 설교자가 그 본문 연구에 집중해야 하므로 본문에 관련된 원어, 배경, 상황들을 연구하게 한다.

넷째, 본문 설교는 설교자가 본문 연구를 위해서 성령의 도우심을 얻도록 기도하게 한다.

다섯째, 다양한 제목 설교보다는 본문 설교가 구성에 있어서 보다 성경적이다.

여섯째, 본문 설교는 청중들에게 정확한 메시지를 전달할 수 있으므로 봉독한 본문으로부터 무엇을 기대하고 있는 청중들을 실망시키지 않는다. 동시에 좀 더 심도 있는 성경 지식을 그들에게 줄 수 있다.

일곱째, 본문 설교는 선택된 본문의 양이 비교적 짧으므로 청중들이 쉽게 이해하고 기억하게 하는 이점도 있다.[23)]

여덟째, 본문 설교는 청중들에게 세련된 설교로 보일 수 있다. 왜냐하면 대지의 수가 본문의 자료에 의해 결정되기 때문이다. 따라서 각 대지들이 다뤄질 때 아무도 더 이상의 것을 기대하지 않는다.[24)]

그러나 본문 설교를 할 경우에 주의할 점도 있다. 첫째, 본문 설교에서는 성경의 통일성이 분명하지 않을 수 있다. 성경의 여기저기서 선택된 본문들은 전체적인 성경의 통일성을 나타내지 못하며 청중들에게 감동을 주지 못하는 듯한 인상을 줄 수 있다. 성경은 분리된 본문들로 구성되지 않고 전체가 유기적으로 그리고 완전한 계시로서 된 한 권의 책(The Bible)이다. 둘째, 본문 설교는 설

---

22) A. P. Gibbs, *op. cit.*, 261.

23) 배광호, *op. cit.*, 152.

24) N. M. Van Cleave, *Handbook of preparation of Sermons*, 이일호 역, *목회자를 위한 설교핸드북*(서울: 도서출판 엠마오), 46.

교자의 독창력을 제한할 수 있고, 한 주제에 대한 충분하고도 광범위한 취급을 허용하지 않는다. 셋째, 본문 설교는 설교자 자신이 좋아하는 아이디어를 나타내려는 단순한 출발점(a mere starting point)으로 한 본문(a text)을 선택할 수 있다.[25] 넷째, 결과적으로 본문 설교는 청중들로 하여금 편협되고 제한된 성경의 지식을 얻게 할 수 있으며 성경의 올바른 해석이 결핍될 때 진리의 왜곡되는 문제가 발생한다.[26]

2) 주제 설교(Topical preaching)

주제 설교란 어떤 특별한 주제에 따라 구성되는 설교이다. 설교의 주제는 성경으로부터 나오는 것이 원칙이나, 먼저 주제를 정한 다음에 그 주제에 맞는 성경 본문을 취하는 경우도 있다. 주제 설교는 한 주제로부터 직접적으로 파생된 대지들(the main divisions)이 한 본문에서 독립적으로 취해진 대지들 속에 '하나의 주요 아이디어'(a single leading idea)가 된다.[27] 즉 이 방법은 주제 또는 어떤 제목을 택하고 성경 전체의 말씀을 섭렵하면서 그 주제를 뒷받침해 주고 드러내는 것이다.[28] 설교의 주제는 설교자가 독서를 통해서 주제의 힌트를 얻거나 실제적인 삶의 현장에서 주제를 찾아내는 과정을 밟게 된다. 흔히 교리 설교를 할 때 이런 형태의 설교를 하면 좋을 것이다.

(1) 주제 설교의 준비 과정

주제 설교는 그 목적에 맞게 진행하기 위해서 정해진 주제와 관련된 7가지 질문에 대답할 수 있도록 논리적으로 정리되고 질서 있게 제시되어야 한다. A.

25) 배광호, *op. cit.*, 153.
26) 정장복, *설교학 서설*(서울: 대한기독교서회, 1990), 130.
27) Kroll, *op. cit.*, 188.
28) 정성구, *op. cit.*, 253.

P. Gibbs는 이 질문들이 다음과 같은 순서에 따라 연속적으로 질문되어야 한다고 하였다.29)

① 무엇(what)?: 이것은 내가 무엇을 말하려 하는가에 대한 질문으로 주제를 정의하는 것이며 그 질문에 대답이 될 것이다. 또한 이것은 주제를 소개하는 데 봉사될 것이다.

② 왜(why)?: 이것은 왜 이 주제가 선택되었고 그 필요성이 무엇인가를 취급하게 될 것이다.

③ 어떻게(how)?: 이것은 주제가 활용된 본질적인 환경 그리고 그 주제가 받아들여지고 그 약속들이 청중들의 경험 속에서 성취되는 조건들과 같은 모든 질문들에 대하여 대답을 줄 것이다.

④ 누가(who)?: 이것은 주제의 기원과 그것을 활용하게 되는 사람들 모두를 포함할 것이다. 누가 그것을 준비했는가? 누가 그것을 받을 것인가? 따라서 개인적인 요소(the personal element)가 이 질문에 의해서 나타나게 될 것이다.

⑤ 어디(where)?: 이것은 주제가 나오는 근원이나 그 주제가 받아들여지고 경험될 수 있는 장소를 적절하게 묘사하게 될 것이다.

⑥ 언제(when)?: 이것은 언제 이 일이 받아들여지게 될 것인가에 대한 시간적인 것을 취급하게 될 것이다.

⑦ 그러면 무엇(What then): 이것은 청중들에게 주제에 대한 적용을 적절하게 준비시켜 줄 것이다.

(2) 주제 설교의 작성 원리

제임스 브래가(James Braga)는 주제 설교가 광범위한 주제를 취급할 수 있다 하여도 하나님의 말씀을 선포하는 설교가 되기 위해서는 설교자가 다음과 같은 몇 가지 원칙들을 지켜야 한다고 말한다.30)

29) A. P. Gibbs, *op. cit.*, 270.
30) James Braga, *op. cit.*, 20-33.

① 대지는 논리적 순서나 연대적 순서에 의해 배열되어야 한다.
② 대지들은 제목의 분석일 수도 있다.
③ 대지들은 제목에 대한 다양한 증거들로 구성될 수도 있다.
④ 대지들은 하나의 전체 제목을 성경의 다른 것과 비교, 대조하는 진술들일 수 있다.
⑤ 대지들은 개요 전체를 통해서 계속 반복되는 성경의 특정한 단어나 어구로 표현될 수도 있다.
⑥ 대지들은 개요 전체를 통해서 성경의 한 단어나 어구에 의해 지지를 받을 수도 있다.
⑦ 성경의 특정 단어(들)의 다양한 의미를 보여 주는 단어 연구로 대지들이 구성될 수도 있다.

(3) 주제 설교의 특징

주제 설교는 많은 특징을 가지고 있다. 주제 설교의 장점은 첫째, 통일성이다. 주제 설교는 청중들로 하여금 성경의 전체적인 주제를 터득하게 하는 데 효과적이다.

둘째, 주제 설교는 설교자에게 주제를 광범위하게 다룰 수 있도록 함으로써 설교의 구상이나 구성의 범위를 자유롭게 해 준다. 즉 정한 주제나 어떤 교리를 시리즈 형식의 연속 주제 설교로 할 수 있는 효과를 낼 수 있다.

셋째, 주제 설교는 설교자의 분석력과 창작력을 발전시킨다.

넷째, 주제 설교는 청중들에게 성경의 조화를 일깨워 준다. 주제 설교는 청중들에게 신구약성경의 동일한 사상 체계를 가진 하나님의 계시의 단일성을 깨닫게 한다.

다섯째, 주제 설교는 광범위한 것들을 다룰 수 있다. 다양한 주제와 시사적인 것들을 취급할 수 있으므로 현대적 감각을 공유하게 된다.

여섯째, 주제 설교는 성경의 중심적 교리를 가르치는 데 좋은 방법이 될 수 있다. 즉 성경적인 기본 진리인 하나님, 예수 그리스도, 성경, 성령, 교회, 구원, 믿음, 중생, 기도, 예배, 천국, 지옥, 성화 등의 교리들 이외에도 다양한 주제를 가르칠 수 있는 장점이 있다. 그럼에도 불구하고 주제 설교에 대해 N. M. 반클리브는 그의 책 「Handbook of preaching」에서 다음과 같은 조건 안에서만 권장된다고 하였다.[31)]

① 제목이 성경의 어느 한 구절에서 취급하기에는 부적절한 경우 ② 청중에게는 전혀 생소한 어떤 교리를 제시하는 경우와 같이 설교자가 대단히 일방적인 방법으로 한 주제를 취급하기를 원할 때 ③ 설교자가 성경을 잘 아는 사람들이 아니라 구원받지 못한 사람들에게 일반적인 복음주의적 진리를 선포하고자 원할 때 ④ 성경 시대에 나타나지 않거나 성경 저자들에 의하여 취급되지 않는 사회적 또는 도덕적 문제들을 취급할 때이다.

반면에 주제 설교에는 몇 가지 단점을 가지고 있다. 성경은 설교자를 위한 주제들의 편집물이 아니므로 다른 설교들보다도 주제 설교에서 설교자가 이탈되기 쉽기 때문에 조심해야 될 함정들을 기억해야 한다. 첫째 설교자의 인생관, 세계관, 교육, 취미 등에 의해서 지나치게 주제가 한 방향으로 정해질 위험이 있다는 것이다. 주제 설교에서는 설교자가 지나치게 한 주제의 방향으로 끌고 가는 경향에 빠질 수도 있다. 따라서 설교자는 흥미 있는 주제만을 찾아내는 데 쉽게 관심을 가지게 되어 설교의 주제가 그것의 성경적인 근거를 찾는 것이나 그의 회중들의 필요에 밀접하게 부응하는 것보다는 설교자의 취향에 따라 편중될 수 있는 약점이 있다. 둘째, 주제 설교는 다른 유형의 설교에 비해서 성경을 소홀히 하게 된다는 점이다. 그러므로 설교자는 꾸준히 자기 자신을 영적으로 성숙시키려는 노력과 성경에 대한 학문적 연구에 주력하지 않으면 안 된다. 따라서 설교자는 이러한 위험을 기억하고 부지런히 연구함으로써 자신의 자원을 다 소모하지 말고 자신을 발전시키고 설교의 범위를 계속 넓혀 가야만 한다. 셋째, 주제 설교는 거의 언제나 다른 설교 유형들보다도 설교자의 개인적인 견해나 편견으로 채색되므로 대단히 일방적이 될 가능성이 많다. 주제 설교는 말씀 이탈의 가능성과 흥미 위주로 빠질 위험성 그리고 성경 해석의 오류

31) N. M. Van Cleave, *op. cit.*, 44.

를 범할 가능성을 단점으로 가지고 있다는 것을 설교자들이 이해하고 이를 극복해야 한다.

3) 강해 설교(Expository preaching)

(1) 성경신학적 설교로서의 강해 설교

게할더스 보스(Geerhardus Vos)는 성경신학을 성경 안에 예치되어 있는 하나님의 자기 계시의 과정을 다루는 주경 신학의 분과라고 정의한다. 게할더스 보스는 하나님의 계시가 역사 속에 가득 차 있으며, 역사적 점진성을 포함하고 있다는 사실을 강조한다. 그렇다면 성경신학이라는 용어가 전하는 바는 무엇인가? 설교자의 관점에서 볼 때 성경신학은 성경 계시에 대한 큰 그림이나 전체적인 개관에 대한 연구를 포함한다. 그것은 성경 계시의 특성에 기인한 것으로서, 성경 계시의 영구한 원리들을 추상적으로 설명하기보다는 오히려 하나의 스토리로 이야기한다. 그 원리들은 점진적 계시라는 역사적 상황 가운데에 제시되었다. 만약 성경으로 하여금 성경을 말하게 한다면, 그 전체가 일관성 있고 의미 있다는 것을 발견하게 될 것이다. 이러한 의미 있는 전체를 이해하기 위해서는 성경을 있는 그대로 인정해야 한다. 즉, 성경은 상당히 복잡하지만 동시에 탁월한 통일성으로 하나님의 창조와 구원 계획에 대한 이야기를 해 준다는 것이다. 설교가 하나님의 계획과 목적에 부합하려면 끊임없이 사람들에게 이 관점으로 돌아가도록 촉구해야 할 것이다. 성경신학은 설교자가 무엇을 설교해야 할지를 모르는 답답함에서 벗어나게 할 것이다. 성경신학은 강해 설교의 적절한 보조자이지만 이상하게도 그 주제를 다루는 책에서 무시되고 있다. 성경신학은 설교자로 하여금 하나님의 전체 경륜을 선포하도록 도와준다. 그것은 단순히 설교를 진행시켜 나가는 프로그램으로서 성경의 각 책을 하나씩 파헤쳐 들어가는 것보다 훨씬 더 창조적이며 흥미로운 접근 방법이다. 성경신학은 다양한 성구집을 사용하고 있는 설교자들에게 각 성경 구절들이 다른 성경 구절들과 어떻게 연관되어 있는지를 보여 줌으로써 설교의 기반을 제공한다. 아마도 성경신학에서 얻는 큰 이득의 하나는 그리스도를 이해함에 있어서 신약에 엮여 있는 다양한 차원과 형형색색의 구조들을 보여 줌으로써 기독론에 관한 설교가 측량할 수 없을 정도로 풍성해진다는 사실이다. 이것이 올바로 실행될 때, 성경의 모든 부분으로 그리스도를 설교하는 일은 예수님에 대해 뻔히 예견할 수 있는 단조로움에 결코 빠져들지 않을 것이다.[32] 그리스도 안에 있는 풍성함은 다함이 없으며, 성경신학은 그 풍성함을 드러내는 방법이다. 그런 의미에서 강해 설교는 성경신학적 설교라고 할 수 있을 것이다.

① 강해 설교의 정의

강해 설교는 영어로 Expository preaching이라고 하는데, 라틴어 *expositio*에서 유래된 것으로, Expository는 *ex*(밖으로)와 *ponere*(두다)의 합성어로서 어떤 구절의 의미를 설명하거나 밝히는 것이다. 그러므로 성경의 내용과 깊은 뜻을 밖으로 밝히 드러내어 깨닫도록 설명하는 것을 강해 설교라고 할 수 있을 것이다. 그러면 강해 설교는 구체적으로 무엇을 말하는 것인가? 최근의 강해 설교에 대한 설교학자들의 정의를 살펴보자.

◈ 메이어(Frederick Brotherton Meyer): 성경 주석가 메이어는 강해 설교란 하나님께서 성경을 통하여 오늘의 인간에게 무엇이라고 말씀하시는가에 대해서 찾아내는 일부터 시작되는 것이라고 하였다. 그래서 메이어는 "강해 설교란, 그 속의 비밀을 파악할 수 있으며 그 정신이 설교자의 심령 속에 들어오기까지 설교자가 머리와 마음과 두뇌와 근육을 총동원하여 이에 대하여 생각하고, 울고, 기도한 성경의 어느 한 책이나 또는 보다 확장된 부분의 말씀을 계속적으로 취급하는 방법"이라고 했다.[33]

32) Graeme Goldsworthy, *Preaching the Whole Bible as Christian Scripture*(Grand Rapids, Wm. B. Eerdmans Pub. Co, 2000), 김재영 역, *성경신학적 설교 어떻게 할 것인가?*(서울: 성서유니온선교회, 2003), 53-62.

◈ 데니스 레인(Denis J. V. Lane): 강해 설교자 데니스 레인 목사는 강해 설교를 정의하기를 "강해 설교란 성경의 특정한 구절의 뜻을 그 회중의 필요한 환경에 맞추어 설명함으로써 백성들로 하여금 하나님께서 그들에게 말씀하시는 바를 깨닫게 하는 과정을 말한다."라고 하였다.[34] 그러면 구체적으로 성경의 특정한 구절이 어떻게 오늘의 사람들에게 설명될 수 있는가? 그것을 위해서 첫째로 성경 시대의 문화를 명백히 이해해야 할 것이고, 둘째로 회중들이 살고 있는 오늘의 문화를 바로 알아야 할 것이다. 말하자면 강해 설교는 이 둘 사이에 다리를 놓는다고 생각할 수 있다. 설교에 신학용어를 많이 쓰면 일반 사람들에게 외국어처럼 들리게 된다. 그러므로 하나님이 그들에게 무엇을 말씀하시는가를 회중이 이해하도록 회중의 견지에서 성경을 설명해야 한다. 성경 밖에 있는 것이 하나님의 메시지가 아니듯이 메시지를 이해하지 못하는 것도 그와 같다. 그러므로 강해 설교자는 하나님의 메시지를 일상의 생활 용어로 해석해 주는 통역자이다. 그러므로 강해 설교는 ㉮ 성경적이고 ㉯ 실제적이고 ㉰ 이해하기 쉬우며 ㉱ 일상용어로 표현되고 ㉲ 하나님의 말씀이기 때문에 긴박감이 있으며 ㉳ 성령에 의존하는 것이라고 할 수 있다.

이는 강해 설교가 무엇인가에 대한 데니스 레인의 정의였다. 그러나 데니스 레인은 동시에 강해 설교가 아닌 것에 대해서 다음과 같은 네 가지 경우를 지적하고 있다. 첫째, 내가 말하고 싶은 것이 무엇인가를 생각한 다음에 거기에 맞는 성경 구절을 찾아내는 것은 강해 설교일 수가 없다. 본문의 말씀을 찾아내기 전에 자기가 하고 싶은 말을 이미 결정해 버린다면 말씀을 섬기는 것이 아니라 말씀이 나를 섬기도록 유도하는 것과 같다. 둘째, 본문을 발표하고서도 그 본문과 무관한 것들을 말할 때 이는 강해 설교일 수 없다. 성경 본문이 하나의 도입 부분에 불과하게 된다면 이는 성경을 옳게 설교한다고 할 수 없다. 셋째, 본문에 대해서 길게 설명할지라도 사람들의 실제 삶과는 아무런 관련이 없는 생각들이 나타날 때도 강해 설교라고 말하기 곤란하다. 넷째, 본문에 대해서 말하지만 그 메시지에 대한 적용이 없을 때도 강해 설교라고 말할 수 없

---

33) F. B. Meyer, *Daily Devotional Note on the Bible*, 38.
34) Denis J. V. Lane, 강해 설교 *자료 모음*(서울: 두란노서원, 1985), 29.

다. 설교는 사람들의 기분을 좋게 하는 것이 아니고 삶을 변화시켜 하나님께 향하도록 해야 하는 것이다. 그러므로 종교적 담화(religious discourse)나 단편적 단어 나열로 의미를 부여하는 것이나 단순 석의 또는 주관적인 설교는 강해 설교가 될 수 없다고 말한다.[35)]

◈ 하던 W. 로빈슨(Haddon W. Robinson): 강해 설교의 대표적인 이론가인 로빈슨의 정의를 살펴보면 "강해 설교란 성경 본문의 배경과 관련하여 역사적, 문법적, 문자적으로 연구하고 발견하여 알아낸 성경적 개념을 전달하는 것으로서, 성령께서 그 개념을 우선 설교자의 인격과 경험에 적용하시며, 설교자를 통하여 다시 청중들에게 적용하시는 것이다."라고 하였다.[36)] 그리고 로빈슨은 강해 설교의 특징으로서 다음과 같은 요소를 지적하고 있다. 첫째, 강해 설교란 성경 본문이 설교를 좌우하는 것이다. 즉, 성경 저자의 사상이 강해 설교의 내용을 결정한다. 강해 설교는 단순한 방법론이기 전에 바로 철학의 문제라는 것이다. 강해 설교자는 마치 이야기를 듣는 어린 아이와 같은 천진하고 단순한 마음으로 성경에 접근해야 한다는 것이다. 둘째, 강해 설교는 개념을 전달한다. 즉 강해 설교는 성경에 나타난 단어나 구절 자체가 목적이 되기보다는 성경 저자가 이러한 단어들을 사용해서 말하려고 한 의미가 무엇인가를 찾아내도록 노력해야 한다는 것이다. 단어 하나하나를 분석하는 것에 그치는 것은 마치 사전을 읽는 것처럼 무미건조할 뿐이다. 셋째, 강해 설교에 있어서 개념은 본문으로부터 나온다. 강해 설교의 내용으로서 사상을 강조하는 것은 절대로 단어나 문법이 필요 없다는 뜻이 아니고, 다만 강해 설교의 사상을 성경 본문의 배경에 관련해서 역사적, 문법적, 문자적으로 연구하여 발굴하고 알아낸 것이어야 한다. 말하자면 강해 설교자의 할 일은 비유컨대, 옛날 성경기자들이 앉았던 그 자리에 의자를 끌어다 놓고 앉는 것과 같은 것이다. 넷째, 강해 설교에 있어서 개념은 강해자에게 적용되어야 한다. 진리는 설교자의 인격과 경험에 반드시 적용되어야 할 생명력을 가진다. 필립 부룩스(Phillips Brooks)의 말

---

35) *Ibid*.

36) Haddon W. Robinson, *Biblical Preaching: The Development and Delivery of Expository Messages* (Grand Rapids, MI: Baker Book House, 1980), 28-29.

과 같이 "설교란 진리가 인격을 통해 쏟아져 나오는 것"이어야 한다. 그러므로 강해 설교를 위해서 설교자 자신이 원숙한 그리스도인으로 변화되는 것이 급선무이다. 강해자가 성경을 연구하는 동안 성령님께서는 그를 감찰하시는 것이다. 설교자가 강해 설교를 준비하고 있는 동안 하나님께서는 그 사람을 준비시키는 것이다. 다섯째, 강해 설교에 있어서 개념은 듣는 사람에게 적용되어야 한다. 성령께서는 그의 진리를 설교자의 인격과 경험에 적용하실 뿐 아니라, 이 진리를 설교자의 설교를 통해서 그의 청중에게로 적용하신다. 강해 설교에 있어 가장 마지막의 문제는 적용(application)의 문제이다. 만약 적용이 없다면, 성경의 글자 풀이에 끝나는 무미건조한 설교가 되기 쉽다. 그러므로 강해 설교자는 인간의 정황과 삶에 대해서 매우 민감해야 한다. 강해 설교가 따분하고 지루하게 되는 것은 대개 적용 과정에서 독창성이 결여된 때문이다. 강해 설교자는 불후의 명설교를 남기려고 애쓰는 것보다 설교를 하고 있는 바로 그날에 적절한 설교를 할 수 있도록 노력하는 것이다. 강해 설교자는 성경에 나타난 역사나 고고학을 사람들에게 강의해 주는 것보다 청중들로 하여금 성경 속에서 하나님을 만나도록 만들어 주어야 한다. 그러므로 강해 설교자는 신학과 윤리학을 함께 연구하는 것이 필요하며 주석에서 적용까지 하나의 전망(perspective) 속에서 보아야 할 것이다.

② 강해 설교의 기본 원리

제임스 블래가(James Brega)는 강해 설교를 위한 기본 원리 몇 가지를 다음과 같이 소개하고 있다.[37]

* 본문의 의미를 이해하고 중심 사상을 포착하기 위해서는 설교할 본문을 세심하게 연구해야 한다.
* 본문 가운데 나타나 있는 중요한 단어나 어구가 대지를 형성하기도 한다.
* 강해 설교의 개요는 본문과는 다른 순서로 강해 단위에서 이끌어낼 수 있다.
* 성경의 이곳저곳에서 두서너 단락을 한데 모아 강해 설교의 본문으로 삼

37) James Braga, *op. cit.*, 71-83.

을 수 있다.

* 다양한 접근 방법을 가지고 한 성경 본문을 다양한 방법으로 다룰 수 있고 그 결과 동일 본문에서 서로 완전히 다른 두세 개의 설교 개요를 작성할 수 있다.
* 강해 단위의 앞뒤 문맥을 주의 깊게 살펴라.
* 가능하다면 본문의 역사적 배경을 연구하라.
* 본문의 지엽적인 부분도 주의해야 한다. 그러나 지엽적인 문제를 너무 세밀하게 다루어서는 안 된다.
* 본문에 담겨 있는 진리는 현재에 적용되어야 한다. 강해 설교는 단지 가르침이나 교훈이 아니라 청중을 권면하며 현대의 요구와 문제를 해결할 수 있는 구체적인 적용이 이루어져야 한다.

③ 강해 설교의 준비

그러면 당신 앞에 놓인 성경 구절을 어떻게 할 것인가? 데니스 레인은 강해설교를 준비하는 방법을 다음과 같이 요약하였다. 첫째, 설교자 앞에 놓여 있는 성경 본문을 철저히 연구하고 그 내용 안에 자신을 담가야 한다. 이 단계에서 성경 주석들은 설교자의 생각과 마음을 짓눌러서 주석가가 하는 것과 똑같이 생각하게 한다. 이것은 하나님의 성령을 제한시킨다. 일단 그 말씀이 설교자의 마음속에 있으면 설교자는 한 주간 동안 길을 걷든지 정류장에서 버스를 기다리든지 여러 경우에 그 말씀을 묵상할 수 있다. 잠깐씩이라도 반복해서 생각하는 것이 한 번에 오래 생각하는 것보다 가치 있는 생각을 내놓는다. 물론 이렇게 하려면 할 수 있는 기간 중 빨리 시작해야 한다. 훌륭한 강해자는 청함을 받자마자 말할 때가 아직 멀었을지라도 전달할 내용을 대강 구상해 놓는다. 그러고 나서 여가 있을 때마다 그 말씀을 자기 마음에서 반추해 볼 수 있다. 생각과 명상을 거쳐서 그 말씀은 당신의 일부가 되고 당신의 마음에 말하게 된다. 그러면 하나님의 성령은 청중의 환경에 맞는 적용을 당신의 마음에 넣어줄 수 있다.

둘째, 다음과 같이 자문해 보라. “이 말씀이 오늘날 사람들에게 주로 겨냥하는 것은 무엇이며, 그 점을 사람들의 마음에 와 닿게 하기 위하여 강조할 점은 무엇인가?" 이 점들은 본문에서 우러나야 한다. 그렇지 않으면 설교자는 자신의 견해를 피우는 것이요 하나님의 뜻을 해석함이 아니다. 그런 경우에는 설교자의 교훈이 아무리 건전하다 할지라도 하나님의 말씀의 권위를 가지지는 못할 것이다.

셋째, 강조점을 분명하고 적절하게 해야 한다. "창조의 존재론적 논증"이 본문에서 나올 수 있겠지만, 그것은 매우 정신 차려 들으려는 회중이라도 마치 동력이 끊기자 불이 나가는 것과 같이 신속히 열심을 식게 할 것이다. 그러므로 "이 말씀이 무엇을 말하느냐"도 중요하지만 "이 말씀이 이 사람들에게 무엇을 말하느냐"도 중요하다. 설교가 끝난 뒤에 회중이 그 내용을 설교자에게 이야기할 수 있어야 한다. 잘 가르쳤느냐 못 가르쳤느냐 하는 것은 말할 것을 다 했느냐 안 했느냐에 있지 않고 학생이 배웠느냐에 있다. 의사 전달에는 명료성이 제일이다.

넷째, 요점을 논리적인 방법으로 제시해야 한다. 요점들은 서로 관련이 있어야 한다. 이 관련은 일직선상에 놓인 점들의 관계가 아닐 수도 있다. 한 그림의 부분들의 관계일 수도 있다. 그러나 그것들은 관련이 있다. 이 점에서는 문화마다 언어마다 기본적인 차이가 있다. 서양의 사고는 보통 일직선으로 움직여 절정을 향하여 쌓여 올라간다. 동양의 사고와 특별히 중국 언어는 부분 부분을 그려 나가 전체 그림을 그리게 된다. 중국 글자의 각 부분은 그 단어의 전체 의미에 어떤 점을 추가한다. 그러므로 한 글자가 영어로는 한 문장으로 묘사할 만한, 여러 부분으로 된 하나의 그림을 전달한다. 이와 같이 서양 설교는 일직선으로 쌓아 올라가 절정에 이르는 반면, 중국의 설교는 종종 여러 그림이나 개념을 사용하여 한 메시지를 전달한다. 여기서 강조하려는 점은 동양적인 방식으로든 서양의 방식으로든 간에 그 전하고자 하는 요점들은 명백히 본문에 관련되고 서로 간에 관련되어야 한다는 점이다.

다섯째, 요점을 강조해야 한다. 나아가서 요점을 기억할 수 있다면 기억하게 하는 것이 좋다. 어떤 설교자는 두운법을 너무 사용하여 사람들이 싫증을 낸다. 또 어떤 사람들은 실제로 맞지 않는 요점들을 대지(大旨)로 강조한다. 그와 반면에 분명한 대지들을 인위적으로 들리지 않게 자연스럽게 사용하면 사람들이 기억하기 쉽다. 데니스 레인은 메시지의 요점을 찾는 법을 이렇게 말한다. ㉮ 당신의 목적을 성취하기 위하여 이 모든 진리를 강조할 필요가 있는지 자문해 보라. 이 구절들만으로 메시지 전체를 구성할 수 있는데 만일 그 전부를 포함시키자면 당신 자신이 그 목표를 향한 방향 감각을 잃을 수도 있고 청중이 따라오지 못할 수도 있으며 아마 두 가지 현상이 다 일어날 가능성이 많다. 우리들은 전달하려는 내용 속에 너무 많은 것을 포함시키려 한다. 청중의 받아들이는 능력은 우리의 주려는 열심보다 훨씬 적다. ㉯ 목적에 맞는 생각들을 적고 적합하지 않은 것은 사정없이 잘라 내라. 요점을 찾고 뼈대에 살을 붙여 나가노라면 아마 당신은 나와 마찬가지로 당신의 생각을 기록하는 것이 필요함을 발견할 것이다. 많은 사람의 경우에 필기는 사고를 자극시킨다. ㉰ 목적을 강조하는 절정을 구성하고 빨리 끝맺을 준비를 하라. 때때로 좋은 설교가 끝을 맺는 데 방황하므로 실패하게 된다. 절정을 향하여 꾸준히 쌓아가다가 거기에 이르면 그칠 필요가 있음을 주의하자. ㉱ 각 부분에 어느 정도의 시간을 배당할 것인지를 정하고 그것을 지켜라. 물론 성령께서 모든 것을 맡으시고 당신은 준비한 모든 것을 다 버려야 할 때가 있다. 그렇게 해야 할 때에도 이미 정하여 놓은 개관에 매여서는 안 된다. 반면에 성령의 주장하심에 미루고 준비하지 않거나 불충분하게 하여서는 안 된다. 일단 주제가 이만큼 발전이 되었으면 다른 성경 말씀이 당신의 강해에 적절함을 깨달을 것이다. 이때에도 청중의 성경 지식과 강의할 수 있는 시간이 얼마만큼 더 포함시킬 수 있는지를 결정할 것이다.

여섯째, 본문 자체에서 설교의 큰 목적을 찾도록 해야 한다. 이렇게 말하면 처음으로 돌아가는 것 같으나, 만일 당신이 메시지의 목적의 정의를 이 시점에까지 보류하여 두었다면 성경 말씀을 그 목적에 억지로 맞추려는 유혹은 받지 않을 것이다. 성실한 강해는 하나님께서 실제로 말씀하시는 것을 설명하는 것이요, 하나님이 말씀하셔야 된다고 설교자가 생각하는 것을 설명하는 것이 아니다. 설교자는 하나님의 말씀의 종이요 말씀의 전달자이지 말씀의 창조자가 아니다. 메시지의 주목적은 설교자로서의 당신을 인도하기 위한 것이요, 듣는 사람들의 인도를 위한 것이 아니다. 만일 당신이 그 목적을 성취하면 듣는 자에게 그것이 분명할 것이다. 당신이 그것을 사람들에게 말로 표시할 필요가 없으므로 당신은 이 목표를 당신 자신에게 더 충분히 묘사할 수 있으며 다른 사람에게 말할 때 쓰지 않는 용어로 묘사할 수 있다. 시편 19편에 대하여 말할 때 나의 목적은 이렇게 표시될 것이다. “일반 계시의 불충분함, 특별 계시의 충족함, 모든 계시에 대한 인류의 반응의 필요성을 보이기 위하여 나는 청중에게 ‘일반’ 또는 ‘특별’ 계시 같은 신학적 용어를 쓰지 아니하리라. 그것들은 나의 준비를 위해서 나 자신의 사고를 명확히 한다. 나의 메시지는 나의 목적을 성취하는 데 맞출 것이다. 목적에 맞지 않는 것은 버릴 것이다. 강조할 것이 있을 것이고 모든 것이 듣는 자의 마음 안에 하나님의 놀라운 계시에 대한 반응을 불러일으키기 위하여 다듬어질 것이다.”[38]

④ 강해 설교의 특징

강해 설교는 설교자와 청중 모두에게 어떤 유익이 있는가?[39] 먼저 존 스토트(John Stott)는 네 가지를 지적한다. 첫째, 강해 설교는 설교의 한계를 분명히 설정해 준다. 왜냐하면 강해 설교는 그 범위를 본문에 국한시키기 때문이다. 둘째, 강해 설교는 본문에 대한 충실성을 요구한다. 강해 설교는 원저자가 무엇을 말하려고 하는가를 밝혀서 현대의 청중들에게 전하는 것이다. 셋째, 강해 설교는 설교자가 피해야 할 함정을 보여 준다. 스토트에 의하면 설교자가 피해야 할 함정으로는 설교를 해 나가면서 본문에서 이탈하여 자기의 생각을 따라가는 것과 본문에서 벗어나지 아니하되 본문의 의미와는 다른 것을 설교하는 것이다(disloyalty). 넷째, 강해 설교는 강해자에게 확신을 준다. 왜냐하면 강해 설교는 자신의 생각이 아니라 하나님의 말씀을 전하는 것이기 때문이다. 또 W. 블랙(W. Black)은 강해 설교의 유익한 점을 다음과 같이 말한다. ㉮ 강해 설교는 다른 어떤 방법들보다 설교자가 하나님의 말씀을 설교하도록 보증한다. ㉯ 강해 설교는 설교자로 하여금 하나님의 말씀의 전부를 설교하도록 보증한다. ㉰ 강해 설교는 하나님 말씀 전체가 우리의 삶에 영향을 미치게 한다.

---

38) Denis J. V. Lane, *op. cit.*, 41-46.
39) 배광호, *op. cit.*, 175-76.

강해 설교의 유익한 점에 대해서 N. M. Cleave는 다음과 같이 말한다.[40] ㉮ 강해 설교는 설교자와 청중 모두에게 성경에 대한 보다 넓고 깊은 지식을 전달해 준다. ㉯ 성경에서 잘 취급하지 않는 부분에 대한 큰 관심을 진작시킨다. ㉰ 강해 설교는 해석을 빠뜨리고 변용하는 경향을 억제시킨다. ㉱ 강해 설교는 오직 자신 있는 교리들만 설교하거나 또는 특히 설교만 반복하는 경향을 억제시킨다. ㉲ 강해 설교는 자료의 다양성으로 음량과 음조 조정에 있어서 융통성을 요구하므로 설교의 단조로운 표현을 예방해 준다. ㉳ 강해 설교는 연속 설교를 하는 것이 보장된다. ㉴ 강해 설교는 좋아하지 않는 훈계들의 소개를 더 쉽게 만들므로 설교자는 각 개인들에게 설교하기를 덜 꺼리게 된다.

유명한 강해 설교자 W. A. Criswell 목사는 다음과 같이 고백했다. “나는 18년 동안 성경 전체를 설교했다. 창세기 1:1에서 시작해 요한계시록의 마지막 절까지 계속해서 설교했다. 아침에 설교가 끝나면 저녁에 그다음 부분을 설교하는 이런 식으로 매 주일 아침저녁으로 성경의 메시지를 따라갔다. 하나님은 내가 기대했던 것보다 훨씬 더 이 방법을 통해 은혜를 주셨다. 내가 그 시리즈를 처음 시작했을 때, 교회에서 아주 신중한 성도들 가운데 일부가 주님의 집을 비워 놓을지 모른다고 했다. 그들은 말하기를, 예배에 계속 참석하는 사람은 아무도 없을 것이고, 또 따분하고 공허한 성경의 각 장을 아슬아슬하게 훑어 나가는 메시지를 아무도 들으려 하지 않을 것이라고 했다. 그러나 하나님께서는 성경 전체를 설교하는 것이 하나님의 뜻이라는 확신을 내게 주셨다. 그 결과는 이미 잘 알려진 이야기이다. 너무 많은 사람들이 하나님의 집으로 몰려오기 시작했기 때문에 얼마 후 새로운 본당은 더 이상 사람을 수용할 수가 없게 되었다. 그래서 결국 우리는 아침 예배를 2부로 드릴 수밖에 없게 되었다. 두 예배 때 모두 본당은 가득 채워졌다. 성도들은 예배 때 성경을 가져오기 시작했고, 또 읽고 공부하기 시작했다. 그들은 또 이전과는 달리 다른 사람들에게 전도하기 시작했다. 구원받은 영혼은 날로 더해 갔다. 부흥과 갱신의 분위기는 주님의 집에서 일상사가 되었다. 그것은 내 생애의 최대의 경험이다.”

---

40) N. M. Van Cleave, *op. cit.*, 44-49.

설교학자 곽안련(C. A. Clak) 교수는 강해 설교의 어려움으로 몇 가지를 제기하였다.[41] ㉮ 단조로움이다. 설교가 성경 주석에 지나지 않게 되고, 모든 설교가 닮게 된다. ㉯ 선택할 재료가 많으므로 설교자가 게을러지기 쉽고 분석하고 조직하여 단일한 중심 사상을 구성함으로써 통일된 설교를 만드는 데 시간을 투자하지 않으려고 할 것이다. ㉰ 긴 구절을 선택하게 됨으로써 청중들의 마음에 분명하게 그려볼 수 있는 일정한 조직적인 사상을 찾아낼 수 없게 되기 쉽다.

또한 강해 설교의 어려운 점은 청중들의 흥미를 끌지 못하므로 실패할 가능성이 있다는 것이다. 물론 성숙한 도입 부분(서론)의 과정이나 전개가 불분명하기 때문에, 또는 중복되는 내용이 계속될 때 흥미를 잃기 쉬우므로 여기에 대한 부단한 노력과 연구가 필요하다. 부분적이긴 하지만 어설픈 해석으로 인해 주석 설교는 무미건조해서 흥미가 없다는 생각을 자아내게 한다. 또한 가장 어려운 점은 한 설교로서의 단일성과 한 책으로서의 연속성의 조화 문제이다. 그리고 난해한 부분이 나타날 때 피하여 지나가는 경우가 있을 수 있는데 그것의 원인은 연구의 부족에서 기인된 것이라 하지 않을 수 없다. 그러므로 설교자는 말씀 전파를 위해 무엇보다도 연구하는 데 최선을 기울여야 할 것이다.

(2) 그리스도 중심의 설교(Christ-Centered Preaching)

미국장로교(PCA) 교단의 카버넌트신학대학원 총장으로 재직 중인 브라이언 채펠 박사는 그의 저서 「그리스도 중심의 설교」(Christ-centered Preaching)에서 강해 설교의 원리와 방법으로서 타락한 상황에 초점을 둔 구속적 목표와 성경적 초점에 맞춘 그리스도 중심의 설교를 제시하고 있다. 브라이언 채펠 박사는 몇 권의 주목할 만한 책을 집필했는데 그 가운데 미국에서 설교 분야의 2002년 올해의 책으로 선정된 「그리스도 중심의 설교」(Christ-Centered Preaching)는 강해 설교의 새로운 지평을 열어주었다. 그럼 먼저 '그리스도 중심의 설교'의 3

41) 곽안련, *op. cit.*, 205.

가지 핵심 개념은 무엇인가를 살펴보자.[42)]

① 그리스도 중심의 설교 개념

◆ 핵심 개념 Ⅰ: 타락한 상황에 초점 맞추기(FCF: The Fallen Condition Focus)

브라이언 채펠 박사는 그의 저서 「그리스도 중심의 설교」에서 FCF를 명확하게 제시하는 것을 매우 중요한 개념으로 다룬다. 그 이유는 FCF를 분명하게 제시하면 설교가 분명한 목적을 가지게 되고, 설교자는 한 가지 목적에 중점을 두고 설교를 조직할 수 있다. FCF는 설교에 대한 정보를 이끌어낼 뿐만 아니라. 설교자들이 이 정보와 관련된 적용을 이끌어낼 수 있게 해 준다. FCF를 설교의 기조로 삼는 신학적인 근거는 모든 설교의 시금석이라고 할 수 있는 디모데후서 3:16에서 찾아볼 수 있다. "모든 성경은 하나님의 감동으로 된 것으로……하나님의 사람으로 온전케 하려 함이니라"는 이 말씀은, 아무리 재능이 있는 사람이라도 영적으로는 불완전한 사람 즉 하나님의 계시로부터 떨어져 있는 사람이라는 뜻이다. 하나님은 우리를 우리 자신의 힘으로는 도저히 도달할 수 없는 존재로 만들기 위해서 말씀을 사용하신다. 이런 의미에서 하나님의 말씀은 구속 사역의 도구가 된다. 성경의 궁극적인 목적은 인간의 타락한 측면을 영적으로 완숙한 상태로 회복시키는 것이다. 우리는 타락한 세상에서 타락한 존재로 살고 있기 때문에 구속이 필요하다. 단순히 구원을 받기 위해서뿐만 아니라 지속적으로 성화되기 위해서도 그렇다. 따라서 성경에서 말하는 목적에 충실한 설교는 FCF를 기본으로 다루어야 한다. 그럼 FCF가 성경 본문에 충실하면서도 설교의 목적에 부합하는 FCF를 결정하는 방법은 무엇인가?

첫째, 본문에서 말하고 있는 것은 무엇인가?

둘째, (그 상황에서) 본문이 다루고 있는 사건 또는 관심사는 무엇인가?

셋째, 현재의 청중들과 본문이 쓰이던 당시의 사람들(혹은 본문의 저자) 사이에 공통점은 무엇인가?

청중이 처해 있는 상황을 성경 저자나 그 백성들의 상황과 동일시함으로써,

---

42) Bryan Chapell, *Christ-centered Preaching* (Grand Rapids: Baker Book House, 1994), 42-48.

우리는 그 당시의 사람들을 위해서뿐만 아니라 현시대를 살고 있는 우리를 위해서도 성경이 쓰였다는 사실을 알 수 있고, 또 이 성경 본문이 기록된 이유도 알 수 있다. 그러나 성령이 우리에게 FCF를 제시하는 것은 단순히 문제점만을 밝히기 위한 것은 아니다. 바울은 디모데에게 하나님께서 우리의 선한 일을 온전하게 하기 위해서 성경을 주셨다고 말했다(딤후 3:16~17). 성경 본문에 나타난 상황을 제대로 이해하는 것이 곧 그 진리를 현재에 적용할 수 있는 열쇠가 된다. 모든 성경 구절은 그것이 기록된 당시의 상황에서 그리고 현 상황에서 일어난 어떤 문제점을 다루기 위해서 쓰였다. 이런 사실은 먼저, 우리가 FCF를 결정하기 전까지는 본문이 무엇을 말하고 있는지 진실로 이해했다고 할 수 없다. 그리고 우리가 성경에서 다루고 있는 또 성령이 의도하고 있는 FCF가 무엇인지 결정하기 전까지는 그 본문을 가지고 설교를 해서는 안 된다. 우리는 강해 설교자로서 본문의 의미를 정확하게 설명하기 전에 먼저 이 본문 뒤에 영감 된 FCF는 무엇인가라고 물어보아야 한다. 또 본문을 명확하게 강해하려면 성령이 의도하고 있는 목적이 무엇인지 결정해야 한다. 그래서 성경 속의 인물과 자신의 청중이 공통적으로 필요로 하는 것이 무엇인지 이해하는 것이 설교의 전제 조건이 된다.

◈ 핵심 개념 II: 그래서 어쩌란 말인가?

성경에 충실한 설교는 교리를 설명하는 것에서 끝나는 것이 아니라 삶의 교훈을 준다. 다시 말해서 이런 설교는 설명뿐만 아니라 훈계도 준다. 왜냐하면 성경이 단순히 하나님에 관한 정보만 주는 것이 아니라, 하나님의 백성들을 예수 그리스도와 닮아가게 만들기 위해서 쓰였다는 사실을 설교자가 잘 알고 있기 때문이다. 적용이 없는 설교는 단순히 지식만 섬기게 되지만 적용이 있는 설교는 그리스도에 대한 구체적인 봉사(예배)를 요구한다. 적용을 통해서 훈계나 설명을 할 때 설교자는 예수님을 중심에 둘 수 있다. 설교자는 FCF를 분명하게 제시함으로써 자신의 설교를 그리스도 중심으로 만들 수 있고, 적용을 이끌어낼 수 있다. FCF는 설교의 각 부분이 뚜렷한 목적을 향하여 나아가게 만들며, 이것을 통해서 설교자는 성경에서 배운 교훈을 적용하는 방법을 깨닫게 된다. 동시에 설교가 인간의 타락한 상황에 초점을 맞출 때, 극단적으로 단순하거나 인간 중심적인 해결책은 제시하지 않게 된다. 만약 우리가 자신의 노력과 힘으로 어떤 문제를 해결하려 한다면 우리는 철저히 실패할 것이다. 우리가 구세주를 섬기려고 애쓰는 것처럼, FCF를 염두에 둔 적용은 사람들로 하여금 구세주 앞에 나아가 그분의 능력을 구하게 만든다.

◆ 핵심 개념 Ⅲ: 성경 본문의 정보, 지식(설교 전의 상태)→FCF 말하기+적절한 적용=설교

설교는 문법 수업이 아니며 본문의 내용을 요약하는 것도, 체계적으로 설명해주는 것도, 역사 강의도 아니다. 이렇게 단순한 강의는 설교가 완성되기 전의 상태(pre-sermons)라고 할 수 있다. 왜냐하면 강의는 청중에게 적절한 적용 방법은 제시하지 않은 채 단지 정보만을 제공함으로써, 청중으로 하여금 그리스도를 향한 의무와 그들을 향한 그리스도의 사랑에 초점을 맞출 수 없게 하기 때문이다. 설교자가 본문의 내용과 자신의 생각을 정리한 후에 그것을 중심이 되는 한 가지 FCF에 적용시키지 않는 한, 그 설교는 완성된 설교라고 할 수 없다. 설교자가 "그래서 어떻게 하라는 말인가?"(so what?)라는 질문에 대답을 하지 못한다면, 그 설교자의 설교는 "누가 관심을 갖겠는가?"(Who cares?)라는 반문으로 종결될 수밖에 없다. 즉 성경의 진리가 어떤 목적을 가지고 쓰였다는 사실을 증명할 수 있을 때, 그리고 성도들의 삶에 적용할 수 있는 실질적인 교훈을 제시할 수 있을 때에만 그 설교는 사람들의 주목을 받을 수 있다. 성경이 쓰인 목적대로 그 본문의 취지와 적용 방법을 명쾌하게 설명하지 못한다면, 그 설교는 사람들에게 성경을 주신 하나님의 뜻을 성취할 수 없다. 우리는 단순히 지식만을 전달하기 위해서 세움을 받은 것이 아니라, 자신의 말씀을 통해서 성도들을 변화시키시는 그리스도의 능력을 전달하도록 부름받은 자들이다.[43]

---

43) *Ibid*.

② 그리스도 중심의 설교의 해석 원리

성경이 구원에 초점을 맞추고 있다는 사실을 인정하기는 쉽지만, 그것을 직접 밝혀내는 일은 훨씬 어렵다. 본문으로부터 이끌어낸 구원의 진리를 설교에 투입시키려면 해석의 방법뿐만 아니라 설교의 기술도 필요하다. 성경신학적인 통찰력을 얻으려면 설교자는 각 구절에 내포되어 있는 구원의 진리에 다가갈 수 있는 설교 방법이 필요하다.[44)]

◈ 본문 설명

본문이 그리스도에 대해서 혹은 그의 메시아 사역에 대해서 직접 언급하고 있을 수도 있다. 복음서나 구세주에 관한 시편들, 서신서의 설명 그리고 예언 안에서 예수 그리스도와 그의 구원 활동에 대해서 구체적으로 언급하는 것을 볼 수 있다. 이런 경우 강해자의 임무는 분명하고 평이하다. 본문에서 밝히고 있는 구원 사역을 그대로 설명하면 된다. 그러나 그리스도께서 귀신을 쫓아내거나 십자가에 못 박힌 장면 혹은 구세주가 악을 지배할 것이라는 예언 속에서 구원의 역사를 찾아내지 못한다면 설교자는 그 본문을 바르게 설명할 수 없다. 하나님의 계획이나 사탄을 물리치고 우리 영혼을 회복시켜 주시는 능력 등이 본문 속에 분명히 나타나 있다면 설교자는 그 내용을 정확하게 설명하고 그 구절을 적당한 정황 속에 놓아 적용을 제시하기만 하면 된다. 이렇게 그리스도의 인격과 사역을 구체적으로 언급하고 있는 본문이 많이 있지만, 그렇지 않은 본문이 훨씬 더 많다. 그렇다면 강해자가 그리스도 중심의 설교를 하기 위해서 선택해야 할 또 다른 방법은 무엇인가?

◈ 예표 설명

하나님이 그리스도를 통해서 구원의 역사를 이루셨다는 사실은 구약의 예표들을 통해서 분명하게 알 수 있다. 그리스도의 인격이나 사역과 관련된 예표론은 신약의 구원 진리를 예시하고 예비하며 보다 분명하게 표현하기 위해서 구

---

44) *Ibid*, 272-79.

약에 처음으로 나타났던 사물 사이의 상응 관계를 연구하는 학문이다. 수세기 동안 해석자의 지나친 상상력이 반영된 예표와 올바른 예표를 구별하는 방법에 대해 여러 가지 논쟁이 있었다. 문학적인 형태와 그 방법을 조사하는 현재의 연구 방법은 성경의 예표론을 이해하는 데 도움을 줄 것이다. 신약의 저자들이 그리스도와 그의 사역을 예시하는 인물이나 사물을 구체적으로 인용한 부분(아담과 다윗, 멜기세덱, 유월절, 성전 등)에서는 설교자가 예표론적 설교를 안심하고 제시할 수 있다. 즉 구약 속에 구원이라는 의미가 함축되어 있다는 사실을 미리 성경적으로 보증을 받은 상태에서 접근하게 된다. 만약 신약을 고려하지 않은 채 구약 본문을 연구한다면 그 의미를 명백하게 설명할 수 없을 것이다. 설교자가 성경 스스로 말하고 있는 성경 전체의 궁극적인 목적을 충분히 고려하지 않은 채 본문을 연구할 때에도 본문을 완벽하게 설명할 수 없다. 물론 이것은 예표를 포함하고 있는 구약 본문은 모조리 이와 똑같은 방법으로 설명해야 한다는 뜻은 아니다. 하지만 예표론이 존재하는 곳에서는 구원에 관한 설명을 하는 것이 유익한 방법일 것이다. 특히 다른 해석은 가능성이 거의 없는 듯이 보일 때 더욱 그렇다.

◈ 상황 설명

예수 그리스도를 명확하게 언급하거나 그를 상징적으로 계시하는 본문은 극히 적은 반면에, 그리스도를 언급하지 않고 있는 구절은 상대적으로 매우 많다. 그렇다면 이렇게 그리스도에 대해서 침묵하고 있는 본문을 다룰 때, 설교자가 강해에 충실하면서도 그리스도 중심의 설교를 할 수 있겠는가? 내용은 물론이고 예표로도 구세주의 사역을 설명하지 않는 본문이 있다면 설교자는 정황에 근거해서 메시지의 구원에 초점을 맞추어야 한다. 설교자는 본문이 하나님의 전체적인 구원 계획 속에서 어떤 위치를 차지하고 있는지 설명함으로써 본문을 그리스도와 연결시킬 수 있다. 구원이라는 정황에서 볼 때 모든 성경 구절은 구원의 네 가지 초점 중에 적어도 한두 가지 의미는 가지고 있다. 즉 모든 성경 본문은 그리스도의 사역을 예언하거나(predictive), 그리스도의 사역을 준비하거나(preparatory), 그리스도의 사역을 반영하거나(reflective), 그리스도 사역의 결과를 나타낸다(resultant).

㉮ 그리스도의 사역에 대한 예언적인 본문

어떤 구절은 그리스도의 강림과 그의 사역을 특수하게 언급함으로써, 그리스도를 통한 하나님의 구원 사역을 예언한다. 선지서와 묵시적인 구절이나 메시아에 관한 시편이 그 좋은 예이다. 이사야 40장의 설교는 그리스도를 직접적으로 언급하지 않으면서 하나님의 백성에게 위로를 전하는데, 이 상황에서 설명하는 위로란 미래의 구원 사역을 통해서 이루어질 수 있는 것이었다. 또 어떤 본문에서는 그를 분명하게 언급하지 않고서 오실 그리스도가 누구이며 어떤 일을 행할 것인지 계시한다. 구약의 유월절과 출애굽, 정결 예식 등과 관련된 구절에서 이런 예를 찾아볼 수 있다. 이런 구절이 뜻하고 있는 예언적인 특성은 신약의 관점에서 볼 때 분명해지므로, 이런 본문을 신약의 관점에서 다루어야 한다.

㉯ 그리스도의 사역을 준비해 주는 본문

어떤 본문은 하나님의 백성이 그리스도의 인격과 사역을 이해할 수 있도록 준비시키기 위해서 쓰였다. 바울이 갈라디아성도들에게 모세 율법의 목적은 하나님의 백성을 그리스도에게로 이끄는 것이라고 했을 때, 우리는 하나님이 계명을 주신 이유를 깨닫는 데서 그쳐서는 안 된다(3:24). 이 말씀을 통해서 성도들에게 도둑질하지 말라고 설교하는 것만으로는 그 설교가 왜 부족한지 이해할 수 있어야 한다. 하나님은 구약 성도들이 자신에게 구원자가 필요하다는 사실을 인식하게 만드셔서 그리스도의 사역을 준비하셨고, 그런 필요성을 채워 나가는 방법까지도 우리가 이해할 수 있도록 준비시키셨다. 바울은 아브라함에 대해서 “저에게 의로 여기셨다 기록된 것은 아브라함만 위한 것이 아니요 의로 여기심을 받을 우리도 위함이니 곧 예수 우리 주를 죽은 자 가운데서 살리신 이를 믿는 자니라 예수는 우리 범죄함을 위하여 내어줌이 되고 또한 우리를 의롭다 하심을 위하여 살아 나셨느니라’(롬 4:23～25)고 기록했다. 이 진술을 통해서 우리는 구약의 이야기나 선포를 기억하는 것만으로도 하나의 신학이 될 수 있다는 사실을 알 수 있다. 당시의 독자들뿐만 아니라 현대의 독자들을 위해서, 하나님은 성경을 준비하셔서 그리스도가 하실 일이 무엇이며, 그런 사역이 우리에게 어떻게 적용될 것인지 말씀해 주셨다. 이런 위대한 목적을 염두에 두고 강해를 한다면, 구약 본문 속에 영적, 신학적 준비가 함축되어 있다는 사실을 깨닫게 되고, 그 함축된 의미를 발굴해 낼 수 있다. 이런 방법을 통해서 우리는 그리스도에 대해서 분명하게 언급하지 않는 성경 구절에서도 구원의 진리를 발견할 수 있다.

㉰ 그리스도의 사역을 반영하고 있는 본문

본문이 구속주의 사역을 분명하게 예언하는 것도 아니고 그 사역을 준비시키는 것도 아니라면, 강해자는 그 본문이 구속적인 메시지를 어떻게 반영하고 있는지 설명하여야 한다. 이 방법은 그리스도와 그의 사역에 대해서 직접적으로 언급하고 있지 않은 본문을 가지고 그리스도 중심의 설교를 작성할 때 사용할 수 있는 가장 일반적인 방법이다. 다음과 같은 기본적인 질문을 하는 설교자라면 본문에 대해서 책임을 다하지 않는 설교자는 되지 않을 것이다:

* 이 본문에서 반영하고 있는 하나님의 본성, 즉 그리스도의 사역을 허락해 주신 하나님의 본성은 무엇인가?
* 이 본문에서 반영하고 있는 인간의 본성, 즉 그리스도의 사역을 필요로 하는 인간의 본성은 무엇인가?

이러한 질문을 사용하면, 본문의 뜻을 왜곡시키지 않으면서도 성경 본문을 구속적인 상황에서 해석할 수 있다. 본문이 그리스도의 사역을 생각나게 만드는 하나님의 본성을 어떻게 반영하고 있는지 물어봄으로써, 강해자는 이야기나 계보, 규범, 격언, 제안, 비유 등 어떤 형태의 본문이든지 그 안에 계시된 하나님의 공의, 거룩, 선, 인자, 신실, 섭리, 구원 등을 발견할 수 있다. 구원의 하나님이 갖고 있는 이런 특성은 그리스도를 전혀 언급하지 않는 본문에서도 얼마든지 찾을 수 있다. 바울은 그런 본문에 대해서 "무엇이든지 전에 기록한 바는 우리의 교훈을 위하여 기록된 것이니 우리로 하여금 인내로 또는 성경의 안위로 소망을 가지게 함이니라"(롬 15:4)고 말했다. 모든 성경은 말씀이나 행동을 통해서 하나님을 계시하고 있다. 이런 구원의 진리들은 씨앗의 형태나 성숙한 열매의 형태로 나타날 수도 있지만, 성경은 계시적인 특성을 지니고 있으므로 이런 신적인 특성을 볼 수 있는 눈만 가지고 있다면, 그 특성을 얼마든지 발견할 수 있다.

㉣ 그리스도의 사역에 대해 합성적 본문

성경에는 하나님의 인정을 받기 위한 조건으로 전파되기도 하는 많은 교훈이 포함되어 있다. 그런 설교는 하나님이 요구하시는 것이 무엇인지 상세하게 설명하기 때문에 잘못을 범하는 것이 아니다. 다만 복종 자체가 축복이라는 사실을 선포하기보다는 우리가 하나님께 복종했기 때문에 하나님이 우리에게 은혜를 주셨다고 말하거나, 그런 의미를 암시하기 때문에 잘못을 범한다. 즉 하나님의 은혜는 우리가 복종한 데 따른 결과가 아니라, 하나님이 그리스도 안에서 우리를 용서하시고 은혜를 주셨기 때문에 우리가 복종할 수 있다. 하나님의 사랑을 얻기 위해서 인간의 복종이 필요하다면, 그 행동이 성경에서 요구하는 행동이라고 해도, 그것은 단순한 율법주의에 불과하다. 하나님이 인정하신 유일한 복종은 나 자신의 행동이 아니라 그리스도의 사역을 통해서 성화되는 것이다. 그의 구원 사역 때문에 우리가 타락한 상황에서 벗어나며 정죄를 받지 않게 되었다. 그가 우리의 과거를 정결하게, 우리의 결심을 확고하게, 우리의 미래를 안전하게 해 주셨기 때문에, 우리가 믿음으로 행하는 일은 그가 행하신 일의 결과로, 그리고 그가 우리를 통해서 현재 하고 계신 일의 결과로 이해해야 한다(빌 1:12~13, 고전 15:16~17, 55, 벧전 4:10~11). 기독교인의 삶이 갖고 있는 양상, 행동 그리고 소망은 모두 그리스도 안에서 그 동기와 힘과 근원을 찾을 수 있다. 본문의 진리가 그리스도의 구원 사역을 예언하거나 설명하는 것이 아니라면 최소한 구원 사역의 결과로서 설명될 수 있을 것이다. 만약 그런 의미로도 설명될 수 없다면, 본문의 상황으로부터 구원이라는 주제를 찾아낼 수 있어야 한다. 그러나 설교자가 설교의 결론을 전체적인 성경 역사 속에서 찾아내든지, 또는 본문에서 직접 찾아내든지 간에 구원이라는 주제는 반드시 거둬들여야 한다. 즉 설교자가 도덕적인 주석을 씨앗으로 뿌려서 그 열매로 율법주의를 거둬들이지 않도록 해야 한다.

③ 그리스도 중심의 설교 방법

◈ 타락한 상황 제시하기

그리스도 중심의 설교를 시작하기에 좋은 위치는 본문에서 다루고 있는 FCF를 명확하게 진술하는 것이다. 이것은 그 메시지가 청중에게 얼마나 필요한지 깨닫게 함으로써 그들의 관심을 불러일으키려는 단순한 전략이 아니다. 타락한 상황을 분명하게 제시하면, 설교자가 어떤 본문을 강해하든지 구속적인 관점에서 접근할 수 있다. 성경의 모든 내용은 어떤 방법으로든지 성도들을 완벽하게 만들기 위해서 영감 되었기 때문에, 우리가 본문의 목적을 상세하게 설명할 때 성도들은 구멍이 뚫려 있는 불완전한 영적 존재로 비춰지며, 이런 구멍은 하나님만이 채울 수 있다. 성경 본문에서 말하고 있는 구멍, 즉 FCF를 설명한다면, 우리는 인간적인 행동을 해결책으로 제시하는 어리석은 짓은 하지 않게 될 것이다. 타락한 피조물은 자신의 의지와 행동을 통해서 자신의 타락성을 치유할 수 없다. 설교자가 청중이 처해 있는 타락한 상황을 확실하게 인식하고 설교를 시작할 때, 율법적이고 도덕적이며 자조적인 메시지는 자멸할 것이다. 인간적인 노력으로는 타락한 상황을 개선시킬 수 없다는 사실을 잘 알고 있지만 성경 본문에서 그리스도 중심적인 해결책을 찾을 수 없을 때, 설교자는 실질적인 해석상의 문제에 직면하게 된다. 그렇다면 설교자는 이런 본문 속에서 어떻게 구속적인 진리를 이끌어낼 수 있을까?

◈ 그리스도 중심을 설명하기

올바른 강해란 예수님을 본문에 강제로 앉히거나 어떤 구절 속에 아무렇게나 배치하는 것이 아니라 하나님이 세우신 구원 계획과 그 계시 안에서 본문이 어떤 역할을 하고 어떤 위치를 차지하는지 살펴봄으로써 그리스도 중심이라는 주제를 발견해 내는 것이다. 창세기 첫 장의 창조 기사로부터 시작해서 모든 성경은 하나님께서 타락한 세상과 피조물을 어떻게 다루셨는지를 기록하고 있다. 그 기록은 단순히 역사적인 기록에서 그치는 것이 아니라 하나님이 창조 세계를 회복하고 구원하기 위해서 아들을 어떻게 사용하셨는지 그 내용과 필요성을 조직적이고 직접적으로, 그리고 점진적으로 밝혀 준다. 강해 설교를 그리스도 중심의 메시지로 만들기 위해서 반드시 골고다와 베들레헴, 감람산을 언급해야 할 필요는 없다. 설교자가 본문의 내용이나 상황에 근거해서 신학적인 진리나 역사적인 사실을 설명하고 그것을 통해서 현재의 본문이 사탄과 여자의 후손 사이의 싸움과 어떤 관련이 있는지 증명할 수 있다면 그 메시지의 중심에는 이미 그리스도가 있는 것이다.

◈ 구속적인 목적을 식별하기

전혀 불가능할 것처럼 보이지만 설교자가 성경 전체의 목적만 확실하게 인식하고 있다면 어떤 설교에서든지 예수님을 구체적으로 언급하지 않고서도 그리스도 중심적인 메시지를 전할 수 있다. 하나님께서 자신의 구원 계획과 목적, 이유를 계시하기 위해서 본문을 어떻게 사용하셨는지 설명한다면, 이런 설교는 청중을 인간 중심적인 신앙으로 나가게 만들지는 않는다. 역사적인 기록을 통해서 인물들의 이야기를 통해서 그리고 교훈 속에 나타난 원칙을 통해서 하나님이 성취하려고 했던 목적에 초점을 맞춤으로써, 설교자는 메시지가 단순히 인간적인 영웅을 숭배하는 것으로 전락하지 않도록 막을 수 있다. 하나님이 우리를 구원하시는 자신의 본성, 혹은 구원을 필요로 하는 인간의 본성을 계시하시는 상황에서 본문을 바라본다면, 설교자의 자기 신뢰는 곧 사라져 버릴 것이다.

하나님의 구원 활동에 초점을 맞추는 것은 그리스도의 사역을 미리 준비하는 것이며, 구원이 반드시 필요하다는 사실을 사람들에게 알리는 것이고, 하나님의 본성을 드러내는 것이다. 우리가 하나님이 활동하고 있다는 사실을 알 때, 필연적으로 그리스도의 사역 또한 발견할 수 있다(요 1:1~3, 14:7~10, 골 1:15~20, 히 1:1~3). 설교가 진정한 강해 설교와 그리스도 중심의 메시지가 될 수 있는 것은 설교가 골고다로 직접 뛰어 넘어갔기 때문이 아니라 하나님의 전체적인 구속사 안에서 그 구절의 의미가 어떤 위치를 차지하고 있는지 알아냈기 때문이다. 따라서 설교의 목적은 본문이 갖고 있는 원래의 목표에 충실해야 한다. 이 원래의 목표란 하나님의 구속 사역을 이해할 수 있도록 하나님의 백성들을 준비시키는 것이고, 그것을 예시하거나 그 필요성을 설명하거나 혹은 우리의 삶 속에서 설교자가 성경 속의 사건이나 인물, 기록 등이 하나님의 구원 역사 안에서 어떤 역할을 하고 있는지 설명하는 것이다. 다시 말해서 여자의 후손과 사탄 사이의 싸움에서 여자의 후손이 완벽하게 승리하는 구원의 역사 안에서 그것들이 어떤 역할을 하는지 설명한다. 그리스도의 사역이 어떤 결과로 나타났는지 설명하는 것이다.

◈ 그리스도 중심의 강해 절차

광범위한 성경 기록을 포함하고 있는 이런 폭넓은 관점을 가지고, 특정 본문에서 구속적인 진리를 정확하게 도출해 내려면 더 정확한 도구가 필요하다. 아래에 기술한 강해의 삼 단계도 그런 도구 중의 하나가 될 것이다. 이 과정을 통해서 우리는 본문에 나타난 구속의 진리를 자신의 설교 안에 나타내는 방법을 발견할 수 있을 뿐만 아니라 본문의 궁극적인 목적도 확실하게 드러낼 수 있다.[45]

Ⅰ. 본문에 나타난 구속의 원칙을 제시한다.
　㉮ 구속을 제공한 하나님의 계시된 본성
　㉯ 구속을 필요로 하는 인간의 계시된 본성
Ⅱ. 본문의 성도들은 이런 구속의 원칙을 자신의 삶 속에서 어떻게 적용했는지 설명한다.
Ⅲ. 현대의 성도들이 본문 속의 성도들과 공유하고 있는 공통적인 인간적 특성이나 상황이 무엇인지 알아보고, 그런 관점에서 구속적인 원칙을 현대인들의 삶에 적용한다.

이러한 절차는 설교자가 메시지의 FCF를 결정해 나가는 과정을 보여 주고 있는데, 이 과정을 거친 메시지는 다음과 같은 두 가지 특징을 갖게 된다. 첫째, 이 과정을 통해서 청중이 이 메시지를 들어야 하는 이유를 제시할 수 있을

45) *Ibid.*, 290-98.

뿐만 아니라, 하나님이 우리의 궁핍함을 처리해 주신 결과로 청중에게 바라는 것이 무엇인지, 즉 청중이 행하고 믿고 받아들여야 하는 것이 무엇인지 설명하는 것을 메시지의 목적으로 삼을 수 있다. 두 번째 특징은 첫 번째 특징의 당연한 결과라고 할 수 있다. 즉 메시지가 이런 구속적인 진리에 초점을 맞추고 있기 때문에 메시지의 목적이나 강조점이 인간 중심에서 벗어나서 하나님이 행하신 일이나 행하고 계신 일, 혹은 앞으로 행하실 일에 초점을 맞추게 된다. FCF가 사람들이 그 메시지를 들어야 하는 이유, 하나님이 그런 행동을 하신 이유를 설명해 주지만, 구속적인 강해는 인간적인 해결책이 아니라 하나님의 해결책을 제시하고 인간의 외람됨을 배제시킨다.

④ 그리스도 중심의 설교에서 주의할 점

신앙의 핵심을 지지하기보다는 공격하는 메시지는 한 가지 공통된 주제를 갖고 있는데, 그것은 성도들에게 하나님의 축복을 받기 위해서 어떤 존재가 "……이 되라"고 권고한다는 사실이다. 이런 표현이 분명하게 언급되었던지 아니면 암시되었던지, 고의적이건 우연이었건, 분명히 드러나 있던지 교묘하게 감추어져 있던지, 그 결과는 똑같다. 자신이 초래하게 될 해악은 깨닫지 못한 채 그냥 성경적이기만 한 설교자들이 이런 손상을 입히게 된다. 왜냐하면 그들은 자신이 해석하고 있는 성경 한 부분에만 집착해서 설교를 작성하는 편협된 시각을 갖고 있기 때문이다. 이런 종류의 메시지를 다음과 같은 몇 가지 범주로 나누어 살펴볼 수 있다.

◈ "……처럼 되라"는 메시지

"……처럼 되라"는 메시지는 청중으로 하여금 성경 속의 특정인에게 관심을 기울이게 만든다. 설교자는 성도들에게 그 사람처럼 행동하거나, 그 사람의 어떤 특성을 닮으라고 권고한다. 전기설교(Biographical preaching)에서 설교자들은 어려움이나 유혹, 시련에 봉착했을 때 모세나 기드온, 다윗, 다니엘, 혹은 베드로……처럼 되라고 권고한다. 이런 설교가 갖고 있는 결정적인 약점은 다음과 같다. 즉 성경은 그 본문에 등장하는 족장이나 성인을 모범으로 제시하기보다는 허점투성이의 사람으로 묘사하고 있음에도 불구하고, 설교자들은 어떤 인물이든지 타락한 측면을 가지고 있기 때문에 그들 스스로의 힘으로는 하나님 앞에 나아갈 수 없다는 사실에 주의를 기울이지 않는다. 만약 우리가 다윗에게 그를 모방하겠다고 말한다면, 그는 "나를 말하는 것인가요?"라며 부인할 것이다. 만약 성경의 인물이 스스로 자신이 삶의 모델이 될 수 없다고 생각한다면. 이런 본인의 의사도 무시한 채 어떻게 그 메시지에 충실했다고 할 수 있겠는가? 만약 우리가 사람들에게 예수님처럼 행동하라고 권고하면서도 이런 행동은 항상 우리 능력 바깥에 있다는 사실을 설명해 주지 않는다면, 우리는 그들을 돕는 것이 아니다.

다음과 같은 이의를 제기할지도 모르겠다. 즉 사람들에게 성경의 인물처럼 행동하라고 설교한 것은 완벽하게 그 인물처럼 행동해야 한다는 것이 아니라 성경에서 칭찬한 몇 가지만 모방하라는 뜻이었다는 것이다. 사실 성경을 보면 성경의 특정 인물을 모범으로 삼으라고 분명하게 이야기하는 구절도 있다(예를 들어, 고전 11:1, 히 11:39). 그러나 우리는 그런 본문에 대해서 설교하기 전에 먼저 성경에서 추천하고 있는 그 인물이 어떻게 그런 행동을 할 수 있었는지 그 근원을 분명하게 설명해 주어야 한다. 우리가 권장하고 있는 모든 거룩한 행동의 근원은 하나님의 은혜이다. 우리는 "그렇다면 자랑할 것이 무엇인가?" 라는 성경의 경고를 받아들여야 하며, 다음과 같은 진리를 청중에게 분명하게 밝혀 주어야 한다. 즉 은혜는 우리 스스로 자극하고 유지시킬 수 있는 것이 아닌데, 그 이유는 그 은혜가 하나님의 것이기 때문이다. 따라서 은혜는 개인의 것이 될 수 없다고 분명히 설명해야 한다(cf. 롬 3:Z7, 고전 3:5~23). 다른 사람의 경건한 행동을 모방하라고 말하면서 그런 외적인 모방보다 더한 것이 하나님으로부터 와야 한다는 사실을 상기시켜 주지 않는다면, 청중은 영적으로 변화하려는 시도를 포기하며, 그 필요성마저 부인하게 될 것이다.

◈ "선한 사람이 되라"는 메시지

설교자들은 성경 인물의 전기가 아니라 행동에 초점을 맞출 때 손쉽게 비구속적인 메시지를 전할 수 있다. 다시 말하지만, 이런 설교자들은 선을 행하고 거룩해지라고 말하는 것이 청중에게 얼마나 큰 해악이 되는지 잘 모르고 있다. 물론 하나님은 우리가 거룩해지기를 원하시며, 거룩하라고 명령하기도 하셨다. 하나님은 성경의 많은 부분을 할애해서, 우리가 행할 일과 행하지 말아야 할 일을 말씀해 주셨다. 그렇다면 사람들에게 선한 사람이 되라고 권고하는 것이 어째서 틀린 말이 되는가? 문제는 설교자가 말한 내용에 있는 것이 아니라, 설교에서 제시해야 할 것을 제시하지 않은 데 있다. 설교의 초점이 도덕적이고 교훈적일 때(예: 담배를 피우지 말라, 담배를 피우는 아이들과 어울리지 말라) 청중은 그런 합당한 행동을 통해서 하나님과 자신과의 관계가 보장될 수 있다고 쉽게 판단해 버린다. 특히 설교자가 권하는 행동이 올바르고 합당하며 성경적일 때 그렇다. 설교 중에 모범이 되는 행동만 설명할 뿐 그 행동을 가능하게 하는 원인이나 동기, 혹은 그 행동의 결과에 대해서 설명하지 않는다면, 청중은 자신의 행동에 소망을 두게 될 것이다. 만약 여러분이 매 주일 이런 설교를 계속해 왔다면, 여러분은 "당신이 지난 한 주간 동안 주님 앞에서 선하게 살지 못했기 때문에, 이번 주에는 더욱더 노력하라"는 메시지를 은연중에 전달하는 셈이 된다.

이런 종류의 설교는 설교자가 자신의 주장을 뒷받침하기 위해서 성경을 상세하게 인용하기 때문에 매우 성경적인 메시지인 것처럼 들린다. 그러나 이런 설교에서는 기독교적인 특성을 전혀 찾아볼 수 없다. 그래서 순전히 교훈이 갖고 있는 도덕적인 형태에만 몰두하는 설교자들은 다음과 같은 의미의 말로 결론을 내리게 된다. "선은 좋은 것이고 악은 나쁜 것이다. 보이 스카우트들은 선하고, 걸 스카우트들 또한 선하다. 기독교인들 역시 선하다. 그러므로 선한 사람이 되라!" 이런 설교를 통해서 울려 퍼지는 메시지는 암암리에 청중에게 "만약 우리가 하나님께 순종하면 하나님도 우리를 사랑하실 것이다. 하지만 만일 그에게 순종하지 않으면 벌을 받을 것이다. 고로 하나님께 순종해야 한다."와 같은 약속을 제시한다. 여러분은 매 주일 하나님의 은혜를 받기 위해서 십자가로 나아오라고 복음적인 호소를 하고 있는지 모르겠다. 그러나 이런 상황에서 의미하는 은혜는 성경의 가르침과는 무관할 것이다. 우리가 은혜로 구원을 받았지만 순종을 통해서 그 은혜를 유지할 수 있다고 암시하는 복음주의 설교는 성화 과정에서의 하나님의 사역을 부식시킬 뿐만 아니라, 궁극적으로 하나님의 본성에 의문을 제기하고 결국 구원 자체를 의심하게 만들 것이다.

◆ "선행을 하라"는 메시지

"선행을 하라"는 메시지와 가장 비슷한 설교는 성도들에게 은혜의 수단을 부지런히 사용해서 하나님과의 관계를 개선하라고 권고하는 것이다. 이런 메시지는 도덕적인 행위를 지지할 뿐만 아니라, 대체로 성도들에게 그들을 하나님이 인정할 수 있는 보다 높은 수준으로 끌어올려 줄 수 있는 영적 훈련을 규칙적으로, 충실하게, 오랫동안, 올바른 방식으로 실천하라고 권고한다. 이런 설교자들은, "더 많이 기도하고, 성경을 많이 읽고, 교회 출석을 잘하라. 혹은 하나님과의 조용한 시간을 더 많이 가지라'고 반복해서 이야기한다. 그러나 이런 훈계들에 대해 신학적으로 설명해 보라고 촉구한다면, 이런 기독교적인 훈련을 실천함으로써 성도들이 하나님으로부터 점수를 얻을 수 있다고 말하는 사람은 거의 없을 것이다. 그러나 한 성도가, "오늘은 아주 끔찍한 날이었다. 너무 늦게 일어나서 QT를 잘 하지 못한 날에는 항상 이런 일이 생기는 것 같다."라는 말을 했을 때 반박을 할 수 있는 사람도 거의 없다. 이런 말에 반박할 수 있는 설교자가 극히 적은 이유는, 많은 성도들은 이런 훈련을 통해서 하나님께 인정될 수 있다고 생각하고 있기 때문이다. 우리의 본성이 종교적 훈련을 행하는 것에 얽매여 있기 때문에, 우리는 기도를 소홀히 하거나 성경 암송에 주의를 기울이지 않았을 때 자신을 가치 없는 것처럼 느끼게 된다. 이런 경우에 문제가 되는 것은, 우리가 영적 훈련을 실천한다는 사실이 아니라, 하나님을 잘못 인식하고 있다는 사실이다. 즉 우리는 하나님을 하늘에 살고 있는 도깨비 같은 존재, 다시 말해서, 우리가 매일 힘들게 수고하는 것을 보면서 자신의 화를 누르고 은혜를 나눠 주는 도깨비로 생각하게 된다. 그러나 기독교적 훈련을 제시할 때 그 훈련의 동기가 되고 그것을 정당화시키고 보증해 주는 은혜를 언급하지 않는다면, 결과적으로 하나님은 그런 도깨비로 나타나게 된다. 만약 영적 훈련을 헌신적으로 실천함으로써 우리가 하나님과의 관계에서 자신의 지위나 권리를 획득할 수 있다면, 은혜는 무의미한 것이 되고 만다. 또한, 우리가 아무리 부지런해도 주님께 진 빚을 다 갚을 수는 없기 때문에, 영적 훈련만을 주장하게 되면 정직한 사람들은 자신이 영원히 무가치하다는 사실만을 확신하게 될 것이다. 완벽한 고결함만이 인정되는 곳에서는 하나님의 환심을 사서 얻은 점수는 가치가 없다. 우리의 인간성 때문에 우리의 행동은 항상 더럽혀질 수밖에 없다고 단정하는 것이 성경의 근본적인 진리이며, 이 진리를 통해서 어떤 메시지가 단순한 도덕적 교훈인지 진정한 복음인지 구별할 수 있다. 우리의 행동을 통해서 하나님의 축복을 받거나, 은혜를 보장받을 수 있는 것은 결코 아니다(사 64:6, 눅 17:10).

그러나 그리스도 중심의 설교라고 해서 하나님이 요구하시는 도덕적인 행위를 제시하지 않는 것은 아니다. 그리스도 중심의 설교는 하나님의 말씀 안에서, 그리고 우리의 행위 안에서 영광을 받아야 할 분은 오직 그리스도 한 분이라는 사실을 강조한다. 거룩을 위한 노력은 그리스도 안에서 그리스도 중심으로 이루어져야 한다. 그렇지 않다면 이런 노력은 결국 인간 중심적인 종교, 실패할 수밖에 없는 종교로 나아갈 뿐이다. 성도들에게 사탄의 공격에 맞서서 하나님 편에 서라고 권고할 때, 우리는 성경이 지적하는 균형을 잃어서는 안 된다: "너희가 주 안에서와 그 힘의 능력으로 강건하여지고"(엡 6:10). 바울은 "……이 되라"는 메시지를 전하면서도 항상 그리스도에게 초점을 맞추었다. 오늘날의 설교자들에게 있어서 이보다 더 중요한 임무는 없다.[46]

(3) 구속사적 설교(Redemptive Preaching)

① 구속사적 설교의 배경

1930년대 말에 구속사적 설교를 낳게 한 그 당시의 배경을 살펴보면 다음과 같다. 첫째는 칼 바르트(Karl Barth)의 변증법적 신학(Dialectic Theology)에 대한 반응 때문이었다. 바르트의 신학이 화란에 소개되자 그 반응은 다양하게 나타났다. 혹자는 카이퍼(Abraham Kuyper)의 개선책으로 환영하기도 했고, 바르

46) *Ibid.*, 281-85

트와 카이퍼 사이에 조화를 찾으려는 사람들도 있었다. 그래서 화란 개혁파 그룹에서는 칼 바르트의 신학에 대해서 매우 활발한 논쟁을 벌이게 된다. 그중에 대표적인 인물이 스킬더(K. Schilder) 박사였다. 스킬더의 입장은 칼 바르트의 변증법적 신학으로는 결국 성경에 대한 올바른 해석에 접근할 수 없다고 판단하고, 결국 성경의 계시의 역사를 바로 깨닫지 못하는 한 성경 해석을 바르게 할 수 없는 자리에 떨어지고 만다고 하였다. 칼 바르트를 중심한 변증법적 신학의 반역사적(Anti-Historical)인 견해에 대한 반작용으로 구속사가 강조된 것처럼, 설교에 있어서도 변증적 신학을 토대로 한 실존적인 설교와 해석에서 구속사적 설교가 대두되었던 것이다.

구속사적 설교가 태동하게 된 두 번째 이유는 1930년대를 전후해서 화란 교회에서 일어난 이른바 주관주의(Subjectivism)에 대한 반작용에서 시작되었다. 물론 당시에 교회 안에서 매우 복잡한 사상들이 있었다. 예컨대 화란의 경건주의는 실상은 개인주의나 신비주의였고, 재침례파(Anabaptism)는 이원론(Dualism)을 제창하는 신령주의였다. 이것들은 모두가 신자 개인의 체험을 강조하였다. 한편으로 객관주의 입장의 사람들은 합리주의자였다. 사실 이러한 움직임들은 '오직 성경'(*Sola Scriptura*)의 개혁주의 사상과는 거리가 먼 것이었다. 그래서 모든 비성경적 신앙운동에 쐐기를 박고 성경적인 입장에서 말씀을 선포해야 할 필요가 있었다. 이러한 설교 운동과 신앙 형태에서 성경 본문의 내용을 깊이 알고 하나님께서 성경의 구속사를 통해서 무엇을 말씀하시는지를 분명히 제시하려는 데서 구속사적 설교 운동이 태동하게 된 것이다.[47]

② 구속사적 설교의 중요성

구속사적 설교 이전까지 있었던 예증설교(Exemplary Preaching) 또는 모형적 설교 방법은 그 기원이 언제인지는 정확히 알 수 없으나 기독교 초기에서부터 현재에 이르기까지 늘 있어 왔던 설교 방법이었다. 실제로 클레멘트(Clement)는 성경을 '윤리적 모범을 보여 주는 책'(a book of ethical models)이나 '모형 전

---

47) 정성구, *op. cit.*, 351-54.

시장'(picture gallery)으로 생각했다. 또 저스틴 마터(Justin Martyr)는 주장하기를 "설교가들은 역사적 본문을 즐겨 선택하고 청중들로 하여금 그것을 좋은 본보기로 제시하여 따르도록 한다."라고 하였다. 성경에 대한 예증적 설교 또는 모형적 설교 방법은 중세를 거쳐 계속 이어졌으며 역사적 본문을 갖고 설교할 때 이야기를 전개시킴으로써 청중들을 매료시키고 또 성경의 사건 내용을 청중들로 하여금 삶의 거울로 받도록 설교했다. 그래서 설교에서 단순히 윤리적 요소(*Het ethische element*)를 강조하는 데 열을 올렸다.

그렇다면 예증적 설교는 무엇인가? 예증적 설교의 지지자인 다우마(J. Douma)는 우리의 조상들은 구속사가 그리스도를 그 중심에 둔 성경의 통일된 구조라는 사실을 잘 알고 있었다고 하였다. 그러면서도 성경에 기록된 인물들을 심리학적으로 묘사하고 성경의 인물들이 가졌던 갈등과 시련 그리고 신앙생활의 강약을 말하면서, 또 성경에 기록된 성도들의 경험과 오늘날의 성도들의 영적 싸움을 비교하면서 설교하는 것이다. 그리고 성경에 나오는 모든 인물의 성격을 모든 사람들의 본보기로 제시하려는 것이다.

특히 전기적 설교(Biographical Preaching)를 하면서 성경에 나오는 인물의 성격과 특성을 깊이 고찰해서 거기서 어떤 교훈을 얻고자 할 때 그것이 과연 성경적인가 하는 의문이 남게 된다. 가령 역사적 성경 본문을 가지고 설교할 때, 그들의 사상과 삶을 깊이 고찰하고 거기서 교훈을 얻는 것이 옳은가 하는 문제가 제기된다. 훅스라 박사(T. Hoekstra)는 그의 저서 「개혁파 설교학」(*Gereformeerde Homiletiek*)에서 지적한 대로 설교자가 강단에서 설교할 때, 그것은 아브라함이나 모세나 마리아에 대한 설교가 아니라 예수 그리스도에 대한 설교여야 할 것이다. 이렇게 두고 볼 때 예증적 설교의 문제성이 제기된다.

또 다른 하나는 가령 설교자가 역사적 본문(historical text)을 가지고 예증적인 설교를 할 때 비성경적이 된다는 것이다. 성경의 역사는 엄연히 구속사임에도 불구하고 그것을 일반적인 역사처럼 사용해 버리는 결과가 되는 것이다. 이렇게 될 때 성경의 인물을 설교의 주제로 다루는 것과 세속사의 인물의 역사를 다루는 것에 크게 차이를 두지 않고 사용하게 된다. 따라서 예증적 설교를 하는 설교자는 자연히 많은 예화를 들어서 성경의 진리와 병행하려고 애쓴다. 그래서 경우에 따라서는 예증적 설교가 성경의 역사를 무시하거나 아예 성경의 사건을 실존적으로 파악함으로써 윤리적 결단의 한 모델로 사용하게 된다. 이때는 성경이 예화의 근거(scripture as source of illustrations) 정도가 되어 버린다.

또 다른 예증적 설교의 문제점은 그것이 도덕적인 설교 또는 교훈적인 설교로 전락하기 쉽다는 것이다. 앞서 말한 대로 역사적 본문을 가지고 예증적 설교를 하게 되면 자연스럽게 어떤 인물에 대해서 장단점을 설명하고 그 장단점이 바로 2천 년 또는 3천 년이 지난 이 시점에서 우리에게 어떤 교훈을 주는가를 캐어내게 된다. 이와 같은 설교의 형식이 2천 년 동안 거의 무비판적으로 행하여져 옴으로 인해 현대교회에도 답습된 것이다.

그러면 우리는 역사적 본문을 가지고 예증적 설교를 할 때 일어나는 몇 가지 문제를 구체적으로 생각해 보자. 먼저 하나님 중심적인 설교가 아니고 인간 중심적인 설교가 되기 쉬운 동시에 성경을 선택적으로 사용하는 오류에 빠지기 쉽다는 것이다. 특히 전기적 설교를 할 때 이런 현상이 일어나는데, 홀베르다 교수가 지적하는 것처럼 이런 설교 방법은 성경 역사를 여러 가지 독립된 역사로 용해시켜 버린다. 물론 대부분의 예증적 설교자들은 성경에 아브라함의 전기, 다윗의 전기, 엘리야의 전기 등이 있는데 이것은 모두가 우리들의 전기와 유사한 것이라고 말한다. 이상에서 보는 바와 같이 우리는 구속사적 설교를 이해하기 위해서 지금까지 천편일률적으로 굳어져 있는 예증적 설교에 대한 문제점을 살펴본 것이다. 그러나 예증적 설교의 전부를 쓸 수 없다거나 부정하는 것이 아니고, 구속사적인 안목에서 볼 때 바로 교정되고 이해되어야 한다고 보는 것이다.[48]

③ 구속사적 설교의 원리

구속사적 설교 방법을 주장하는 화란 칼빈주의 학자들로서 홀베르다(B. Holwerda), 스킬더(K. Schilder), 스피어(H. J. Spier), 봔다익(D. Van Dijk), 봔드비어(M. B. Vant Veer), 베인호프(C. Veenhof) 등이 있다. 이들이 주장하는 구

48) *Ibid.*, 355-60.

속사적 설교의 기본적 원리는 무엇인가? 일반적으로 구속사적 설교를 말할 때 몇 가지 강조점이 있다.[49]

◈ 하나님 중심

구속사적 설교는 역사적 본문을 취급할 때 인간 편에서의 접근보다 하나님 편에서의 접근을 우선으로 시작한다. 성경의 역사는 하나님의 구속사이므로 당연히 하나님 중심이어야 하며 하나님 우선의 시각으로 접근해야 하는 것이다. 물론 성경 기록의 역사에는 하나님께서 세상을 창조하시고, 인간을 세상에 살도록 하셨으며 인간에게 언약을 세우시고 인간을 하나님 앞에 살도록 하셨으나, 인간은 하나님의 명령을 어김으로서 저주 아래 있게 되었다. 그러나 하나님께서는 인간에게 구원을 약속하시고 여러 모양으로 하나님의 구원을 역사 속에 나타내신다. 그리고 하나님은 약속을 성취하시고 예수 그리스도를 세상에 보내셔서 구속을 완성케 하신다. 여기에 대한 인간의 반응은 두 가지인데 그리스도를 영접하는 사람들과 그리스도를 배척하는 사람들이다.

이와 같이 성경에 나타난 역사를 볼 때 구속의 역사에서 하나님은 항상 앞서 나오고 하나님이 주도권을 가지며 구원을 이루어 나가신다. 이러한 하나님의 구원 운동에 대한 인간의 반응은 여러 모양으로 나타난다. 즉 믿음, 용기, 신뢰, 또는 불신앙, 불순종, 화, 복 등이다. 또한 하나님과 인간관계에 있어서 하나님은 항상 앞서 가시며 전적으로 그의 의지대로 구원을 이루어 가시는 것이다. 그러므로 성경은 단순히 어떤 개인의 전기나 국가의 흥망성쇠를 다루는 책이 아니다. 그것은 하나님의 구속의 역사요, 하나님의 책이요, 하나님의 말씀이다. 그러므로 설교자가 성경의 역사적 본문을 설교할 때 당연히 하나님과 인간에 대해서 말해야 하는 것이다. 그러나 설교자는 인간을 출발점으로 삼아서는 안 된다. 먼저 역사적 본문에서 하나님께서 계시하고자 하시는 구원의 의미를 명쾌하게 먼저 드러내야 한다. 왜냐하면 기록된 역사는 하나님의 행동으로부터 묘사되고 그 범위 안에서 인간적인 반응이 나타나기 때문이다. 예컨대 구

49) *Ibid.*, 361-68.

약성경에서 역사적 본문을 가지고 설교할 때 일차적으로 물어야 할 것은 하나님이 무엇을 행하시고, 무엇을 원하시며, 무엇을 의도하시는가? 이런 원리는 신약에서도 동일하게 적용되는 것이다. 칼빈은 말하기를 설교자의 임무는 말씀을 인간의 무슨 기호에 맞추는 것이 아니라 주께서 말씀하신 것을 전파하는 것이라고 믿었다. 그리고 칼빈의 설교를 이끌어내는 방식은 언제나 하나님 중심적(Theocentric) 신학의 틀 위에 세워진 것이었다. 그러므로 하나님의 말씀인 성경에서 역사적 사건을 설교할 때 삼위 하나님을 우선순위로 놓는 설교 방식이 바로 구속사적 설교 방법의 하나의 원리가 된다고 본다.[50)]

◈ 역사의 점진성

구속사적 설교는 하나님이 그분의 구원 운동을 구체적인 역사 가운데 진행시켰다는 것을 파악해야 한다. 하나님의 구원 운동은 우리가 흔히 말하는 세속역사까지도 그의 구속의 목적을 위해서 사용하신다. 구속사는 역사 속에서, 역사와 더불어, 역사를 통해서 전개되는 구원의 역사이다. 하나님은 그의 구속의 계획을 역사 속에서 이루어 가신다. 그러기에 구속사를 올바로 이해하기 위해서는 역사를 바로 아는 것이 중요하다. 구속사적 설교를 하는 사람은 항상 신구약 66권의 하나님의 말씀이 역사성을 띠면서도 통일성과 점진성을 가진다는 것을 믿는 자이다. 성경의 통일성을 바로 볼 수 있는 방법은 결국 구속사적으로 관련된 구조로서 통일성을 가지는 것을 보는 것이다. 다시 말하자면 성경은 무수히 많은 역사의 조립이나 편집이 아니고 오직 하나의 역사 즉 하나님의 구속의 역사이다.

구속사의 통일성의 문제는 항상 설교와 연관되어 있다. 개혁주의 성도들은 하나님의 섭리는 그의 의지로 모든 것을 계획하셨다고 믿는다. 그리고 그 계획을 예수 그리스도 안에서 온전히 성취시키고, 그리스도 안에서 자신을 계시하시며 그리스도 안에서 세상을 구속하셨다. 그러므로 역사는 하나의 통일성(unity)을 가지며 그 통일성은 구속사의 통일성을 나타내는 것이다. 그러므로

50) 고재수, *구속사적 설교의 실제*(서울: 기독교문서선교회, 1987), 195-201.

예수 그리스도는 구속사의 중심이 되는 것이다. 역사의 배후에 하나님의 작정과 섭리가 있고 그것은 알파와 오메가로 창세기 첫 장에서 계시록의 마지막 장까지 일관된 하나님의 구속 운동의 통일성을 갖고 있다. 그런데 이와 같은 구속사의 통일성 문제를 교리적으로 또는 신학적으로는 수납하면서도 실제로 강단에서 설교할 때는 전혀 응용이 안 된다는 데서 오늘의 설교신학의 문제가 있다고 본다.

구속사는 역사 속에서 여러 가지 사건을 동반하면서 점진적으로 발전되어 간다는 것을 전제한다. 하나님의 계시의 점진성을 깨닫는 것은 성경신학의 중요한 과제이다. 클라우니(E. P. Clowney) 박사는 "계시의 발전을 추구할 때에 성경신학은 성경 원저자의 단일성(the unity of the primary authorship of Scripture)과 하나님의 구원과 계시 사역의 유기적 연속성에 근거를 두고 있다. 구약의 성도들은 메시아의 날을 갈망하면서, 그들은 그것을 보고 기뻐하였던 것이다"[51]라고 했다. 성경신학적 설교 방법은 성경 본문의 의미를 명확히 해 줄 뿐 아니라, 그 중심 메시지를 강조하고 건전한 적용을 가능케 도와준다. 그래서 성경신학은 구속사적인 접근을 전제하고 성경의 통일성과 점진성을 포함하는 것이다. 구속사의 이런 특성 때문에 하나님의 계시는 시대마다 하나의 모습이 아니라 특수한 모습으로 나타난다. 그런데 세대주의자들은 그들의 세대주의론(Dispensationalism)을 통해 지나치게 증명하려고 하다가 성경의 유기적이고 통일적인 성격을 바로 깨닫지 못하는 실수를 범하고 말았다. 그러나 하나님의 계시는 시대적인 구조를 갖고 있어서 각 시대에 따른 계시의 발전의 성격과 내용을 가지고 있는 것이다. 성경의 역사적 본문을 바로 취급할 수 있는 근거는 다름 아닌 하나님의 구속의 점진성에 있다. 이런 맥락에서 하나님의 말씀을 설교할 때 구속사적인 접근의 설교 방법은 개혁주의 신학의 본질적인 것인 동시에 성경의 요청이라고 볼 수 있다.[52]

---

51) Edmond P. Clowney, *Preaching and Biblical Theology* (Eerdman Pub. Co., 1961), 87. 정성구, *op. cit.*, 367.

52) *Ibid.*

◈ 하나님의 구원 역사

하나님의 말씀은 역사적 특징을 가질 뿐 아니라 구원의 특징을 가지는 것이다. 성경은 하나님과 그의 백성들이 관계하는 중에 일어난 사건 기록이 아니라, 하나님께서 택한 민족을 계시의 수용자로 삼고 그들에게 역사를 통해서 구원의 길을 제시한 것의 기록이다. 하나님의 구원의 말씀은 전체 역사를 통해서 그 중심이 된다. 창세기 3:15에서부터 구원의 계시는 더욱 풍성해져 가고 있다. 하나님께서는 족장들에게 구원을 약속하시고 그 구체적인 방법으로 피 흘리는 제사를 통해서 속죄함을 받을 수 있음을 계시하셨다. 하나님은 다윗 왕을 통해서 메시아가 올 것을 선언하시고 구약의 선지자들은 이 하나님의 약속을 바라보며 신앙하도록 백성을 가르친다. 결국 예수 그리스도는 약속의 성취자로서 세상의 구원자로서 오신 것이다. 그러므로 구속사의 중심은 예수 그리스도인 것이다. 그렇다고 해서 설교자가 모든 설교마다 천편일률적으로 덮어놓고 그리스도를 언급한다는 뜻은 아닐 것이다. 다만 구속사적 설교의 방법은 어떤 본문을 가지고 설교하든지 하나님의 구속의 계획과 그 말씀이 예수 그리스도 안에서의 구속과 어떤 관계가 있는지를 명백히 드러내야 한다. 설교자가 이런 접근을 시도할 때 하나님께서 역사를 통해서 어떻게 하나님의 구속을 이루어 가셨는가를 확실히 깨닫게 된다. 성경에서 구원이란 단순히 죄의 용서나 영생에만 국한되지 않는다. 죄는 영혼에 제한되지 않고 삶의 전 영역에 영향을 미치는 요소인 것처럼 구원도 기독교인의 생활의 전 영역에 나타나야 한다는 것이다. 우리가 구원에 대해서 말할 때 한 가지 확인할 것이 있는데, 구원은 하나님께 속하였다는 것이다(욘 2:10). 그러니 구원을 말할 때, 하나님의 진노와 심판도 하나님의 사랑과 더불어 선포되어야 한다는 것이다.

이런 태도가 이른바 훅스트라(T. Hoeksoa) 박사가 주장하는 개혁파 설교의 두 가지 원리인 "오직 말씀만"(*Scriptura Sola*)과 "성경 전부"(*Scriptura Tota*)이다.[53] 하나님의 공의와 하나님의 사랑이 동시에 선포되어야만 하나님의 구원을 바로 선포할 수 있다. 하나님의 구원의 사랑을 증거하려는 자는 하나님의 심판

53) T. Hoeksttra, *op. cit.*, 162.

과 진노도 반드시 언급하여야 한다는 것이다. 왜냐하면 우리 인간은 구원에 대한 하나님의 말씀을 듣기 이전에 하나님의 진노가 그 위에 머물러 있기 때문이다. 하나님의 말씀 중에는 죄를 미워하시며 진노하시는 모습을 볼 수가 있다. 그가 죄를 미워하시고 인간을 구속하셔야 하겠기에 예수 그리스도를 십자가에 내어 주셨다. 오늘날 일부 설교자들은 하나님의 공의에 대한 설교는 없이 사랑과 축복과 은혜의 하나님만을 선포하고 있다. 그러나 하나님의 구원 운동을 선포할 때는 앞서 말한 대로 하나님의 공의와 사랑이 동시적으로 선포되어야 할 것이다.[54]

④ 구속사적 설교의 방법

◈ 역사적 본문의 범위 문제

구속사적 설교의 기초로 하는 역사적 본문이란 어떤 의미가 있는가? 역사적 본문이란 역사 속에서 하나님의 행위들의 선포(proclamations of God's acts in history)라고 할 수 있다.[55] 그러므로 구속사적 설교를 할 때 역사적 본문은 선포된 역사(proclaimed history)와 역사적 선포(historical proclamation)를 동시에 포함한다. 구속사적 설교를 한다고 해서 그 범위가 좁아지는 것이 아니고 교의적, 윤리적, 역사적, 정치적, 심리적 등 여러 방면으로 접근이 가능하다. 다만 구속사적 설교가 역사에 나타난 하나님의 구속 행위를 선포하느니만큼 그것은 케리그마적인 성격을 띠게 된다. 교회에 선포된 케리그마는 인간의 행위나 인간의 모범적인 행위를 말하는 것이 아니고 바로 하나님의 행위를 선포하는 것이다. 그러므로 구속사적인 설교는 바로 하나님 중심의 설교(Theocentric preaching)가 되어야 하는 것이다. 성경은 인간의 역사가 아니고 하나님의 계시의 역사이다. 그러므로 역사적 본문을 해석할 때 인간을 향하신 하나님의 구속적인 행위를 선포해야 하는 것이다. 하나님의 구속적인 행위를 역사적으로 선포하는 역사적 본문은 매우 신중하게 선포되어야 할 것이다.

---

54) 고재수, *op. cit.*

55) S. Greidanus, *op. cit.*, 215.

◆ 역사적 설교의 본문 선택

역사적 본문을 선택함에 있어서는 다음과 같은 주의가 요청된다. 첫째, 구속사적인 설교를 하든지 예증적 설교를 하든지 간에 성경으로부터 설교 본문을 택하는 것은 필요 불가결한 것이다. 둘째, 역사적 본문을 설교할 때 분명히 하나의 단위(unit)가 되어야 한다. 즉 역사적 본문은 잘 짜인 단위여야 한다는 것이다.[56] 셋째, 역사적 본문을 선택할 때는 여러 개의 다른 본문을 혼합해서는 안 된다. 그것은 역사적 사건과 정황이 다르기 때문이다. 물론 이것은 병행구의 본문이나 구약의 예언이 신약에서 성취된 내용들을 나란히 읽는 것을 부정한다는 뜻은 아니다. 다만 설교 본문을 택할 때 적어도 하나의 완전한 사건이 되어야 할 것을 의미한다.[57]

◆ 역사적 해석

역사적 해석은 성경이 쓰일 당시의 역사적 배경 가운데서 본문을 해석하여 본문의 특유의 의도를 결정한 후에 본문의 목적이라든지, 저자의 특별한 목적을 발견하려는 것이다. 그러므로 설교자가 성경을 풀어갈 때, 성경의 저자가 선포했던 그 역사적 정황에다 초점을 맞추는 것이다. 역사적 해석은 역사적 정황 또는 역사적 배경 가운데서 그 본문의 의미를 결정하고자 한다. 그러므로 오늘날의 상황과 성경 기록 당시의 독자들과는 거리가 있기 마련이다. 이런 역사적 간격(gap)은 시대와 장소의 차이에서 오는 또는 하나님의 구속사 즉 계시의 점진적 성격으로 오는 갭이다. 그러므로 이런 갭을 즉석 적용(instant application)으로 무시해서는 안 된다는 것이다.[58]

그러나 이에 반해서 예증적 설교는 성경의 인물과 오늘의 사람들 사이에 얼마나 큰 간격이 있는지를 상관하지 않고 과거와 현재를 직접 비교하면서 동일시하고 있다. 성경의 인물의 삶과 오늘의 삶을 동일시함으로써 어떤 교훈을 발견하고자 하는 것이다. 이런 역사적 차이점을 없애 버림으로써 쉽게 실존적 설

---

56) *Ibid.*, 218.
57) 정성구, *op. cit.*, 371.
58) S. Gredanus, *op. cit.*, 219.

교, 심리적 설교, 이른바 영해 설교, 도덕적 설교 등이 되어 버린다. 역사적 해석에 대해 클라우니 박사는 말하기를 성경의 역사적 본문에 나타난 사건들은 성경 계시의 큰 시대구분 속에 있을 뿐 아니라 작은 시대구분 속에 있기 때문에 설교자는 우선 성경 본문의 가까운 배경을 찾고 그 다음에 보다 넓은 시야의 시대적 구분에 연관시켜야 한다는 것이다. 클라우니 박사가 제시한 예를 들면, 엘리사가 나아만을 치유한 사건은 신정 왕국이라는 넓은 차원에서 먼저 생각한 후에 엘리사의 사역의 특수한 배경을 고려해야 한다는 것이다. 이렇게 볼 때 엘리야와 엘리사의 사역은 열방을 통해서 선민 이스라엘이 심판당하는 것과 그로 말미암아 이방에게 축복이 임한다는 주제를 보여 준다는 것이다.[59)]

◈ 유기적 해석

유기적 해석은 성경 본문의 문맥과 관련을 가지고 있으므로 설교 본문 중에 고립된 단위만을 고집할 수 없고 그 본문을 전후한 이야기를 함께하는 것이다. 그러므로 성경은 여러 가지 요소들의 집합체로 되어 있는 것이 아니고 구속사적인 안목으로 창조주이시며 구속주이신 하나님께서 인간을 구원하시는 단일한 목적으로 통일을 이루고 있는 것이다. 그러므로 어떤 본문을 보든지 그것은 하나의 파편이 아니라 하나님의 계시의 큰 흐름 속에 있는 사건이라는 것을 깨닫는다. 예컨대 그리스도의 오심에 초점을 맞추고 있는 구약의 계시를 해석할 때 이 점을 지나쳐 버려서는 안 된다. 하나님의 구원 사역은 통일성과 연속성이 있으므로 신구약은 상호 유기적으로 연결되어 있다. 그러면서도 예수 그리스도 안에 있는 구속과 계시의 완성을 향한 역사적 점진성으로 말미암아 부분적인 것이 전체적인 것에, 잠정적인 것이 궁극적인 것에, 옛 것이 새로운 것에 종속되어 있다.[60)] 결국 구속사적인 설교는 성경에 대한 유기적인 해석을 하게 하고 통일과 조화를 이루도록 하는 것이다.

---

59) Edmund P. Clowney, *op. cit.*, 100.
60) *Ibid.*, 227.

◈ 본문-주제 설교(Textual-thematic Preaching)

본문 설교와 주제 설교는 반대 개념으로 생각해 왔다. 그러나 훅스트라는 이들의 상관관계를 잘 조화시켰다. 구속사적인 설교는 강해 설교의 방식을 따르지만, 강해 설교가 모두 구속사적인 설교의 방법을 쓰지 않는다. 설교의 최상의 형식은 강해 설교이다. 그러나 만약 하나님의 구속사의 통일성과 계시의 점진성 등을 바로 알지 못한다면 바른 설교를 할 수가 없게 된다. 우리가 주제 설교보다 본문 설교를 해야 한다고 하지만 그 주제가 성경 본문의 사상에서 나왔는지 아니면 자기의 사상에서 나왔는지를 문제 삼아야 한다. 그러므로 설교는 어떤 형식이 좌우한다기보다는 설교자가 그 성경 본문에 계시된 구속사의 의미를 정확히 파악하고 있는가에 초점을 두어야 할 것이다.

본문 설교와 주제 설교에 대한 관계를 크레이다누스는 다음과 같이 설명하고 있다.[61)]

첫째, 본문은 하나님의 메시지이기 때문에 본문의 주제는 토론될 수 있는 제목(topic)일 수 없고 사랑, 의, 신앙, 소망 같은 개념도 아니고 다만 주장이요 선포라는 것이다.

둘째, 주제는 설교 본문 안에 있는 고유하고 독특한 사상이어서, 본문 안의 모든 사상들, 좀 더 나아가서 설교의 모든 사상들을 묶어 주는 연결 띠 구실을 하게 된다.

셋째, 본문이 선포하는 메시지는 그 설교의 주제가 되어야 한다는 기본 전제를 하고 그 주제는 어디까지나 성경 저자의 관점에서 형성되어야 한다는 것이다. 그래서 결국은 본문의 성격이라든지 본문의 통일된 사상, 저자의 의도, 이 모든 것이 설교의 주제로 모아져야 한다는 것이다. 여기서 본문과 주제는 일치점을 보게 되는 것이다. 그래서 구속사적 설교의 방법을 본문적 주제 설교라고 하는 이유가 거기 있다.

---

61) *Ibid.*, 226.

◈ 상황적 설교(Relevant Preaching)

구속사적 설교에서 어떻게 성경의 구속사적인 진리를 적용할 수 있겠는가 하는 의구심이 앞선다. 그러나 한 가지 확실한 것은 구속사적 설교가 상황성을 가진다는 사실이다. 설교자는 본문의 해석은 말할 것도 없고 설교자가 처해 있는 성도들을 생각하면서 본문의 메시지와 여기와 지금을 생각하지 않을 수 없다. 설교자는 '그때와 거기' 그리고 '지금과 여기' 사이의 연속성과 불연속성을 잘 파악해야 한다는 것이다.[62] 구속사적 설교가 상황적 설교의 방법이란 말의 뜻은 이렇다.

첫째, 삼위 하나님은 언제나 상황적이다. 설교는 이미 비상황적이 되어 버린 과거의 역사적 인물을 전파하는 것이 아니라 어제나 오늘이나 영원토록 살아계신 삼위 하나님을 증거하는 것이다. 역사와 인간은 옛 것이지만 그 역사를 주장하시는 하나님은 같은 하나님이며 살아계신다. 바로 그러한 상황을 설교하는 것이 구속사적 설교의 방법이다.

둘째, 하나님의 말씀은 상황적이다. 그 이유는 "하나님의 말씀은 살았고 운동력이 있을" 뿐 아니라(히 4:12～13), "모든 성경은 하나님의 감동으로 된 것으로서 교훈과 책망과 바르게 함과 의로 교육하기에 유익"하기 때문이다. 성경은 한 시대의 기록으로 그치는 것이 아니고 지금도 여전히 생명의 말씀이다. 그러므로 성경은 상황성을 가진다. 비록 성경이 특정 시대의 옷을 입었지만 모든 시대 모든 사람들에게 주시는 말씀이기 때문에 상황성을 가진다는 의미이다. 성경은 하나님의 말씀이며 은혜의 방편이다. 그리고 성경은 케리그마요 영혼을 살리는 생명의 말씀이다. 그러므로 성경은 하나님의 말씀인 만큼 하나님과 분리될 수 없다. 그리스도는 말씀 안에 현존하시며, 성경 안에서 오늘 그의 백성에게 말씀하신다.

셋째, 하나님의 계시를 증거하는 설교 자체가 상황적이다. 왜냐하면 설교는 하나님께서 제정하신 방법이기 때문이다. 하나님은 오늘도 설교를 통해서 듣는 이들로 하여금 예수 그리스도를 믿게 하시고 그들을 구원하시는 분이라는 사실

62) *Ibid.*, 229.

을 확신해야 할 것이다. 이 사실을 설교자나 설교를 듣는 자들이 함께 깨달을 때 큰 은혜의 역사가 일어날 것이다. 설교란 구속사의 한 순간에 대한 이야기가 아니라 예수 그리스도에 의해서 이루어진 구속사 속에서의 한 순간이다. 그래서 설교란 그 본문의 내용이 구속사 속에 있는 한 사건임을 들어내 보이는 말이다. 설교는 하나님의 구속 활동의 연장이라는 표현을 쓰기도 한다.

넷째, 설교는 적용적 해석이므로 상황성을 지닌다. 화란의 설교학자 반 다익(Van Dijk)은 설교란 "하나님의 말씀의 적용적 해석"이란 표현을 썼거니와,[63] 홀 베르다(Holwerda)는 설교란 "본문의 내용을 오늘의 교회를 향하여 구체적이 되게 하는 것"이라고 했다.[64] 설교에 있어서 해석과 적용이 요청되는 이유는 비록 하나님의 말씀은 모든 시대를 향하여 주신 것이나 우선적으로는 구속사의 어떤 단계에 있는 특별한 교회를 위한 것이기 때문이다. 그런데 문제는 그때 그 상황에서 주신 하나님의 말씀이 지금 여기에 있는 우리에게 의미 있는 메시지가 되기 위해서는 몇 가지 고려해야 할 부분이 있다. 먼저 설교자는 '그때와 거기' 그리고 '지금과 여기' 사이에 어느 것이 연속적이고 어느 것이 불연속적인가를 잘 알아야 한다. 과거에 선포된 말씀이 지금에도 적절한 설교가 될 수 있다면 삼위 하나님이 계시므로 그때나 지금이나 같은 방법으로 구원을 이루어 가신다는 전제이다. 그 하나님은 바로 언약의 하나님이시란 사실이다. 또 하나 우리 모든 성도는 예수 그리스도 안에서 구속함을 받으며 그때나 지금이나 같은 신앙, 같은 소망 중에 살아가는 믿음의 공동체란 사실이다. 이것이 하나의 연속성이라 할 수 있다. 그러나 불연속성도 있다. 역사적 간격을 송두리째 무시한 해석은 자칫하면 예증적 설교에서 나타나는 각종 잘못된 해석을 낳게 된다. 그리고 상황적 설교를 함에 있어서 설교자 자신의 인격과 삶이 중요하다. 설교자는 그 마음 속에 성경 본문이 말하고자 하는 메시지를 갖고 있어야 한다. 설교자가 메시지를 전달할 때 말씀을 잘 적용해야겠지만 설교자가 자기 마음대로 설교 본문을 끝없이 적용해서 쓰려고 하지 말고, 본문의 특수한 구속사적인 의미에 초점을 맞추어야 할 것이다. 구속사적인 설교는 단순한 설교의 방법론이라기보다는 설

63) Van Dijk, *De Preektrant* (1955), 7; 정성구, *op. cit.*, 376.
64) *Begonnen Henende van Mozes* (Termerzen: Littooij, 1953) 108; 정성구, *Ibid.*

교신학의 문제이며, 성경적 설교를 위한 열쇠라고 말할 수 있다.[65)]

⑤ 구속사적 설교의 특성

구속사적 설교를 할 때 몇 가지 착안 사항을 간단히 살펴보기로 하자. 첫째, 성경은 언제라도 하나님의 자기 계시라는 사실을 기억해야 한다는 것이다. 그러므로 성경의 역사를 통해서 하나님께서 어떻게 자기를 계시하셨는가를 찾고, 하나님께서 무엇을 행하셨는지를 찾는 것이 선행되어야 할 것이다. 그리할 때 성경의 모든 말씀들은 우리에게 깨달음과 교훈을 주게 되는 것이다.[66)] 그러므로 단순히 성경 인물의 행위의 잘잘못만을 취급하게 되면 성경 기록의 본래 목적과는 달라지고 만다. 성경의 모든 말씀들은 비록 내용이 서로 다르다고 해도 인간을 구원하기 위한 하나님의 섭리에 관해 계시하고 있다는 사실을 기억해야 한다. 성경 기록의 모든 사건 중에 나타나는 주권자는 하나님이시다. 그래서 하나님은 자기 자신을 구속주로 보여 주신다. 구속의 모든 사역은 성경의 모든 사건마다 계시되고 있음을 알 수 있다. 예컨대 구약성경 가운데 요셉의 이야기에서 사건의 초점을 악한 형들과 요셉에게 맞춘다고 생각해 보자. 그 결과는 성경 기록의 주관자가 되시는 하나님을 지나쳐 버리게 된다. 결국 요셉을 전후한 모든 사건들은 자기의 택한 백성을 구원하시기 위한 하나님의 섭리였던 것이다. 이 내용은 하나님과 그의 백성 사이의 관계가 중심이다. 그러므로 성경이 말하고자 하는 것은 요셉보다도 하나님이시다. 이것이 구속사적 설교를 하는 기초적인 사항이다. 설교자가 성경의 특별한 인물을 설정하고 그의 행위, 그의 신앙, 그의 실수에 대한 교훈을 배움으로써 성도들로 하여금 그 인물처럼 되기를 설교한다면, 또한 성경의 어떤 사건들을 통해서 하나님께서 구원의 주가 되시고 창조주가 되시며 동시에 심판주가 되신다는 사실이 명백히 증거되지 않는다면, 우리의 설교는 실패일 수밖에 없다. 그럴지라도 우리는 먼저 하나님께서 그 성경의 인물들 안에서, 또 그들을 통해서 행하신 일이 무엇인지를 말

65) 정성구, *op. cit.*, 370-76.

66) S. G. Graaf, *Verbonds geschiendenis I her oude Testamen, Schetsen Voor De Vertelling van de Bijbelsche Geschiedenis* (Kampen: Kok, 1935), 2; 정성구, *op. cit.*, 378.

해야 한다. 그런 다음에 하나님의 구원의 은혜와 사랑에 대한 그들의 반응을 설명해야 할 것이다. 다시 말하자면, 성경에 기록된 인물의 삶과 신앙을 말하기 전에 하나님께서 하신 일이 전제되어야 할 것이다.[67]

둘째, 구속사적인 설교를 할 때의 착안 사항은 중보자를 통한 하나님의 자기 계시를 발견하는 일이다. 인간은 죄로 어두워졌으므로, 중보자를 통한 은혜의 계시 외에는 다른 방도가 없다.[68] 모든 성경은 하나님이 구속자이심을 계시하고 있다. 다시 말하자면 중보자를 통한 구속이 성경의 주축을 이루고 있다. 구약의 모든 사건 속에는 구속의 씨(seed)가 내재되어 있다. 우리 설교자들이 해야 할 일은 신구약을 비추어 보면서 그것을 밝히 드러내는 것이다. 구약의 모든 사건이 예수님으로 가득 차 있고 역사는 그의 영이 이루신 위대한 기적이라고 할 수 있다. 예컨대 신약성경 중에 삭개오에 대한 이야기를 설교할 때, 일반적으로 우리는 삭개오의 용기 있는 믿음의 열정과 죄의 회개를 말한다. 그러나 중요한 것은 삭개오에 대한 것이 아니라 그리스도의 자기 계시라는 사실을 명백히 할 때 바른 설교가 되는 것이다. 우리는 성경에 나타난 인물에 대해서 설교할 때 주로 그 인물에만 초점을 맞추는 경향이 있다. 즉, 그 인물의 신앙과 삶을 통해서 죄는 경고의 본보기로, 선한 일은 권장 사항으로 삼아 이른바 권선징악적인 교훈만을 말하기 쉽다. 이것이 예증적 설교 또는 모형적 설교가 빠지기 쉬운 함정이며, 제목 설교를 즐겨 사용하는 모든 설교자들이 직면한 문제이다. 그러므로 성경의 인물에 일차적인 초점을 맞추는 대신에 예수 그리스도 안에서 나타난 하나님의 은혜의 계시를 선포해야 할 것이다.[69]

셋째, 구속사적 설교를 할 때 유의해야 할 것은 하나님의 계시는 그의 백성과 맺은 언약 속에 나타났다는 점이다. 예수 그리스도는 우리의 구원을 위한 중보자일 뿐만 아니라 언약의 머리가 되신다. 설교자들은 설교할 때 단순히 예수와 그 주변 인물에 대해서 단순한 이야기를 찾을 경우가 있다. 이때 자칫하면 실제로는 성경과 무관한 설교가 될 수도 있다. 가령 요셉의 경우, 요셉에

67) *Ibid.*, 3.
68) *Ibid.*, 4.
69) *Ibid.*, 5.

대한 하나님의 목적이 무엇인가 하는 것보다는 요셉을 통한 그의 백성에 대한 하나님의 섭리적 목적이 무엇인가를 문제 삼아야 한다. 또 다윗을 말할지라도 성경이 한 개인으로서의 다윗에 초점을 맞추고 있지 않음을 알 수 있다. 다윗은 개인으로서가 아닌 백성의 머리로 묘사되고 있다. 즉 우리는 다윗의 파란만장한 삶보다 다윗을 다윗 되게 하신 하나님에게 초점을 맞추어야 할 것이다.[70] 설교자는 설교에서 이 하나님의 언약을 강조하여야 한다. 위의 이런 몇 가지 착안 사항들은 구속사적 설교를 함에 있어서 매우 중요한 요소가 될 것이다.

4) 내러티브 설교(Narrative Preaching)

(1) 내러티브 설교의 배경

설교의 전달에 깊은 관심을 가져온 현대 설교학은 설교에 있어서 이야기의 사용에 대해서 깊은 관심을 가졌다. 예수님도 하나님 나라의 메시지를 전달하실 때 신학적인 논리나 논지로 전달하신 것이 아니라 이야기를 사용하셨다. 왜 주님은 많은 이야기를 통해서 메시지를 전달하신 것일까? 이야기는 청중들이 말씀을 가장 잘 이해하도록 도와주며, 사람들의 흥미와 관심을 유발시키기 때문이다. 사람들에게 이야기는 오래 기억되며, 감성적인 부분들을 고양시켜 준다. 이것이 예수님께서 하나님 나라의 메시지를 인간들에게 전달하기 위해서 이야기를 택하신 이유이다.

역사적으로 계몽주의 이후 합리주의의 이성에 근거한 설교가 수백 년이 넘게 지속되어 오는 동안 많은 문제들이 야기되면서 새로운 설교를 찾으려는 시도 속에서 내러티브 설교가 태동하게 된다. 물론 이러한 이야기에 대한 관심은 설교학뿐만 아니라 신학의 다른 분야에서도 깊이 인식되는데, 내러티브 설교는 이러한 현대 신학적인 토양 속에서 형성된다. 예일대학교의 한스 프라이(Hans Frei)교수

---

70) *Ibid.*, 6-8.

는 성경 해석에 있어서 이야기에 대한 관심이 사라진 것은 계몽주의의 영향하에 들어간 18, 19세기경으로 성경신학의 문헌을 두루 관찰하면서 내러티브(narrative)에 대한 관심이 사라져 버렸음을 지적한다.[71] 이러한 지적들과 함께 신학계에서는 이야기에 깊이 관심을 갖게 되는데, 이야기 신학(Narrative theology)이 태동되고 성경 해석학에서도 내러티브 비평학(Narrative criticism) 혹은 문헌비평(Literary criticism)과 같은 연구들이 대두되게 되면서 설교에서도 이야기의 사용을 깊이 관심을 갖게 된다.

설교학에서 이야기에 대한 관심은 데이비스(H. Grady Davis)의 저서 「Design for Preaching」이 1958년에 발간되면서 촉발되었다. 이러한 움직임들과 함께 꾸준히 설교의 새로운 형태에 대해 관심을 갖게 되고, 1971년 프래드 크래독(Fred B. Craddock)이 그의 책인 「As One without Authority」를 펴내면서 가속화되었다. 그는 설교의 새로운 틀에 대해서 깊이 관심을 갖도록 만들어 주었다. 거의 비슷한 때에 뉴욕 유니온신학대학원의 교수였던 에드문드 스타이믈(Edmund Steimle)과 그의 제자들을 중심으로 책이 발간되면서 내러티브 설교에 대한 설교학적인 틀이 갖추어지기 시작하였다. 그리고 1980년도에 켄사스시티의 성바울신학대학원의 설교학 교수인 유진 라우리(Eugene L. Lowry)가 「내러티브 설교 구성」(The Homiletical Plot)」이라는 책을 발간하면서, 내러티브 설교에 대한 구체적인 방법론을 제시하기에 이른다. 전통적인 설교 형태를 비판하면서 이야기와 같은 구성 혹은 줄거리(plot)를 가진 형태의 설교 형태를 어떻게 준비하고 전달할 것인가를 제시하였다. 내러티브 설교(Narrative preaching)는 이러한 설교학적인 흐름 속에서 태동된 설교 방법이다.

(2) 내러티브 설교의 개념

라우리는 설교란 '이야기와 같은 예술의 형태'(Narrative art form)라고 말한다. 그러나 라우리가 사용하는 '이야기'(Narrative)라는 용어는 일반적으로 이야

71) Hans Frei, *The Eclipse of Biblical Narrative: A Study in Eighteenth and Nineteenth Century Hermeneutic* (New Haven: Yale University Press, 1974)를 보라!

기 설교(Story sermon)에서 사용되는 것과는 약간 다르게 사용되는 것을 알 수 있다. 그의 방법론에서는 설교가 반드시 이야기로 되어야 한다기보다는 이야기와 같은(Story-like), 즉 내러티브의 설교가 되어야 한다는 것이다. 그러므로 라우리의 설교 방법에서는 이야기와 같이 줄거리가 있고, 플롯(Plot, 줄거리)이 강조된다. 이야기는 일정한 줄거리를 가지고 움직임을 통해 진행되어 간다. 이야기에는 처음 시작이 있고, 중간 과정이 있으며, 나중의 결론을 향하여 계속해서 움직여 간다. 즉 기, 승, 전, 결의 형태를 통해서 움직여 가는 것이 이야기의 특징이다. 그러므로 이야기에 있어서 중요한 것은 '연속성'(Continuity)과 '움직임'(movement)이다. 이러한 연속성과 움직임을 지배하는 것이 플롯(Plot)이다. 그러므로 라우리에 의하면 설교는 어떤 정지된 공간에서 행해지는 것이 아니라 움직임이 계속해서 일어나는 '시간 안에서 일어나는 사건'(Event-in-time)이다.[72] 그러나 Tremper Longman 교수는 구약의 내러티브 본문에서 발견되는 플롯(Plot,줄거리)과 등장인물(character), 배경(setting), 그리고 관점(point of view)의 네 가지 핵심적인 요소들을 중심으로 진행된다고 하였다.[73]

(3) 내러티브의 설교의 형태

구약의 내러티브 본문에서 공통적으로 발견되는 플롯(plot, 줄거리)과, 등장인물(character), 배경(setting), 그리고 관점(point of view)의 네 가지 핵심적인 요소들을 중심으로 진행된다. 그래서 구약의 내러티브 본문을 주해하는 설교자들은 이러한 네 가지의 렌즈를 통해서 본문을 살펴볼 필요가 있다.[74]

① 플롯(Plot)

구약의 이야기들은 등장 인물들의 모습보다는 그 행동에 초점을 더 많이 두

72) Eugene Lowry, *The Homiletical Plot*, 이연길 역, *이야기체 설교 구성*(서울: 한국장로교출판사, 1996), 40-98.

73) Tremper Longman Ⅲ, *Biblical Narrative* (Grand Rapids, MI: Zondervan Press, 1993), 71.

74) Steven D. Mathewson, *The Art of Preaching Old Testament Narrative* (*Grand Rapids, MI: Baker Book House*, 2002), 43-44.

고 있기 때문에 일련의 행동들의 줄거리라 할 수 있는 플롯은 내러티브에 대한 분석 작업을 시작하기에 적절한 부분이다. 기본적으로 플롯은 행동에 관계하는 것으로 보통은 갈등이나 위기국면을 중심으로 전개되는 일련의 사건들로 구성되어 있으며, 이야기 속의 사건들은 갈등이나 위기국면을 거쳐서 해결로 진행한다. 그러면 왜 줄거리 전체를 먼저 추적하는 것이 중요한가? 이에 대해서 이스라엘의 학자 시몬 바-에프랏(Shimon Bar-Efrat)은 주목하기를, "플롯은 독자의 흥미와 감정적인 개입을 불러일으키는 방식으로 사건들을 서로 연결시켜 놓았을 뿐만 아니라, 그러한 일련의 사건들의 흐름 속에 의미도 함께 담아 놓았다."고 하였다.[75] 구약의 내러티브에 깔린 여러 플롯들은 모두가 다 기본적인 형태를 취하고 있는데, 그 기본적인 형태는 일련의 행동들 속에 서술적 설명(exposition)과 위기(crisis), 해결(resolution), 그리고 결말(conclusion)의 네 가지 단계 혹은 요소들로 구성되어 있다. 그런데 가끔은 이 네 가지 구성 요소가 구체적으로 내러티브의 어느 부분에서 다음 단계로 전환하고 있는지를 꼭 집어내기가 어려울 수도 있다.

서술적 설명은 이야기를 시작하는 데 필요로 하는 기본적인 정보들을 담고 있다. 그래서 서술적인 설명은 등장인물의 이름과 속성, 육체적인 모습, 생활 형편, 그리고 상호 인간관계에 관한 내용들을 제시하면서 등장 인물에 관하여 소개하거나, 지리적인 정황과 역사적 배경들을 언급하기도 한다. 스카(Ska)에 의하면, "서술적 설명에서 독자는 주인공이 처한 상황을 지시하는 짤막한 내용만을 발견하게 된다. 그런데 이야기의 처음 장면은 자세하고 구체적이며 독특한 데 반하여 서술적인 설명에서 제시되는 정보의 내용은 간결하고 포괄적이며 추상적이다. 저자가 내러티브에 포함시키는 것이 무슨 내용이든지 간에 서술적 설명은 독자로 하여금 이제 앞으로 이어질 일련의 행동들을 이해할 수 있도록 도와주는 것이다.

내러티브는 서술적 설명으로부터 이제 위기로 이동하는데 이 위기는 경우에 따라서는 긴장(tension)이나 갈등(conflict), 혹은 심화(complication)와 같은 용어

75) Shimon Bar-Efrat, *Narrative Art in the Bible*(Sheffield, Almond, 1989), 93.

로 다양하게 설명되기도 한다. 이야기가 전개되면서 일단 갈등이 등장하게 되면 긴장감이 고조되면서 해결국면을 향하여 이야기가 계속 진행된다. 이러한 이유에서 내러티브의 흐름 속에서 어떤 문제가 처음 등장하면 일부 학자들은 이 문제가 결국 결정적인 사건이나 계기로 발전할 것에 주목하기도 하고, 이후에 계속되는 과정은 심화(complication)나 또는 점증하는 긴장(rising tension)으로 설명되기도 한다. 또 학자들은 갈등이 최고조에 달하게 되는 것을 절정(climax) 이나 또는 최고점(peak moment)이라고 부르기도 한다.

이야기는 위기를 지나서 이제 해결에 도달하게 되면서, 내러티브의 플롯은 그 절정으로부터 이야기의 핵심적인 갈등이 해소되는 단계로 급진전하게 된다. 이 점에 대해서 스카(Ska)는 이렇게 설명한다. 내러티브의 분석에서 가장 관건이 되는 것은 바로 플롯의 해결 단계를 정확하게 파악하는 일이다. 내러티브의 흐름을 따라오는 독자가 가장 기다리는 부분이 바로 이 부분이다. 또 해결 단계는 다른 단계 못지않게 독자가 찾아내기에 쉬운 부분이기도 하다. 해결 단계를 거치면서 극적인 긴장도 해소되고 심지어는 이 긴장감이 완전히 사라지기도 한다.

내러티브는 이제 마지막으로 결말(conclusion) 혹은 대단원(denouement)에서 끝맺는다. 대단원(denouement)이란 용어는 절정이 분산된 산개(散開)형의 플롯이 마무리되는 경우를 가리킨다. 결말이나 대단원은 이야기의 결과나 해결 단계의 후속 결과로서 주인공의 최종 운명이 결정되는 단계이며, 독자에게는 특정한 메시지를 제공하기도 한다. 일부 내러티브에서는 해결 단계와 명확하게 구분될 만한 결말이 발견되지 않기도 하고, 개방향 종결로 끝나거나, 또 다른 새로운 플롯을 준비하는 요소들과 함께 마무리되기도 한다. 또 어떤 경우에 결말은 등장인물이 집으로 귀향하거나 또 다른 새로운 목적지를 향해서 떠나면서 그 단계가 부각되기도 한다.[76]

---

76) Steven D. Mathewson, *op. cit.*, 43-65.

② 등장인물(Character)

구약의 내러티브는 설명보다는 사건과 행동에 더 많은 관심을 기울이고 있는데, 우리가 이야기에 관심을 갖는 이유도 살펴보면 내러티브 안에 여러 사람들이 등장하기 때문이다. 구약의 이야기들을 해석하기 위해서 우리는 특히 등장인물과 아울러 그들이 어떻게 이야기를 펼쳐 가고 있는지에 주의를 기울일 필요가 있다. 그런데 이야기에서는 플롯이 중요한 역할을 하기 때문에 이야기를 해석하려고 할 때에는 등장인물이 플롯과 관련해서 어떤 역할을 하고 있는지에 대해서도 자세히 파악해야 한다.

구약의 내러티브를 해석할 때 설교자는 여러 등장인물들 중에 주연들(major characters)과 조연들(minor characters)을 구분할 수 있어야 한다. 이야기 안에서 각각의 등장인물이 맡고 있는 역할의 규모나 크기를 파악함으로써 설교자는 이를 구분할 수 있다. 설교자는 또한 각 등장인물의 역할의 규모나 성격에 근거하여 주인공이 어떤 범주에 속한지를 파악해야 한다. 등장인물을 범주화하는 것과 관련해서 문학 비평가들은 플롯의 흐름 안에서 필수 불가결한 존재로 등장하는 주인공(protagonists)과, 그 주인공에 대하여 대립적인 위치에서 독특한 역할을 감당하는 대항자(antagonists), 그리고 주인공에 대하여 대립적이거나 때로는 평행적인 모습을 보여 주면서 궁극적으로는 주인공을 더욱 부각시키는 조력자(foils)의 세 가지 유형으로 분류한다. 구약의 내러티브 안에서 이야기를 더욱 흥미롭게 만드는 등장인물의 유형을 분류하고 또 저자는 이들에게 어떻게 각각의 고유한 성격을 부여하고 있는지를 이해하고, 또 이들의 입에서 나오는 말이나 대화에 귀를 기울이는 데 좀 더 시간을 들인다면 설교자는 저자가 전달하려고 하는 의미를 이해하는 데 한 걸음 더 바짝 다가갈 수 있을 것이다.[77]

③ 배경(Setting)

설교자는 이야기의 배경(setting)이나 환경(environment)과 관련해서는 다음의 두 가지 이슈를 세밀하게 파악해야 한다. 첫 번째 이슈는 이야기가 진행되는

---

77) *Ibid.*, 57-65.

특정 시간과 공간에 관한 것으로서 이야기의 역사적이고 문화적이며 지리적인 배경을 가리킨다. 또 다른 이슈는 한 권의 책을 엮어내는 이야기의 전체적인 흐름 안에서 특정 이야기의 위치와 관련된 것이다. 학자들은 종종 이것을 가리켜서 문학적인 배경(literary setting)이라고 부르기도 한다.

구약의 내러티브를 연구할 때 연구의 결과가 성경 본문에 근거하게끔 안내해 줄 수 있는 다음의 두 가지 배경을 되도록이면 명확하게 파악하려고 노력하는데, 그것이 바로 본문 안의 배경(inner-textual setting)과 본문 밖의 배경(inter-textual setting)이다. 본문 안의 배경이란 문학 비평가들이 평소에 배경이라고 부르는 것으로서, 말 그대로 '내러티브 안에서 등장인물들에 의하여 플롯을 구성하는 사건이 진행되는 공간'을 가리킨다.

특정 내러티브의 의미를 온전히 파악하기 위해서 독자는 그 내러티브가 작은 부분으로 자리하고 있는 앞뒤의 전체적인 틀과 그 틀 안에서 해당 내러티브가 차지하는 위치를 살펴보아야 한다. 이것을 가리켜서 이야기의 '본문 밖의 배경'이라고 부른다. 설교자는 이야기에 깔린 본문 안의 배경과 본문 밖의 배경을 좀 더 분명하게 파악할 수 있으며, 이를 통해서 저자가 의도하는 의미에 한 걸음 더 가까이 다가갈 수 있다. 그리고 저자가 의도하는 의미를 확정짓기 위해서 설교자에게 남겨진 중요한 과제는 저자가 이야기를 들려줄 때 취하고 있는 관점을 파악하는 일이다.[78]

④ 관점(Point of view)

구약의 이야기를 읽는 독자가 그 이야기를 어떻게 경험할 것인지는 부분적으로는 그 이야기를 쓰는 저자의 관점에 달렸다. 애들리 베를린(Adele Berlin)에 의하면 독자는 등장인물이 어떤 사람인지를 직접적으로 파악하지 않고 암시된 저자(implied author)나 서술자(narrator), 또는 또 다른 등장인물을 통해서 중재되거나 또는 여과되면서 독자에게 다가온다고 한다. 우리는 이렇게 이야기를 풀어가는 저자의 입장을 관점(point or view)이라고 부른다. 따라서 이야기를

78) *Ibid.*, 67-70.

이해함에 있어서 설교자는 이야기의 플롯과 등장인물 그리고 배경 이외에 이야기의 관점이나 시각에도 주의를 기울여야 한다. 일반적으로 구약의 내러티브에 등장하는 서술자들은 제3자의 관점이나 혹은 3인칭 화법을 채택한다. 그러므로 이야기를 전달하는 저자의 시각 혹은 관점을 살필 때 주목할 부분이 바로 '초점 맞추기'(focalization)이다. 좀더 자세히 말해서 이것은 내러티브 안에서 어떤 자료들이 독자의 관점이나, 등장인물의 관점, 또는 서술자의 관점에 맞추어서 서술되고 있는 것인지를 관찰하는 것이다. 초점 맞추기의 첫 번째 경우는 외부적인 관점을 말하며 나머지 두 번째와 세 번째의 초점 맞추기는 내부적인 관점을 말한다.

서술자의 관점을 보여 주는 또 다른 문학적 장치는 전지성(omniscience)이다. 스턴벅에 의하면 "성경의 저자가 전지적인 능력을 가지고 있다고 말하는 것은 동일한 저자라도 그의 일상적인 실제 삶 속에서는 전혀 발휘할 수 없는 이야기 화법상의 특권을 그에게 부여하는 것"이라고 한다. 서술자의 관점으로 말미암은 또 다른 부산물이 바로 아이러니(irony)이다. 아이러니는 모순이나 부조화를 말한다. 스카(Ska)는 구약성경의 내러티브에서 문자적인 아이러니(verbal irony)와 극적인 아이러니(dramatic irony)의 두 가지를 구분한다. 문자적인 아이러니는 등장인물이 어떤 한 가지를 말했지만 여기에는 반대의 뜻이 담겨져 있는 말을 가리킨다.[79)]

(4) 내러티브 설교 구성의 단계

라우리는 내러티브 설교 구성을 위한 기본적인 단계들을 다섯 가지로 제시한다.[80)] 그것은 내러티브 설교가 움직임(movement)을 가지고 진행되기 위한 중요한 지침들이다. 물론 이것들은 최근에 발간된 그의 책 「Eugene Lowry, The Sermon: Dancing the Edge of Mystery」(Nashville: Abingdon Press, 1997)에서는 다소 수정되고 보완되면서 그 단계도 축소되었지만, 여기에서는 그의 초기의 이론을 중심으로 소개한다.

---

79) *Ibid.*, 72-76

80) Eugene Lowry, *op. cit.*, 40-98.

① 제1단계: 평형을 뒤집어라!(Upsetting the equilibrium)

첫 번째 단계에서 설교자는 본문으로부터 청중들이 느낄 수 있는 어떤 문제를 제기하여 설교의 주제 속으로 참여시키되, 모호함을 야기하면서 청중들이 가지고 있는 생각들을 뒤집어 그들의 마음의 평형을 깨뜨리는 단계이다. 여기에서 청중들은 의혹감과 당혹감을 갖게 될 것이다. 이 중요한 단계를 잘 개발하는 것에 설교의 성패가 달려 있다고 할 수 있을 것이다. 설교자들이 이 단계를 효과적으로 개발해 내기 위해서 극작가들이나 방송 작가, 혹은 소설가들의 접근 방식에 주의하는 것이 한 가지의 도움을 얻는 방법이 될 수 있을 것이다. 그들은 청중들이 어떤 상태에 있었든지 간에 그들 자신이 만들어 가는 세계로 청중들을 끌어들인다. 이와 같이 선포되는 설교의 첫 번째 단계는 마치 여러 종류의 갈증이나 긴장을 소개하고 있는 연극이나 영화의 서두 장면과 유사하다. 이 단계를 준비함에 있어서 몇 가지 주의 사항이 있다. 먼저 너무 주제와 무관한 모호함을 제시함으로써 그것에서 헤어나지 못하게 해서는 안 될 것이며, 흥미를 유발하기 위해 핵심 줄거리를 희생해 가면서까지 청중들의 주의를 끌려고 한다면 실패하게 된다는 것이다.

둘째로 이 단계에서 주의할 것은 줄거리의 해결점을 미리 말하지 말아야 하는 반면, 모호함으로 향하는 방향은 제시해 주어야 한다는 것이다. 청중들은 줄거리가 진행될 방향과 거기에 포함되어 있는 것을 알 필요가 있지만 그들에게 해결의 실마리가 드러나게 해서는 안 된다는 것이다. 여기서 중요한 핵심은 문제화된 이슈와 담겨진 내용이 무엇인지, 풀어가는 전혀 사실 같지 않은 점을 분석하는 어려움에 대한 실마리는 제공해 주어야 한다는 점이다. 이 단계의 목표는 청중들의 평형을 뒤집어 놓는 것이다. 일단 평정이 뒤집어지면 설교는 문제를 엄밀히 탐구하는 과정을 시작하게 된 것이다.

② 제2단계: 모순을 분석하라!(Analyzing the discrepancy)

두 번째 단계는 이미 보인 모순점과 모호함을 분석하는 단계이다. 제기된 문제를 탐구하고 왜 그것이 인간의 경험 속에서 일어나는가 하는 이유를 분명하게 하면서 그 문제를 진단한다. 전체적인 설교에서 가장 많은 시간이 필요한 단계로서, 라우리는 이 단계가 가장 중요한 단계라고 말한다. 왜냐하면 청중들이 이후 단계에서 주어질 복음을 심도 있게 경험하느냐 하는 것이 단계에 달려 있기 때문이다. 여기에서는 신학적인 근거도 제시될 수 있고, "왜"라는 질문을 계속해서 던지면서 인간 실존의 상태까지 심층 분석할 수 있다. 여기에서 '분석한다'는 것은 단순하게 서술하는 것이 아니며, 예화로 대치되어서도 안 되고, 깊이 있는 진단이 주어져야 한다. 묘사나 예화 대신에 설교의 두 번째 단계에서 필요한 것은 깊이 있는 분석과 진단이다. 분석과 진단의 과정은 전달되기 전에 준비 작업에 초점을 맞추어야 하며, 동시에 설교자는 회중과 함께 분석의 과정을 경험해 가야 한다. 청중들로 하여금 내면적으로 왜 그런가 하는 질문의 해답을 달라는 소리를 지르게 하는 것이다. 다음 단계에서 제시될 해결의 실마리를 생각하면서 그에 대한 준비로서 주어져야 하는 것이다. 이 단계를 통하여 설교자가 깊이 관심을 가져야 할 것은 모호함이 주는 긴박감이 형성되고 증대되어야 한다는 것이다.

③ 제3단계: 문제의 해결의 실마리를 드러내라!(Disclosing the clue to resolution)

제3단계는 라우리의 표현에 의하면, 역전의 원리 즉 "아하!"가 터져 나오는 단계이다. 이 단계에서 설교자는 문제 혹은 모호함의 진정한 해답을 제시해 주고, 복음의 실마리를 제공한다. 여기에서 중요한 것은 역전되는(reversal) 현상이 일어나고, 단순하게 지적으로 아는 단계가 형성되는 것이 아니라 '경험'이 일어나게 된다는 것이다. 여기에서 청중들은 그들이 기대하지 않았던 곳에 도착하는 것이다. 즉 모든 것이 뒤집어지면서 복음의 세계가 경험되는 것이다. 이야기가 언제나 극적인 역전의 원리에 의해서 이끌리는 것처럼, 설교자들은 이 단계에서 역전의 원리를 잘 활용할 수 있어야 한다. 역전의 원리의 계획 중심에는 적어도 네 가지 형태가 발생할 수 있다고 했다. 첫째는 원인·결과의 역전, 둘째는 변화된 원인의 역전, 셋째는 변화된 가정의 역전, 넷째는 변화된 논리의 역전이다. 일단의 해결의 실마리가 명료하게 표현되면, 청중은 어떻게 예수 그리스도의 말씀이 인간의 곤경과 교차하는가를 발견하기 위해서 하나님의 말씀을 받을 준비가 된다.

④ 제4단계: 복음을 경험하라!(Experiencing the Gospel)

해결의 실마리가 드러나면 이제 청중들은 복음을 경험할 준비가 된다. 그 이전 단계들은 이 단계를 위해서 존재한다. 모호함을 야기하고, 또 그 문제점들을 분석해 주면서 긴장감을 불러일으키는 것은 복음이 보다 효과적으로 경험되도록 하기 위해서이다. 여기에서 복음을 성급하게 제시하지 않고 연기하였다가 선언하는 것이 중요하다는 이야기이다. 그러므로 라우리는 복음을 경험하도록 하게 하기 위해서 타이밍을 잘 맞추어야 한다고 주장한다. 청중들은 기쁜 소식이 문제 상황에 전해지기 전에, 또한 무용함을 느끼는 것을 떨쳐 버리기 전에 자아 탐구의 전적인 무용함을 심미적으로 경험해야 한다. 적절한 상황을 만들어 내는 것에 근거를 둔 타이밍이 중요한 열쇠이다. 이전 단계에서 모호함이 적절하게 제시되고 또 문제의 실마리가 정확하게 제시된다면 복음은 명료하게 경험될 것이며, 청중들은 이 단계에서 다시 평정을 회복하게 될 것이다. 그러므로 라우리의 방법에서는 이 단계를 준비하는 것이 어려운 것이 아니라 2, 3단계를 준비하는 데에 어려움이 있다. 중요한 것은 내러티브 설교의 가장 핵심은 청중들로 하여금 복음을 듣게 하고, 체험하게 한다는 것이다.

⑤ 제5단계: 결과를 기대하라!(Anticipating the consequences)

이때쯤이면 지금까지 선포되는 설교를 통하여 청중들은 모순이 분석되었을 것이고, 해결의 실마리가 드러나면서 복음의 놀라운 소식을 경험했을 것이다. 이제 설교의 플롯(plot)에 있어서 모호함과 팽팽했던 긴장감은 이완되면서 마음의 해답을 얻는 기쁨이 있을 것이다. 이제 마지막 단계에서는 이렇게 주어진 복음에 대한 새로운 발견이 미래로 투사되면서 결론을 이루어 가게 된다. 경험한 복음을 중심으로 어떻게 삶을 살아야 할 것인가를 언급하는 단계이다. 라우리는 설교의 구성에 있어서 해결의 실마리는 문제를 '해결해 주는 것이 아니고, 단지 해결이 가능하도록 해 줄 뿐이라고 했다. 이와 같이 라우리의 내러티브 설교 방법은 이야기의 플롯을 따라 설교를 구성하는 방법이며, 설교가 진행되어 가는 움직임을 강조한다. 플롯된 설교는 기존의 설교 방법과 비교할 때, 청중들이 기대감과 관심을 가지고 설교자와 함께 설교를 진행해 갈 수 있다는 장점을 가진다. 또한 복음을 강조하는 설교라는 점은 그것이 가지는 또 하나의 장점이라고 할 수 있겠다. 한국 교회의 상황과 설교 현장에 이러한 내러티브 설교를 어떻게 적용할 것인가? 미국 교회의 상황에서 설교의 새로운 지평을 열어준 이 설교 방법이 한국 교회의 청중들에게도 효과적인 방법이 될 것인가는 계속적으로 연구하고 주목해야 할 사항이지만, 이러한 설교 방법론이 전통적인 설교 방법에 새로운 가능성을 제시하고 있다는 점에서 한국 교회 강단에도 새로운 활력을 가져다줄 수 있는 방법으로 기대된다.

(5) 내러티브 설교의 전달 방법

① 구약의 이야기와 등장인물, 문화를 창조적으로 묘사하는 서적들을 참고하라

설교에서 이야기에 생명력을 불어넣는 방법 중의 하나는 구약의 이야기와 등장인물 그리고 문화를 창조적으로 묘사하는 서적들을 참고하는 것이다. 『벽을 뛰어넘기: 일상의 그리스도인들을 위한 현실적 영성』(Leap Over a Wall: Earthly Spirituality for Everyday Christians)라는 책에서 유진 피터슨은 다윗의 생애를 깊이 묵상한 결과를 소개하고 있다. 이 책에서 피터슨의 주된 관심은 영성 형성에 있지만, 그의 묵상 결과는 이야기를 잘 전하기를 원하는 설교자들의 상상력을 일깨우는 데 많은 도움이 된다.

② 역사-문화적 연구를 충분히 하라

이야기에 나오는 장면을 실감나게 묘사하려면 먼저 성경 사전이나 기독교백과사전, 성경지도, 고고학 관련 서적들을 통해서 본문에 대한 역사적-문화적인 연구를 충분히 해야 한다. 이러한 연구 조사는 설교자에게 구체적인 사항들을 제공해 주며 설교자의 상상력이 성경 본문과 조화될 수 있도록 지켜 준다.

③ 이야기에 대하여 보편적으로 용인된 요소들을 터득하라

오늘날 우리의 문화에서 이야기꾼은 청중이나 독자를 이야기 속으로 끌어들이는 여러 스타일을 발전시켜 왔다. 그중 몇 가지는 선호도 여부에 따라 취사

선택하겠지만 설교자는 그래도 기본적인 규칙은 준수해야 한다. 물론 이야기를 들려준다는 것은 일종의 예술 행위이므로 항상 규칙에 얽매여야 하는 것은 아니지만 그럼에도 불구하고 설교자는 기본적인 원칙을 통달해야 한다.

㉮ 구체적이고 명확한 단어를 사용하라. 일반적인 사항이나 틀에 박힌 상투적 문구로는 청중의 관심을 사로잡을 수 없다. 그러므로 좀 더 명확한 동사를 사용해야 한다.

㉯ 과도한 수식은 피하라. 일부 설교자들은 모호한 동사나 명사 때문에 야기된 지루한 느낌을 무너뜨리기 위해 형용사와 부사를 사용하기도 한다. 그러나 과도한 수식어구는 이야기를 더욱 어수선하게 만드는 경향이 있다. 될 수 있는 한 문장을 짧게 하고 불필요한 단어를 다 제거하라. 그러나 주의할 점이 있다. 앞의 문장들이 의미를 분명히 드러내지 못한 상태에서 짤막한 문장을 바꾸어서 좀 더 긴 문장으로 분명하게 표현해 주지 않으면 전달되는 내용이 모호해질 수 있다.

㉰ 표현을 둔감하게 만드는 부분을 제거하라. 표현에 있어서 일부 요소들은 마치 캠프 파이어 도중에 쏟아지는 폭우처럼 이야기의 생명력을 질식시킨다. 예를 들어, 수동태 문장은 이야기의 활력을 빼앗아간다. 동작을 표현함에 있어서 수동태 동사는 주어에 이끌려 다니며 과거분사형 동사에 더하여 "……이다"(is), "……였다"(was, were), "……했었다"(has been)가 덧붙여진다. 능동태는 문장의 주어가 실행한 행동을 묘사한다.

㉱ 지나치게 능란한 표현은 삼가라. 독특한 단어나 문장을 너무나도 많이 동원하는 것은 팬케이크에 너무나도 많은 당밀 시럽을 붓는 것과 동일한 결과를 가져온다. 설교자는 종종 지나치게 감각적인 표현들을 사용하려는 유혹을 느낀다. 밋밋한 단어를 피하려고 애쓰다가 일부 설교자는 너무나도 심한 표현들을 동원하기도 한다. 동일한 용어를 가지고서라도 어떤 설교자는 분명한 차이를 만들어 낼 수도 있겠지만 적절한 단어를 선택함으로써 전체적으로 이야기를 좀 더 효과 있게 전달할 수 있다.

㉲ 청중에게 말하려 하기보다는 보여 주어라. 단순히 이야기를 전하려고 하기보다는 독자나 청중이 스스로 결론을 내리거나 무언가를 느끼도록 유도하라.

원고를 기록함으로써 설교자는 강단에서 효과적으로 메시지를 전달할 수 있도록 해 주는 구체적이고 명확한 이미지들을 미리 확보할 수 있으며, 들려주는 이야기는 간결하면서도 더욱 생생해질 것이다.

그밖에 구약의 내러티브를 설교하려는 설교자들은 본문의 이야기를 다시 들려주는 것 이외에 적절한 이미지들을 계발하는 일에도 어느 정도 시간을 투자하려고 할 것이다. 청중의 마음속에는 지적인 정보뿐만 아니라 그림과 장면들도 각인되어야 한다. 청중은 자기 마음의 화랑에 걸린 그림과 장면에 따라 반응한다.[81)]

(6) 내러티브 설교의 실례

라우리의 내러티브 설교의 가장 대표적인 설교문으로 알려진 "누가 더 달라고 요청할 수 있습니까? "(Who Could Ask for Anything More?)의 설교를 분석하였다.[82)]

◉ 제1단계: 평형을 깨뜨리는 단계

포도원 주인이 오늘 그의 포도원에서 일할 일꾼들을 불러오기 위해 시장터에 나간 것은 아침 7시 15분경이었습니다. 주인은 그들에게 그날 하루의 품삯으로 한 데나리온을 주기로 약속했습니다. 그것은 적절한 액수였습니다. 그래서 그들은 포도원으로 일하러 갔습니다. 9시 15분전쯤 주인은 다시 동네의 시장터와 같이 사람들이 많이 모이는 곳으로 나갔습니다. 그곳에서 일할 거리를 찾고 있는 사람들을 발견하고 그 주인은 말했습니다. 그 주인이 "내가 상당하게 지불할 것이라."고 말하자 그들은 그 주인의 포도원으로 일하러 갔습니다. 역시 12시 15전쯤에 주인은 시장터에 다시 나왔습니다. "왜 이 사람은 처음에 필요

81) Steven D. Mathewson, *op. cit.*, 134-42.

82) Eugene Lowry, *How to Preach a Parable: Designs for Narrative Sermons* (Nashiville: Abingdon Press, 1989), 115-121. 이 설교는 노스캐롤라이나 듀햄(Durham)시에 위치한 듀크대학의 채플에서 행해진 설교를 김운용 교수께서 번역한 내용이다.

한 만큼의 사람들을 고용하지 않았을까? 아마도 태풍이라도 불어온다는 뉴스를 들었나 보지!" 하고 그 어떤 사람들은 의아해할 수도 있었을 것입니다. 오후 3시가 다 되어가는 시간에도 이 포도원 주인은 다시 나왔고, 불과 일할 시간이 한 시간 정도밖에 남지 않은 오후 5시가 다 되어가는 시간에도 나왔습니다. 드디어 일이 끝나는 오후 6시가 되었습니다. 임금이 지불될 시간입니다. 주인은 포도원의 살림을 총괄하고 있는 총무과장에게 귓속말로 속삭였습니다. "제일 늦게 와서 일을 시작한 사람부터 임금을 지불하세요." 임금을 받은 그들은 놀랬습니다. 겨우 한 시간밖에 일하지 않았는데, 그들은 한 데나리온을 다 받는 것이었습니다. 그는 너무나 기뻐서 흥분이 되었습니다. 7시에 온 사람들의 반절도 일하지 않았는데 한 데나리온이라니……. "저 주인은 아마도 시간당 한 데나리온을 지불하는 모양이지? 그렇다면 오늘 하루 일하고서 우리는 한 달 수입의 반절은 벌게 되었구나!" 정말 믿기지 않는 일이었지만 적어도 오후 3시에 와서 일한 사람들에게 임금이 지불될 때까지 그들은 그것을 철석같이 믿고서 기뻐했습니다. 그런데 3시에 와서 일한 사람에게도 한 데나리온이 주어지는 것이 아닙니까? 저 사람이 무엇인가 실수한 거겠지? 아마도 저 인자한 주인은 총무과장에게 다시 귀에 대고 그가 실수한 것이라고 아마도 일러 줄 거야.

그러나 그러지를 않았습니다. 청지기는 12시에 와서 일한 사람에게도 동일하게 한 데나리온을 주는 것이 아닙니까? 아침 7시에 와서 일한 사람의 얼굴에서 미소는 완전히 사라졌습니다. "그럼, 얼마나 오랫동안 일했는가는 상관없이 주인은 모든 사람에게 똑같이 임금을 지불한다는 말인가?" 믿을 수 없는 일이었습니다. 아니 상상조차 할 수 없는 일이었습니다. 아침 7시에 와서 진종일 일한 사람도 한 데나리온만을 받았습니다. 본문은 말합니다. 그들이 "투덜거렸다." 그러나 그것은 성경에 그대로 실을 수 없어서 점잖은 표현을 쓴 것일 것입니다. "아니, 나중 온 사람하고 동일하게 임금을 주는 것은 말이나 되는 거야? 가장 늦게 온 사람은 땀 흘릴 시간도 없이 고작 한 시간 일했는데, 한낮의 뙤약볕에서 진종일 일한 우리와 똑같이 취급할 수 있는 말인가?" 그들의 말은 거칠어졌습니다. "잠깐만." 주인은 대답했습니다. "왜 더 줄 것이라고 기대했습니까? 오늘 아침 당신들과 약속한 것을 잊었습니까? 하루 품삯으로 한 데나리온을 주기로 약속한 것에 동의하지 않았습니까?" "물론 동의했지요. 그러나 지금은 좀 다르지 않습니까? 한 시간 일한 사람에게 한 데나리온을 주셨으면, 당연히 우리는 좀더 받아야 하는 것 아닙니까? 당연히 우리는 더 받을 것을 기대했습니다." 주인은 말했습니다. "무엇이 잘못된 게 있습니까? 내가 관대한 것에 대해서 왜 당신들이 불평하는 것입니까? 나는 그들에게도 똑같이 지불하겠다고 마음먹었소. 그것은 당신들이 상관할 바가 아니오. 내 돈을 내 마음대로 쓰는데 당신들이 왜 소란들이오. 당신들 돈을 받았으면 돌아가시오."

◉ 제2단계: 불일치를 분석하는 단계

아침 일찍부터 일한 사람들의 말도 일리가 있다고 생각하지 않습니까? 만약 우리 자신이 아침 7시부터 진종일 일한 사람들이라고 생각하면 그때 우리의 마음은 어땠을까요? 일한 시간이 다른데 어떻게 똑같이 월급을 받는다는 것입니까? 그것은 공정하지 못한 것입니다. 만약 당신이 공무원으로 일하고 있다면, 아무리 내 돈이라도 내가 원하는 대로 지불할 수는 없을 것입니다. 만약 당신이 시교육위원회에 속한 위원으로서 새로운 교사를 채용하려고 할 때, 지원자 중 선정된 두 사람이 대학을 우수한 성적으로 졸업했고, 거의 동일한 경력을 가지고 있다고 합시다. 한 사람은 남자고, 한 사람은 여자입니다. 만약 당신이 현재의 구직 시장(job market)의 상황을 고려해서 여자라는 한 가지 이유만으로 남자보다 월급을 덜 지급한다고 합시다. 당신은 바로 일을 처리하지 못한 것이고, 당신은 해고감이 될 것이고, 당연히 그리 되어야 할 것입니다. 만약 당신이 정원의 일을 맡기기 위해서 몇 사람의 임시직의 일꾼을 구한다고 합시다. 한 사람은 백인이고, 한 사람은 흑인이었습니다. 그 사람이 흑인이라는 이유만으로 그 사람에게 돈을 적게 지불한다면 그것은 잘못된 것입니다.

이 이야기도 약간의 차이가 날 뿐이지, 동일한 이슈를 다루고 있습니다. 전국노조연합회에서 이러한 이야기를 들었다면 참으로 할 이야기가 많은 내용 같지 않습니까? 사실 저는 여기에서 충격을 받는 것이 있습니다. 도대체 예수님은 이 땅에 계실 때, 왜 이렇게 불공정한 주인의 편을 드시는 것입니까? 사실 늦게 온 사람부터 임금을 지불한다는 것도 잔인한 것이고, 말문이 막히는 일입니다. 그는 아침 7시부터 와서 일한 사람으로 하여금 그 불의가 행해지고 있는 현장을 처음부터 끝까지 지켜보도록 했습니다. 주인은 그에게 먼저 품삯을 지불하고 그들을 보낸 다음에 9시에 온 사람, 12시에 온 사람 순으로 지불했어야 했습니다. 그렇게 했다면 아무도 그것을 알지 못했을 것입니다. 아마도 내일 아침 7시에 시장터에 가서 사람을 찾는다면 무슨 일이 일어날 것이라고 상상할 수 있겠습니까? 아무도 그 시간에는 없을 것이고, 사람들은 아마 오후 5시 15분전에 사람을 찾으러 가는 시간에 맞추어 몰려들 것이고, 오직 한 시간만 일하고 같은 임금을 받으려고 할 것입니다.

◉ 제3단계: 문제 해결을 위한 실마리를 제시하는 단계

이 이야기에는 특별한 무엇인가가 담겨 있음에 틀림없습니다. 그렇지 않다면 도무지 이 이야기를 이해하기가 어려운 것 같습니다. 이 이야기를 이해하는 첫 번째 실마리는 나중에 온 사람에게 먼저 지불되는 장면 가운데 나타납니다. 그러나 마태복음의 한 장을 깊게 관심을 갖지 않고서는 이 이야기의 요점을 놓치고 말 것입니다. 바로 19장에 나타나는 장면을 기억하십니까? 예수님은 한 젊은 부자 관원과 이야기를 나누고 계십니다. 그는 한 가지를 제외하고는 그의 삶이 바로 되어 있었던 그런 젊은이였습니다. 예수님은 말씀하십니다. “가서 모든 것을 팔아라. 그리고 그것을 가난한 모든 사람들에게 나누어주어라. 그리고 와서 나를 좇으라.”

예수님과 그 젊은 관원이 나누는 이야기를 들으면서 그들의 귀를 의심해야 했습니다. 그들은 바로 전에 교회 성장 세미나에 다녀왔습니다. 예수님께서 훌륭한 성도가 될 수 있는 촉망 있고 부자인 관원을 돌려보낼 것이라고는 상상도 할 수 없었습니다. 예수님은 그들이 충격 받는 것을 보시고 말씀하셨습니다. “내가 너희에게 이른다. 부자가 하늘나라에 들어가기가 얼마나 어려운지, 낙타가 바늘귀로 들어가는 것보다 더 어렵다.” 여기서 이 이미지를 비신화화하려고 하지 마십시오. 어떤 이들은 바늘귀는 예루살렘 성의 문을 말하는 것이라고 말입니다. 예수님이 의미하신 것은 말씀하신 그대로입니다. 아주 살찐 낙타가, 그것도 커다란 혹까지 등에 짊어진 커다란 낙타가 조그만 바늘귀로 들어가는 그

것이, 부자가 하늘에 들어가는 것보다 훨씬 쉬울 것이라는 말입니다. “그래요, 그것은 전혀 불가능한 일이겠네요.” 제자들은 그렇게 말했습니다. 그렇습니다. 그들은 정곡을 찌르고 있었습니다. 그러나 예수님은 그들에게 복된 소식을 전해 주십니다. “그래, 사람들에게는 그것이 불가능한 일이지. 그러나 하나님에게는 모든 일이 가능하단다.” 그러나 제자들은 그 요점을 전적으로 다 놓치고 있었습니다. 시몬 베드로는 나아와서 실언을 하고 맙니다. “예수님, 우리는 주님을 따르기 위해 모든1 버렸습니다. 우리는 무엇을 얻겠습니까?” 들으십니까? “우리가 주님을 따르기 위해 모든 것을 버렸습니다. 그럼 과연 우리는 무엇을 얻겠습니까?” 주님의 대답은 무엇이었습니까? “속았다(Cheated)!” 베드로가 얻을 것이라고 생각했다면 너는 속았다는 것입니다. 하나님 나라는 비즈니스 거래가 아니며, 계약(contract)을 체결하는 것도 아니라는 말씀입니다. 그것은 ‘언약’(Covenant)에 해당하는 것입니다. 만약 여러분도 “결론적으로 내가 얻을 것이 무엇입니까?”라고 물으신다면 대답은 간단합니다. “그렇게 생각한다면 너도 속았다.” 이런 설명에 이어서 곧바로 따라오는 것이 오늘의 본문인 포도원 품꾼들의 이야기입니다. 따라서 이 이야기를 통해서 우리 모두도 어떻게 스스로 속임을 당했는가를 알게 될 것입니다. 물론 나는 나보다 일을 더한 사람들과 나 자신을 비교해 본적이 없습니다. 늘 나보다 적게 일한 사람과 비교합니다.

이 ‘결론적으로’의 멘탈리티는 언제나 교회를 혼란스럽게 해 왔습니다. 내가 어렸을 적, 캔사스주의 위치타시의 어느 작은 감리교회에 다닐 때, 어른들이 나누던 이야기를 지금도 기억하고 있습니다. 그중에 한 가지는 늘 그런 내용이었습니다. “우리의 물질과 시간을 드려서 일평생 교회를 섬겼고, 말씀을 따라 바로 살며 노력하고 좁은 길을 걸으려고 노력해 온 우리가 천국에 갔을 때, 평생을 자기 마음대로 살다가 임종 자리에서 겨우 예수를 믿고 죽은 사람과 함께 같은 천국에 들어가게 된다면 그것은 너무나 불공평합니다. 정말 같은 천국이라고 말씀하셨습니까? 그렇다면 그것은 정말 공평한 일이 아닙니다.”

가끔 이러한 태도는 비극적인 형태로 나타나기도 합니다. 어느 주일날 오후, 당신이 다양한 경험들을 가진 교회 지도자들이 함께 모여 훈련받는 자리에 있었다고 합시다. 참석자들은 몇 개의 소그룹으로 나뉘어져 빙 둘러 앉아 모임을 가졌다고 합시다. 인도자가 말하기를 "먼저 우리 자신들을 소개하는 시간을 가집시다. 간단히 우리가 어떤 사람인지 서로 나누도록 합시다."라고 합니다. 사람들이 둘러앉아서 자기의 순서를 기다리고 있는데, 한 나이가 드신 분이 자신을 소개합니다. "제 이름은 아무개이고 한때 연관공이였습니다." '한때?' 도대체 그는 무엇을 의미하는 것인가? 삶은 계약인데, 그의 계약은 이제는 다 끝났다는 말인가? 그는 한때는 돈을 벌어서 집에 가지고 갔던 사람이었고, 그러나 지금은 아무것도 아닌 그저 '한때'만을 바라보며 사는 사람이라는 말입니까? 한 여자 분의 순서가 되었습니다. 그 여인은 수줍어하면서 이렇게 말했습니다. "저는 단지 주부에 불과합니다." '단지?' 그것이 무엇을 의미하는 것입니까? 그는 전혀 돈을 벌어오지 못한다는 의미입니까? 이제는 요리를 하고, 부엌을 정리하고, 그리고 나머지 다른 일을 위해 하루 18시간 이상을 보내는 가정주부에 불과하다는 말인가? 여기에서 계약은 희미해지고, 아무것도 아닌 것처럼 말합니다.

◉ 제4단계: 복음을 경험하는 단계

이제 여러분이 3살, 6살, 9살 먹은 세 자녀를 둔 부모라고 상상해 보십시다. 여러분은 세 살 먹은 아이보다 9살 먹은 아이를 세 배나 더 사랑하십니까? 9살 먹은 큰 아이는 나이를 세 배나 더 먹었고, 가장 오랜 시간 부모를 많이 도와주었다는 이유 때문에 말입니다. 아니 당신이 9살 먹은 아이라면, 당신은 세 살 때 했던 것보다 부모님을 세 배나 더 사랑하십니까? "아니, 그것은 말도 안 되는 소리입니다. 우리는 한 가족인 걸요?" 그렇습니다. 이것은 한 가족이 된 사람들의 이야기입니다.(Exactly. This is family. So's the story). 시몬은 이것이 사업의 거래로 생각했지만, 예수님은 지금은 가족의 계약에 대해서 말씀하고 계십니다.

◉ 제5단계: 결론을 기대하는 단계

포도원 주인이 지금 이 시간 어디에 있는 줄 아십니까? 그분은 지금도 아직도 포도원에 청함을 받지 못한 사람들을 찾기 위해서, 아직 그 부르심에 응답할 기회를 갖지 못한 사람들을 찾기 위해 시장터로 나가고 계십니다. 그 청함이 아침 7시에 주어졌든, 아니면 9시에 주어졌든, 정오에 주어졌든, 혹은 오후 3시나, 5시에 주어졌든, 혹은 일할 시간이 다 지나버린 새벽 두시에 주어졌든 상관하지 않으시고 부르시기를 원합니다. 포도원에 초청받았다는 것은 하나님의 가족으로서 본향에 청함 받은 것입니다. 누가 더 달라고 할 수 있다는 말입니까?

① 쟁점(issue)을 발견하라

이 비유의 경우 우리는 그 쟁점에 대한 매우 분명한 실마리를 가지고 있다. 전통적인 설교 모델에서는, 만일 쟁점이 있다면 그것은 미리 해결된다. 당신이 그것을 질문했든지 혹은 그렇지 않든지 간에, 당신의 질문에 대한 "해답은 이것이다." 그러나 나의 모델은(나 자신에게) 질문함으로써 시작된다. "무엇이 쟁점인가?" "무엇인가가 하늘 높이 떠 있어야만 한다." 그러나 설교의 나머지 부분의 핵심이 되는 쟁점을 발견하는 것이 언제나 쉬운 일만은 아니다. 예를 들면, 지난 여름에 나는 로마서 9:1~5와 씨름했다. 바울은 하나님 사랑의 지속성에 관한 시적인 구절로서 이 본문 바로 앞장의 토론을 마쳤다(롬 8장). 그 다음, 그는 갑자기 "내가 그리스도 안에서 참말을 하고 거짓말을 아니 하노라." (롬 9:1)라고 말을 잇는다. 처음에 나는 이 첫 두 절의 쟁점을 '진리'에 대한 것으로 생각했다. 그래서 나는 그 쟁점에 대해서 많은 연구를 했다. 그러나 그러한 노력이 그다지 큰 의미를 지니지 못한 것처럼 보였다. 그래서 나는 쟁점을 다시 표현해 보기로 했다. 아마도 그것을 "어떻게 하면 믿음의 사람이 될 수 있을까?"로 표현할 수 있을 것 같았다. 다시 나는 한동안 그 쟁점을 연구하면서 보냈지만 그것도 아닌 것 같았다. 그러면서 나는 '바울이 그렇게 강하게 제기한' 문제에 대한 반응으로 어떤 일이 일어났는지 궁금하게 되었다. 로마에 있는 어떤 사람이 바울의 이해와는 다른 이야기를 전파했던 것으로 보인다. 그래서 그 쟁점은 이렇다. 여러분들이 잘못된 것으로 알고 있는 여러분들의 행동에 관한 이야기를 다시 듣게 될 때, 여러분은 어떻게 합니까? 설교에서 나는 나에게 그러한 일이 일어난 경우의 이야기를 들려줌으로써 설교를 시작하기로 했다. 그래서 이 설교 모델의 첫 단계는 다음과 같이 된다. 쟁점을 해결하기 전에 쟁점을 진술하거나 그림으로 그리는 길을 발견하라.

② 쟁점(issue)을 탐구하라

다음의 단계는 쟁점을 돋보이게 하고, 극적으로 제시하기 위해서 계획된 것으로 보인다. 세부 사항들이 기술적으로 선택된다. 사마리아인의 비유에서 그 남자는 옷이 벗겨졌다. 당신은 당신이 벌거벗은 사람을 접촉하는 모습을 누군가가 본다면 좋아하겠는가? 그는 맞아서 몸 곳곳에 맞은 상처가 뚜렷이 남아 있었을 것이다. 만일 그의 몸 어딘가가 부러졌다면 어떻게 할 것인가? 즉각적인 응급조치가 이루어지지 않았고, 그는 '반쯤 죽은 상태'로 내버려졌다. 만일 우리가 문외한의 심정으로 이 마지막 내용을 읽는다면, 우리는 자신에게 이렇게 속삭일 것이다. '반쯤 죽었다면, 반쯤 살아 있는 것인가?' 그러나 실은 이와 같은 방식으로 도덕적 선택이 우리들에게 제시된다. 우리에게 주어진 선택이 이렇기 때문에 무엇을 어떻게 행해야 할지 결정한다는 것은 진정으로 어려운 일이다. 그리고 죽은 사람을 접촉하는 것이 세기의 유대인들에게 공식적으로 부정적인 결과를 초래한 것처럼, 우리들 중의 대부분은 여전히 시체와 접촉하기를 좋아하지 않는 사람과 동일한 감정을 느낄 수 있는 것이다. 이 쟁점을 탐구할 때, 이러한 점을 고려하는 것은 중요하다. 또한 이 비유 속에서는 어떤 사람도 '좋은 사람'으로 표현되거나 혹은 '나쁜 사람'으로 표현되지 않는다는 점을 주목하는 것이 중요하다. 우리가 그 비유를 '선한' 사마리아인의 비유로 명명해 온 것이 우리 자신의 도덕주의적 경향성을 반영해 주는 신호이다.

'반쯤 죽은' 사람에게 가까이 다가온 첫 번째 사람은 제사장이다. 그가 '나쁜' 사람으로 묘사되지 않았다는 것을 기억하는 것이 중요하다(그 사마리아인 역시 '좋은' 사람으로 묘사되지 않았다). 1세기에는 반성직주의적 감정이 상당히 퍼져 있었고, 아마 그것이 이 이야기의 원초적 양식을 형성하는 데 도움이 되었을 것이다. 그럼에도 불구하고 그 제사장이 '반쯤 죽은' 사람을 접촉하는 모험을 하기를 꺼렸던 합당한 이유가 있었다. 그 제사장은 아마 가족들과 멀리 떨어져서 일주일간의 성전 의무 봉사를 끝내고 집으로 돌아오는 중이었을 것이다. 그는 주일예배를 끝낸 후의 나 자신의 심정과 같이 사람들의 과다한 요구와 기대로 인해 지쳐 버려서, 그의 연민의 정은 거의 메말라 버렸을지도 모른다. 만일 그 사람이 죽었고 그 제사장이 그를 접촉했다면, 그는 평생 제사장의 봉사를 거부당했을 것이다. 그리고 그가 집에 도착했을 때, 그는 그의 가족들을 한동안 접촉할 수 없었을 것이다. 왜냐하면 그는 '부정'해졌기 때문이다. 레위인이 그 시체를 접촉한 경우, 평생 동안 성전봉사를 금지 당하지는 않았다는 점을 제외하고는, 제사장의 경우와 거의 동일한 영향을 미쳤을 뿐만 아니라, 그들 두 사람 모두 기분이 좋지 않았을 수도 있다. 그 시대의 식사 관습에서 볼 때, 육류를 먹는 것은 드문 일이었다. 그러나 성전에서 봉사하는 제사장들과 레위인들은 대부분 육류를 먹었고(제사드리고 난 결과로서), 그로 인해 병이 든 사람도 많았다.

이야기의 이 지점에서, 유대인 청중은 유대인 평신도가 무대에 등장할 것으로 기대했을 것이다. 왜냐하면 당대의 다른 이야기들은 이런 유형을 따랐기 때문이었다. 그러나 사마리아인이 대신 출현했다. '사마리아인'이라는 용어는 최소한 두 가지로 번역될 수 있었다 첫째, 그 단어는 사마리아인 고유의 정체감에 뿌리를 둔 것으로, '예식 준수자'라는 뜻을 가진(shamerim) 단어에서 왔다. 달리 말하자면, 그들은 다른(예식을 준수하는) 유대인들과 같이 청결 율법에 의해서 구제받았다. 사마리아인이라는 이름은 또한 그들을 업신여기는 사람들에게는 쇼메로님(shomeronim), 곧 사마리아 지역에 사는 '사람들', 다시 말하면 잡종 유대인을 뜻하는 것이었다. 연민의 마음을 가지고 행동하는 사람은 사마리아인이기 때문에, 청중들은 그 쟁점을 다시 구성해서 예상하지 못했던 방향으로 그 이야기를 끌고 가도록 강요받는다. 이 모델에서 우리는 두 번째 부분에서 시작하여 그 쟁점을 탐구하고, 세 번째 부분으로 가서 그 쟁점을 재구성하기 시작했다.

③ 쟁점(issue)을 재구성하라

이 시점에서 두 가지의 이야기 방향이 가능해진다. 이야기의 주인공들과 동일시하는 문제와 관련해서, 원래의 청중들은 유쾌하지 않은 선택을 해야만 했다. 그들은 아마도 자신을 제사장이나 레위인과 동일시하지는 않았을 것이다. 이것은 '반쯤 죽은' 사람을 동일시하지 않았을 사람으로 이전에 간주하여 내버려 두었다. 그리고 사마리아인을 선택하는 것은 또한 문제를 야기했다. 우리는 그 부상당한 사람과 함께 '길 안으로 들어가든지' 혹은 사마리아인과 동일시해야만 한다. 만일 우리가 사마리아인을 택한다면, 다음과 같은 질문이 떠오른다. '그의 경험은 제사장이나 레위인의 그것과 어떻게 달랐는가? 나는 사마리아인은 홀대받을 것을 감수해야 할 만한 긴급한 경우가 아니라면, 예루살렘에 가지는 않았을 것으로 생각한다. 아마 그는 장사를 하기 위해서 그곳에 가야만 했을 수도 있다. 아마 예루살렘에서 그는 불유쾌한 경험을 했을 것이라고 충분히 추측할 수 있다. 유대인은 곤경에 빠진 사마리아인을 도와야만 하는 규례에 매여 있지 않았다. 따라서 양심의 고뇌 없이 사마리아인에게 거짓말하거나 그를 속일 수가 있었다. 그렇다면 여기에서 '이웃이라는 쟁점'을 재구성할 수 있는 길이 두 가지 있다는 것이 분명해진다. 하나는 아마도 내적으로 상처 입은 사마리아인의 경험을 바라보면서 다음과 같이 말할지도 모른다. "그 사마리아인처럼 상처 입은 경험이 이웃됨의 단서가 된다."(그것은 그의 '배' 혹은 문자적으로 말하자면 창자 속에서 깊이 느낄 수 있는 능력에 기원한 것이다). 다른 하나는 그 길가에 놓인 사람을 바라보면서 이렇게 말하는 것이다. "이웃이라는 쟁점의 단서는 학대당하고 발가벗겨진 상태에서, 평상시에는 전혀 교제도 하지 않고 지낼 그런 사람으로부터 도움을 받은 자신의 개인적 경험을 기꺼이 바라보고자 하는 태도이다." 어떤 길을 택하든 간에, 그 쟁점은 재구성되기 시작한다. 재구성은 "너희 생각으로는 이 세 사람 중에 누가 강도를 만난 사람의 이웃이 되겠느냐?"라는 예수님의 질문 및 그에 대한 청중의 답변으로 완성된다. 원래의 쟁점은 결코 그와 같이 해결되지는 않는다. 그 대신 우리는 새로운 쟁점과 그것의 해결에 대한 단서를 가지고 있는 것이다. 간략히 말하자면, 재구성된 쟁점은 곧 나는 어떻게 하면 진정한 이웃이 될 수 있을까 하는 질문이다. 그리고 내가 예수님의 단서를 정확히 들었다면, 그 답변은 곧 샘물처럼 솟아나는 연민어린 이웃사랑과 그 이웃사랑의 실천은 개인의 양심으로부터 우러나는 것이 아니라 개인의 상처받은 자아로부터 솟아난다는 것이다.

④ 쟁점(issue)을 해결하라

그 모델의 네 번째 부분은 그 이야기가 함축하고 있는 의미와 관련되어 있다. 어떤 의미에서 우리는 그 부분으로 이미 들어섰다. 원래의 비유에서 이것은 아마도 청중의 창조적인 상상력에 내맡겨진 것 같았다. "가서 이와 같이 하라"는 가르침은 아마도 초기 설교자에 의해서 첨가된 구절인 것 같다. 그리고 그런 점에서 그에 대해 생각해 볼 만한 가치가 있는 것 같다. 내가 그것을 곰곰이 생각해 보았을 때, 나의 경험 속에서 일어났던 어떤 일이 마음에 떠올랐다. 다른 교회에서 사역하는 나의 동료 여성 목회자는, 최근에 그녀가 초청받은 교회에서 겪은 그녀의 경험에 대해서 나에게 말해 주었다. 그녀는 자신이 받았던 '끊임없는 비판' 때문에 얼마나 외로웠고, 또한 얼마나 마음에 깊은 상처를 받았는지를 이야기했다. 그녀는 나에게 자신이 어떻게 했으면 좋을지 의견을 물었다. 나는 그녀에게 자신이 얼마나 상처를 받고 있는지를 사람들에게 알리고, 그들로 하여금 그녀를 도울 수 있는 기회를 주라고 제안했다. 그녀는 "오! 나는 그렇게 할 수 없어요. 그들은 나를 산 채로 잡아먹으려고 할 거예요."라고 답변했다. 그녀가 말하는 바는, "그 사마리아인들은 내가 반쯤 죽은 것이 아니라 완전히 죽은 것을 확인하려 들 것이다."라는 것이었다. 나는 얼마 후 그녀의 취임 예배에서 설교를 맡게 되었다. 자신의 연설 순서가 되었지만, 그녀는 너무나 힘겨운 나머지 그저 울어 버렸다. 그녀가 울게 되자, 그녀와 함께 연단에서 있던 그 교회의 성도들이 즉시 그녀에게 달려가 양편에서 그녀를 부축해 주었다. 그리고 그 예배에 참석한 그 교회의 다른 성도들의 몸짓을 살펴본 결과, 나는 그들도 또한 연단 위에 있었더라면 단위의 사람들과 마찬가지로 그녀를 도와서 부축해 주었을 것이라고 믿는다. 우리가 우리의 상처를 다른 사람들에 대한 우리의 연민의 원천이자 안내의 수단으로서 그리고 또한 그들의 도움을 요청하는 수단으로서 겉으로 드러내게 될 때, 그것이 받아들여진다는 것은 참으로 복된 소식이 아닐 수 없다. 그래서 만일 "가서 너도 이와 같이 하라"는 말씀이 우리의 가장 내면에 있는 자아를 우리 행동의 길잡이로 사용하라는 따스한 권면으로 들린다면, 이 말씀은 비유의 결론으로 받아들여질 수 있다. 그러나 만일 그것이 양심에 대한 도덕주의적 호소, 곧 "너희는 반드시……해야 한다"로 들린다면, 내가 이해하는 바로는 그것은 이 비유 내러티브 설교의 원래의 의도를 역전시키거나, 혹은 피상적으로 제시하는 결과를 가져오는 것이다. 되풀이하자면, 이 모델의 4가지 부분은 그 쟁점을 발견하거나 상상함, 쟁점을 탐구하거나 돋보이게 함, 쟁점을 재구성함 그리고 쟁점을 해결함이다.

제 4 장

설교의 구조

1. 구조의 정의

설교자들이 같은 본문을 가지고 설교를 해도 모두 다르게 들리는 이유는 무엇일까? 건축가가 동일한 자재를 가지고 다양한 건축물을 만들어 내듯이, 설교자들도 설교를 준비하는 과정에서 잘 구성된 설교의 구조는 설교하는 동안 설교자와 청중이 방향을 잃지 않도록 이끌어 주는 논리적인 지도(map)의 역할을 한다. '구조'라는 말은 라틴어 '스트럭투라(*structura*)'에서 유래한 말로서 '세움', '건물의 양식', 또는 '건축물'(construction) 등을 뜻한다. 그러므로 일반적으로 '구조'란 말은 독립된 사상들이나 요소들을 정돈된 배열과 결합하고 있는 조직화된 본체의 형태 안에서 통일성을 갖고 있는 구조화된 건축물을 만들어 내기 위한 건축 방법으로서의 세우기를 의미한다. 설교 구조란 설교가 통일성을 갖도록 하는 설교의 골격으로서, 설교자로 하여금 명제와 목표를 분명하게 이해하도록 도울 뿐 아니라, 설교를 듣는 청중들에게 진리를 이해할 수 있는 논리적인 틀을 제공한다. 그러므로 설교 구조란 설교의 골격이므로 이 골격은 하나님의 말씀에 나타난 메시지를 구성하기 위해서 설교의 바탕이 되는 재료들을 질서 있게 배열할 수 있도록 돕는다. 그러므로 설교의 구조는 설교의 이해와 전달 그리고 효력을 증대시킨다.

2. 구조의 기능

1) 통일성

설교의 구조는 통일성을 갖춘 설교가 되게 한다. 설교에는 신학적인 개념뿐만 아니라 이와 관련된 예화들 그리고 확증하는 사실들이 포함되어 있어야 한다. 이처럼 수많은 요소들이 오직 한 가지 중심 사상을 표현하고 반영하며 발전시켜 나갈 때 청중들에게 오래 기억될 수 있게 해 준다. 그러므로 설교에 있어서 가장 중요한 것은 설교의 중심 사상을 구체화시키고 주제와 관련 없는 다른 사상들을 제거함으로써 설교 전체를 하나의 통일체로 만드는 것이다. 설교자는 자신의 설교 구성 요소들을 하나로 묶어주는 중심 사상에 순서와 강조점을 정하고 틀을 세워 줌으로써 그 사상을 청중들에게 쉽게 전달할 수 있게 한다. 그러므로 설교에 있어서 초점이 필요하며 동시에 청중이 이해하기 쉬운 설교를 만들기 위해서 통일성이 필요하다.[1] 우리의 사고는 사상들이 질서 정연한 이치로 나타날 때 훨씬 더 쉽게 파악하기 때문이다. 설교가 비효과적인 구조로 짜여 있다면, 그 설교는 본문이 전하는 메시지를 약화시킬 것이다. 다른 한편 적절한 모양과 형식은 형식과 내용이 분리되어 있지 않기 때문에 그 메시지가 본래의 의도대로 이해되도록 도울 수 있다. 명쾌한 개요를 갖추고 있는 설교는 쉽게 실패하지 않는 것이 확실하다. 내용은 형식이 없이도 존재할 수는 있으나, 구조는 설교에 질서, 통일성 그리고 진행(progress)을 제공한다.[2]

---

1) Bryan Chapell, *Christ-centered preaching,* (Grand Rapids: 'Baker Books House. 1996), 36-37.

2) Haddon W. Robinson, *Biblical preaching: The Delopment and Delivery of Expository Messages* (Grand Rapids: Baker Book House, 1982), 128.

2) 메시지 초점

설교 구조는 메시지의 초점을 효과적으로 전달하게 한다. 청중에게 설교는 읽는 것이 아니라 듣는 것이기 때문에 상세한 세부 묘사나 부연 설명을 할 수 없다. 상세한 세부 묘사나 부연 설명은 수필이나 소설에서나 가능한 일이지만, 설교를 듣는 청중은 설교자의 설교 문장을 완전히 이해할 때까지 기다려 달라고 요구할 수도 없고, 앞부분으로 다시 되돌아갈 수도 없으며, 설명서를 읽을 때와는 달리, 설교 중에는 그 내용을 음미해 볼 수 있는 시간이 매우 제한되어 있다. 그러므로 논리 정연한 구조를 갖춘 설교는 청중들에게 메시지의 초점을 효과적으로 전달할 수 있게 된다. 반면에 설교의 구조가 적절하지 못한 설교는 청중들로 하여금 설교자가 전하는 메시지의 초점을 잃어버리고 방황하게 한다. 또한 설교의 주제나 설교 자료가 부적절한 형식으로 표현되면 그 메시지의 초점은 흐려지고, 메시지의 교훈적인 효과는 감소될 것이다. 불완전한 구조는 대단히 따분하고 진부하며 무익한 이야기의 원인이 되지만, 설교의 견실한 구조는 설교의 효력을 증대시킨다. 명쾌한 논리적인 구조가 없는 설교는 그 설교가 가질 수도 있었을 효력이나 능력을 가지지 못하게 한다. 왜냐하면 그런 설교를 듣고 있는 대부분의 사람들이 분명하고 논리적인 형식을 갖고 있지 않은 메시지를 따라가며 이해하기가 어렵기 때문이다. 따라서 설교의 중심 사상을 알맞게 조화시켜 청중들을 감동시키는 설교를 하려면 본문에서 흘러나오는 자연스러운 설교 구조를 가져야 할 것이다.[3)]

3) 논리적 진행

설교 구조는 설교의 논리적인 진행을 돕는다. 설교의 구조는 그 메시지가 어디로 가고 있음을 보여 주는 설교에 대한 속도 감각을 제공해 준다. 왜냐하면

---

3) James W. Cox, *Preaching*, 원광연 역, *설교학* (서울: 크리스챤 다이제스트, 1999), 157.

설교의 구조는 성경의 구절을 통하여 논리적으로 한 걸음 한 걸음의 여행을 하도록 돕고, 또 그것은 설교자로 효력의 절정을 향해 나아갈 수 있게 해 주기 때문이다. 설교자가 보폭(步幅) 감각을 가지지 못하면 그의 설교는 목표를 향해 논리적으로 전진할 수 없다. 설교자가 설교 중에 통일한 개념 즉 명제(proposition)를 보여 주지 않을 때, 청중은 직접 그 주제를 찾아 나서게 된다. 왜냐하면 청중은 본능적으로 설교자의 메시지와 관련이 있는 사상적 주제를 찾으려고 하는데 그렇지 않으면 자신에게 유익이 없다는 것을 알기 때문이다. 그러므로 설교에 논리적인 구조의 진행이 없으면 설교를 듣는 사람이나 설교자 양편 모두 메시지의 방향과는 관계가 아주 먼 곳에서 정처 없이 헤매게 될 것이다. 설교자가 설교(Sermon)를 조직적으로 작성하면, 그는 자신의 설교(preaching)의 효력을 맛보게 될 것이다.[4] 왜냐하면 견실한 구조는 설교자가 중심 주제를 전달하도록 설교의 기본적인 틀을 제공해 주기 때문이다. 설교의 구조는 설교자로 하여금 자신이 가고 있는 곳, 다시 말해서 그가 목적한 목표를 향해서 바른 길을 유지해 나가도록 돕는다. 잘 짜여지고 파악하기 쉬운 구조는 설교자로 하여금 설교를 할 때 마음에서부터 분명한 이해력을 가지고 자신이 전하려는 설교를 효과적으로 할 수 있도록 돕는다.

4) 이해력 증진

설교 구조는 청중의 설교에 대한 이해력을 증진시킨다. 청중은 자신의 생각이나 이해가 설교 전체를 통해서 발전해 나가기를 원한다. 만약 어떤 요소가 이미 앞에서 다른 사상과 너무 비슷하거나 혹은 여러 가지 요점들이 하나의 목적을 향해 단계적으로 전진해 나가지 않을 때, 흥미를 상실하고 짜증이 나기 쉽다. 목표 지점도 없이 청중을 마구 끌고 다니는 설교를 듣기 위해서 시간을

4) J. Vines, *Practical Guide to Sermon Preparation* (Chicago: Moody Press, 1985), 112; 배광호, *op. cit.*, 196.

낭비할 사람은 아무도 없다. 그러므로 설교자는 각각의 요소를 명확하게 구별하면서도 이 요소들이 하나의 정점을 향해 단계별로 전진함으로써 발전 감각을 유지해야 한다.[5] 만일 설교자가 전하는 메시지를 청중이 이해하지 못한다면 그것은 허공을 향해 말하는 것이 될 것이다(고전 14:9). 일반적으로 청중들은 엉성하게 짜이거나 전혀 짜임새 없는 설교보다는 잘 계획되고 잘 짜인 설교에 귀를 더 잘 기울이게 되는 것이다. 그러므로 설교자는 회중이 자신의 전하는 메시지를 이해할 수 있도록 설교를 짜임새 있게 작성하는 일이 필수적이다. 잘 짜여진 설교는 설교자가 설교를 할 때 그것을 이해하기 훨씬 용이하게 만든다면, 그처럼 잘 짜인 설교는 청중이 그 설교를 기억하기에도 훨씬 쉽게 만드는 것 또한 사실이다. 이러한 요구들을 이루려 한다면 설교자는 분명한 짜임새를 갖춘 견실한 설교의 구조의 틀을 가져야 할 것이다.

5) 목적 지향

설교 구조는 설교의 목적을 지향하도록 돕는다. 설교의 구조는 설교자의 사고의 전개(development of thought)를 돕는다. 이를 위해서 설교자는 자신이 어디로 가고 있는지 알아야 하고, 또 설교의 부분들을 적절한 분량으로 유지할 것을 알아야 하며, 설교 각 부분과 전체 사이의 관계를 분명히 해서 설교를 통일성 있게 만들어야 한다. 설교의 구조는 설교자로 하여금 자신의 설교를 전체로 볼 수 있도록 도와주며, 자신의 메시지의 목표를 향해 나아가게 한다. 그래서 설교자에게 메시지의 전체를 보게 하면서 통일성을 제공한다. 왜냐하면 설교의 구조가 사상들의 순서를 구체화하므로 설교를 듣는 사람으로서는 그것들을 적절하게 배열된 상태로 받게 되기 때문이다. 따라서 설교자는 자신의 목표를 전개하거나 설교의 절정에 도달하도록 지지하는 추가 재료들을 요구하는 구조 속에서 그 위치들을 인식해야 한다.[6] 그러나 각각의 요소가 너무 구분된 나

5) Bryan Chapell, *op. cit.*, 175.

머지 설교의 중심 사상과 무관한 것처럼 보일 때에도 설교의 사상적 진보는 방해를 받게 된다. 또한 설교 전체적으로 너무 많이 분할되어 있으며 설교의 발전 과정도 느려진다. 설교가 진행되면서 별개의 독립된 요소들이 중심 없이 마구 흩어져 있거나, 각 요소의 목적이 무엇인지 명백하게 나타나지 않는다면 청중은 왜 이런 요소를 언급했는지 마음속으로 의문을 제기할 것이다. 결국 설교의 구조는 설교자에게 뿐만 아니라 회중에게 메시지의 뚜렷한 윤곽을 제공함으로써 설교의 목표를 향해 서로 동행하게 한다.

3. 구조의 기본적인 요소

설교 구조의 기본적인 요소는 목표(aim), 통일성(unity), 순서(order), 균형 있는 배분(apportionment), 진행(progression) 등으로, 이러한 기본적인 요소들은 먼저 설교의 논리적 틀(A Logical Frame Work)을 세워 준다. 짜임새 있는 견실한 구조를 갖추고 있는 설교는 설교 구조의 본질적 요소들이 강한 윤곽을 제공할 수 있는 한 비논리적인 발언으로 떨어지지 않는다. 그러나 설교 구조의 기본적 요소들을 갖추지 못한 설교는 설교의 뚜렷한 윤곽을 제공하지 못할 것이다. 또한 설교 구조의 기본적인 요소들은 청중에게 더 깊은 감동을 불러일으킨다. 설교 구조의 본질적 요소들이 없는 설교는 비효과적이고 자기 모순적인 시도에 빠지게 되겠지만, 잘 조직되고 배열된 설교 재료들은 청중들에게 훨씬 더 깊은 이해력과 감동을 일으킬 수 있다. 설교 구조의 본질적 요소들이 빠진 설교는 설교를 듣는 사람에게 깊은 감동을 끼치지 못하는 경향이 있다. 왜냐하면 설교를 듣는 사람이 논리적 조직을 갖추지 못하고 있는 설교의 논법을 따라가기 어렵기 때문이다. 따라서 설교 구조의 기본적인 요소인 목표, 통일성,

6) 배광호, *op. cit.*, 198.

순서, 균형적인 배분, 진행 등은 청중에게 논리적인 틀과 이해력과 감동을 주는 설교가 되게 한다.

1) 목표(Aim)

(1) 목표의 기본 원칙

청중의 필요를 알고 있는 설교자는 마음속에 나름대로의 목적을 가지고 메시지를 자유롭게 발전시켜 나갈 수 있다. 설교자가 자신이 설교를 통해서 이루려 하는 바를 명확하게 파악하지 않는 한, 설교 구조를 계획하거나 설교 재료들을 수집할 수도 없다. 그렇지만 일단 설교자의 생각 속에서 목표를 분명하게 설정하게 되면, 목적을 위해서 설교 준비의 각 단계마다 설교 목표를 고려해야 하며, 또 각 단계마다 설교자가 성취를 위해 힘쓰고 있는 목표에서 벗어나는 것을 점검해야 한다. 설교 단계에서의 목적은 석의나 신학적 단계에서의 목적과는 약간의 차이가 있다. 석의나 신학적인 단계에서는 최초의 청중들과 관계된 저자의 목적을 생각하는 '석의적'인 것이라면, 모든 시대의 사람들에게 영원히 전달하는 성령의 목적하는 것은 '신학적'인 것이다. 그런데 설교적 단계에서는 우리 시대의 청중들의 내면적 변화에 관심을 집중해야 한다.[7] 설교 목적이 분명하지 않으면 설교 목표가 분명하게 진술되지 않을 수 있다. 왜냐하면 목적이 설교자가 설교를 통해 성취하려 하는 바를 한정하고 있기 때문이다. 이런 이유에서 설교자는 모든 사상과 문장과 설교 진행의 논법이 자신의 설교를 위해서 어떤 의미를 갖는지 알아야 하며, 또 자신의 설교의 목적이 무엇인지를 계속 마음에 생각하고 있어야 한다. 그러므로 설교자가 명확하게 이해한 터 위에 분명한 어조로 그리고 분명한 목적에 따라 설교하는 것은 설교의 의무이기도 하다.[8]

---

7) Reg Grant & John Reed, *The Power Sermon,* (Grand Rapids: Baker Book House, 1993); 김양천, 유진화 공역, *탁월한 설교 이렇게 하라*(서울: 도서출판 프리셉트, 1996), 52.

8) 설교의 목적(Purpose)은 설교자가 의사소통을 통해 청중들의 삶에서 성취하고자 하는

(2) 목표의 설정

① 설교 목표의 설정은 본문에 근거해야 한다

설교자는 청중을 상대로 설교를 할 때에 여러 가지 구색을 맞추어 설명도 하며, 실례도 들고, 해석도 하며 제스처도 이용한다. 그러나 그의 설교가 어떤 구체적인 면에서 청중의 삶을 변화시켜야 한다는 설교의 목적은 물론 그 목표도 본문에서 찾아야 한다. 그 이유는 설교란 세상에서 유일하게 진실된 말씀이 되는 하나님의 말씀을 선포하는 것이라는 사실에 있다. 성경은 무슨 잡다한 이야깃거리나 과학적인 정보나 세상 역사에 대한 지식을 제공하는 정도의 책이 아니다. 성경은 사람에게 하나님께 대한 참된 지식을 제공하며, 그리스도에 대한 관심을 불러일으킨다. 그러므로 설교 구조의 기본적인 요소 중 하나인 설교 목표는 설교자는 설교의 본문에 근거하여 설정해 가야 한다.

② 설교 목표는 구체적이어야 한다

설교자는 설교 목표를 고려하여 설교사역을 수행할 때, 성경적 목표가 있어야 하며, 본문에 따른 목표가 구체적으로 설정되어야 한다. 모든 설교가 본문 자체만큼 분명한 것이 되어야 하지만 오늘날 대부분의 설교는 강단에서의 이야기 또는 토론 따위 등으로 전락하는 바람에 혼잡한 상태에 있어 어디로 가고 있는지가 명백하지도 않고, 결국 어떤 곳에 도달하게 되리라는 의구심만 가지게 한다. 너무 많은 논지를 열어 놓고서 변론한다는 것은 효과적이지 못하다. 대부분의 경우 사람들의 주의력의 범위는 한정되어 있으므로 너무 많이 나누어져 있는 사상들을 한목에 파악한다는 것은 청중의 능력의 한계를 벗어나는 일이다. 그러므로 설교자는 한 개의 목표점을 선정해 놓고 그것을 중심으로 구체적인 계획을 세워 자신의 설교가 그 본문의 주제 목적에 초점을 두도록 해야 한다는 점을 기억하면서 그 목표점에 도달하도록 해야 한다.[9]

바를 의미하는 것이며, 목표(goals)는 그 목적을 성취하고자 취해지는 특별한 단계들을 의미한다.

9) 배광호, *op. cit.*, 202.

③ 설교 목표는 설교 준비 전에 설정되어야 한다

성경 본문을 기록한 목적 즉 성경 저자의 목적과 의도를 깨닫지 못한 상태에서, 단지 성경 저자가 무슨 말을 했는지 깨달았다고 해서 설교 준비가 끝났다고 생각해서는 안 된다. 성령은 어떤 목적으로 이 구절을 성경에 포함시켰는가? 저자의 의도는 무엇인가? 왜 이런 사상을 주장하는가? 왜 그런 사실을 기록했는가? 왜 이런 설명이 필요했는가? 이러한 질문들을 통해서 성경 본문의 목적과 저자의 의도를 깨달을 때, 우리는 비로소 하나님의 진리를 선포할 수 있는 준비를 갖추었다고 할 수 있다. 그러므로 설교 목표가 분명하게 설정되어 있지 않는 상태에서는 설교의 구조가 명백히 될 수 없다. 분명한 설교 목표를 얻는 것은 설교 준비의 기본 사항이다. 설교자가 자신의 설교의 정확한 목표를 모르고 있는 한 그 설교자는 그 설교 내용에서 적절한 구조를 이끌어낼 수 없다. 그러므로 실제적인 설교 준비에 들어가기 전에 설교 목표를 정해 놓는 일을 분명히 해야 한다. 따라서 설교의 목표는 하나님께서 이루길 원하시는 것을 이루게 될 방법의 윤곽을 나타낸다. 이러한 설교의 목적을 나타내기 위해서 설교자는 설교할 때, 성경 본문이 어떤 목적을 가지고 왜 쓰였는지를 알아내야 한다. 왜냐하면 하나님의 영감으로 기록된 성경 말씀은 우리들을 "하나님의 사람으로 온전케 하며 모든 선한 일을 행하기에 온전케 하려"는 분명한 목적에 의해 기록되었기 때문이다.(딤후 3:16~17).

2) 통일성(Unity)

(1) 통일성의 기본 원칙

설교의 모든 요소들이 한 가지 중심 사상을 나타내게 하려면, 중심 사상을 구체화시키고, 주제와 관련이 없는 다른 사상을 제거함으로써 설교 전체를 하나의 통일체로 만들어야 한다. 또한 자신의 사상에 순서와 강조점을 정하고 틀을 세움으로써 그 사상을 청중에게 가장 쉽게 전달할 수 있다. 그렇다면 설교에 통일성이 필요한 이유는 무엇인가? 통일성이 없는 설교는 설교자들로 하여금 초점에서 벗어나서 여러 사상의 사이를 헤매게 만든다. 청중은 설교의 핵심을 찾아내기 위해서 설교자가 설명하는 신학 사상이나 일화들을 정신없이 쫓아다니게 되고 결국 쉽게 지쳐 버린다. 성경은 여러 가지 해석이 가능하지만, 이런 많은 가능성들을 청중이 이해하기 쉬운 설교로 만들기 위해서는 통일성이 필요하다. 하나의 성경 본문에 대해서도 여러 가지 주석이나 문법적인 분석이 가능하기 때문에, 그 본문에 대해서 수천 내지 수백 개의 가설이 있을 수 있다. 또 하나님의 말씀은 그 깊이가 무한하기 때문에 우리에게 설교의 영감을 평생 동안 제공해 줄 수 있는데, 우리가 그 말씀의 깊이에 빠져 익사하지 않으려면 어떤 방법을 찾아 나서야 한다. 통일성을 지키는 것이 설교자로 하여금 수많은 해석과 언어들의 미로 속에서도 길을 잃지 않게 한다. 나아가서 상세한 세부 묘사나 부연 설명은 수필이나 소설에서나 가능한 것으로서, 설교를 듣는 청중은 앞 페이지로 되돌아갈 수도 없고, 문단을 다시 읽어볼 수도 없으며, 천천히 읽어 내려갈 수도 없고, 자신이 그 문장을 완전히 이해할 때까지 기다려 달라고 요구할 수도 없다. 교과서나 설명서를 읽을 때와 달리, 설교 중에는 그 내용을 깊이 음미해 볼 수 있는 시간이 매우 적다. 그래서 설교의 각 부분이 주제와 명백하게 연결되어 있지 않으면, 청중은 오랜 시간 그 내용에 주의를 집중할 수 없다.[10] 그러므로 설교에서 통일성이란 설교의 각 부분이 한 가지 중심 사상(proposition)을 지지할 때 가능하다. 설교의 각 요소도 성경 저자가 말하고자 하는 중심 사상, 즉 저자의 목적을 정확하게 나타내며 부각시키는 데 기여해야 한다.

(2) 통일성의 과정

설교에서 통일성이 중요하다는 사실을 인정했다면, 다음 문제는 통일을 이루는 방법이 무엇인가 하는 것이다. 이 과정은 복잡하지는 않지만 몇 가지 노력이 필요하기 때문에 흔히 무시된다. 그러나 이 노력을 통해서 청중은 혼란에

10) Bryan Chapell, *op. cit.*, 45-46.

빠지지 않게 될 것이고, 설교자도 청중에게 자신의 메시지를 억지로 이해시키기 위해서 수고하지 않아도 된다. 다음에 제시한 몇 단계를 통해서 설교에 통일성을 부여할 수 있다.

먼저, 다음의 질문에 대답하기 위해서 본문을 읽고 완전히 이해하라. ① 중심 사상, 즉 성경 저자가 본문의 요소를 통해서 전달하고자 하는 중심 사상은 무엇인가? 즉 작은 여러 요소들이 지지하거나 발전시키고 있는 큰 개념이 무엇인지 알아내는 것이다. ② 본문에 나타난 사상, 즉 메시지의 중심 사상을 전개시켜 나가는 과정에서 제시된 사상은 무엇인가?

둘째, 본문의 모든 요소들이 지지하고 있는 중심 사상이 무엇인지 간략한 문장으로 요약해 보라. 설교의 구성 요소가 한 가지 중심 사상을 지지하고 있다는 사실을 증명할 수 있을 때, 그리고 '새벽 3시 테스트'를 통과할 수 있을 정도로 그 주제를 간략하게 말할 수 있을 때, 설교자는 자신이 통일성을 갖추었다고 확신할 수 있다. '새벽 3시 테스트'란 배우자나 부모, 혹은 성도들로부터 짧은 질문을 받고 깊은 잠에서 깨어나는 상황을 가정해 보는 것이다. "목사님, 오늘 설교의 주제는 무엇입니까?" 만약 이 갑작스런 질문에 대해서 시원스럽게 대답하지 못했다면, 그것은 여러분의 설교가 완성되지 못했다는 뜻이다. 여러분이 새벽 3시에 자기의 것으로 만들지 못한 사상이라면, 오전 11시에 모인 청중도 그 사상을 자신의 것으로 소화하지 못할 것이다.[11] 설교자는 '새벽 3시 테스트'를 통해서 설교의 주제가 항상 명확하게 말할 수 있어야 한다.

(3) 통일성의 목표

통일성의 목적은 단순히 성경 진리를 찾아내어 요약하는 것이 아니라, 그 진리를 청중에게 잘 전달하는 데 있다. 통일성은 관련도 없는 여러 사상을 마구 쏟아 붓는 것이 아니라, 오직 한 가지 주제를 강조할 수 있도록 설교문을 작성하는 것을 말한다. 한 시간 동안 설교하면서 삼손의 힘이 어디서 오는지, 하나

---

11) *Ibid.*

님의 뜻을 어떻게 인식하는지 그리고 세례의 적당한 방법이 무엇인지 모두 말할 수는 없다. 제대로 이해할 수도 없는 여러 가지 사상보다는 오래 기억에 남을 한 가지 사상을 전하는 것이 더 좋은 방법이다. 통일성 있는 설교는 한 가지 주제에 초점을 맞춰 그 주제를 깊이 다룰 수 있다. 성경은 여러 종류의 문서로 이루어져 있으며, 그 결과 사람들을 변화시키는 능력도 분산되기 쉽다. 특히 설교자는 설교의 중심 사상 안에서도 관련이 없는 사상을 제시하거나, 부수적인 사실을 나열하는 오류를 범하기가 쉽다. 왜냐하면 설교의 주제를 어떻게 설명해 나갈 것인가 하는 문제가 설교의 전체 개요를 구성하는 것보다 더 어렵기 때문이다. 설교의 부수적인 사상도 전체적인 중심 사상을 나타내는 데 기여해야 하는데, 그것은 이 중심 사상이 설교의 가장 중요한 요소이기 때문이다. 한 가지 중심 사상이 여러 사상을 포함하고 있으며, 또 그 중심 사상을 통해서 여러 가지 사상을 제시한 목적을 알게 되고, 그 결과 청중에게 그 사상의 영향력이 커질 수 있게 된다.[12)]

3) 순서(Order)

설교 구조에 있어서 순서는 본질적이고 필수적인 요소가 되는데 설교는 우연의 산물이 아니라 하나님의 말씀을 조직적으로 선포하는 것이기 때문이다.

(1) 순서의 기본 원칙

① 질서 있게 배열된 하나님의 말씀을 전할 때 청중들을 진리 가운데로 이끌 수 있다

설교의 구조가 정연하게 질서가 잡혀 있다면, 그 설교를 하는 설교자의 마음은 논리의 움직임에 따라 생각할 수 있다. 청중의 마음에는 그 자체의 논리성

---

12) *Ibid.*, 49-51.

이 있으므로 설교는 질서 잡힌 형태로 작성되어야 한다. 설교자가 성경에서 어느 한 구절을 해설하기 원해서 어떤 것을 설명하거나 요점을 밝혀야 할 경우에 그 설교자는 자신의 표제들과 구분(단락)들을 질서 있게 배열해야 한다. 설교란 고대 역사나 고대 문명 또는 세상의 그 어떤 것에 관한 고물 연구가의 강의가 아니라 모든 만물의 질서를 주관하시는 하나님의 진리를 증거하는 것이요, 또 삶의 여러 문제에 직면하여 있는 사람들을 도우려고 있는 것이다. 그러므로 설교자가 설교를 질서 있게 작성할 때 그 설교는 사람들을 진리 가운데로 이끌 수 있고, 사람들의 마음과 영혼에 양식을 공급할 수 있으며, 또 그들이 하나님의 말씀에 옳게 반응하도록 촉구할 수 있다.[13]

② 순서는 본문 내용의 자료들을 가장 효과적으로 배열하도록 돕는다

설교 구조에 있어서 순서는 설교의 구조에 필수적 요소이다. 설교자가 좋은 사상들을 풍부하게 갖고 있다 해도 그러한 설교 재료들을 가장 효과 있게 배열할 때 메시지의 내용이 더욱 빛나게 된다. 통일성은 설교 전체와 관련이 있지만, 질서는 설교의 각 부분들의 사상의 기능과 관계해 있는 각 부분들과 관련이 있다. 따라서 설교자가 더듬거리든지, 말을 주저하든지, 또는 어떤 부분을 빠뜨릴 때 어떤 말을 어색하게 말하기 쉽다. 왜냐하면 그런 때의 설교는 질서가 잡히지 않은 상태에 있기 때문이다. 레우(Reu)에 의하면 설교는 각각의 부분들이 잘 접합되어 있는 명확한 부분들로 구성되어 있으면서 상호 의존적이어야 하며, 또 하나의 질서 잡힌 통일체를 이루도록 전체성과 상호 관계 속에서 결합되어 있는 유기체가 되어야 한다. 또 그는 주장하기를 그러한 질서가 잡혀 있지 않은 설교나, 또는 교육학과 수사학의 법칙에 따라서 설교 재료들을 질서 있게 배열해 놓지 않은 설교는 그 설교 내용이 확언하는 것만큼의 감동을 청중에게 줄 수 없다고 한다.[14] 이러한 레우의 견해는 틀에 박힌 수사학적 효력에 너무 지나친 강조를 두는 것은 오히려 청중이 진리를 받아들이는 데 방해가 될 수 있다는 문제를

13) 배굉호, *op. cit.*, 42.

14) M. Reu, *Homiletics: A Manual fo the Theory and Practice of Preaching* (Grand Rapids: Baker Book House, 1967), 393.

갖는다. 무엇보다 설교자는 자신의 기교적인 방법보다는 성령을 더욱 의지해야 한다. 질서는 설교 구조의 절대적인 필요라고는 할 수 없지만, 설교 구조에 질서가 없으면 설교의 이해와 감동의 효력을 약화시킨다는 것은 사실이다.

(2) 순서의 원리

① 설교의 모든 부분들이 항상 동일한 중요성과 가치를 갖는 것은 아니다

존스(Jones)에 따르면 설교 구조의 질서를 잡기 위해서 개요의 요점들은 항상 동일한 등급에 있어야 하며, 어느 것이 다른 어느 것에 종속하는 것이 되어서는 안 된다. 존스는 논리학의 한 법칙에 따르면 종(種)개념은 유(類)개념으로 나뉘는데, 종(種)의 개념은 동일한 등급에 있어야 한다고 말한다. 그러나 설교에서 설교의 각 부분들이 항상 동일한 중요성과 등급을 가져야 하는 것은 아니다. 때로는 설교의 주제에 따라 설교의 어떤 부분은 다른 부분들보다 더욱 강조를 받을 수 있다.[15)]

② 논점들은 그 개념들에 대해서 명확한 정의를 내려야 한다

사상들과 주장들에 대한 분명한 정의들은 설교가 질서를 잡게 하는 데 반드시 필요하다. 사상들에 대한 명료한 정의 없이 설교가 논리적으로 진행되기를 바라기는 어렵다. 또 그럴 경우에 청중은 설교를 분명하게 이해할 수 없게 된다. 그러므로 본질적인 것과 비본질적인 것 사이에 세심한 구별을 지어야 하며, 이런 일이 없이는 설교자가 청중으로 하여금 자신의 설교의 목적에 이르도록 이끈다는 것은 불가능하다.

③ 중요한 것과 긍정적인 것을 먼저 언급하는 것이 항상 효과적인 것은 아니다

불랙우드는 설교 구조의 질서와 관련해서 중요한 것들을 먼저 언급할 것 즉 긍정적인 것을 먼저 오게 하고 부정적인 것은 나중에 오게 하는 방법을 주장

---

15) I. T. Jones, *op. cit.*, 43.

한다.[16] 중요한 것이 먼저 오도록 해야 하고, 덜 중요한 것은 나중에 오도록 해야 한다. 하나님에 관한 사실들은 사람에 관한 사실들보다 우선하도록 해야 한다. 때로는 설교 본문의 순서와 반대가 된다고 해도 자기에게 가장 중대한 것은 처음에 오도록 하고 그 다음에 가장 작게 보이는 것은 나중에 오도록 해야 한다고 주장한다.

그렇지만 아담스는 블랙우드의 질서의 원리를 시편 1편에 대한 자신의 연구를 토대로 비판한다.[17] 아담스는 시편 1편을 전체로 보아서 시편 1편이 경건한 사람에 대해서 말하고 또 그 다음에 경건치 못한 사람에 대해서 이야기하고 있는 것이 사실이라고 설명한다. 그렇다 하더라도 시편 자체 안에 각 부분의 요소들은 오히려 반대 방향으로 진행된다. 경건한 사람의 행위와 관련해서 부정적인 묘사가 먼저 있고 그 다음에 긍정적인 묘사가 온다. "복 있는 사람은……좇지 아니하며……즐거워하여,"라고 기록되어 있으나, 두 사람의 최종 운명에 대해서는 이 시편의 결론 부분에 언급되는데 먼저 악인의 운명을, 의인의 운명을 나중에 하고 있다. 아담스는 블랙우드의 관심은 논리적 순서뿐 아니라 심리적 순서에도 있었던 것이라고 결론짓는다. 실제로 설교 구조에서 그렇듯이 질서에 관한 중요한 한 가지 원리만 있다고 주장하기는 어렵다. 성경의 많은 진술들과 사도들이 '일반적인 것에서 특수한 것으로', '부정적인 것은 먼저, 긍정적인 것은 그 다음에'라는 방법들을 따른 일도 있다. 그렇지만 그들이 항상 그런 순서를 따른 것은 아니다. 우리 주님께서 때때로 긍정적인 진술을 먼저 언급하시고 그 다음에 몇 가지 부정적인 것들을 언급하시는 방법을 사용하셔서 그 긍정적인 진술을 강조하는 방법을 사용하신 사실을 볼 수 있다. 그러므로 설교자는 설교를 작성하기 위해서 어떤 한 가지 방법에 집착할 필요는 없다. 다만 설교자는 항상 자신의 설교 목적을 기억하고 이 목적 또는 목표에 따라 순서를 조정해야 한다. 설교자는 원리나 방법이 메시지 곧 하나님께서 자기 백

---

16) A. W. Blackwood., *The Time Art of Preaching* (Grand Rapid: Baker Books House, 1978), 76.

17) James E. Adams, *Studies in Preaching* (Presbyterian & Reformed Publishing Co., 1975), 140-41.

성들에게 말씀하길 원하시는 진리를 약화시키거나 소홀히 하도록 해서는 안 된다. 설교자 자신에게 맞는 구조를 세워 본문의 메시지를 전달하는 데 최선의 방법을 강구해야 한다.

4) 배분(Proportion)

(1) 균형적 배분의 기본 원칙

① 균형적 배분은 설교의 전개를 돕는다

설교 구조의 균형 있는 배분은 설교의 실제적인 전개에 적용될 것이다. 존스(Jones)에 따르면 설교자는 더 나아가서 각 요점에 대해 시간적으로나 공간적으로나 균형 잡힌 무게 또는 균형 있는 강조점을 두도록 해야 한다. 왜냐하면 이렇게 하는 것이 설교가 균형을 잃게 되는 것을 방지할 수 있기 때문이다. 계속하여 존스는 말하기를 균형 잡힌 시공간적인 배합은 필요한 것 이외의 재료들을 엄격하게 제거하는 방법을 배움으로써 성취할 수 있다고 주장하였다.[18] 그러나 존스의 이러한 견해는 설교를 부자연스럽게 만들 수 있다. 따라서 개요의 병행선상에 있는 화제들이 항상 동일한 시간을 요하는 것은 아니다. 성경적인 설교는 가장 자연스러운 것이어야 하며, 이런 것은 설교 본문에서 나온다. 그러므로 보다 중요한 진리들은 다른 것들보다 좀 더 강조할 수 있는 것이며, 또 동시에 균형 있는 배분은 일반적으로 성공적인 설교 준비의 하나의 필수적 요소가 될 수 있다.[19]

② 균형적 배분은 청중의 주의를 끄는 데 필요하다

균형 있는 배분의 비율을 정하는 것은 설교를 작성할 때 관심을 요하는 문제이다. 왜냐하면 다양한 부분들 간의 비율은 대체로 메시지의 균형을 증진시킬 수 있으며, 또 그것은 청중의 주의를 끌 수 있기 때문이다. 만일 설교가 균

18) Jones, *op. cit.*, 95; 배광호, *op. cit.*, 212.
19) J. E. Adams, *op. cit.*, 141.

형 있는 배분과 각 부분들의 적절한 융합이 되어 있다면, 그것은 설교학적 구조에 유용할 뿐 아니라 그 설교는 또한 청중이 메시지를 청취하고 있을 때 청중의 관심을 사로잡게도 할 것이다. 그러므로 설교의 각 부분들에 주어지는 시간의 강조는 그 각 부분들의 중요성의 정도에 따르도록 해야 한다. 이런 이유 때문에 설교의 각 부분의 내용들은 그것들의 중요성과 그 설교의 목적에 따라 적절하게 배열해야 한다.[20]

(2) 배분의 원리

① 설교의 각각의 대지와 그것을 뒷받침하는 내용들은 하나의 균형 잡힌 통일체(A symmetrical whole)를 이루어야 한다

균형 있는 배분을 이루기 위해서 반드시 설교의 모든 요점들을 반드시 평행구조(parallel construction of all Points)의 형식으로 진술해야 하는 것은 아니다. 존스는 첫 번째 요점이 선언적인 진술이면 나머지 모든 요점들도 그와 같은 형식으로 진술해야 한다고 말한다. 존스에 의하면, 설교자는 한 설교에서 대체로 동일한 형태의 단어들과 대략 길이가 같은 문장들로 표현함으로써 실제로 유사한 표현 어법을 사용하도록 해야 한다고 주장한다.[21] 존스는 병행적인 구조로 된 완벽한 실제의 예를 보면, 동일한 길이의 문장과 동일한 어법 및 비슷한 형태의 단어들을 취하고 있다고 주장한다. 하위 요점들(sub-points)은 비슷한 무게, 각 표제어 아래의 비슷한 길이의 재료 그리고 균형 잡힌 전체 등으로 이루어져 있어서 어느 한 부분 혹은 단락이라도 크기에 있어서나 효과에 있어서나 다루기 어려운 것이 하나도 없도록 할 수 있다. 그러나 존스의 견해와는 달리, 설교자는 모든 요점들을 동일한 길이로 논할 필요는 없고, 각 부분들이 서로 뚜렷하게 구별되게 표현된 것이든 그렇지 않은 것이든 상관없이 그것들이 '하나의 균형 잡힌 통일체'(a symmetrical whole)를 이루도록 하는 방법으로 다루는 것이 더욱 좋을 것이다. 그러므로 설교자가 자신의 설교를 작성할 때 병

---

20) 배광호, *op. cit.*, 213.
21) Jones, *op. cit*, 96-97.

행적 구조를 항상 사용할 수 없는 것은 아니지만 또한 각 요점에 대해 동일한 시간을 배당하는 일이 반드시 필요한 것은 아니다.

② 배분 비율의 범위(to estimate limits)를 정하는 것보다 설교의 목적에 두어야 한다

설교의 구조가 어떤 원리에 따라 작성되었을 때 설교자는 각 비율의 범위를 정할 수 있다. 이것은 설교자로 하여금 일반적으로 설교자들이 범하는 설교 도입부에 너무 많은 시간을 할애하는 실수를 범하지 않도록 방지해 주며, 또 그 결과 설교자가 후반부를 소홀히 하지 않도록 해 준다. 설교는 설교의 각 부분에 주어진 시간에서뿐만 아니라 강조점이나 절정 부분에서도 균형 잡힌 것이 되어야 한다. 왜냐하면 중요한 문제들에 대한 의사 전달은 좀 덜 중요한 문제들에 대한 것보다 훨씬 더 관심을 받도록 해야 하기 때문이다. 그렇지만 모든 부분들이 반드시 정확하게 '동일한 길이'를 필요로 하는 것은 아니다. 설교자가 덜 중요한 요점들에 많은 시간을 할애하는 것은 좋은 방법이 아닌 것이 확실하다. 그런데도 설교자가 이렇게 할 경우에 좀 더 커다란 무게를 두어야 할 것들에 대해선 필요한 만큼의 시간을 가지지 못하게 되고 말며, 또한 하나님의 계시에서 갖는 중요성에 따라 설교의 특정 부분들의 길이와 그 강조점을 맞출 때 그 설교가 듣는 사람에게 깨달음을 주는 효력 있는 설교가 될 것이다.

5) 진행(Progression)

(1) 진행의 기본 원칙

설교 구조에서의 진행은 설교에 있어서 매우 중요하다. 왜냐하면 이러한 진행이 없이 목표점을 향하여 나아갈 수 없으며, 또한 전체 설교는 진행하는 목표가 있어야 한다. 즉, 절정과 마지막 논제와 해결책, 정점이 있어야 한다. 설교는 마치 많은 시내가 바다를 향해 흐르듯이 목적지를 향해 계속 나아가는

것이 되어야 하기 때문이다. 왜냐하면 설교의 다양한 부분들은 조금도 중단함 없이 설교의 목표를 향해 전진해야 하기 때문이다. 그러므로 설교는 살아서 움직인다. 또한 설교자가 설교하기 위해 강단으로 나아가기 전에 설교 준비를 위해 연구하느라 수고를 아끼지 않으며 설교를 마친 뒤에도 그 결과로 말미암아 회중이 메시지의 확신을 얻게 되도록 하기 위해서 기도와 노고를 아끼지 않듯이, 설교는 설교자의 마음에 최우선의 것이 되어야 한다. 진행은 완전한 통일성을 향한 움직임이다. 이 목적을 위해서 설교는 한 구절에서 그다음 구절로 계속 앞을 향해 움직여야 한다. 그리고 설교 작성을 시작하기 전에 설교자는 이것이 그 목표를 향해서 어떻게 움직일 것인지 알 필요가 있다. 그러므로 설교는 회중이 메시지 곧 본문에 담겨 있는 하나님의 명령을 이해하고 끝까지 순종할 것을 결심할 시점을 향해 발전해야 한다. 설교는 목표를 향해 나아가야 한다. 이 말의 의미는 하나에서 다른 하나로 잇달아 연결되는 것이 너무도 자연스럽고 당연한 느낌이 드는 것을 의미한다. 이러한 이유는 설교가 청중의 관심을 끝까지 끄는 것이라면 그 설교의 사상들은 분명하게 제시되어서 따르기 쉬운 질서 잡힌 연속적인 단계들로 발전할 것이기 때문이다. 그러므로 설교의 사상들이 단계별로 전진해야 하는 것은 필수적 사항이다. 따라서 설교자는 언제든지 하나님의 말씀을 경청하려는 회중의 관심을 계속 끌면서 자신의 설교가 정점을 향해 전진하도록 해야 한다.[22]

(2) 진행의 원리

① 설교의 요점을 분명하게 배열해야 한다

설교의 요점들은 진척을 위해서 분명해야 한다. 한 요점 아래 있는 설교 내용이 다른 요점 아래에서 반복되어서는 안 되며, 또 각각의 요점은 주제의 독특한 측면을 다루는 것이 되어야 한다. 설교자가 한 말을 또 하기 시작하거나 혹은 다른 각도에서 같은 이야기를 하면 청중은 즉시 흥미를 잃게 될 것이다.

---

22) *Ibid.*, 216-17.

설교가 절정에 도달하도록 하기 위해서 설교의 요점들을 점점 상승하는 단계로 배열해야 한다. 다시 말해서 마지막 요점이 실제로 그 설교의 절정이 되도록 해야 한다.

② 논리 전개를 분명하게 해야 한다

설교자가 설교 시에 논리 전개를 분명하게 하는 것은 매우 중요한 요소다. 왜냐하면 설교자가 한 사상 또는 한 구절에서 본문으로 나아갈 때 회중은 그 관련성을 알기를 원하며 그들은 주제를 목적에 부합하게 파악해야 하기 때문이다. 이것은 실제로 다음과 같은 의미를 갖는다. 설교에서 진행이 하나님에게서 사람에게로, 또 일반적인 것에서 특수한 것으로 이어질 때가 많다. 성경에 나오는 귀중한 한 구절을 보자. 요한복음 3:16에 이렇게 기록되어 있다. "하나님이 세상을 이처럼 사랑하사 독생자를 주셨으니 이는 저를 믿는 자마다 멸망치 않고 영생을 얻게 하려 하심이니라." 이 구절의 말씀은 세상에 대한 하나님의 사랑에서 시작하여 영생의 상속자로서 '누구든' 한 명의 사람으로 끝난다. 다른 한편, 이 목적을 위해 일부 요긴한 구절들이 사용될 수 있다. 즉, 질문을 먼저 제시하고 그 다음에 해결을 제시한다. 또 추상적인 것을 먼저 제시하고 그 다음에 구체적인 것을 제시한다. 그리고 관계가 적은 것을 먼저 언급하고 그 뒤에 직접 관계가 있는 것을 제시하는 것 등이다.

설교에서 논리 전개를 최대한으로 하는 일은 그 설교의 본문의 목적에 의존하는 것이다. 그래서 설교의 취지에 따라선 주(主) 요점들과 부(副) 요점들을 통한 진행이 설교 목표에 이를 수 있게 한다. 분명한 논리 전개를 갖춘 설교에서 메시지는 그 설교가 명확한 목표를 향해 움직여 나가는 하나님의 말씀에 대한 논리적 진술이 될 것이다. 설교자는 서론 구조의 본질적 요소들에 해당하는 목표, 통일성, 순서(질서), 배분 그리고 진행 등을 사용하여 설교의 목적을 달성할 수 있다. 설교 구조의 본질적 요소들은 신자들에게 개요를 제공하고 또 좀 더 깊은 인상을 남겨 주는 설교의 골격을 공급한다. 어떤 설교가 회중에게 복음을 가르치기에 적절한 조직을 갖추지 못하고 있다면 그 설교는 실패하는 설교가 될 것이다. 이런 이유에서 설교는 견실한 구조를 가져야 할 필요가 있고, 또 건전한 설교 구조를 세우는 데는 설교학적 필수 요소들이 유익하다. 그렇지만 하나님으로부터 주어진 메시지는 그 메시지 자체의 위대한 진리와 주제를 전달해야 한다. 결국 설교에서 가장 중요한 요소는 하나님의 말씀인 설교의 메시지가 항상 성경의 본문의 취지와 문맥에 의해서 결정된다는 사실이다.[23)]

4. 설교의 구조

1) 본문(Text)

(1) 본문의 개념

설교에서 사용되는 성경 본문 즉 텍스트(text)라는 말은 라틴어 텍세레(*texere*, 짜다)에서 유래되었는데 이것은 계속적인 연설이나 글에서 사상을 표현하기 위하여 짜 맞추거나 구성하는 것을 비유적으로 나타낼 때 사용되었다. 또 텍스투스(*textus*)라는 명사는 베틀이나 거미집이나 직물의 생산품을 의미한다. 그래서 이 비유는 어떤 사람의 사상이나 계속적인 작문의 짜임새에 대한 문학적 용례로 사용된다. 계속되는 이야기를 읽거나, 어떤 저자에 관하여 토의하고 의견이나 설명을 덧붙이거나 저자 자신의 글을 가져다가 페이지의 옆에나 밑에 주를 다는 방식 등이 생겨났다. 이와 같이 저자 자신의 작품을 편집자나 담화자의 단편적인 언급들과 구별하여 '텍스트'(text)라고 부르게 되었다. 우리가 고대 저자들의 본문이나 혹은 다른 것의 원래 문장의 의미를 말할 때 이 단어가 사용된다. 본문 비평학은 성경 본문의 확실한 언어를 설정하는 학문이다. 초기 설교는 성경의 사상이나 성경원전에 대해 일맥상통하는 해설의 성격을 띠었으며, 따라서 설

---

23) *Ibid.*, 217-18.

교자의 자평이나 해설과 구별하기 위해 '본문'(text)이라고 명명되었다. 긴 해설들은 짜임새 있는 말로 변화되고 성경 구절도 짧게 사용함에 따라 본문은 설교를 위한 제안이나 기초로 선택된 성경의 부분을 의미하게 되었다.[24]

(2) 설교사에서 나타난 성경 본문

설교의 역사에서 가장 특이하고 관심 있는 사실 중 하나는 모든 설교자가 본문을 사용했다는 점이다. 유대교 회당에서부터 초대교회, 종교개혁 시대를 거쳐 현대에 이르기까지 설교자는 성경의 본문을 사용하고 있다.[25]

① 유대교 회당에서 사용

유대교 회당에서도 설교는 언제나 구약의 경전이 중심이 되어 해설하는 것과 적용을 포함하였다. 누가복음 4장에서 우리는 이러한 실례를 찾을 수 있는데 "예수께서 그 자라나신 곳 나사렛에 이르사 안식일에 자기 규례대로 회당에 들어가사 성경을 읽으려고 서시매 선지자 이사야의 글을 드리거늘 책을 펴서 이렇게 기록한 데를 찾으시니 곧, 주의 성령이 임하셨으니 이는 가난한 자에게 복음을 전하게 하시려고 내게 기름을 부으시고 나를 보내사 포로된 자에게 자유를 눈먼 자에게 다시 보게 함을 전파하며 눌린 자를 자유롭게 하고 주의 은혜의 해를 전파하게 하려 하심이라 하였더라 책을 덮어 그 맡은 자에게 주시고 앉으시니 회당에 있는 자들이 다 주목하여 보더라 이에 예수께서 저희에게 말씀하시되 이 글이 오늘날 너희 귀에 응하였느니라하시니"(눅 4:16~21)라고 기록되어 있다. 유대교 회당에서도 구약의 경전을 낭독하고 난 후에 그 본문을 간단한 해설과 함께 적용하심으로 끝마쳤음을 알 수 있다.[26]

---

24) 정성구, *설교학 개론*(서울: 세종문화사, 1983), 72-73.

25) H. E. *Knott, How to Prepare a Sermon*, 곽정웅 역, *설교작성법*(태광출판사, 1975), 50-62.

26) 예수님의 설교는 구약성경을 읽으시고 읽은 본문에 대한 정확한 해설과 함께 그 말씀을 적용(성취)을 말씀하심으로 마치셨다. 이와 같이 예수님의 설교에는 성경 본문과 그 본문에 대한 해설, 그리고 적용이 있었다.

② 초대교회에서 사용

사도행전 17장에서 바울의 설교에서도 반드시 성경 본문을 읽으시고 그 본문의 뜻을 풀어 설명하신 후 적용하신 예를 찾아볼 수 있다. "바울이 자기 규례대로 저희에게로 들어가서 세 안식일에 성경을 가지시고 강론하며 뜻을 풀어 그리스도가 해를 받고 죽은 자 가운데서 다시 살아야 할 것을 증명하고 이르되 내가 너희에게 전하는 이 예수가 곧 그리스도라 하니" 바울은 회당에서 성경 말씀으로 예수가 메시아 되심을 강론하며 뜻을 풀어 설명한 후에 그 말씀이 예수 그리스도를 통하여 성취되셨음을 적용하셨던 것이다.[27] 이처럼 초대교회 성도들은 주로 예수님과 그의 사도들의 말씀에 근거하여 권면을 받았다(행 2:42). 또 초대교회의 성도들은 보통 상당히 긴 성경 구절을 낭독하고 권면을 받는 것과 함께 찬미와 시(편)도 곁들어 함께 낭송하였다(골 3:16, 엡 5:19). 그러나 잘 훈련받은 설교자들도 없었거니와 당시에는 회중들의 신앙적인 격려와 권면이 되는 말씀이 자주 읽혔다. 그 후에 예배 형식이 점점 발달되어 감에 따라 형식을 갖춘 설교와 함께 성경 본문이 규칙적으로 사용되었다.

③ 종교개혁 시대의 사용

종교개혁 시대에는 '오직 성경으로' 라는 종교개혁자들의 개혁의 기치에 의해 설교에서의 성경 본문은 더욱 확고하게 자리를 잡게 되었다. 특히 중세교회의 스콜라시즘의 설교란 성경 본문에는 관심도 없고 플라톤이나 아리스토틀의 격언이나 교훈 중에서 끌어다가 종교적 강화 정도로 쓰는 것이었다. 더구나 6세기경에 와서는 성경 본문을 읽는 것 자체를 중단해 버렸다. 중세교회의 사제들은 성경 본문을 가지고 설교 자체가 부자연스러운 것으로 여기며 본문 때문에 설교의 내용이 제한된다는 것으로 생각하여 본문 사용을 꺼렸다. 그러나 종교개혁자들은 설교에서뿐만 아니라 모든 성도들에게 자국어 성경을 번역하여 성경 말씀을 열심히 읽게 하였으며, 그들의 설교는 철저하게 하나님의 말씀에

27) 바울의 설교 역시 예수님의 설교 형식과 동일하게 반드시 성경 본문을 읽으시고, 그 본문을 강론한 후에 적용으로 마쳤다. 이와 같이 설교는 반드시 성경 본문과 본문에 대한 해석 그리고 적용으로 이루어져야 한다.

근거한 성경을 강해와 적용을 하였는데 이러한 성경 본문을 통한 설교가 개혁파 교회내에 정착되어 오늘날까지 예배와 설교의 양식이 되었던 것이다.

④ 현대 강단에서 사용

최근에 와서는 이와 같은 제도적인 양식이 다소 무너지는 경향을 보게 된다. 이러한 경향은 오늘날 강단(pulpit)의 기능의 변화에서 보이는 것으로 설교는 모든 생활 활동과 밀접한 관계를 가지고 있기 때문에 정치, 사회, 교육 등 사회 전반적인 문제가 강단에서 설교자들의 관심이 되어야 한다는 이유로 강단의 기능이 다소 변질되고 있음을 보여 주는 것이다. 그와 같은 주제나 문제들을 다루려는 설교자들은 본문 사용을 피하려는 경향이 있으며, 애써 성경의 본문 한 구절을 읽었다 하더라도 단순히 형식을 위한 꾸밈에 불과할 정도이다. 본문을 생략하거나 본문 사용이 형식에 그치는 다른 하나의 경향은 제목 설교(topical Preaching)이다. 초대교회에서는 설교 제목을 알릴 필요가 없었다. 설교자들은 성경 본문을 읽고 그 본문을 해설하고 권면하였다. 그러나 오늘날 시대의 변화 속에서 설교자들이 지나치게 사람들의 관심을 끌려고 하다 보니 매혹적인 제목들이 여러 가지 방법으로 광고되거나 선전되고 있다. 이와 같은 노력에 지나치게 강조점을 두고 있는 설교는 자연히 성경 본문보다 광고된 제목에 의한 설교가 준비되고 증거된다. 이러한 설교자들에 의해 행해지는 성경 본문이 없는 설교는 무대에서 재주를 부리는 행상인이나 다름없는 꼴이다. 그러나 오늘날 강단이 비록 본문 사용을 소홀히 생각하는 경향이 있다 할지라도 개혁주의 설교자들에 의해 증거되는 강해설교에서는 본문 사용이 철저하게 사용되며 성경의 권위를 드러내고 있음을 부인할 수 없다.

(3) 설교 본문의 유용성

설교에 있어서 성경 본문을 사용할 때 설교의 전개나 효과에 있어 어떤 탁월성이 있는지 살펴보자. 무엇보다 첫째로 성경은 진리의 근원이기 때문에 본문을 사용하면 설교자의 메시지에 권위가 있다. 그러므로 성경의 가르침은 다른 어떤 서적의 가르침보다 우월성을 지니고 있음은 당연하다. 설교자가 성경적인 근거 없이 대중들에게 진리에 대한 서술을 하게 되면 청중들은 흔히 설교자의 견해에 대해 받아들여야 할지 아니면 거절해야 할지를 스스로 의문시하게 된다. 그러나 설교자가 성경의 가르침을 설명하고 강조하게 되면 의례히 받아들여야 하는 절대적인 진리로 알고 있으므로 메시지에 대해 더 많은 사려와 경외심을 갖게 되는 것이다.

둘째로 성경 본문의 대부분이 메시지의 효과적인 목적을 위한 영적인 진리를 표현하기 때문에 본문 사용은 매우 유익하다. 가끔 본문은 그 자체가 전체 설교의 줄거리가 되는 경우도 있다. 본문은 설교의 중요 사상을 제시해 주며 어떤 경우에는 본문 자체의 문학적인 표현 때문에 매혹되는 경우도 있다. 성경보다 더 훌륭한 문학적 표현이 없고 성경보다 더 섬세하고 창조적인 문학적 서술이 없다는 것이다.

셋째로 본문의 어떤 것은 설교의 내용을 다 잊어버린 후에도 오랫동안 기억에 남을 만큼 명료하고 운율적인 미와 여운을 주는 생기 있는 주제를 제공하는 것이 있다. 혹시 죄에 대해서 설교하기를 원하는 설교자가 있다면 로마서에 있는 "모든 사람이 죄를 범하였으매 하나님의 영광에 이르지 못하더니"(롬 3:23)라는, 만인이 다 수긍할 수 있는 본문을 사용할 수 있을 것이다. 아마 이 본문은 분명히 모든 사람의 생활과 습관 가운데서 문득문득 기억할 수 있는 말씀이 될 것이다. 하나님의 특성에 대해서 설교하려면 아마도 요한복음 3:16보다 더 매력적인 본문은 없을 줄 안다. 인간의 심금을 울리는 듯한 위안의 말씀은 시편 23편에서 찾아볼 수 있다. 만약 우리가 특출한 본문을 적절하게 사용하였다면 설교의 내용을 다 잊어버렸을 때에도 그 본문을 통하여 청중들의 생활 가운데 영구히 기억되고 교훈을 줄 수 있을 것이다.

넷째로 본문 사용을 장려하는 가치는 설교의 메시지를 기억나게 하고 연상하게 하는 데 본문이 큰 역할을 하기 때문이다. 설교의 내용을 잊어버린 지는 오래되어도 그때에 사용된 본문은 기억되는 수가 흔히 있다. 아마 영적인 일에 관심을 가진 사람이라면 몇 년 전에 들은 설교라 할지라도 어느 정도 기억하는 사람들이 있을 것이다. 내용은 몰라도 적어도 본문 정도는 언제 누구로부터 어떤 방법으로 설교를 들은 것이라는 것은 기억해 낸다.

다섯째로 설교자의 입장에서 보더라도 본문을 사용하게 되면 설교학적인 유익이 있다. 본문은 흔히 설교의 주제를 쉬운 방법으로 설명함으로써 설교의 서론을 장식하는 데 크게 도움을 준다. 가끔 제목이 서술하기에 어려운 것일 때에는 본문을 통하며 서론을 펼칠 수 있다. 특히 시리즈로 계속되는 설교일 경우에는 본문 이외의 서론의 소개는 시리즈의 다른 부분의 연관성을 침해하는 경우가 있기 때문에 주로 본문에서 서론을 발췌하는 것이 좋다.

여섯째로 설교에 있어서 서론에 도움을 줄 뿐만 아니라 설교 전개(development)에 있어서도 크게 도움을 준다. 본문은 설교 목적의 방향을 제시해 주며 전개해 나가야 할 영역과 범위를 제공해 준다. 이와 같은 영역의 제한은 그 주제에 대한 집중적인 연구와 노력을 더하게 해 주고 불필요한 자료들을 제거하는 데도 크게 도움을 줄 것이다.

마지막으로 본문 사용의 가장 큰 유익이 있다면 그것은 아마도 청중들에게 성경에 대해 친근감을 갖게 해 주는 것이라고 말할 수 있다. 성경 구절을 읽고 설명하며 해석해 주는 것보다 더 흥미 있는 설교는 그리 많지 않다. 설교자가 청중들이 생소하게 여기는 한 본문을 제시하고 그것을 새로운 방법으로 설명하고 적용시키며 그 메시지에 생기와 능력을 가하게 된다면, 그것은 어떤 환경이나 영역에서라도 더 많은 관심과 도움을 불러일으킬 수 있을 것이다. 그것은 물론 우리 자신들의 지혜로써 성취되는 것이 아니고 오직 하나님의 말씀만이 청중들을 관심의 목표를 향해 끌고 갈 수 있다. 예수 그리스도의 믿음을 통하여 구원에 이르는 지혜를 사람들에게 얻게 하는 것이 설교자의 희망이 되어야 할 것이다.

(4) 본문의 특성

성경 본문을 택하는 데는 상당한 식별력이 있어야 한다. 내용은 비슷할지라도 모든 말씀은 다 각기 다른 가치를 지니고 있으며 꼭 같은 용도로 쓰일 수 없는 것이 많이 있기 때문이다. 특히 신중을 기해서 택할 본문은 보충 삽입된 성구, 즉 어떤 사본에는 없는데 다른 사본에는 있는 성구이다. 이와 같은 구절을 본문으로 사용할 때는 어떤 교리적인 근거의 본문으로는 사용하지 않는 것이 좋다. 또 가끔 어떤 성경 구절은 한 제목의 진리에 대해 일부분만 설명해주는 것이 있는데 이런 구절을 사용할 때는 반드시 다른 일면을 보충할 수 있는 참고 성구를 찾아야 한다. 그리고 신중을 기해서 사용해야 할 본문 중에는 함축되었거나 불완전한 본문이라는 특이한 형태의 것이다.

그럼 좋은 본문(text)은 어떤 특성을 가지고 있는가? 첫째로 문학적인 가치를 지닌 것이다. 대부분의 사람들은 다소의 문학적인 재질을 가지고 있기 때문에 특히 문학적인 운율과 수사를 나타내는 본문에는 상당한 매력을 느끼기 마련이다. 또한 훌륭한 본문은 단순한 문학적인 형식보다도 더 중요한 가치를 지닌 것이라야 한다. 곧 풍성한 약속과 고상한 진리 혹은 생의 위대한 진리 등을 내포하고 있어야 청중들에게 더 깊은 의미를 줄 수 있다. 또 어떤 본문은 특별한 경우에 사용하게 되면 특별히 가치가 있는 본문들도 있다. 설교자들은 특이한 예배를 인도해야 할 때에는 그 상황에 맞는 성경을 택하여 사용하며, 또 평범한 말씀이라도 평범하지 않는 의미로 적절히 사용하게 되면 좋은 효과를 나타내는 경우도 있다. 따라서 설교자는 독서와 묵상으로 예리한 관찰력과 풍부한 생활 경험을 쌓을 때 좋은 본문을 선택할 수 있을 것이다. 그러므로 설교자는 항상 성경을 읽으며 말씀에 포함된 영적인 의미의 깊이를 찾아내어야 한다. 그러면 자연히 설교를 위한 훌륭한 본문을 발견할 수 있을 것이다.

(5) 본문 사용의 규칙

설교에 있어 성경 본문의 적당한 선택은 매우 중요한 문제이다. 좋은 성경 본문이 창조적인 생각들을 간략히 메모하거나 그것들을 잊지 않고 기억하려고 하는 어떤 노력조차 하지 않기 때문에 잊혀져 버리는 것이다. 다음과 같은 규칙들은 성경 본문을 선택함에 있어서 많은 도움이 될 것이다.[28]

---

28) 정성구, *op. cit.*, 74-78.

① 특별히 웅변적인 언어가 포함되는 성경 본문은 신중하게 취하는 것이 좋다. 청중들에게 그러한 성격을 띤 내용들은 너무 큰 것을 바라게 된다. 만일 그 기대에 부응하지 못하면 실망도 크기 때문이다. 그러므로 설교자는 조심스러우면서도 자연스럽게 겉치레를 피하며 청중들에게 유익이 될 수 있는 구절을 선택하는 것은 쉽지 않을 것이다.

② 이상하게 여길 수 있는 본문을 선택하는 일에 주의를 기울여야 한다. 물론 천편일률적으로 판에 박힌 본문을 사용하라는 것은 아니며, 신실한 것을 추구함에 있어서 본문의 함축된 의미와 고도의 의도를 묵과하지 말라는 것이다. 놀람과 충격, 유머와 괴이함 등등이 설교에 흥미를 주기도 하지만, 이런 요소들은 설교 자체보다도 본문 자체에 있어서 그 가치를 손상시킨다. 어스틴 펠프스(Austine Phelys) 박사는 진부하고 전형적인 성경 본문보다 참신한 성경 본문을 선택하라고 권장하였는데, 그 이유는 참신한 성경 본문들이 관심을 끌고 잊혀진 진리를 소생케 하며 다양성을 장려하고 진리에 대해 더 깊은 인상을 줌으로써 설교를 작성할 때 설교자에게 자극을 주기 때문이다. 그러나 참신하다고 해서 반드시 기이함을 필요로 하는 것은 아니기 때문에 시시한 것이거나 천한 내용이거나 우스꽝스러운 내용이거나 청중의 민감성에 충격을 줄 수 있는 내용들은 성경 본문의 권위를 침해하는 것이므로 이런 것들은 어떤 것이라 할지라도 언급해서는 안 된다고 말하였다.

③ 그 본문을 모두가 잘 아는 내용이라고 해서 다루지 않으려는 자세를 가지면 안 된다. 모두에게 친숙한 본문이라는 것은 그만큼 그 내용이 뛰어나기 때문이므로 좋은 본분이라고 말할 수 있는 것이다. 설교자들에 의해 많이 쓰이는 성경 구절은 그 의미와 적용에 관하여 많은 연구를 한다면 강단의 전통에 무지한 설교자라도 기대 이상의 커다란 효과를 낼 수 있다.

④ 습관적으로 자기 취향에 맞는 성경의 어떤 부분에만 편중하지 말아야 한다. 어떤 사람들은 구약을 중요시하지 않기 때문에 구약에 나타난 모든 것들을 알지 못하고 그냥 지나치고 있다. 즉 하나님의 품성의 모든 계시와 그분의 섭리하시는 방법들, 인간 생활과 의무의 모든 다양한 이야기들, 그리고 오실 메시아에 대한 많은 표상과 예언들을 문제점으로 다루지 못하는 것이다. 그러나 어

떤 사람들은 항상 구약만 설교하고 있다. 그러한 사람들은 신약의 복음적인 귀한 진리, 즉 은혜의 교리들과 그리스도의 귀한 가르침을 손실하고 있다. 설교자는 하나님의 말씀인 신구약성경을 균형 있게 설교하여야 한다.

⑤ 청중의 필요가 본문의 선택을 결정하도록 한다. 설교자는 목회적 방문이나 목회 상담 그리고 사회 문제에 대한 청중들이 요구하는 문제들을 잘 알고 있어야 한다. 바로 여기서 무엇을 설교해야 하는지 분명해지고, 설교도 주제 중심적이기보다는 오히려 청중 중심적이 될 것이다. 또한 설교자는 청중들이 요구하는 것과 필요로 하는 모든 것을 충족시킬 만한 성경 본문이 무엇인지 잘 선택하도록 노력하게 될 것이다.

⑥ 성경 본문이 설교자를 선택하도록 하는 것이 좋다. 설교자가 성경에 대해 집중적으로 연구할 때, 어떤 본문들은 그의 정신과 마음을 사로잡을 것이다. 꼭 설교하고 싶은 성경 본문은 설교자뿐 아니라 청중에게 어떤 의미가 있을 것이다. 성경을 연구하는 데 많은 시간을 투자하는 설교자는 성경 본문은 설교를 쉽게 전개시킬 것이다. 또한 모두에게 충분한 만족과 해답을 줄 것이다.

2) 제 목

(1) 제목의 가치

설교에 있어 제목이란 무엇인가? 제목은 설교자가 설교에 명칭을 부여하는 것으로, 사람들을 집중시키고 매혹시키며 진지한 흥미를 일으키는 중요한 기능을 가지고 있다. 그래서 제목은 여러 가지 형태를 취하는데, 설교자의 상상력, 취향 그리고 의도에 따라 제목을 정하는 일에 신중을 기하고 있다. 표현이 잘 되고 정확하게 서술된 제목은 회중으로 하여금 설교자의 의도를 명확하게 이해하게 해 준다. 효과적인 제목은 설교자에게 분할이 가능한 전체를 제공해 줌으로써, 그로부터 설교자는 설교 본론의 틀을 발전시켜 나갈 수 있게 된다. 심지어 제목에 관한 일반적인 관념조차도 설교자가 자료들을 수집하고 선택하여 축약하는 일을 돕는다. 설교의 제목은 설교의 구조상의 발전 과정에서 나타나는 모든 제목들을 한정하고 통일시키는 귀중한 도구이다. 잘 준비된 제목은 설교자로 하여금 서론에서 초청에 이르기까지 주제에 충실하도록 돕는 길잡이 역할을 한다.

(2) 제목의 특성

헨리 C. 브라운 박사는 설교 제목이 갖추어야 할 근본적인 특성에 관하여 다음과 같이 언급하였다.[29)]

① 명확성－제목은 그 표현이 명확해야 한다. 그것은 본론에서 나타나는 설교의 요점들의 단순한 나열이어서는 안 되며 설교 안에 감추어져야 할 모든 것을 드러내는 것이어도 안 된다. 명확성은 본문의 요점들에 의해서보다는 명료하고 정확한 어휘 사용에 의하여 보다 잘 확보된다.

② 정확성－제목은 설교의 의도 또는 목표를 정확하게 표현해야 한다. 만일 설교자가 "십일조의 유용성"에 관하여 논하기를 원한다면, 그는 신실한 그리스도인 청지기에게 생기는 유용성들을 제시하여야 한다. 십일조에 대한 반론에 대답하는 데에 15~20분 정도를 소비하고, 실제로 그 유용성들을 제시하는 데에는 5~7분밖에 사용하지 않는다면 그것은 제목에 어울리지 않는 설교가 될 것이다.

③ 한정성－제목은 그 범위가 한정되거나 제한되어야 한다. 30분 동안의 메시지에서 "하나님과 우주, 그리고 만물"이라는 제목을 가지고 논한다는 것은 다소 어려운 일일 것이다. 제목은 제한된 시간 안에 논할 수 있을 정도까지 축소되어야 한다.

④ 간결성－제목은 대략 2~7개의 어휘로 구성되어야 하며, 3~4개의 핵심 어휘를 갖는 정도로 통제할 수 있는 크기의 것이어야 한다. 한 개의 어휘로 된 제목은 설교자나 회중에게 너무 일반적인 범위를 제공하며, 반면에 긴 제목은

---

29) H. C. Brown, H. G. Clinard, & J. J. Northcutt, *Steps to the Sermon*, 정장복 편역, *설교구성론*(서울 도서출판 엠마오, 1984), 139-40.

번거로움을 준다.

⑤ 적합성-제목은 강단에서 사용하기에 적합하고 적절한 용어로써 표현되어야 한다. 정치적 경제적 윤리적인 문제들은 현대의 회중에게 지극히 중요한 것이지만, 이것들은 분명하게 기독교 메시지와 관련되어야 한다. 신앙적인 주제를 표현하려는 데 있어서 성경의 한 구절을 그대로 인용하여 제목으로 삼는 것보다는 주어진 본문을 자기 나름대로 해석하여 제목을 붙이는 것이 훨씬 좋은 방법이다.

⑥ 관련성-제목은 사람들의 필요에 관계되거나 생동적이어야 한다. 회중들의 요구를 잘 이해하고 거기에 대한 이익을 통하여 설교자는 그들에게 정직한 관심을 보여주는 제목들을 구사하도록 해야 한다.

⑦ 근원성-설교의 제목은 신선하고 흥미로우며 돋보이는 방법 속에 묘사되어야 한다. 이런 견지에서 알맞은 제목이 설교자에게 곧장 떠오르는 경우는 드물다. 만족스러운 제목을 확보한다는 것은 사실상 쉬운 일이 아니다. 설교자가 끊임없이 부지런하게 노력으로 도출된 명쾌하고 인상적인 제목들은 노력한 만큼의 가치를 수반한다.

(3) 제목을 표현하는 방법

인상적이며 매력적인 제목을 표현하는 일은 설교 준비에 있어서 중요한 부분이면서도 지극히 어려운 부분이다. R. C. H. 렌스키(Lenski)는 제목이 설교의 통일성을 표시하는 역할을 하며 이러한 통일성은 항상 제목이 분할될 수 있는 방식으로 서술되어야 한다고 하였다. 제목이 분할될 수 있어야 한다는 것을 아는 설교자는 설교의 시초부터 제목 안에 분할 가능한 요소를 배치하기 위해 적절한 단계를 밟아 나갈 것이다. 분할 가능한 제목은 본론 안에서 기술될 주안점들에 관하여 방향을 제시하고 실마리를 제공하는 암시적인 단어 또는 구절을 포함시킴으로써 이룩된다. 그 방향이나 실마리는 다음의 몇몇 방법들 중의 하나에 의하여 성취될 수 있다. 즉 강조어, 의문문, 명령문, 서술문, 그리고 한정적인 단어들이 그것이다.[30)]

① 강조어를 통한 방향 제시－가장 일반적이고 평판이 좋은 제목은 강조어를 사용하여 방향을 암시하는 제목이다. 이 제목은 설교의 착상을 구절 형태로 표현함으로써 구성된다. 주요한 강조점을 얻기 위하여 보통 한개 내지 두개의 명사를 결합시킨다. 바로 이러한 강조어를 중심으로 하여 설교 본론의 구조적인 발전이 전개된다(예: 감사가 넘치는 습관－살전 5:18).

② 의문문에 의한 방향 제시－질문 형태로 서술된 제목은 설교의 방향을 확립하는 또 하나의 일반적인 방법이다. 질문 형태의 제목에서 방향 제시적인 단어는 동사에 접속되는 의문사이거나 동사구이다. 이 형태의 발전 과정에서 설교의 요점들은 제목에서 제기된 질문에 대답하지 않으면 안 된다. 따라서 대답되지 못할 질문들이나 그 대답이 명백하고 진부한 질문들을 피해야 한다(예: 삶의 좌절 뒤에는 무엇이 올 것인가?－렘 12:5).

③ 명령문에 의한 방향 제시－설교의 방향은 요구나 소망을 나타내는 명령문으로 제목을 표현함으로써 제시될 수도 있다. 아마도 설교의 제목들 중에서 가장 드문 형태인 이 방법에 있어서는 논의가 진전됨에 따라 제목에 표시된 요구로 발전한다. 여기서는 동사가 핵심어이다(예: 물과 성령으로 거듭나라!－요3:5～7).

④ 서술문에 의한 방향 제시－또 하나의 드문 제목 형태는 서술문으로써 설교의 방향을 제시하는 경우이다. 이러한 진술 또는 주장에 있어서 본론의 전개는 제목에서 언급된 확증을 취급한다. 서술문 형태의 제목에서도 핵심어는 동사이다(예: 인생은 메아리이다－마7:2).

⑤ 한정적인 단어에 의한 방향 제시－설교의 방향 제시는 때때로 제목에 수식어나 한정적인 단어들을 부가함으로써 이루어진다. 예를 들어 '사랑'이라는 제목은 본래 지나치게 포괄적이지만 "하나님의 사랑"이라는 제목으로 축소될 수 있다. 그러나 이 제목도 모양만 갖추었을 뿐 아직도 지나치게 광범위하다. 설교자는 그가 전달코자 하는 생각을 회중이 명확하게 이해할 수 있도록 직접적인 또는 간접적인 방법을 통하여 제목을 구두로 제시해야 한다. 논리적으로

30) *Ibid.*, 142–47.

볼 때에 제목을 소개하기에 적절한 곳은 서론 부분이다. 그러나 아주 드물게 설교자가 주의를 환기시킬 목적으로 제목을 본론 부분에서 얘기할 때도 있다. 설교의 목적이 단순히 복음에 대한 정보를 제공하는 것이 아니라, 사람을 변화시키는 것이라면, 책표지나 광고의 첫 줄처럼, 설교 제목도 사람들의 주의를 끌 수 있는 것이어야 한다. 설교 제목을 정할 때 다음 네 가지를 고려할 수 있다.

첫째, 사람들의 주의를 끄는 제목인가? 우리는 진리를 전하도록 부름받았기 때문에, 회중들이 진리를 갈망한다고 생각하기 쉽다. 그러나 사실은 대부분의 사람들이 절대적 진리보다는 관용을 선호한다. 이처럼 진리가 무너지고 있는 것이 우리 사회의 모든 잘못의 뿌리이다. 대부분의 사람들은 진리를 추구하는 것이 아니라, 문제의 해결을 구한다. 이로써 우리는 사람들로 하여금 진리에 관심을 갖게 될 기회를 준다. 내가 사람들을 고통에서 벗어나게 하는 진리를 가르치고, 그들의 질문에 대답하고, 문제 해결에 도움을 주면, 사람들은 말씀의 능력을 알고 진리를 갈망하게 되는 모습을 볼 수 있다. 설교 제목이 사람들의 실제적 물음과 상처를 다루는 것일 때, 사람들의 주의를 끌 수 있고 그들에게 진리를 가르칠 기회를 얻게 된다. "삶의 상처를 어떻게 할 것인가", "당신이 기적을 필요로 할 때", "하나님의 음성을 듣는 비결", "하나님께 묻고 싶은 질문" 등의 설교 제목은 모든 성도들의 관심을 끌기에 적합하다.

둘째, 분명한 제목인가? 설교자는 설교 제목이 다른 부연 설명 없이도 그 자체로서 명확한 것인지를 스스로 자문해야 한다. 불행하게도 많은 설교 제목들은 그 내용에 대하여 감을 잡기 어렵고 색깔조차 없다. 설교의 제목은 멋진 제목보다는 명백한 제목이 중요시되어야 한다.

셋째, 제목이 기쁜 소식인가? 예수님은 첫 번째 설교에서 자신의 설교의 음조를 천명하셨다. "주의 성령이 내게 임하셨으니 이는 가난한 자에게 복음을 전하게 하시려고 내게 기름을 부으셔서 나를 보내사 포로된 자에게 자유를......"(눅 4:18). 심지어 내가 고통스런 소식을 전해야 할 때일지라도, 설교자는 그의 설교 제목이 설교 주제의 기쁜 소식의 측면에 초점을 맞추어야 한다.

네 번째, 일상생활과 연관된 제목인가? 어떤 사람들은 실생활에 적용시키는 설교는 깊이가 없고 단순하며 훌륭한 설교가 아니라고 비판한다. 그들에게 있어서 참된 설교란 고작 교리적이며 교육적인 것이다. 그들의 태도는 바울이 예수님보다 더욱 근본적이며, 로마서가 산상수훈이나 비유들보다 근원적인 의미를 지닌다고 생각하는 태도이다. 가장 근원적인 가르침은 사람들의 일상생활에 변화를 일으키는 것이다. D. L. 무디 목사가 말한 대로, '성경을 주신 것은 우리의 지식을 늘리기 위한 것이 아니라, 우리의 삶을 변화시키기 위한 것이다.' 리더스 다이제스트가 세계에서 가장 많이 읽히는 잡지가 된 이유는 그 글들이 인간의 공통적인 욕구, 상처, 관심에 호소하기 때문이다. 사람들은 어떻게 자신의 삶을 바꿀 것인지를 알고 싶어하는 것이다. 설교 제목을 사람들이 느끼는 필요에 호소한다고 해서 설교가 천박해지는 것은 아니며 오히려 전략적이다.

3) 주 제

(1) 주제의 중요성

주제는 설교를 이끌어내는 중심적인 개념이며 설교가 무엇에 관한 것인가를 정확하게 나타내는 것이다. 그러므로 명확한 주제는 설교자로 하여금 설교 준비와 설교 구조를 결정하는 데 있어 중요한 부분이며, 설교 자료를 선택하고 정리하는 데 도움을 준다. 따라서 설교에서 명확한 주제는 설교를 준비하는 설교자와 설교를 듣는 청중들 모두에게 매우 중요한 것이다. 그러므로 설교는 반드시 한 가지의 주제를 가져야 한다. 동시에 그 주제는 본문과 일치하는 것이 되어야 한다. 왜냐하면 설교를 준비하는 일에 가장 우선적이고 기본이 되는 일은 설교의 기초가 되는 본문 구절 또는 성경 본문 주제를 정하는 것이 되기 때문이다. 그 이유는 설교의 주제가 그 설교의 성경 본문의 메시지가 되기 때문이다. 그렇기 때문에 설교의 주제는 단순히 신학적인 문제가 아니라 설교의 성경 본문의 주된 사상을 나타내는 것이기 때문에 본문의 함축적 표현이 된다. 그러므로 만일 주제가 본문의 주요 사상의 간략한 표현이라면 설교는 당연히 주제를 포함하고 있어야 한다는 결론이 나온다. 따라서 주제와 본문은 분리될 수 없고 하나가 되어야 하며 내용상 동일한 것이어야 한다. 왜냐하면 그 성경 본문의 주된 취지와 교훈이 주제가 되기 때문이다. 설교의 주제들은 분명히 여러 방법으로 얻을 수 있고 또 많은 다양한 자료에서 나올 수 있다. 그러나 특정한 설교를 위해 꼭 맞는 사상들을 찾는 일은 문제가 될 수 있다. 그렇지만 설교의 사상을 미리 정해 놓고 거기에 맞추느라 성경 본문을 무시하거나 심지어 설교자가 임의로 결정해서는 결코 안 된다. 그보다도 설교의 주제는 성경 본문에서 나와야 한다. 사실 어떤 주어진 상황에 특정 필요를 충족시키기에 적합하게 쓰일 수 있는 본문들이 많이 있다. 성경에는 한 주제를 충족시키는 데 필요한 것들을 담고 있는 구절들이 아주 풍부하다.

(2) 주제의 요소

설교 구조에서 주제가 갖는 역할은 설교학적 요소들을 필요로 한다. 이들 요소들은 설교자가 본문의 주제를 확인하도록 돕는다. 동시에 성경이 주제의 유일한 근원이 되나, 그 주제에 영향을 끼칠 수 있는 적용 가능한 몇 가지의 근원들이 있을 수 있다.

① 유일한 자료가 되는 성경

성경은 설교의 사상을 위한 유일한 자료가 된다. 성경에는 설교로 발전시킬 수 있는 교리들 또는 메시지들이 아주 다양하게 담겨 있다. 성경은 사람에게 말씀하시는 하나님 자신의 점진적인 계시의 기록이며, 실제적인 삶 가운데서 인간과의 만남이 이루어지는 것이다. 따라서 설교는 하나님의 자기 계시(His self-revelation)인 성경을 다루는 것이 되어야 한다. 그렇기 때문에 사람에게 하시는 하나님의 자기 계시의 기록으로서 성경이 설교 주제의 근원이 된다. 이 거룩한 계시는 역사 기록들을 비롯해서 이야기, 드라마, 시, 잠언, 편지 그리고 묵시 문학 등으로 구성된 아주 다채로운 정보를 제공하는 일종의 도서관이다. 동시에 하나님께서는 어제 성경을 통해 사람들의 필요를 채워 주신 것처럼 똑같이 오늘도 사람들의 실제적인 필요들을 성경을 통해 채우신다. 더욱이 성경은 사람의 뜻으로 기록한 것이 아니라 사람들이 성령의 인도하심을 따라 하나님의 말씀의 영감에 의해 하나님께 받아서 말한 것이다(벧후 1:21). 성경이 말하는 바는 곧 하나님께서 말씀하신 바이다. 그러므로 성경은 삼위 하나님의 풍부한 자기 계시이며 또한 설교 주제들의 풍부한 보고가 된다.

② 사람의 필요

성경이 설교 주제의 유일한 근원이지만, 설교자가 청중을 이해시키고 그들의 요구들을 이해할 때 그러한 요구들은 적용 가능한 근원으로서 크게 부상할 수 있다. 설교가 사람의 요구를 충족시키도록 고안되었을 것이기 때문이다. 그러므로 설교자는 자기 회중들이 살고 있는 시대와 그 시대에 살고 있는 사람들의 개인적인 삶의 공동 관심사들과 위기 경험들에 대해서 알 필요가 있다. 게다가 관찰한 요구에 부응하기 위해서 설교자는 그것과 관련이 있는 본문을 선택하고 그 본문의 메시지를 회중에게 전달하기 위해서 본문의 의미를 주석적 차원에서 살펴보아야 한다. 그런 의미에서 사람의 요구들에 대한 인식은, 설교자가 실생활을 하고 있는 신자들의 마음속에 설교를 통해 성경의 메시지를 전달하는 데 있어 매우 중요하다. 설교자는 양을 돌보는 심정과 사람들에 대한 동정심을 길러야 하며 또한 양떼들 가운데서 신앙적인 사역을 하며 활동해야 한다.

설교자는 자기가 그동안 인식해 온 청중의 요구들에 관해서 성경이 무엇이라고 말씀하고 있는지 그것을 전해야 한다. 그러므로 설교자는 청중이 처해 있는 여러 환경들 속에서 하나님께서 사람에게 하신 자기 계시를 전해야 한다. 왜냐하면 성경은 모든 시대의 사람들에게 계시하시는 하나님의 유일하고 충분한 계시가 되기 때문이다. 그러므로 성경은 하나님께서 모든 시대에 걸쳐 사람들의 실제 삶의 요구들뿐만 아니라 필요를 충족시키시는 생명의 양식이 된다.

③ 개인의 경험

설교에서 주제로 적용할 수 있는 자료로서의 개인의 경험은 종종 어느 한 본문이나 하나님으로부터 오는 성경의 메시지에 대한 설교자 자신의 개인적인 경험에서 생긴다. 설교자는 또 신앙 서적을 읽거나 다른 사람들의 설교를 듣는 가운데 본문의 주제로 삼을 만한 적절한 적용을 발견할 수도 있고, 목회적 관심의 사랑, 개인적인 영적 생활에서의 승리, 기도의 응답, 영적 위기 등을 통해서 발견할 수도 있다. 그렇지만 설교자는 자신이 여느 다른 사람과 조금도 다를 바 없는 사람이라는 사실과 삶의 여러 씨름 가운데서 하나님을 의지해야 한다는 사실을 항상 기억해야 한다. 이러한 목회자의 삶의 모습이 외부에 뚜렷하게 나타날 때 성도들은 자기들의 설교자가 개인적으로 자기들이 짐을 지고 있는 여러 문제들과 같은 유(類)의 많은 문제들을 공유하고 있다는 사실을 알고서 위로를 받게 된다.

더구나 우리 주 예수 그리스도께서 공생애의 삶을 통하여 그 모범을 보이셨다. 장터, 바닷가, 밭, 산과 들, 성전뿐 아니라 회당에서도 예수님을 자주 만날 수 있었다. 예수님은 영적 진리들을 매일의 생활과 연관시키되 그 방법에 있어서 비유들을 사용하시는 데 늘 민감하셨다. 예수님은 진리들을 청중의 생활 경험과 관련 있는 자신의 비유들 속에 함축된 주제들로서 적용하셨다. 그런 의미에서 개인의 생활은 주제의 적용이 가능한 근원으로서 사용될 수 있다. 그러므로 설교자가 자기 사람들의 요구들을 이해하고 충족시키려면 하나님께서 본문 메시지를 통해 주신바 믿음의 위대한 원칙들을 적용하고 가르칠 수 있으며, 사람의 기본적 관심사들을 회중과 함께 토론할 수 있어야 한다.

④ 성령의 조명

설교 주제의 요소로 영감의 번뜩임이 적용 가능한 근원으로 사용될 수 있다. 제반 요소를 갖춘 전체적 설교가 항상 단번에 번뜩이는 영감으로 오는 것은 아니다. 그러나 설교의 주제를 정하는 일은 영감으로 올 수도 있고, 또 한 차례의 성령의 조명으로도 분명하게 있을 수 있다. 이런 참된 영감은 성령을 통해서만 오는 것으로 언제든지, 또한 거의 어떠한 상황에 있든 올 수 있는 것이다. 이 영감 어린 생각은 성령에 의하여 마음이 진리와 요구들을 향해서 열리는 것이다. 성령에 의한 영감 어린 생각들은 성경 연구나 다른 사람과의 대인관계 또는 설교자 자신의 깊은 기도와 묵상 등과 같이 영적인 바탕을 둔 여러 활동들을 통해서 설교자에게 임한다. 설교자가 여러 형태의 목회 일에 열의를 갖고서 참여하면 할수록 설교의 주제들을 많이 발견할 수 있을 것이다. 그러므로 설교자는 항상 갑작스러운 영감의 순간을 항상 기대해서는 안 된다. 설교자는 주님을 섬기는 데 최선을 다하며 성경을 연구하고 묵상하는 가운데 성령의 조명 하에 설교 준비에 최선을 다해야 할 것이다.

⑤ 일정한 계획에 의한 설교

일정한 계획에 따른 설교 프로그램에서도 설교의 주제들을 찾는 데 도움을 얻게 된다. 그러므로 설교자는 자신이 이미 자신의 설교 프로그램에 따라 계획해 놓은 본문들에서 설교 주제들을 찾아야 한다. 동시에 설교자는 자신이 설교를 통해서 요구들을 충족시킬 건전한 주제를 가진 본문들을 구하는 데 심혈을 기울이며 또 기도하는 마음으로 관심을 가져야 한다. 그러므로 이런 목적을 이루기 위해서 설교자는 설교의 내용과 설교자의 통찰력 그리고 하나님에 관한 지식에 대한 깊은 뜻을 밝혀 주시는 성령을 의지해야 한다. 그렇게 할 때 설교자는 설교 구조를 위한 적절하고 명확한 주제를 본문에서 발견하게 될 것이다.

(3) 주제의 특성

명확한 주제는 설교에서 필수적인 요소가 되는 주제의 설교학적 특징을 가지게 된다. 그것은 통일성, 명료성, 간결성, 구체성 등 4가지 특성으로 구분된다.

① 통일성

설교가 통일성 있는 주제를 갖춘다는 것은 대단히 중요한 일이다. 왜냐하면 한 성경 본문이 여러 가지 사상들을 나타내고 있을 때 그 본문을 다루는 설교에서는 그 모든 사상들을 연결시켜 하나로 만들어야 하고, 그 본문의 중심이 되거나 논리의 축 역할을 하게 될 본문의 일부 주요 사상을 축으로 하여 짜인 어떤 통일체가 되도록 해야 하기 때문이다. 사실 복합적이고 복잡한 문장들은 복합적이고 복잡한 사상들을 지닌 설교들을 낳는 경향이 있고, 그 반면에 단순한 문장들은 여러 가지 큰 사상들과 설교 속의 작은 설교를 낳게 할 가능성을 피할 수 있도록 기여한다. 그러므로 단순한 주제는 통일성을 보장하는 데 도움을 줄 수 있다. 통일성은 청중의 마음이 분열되고 불일치되는 것을 막는 데 유용하다. 따라서 설교가 한 가지의 유력한 사상을 구현하는 것, 곧 그 사상을 단순히 정교하게 표현하는 일이 될 때, 설교는 통일성이라고 불리는 그러한 효과의 집중화를 낳을 수 있다. 게다가 하나의 단순한 문장으로 표현된 사상의 단일성은 분열을 초래하는 일을 막아 준다. 만일 그렇게 되지 않을 경우, 청중은 사상의 단편들을 청중 나름대로의 설교 단위로 묶지 않을 수 없게 되며, 이 일은 설교자가 의도한 설교와는 전혀 다른 것이 되게 하고 말 것이다. 그러므로 많은 사상들을 엉성하게 진술하기보다는 본문에 나오는 한 가지 사상을 잘 진술하는 것이 더욱 나은 설교가 된다고 하겠다.

② 명료성

주제를 발표하기 전까지 설교자는 자신의 마음속에 본문의 내용들에 대한 분명하고 한계가 뚜렷한 사상들을 갖고 있어야 하며, 아직도 정리되지 못한 복잡한 사상들을 갖고 있어서는 안 된다. 주제가 분명치 못하면 탁함과 흐릿함을 통해 어렴풋이 보이는 애매하고 모호한 상들만 있게 될 것이다. 그러므로 자신이 정한 주제는 회중이 충분히 파악할 수 있는 것이라는 확신이 있어야 한다. 어떤 지시어(指示語) 가령 형이상학적 용어들이나 신학용어들은 청중들과 설교자 사이에 공동의 인식이 없는 것이 있을 수 있기 때문이다. 설교자는 중대한 사상을 진술하는 데 은유적인 표현은 조금이라도 피해야 한다.

③ 간결성

주제는 명료할 뿐 아니라 정확성을 기하면서 간결해야 한다. 왜냐하면 주제들을 종종 불필요한 군더더기 말들로 늘어놓기 때문이다. 목표를 향해 나아가기 위해서 주제에는 없어도 될 말, 곧 장황하게 길어진 종속절을 수반하는 수사학적인 확대가 없어야 한다. 그것은 간단하며, 간결하고, 정확해야 한다. 따라서 설교 주제가 너무 길게 되면, 그것은 모아야 할 초점을 분산시킬 뿐 아니라 청중이 보고 느끼고 행할 아무런 것도 제안할 수 없게 될 것이다. 그 반면에 주제가 간결하면, 그것은 청중의 기억력을 도와 설교의 요지를 더욱 잘 파악하게 해 줄 것이다. 주제가 간결하면 설교를 듣는 청중이 하나님의 말씀을 명확하게 이해하는 데 도움을 받게 된다. 복음 전파는 바울이 말하듯이 사람의 지혜의 말들로 이루어진 것이 되어서는 안 되고(고전 1:17), 능력으로 전하는 것이 되어야 한다. 바울이 가르치고 있는 이 본문에는 이방인 철학자들, 헬라의 소피스트들, 그리고 유대인 랍비들로 추측되는 고린도의 지혜 있는 사람들과 학자들이 오랜 시간의 난해한 논쟁에 참여하고 있었다는 뜻이 담겨 있다. 그런데도 인간적으로 고안된 일체의 모든 철학 체계들은 하나님의 계시에 대한 그릇된 개념을 갖고 있어서 수포로 돌아가고 말았다. 그렇기 때문에 복음 전파가 그들에게 어리석은 것 같았지만 복음은 어리석은 것이 아니다. 그러므로 설교 주제는 간결하게 보일지라도 그것이 살아 있는 하나님의 말씀을 가장 명확하고 효과 있게 전달하도록 도울 수 있다.

④ 구체성

설교의 간결한 주제는 하나이면서 흔하지 않은 독특한 것이 되어서, 설교를 듣는 청중의 마음이 그 설교를 쉽게 파악하고 소화할 수 있도록 해야 한다. 이런 목적을 이루기 위해서 일반 주제들은 좀 더 작은 구체적인 주제로 분할할 수 있어야 하며, 또 좀 더 큰 화제들은 적절한 관심을 불러일으키기 위해서 좀 더 구체적인 주제들로 좁혀져야 한다. 유명한 설교자들은 한 설교에 너무 지나치게 많은 설명을 시도하지 않는다. 왜냐하면 본문들이 그들의 주된 사상들을 일반적인 방법으로 표현하지 않고 특수한 사상으로 표현하기 때문이다. 이와 같이 설교마다 하나의 주제를 갖고 있어야 하는데, 그것은 일반적인 주제가 아니라 세련되게 규정된 특수한 주제여야 한다. 일반적인 주제로는 청중에게 설교자가 마음에 담고 있는 바를 효과 있게 전달할 수 없지만, 독특한 개념은 이런 목표를 이룰 수 있다. 그 독특한 주제를 통해서 하나님의 말씀이 청중들에게 명백하게 전달하게 한다.

4) 서 론

설교를 어떻게 시작할 것인가? 서론에서 가장 중요한 것은 명확성, 기대감, 공감대, 그리고 흥미이다. 서론은 설교의 중요한 부분 중의 하나로서 청중의 사정과 설교의 주제에 적절한 것이 되어야 한다. 설교자 자신은 설교의 주제로 감격할지 모르지만 아직 다른 사람은 아무도 그렇지 않다. 그러므로 설교자는 사람들이 있는 곳에서 시작하고 그들을 거기서부터 움직여 나아가야 한다. 또 청중의 사정에 매우 적절한 말을 꺼냈을지라도 그것들을 말하려는 주제와 연결시키지 않으면 청중을 곧 잃어버리게 되고 서론도 끝나고 만다. 때때로 옛날에 들었던 인상에 남는 좋은 이야기가 사람들의 주의를 끌 것이라 생각하여 그것을 사용하는 유혹이 일어날지 모른다. 그러나 만일 그 이야기가 그날 설교의 주제와 아무 상관이 없으면 시간 낭비일 뿐이다. 왜냐하면 아직도 강 건너편에 다리를 놓아야 하는데 귀중한 시간이 쓸데없이 소비되었기 때문이다. 사실 좋은 서론은 '강을 건너는 다리와 같은 역할'을 한다. 왜냐하면 다리는 쓰는 사람의 마음에 따라 사용되기도 하고 안 되기도 하지만, 좋은 서론은 청중을 이끌어서 별로 원치 않는데도 설교자를 따라오게 하기 때문이다. 그것은 낚싯대에서 미끼를 낀 낚시 바늘의 역할을 한다.

(1) 서론의 목적

서론을 작성하고 준비하는 데 실제적인 방법을 연구하기 전에 먼저 서론의 목적에 주의를 기울여야 할 것이다. 왜냐하면 목적을 분명히 함으로써 앞으로 서론 작성의 방법을 결정하는 데 큰 도움을 얻기 위해서이다.

① 청중들로 하여금 설교에 주의를 끌게 하는 것이다

설교에 있어서 청중들로부터 주의력을 끌 수 있는 것은 다른 어떤 부분보다도 서론에서 가장 용이한 부분이다. 심리학적으로 이것은 증명되고 있는데 인간의 정신력이 어떤 공상에 잠기거나 언어의 분별력에 혼란을 가져와 집중력이 떨어지기까지는 서론에 관심이 끌리게 된다. 또한 설교자는 청중들이 자발적으로 듣고자 하는 태도에 일반적으로 의지하고 있다. 복음의 진리에 대하여 적대적인 사람들은 예배에 참석하지 않을 것이다. 이러한 점을 감안할 때 흥미 있는 서론은 청중들의 주의를 끌 수 있도록 유도하는 데 매우 효과적인 부분이 된다. 설교자는 이 중요한 부분을 시작하기 직전에 지나치게 의식적인 제스처가 아닌 매우 자연스러운 태도로 청중들의 얼굴을 조용하면서도 신중하게 내려다봄으로써 그 짧은 순간 청중들로 하여금 '언제 무슨 말부터 시작할까?'라는 주의심을 스스로 갖게 한다. 이러한 태도는 설교를 시작하기 직전의 심리적인 시간이다. 이를 통해 사람들에게 어떤 기대의 무드를 만들어 설교의 주의를 끌게 하는 것이다.

② 청중들로 하여금 설교의 주제에 관심을 개발하게 하는 것이다

설교자가 주제를 제시하게 되면 청중들은 설교의 주제를 잘 알고 있으므로 그 주제에 대한 흥미를 갖지 않으려는 경우가 많다. 특히 설교자가 청중들에게 특별한 어필이 될 수 없는 제목이나 본문을 제시할 경우에는 여하한 방법과 수단을 쓰더라도 관심을 갖게 하도록 하는 것이 설교자의 서론에서 가져야 할 과업이다. 그러므로 설교자는 고상한 논의와 문제를 제기한다든지, 설교자의 독특한 독창력으로 청중들을 자기 관심안에 넣을 수 있는 새롭고 신선한 관심과 지식을 갖도록 개발하는 것이 매우 중요하다.

③ 청중과의 공감대를 형성하여 말씀의 수용을 높여 본론으로 향하게 하는 것이다

설교자는 청중들에게 하늘의 영광을 선포하고 하나님 말씀의 선포에 대한 기대감을 갖도록 해야 한다. 다정한 음성이나 감정으로 청중의 마음에 와 닿게 하는 것도 청중이 설교자가 전하는 메시지에 귀를 기울이게 하는 것이다. 그러므로 설교자가 서론에서 청중들을 무시함으로써 그들로 하여금 적개심을 유발시키는 일을 하지 않도록 조심해야 한다. 설교자는 자신이 전하려는 메시지의 준비가 어떤 부족함에 대해서 사과하는 일을 해서는 안 된다. 이런 일들은 그

설교의 좋은 결과를 기대할 수 없게 될 것이다. 무엇보다 우선적인 것은 성도들의 마음속에 능력 있게 역사하시는 분이 성령이시며, 또한 청중들로 하여금 그 설교에 귀를 기울이도록 인도하시는 분도 성령이시라는 사실을 설교자는 명심해야 한다. 성령께서는 청중들로 하여금 설교에 귀를 기울이며 받아들이도록 하시는 분이다. 그러하신 성령의 역사로 말미암아 청중들은 성령 충만한 가운데서 메시지를 듣고서 받아들일 수 있게 된다. 그러므로 하나님께서는 그의 자녀들의 마음에 성령을 부어주실 것이요, 또한 하나님은 그들이 하나님의 말씀을 능동적으로 경청하도록 하실 것이다(행 16:14). 그러므로 설교자가 서론을 통하여 주의를 끌게 하고, 관심을 불러일으키며, 주제 전개에 대한 기대감과 분위기를 조성하였다면 좋은 서론에 이르렀다고 하겠다.

(2) 서론의 특성

① 주의를 붙잡음: 시장에서 약장수는 이것을 어떻게 하는지 잘 안다. 그는 자기의 손님이 될 사람 대부분이 붙잡지 않으면 자기를 지나쳐 버릴 것을 안다. 그러므로 설교자는 청중이 설교 듣기를 간절한 사모하는 마음이 부족하다는 것을 알면 주의를 갖고 대책을 강구해야 한다.

② 아는 것에서 모르는 것으로 옮아감: 설교자의 마음에 있는 생각이 회중의 보통 경험에서 멀리 떨어져 있을수록 청중을 거기까지 이끌고 가는 것은 어렵다. 어떤 메시지는 사람의 경험에 매우 가깝기 때문에 서론이 별로 필요 없다. 그러나 어떤 것은 제목이 어렵거나 청중의 경험이 없어서 훨씬 주의 깊은 서론을 필요로 한다. 환경이 어떻든지 서론은 아는 데서부터 모르는 것으로 움직여 가야 한다.

③ 전하는 내용을 명료하고 간략하게 소개함: 어떤 서론은 그 자체가 또 하나의 설교가 된다. 설교자가 놀라운 이야기와 그 자세한 부분에 도취되어 마침내 메시지에 이르렀을 때에는 용두사미가 되어 회중은 잠자게 된다. 서론은 소개하려는 것이고 자체의 주의를 끌지는 않는다.

④ 다양한 방법으로 본론에 나아감: 항상 이야기로 시작하지 말라. 항상 속

담으로 시작하지 말라. 항상 극적인 장면으로 시작하지 말라. 일단 회중이 설교자가 늘 쓰는 서론법을 알면 그들은 무엇이 나올지 알게 되어 중요한 호기심이 없어질 것이다.

⑤ 메시지의 주제를 도움: 서론이 너무 극적이어서 설교의 다른 부분은 비교적 무미건조해서는 안 된다. 서론은 매우 주의 깊게 준비하고 생각하여 해야 되며 그 주제를 도와야 하므로 보통 맨 나중에 준비하게 된다. 전하려는 말의 요점이 무엇인지 확실히 알지 못하면 어떻게 서론을 준비할 수 있겠는가?

⑥ 정당하고 타당한 메시지를 소개함: 당신이 고통이란 문제 전부를 한 설교로 해결할 것이라고 사람들이 기대하게끔 이끌려 하다가는 사람들로 하여금 실망을 안고 떠나게 할 것이다. 그러므로 설교자는 과도하게 서론으로써 청중의 주의를 붙잡으려다 극단으로 끌고 가서 말하려는 것보다 과도한 것을 요청하는 일을 주의해야 한다.

(3) 서론의 유형

① 본문의 배경

설교자가 사용할 수 있는 기본적인 방법은 서론에서의 배경 설명과 적용이다. 설교자가 본문을 해설하기 위해서 통상적으로는 본문의 배경 설명부터 시작한다. 배경에 대한 질문들 없이 그 본문의 참된 의미나 그 본문을 통해 주어진 하나님의 말씀의 참된 의미를 알 길이 없다. 본문은 반드시 그 배경 속에서 설명되어야 한다. 그렇지 않으면 회중들은 그 메시지를 받아들이는 데 문제점을 안게 되고, 그렇게 되면 그 설교는 실패하고 만다. 그러므로 설교자는 한 본문을 그 본문의 배경 안에서 설명해야만 한다.

② 성경 본문

대다수의 청중들은 성경을 신앙과 실천을 위한 유일하게 정확무오한 규범으로 믿고 있지만 실제에 있어서는 성경은 닫힌 책이 되어 있다. 불행히도 청중들은 성경에 대한 대부분의 책을 대할 때 당황하고 의미를 잘 이해하지 못한다. 마치 전류는 엄청나게 굵은 전선을 통해 흐르고 있지만 그 전력을 집이나 공장에서 이용할 수 있도록 하기 위해서는 변압기를 통과해야 하는 것과 같다. 질적으로는 동일한 전류나, 그 전류를 유용하게 사용하기 위해서는 반드시 전압을 낮추는 일이 필요하다. 마찬가지로 설교의 본문의 의미가 설명을 필요로 할 때, 이에 대한 설명이 곧 서론이 될 수 있다. 그러므로 내용에 대한 설명이 본문의 의미에 대하여 빛을 던져 줄 때 그 서론은 훌륭한 서론이라고 볼 수 있다. 그러나 많은 사람들은 이렇게 하는 방법이 지나치게 전통적이고, 지나칠 정도로 외식적이며, 너무 지루한 것이라고 여겨 이러한 방법을 사용하지 않는다. 어떤 학자들은 설교자가 청중들을 데리고 가고 싶은 어떤 위치 혹은 어떤 장소에서가 아니라, 청중이 있는 곳에서 시작하거나 현재의 상황에서 시작해야 한다고 주장한다. 설교는 성경에 근거를 두어야 하기 때문에, 설교의 서론은 설교의 성경적 근거를 제시하고 회중들이 그 설교와 교리의 관련성 그것의 중요성의 암시를 받도록 그 관련성을 제시하는 꼭 필요한 부분이 된다.

③ 주 제

본문에서 나오는 주제가 설교에서 서론의 한 요소로 사용될 수 있다. 모든 설교에는 어떤 종류의 주제에 대한 설명이 필요하다. 동시에 설교자의 접근법이 어떻든지 청중은 설교자가 설교의 서론을 마치기 전에 그가 본 설교를 통해서 이야기하려는 바가 무엇인지 알아야 한다. 설교를 듣는 사람들이 설교의 주제를 알게 될 때, 설교를 계속해서 경청해야 할 이유가 반드시 생기게 된다. 따라서 설교자는 설교 서론 중 어느 시점에선가 그 설교에 대한 주제를 회중에게 진술해야 한다.

④ 삶의 정황

설교자는 설교의 서론을 회중의 삶의 정황 속에서 볼 수 있는 어떤 것들이나 어떤 요인들을 언급하는 것으로 시작할 수 있고, 또한 어떤 해결책을 얻기 위해서 성경으로 돌아가기 전에 문제들이나 요구 사항을 진술하는 것으로 시작할 수도 있다. 서론에서 일부 청중을 위해 첫째로 필요한 것은 가까이 있는 문제들을 확인하는 일이 될 수 있고, 또한 삶의 정황의 어떤 일면을 인식하는 일이 될 수 있다. 그렇기 때문에 실제 생활에서 오는 어떤 것, 즉 메시지와 직접 관련이 있는 어떤 삶의 정황이 설교를 시작하는 좋은 방법이 될 수도 있다. 이런 목적을 이루기 위해서 모든 서론에는 반드시 진리가 회중의 삶과 어떻게 관련이 있는지 혹은 그것이 그들에게 왜 그렇게 중요한 것인지를 보이려는 의도를 담고 있어야 한다. 누가복음 13:1~5에서 누군가가 찾아와 빌라도가 어떤 갈릴리 사람들의 피를 저희의 제물에 섞은 일을 예수께 고하니, 예수께서는 그들에게 실로암 망대가 무너져 치어 죽은 열여덟 사람에 관한 또 다른 사건을 들어 이렇게 답변했다. “너희는 이 갈릴리 사람들이 이같이 해 받음으로써 모든 갈릴리 사람보다 죄가 더 있는 줄 아느냐 또 실로암에서 망대가 무너져 치어 죽은 열여덟 사람이 예루살렘에 거한 모든 사람보다 죄가 더 있는 줄 아느냐 너희에게 이르노니 아니라 너희도 만일 회개치 아니하면 다 이와 같이 망하리라” 예수님은 생활의 정황을 언급하면서 모두가 다 죄인이요, 따라서 회개해야 하며 그렇지 않으면 두려운 종말에 직면하게 될 것을 경고하셨다. 그 당시에 대부분의 사람들은 재난은 오로지 극도로 죄악된 사람들에게만 임할 것으로 여겼다. 그렇기 때문에 설교자는 삶의 정황을 언급하는 것을 유용한 방법으로 쓸 수 있다. 설교자는 이처럼 성도들이 살아가는 삶의 실제 상황을 언급하는 방법을 사용해서 설교함으로써 설교를 듣는 사람들로 하여금 말씀을 통해 자신들에게 말씀하시는 살아계신 하나님 앞으로 나아가게 한다.

⑤ 질 문

마가복음 2:19에서 예수께서는 모든 것이 새로워질 필요성에 대하여 짧은 말씀을 하실 때 “혼인집 손님들이 신랑과 함께 있을 때에 금식할 수 있느냐”고 물으셨다. 주께서 길든 짧든 그의 전하실 말씀을 꺼내실 때 평이한 매일 생활의 사실들을 능숙하게 사용하신 것은 모든 설교자에게 교훈이 된다. 설교자가 회중에게 본문의 주제를 설명하거나 주제를 실제의 생활에 맞게 적용하기 위해서 서론에서 질문법을 사용할 수도 있다. 청중의 관심사와 관련성이 있는 예리하고 흥미 있는 질문의 경우는 메시지를 소개하는 데 가장 호소력 있는 방법이 될 수 있다. 또한 실제로 질문이라는 것은 어떠한 것이든 그것 자체가 우선 흥미를 일으킨다. 그렇지만 설교자는 설교에서 자신이 한 질문에 답변을 제시하는 일이 없이 질문법을 설교 진행의 방법으로 막연히 그냥 사용해서는 안 된다. 설교자는 질문 형식으로 서론을 주의 깊게 시작하되, 전하려는 메시지와 관련이 없는 답변이나 부정적인 답변이 나오지 않도록 주의해야 한다. 그러므로 설교자는 서론에서 정확하고 뚜렷한 질문들을 마련해 놓을 수 있는데, 그런 질문들은 목회 사역의 성실함의 동기를 갖는 질문들로서 그 설교에 반드시 답변되도록 해야 한다.

⑥ 예 화

청중의 경험에 익숙한 예화를 설교의 주제에 적용함으로써 설교 본문과 주제에 빛을 비추어 주는 유용한 방법이 될 수 있다. 예화는 적절한 것을 택하고 그것을 잘 구사하여 신선함을 줄 때에 서론에 유용하게 기여할 수 있는 것이 된다. 그러므로 이런 효과를 얻기 위해서 설교자는 예화를 사용하되 간결하고 주제와 관련성이 있는 것으로 해야 하며, 주된 메시지로부터 관심을 빼앗는 그런 예화가 되어서는 안 된다는 사실에 주의 깊게 주목해야 한다. 따라서 예화는 오직 진리를 예로 들어 설명할 때만을 위해서 사용해야 하고, 예화 자체에만 온 관심을 기울이도록 하는 것이 되어서는 안 된다.

⑦ 놀라운 선언

일반의 예상을 뒤엎는 파격적인 선언이나 놀라움을 일으키는 말로써 설교를 시작할 수 있다. 예수께서는 마가복음 2:5에서 이렇게 말씀하셨다. “소자야 네 죄사함을 받았느니라” 즉시 집을 가득 메우고 있던 사람들이 설명을 원했다. 다음에 무슨 말씀이 나올지 들어보려고 모든 행동이 중지되었다. 이것은 과감한 선언이었으며 설명을 요구되었다. 이러한 종류의 서론은 매우 주의하여 사용해야 한다. 잘못 사용하게 되면 너무 놀라워서 많은 의문을 일으키며 진실을 증명하기 어렵고 정당화할 수 없어 또 다른 의혹만을 증폭시키게 된다.

⑧ 속 담

어느 나라말에나 속담이 많다. 중국어는 특별히 속담으로 가득하다. 청중이 이런 속담을 알고 그런 속담이 문화의 중요한 부분을 이룰 때에는 속담을 사용하면 관심을 얻는 데 큰 효과를 얻을 수 있다. 예수께서는 자주 서론에서뿐 아니라 다른 때에도 당시의 속담을 인용하셨다. 예레미야 선지자는 예레미야서 31:29~30에서 새 언약의 영광을 소개하는 가운데 "아비가 신 포도를 먹었으므로 아들들의 이가시다"는 속담을 다가오는 새 시대에 있어서 각 개인의 책임과 죄인에 대한 하나님의 은혜를 가르칠 발판으로 삼았다.

⑨ 극적인 선언

예수께서는 요한복음 4장에서 사마리아 여인에게 "네가 만일 하나님의 선물과 또 네게 물 좀 달라 하는 이가 누구인줄 알았다면 네가 그에게 구하였을 것이요 그가 생수를 네게 주었으리라"라고 말씀하셨다. 그 여자는 사람인지라 그 선물이 무엇인지, 예수께서 누구신지 알아볼 수 있을 때까지 기다릴 수 없었다. 예수께서는 그 점을 그 여자에게 알려 주고 싶었다. 만일 당신이 사람들에게 알려 주고 싶었던 것을 사람들로 하여금 듣고자 갈망하게 만들 수 있다면 그 전쟁은 이긴 것이다.

⑩ 극적인 행동

극적인 행동은 사람들을 호기심 있게 하는 말과 유사성이 있다. 그것은 주의를 다른 데 돌리지 못하게 한다. 이러한 방법으로 설교를 시작하는 것은 매우 드물게 사용해야 한다. 강단은 무대가 아니다. 그러나 어느 때는 회중 가운데서 잠자는 사람을 깨울 수 있다면 덜컹하는 소리를 내는 것도 주의를 끄는 데 도움이 된다. 예수께서는 고향 나사렛의 회당에서 단지 앉는 것으로 이 일을 하셨다. 그는 그의 직무를 시작하신 뒤에 고향에 오셨고 그의 이름은 퍼져 나갔다. 회당의 회원이면 누구나 할 수 있는 바대로 그가 서서 읽으려 할 때 사람들은 자연히 호기심을 가지고 무엇이 일어나는지 알고자 하였다. 그러나 그가 두루마리를 다시 건네주고 앉았을 때 주위는 바늘 떨어지는 소리라도 들릴 듯이 조용해 졌다. 앉으심으로 그는 강설할 권리를 주장하신 것이며, 전 회중은 이 토박이 젊은이가 많은 소문을 내더니 지금 무엇을 말하려 하는지 알고 싶은 마음이 가득하게 되었다. 그의 행동은 단순하였지만 극적이었고 효과가 컸다.

⑪ 특수한 방향 제시

모든 설교는 '어떻게 그것을 해낼 것인가?'로 끝날 수는 없다. 어떤 경우에는 사안이 민감하고 굉장히 난해한 문제들을 제기할 수밖에 없는 경우도 있다. 그리고 청중들이 그 문제와 거기에 대한 성경적인 해결책을 이해할 때 그 목적은 달성된다. 특수한 의무를 분명하게 설명할 수도 없다. 그러나 설교자가 진리를 실생활에 어떻게 옮길 수 있는가에 대한 실제적인 지침을 제공할 때, 설교는 삶의 구조 속으로 한 걸음 더 가까이 파고들어 갈 것이다.

(4) 서론의 기본 원칙

① 서론은 설교의 주제와 밀접하게 관련된 어떤 사상을 나타내어 자연스럽고 무난하게 주제에 이르도록 해야 한다. 그러므로 그때의 사상은 본론에 속한 사상과는 명백히 구분되는 것이다. 서론의 계획은 미리 준비되어 있어야 한다. 서론 가운데 성경 본문이나 설교 내용에서 이끌어낸 설교의 목적과는 동떨어진 재미있는 사실을 언급하고 싶은 충동을 설교자들은 때때로 느낀다. 그러나 이러한 유혹은 아주 특수한 경우를 제외하고는 뿌리쳐야 한다. 설교자가 청중들의 관심을 어떤 사상의 전개에 집중시켜 명확하고도 중요한 결론으로 이끌어가기로 결심했다면 설교자는 선정된 길을 벗어나서는 안 된다.

② 서론은 보통 단일된 사상으로 구성되어 있어야 한다. 사람들은 이곳에서 저곳으로 끌려 다니기를 좋아하지 않는다.

③ 서론은 인간성, 인간 생활, 우주, 그리고 신성 등과 같이 아주 광범위하고 진부한 것으로 서론을 시작하는 것을 피하는 것이 바람직하다.

④ 서론은 사상 면에서나 유형, 전달 내용 등에 있어서 너무나 많은 것을 약속하고 있는 듯한 인상을 주어서는 안 된다. 또한 서론은 고도로 논쟁적이거나

극히 감정적인 것이어서도 안 된다. 설교자가 언제 과감해야 하며 또 언제 삼가야 하는지를 아는 것은 재능에 의해 주어진 특권이며 또 연구와 경험의 결과이다. 더욱이 서론을 흥미 있고 마음 끌리는 것으로 만들려고 진지하게 노력하면서, 선동적이거나 거드름 피우는 듯한 것은 피해야만 한다. 설교자는 개인적으로나 직무상으로나 겸손한 입장에서 설교를 시작해야 하며 그의 직책에 해당하는 권위로 말해야 하는 내용은 뒤로 미루어야 한다.

⑤ 일반적으로 훌륭한 서론은 특수한 설교에만 응용된다. 약간의 경우에 있어서 어떤 일반적인 사상은 몇몇의 다른 주제들을 똑같이 소개하고 있을 수도 있다. 설교자는 성구(聖句)판에 박힌 듯한 서론을 경계하여야 한다. 사람들은 금세 알아차리게 되고 결국 관심을 일깨우고 호기심을 불러일으키는 것과는 반대의 결과를 가져오게 된다. 자극과 다양성의 매력을 유지한다는 것은 가장 중요하며, 이것은 습관적으로 서론을 특수한 경우에 명확하게 응용할 수 있도록 노력함으로써 큰 성과를 바랄 수 있는 것이다.

⑥ 서론은 길어서는 안 된다. “짧은 서론으로 그르치게 된 설교가 하나라면, 길고 지루한 서론 때문에 그르친 설교는 백이 된다.”

⑦ 비록 짧은 경우라 할지라도 설교는 내용의 주도하에 준비되어야 한다. 퀸틸리안(Quintilian)은 잘못된 서론은 “칼자국이 난 얼굴처럼 보이며, 이런 사람은 아주 형편없는 조타수로 항구에서 나오는 배를 부딪치게 할 것이다”라고 말했다. 서론의 자료는 수집될 자료 가운데 가장 맨 나중의 것이다. 그러나 설교의 서론은 설교의 본론이 완전히 이해되고 난 뒤에 구성되어야만 한다.[31]

5) 본 론

설교는 주요한 3가지 구성을 갖는데 서론, 본론, 그리고 결론이다. 따라서 서론에서 기본 원리를 진술한 설교자는 이제 여러 이유들과 동기들을 제공할 수

---

31) 정성구 *op. cit.*, 169-71.

있다. 본론(body)에서는 성경 본문에 대한 해설(해석), 설교 주제의 전개, 그리고 그 설교의 논증의 진술 등을 통하여 설교의 명확성을 추구하는 것이다. 여기에서 가장 중요한 것은 청중들의 마음속에서 일어날 수 있을 만한 질문들을 정확하게 예상하는 것이다. 그리고 그 질문에 대한 명확한 대답과 진정한 답변을 위해서는 먼저 진정한 문제를 찾아야 하고, 설교의 골격인 뼈대를 든든히 세워야 하며, 긴장감을 만들어 나가야 할 것이다. 본론에서 설교자는 청중들이 성경이라는 거울에서 자신의 얼굴을 보게 할 수 있어야 할 것이다.

(1) 본론의 구성 요소

설교자는 효과적인 설교를 위해 본론에서 먼저 주석자로서 하나님의 계시가 원래 주어졌던 그때의 사람들에게는 무엇을 의미했던가를 철저하게 연구해야 할 것이다. 나아가서 설교자 자신의 시대에 소용돌이 치고 있는 현시대적 조류를 알지 못하면 안 된다. 왜냐하면 설교는 청중들이 삶에서 시달리는 어려움과 질문들을 무시하면 생명력이 없는 설교가 되기 때문이다. 그리고 설교자가 증거하는 하나님의 말씀은 읽혀야 할 뿐만 아니라 사용되고 실행되지 않으면 안 된다. 그러므로 설교는 적용과 더불어 일어나는 어려운 문제들을 해결해 내는 말씀이어야 한다. 따라서 설교의 본론에서는 그 기능상 세 가지 단계, 즉 해설, 논증, 그리고 적용을 다루어야 한다.

① 해설(Explanation)－석의적 개요(The Passage Outline)[32)]

해설이란 설교자가 '성경의 본문이 무엇을 의미하는가?'라는 질문에 명확한 답변을 내놓는 것이다. 먼저는 설교자가 성경 본문을 향하여 이 질문을 할 때 '내 앞에 놓인 이 본문에서 성경 저자는 무엇을 말씀하려고 하는가?'에 대한 주석의 결과를 분명하게 찾아야 할 것이다. 또한 설교자는 성경 본문에 담겨 있는 하나님의 메시지를 명확하고 쉽게 청중들이 잘 이해할 만하게 설명해야

---

32) 석의적 개요(The Passage outline)란 성경 저자의 본래 생각, 또는 신학적 의도로서 그 시대의 사람들에게 전하기 원하는 내용을 요약한다.

한다. 바로 이 시대의 청중들에게 설명이 필요한 것이다. 그러기 위해서는 성경 본문을 해설하는 설명과 재진술이 필요하다.

◉ 강해(exposition): 강해는 설교에서 해설을 공급하는 가장 일반적인 방법이다. 강해 설교는 성경의 한 구절을 해설하고(expound), 그 해설한 것을 중심 주제와 주된 요점을 조직하고(organizes), 그리고 그 다음에는 그것의 메시지를 회중들에게 결정적으로 적용하는 설교이다. 강해는 배경 자료와 주석 연구를 통해 얻은 지식을 전한다. 특히 강해는 성경의 한 책을 기록한 목적이나 상황에 관한 연구와 성경의 특정 본문에 대한 분해 혹은 문법적 연구에서 나온 정보를 통합하는 것이 될 것이다. 설교자는 강해를 통해 성경 본문에 담겨 있는 진리를 나타낼 수 있고, 또 설교를 듣는 사람들이 그들에게 말씀하시는 하나님의 말씀으로서의 성경 본문이나 주제의 의미를 파악할 수 있게 해 주는 그런 정확한 지식들을 설명할 수 있다. 그 구절이 기록된 처지와 오늘날의 처지 사이에 공통점을 찾아내어 하나님 말씀의 원칙을 현재의 필요에 따라 설명할 수 있어야 한다.

◉ 주석(exegesis): 설교는 성경에 대한 주석적인 접근, 즉 본문 내용에 대한 학문적 추구이며, 또한 그것은 하나님의 정확무오한 말씀의 순수성을 보존하며 하나님의 구속 진리의 모든 뜻의 그 부분을 선포하기 위해서 요구된다. 설교에서 이런 목적을 이루기 위해서 설교자는 항상 성경 본문의 본뜻을 설명하고 재진술해야 한다. 설교자는 연구한 주석적 개념을 발전시켜 청중들에게 분명하고 인상 깊게 전하기 위해서 재진술을 통하여 주석의 결과를 구체적으로 설명할 수 있을 것이다. 그러므로 신학적인 용어, 추상적 사고, 종교적 질문 등은 평범하고 다양한 계층의 청중들을 상대로 말씀하는 설교자에게 방해가 되는 보따리와 같다. 설교자는 청중들이 알지 못하는 것을 미리 예상하고 설명(재진술)해야 할 것이다.

◉ 해석(interpretation): 해석은 설교의 본질로서 설교자가 자신이 택한 본문의

참된 의미에 따라 적용하기 위해서 그 본문을 해석하는 일이다. 먼저 본문의 언어와 배경과 상황에 대한 이해를 통하여 그 본문의 개관적인 의미를 탐구하여야 할 것이다. 그 다음에는 설교단에 올라가서 충분히 연구한 결과로 얻어진 메시지를 청중들에게 선포함으로써 듣는 사람 하나하나가 스스로 그 해석을 확인할 수 있게 해야 할 것이다. 왜냐하면 오늘날의 사람들의 삶과 장래의 영원한 운명이 성경에 계시된 하나님의 진리에 대한 정확하고 효과적인 해석에 달려 있기 때문이다. 설교자는 성경 시대의 최초의 회중과 지금 이 시대의 회중과의 간격을 좁혀 이 말씀을 받는 시대의 사람이 쓰는 말의 양식으로 나타내야 한다. 따라서 이런 의미에서 해석은 원문상의 의미 그대로인 주석(bare exegesis)보다도 훨씬 더 요구되는 것으로 간주된다. 해석은 본문의 의미를 본뜻에 무엇을 더하거나 무엇을 감하는 일없이 가능한 한 설교자의 시대에 쓰는 언어, 사상, 형식, 관용구 등으로 번역하려는 일로 정의를 내릴 수 있기 때문이다. 그러므로 해석은 본문의 최초의 독자와 그 후 세대들이 그것을 이해하였을 방법에 관한 몇 가지 실마리들을 청중에게 주기 위해서 성경 본문의 의미를 재구성하려고 시도하는 일이라고 말할 수 있을 것이다. 따라서 듣는 사람들의 영적인 문제가 설교에 달려 있으므로 설교자는 신자들이 듣고 있는 그것이 바로 성경이 실재로 말씀하고 있는 그것인지 아닌지를 결정할 수 있도록 충분한 설명을 해 주지 않으면 안 된다.

② 논증(Argumentation) – 신학적 개요(The Timeless Outline)[33]

유능한 설교자는 설교의 본론에서 메시지의 명확성을 추구하기 위해서 성경 저자가 의도했던 내용들을 입증하는 것도 중요하지만, 청중들로부터 나올 수 있는 '그것이 사실인가?', '나도 정말 그것을 믿을 수 있는가?'라는 소리 없는 질문들에 명확하고 진실한 대답을 주지 않으면 안 된다. 따라서 설교자는 성경에 대한 설명(explanation)뿐만 아니라 논증(argumentation)을 통해 진리의 정당

33) 신학적 개요(The Timeless Outline)란 보편적 원리들로서 설교자가 진리의 정당성을 입증하는 것으로 시대를 초월해서 누구에게나 적용될 수 있는 일반적인 원리로 바꾸어 명확하고 진실한 대답을 주어야 한다.

성을 입증할 수 있어야 한다.

◉ 간증적 논증: 진리와 관련된 논증의 형식 중 간증적 논증이란 설교자가 듣는 사람들의 마음을 진리로 확증시키는 데 있어 진리에 대한 자신의 경험과 자신의 관찰을 말하는 것이다. 이 논증의 형식은 한 사람 혹은 여러 사람들의 의견들이나 연구 사항들을 가지고 설교자가 취한 위치에서 신뢰성을 더하려는 의도에서 하는 것이다. 설교자 자신이 듣고 보고 다루어 최종적인 믿음의 시험에 대한 증인이 되는 방식이다. 이러한 간증적 논증으로서의 설교는 설교자의 경험이나 판단 그리고 영적인 체험을 이용할 수 있고, 다른 사람들의 경험과 판단을 끄집어 낼 수도 있다. 설교자는 자기 자신의 결단을 증거함으로써 메시지를 간접적으로 적용시킬 수 있다. 그는 자기가 고백하고 있는 복음이 자기에게 어떤 의미를 가지는지를 사람들에게 이야기한다. 여호수아는 "나와 내 집은 여호와를 섬기겠노라"(수 24:15)고 했다. 또 바울은 아그립바 왕 앞에서 전한 메시지에서 "오늘 내 말을 듣는 모든 사람은……나와 같이 되기를 하나님께 원하나이다"(행 26:29)라고 하였다.

다른 한편 설교자는 자주 다른 사람들의 증거에 의존해야 한다. 그 이유는 다른 사람들의 증거가 자신이 직접 하는 증거보다 훨씬 더 영향력을 끼치거나 권위를 갖기 때문이다. 이런 경우에 설교자는 그런 증거를 제시하는 일이 고도의 청렴성에서 하는 것이요, 그 증거에 의해서 나타난 사실들도 아주 진실된 것이며, 또한 그 사실들은 다른 여러 증거를 통해서도 입증되는 것들이라는 확신이 있어야 한다. 그러나 사실이라고 증언된 모든 것들은 성경의 권위로서 확증될 수 있어야 하며, 모든 증거의 타당성에 대한 판단의 권위는 오직 성경에 의해 진실성이 입증되어야 유용한 것이다(벧후 1:16~18).

◉ 연역법적 논증(The deductive argument): 연역적 논증은 기본적인 전제나 지적인 정보를 먼저 제시하고 하나의 진술을 통해서 또 다른 진술을 만들어 내고 하나씩 단계를 밟아 가면서 논리적으로 변호하는 것이다. 이런 형식의 설교는 잘 알려진 원리에서 알려지지 않은 원리로, 일반적인 것에서 특수한 것으

로, 전제에서 논리적인 결론으로의 추론(reasoning)을 사용한다. 따라서 연역적인 설교에서 주요 사상들은 그 설교 서론의 부분으로 나타날 수 있고, 그 반면에 설교의 본론에서는 주제를 설명하고, 입증하며 적용한다. 그러므로 설교자는 자신의 각 전제가 참이라는 것을 확신시키기 위해서 자신의 성경적이고 연역적인 논증을 전개할 수 있다. 그렇지만 이런 형식의 논증을 가진 설교는 청중들이 동의하지 않는다면 그 논증의 가치가 떨어지게 됨으로서 커다란 주의가 필요한 것이다. 나아가서 정당한 목적에 도달하기 위해서 균형 잡힌 설교는 교리에만 또는 적용에만 국한되어서는 안 되고, 양쪽을 결합하되 그것들을 바른 순서로 제시해야 한다. 교리가 항상 처음에 와야 하고 그 다음에 그 교리의 적용이 따라오도록 해야 하는데, 그것은 교리와 적용 간에 분해할 수 없는 관련성이 있기 때문이다. 그러나 기독교의 진리에 관하여 불신하는 자는 기독교의 증거에 있어 실제적이거나 주장하는 어려움을 받아들일 수 없는 상황에 놓여 있다는 사실을 설교자는 잊지 말아야 한다.

◉ 귀납법적 논증(The inductive argument): 귀납적 논증은 삶의 정황에서 시작하여 성경의 원리로 나아가는 것으로, 삶의 정황에서 공감의 자리를 확보한 후에 본문의 상황으로 청중들을 자연스럽게 끌어들여 본론의 원리를 소개하고 연역법적인 결론으로 유도하는 것이다. 귀납적 배열로 된 설교에서 서론은 첫 번째 요지만 제시한다. 그 다음에 강력한 변이가 생겨 새로운 요지가 그 앞에 나온 요지와 연결되고, 그렇게 계속되다가 본 사상은 결론에서 충만하게 나타난다. 귀납적 논증의 접근 방식은 이야기, 질문, 자신의 개인적인 체험, 대화, 상상력의 결과, 뉴스 등으로 일반적인 원리에서 시작하는 것이 아니라 특수한 상황에서부터 시작하는 것이다. 그래서 이 귀납적 접근 방식은 '과연 그것이 그런가?'라는 탐구 의식을 갖고 시작하는 것이다.

이러한 귀납법적인 접근 형식들은 성경 가운데 많이 나타나고 있다. "아담아, 네가 어디 있느냐?" 이러한 질문들은 귀납법적이다. 창조의 기사, 타락의 기사, 노아의 기사, 바벨탑의 기사 등은 어떤 구체적인 상황을 우리에게 보여 주면서 우리로 하여금 그 구체적인 상황에서 교훈을 추론해 낼 수 있도록 하는 것이다. 또한 이것은 주님의 설교에서도 찾아볼 수 있는데 의식주 문제로 걱정하지 말라고 먼저 말씀하시기 전에 "공중에 나는 새를 보라, 들에 피어 있는 백합화를 보라"라고 말씀하심으로써 구체적인 상황에서부터 시작하여 말씀을 전개하셨다. 이 귀납법적인 접근 방식은 회중과 함께 성경과 성경 밖의 자료를 탐구하고 그 뒤에 함께 어떤 결론이나 가설을 세우는 데 특히 유용하게 쓰일 수 있다. 청중으로 하여금 자신들의 결론에 이르도록 하게 한다. 이러한 귀납법적인 방식을 위해서 몇 가지 절차가 반드시 필요하다.

첫째, 현재의 상황에서 시작하라. 즉 현재의 상황에서부터 시작하여 영원한 보편적인 진리로 나아가야 된다.

둘째, 컨텍스트(context)와 텍스트(text)의 대화를 시도하라. 즉 사람들이 살고 있는 상황과 성경 저자가 제시하고 있는 본문의 대화를 말하는 것이다.

셋째, 컨텍스트(context)와 텍스트(text)의 연결 방법을 결정해야 한다. 설교자는 청중이 고민하고 있는 삶의 현장에서, 서로 공감의 자리에서 서론을 마련하고 결론에 이르러서는 성경의 처방에 도달하도록 해야 한다.[34]

◉ 논박: 설교자가 거짓 교리나 교회의 풍문을 논박해야 할 때가 종종 있다. 이런 때 설교자가 논박을 사용할 경우 아주 큰 도움이 된다. 논박한다는 것은 틀린 점이나 거짓된 점을 입증하는 것을 의미한다. 그러므로 설교 시에 이 논증은 누군가에게 복음을 받아들이거나 태도나 행동을 바꾸도록 설득할 수 있다. 이런 논박의 목적을 이루기 위해서 설교자는 어떤 점을 논박한다고 하면서 잘못을 만들어 내서는 안 된다. 반격이나 부정적인 느낌을 일으키지 않으면서 논박의 방법을 쓰는 것만이 참으로 지혜로운 일이다. 그렇기 때문에 설교자는 "능히 바른 교훈으로 권면하고 거슬러 말하는 자들을 책망해야 한다"(딛 1:9). 동시에 설교자는 진리를 반대하는 자들을 날카롭게 논박해야 한다. 설교자는 하나님의 청지기로서 그런 이들이 선을 행하기를 힘쓰도록 격려해야 한다. 어리석은 논증으로는 그들의 믿음을 세울 수 없고 도리어 그 믿음을 망가뜨리거

34) 이동원, *청중을 깨우는 강해 설교*, (서울: 요단출판사, 1990), 140-42.

나 무너뜨린다. 그렇기 때문에 진리를 증명하고 거짓 교리를 반박하기 위해서 논박이라는 방법은 설교의 본론에서 효과적으로 쓰일 수 있다.

◉ 유추적 논증: 유추적 논증은 비교와 대조를 사용하는 것으로 효과적인 논증 방법이 될 수 있다. 논리적으로 말해서 유추는 다른 특수한 것들 속에 들어 있는 유사성에서부터 추론하는 한 형식이다. 이에 덧붙여 말하자면 유추는 그러한 유사성에 근거를 둔 특별한 전제 혹은 논증을 발전시킬 목적을 진술하거나 함축한다. 유추는 유추를 사용하는 목적을 이루기 위해서 상관 접속사들, 가령 "…이듯이 …도"와 같은 접속사나 혹은 "…뿐 아니라 …도"와 같은 접속사를 자주 사용할 수 있다. 그러므로 이 논증 형식을 사용하려면 "그리스도께서 교회의 머리되시며 또 교회를 사랑하심같이 남편도 아내의 머리요 또한 아내를 사랑해야 한다"라고 말할지도 모른다(엡 5:22~25). 유추 설교가 성경의 본뜻을 그릇 해석하는 일이 되어서는 안 된다. 성경의 본뜻은 성령에 의해서 감동된 것이다.

위와 같이 논법에서 결론을 내릴 때 몇 가지 주의할 점이 있다. 첫째, 설교를 청중들이 충분히 인정할 수 있는 것에서부터 논법을 전개하기 시작하라. 둘째, 설교자가 청중을 이해할 만하고 또 그들의 마음에 인상을 남길 수 있는 논법을 사용하라. 셋째, 일반적으로 중요한 것은 성경적인 논법에 의존해서 분명하고 논란의 여지가 없는 것을 선택하라. 마지막으로 모든 것을 다 말하려 하지 말고 가장 유용한 논법들 중 적합한 몇 개만을 선택하라.

③ 적용(application)

설교의 본론에 있어 적용이라는 것은, 성경 본문에 나타난 진리에 대한 설명과 재진술을 듣고 있던 청중들의 마음속에서 설교자를 향하여 던지는 질문 곧 '그것이 나와 무슨 상관이 있는가?', '그래서 어쩌자는 것인가?'라는 질문에 대한 대답으로서 구체적인 방안들을 제시하는 것이다. 그러므로 적용이란 단지 설명이나 재진술에 부속되는 부분이거나 설명에 종속되는 부분이 아니라 설교의 한 요소로서 매우 중요한 부분이다. 더구나 적용은 본문이 청중과 관련이 있는 것이 되도록 하는 방법으로 본문을 청중과 연결시키는 것이요, 그래서 청중으로 하여금 본문이 청중의 실제 생활에서 어떤 의미를 갖는지를 알도록 돕는 것이다. 사실 설교자가 어떤 형태로든 적용하는 면이 없다고 하면 그것도 설교자라고 해야 하는가 하는 의문도 생긴다. 설교자가 성경 본문에 대한 충실한 석의에 대한 주의 깊은 설명을 다했다고 하더라도 실지 생활에 적용되는 복음으로 다루는 것이 부족했다면 그것은 올바른 주석을 하지 못한 것이다. 어떤 행동이나 결단을 일으키지 못하는, 즉 적용이 부족한 설교는 분명하지 못한 주석의 결과로서, 설교의 기본적인 규범을 이루지 못한 것이다. 하나님은 진리를 추상적으로 말씀하지 않으셨다. 주께서 계시를 주셨을 때마다 그의 백성의 삶의 상황(the context of the lives of his People) 속에서 말씀하셨다. 진리는 그것이 적용된 상황 안으로 계시된 것이다. 그러므로 우리 시대에 성경을 신실하게 설교하는 것은 하나님께서 원래의 환경(the original circumstance)에서 그때(then)에 말씀하신 것을 하나님께서 지금(and now) 어떻게 적용하고 계시는가를 발견하는 것이다. 이러한 적용의 행태에는 직접적 적용, 간접적 적용, 보편적 적용, 정황적 적용, 실제적 전용 그리고 설교의 전편 적용 등으로 구분할 수 있다. 이에 대해서는 제7장 '설교의 적용'에서 자세히 설명하였다.

(2) 본론의 특성

① 자연스러운 단락들을 이용해야 한다

설교의 본론을 구성하고 있는 요점들을 강제적으로 배열해서는 안 되지만, 그것들은 반드시 본문 안에 있도록 해야 하고. 또 본문에서 자연스럽게 나오도록 해야 한다. 다시 말해서 본론에 들어 있게 될 대지의 수는 먼저, 성경 본문 자체에 자연적인 단락들이 얼마나 있는가에 달려 있다. 또 성경에는 성경의 한 책 혹은 한 본문의 목적에 부응하는 유기적인 단락들이 있다. 이러한 유기적인 단락들은 성령께서 하나님을 계시하는 그 말씀들의 특정한 목적을 이루기 위해서 주신 것들이다.

다른 한편으로 설교자는 본론을 세 가지로 구분하여 사용하는 법에 관해서 주의해야 한다. 세 가지 대지 구분은 네 가지로 하는 것보다 더 나을 수 있다. 왜냐하면 셋보다 더 많은 것은 일단 청중과 설교자가 효과적으로 기억하거나 다루기가 어렵기 때문이다. 그러나 성경이나 성경에 나오는 설교가 반드시 세 가지 대지 구분 방식을 따르는 것은 아니다. 신약성경, 또는 이 문제와 관련한 구약성경 어디에서도 어떤 사람이 그런 방식으로 설교하는 곳이 없다. 또 베드로, 스데반, 바울, 그 밖에 다른 어떤 연설자나 저자도 그러한 방식을 쓰지 않는다.

그러므로 설교자는 구분을 억지로 해서는 결코 안 되고, 또 자신의 생각 속에 있는 일종의 완전성을 추구하거나 또는 평소의 관례를 따르기 위해서 대지 구분 숫자들을 늘려서는 안 된다. 오히려 설교자는 이러한 대지 구분들이 성경 본문에서 자연스럽게 나오는 것임을 항상 확신해야 하고, 또 그 주제들은 자연스럽고 필연적인 것으로 나타난 것이 되도록 해야 한다.

② 논리적 진행을 나타내야 한다

설교의 본론은 논리적 움직임을 보여야 한다. 그것은 청중이 진리를 받아들이고 또 그것을 이해하는 일을 좀 더 쉽게 만든다. 그리고 설교에 논리성이 결여되어 있을 때에는 그것은 청중이 그 설교를 이해하는 데 장애 요인이 된다. 논리적 전진을 증진시키기 위해서 설교자는 '일반적인 것에서 특수한 것으로'라는 방법을 사용할 수 있다. 일반적인 것이 특수한 혹은 특별한 것에 선행한다. 설교는 줄거리들의 순서를 규정하는 일반적인 원리들에 따라 줄거리들을 배열하기 때문이다. 이 방식에서 설교자는 특수한 세부 사항들을 언급하고 또 진술들이나 좀 더 작은 그룹들이나 개개의 것들을 지지하기 전에 광범위하게 보편적인 것들이나 커다란 부류부터 시작한다. 일반적인 진술들은 특수한 진술 전에 진술되는 것이 훨씬 더 좋을 수도 있다. 그렇지만 이것이 항상 절대적이고 가장 좋은 방법인 것은 아니다. 귀납적 방식에서 일반적인 진리는 특수한 사실들이 하나씩 나타나 일반화에 이르게 되기 전에 나타난다. 이에 덧붙여 설교자는 '부정적인 것에서 긍정적인 것으로'의 방법을 이용하여 부정적인 사항들이 긍정적인 사항들에 선행하도록 할 수 있다.

바울 사도는 먼저 부정적인 것을, 다음에 긍정적인 것을 다루는 이 방식을 사용한 것이 사실이다(롬 6:11, 18, 8:5, 9등). 그리고 주님도 이 방법을 사용하신 것이 사실이다(마 5:17, 6:1~4, 5~6, 16~17, 19~20). 그렇지만 물론 성경에 나오는 많은 진술들이 이와 같은 해설 방식을 따르고 있긴 하지만 성경에서 이 방법만 항상 사용하고 있는 것은 아니다. 성경에서 이 방법을 많이 사용하게 되는 이유는, 복음은 부정적인 것에서 멈추지 않고, 사람의 문제들에 대해 하나님의 해결책이 제공하는 긍정적인 것을 항상 내포하고 있기 때문이다. 예를 들면, 우리 주님께서는 반석 위에 집을 짓는 지혜로운 자와 모래 위에 집을 짓는 어리석은 자에 대한 비유에서(마 7:24~27), 먼저 긍정적인 것, 그 다음에 부정적인 것의 순서를 사용하셨다. 그러므로 본론은 논리적 진행을 나타내도록 해야 하며 그렇게 할 때 성경 본문의 메시지는 항상 성경의 원저자(성령)의 목적에 따라 선포될 수 있다.

③ 완성된 전체가 되어야 한다

설교는 두 가지 목적을 가질 수 없다. 만일 두 목표를 정해 놓고 그 사이를 왔다 갔다 하게 되면 그 두 가지 목표 중 어느 하나에도 이르지 못하는 결과를 낳게 될 것이다. 설교는 하나의 실체(entity)이므로 하나의 완전한 통일체이다. 따라서 모든 설교는 하나의 완전한 실체여야 하고, 또 항상 이런 형식을 갖추어야 한다. 그러므로 설교자는 자신의 설교가 하나의 통일체가 되어야 한다는 사실에 항상 주의해야 한다. 왜냐하면 설교에서 세부 사항들은 전체의 빛 아래서 이해되지 않고서는 결코 올바르게 이해될 수 없기 때문이다. 설교 작성자는 설교의 각 단락이 그 설교의 유일한 목적의 부단락(subdivision)이 되어야 하고 또한 그것에 기여하는 것이 되도록 주의해야 한다. 설교 전체와 같이 설교의 각 단락도 그 단락의 소제목에 담겨 있는 사상만 다루면서 통일성을 갖추도록 해야 한다. 단락의 소제목이 명백하든, 함축적이든 모든 문장은 통일성을 이루도록 그 단락의 중심 사상에 기여한다는 사실을 설교자는 확인해야 한다. 또한 설교자는 단순히 본문의 의미를 해설하거나 설명하는 것에서 멈추지 말고, 그 메시지를 하나의 통일체로 전달해야 한다. 더욱이 단락은 그 단락의 소제목의 적절한 전개를 통해서 완전성을 이룰 수 있으며, 또 주요 요점들은 주제를 완성할 수 있다. 이 주제 완성형 전개 형태는 가장 흔한 방법으로서, 이 방식으로 된 설교는 긴장감과 강한 절정을 갖게 하는 것이 가능하다. 따라서 주제가 진술되었으면 본론의 각 요지는 주제를 완성시키는 일을 돕는다.

6) 결 론

목적지에 도착하면 어떻게 해야 할 것인가? 설교에서 결론은 본론을 종결하는 과정이며 설교의 마지막 부분이다. 청중들과 관련하여 결론이 지니고 있는 기능은 말씀을 청중들의 실생활에 유익하고도 지속적으로 적응시키기 위한 것이다. 결론은 청중들에게 생명에 가득 차고 영속적인 견해를 밝히는 마지막 단계이다. 결론은 설교의 목적을 성취하고 청중에게 마지막 인상을 남기도록 하는 결정적이고 가장 중요한 역할을 한다. 이런 목적을 이루기 위해서는 결론에서 요구되는 특성과 방법을 잘 알아야 순조롭게 안정된 착륙을 할 것이다.

(1) 결론의 기본 원칙

경험이 풍부한 조종사는 비행기를 착륙시킬 때 특별한 주의를 필요로 한다는 것을 아는 것과 같이 설교자는 결론을 위해서 충분히 준비해야 한다는 것을 알고 있어야 한다. 조종사가 착륙지점에 대해서 확실히 알고 있는 것같이 설교자는 설교의 결론에 대해서 불확실한 점이 있어서는 안 된다. 이러한 높은 목적들이 어떻게 성취될 것인가? 몇 가지 기본 원칙에 주의 깊게 배려함으로써 가능할 것이다.[35]

---

35) *Ibid.*, 174-78.

① 결론은 용의주도하게 준비되어야 한다

설교자들은 자신의 설교를 종결짓는 방법에 대하여 무관심해서는 안 된다. 수사학적으로나 심리학적으로나 또 영적으로 보아 결론은 설교의 가장 중요한 부분이다. 그것은 설교에 덧붙여지는 부분이 아니라 설교의 유기적인 한 부분이며 효력을 완성시키는 데 있어서 필요 불가결한 부분이다. 결론에서는 메시지의 다양한 사상들과 감동들을 한데 모아 청중들의 이성과 마음에 마지막으로 강력한 영향력을 주게 되는 것이다. 결론이야말로 웅변의 추진을 가능하게 한다. 따라서 결론은 설교의 절정 또는 반전을 이루므로 많은 신경을 써야 한다.

② 결론은 본론에 대한 자연스럽고 적합한 종결이어야 한다

결론은 청중들에게 있어서는 꼭 언급되어야 할 필수 불가결한 것이므로 모든 논의의 논리적 귀결이어야 한다. 모든 사실에 비추어 볼 때 심사숙고된 제안으로 인식되어야 한다. 그러므로 모든 경우에 있어서 설교자는 적합하고 또 효과적인 결론을 잘 준비하고 있어야 할 것이다. 이 원칙에서 벗어난 결론들은 집중해야 할 때 청중들의 관심을 다른 데로 돌리게 할 것이며 본론에서 추구된 사상이 가져다줄 충만한 영향력을 오리려 감소시킬 것이다.

③ 결론은 목적에 있어서 명백히 개개인을 염두에 둔 것이어야 한다

설교는 개인적인 만남이다. 그것은 한 사람을 경유하여 여러 사람들에게 전달되기 때문이다. 때때로 설교 도중에 설교자는 그 자신의 설교 능력을 의식한 나머지 궤도에서 이탈하고 자신과 청중의 환희에 고무되어 자신을 망각하여 그가 원래 의도했던 목적을 향해서는 큰 진전을 보지 못하는 수가 있다. 그러나 설교자는 결론에서는 청중을 철저히 의식하고 있어야 하며 그들에게 아주 직접적으로 단언해서 말해야 한다. 설교자는 간청하며 권고하며 설복하며 충고하며 안내하며 촉구하는 하나님의 사자(使者)이므로 그 위엄을 갖추어야 한다.

④ 결론은 살아 있고 강렬한 것이어야 한다

지혜의 말씀은 꼭 박아야 할 제자리에 잘 박힌 못과 같으며 설교자의 마지

막 말은 지혜의 말씀들을 함께 묶는 바로 그런 순간이 되어야 한다. 여호수아 24:14~16의 여호수아의 마지막 설교에서 여호수아는 백성들에게 어떻게 결론을 내렸으며 그것이 무엇을 의미하는지, 설교자라면 한 번쯤 생각해 볼 문제이다.(참조 : 마태복음 7:24~26)

⑤ 결론은 사상과 표현에서 명쾌해야 한다

설교자가 주의 깊게 선택한 윤곽에 따라 설교자의 사상을 명백히 표현하고 정확한 충고를 해야 할 순간이 있다면 그것은 바로 결론의 부분이다. 사전에 미리 정확히 계획해 놓지 않으면 결론이란 일반적인 것들로 마구 뒤범벅이 되어 버리고 만다. 예기치 않았던 상황에 설교자는 순간적으로 자기의 사상의 예리함이 무디어지고 입 밖으로 내는 말은 자신도 종잡을 수 없다는 것을 느끼게 될 것이다. 설교자가 강단에 나아갈 때 그가 성도들을 이끌어 나가야 할 목표를 정확히 알고 또 성도들이 이해할 수 있는 말로 이 목표들을 전해야 한다는 것을 자각하고 있으면, 설교자는 내내 활기찬 신념과 확신을 가지고 설교할 수가 있을 것이다.

(2) 결론의 유형

① 반복(Repeat)과 재진술(Restatement)

반복(동일한 단어들을 사용하여 동일한 내용을 말함)은 기억을 돕는 반면에 재진술(다른 단어들을 사용하여 동일한 내용을 말함)은 이해를 돕는다. 설교 요점의 반복으로 회중으로 하여금 설교자가 마지막 말로 호소하는 진리를 기억하도록 하는 데 도움이 될 수 있다. 이러한 재음미는 청중의 마음에 그 시간의 설교 중에서 가장 중요한 요점들에 대한 기억을 재강화시키는 것이 될 것이다. 많은 설교자들은 설교의 결론에서 설교의 요지를 다루기를 좋아한다. 실제로 설교자는 설교 시간에 이야기한 중요한 주장들을 설교 결론에 가서 다시금 회고하고 그것들을 그 설교의 주된 사상으로 연결시킬 수 있다. 그것은 본문의 되풀이나 재강조일 수 있고, 또 정의, 마무리(elaboration), 혹은 적용 등을 통해서 주제를 재강조하는 것일 수도 있다. 결론은 설교 본론에 나오던 주요 요점들을 반복하는 것이거나 주제나 구체적인 목적들을 새롭게 강조하는 것일 수 있다. 그러므로 결론에서는 전체 본문의 가르침에 대한 해석을 집어넣음으로써, 그동안 이야기해 온 설교의 모든 이야기들이 하나의 유기체로 보이도록 하고, 또 단순한 요약이 아니라 핵심 요지를 강조하는 일이 이루어지도록 해야 한다. 동시에 설교자가 설교 시간 처음부터 이제 결론을 내릴 그 시점까지 이야기해 온 요점들을 한데 모음으로써 청중들로 하여금 그것들이 상호 간에 어떻게 연결되어 있고, 또 그 결론에서 어떻게 통일성을 갖게 되는가를 알도록 하기 위해서 그것들을 다시금 생각할 수 있도록 해 주는 일이 이루어져야 한다.

② 개인적인 적용(Personal application)

개인적인 적용은 설교 결론의 기본적인 유형의 하나이다. 설교자는 한 개인의 의지를 지배하려는 어떠한 시도도 해서는 안 되지만 부드럽고 진지한 적용을 통하여 그 개인의 마음에 접근해야 한다. 결론이란 반드시 직접적이며 개인적인 적용(Personal application)으로 나아가는 것이다. 설교의 메시지는 결론에서 적용되어야 하며, 그렇게 할 때 회중이 그 메시지에 대해 반응을 보일 수 있게 된다. 아울러 결론에서 적용의 형태를 띤 메시지는 청중에게 그 진리가 하나님과 동행하는 그리스도인의 삶에 어떤 의미를 갖는가를 보여 주어야 한다. 그것은 오순절 베드로의 설교 후에 일어난 질문 “형제들아 우리가 어찌할꼬?”(행 2:37)에 답을 하는 것이다. 듣는 사람은 자신의 관점에서 복음과 자기와의 관계를 찾으려 하고 있다. 설교자의 관점에서 보면 그것은 복음과 그의 청중과의 관계이다. 그것은 언제나 개인적이다. 산상설교(마5:1~7:29)에서 예수께서는 ‘너희’(you)라는 인칭 대명사를 100회 이상이나 사용하셨다. 예수의 메시지는 개인적 성격을 띤 것이었다.

③ 직접적인 권고(Direct Appeal)

명백한 행동을 요구하는 메시지에서는 직접적인 권고 또는 권면 형식의 결론을 권장한다. 휫셀(Whitesell)은 암시하거나 넌지시 비추기보다 적용을 위해서는 명확히 하는 것이 더 좋다고 한다. 예를 들면 당신은 구원을 필요로 하는 죄인이다. 당신은 용서를 배우지 않으면 안 되는 기독교인이다. 그러므로 이웃 사랑을 배우지 않으면 안 된다. 이렇게 직접적으로 호소해야 한다. 예수께서 말씀하실 때는 듣는 사람들에게 분명한 것들을 요구하셨다. 설교의 결론은 청중에게 직접적으로 호소하는 것이어야 한다. 그 이유는 회중의 반응을 이끌어내는 것이야말로 가장 효과적인 접근법이 되기 때문이다.

하비 콕스(Harvey Cox)는 오늘날 우리의 설교는 능력을 상실하였다고 하였다. 왜냐하면 그 설교는 사람들을 오늘날 일어나고 있는 새로운 실재에 직면시키지를 못하기 때문이다. 그리고 그 부름들은 어떤 특수한 상황과의 관계에서보다는 일반적인 의미로 행해지고 있기 때문이다. 그러나 매우 특수한 상황에 맞지 않는 선포를 도대체 성경적인 의미에서의 설교라고 생각할 수 있을까? 이런 목적을 이루기 위해서 각각의 경우에 직접적인 호소가 그 구체적인 대상이 할 바를 실행에 착수하도록 하는 일이 되어야 한다는 것은 중요한 일이다. 그 이유는 결론에서 가장 효과적인 접근법은 그 설교의 메시지에 근거를 두고 행동에 옮길 것을 호소하는 것이기 때문이다. 그렇지만 무엇보다도 설교자는 권고나 권면의 형식이 개인의 양심의 자유와 성령의 사역을 존중하는 범위 내에서 이루어져야 한다는 것을 기억해야 한다. 설교자가 설교를 통해 본래 성령께서 그 본문을 기록하셨을 때 의도하셨던 결과들이 나오도록 설교하는 것은 참으로 중요한 일이다.[36)]

④ 예화(Illustration)

예화는 설교에서 회중으로 하여금 설교의 중심 사상을 쉽게 파악하게 하고 또 그 사상을 빛으로 조명하는 역할을 하게 된다. 일정한 목표에 빛을 던져 주면서 동시에 사람들의 감정과 정서를 곡해하지 않는 예화를 선택하고 준비하는 것은 매우 중요한 일이다. 그 예화가 계획된 목표를 조명해 주고 그 목표에 대한 모든 사람들의 성취 욕구를 자극하게 될 때에 이러한 유형의 결론들은 매

---

36) *Ibid.*, 264-65.

우 효과적인 것이 된다. 결론이 가장 효과적이 되도록 하기 위해서 예화는 계획된 목표를 분명하게 밝혀 주며 또 회중 앞에 진술된 그 목표에 청중들이 도달하길 바라도록 자극을 주는 것이 되어야 한다. 예화는 간결하고 또한 설교의 주된 사상에 명확하게 초점을 맞추는 것이 되어야 한다.

⑤ 인용(Quotation)

잘 선택한 인용은 만일 그것이 명확하고 이해하기 쉬운 것이라면 결론의 한 예로 사용될 수 있다. 인용문은 때때로 훨씬 더 강력하고 생생한 것이 될 수 있고, 또 누군가가 말한 그 밖의 다른 직접적인 진술이 좋은 효과를 내는 데 쓰일 수 있다. 몇몇 인용문들은 청중이 아주 잘 알고 있는 내용일 수도 있고, 그런 경우에는 청중이 본문에 함축된 하나님의 메시지를 이해하는 데 도움이 되는 좋은 사상들을 제공할 수도 있다. 이런 목적을 이루기 위해서, 찬송가 가사를 인용한 가사들이 진리를 생동감 있게 전달하는 것이 될 수도 있다. 성경에서 취한 단 하나의 해설 문장이 전체 구절을 요약하고 또 적용하는 것이 될 수 있다. 결론에서 쓰일 수 있는 또 하나의 좋은 형식은 시(詩)로서, 아마 찬송가 가사 중 한 구절이나 기독교 시의 약간 다른 형식이 그 경우가 될 것이다. 그렇지만 그것은 간결하고 명확하며 기술적이고 참된 이해의 터 위에서 이야기된 것이어야 한다. 이러한 몇 가지 인용은 적절하고 감정에 맞게 해석될 때 호소력이 있고 감동적일 수 있다.

⑥ 축도(Benediction)

결론의 유형으로 축복(benediction)의 형식 즉 하나님의 백성에게 선포되는 축도의 형식을 띨 수 있다. 그것은 설교를 듣는 회중들을 위해서 하나님께 드리는 기도와 간구의 형식을 띨 수 있을 뿐 아니라, 하나님께 대한 영광과 찬송의 표현의 형식 곧 송영의 형식을 띨 수도 있다. 성경은 그 자체가 위대한 기도와 축복으로 가득 찬 큰 원천이다. 그것은 수많은 기도의 요약과 주님에 대한 묵상들을 담고 있다. 그러나 무엇보다는 결론은 매우 장엄한 순간이다. 설교자 자신의 책임과 설교를 듣고 있는 청중들의 구원의 문제를 가장 중대시해야 한다.

(3) 결론의 특성

① 개인적이어야 한다

결론의 순간에 설교자는 각 개인을 개별적으로 그의 설교의 내용에 직접 직면하도록 만들어야 한다. 각 개인은 그 메시지가 다른 사람이 아닌 바로 자신에게 전달된 것이라는 느낌을 받지 않으면 안 된다. 설교자의 태도, 말투, 어휘 선택 즉 인칭 대명사 사용에 있어 직접적이고 온화하며 개인적인 인상을 주어 개인적인 응답을 유도하는 것이 중요하다. 청중들에게 메시지가 바로 자신에게 말씀하는 것이라는 사실을 깨닫게 하여야 한다.

② 구체적이어야 한다

설교자가 설교의 결론 부분에서 어색한 상황을 벗어나기 위해서 덧붙이는 말 이상이 되어야 한다. 그러나 일반적이고 간접적이며 개념적인 내용들을 서술하게 되면 청중들에게 지금까지의 설교 내용에 오해를 불러일으키는 치명적인 결과를 줄 수 있다. 결론은 '그래서 어쨌단 말인가?', '이것은 어떤 변화를 일으키는가?'라는 질문에 대답을 주어야 한다. 그러기 위해서 결론에서는 가능한 추상적인 어휘나 개념보다는 구체적인 용어를 사용하는 것이 청중들로 하여금 메시지의 의미를 제대로 이해하고 그에 상응하는 응답을 가져올 수 있게 해 준다. 그래서 모든 것이 총괄적으로 드러나야 하며 단순히 요약되는 것만이 아니라 구체적으로 강조되어야 한다. 당신이 제시한 핵심들이 하나로 묶어서 그것들을 청중들로 하여금 어떻게 서로 연결되며 어떻게 당신이 설명한 결론으로 이끌어져 가는지를 알게 하고 그 요점들을 구체적으로 기억할 수 있도록 해야 한다.

③ 다양해야 한다

설교의 모든 부분에 지극히 필수적인 통일성과 명료성이 있어야 하고, 구체적이며 간결해야 하며, 나아가서 항상 다양성을 추구해야 한다. 설교의 취지와 목적 그리고 결론에 따라서 설교의 형식이나 스타일이 다양할 수 있다. 설교자가 다른 사람들보다 더 많이 사용하는 어떤 결론의 종류들이 있다는 것은 인정한다 하더라도 지나치게 자주 사용되는 것은 진부한 것이 된다. 이런 다양성의 목적을 이루기 위해서 결론의 형식은 청원, 권고, 약속, 위대한 진리에 대한 재진술, 교훈에 대한 재진술, 격려, 도전, 감사, 칭찬, 확신, 질문, 주장, 혹은 기도와 축도 등이 될 수 있다. 설교자는 결론의 다양함을 통해 청중들에게 신선감 있는 요소를 첨가해야 한다.

④ 명확하게 적용되어야 한다

결론은 선포된 진리를 청중의 삶에 명확하게 적용하는 것이 되어야 한다. 진리의 도덕적 요구와 영적 요구는 명확하고 그 설교의 목적에 부합하는 것이어야 한다. 그렇게 해서 청중들은 그들이 서 있는 위치나 그들이 요청받고 있는 바에 대해서 조금도 의심이 없는 상태에 있게 되어야 한다. 설교자가 결론에서 청중의 귓가를 맴돌게 하는 충분한 감동의 메시지를 남기는 것이 중요하다. 실제로 설교자가 짧고 명쾌한 결론을 남기도록 하기 위해서는 "시작할 때에는 충격적으로 하고 끝날 때에는 완전히 끝내도록 하라!"고 하였다. 출구를 찾아 헤매는 듯한 결론은 회중들을 출구를 향해 서 있는 채로 내버려 두는 것이므로, 때에 따라서 갑자기 끝나는 것도 찌르는 듯한 효과를 거둘 수 있다. 선포된 진리가 청중의 실제 생활에 명백하게 적용되어야 한다. 진리의 도덕적이고 영적인 요구는 분명하고 적절하고 압박적인 것이 있어야 한다. 그래서 한 사람도 빠짐없이 자신의 현재 위치와 자신에게 요구하는 것이 무엇인지에 대하여 모호하지 않아야 한다.

⑤ 긍정적인 결론이어야 한다

긍정적인 결론은 부정적인 결론보다는 좀 더 많은 사람들에게 감명을 줄 것이다. 대체로 사람들은 위협이나 경고보다는 긍정적인 권고나 권면에서 더 잘 응답하고 반응하기 때문이다.[37] 때때로 설교자는 결론의 부분에서 충격적인 방

37) *Ibid*.

법을 사용함으로써 청중에게 충격 요법을 적용할 수 있으나 결론으로서 효과적이지 못한 방법이라 생각된다. 도리어 설교자는 청중으로 하여금 성전을 떠날 때 큰 능력과 확신을 가지고 떠나게 해야 한다. 이런 목적을 이루기 위해서 설교자는 하나님의 말씀에 대한 담대하고 강렬하게 표현하는 긴박감을 가지고 전하지 않으면 안 된다.

⑥ 설교의 끝맺음이 되어야 한다

결론의 목적은 결론을 내리는 것이지 단순히 중단해 버리는 것이 아니다. 그러므로 설교자는 결론의 부분에 와서는 재판 과정에서 변호사가 평결을 내리듯이 결론을 지어야 하고 설교가 끝났다는 감을 줄 수 있어야 한다. 따라서 이 단계에선 새로운 사상들을 소개해서는 안 된다. 또 결론은 새로운 논제를 소개하는 것이 되어서는 안 된다. 결론에서 어떤 새로운 사상을 첨가하는 것이 되어서는 안 된다. 만일 결론에서 새로운 주제를 도입하면, 그것은 설교 본론을 부적절하게 취급했다는 하나의 증거가 되며 또한 주해를 하는 일에 실패했음을 인정하는 것이 된다. 따라서 결론은 마지막 말이 되고, 재조명하는 것이 되며, 설교자가 지금까지 설교해 온 것을 최종적으로 조망하는 것이 되어야지 새삼스럽게 어떤 새로운 정보를 전달하는 것이 되어서는 안 된다. 설교자가, '결론으로……' 또는 '끝으로……' 또는 '이제 말을 맺겠습니다'라고 말하는 것은 좋은 방법이 아니다. 그 이유는 그렇게 할 경우에 설교가 끝났다는 느낌을 주어 회중들에게 설교의 중요한 의미를 음미하는 시간에 갑작스런 종결을 선언하는 것이기 때문이다. 이와 같이 결론은 설교의 시작만큼 명확한 것이어야 하며 따라서 설교를 최종 마무리하면서 끝맺는 것이어야 한다.[38]

38) J. J. van Der Walt, *op. cit.*, 31.

제 5 장

설교의 작성

1. 설교 작성의 준비 단계

좋은 설교자가 되기 위해서는 설교의 자료를 찾는 것만이 아니라 다양한 영역에 걸쳐 무지향적인 연구와 노력이 필요할 것이다. 그러면 설교를 어떻게 준비하며, 어떻게 작성할 것인가? 먼저 설교를 준비하며 작성을 하기 이전에 준비 단계로서 설교자가 준비해야 할 것이 무엇인가?

1) 성령의 기름 부으심

대부분의 설교자들의 설교 준비 과정을 보면 항상 다음 설교 자료를 찾기 위해서만 준비하고 연구하는 과제 중심적인 방법에 익숙해 있다. 그러나 설교자는 다양한 영역에 걸쳐 폭넓은 연구를 할 때에 새로운 주제와 아이디어들이 떠오를 수 있다. 설교자가 훌륭한 설교를 준비하기 위해서 반드시 준비해야 할 것이 있다. 그것은 곧 설교 준비를 하기 위해서는 설교자 자신이 먼저 준비되어야 한다. 설교자가 설교를 준비하는 과정은 정확하고 체계적인 과학적인 작업이다. 본문에 대한 철저한 주해 작업과 성경 저자의 의도를 파악하여 오늘의 현실에 맞게 적용한다. 이처럼 성경을 연구하고 묵상하면서 설교를 준비하는 가운데 성령의 기름 부으심으로 인하여 새롭게 본문이 해석되고 깨달아지며 적용되어 도저히 내가 말씀을 준비하는 것이 아니라는 감동을 느낄 때가 있다. 주어진 본문을 해석하기 위해 묵상하며 기도하면서 몸부림치는 가운데에 성령의 감동으로 준비된 말씀을 받는 것처럼 이전에 생각하지도 못했던 말씀을 받기도 한다. 이처럼 성령의 감동으로 기록된 하나님의 말씀은 성령께서 이미 주어진 말씀을 새롭게 조명하심으로써 그 말씀의 뜻을 바로 깨닫게 하고 놀라울 정도로 우리의 삶에 적용시키신다. 그러므로 설교자는 자신의 노력만으로는 설교를 준비하지 못한다. 준비했다 하더라도 너무 초라한 말씀이 준비될 것이다. 그러나 설교자가 설교를 준비하는 가운데 하나님 앞에 엎드려 무릎을 꿇고 성령의 조명하심을 따라 준비한 설교는 단순한 성경 본문의 해석이 아니라 오늘 우리들에게 들리는 살아 있는 하나님의 말씀으로 전해지게 될 것이다. 따라서 설교자는 설교를 준비하는 가운데 성령의 조명과 성령의 기름 부으심을 위해 기도해야 할 것이다. 찰스 스펄전(Charles H. Spurgeon)은 말하기를 '하나님과 교제하는 습관은 계속 유지되어야 한다. 그렇지 못하면 우리의 기도는 무력해지고 형식만 남게 될 것이다. 산골짜기 깊은 곳에 있는 얼음 덩어리가 녹지 않으면 시냇물이 흘러내려 평원에 생기를 주는 일도 있을 수 없다. 사적인 기도는 우리의 공적인 사역들을 위한 훈련장이다. 그것을 무시해 버리면 머지않아 사람들 앞에서 고장나버리고 마는 것이다'라고 하여 설교자의 개인적인 기도와 묵상의 중요성을 회화적으로 표현하였다.

2) 설교의 자료 수집

설교자는 주석과 신학 서적들도 소유하고 읽어야 되지만 다른 이들의 설교집과 묵상집, 성령론에 관한 책들이나 그 밖의 실제적인 문제를 다룬 책들도 읽어야 한다. 예배, 전도, 상담, 제자 훈련, 행정적인 문제, 좋은 예화집 등에 관한 많은 실험적인 성과를 가진 목회 일선에서 설교자에게 많은 재료를 제공해 주는 책들을 끊임없이 읽고 연구해야 한다. 이런 책들을 읽어야 설교가 풍성해지고 청중들에게 적용을 제시하는 데 도움이 될 것이다. 성경과 신학연구만으로는 훌륭한 설교를 만드는 데 부족하다. 설교자는 현대 학문 연구를 통해서 문화적으로 격리되거나 거리감이 생기지 않도록 해야 하는 것은 필수적인 것임을 알아야 할 것이다. 오스틴 펠프스(Austin Phelps)는 "철저히 훈련받은 설교자는 우선 인간을 잘 아는 인간이며, 다음으로 서재를 잘 아는 학자이다. 즉, 어떤 전문직도 현재의 실생활 세계와 책 속에 살아 있는 과거의 세계를 흡수하여 자체의 용도에 충당한다는 점에 있어서 설교 직무에 비할 바가 못 된다." 고 했다.[1] 훌륭한 설교자는 자기의 청중들을 잘 알고, 인간 현장의 모든 고통과 기쁨과 영광과 비극을 이해할 수 있는 사람일 것이다. 그러므로 설교자는 사람들의 배경이 다양할수록 더 많이 배우고 연구해야 하며 성경 지식과 다양한 사람들의 지식을 결합하여 설교에 반영해야 한다. 따라서 설교자는 현대인의 사고와 성향에 대해 민감하게 해 주는 책들과 잡지들을 읽어야 한다.

훌륭한 설교자들은 나름대로 철저히 시간 계획을 세워서 설교를 연구하며 준비했다. 켐벨 모르간은 매일 아침 6시에 연구를 시작했고, 맨체스터 침례교회 설교자인 알렉산더 멕레린 역시 자신의 연구와 준비에 집중하기 위해 친교 및 연설 약속을 사절했으며, 로이드 존스도 아침 시간을 설교 준비와 연구에 할애했다. 설교자는 설교 준비를 위해 반드시 충분한 시간을 만들어야 한다. 세상의 어떤 것이라도 설교 자료에서 제외될 수 없다. 따라서 설교자는 인간 삶의 모든 영역에 관심을 가지면서 거기서 자료를 추출할 수 있어야 한다. 설교의 자료는 두말할 필요 없이 성경 그 자체이다. 그러나 여기서 말하려는 것은 성경의 놀라운 진리를 어떻게 인간의 관심과 언어로 표현해 설교하는가를 물을 때 여러 가지 자료가 나오게 된다는 의미이다. 요셉 파커(Joseph Parker)는 "설교를 떠나서는 아무것도 할 수 없다. 설교에는 시, 문학, 자연, 역사 등 모든 것이 포함되고 있다."라고 말했다. 그는 설교를 자기의 천직으로 말하면서 그 설교에는 삶의 모든 영역이 다 포함된다고 말했다. 설교의 자료를 잘 정리해서 조화 있게 하면 좋은 음식에 알맞게 조미료를 치는 효과를 얻는다. 그러므로 설교에 있어서 자료정리는 매우 중요한 과제이다. 자료를 정리하면서 독창적인 생각이 떠오르기도 한다. 우리가 어떤 주제를 단순히 막연히 생각하고 넘겨 버린 경우는 그 주제를 옳게 연구했다고 말할 수 없다.[2]

그럼 자료정리를 어떻게 할 것인가? 설교는 음식을 요리하는 것에 비유할 수

---

1) John Stott, *op. cit.*, 21.
2) 정성구, *op. cit.*, 607.

있다. 요리사의 음식 만드는 솜씨가 좋다 해도 재료가 없다면 맛있고 영양가 높은 음식을 만들 수 없다. 그러면 설교의 자료는 무엇인가? 그것은 말할 필요없이 성경 그 자체이다. 개혁주의 설교의 원리인 '오직 성경'(*Scriptura Sola*)과 '성경 전부'(*Scriptura Tota*)를 증거하기 위해서 성경 그 자체를 깊이 연구하는 길이 최상의 길이다. 성경은 옷걸이나 도약대가 되어서는 안 된다. 설교란 하나님의 말씀 선포이기 때문에 성경이 설교의 주제이며 설교의 목적임을 확실히 알아야 한다. 성경은 인간을 향해서 말씀하시는 것인 만큼 설교자 자신도 하나님의 말씀에 순종해야 하며 그 말씀을 통해서 자신이 은혜의 체험을 먼저 가져야 한다. 물론 성경을 연구하는 데는 여러 가지 방법이 있겠으나 크게 둘로 나누면 현미경식 방법과 망원경식 방법으로 대별할 수 있을 것이다. 현미경식 방법이 문법적, 역사적 신학적 방법을 통한 주석적인 방법이라면, 망원경식 방법은 성경을 하나님의 구속사 또는 언약사의 축으로 보고 성경신학적으로 접근해 나가는 방법이다. 일찍이 영국의 대설교가 죠셉 파커(Joseph Parker)는 성경을 읽을 때 마치 공원을 산책하는 듯이 읽으라고 했다. 이 말의 의미는 성경을 무턱대고 대충대충 다독하는 것보다 마치 공원에서 나비와 꿀벌이 꽃에서 꿀을 따는 것을 보고, 호수에서 백조가 노는 것을 보듯이, 의자에 앉아서 아름다운 잔디와 꽃밭을 보듯이 섬세하고 깊게 성경을 보라는 의미이다. 이것은 설교의 자료로서 성경을 보는 데 매우 중요한 태도라고 생각한다.

두 번째의 자료는 서적, 주석류, 잡지, 전기류, 신문 등이다. 그것들에 관하여 큰 노트에 분야별로 분류해서 여백을 만들고 자료가 생길 때마다 기록할 수도 있고 또 스크랩할 수 있다. 그리고 파일박스나 컴퓨터를 사용해서 종류별로 구분하고 자료를 정리해 두었다가 적절할 때 사용해도 된다. 그러나 설교자가 컴퓨터나 자료집에 의지할 것이 아니라 언제나 말씀과 성령으로 자신이 새로워지는 역사가 일어나야 하며 그것을 위해서는 성경과 기도 외에는 다른 방법이 없음을 명심해야 한다.[3]

3) *Ibid.*

3) 설교의 계획

미국의 유명한 설교학자 필립 브로더스는 설교자를 마치 건축기사에 비유했다. 기사는 여기저기에서 들어온 건축 자재들을 가지고 자기가 의도했던 용도에 맞는 적합한 건물을 짓는다. 같은 자재라고 하더라도 주택이 되기도 하고 교회당이 되기도 한다. 그러나 그 차이점은 건축의 설계에 있다고 본다. 그래서 건물의 용도에 따라서 그것을 특별히 고려하면서 건축해야 한다는 것은 매우 중요한 일이다. 이와 마찬가지로 같은 자료를 가지고도 구성하기에 따라서 서로 다른 것이 될 수 있다. 이와 같이 건축에 있어서도 청사진이 필요한 것처럼 설교에 있어서도 설교 계획이란 아주 중요한 것이다.

자료를 잘 정리하는 것은 설교의 구성과 만족할 만한 설교를 하는 데 도움을 준다. 좋은 설교는 쉬운 설교이고, 쉬운 설교라야 이해되며, 이해되려면 설교가 논리성과 합리성을 지녀야 한다. 잘 정리된 설교는 청중의 주의를 집중시키고 명쾌하게 이해하게 한다. 잘 정리된 설교는 곧 설득력과 호소력을 준다. 그러므로 설교자는 언제나 자료를 모으는 자라야 한다. 설교자는 모든 경우와 모든 장소에서 설교의 자료를 모은다. 필립 부룩스는 “내 설교는 나의 노트북에서 나왔다. 일상회화 가운데서도 인생의 문제와 사회적인 문제가 검토될 수 있고 혹은 많은 읽을거리 중에서 어떤 힌트가 잡힐 때도 있다. 이 순간을 만일 그때에 잡아두지 않으면 영원히 가버리고 마는 것이다.”라고 했다. 요한 슈트라우스의 유명한 작품인 <아름답고 푸른 다뉴브강>은 그의 셔츠 소매에 쓴 메모에서 생긴 작품이라고 한다. 그는 머리에 떠오르는 멜로디를 잡히는 대로 아무데나 적어두는 습관이 있었다는 것이다. 그런데 그날에 따라 아무것도 들고 있는 것이 없어서 셔츠를 걷어 올리고 적어 두었다는 것이다. 그의 아내가 그것을 세탁하기 전에 노트에 다시 옮겨 놓은 것이 그 유명한 곡이 되었다는 것이다. 메모하는 습관을 기르고 책을 읽다가 중요한 것은 메모하거나, 신문은 스크랩을 하는 것이 좋다. 이렇게 모든 재료를 설교자는 날카로운 주의력과 식별력을 가지고 정리할 줄 알아야 하고 설교의 구성에 적절히 사용할 줄 아는 지혜

가 필요하다.[4)]

(1) 자료를 잘 정리한 설교는 통일성을 이룬다. 어떤 유형의 설교이든 간에 설교에는 반드시 통일성이 요구된다. 이는 마치 예술 작품이 다양한 사상 표현을 하더라도 결국 하나의 사상을 중심으로 통일성을 이룰 때 좋은 작품이 되듯이 설교도 마찬가지이다. 설교는 여러 가지 잡다한 요소들은 제멋대로 모아들여서는 안 되며 유기적인 통일성을 형성해야 한다. 그뿐만 아니라 자료가 잘 정리된다는 것은 설교의 순서를 논리적이고 체계적이게 한다. 설교를 만든다는 것은 배열 곧 순서이다. 잘 배열된 순서라야 설득력을 가질 수 있는 설교가 된다. 아무리 훌륭한 생각이 있어도 체계화되지 않으면 전달이 바로 될 수 없다. 균형 잡힌 순서의 배열은 우선 각 단위를 구성하고 있는 각각의 사람들이 서로 조심스럽게 구별되는 것이며 그러면서도 연속적이고 순서적으로 이어지면서 하나의 클라이맥스를 향해 나아가는 것을 의미한다. 절정 즉 클라이맥스는 설교자의 의지가 호소되고 성경의 중심 메시지인 케리그마가 선포될 때 이루어진다. 설교는 마치 건축자가 설계 도면을 보면서 건축 재료를 차례로 쌓아 가는 것과 같다.[5)] 즉 설교에는 논리적이고 체계적인 순서의 배열이 있는데 그 순서로 자료가 잘 정리될 때 설교의 통일성을 이루게 된다.

(2) 자료를 모으는 것은 설교의 조화를 위함이다. 설교를 구성하고 있을 때 상호 간의 명백한 구분이 어렵다고 해도 전체적으로 균형을 갖춘 조화를 이루도록 해야 한다. 균형을 갖춘 설교를 위해서는 설교 원고를 작성하는 것이 효과적이다. 설교 원고를 작성해 보는 훈련을 쌓으면 설교의 약점을 보완해 갈 뿐 아니라 자료의 순서와 균형 있는 배열 등을 연구하는 데 도움이 된다. 간략한 메모지를 사용하여 설교할 수도 있겠지만 이럴 경우 설교할 때 논리적 비약과 함께 본문과 무관한 자료들을 사용함으로써 설교의 목적을 이룰 수 없게 되는 경우가 많다. 그러므로 자료를 잘 정리하여 논리적으로 진리를 체계화시켜 나가는 훈련을 받는 것은 대단히 중요하다. 설교자가 설교를 통하여 어떤

---

4) *Ibid.*
5) *Ibid.*, 608.

목적을 달성하고자 하는가에 따라서 자료는 선택되고 정리되는 것이다. 이것은 설교의 통일성과 균형을 이룬 설교의 조화를 가져오는 것이다.

2. 설교 작성의 단계

설교자는 왜 오직 성경만을 설교해야 하는가? 성경 없이는 설교 없고, 설교 없이는 구원이 선포되지 않는다. 설교는 성삼위 하나님의 명령이며 복음의 본질이면서 선교의 방편이 되는 것이다. 그러므로 설교는 오직 하나님의 말씀만을 선포하는 것이며, 설교는 하나님 말씀 전부를 선포하는 것이다. 성경은 예수 그리스도와 그의 보내신 성령을 통해서 이루시는 하나님의 구원 역사를 이루시는 계시이다. 그래서 우리는 성경에서 하나님을 만나게 된다. 설교자의 사역이라는 관점에서 볼 때 설교의 준비와 설교의 행위는 성경으로부터 되어야 한다. 왜냐하면 교회와 성경은 분리될 수 없으며, 현재 함께 걸어가고 있기 때문이다. 따라서 설교를 준비하는 모든 과정은 성경으로 설교를 조각하는 과정인 것이다. 그러므로 설교를 준비하는 설교 작성의 과정은 성경을 조각하는 10단계 과정이라 하겠다.

1) 본문 선택

- 제1단계: 설교할 본문을 선택하라

성경으로 설교를 조각하는 설교 준비의 제1단계는 설교할 본문을 선택하는 것이다. 설교자는 사색가가 아니라 말씀의 전달자이기 때문에 무엇보다도 먼저 전달할 메시지의 본문을 선택해야 한다. 본문 선택을 위해 고려해야 할 두 가지 원리는 첫째는 성경 전체를 고르게 설교해야 한다는 것과, 둘째는 청중들이 처해 있는 삶의 정황을 정확하게 분석해야 한다는 것이다.[6] 그러기 위해서 설교자는 성경으로부터 본문을 취함으로써 하나님께서 이 본문을 통해 그의 백성들에게 말씀하신다는 확신을 가져야 한다. 본문은 설교자가 하나님의 뜻을 선포하기 위해 성경으로부터 선택한 한 단원을 말한다. 성경의 한 단위인 본문을 선택하여 성경 전체의 맥락 속에서 밝히 드러내야 한다. 설교의 본문(the Text)은 오직 하나님의 말씀과 주 예수 그리스도의 말씀, 그리고 성령의 감동으로 선지자들과 사도들을 통하여 주어진 말씀만이 그 설교는 권위를 가지며 합당한 증거가 되는 것이다. 설교 본문은 항상 그 문맥과 일치되는 의미로 취해져야만 하고, 그 본문이 가진 의미대로 적용되어야 한다.

(1) 본문 선택의 기준

설교의 본문 선택에 있어서 무엇보다도 먼저 '성경적인 사상의 단위'(a unit of biblical thought) 또는 '단일한 사고 단위'(A Single Unit of Thought or Expository Unit)를 가지고 있는 본문을 선택하여야 한다. 선명하고 명료한 뜻을 전하는 설교일수록 단일한 주제만을 취급하는 것이다. 효과적인 스피치(Speech)가 되기 위해서는 단일한 주제를 취급해야 된다. 단일한 주제의 필요성은 수사학자나 설교학자 모두가 강조하는 바이다. 브리건스(William N. Brigance)는 말하기를, 효과적인 연설은 "하나의 특정한 것 즉, 중심 내용(Central Idea, Big Idea)에 집중한다."고 했다.[7] 릿펀(A. Duane Litfin)도 "연설이 최대한 효과적이기 위해서는 오직 하나의 주요 명제(Major Proposition)를 다소간 충분히 전개하도록 시도해야 한다."고 하였다. 그뿐만 아니라, 연설에 있어서 통일성(Unity), 질서(Order), 진보(Process)의 3요소는 핵심적인 것인데, 하나의 핵심 명제가 연설에 분명히 있을 경우 이 세 가지가 성취될 수 있다.[8]

---

6) Paul Scott Wilson, *Imagination of the Heart* (Nashiville: Abindon, 1988) 53-57.

7) William N. Brigance, *Speech: Its Techniques and Disciplines in a Free Society*: 장두만, *op. cit.*, 70.

설교학자 해돈 W. 로빈슨(Haddon W. Robinson)은 "하나의 중심적이고 통일적인 생각이 효과적인 설교의 중심에 있어야 한다는 원리를 무시하는 것은 설교자가 말해야 할 것을 제쳐 놓는 것이다."[9]라고 하였다. 설교가 단일한 주제만을 취급하기 위해서는 본문을 선택할 때 단일한 사고 단위가 되는 본문을 선택해야 한다. 그러나 서술적 이야기에서 본문을 취한다고 하면 설교자는 한두 문단 이상의 좀 더 긴 본문을 다루기 쉬울 것이다. 예를 들면 다윗과 밧세바 사이의 간음 이야기를 강해할 때 한 번에 한 문단만 강해한다고 하면 그는 그 이야기 전체를 무시하는 것이 된다. 그는 마땅히 사무엘하 11장 전체와 적어도 12장의 일부를 합한 본문에서 설교를 해야 할 것이다. 이 모든 것이 그 죄와 죄의 결과 이야기를 다루고 있기 때문이다. 시편과 같은 시문학에서는 문단이 대체로 시의 연이나 절과 일치한다. 설교자는 그 한 절만을 강해하기보다는 전체 시를 다루는 것이 정상이다. 그러므로 설교의 본문을 선정하는 데 있어서 따를 원칙은 바로 이것이다: 설교의 기초를 성경 말씀의 어떤 사상 단위에 두어라.

(2) 본문의 길이

성경 본문을 선택하는 데 있어서 설교자의 의견이 최우선되지 않을 수도 있지만, 설교자 자신에게 할당된 시간 안에 소화시킬 수 있는 본문을 선택해야 한다. 본문의 길이를 정할 때 한글 성경에 사용되고 있는 단락 구분 기호가 상당히 좋은 안내 역할을 하지만, 그것이 항상 맞는 것은 아님을 기억할 필요가 있다. 특히 바울 서신의 경우는 본문을 짧게 잡아야 할 경우 단락 구분 기호에 주의를 해야 할 것이다. 설교 본문의 길이와 설교의 길이는 문화, 교회, 그리고 성도들에 따라서 다양해진다. 존 스토트(John Stott) 목사는 "모든 설교는 20분보다 훨씬 더 긴 설교라도 20분 설교로 느껴질 수 있어야 한다."라고 말함으로써 설교의 길이에 대한 문제를 회피했다. 성도들의 수준과 상관없이 설교자는

8) *Ibid.*

9) Haddon W. Robinson, *Biblical preaching*, 35.

정해진 시간 내에 충분히 설명할 수 있는 길이의 본문을 선택해야 한다. 특별한 시기나 성도들의 성향, 교회 조직, 사역의 목적, 예배 순서, 교회가 겪어온 변화, 교육 수준, 그리고 영적 성숙도 등이 성경 본문을 선택하고 설교의 길이를 결정하는 데 큰 영향을 미친다.[10] 아마도 설교자가 설교의 목적을 명심하고 있을 때, 본문의 길이나 그에 상응하는 설교 길이를 가장 잘 결정할 수 있을 것이다. 설교란 그 길이가 너무 짧아서 하나님의 말씀이 중요하지 않은 것처럼 보이게 해서도 안 되며, 너무 길어서 예배를 무거운 짐처럼 느끼게 해서도 안 된다. 이렇게 극단적인 두 경우는 마땅히 그리스도에게 돌려야 할 영광을 빼앗는 것이며 그의 말씀이 인간의 양심에게 주는 달콤한 가책을 빼앗는 것이다.

(3) 본문 선택의 기본 지침

브라이언 채펠 박사는 설교 본문을 선택하는 데 있어서 다음과 같은 기본 지침을 기억해야 한다고 했다.

첫째, 친숙한 본문이라고 해서 피하지 말라. 친숙한 성경 본문은 대체적으로 사람들이 잘 알고 있는데, 그 이유는 교회가 오랫동안 그 본문을 매우 가치 있는 것으로 여겨 왔기 때문이다. 바울도 “유익한 것은 무엇이든지 공중 앞에서나 각 집에서나 꺼림이 없이 너희에게 전하여 가르치고”(행 20:20)라고 단호하게 말하였다.

둘째, 의미가 분명치 않은 본문을 찾지 말라. 많은 사람들이 오해하고 있는 성경 구절을 올바르게 설명하는 것이나, 연속 설교를 하던 중에 자연스럽게 의미가 분명치 않은 성경 구절이 나와서 그 구절을 명백하게 설명하는 것은 매우 타당한 일이다. 하지만 오로지 해설만을 위한 해설은 전혀 가치가 없다. 설교의 목적은 성도들을 교화시키는 것이지, 유리 상자 속에 여러 가지 지식을 진열해 보이는 것이 아니다.

셋째, 어떤 본문이든지 의도적으로 피하지 말라. 바울은 에베소교회 장로들에

10) Byran Chapell, *Christ-centered Preaching*, 69-70.

게 "내가 꺼리지 않고 하나님의 뜻을 다 너희에게 전하였음이라"(행20:27)라고 하였는데, 이것은 말씀을 선포할 때 필요한 용기에 대해서 말한 것이다. 설교자는 성도들이 직면하기 싫어하는 어려운 문제도 지혜롭게 제시해 줄 수 있어야 한다.[11)]

그러면 본문 선택에 영향을 미치는 중요한 몇 가지 요소를 생각해 보자.

첫째는 의식적(儀式的) 요소이다. 설교자는 교회력에 관련된 성경 본문 곧 성탄절, 부활절, 추수 감사절, 오순절, 성령 강림절 등에 맞는 본문을 선택하는 것이 유익할 것이다.

둘째는 외부적인 요소이다. 우리 주변의 일반 생활상에서 일어나는 사건들 혹은 사회적인 쟁점들과 천재지변, 특종 기사들을 외면해서도 안 될 것이다. 설교자는 이런 사건과 문제에 대해서 기독교인들은 어떻게 할 것인가에 대한 성도들의 물음에 성경 본문을 통해서 대답해 줄 수 있어야 한다.

셋째는 목회적 요소이다. 청중들의 영적 생활을 위해 필요한 것이 무엇인지를 찾아내는 목회적 요소가 있는데 훌륭한 설교자는 회중들의 필요와 문제와 의심과 두려움과 소망이 무엇인지 알아서 거기에 적합한 말씀으로 치료해 줄 수 있어야 한다. 따라서 설교자는 성도들이 들어야 할 하나님의 말씀의 전부, 전 영역에 관해 설교할 수 있도록 해야 한다.

마지막으로 설교자 자신의 개인적 요소이다. 설교자 자신이 본문을 통해서 은혜받은 감동과 감화를 청중들에게 전함으로써 위로와 기쁨을 나누게 된다. 제임스 스토커는 "진리는 자신의 노고와 고통으로부터 배운 사람이 이야기할 때 이중, 삼중으로 진실하다."라고 말했다. 그러므로 설교자는 항상 메모하고 기록하는 습관을 가져야 하며 순간적인 포착, 성령의 조명들을 놓쳐서는 안 될 것이다.[12)]

---

11) *Ibid.*, 71.

12) 배광호, *op. cit.*, 292-98.

2) 본문 연구

• 제2단계: 선택한 본문을 연구하고 관찰하며 자료를 수집하라

성경으로 설교를 조각하는 설교 준비의 제2단계는 '성경적인 사상의 단위'(a unit of biblical thought) 또는 '단일한 사고 단위'(A Single Unit of Thought or Expository Unit)를 가진 본문을 선택한 후 그 본문을 연구하고 관찰하며 자료를 수집하는 단계이다. 제2단계에서는 본문을 읽고 묵상하며 단어와 관계들을 연구함으로써 본문의 상세한 내용들을 관찰하는 작업이며, 또한 본문의 전후 문맥적인 관계와 문법적, 논리적, 시대적, 지리적인 관계들을 연구하여 본문의 상세한 내용들을 통해 의미를 찾는 작업이다.

(1) 본문 연구 및 관찰

① 본문을 읽고 묵상하라

설교자는 선택된 본문을 계속 읽어야 한다. 본문 속에 파묻힌 광맥을 파는 작업이다. 캠벨 모르간은 설교를 위해 성경 본문을 40~50회 반복해서 읽으라고 한다. 이것은 '잠재의식적 잉태과정'(unconscious incubation)이 길수록 좋으며 본문을 계속 반복해서 읽어야 한다.[13] 디트리히 본회퍼(Dietrich Bonhoeffer)도 "그 본문 속에 깊숙이 잠겨 실로 그것이 말하는 바가 무엇인가를 들으려고 애썼다."[14]라고 했다. 설교자는 이 본문을 가지고 무엇을 설교해야 하는가 하고 본문을 계속하여 읽으면서 마음속에 생각하고 묵상하는 시간이 필요하다. 본문만 읽지 말고 본문 전후의 문맥을 반드시 읽어야 한다. 또한 히브리어와 헬라어 원어성경을 읽으면서 한글 성경 및 서로 다른 여러 종류의 번역본들을 함께 대조해 보는 것이 매우 좋다.

렌더 켁(Loander Keck)은 우리가 성경을 읽을 때 성경을 읽을 뿐만 아니라 "성경을 들어야 한다"(Listen to the text)라고 하면서 이것을 '제사장적인 들음'

---

13) 이동원, *청중을 깨우는 강해 설교*, (서울: 요단출판사, 1990), 188.
14) John Stott, *op. cit*, 238.

(Priestly Listening)이라고 했다. 이 말은 성경의 메시지를 통해서 하나님의 음성을 들을 때에 개인의 관점에서만 듣지 말고 청중의 관점에서 그 말씀을 들어보라는 것이다. 그러기 위해서 설교자는 성경 본문을 충분히 읽고 이해하여야 하며 성경의 이야기(story)가 나의 이야기가 될 때까지 반복해서 읽는 습성을 가져야 할 것이다.[15)]

설교자들은 마치 예수 그리스도께서 탄생하실 때 목자들이 베들레헴의 말구유를 찾아 아기 예수를 직접 목격하고 경배하면서 천사가 자기들에게 그 아기에 대하여 말한 것을 다 고했을 때 마리아가 "이 모든 말을 마음에 지키어 생각하니라"(눅 2:18, 19)는 자세를 가진 것처럼 본문을 깊이 숙고해야 한다. 설교자는 성경 본문에 흠뻑 적셔지기 위해서 노력을 해야 한다. 스펄전이 "마치 곤충이 열매의 배아(胚芽)에 도달하기 위해 애써서 길을 파는 것과 같이 설교자의 자아로 하여금 본문의 정신과 골수까지 침투하여 그 신령한 음식에 의하여 그곳에서 일할 수 있도록 기도하는 것이 가장 중대한 일이다."[16)]라고 말한 것처럼 설교자는 본문에 집중해야 한다.

② 본문을 연구하고 관찰(Observation)하라

설교자가 본문을 연구하며 관찰해야 할 부분은 어떤 것일까? 설교자가 반드시 관찰해야 될 대상은 크게 네 가지이다. 즉 중요한 단어(Key Words), 문장의 구조(Structure), 문학 장르(Literary Form), 분위기(Atmosphere)이다.

첫째, 중요한 단어를 관찰해야 한다. 본문에 나타난 중요한 단어들 가운데 연구해야 할 중요한 단어들은 긴 단어들, 특이한 단어들, 반복되어 나오는 단어들, 신학적으로 중요한 단어들은 반드시 관찰하고 연구해야 한다. 단어들이 본문의 내용을 이루고 있으며 그 본문의 의미를 파악하는 데 영향을 미치게 된다. 이러한 단어들을 연구함으로써 설교자는 어떤 특정한 성경 본문을 그 본문이 들어있는 성경 전체와 관련시켜 성경 저자와 광범한 사상의 발전을 좀 더 쉽게 이해

---

15) 이동원, *op. cit.*, 189.
16) John Stott, *op. cit.* 239.

하게 될 것이다. 또 다양한 번역본을 대조하면서 각 번역 간의 차이점이 무엇인지 찾아내어야 한다. 때로는 우리에게 친숙하지 못한 배경이나 우리의 어의학적(語義學的) 구조와 맞지 않는 언어 형태 때문에 혼란에 빠지게 될 수도 있다. 서로 다른 번역본으로 본문을 읽을 때 펜을 손에 잡고 하라. 그리고 본문을 이해하려 할 때 부딪히는 문제들을 가능한 한 자세하게 기록하라. 발견된 모든 문제를 기록하라. 그리고 그것을 자신의 말로 기록하라. 서로 아주 다르게 번역한 것이 보이면 그것에 주의하라. 대체로 그것은 번역자들이 서로 다른 입장에서 본문을 보고 있음을 의미한다. 통일성은 물론 정확성을 기하기 위해서 우리는 모든 가능한 기술을 발전시킴으로써 성령께서 결코 전하시려고 하지 않았던 것을 하나님의 이름으로 선포하는 과오를 범하지는 말아야 할 것이다.[17)]

둘째, 문장의 구조를 관찰해야 한다. 구조란 두 단어 이상이 모여 형성하는 상호 간의 관계를 말한다. 설교자가 관찰해야 할 관계에는 문법적 관계(Grammatical relationships)가 있다. 명사와 동사가 모이면 주어와 술어의 관계가 형성될 것이고, 형용사와 명사가 모이면 수식어와 피수식어의 관계가 형성된다. 단어가 여러 개 모이면 주어, 목적어, 술어의 관계가 형성될 것이다. 뿐만 아니라, 설교자는 논리적 관계(Logical relationships)도 관찰해야 한다. 한 문장과 다음 문장이 인과관계, 목적, 조건, 결과, 대조, 비교, 설명, 예증 등의 관계를 가질 수 있기 때문에 설교자는 이런 관계를 주의해서 본문을 읽고 연구해야 한다. 시간적 관계(Chronological relationships)나 지리적 관계(Geographical relationships)도 결코 경시하지 말아야 할 관계이다. 또한 설교자가 관찰해야 할 것은 문학 양식의 관계로서 이는 본문이 어떠한 종류의 문학적 작품인가에 관한 문제이다. 성경에 나타나는 문학 양식, 즉 교훈, 내러티브, 시가서, 비유, 기적, 예언 등을 주의 깊게 관찰해야 한다.[18)]

셋째, 문학 장르로 관찰해야 한다. 교훈 문학은 상당히 논리적으로 전개되기 때문에 논리의 흐름에 주의를 기울여야 한다. 뿐만 아니라, 교훈 문학은 압축된 언어를 사용하고 있기 때문에 단어 연구의 비중이 상대적으로 커진다. 서사문

---

17) Ramesh Richard, *op. cit.*, 41.

18) Ramesh Richard, *op. cit.*, 47-48.

학은 사건 전체가 무엇을 말하려고 하는지를 바로 파악해야 한다. 시가 문학은 수사적인 표현을 많이 사용하고 있기 때문에 이 부분에 관한 배려가 필요하다. 뿐만 아니라, 시란 절제된 감정을 정제된 언어로 표현하기 때문에 시인의 감정을 바로 이해하는 것도 중요하다.

넷째, 분위기를 관찰해야 한다. 성경 저자의 분위기가 슬픔의 분위기인지, 공포의 분위기인지, 경외의 분위기인지, 기쁨의 분위기인지 등을 관찰하는 것도 본문 이해에 중요한 역할을 한다.

그러면 설교자가 본문을 관찰함으로 얻을 수 있는 것은 무엇일까? 그것은 크게 두 가지로 말할 수 있을 것이다.

첫째는 사실의 발견이다. 설교자는 자신이 택한 본문에 어떤 내용이 담겨 있는가를 발견해야 하는 것은 물론, 본문에서 반드시 취급해야 될 중요한 부분을 간과(看過)하지는 않았는지 세심하게 연구해야 할 것이다. 사실을 발견하기 위해서는 육하원칙(六何原則), 즉 누가, 무엇을, 언제, 어디서, 왜, 어떻게 했는가 하는 원리를 적용하면 될 것이다.

둘째는 관찰에 있어서 사실의 발견보다도 더 중요한 것은 영적 원리를 발견하는 것이다. 교훈 문학의 경우에는 원리가 본문에 나타나 있는 것이 일반적인 경우이므로 원리를 찾아내기가 대체로 쉽다. 그러나 서사문학에서는 때로 원리를 찾지 못하여 본문을 우화적으로 해석하여 설교하기도 하고, 어떤 경우에는 본문의 내용을 다소 각색(脚色)하거나 윤색(潤色)해서 다시 들려주는 것으로 설교를 끝내기도 한다. 그러나 이것은 서사문학을 바르게 설교하는 방법이 아니다. 서사문학을 우화화(寓話化)하지 않고 바르게 설교할 수 있는 유일무이한 방법은 『원리화』(principlization)이다. 원리화란 "서사문학에서 오늘날의 신자에게 적합성이 있는 영적, 도덕적, 또는 신학적 원리를 찾으려는 노력"이라고 정의할 수 있겠다. 대지를 만들 때에도 원리화의 과정을 통해서 나온 대지는 『설교적 대지』라고 하여 『석의적 대지』와는 사뭇 다른 것임을 알아야 한다. 서사문학의 경우에는 사건 자체만 나타나 있기 때문에 그 사건에서 원리를 찾게 되면 설교할 내용은 굉장히 풍부하게 된다.[19)]

③ 문맥적인 관계를 연구하라

설교자는 본문의 문맥(context)을 연구해야 한다. 성경 본문에 있어서 문맥의 중요성에 대해 윗커(Bruce K. Walke)는 말하기를 "스피치에 있어서 가장 우선적이고 중요한 규칙은 문맥이 의미를 결정한다."고 하였다.[20] 성경 저자가 무엇에 관하여 이야기하고 있는가, 즉 그의 주제는 무엇인가? 그리고 그 주제에 대하여 어떤 주요한 주장을 하고 있는가, 즉 그의 보어는 무엇인가에 대하여 생각나는 대로 대충 기술해 보도록 노력하라. 설교자는 먼저 이 본문은 무엇을 의미하고 있는가를 물어야 한다.[21] 설교자는 문맥의 관계를 연구함으로 본문이 위치하고 있는 문맥은 어떠한가? 바로 앞뒤의 문맥과 원시안적인 문맥을 다 같이 고려해야 한다. 즉 성경 전체의 문맥, 본문이 속해 있는 책의 문맥, 본문 자체의 앞뒤 문맥, 가까운 문맥, 그리고 먼 문맥들을 연구하여야 한다. 그러면 성경을 연구할 때 고려해야 될 문맥에는 어떤 것들이 있는지 살펴보도록 하겠다.

◉ 성경 전체의 문맥: 성경 전체는 하나의 거대한 기록이다. 성경은 창조와 인류의 시작, 그리스도의 탄생, 십자가, 부활, 승천, 재림, 심판 등 우리가 살고 있는 시공인 세상의 종말에 이르기까지, 이 모두가 하나님이시며 온 인류의 구원자로 오신 예수 그리스도를 중심으로 전개되고 있다. 그러므로 창세기로부터 계시록에 이르기까지 성경 전체에 대한 전반적인 시각이 요구된다. 성경 전체의 문맥을 이해함에 있어서 성경 역사의 진행에 있어서 역사적 맥락, 성경적 맥락, 문화적 맥락 그리고 신학적 맥락 등을 통해서 성경 저자의 의도를 정확하게 이해할 수 있게 된다. 만일 성경 전체에 대한 개관에 대한 이해가 부족하다면 「윌밍턴의 성경 가이드」(Willmington's Guide to the Bible), 보아와 윌킨슨 공저의 「성경과의 대화」(Talk thru the Bible)와 같은 책들을 참고하면 좋을 것이다.

---

19) 장두만, *op. cit.*, 94-96.

20) Bruce K. Waltke, *Historical Grammatical problem*, 장두만, *op. cit.*, 96.

21) Ramesh Richard, *op. cit.*, 41.

◉ 책의 문맥: 성경의 각 책들은 성령의 감동 아래 지성을 지닌 저자들에 의해 쓰였다. 각 책은 나름대로 목적을 가지고 고유의 방법을 통해 쓰였다. 그 목적이 내용에 영향을 미쳤다. 그러므로 목적을 이해하기 위해서는 그 내용을 깊이 관찰해야 한다. 성경의 각 권의 내용과 목적을 이해하는 데 가장 많은 도움을 주는 것은 해설 성경과 관주 성경 등이다.

◉ 본문의 문맥–가까운 문맥(immediate context): 설교자는 자신이 선택한 본문을 연구하고 해석할 때 그 본문의 앞에 있는 구절과 뒤에 따라 나오는 구절을 잘 살펴보아야 주어진 본문의 의미를 바로 파악할 수 있게 된다. 예로 들어 누가복음 17:21은 문맥과 상관없이 많이 인용되는 구절 중의 하나이다. "또 여기 있다 저기 있다고도 못하리니 하나님의 나라는 너희 안에 있느니라" 대부분의 설교자들이 이 본문을 가지고 '하나님의 나라는 눈에 보이는 것이 아니라 사람의 심령 가운데 임한다. 심령 천국이 이루어져야 영원 천국도 이루어진다.'는 식으로 설교한다. 이것도 문맥을 완전히 무시한 잘못된 해석이다. 누가복음 17:20부터 읽어보면 "너희"는 거듭난 그리스도인들을 가리키는 것이 아니라 그리스도를 반대하는 바리새인들을 가리킨다는 것을 쉽게 알게 될 것이다. 그리스도를 영접하지도 아니한 바리새인들의 심령 가운데 하나님의 나라가 임해 있다는 것은 한마디로 어불성설(語不成說)이다. 여기서 "너희 안"은 "너희들 가운데, 너희들 사이에"(among you, in the midst of you / NASB)로 이해해야 될 것이다. 이 본문에서 하나님의 나라는 지금 바리새인들 사이에 계신 메시아 자신을 가리키는 말씀인 것이다.

◉ 본문의 문맥–먼 문맥(distant context): 어떤 경우에는 주어진 본문의 전후에 있는 몇 절만 읽으면 의미가 분명해지지만, 어떤 경우는 한 장(章) 전체나 몇 장이나 또 어떤 경우에는 그 본문이 포함된 책 전체를 읽어야 의미를 올바로 파악하게 될 수도 있다. 에스겔서 37장을 예를 들면 대부분의 설교자들은 뼈를 우리의 메마른 심령으로, 인자는 설교자로, 생기는 성령, 성령의 능력으로, 마른 뼈가 힘을 얻는 것은 중생으로 해석한다. 본문의 문맥을 잘 살펴보

면, 특히 11절을 보면 마른 뼈는 이스라엘을 나타내고 있음을 분명히 알 수 있다. 마른 뼈가 생기를 얻는 것은 이스라엘의 회복을 가리키고 있으며, 그 회복은 마지막 때에 일어날 것이라는 것은 36장에서 39장까지의 문맥을 보면 확실하다. 36장에서 39장까지는 말세에 관한 예언이기 때문에 37장도 이러한 관점에서 이해해야 할 것이다.

④ 문자적 의미를 연구하고 해석하라

본문을 문자적으로 연구, 해석한다는 것은 두 가지 면을 포함한다.

◉ 본문을 문자적으로 연구, 해석한다는 것은 본문에 쓰인 단어의 의미를 우화적으로 해석하지 말라는 의미이다. 우화적 해석(allegorical method of interpretation)이란 문자적 의미 뒤에 숨겨져 있는 깊은 의미를 발견하려는 노력인데, 이는 원래 희랍에서 시작된 것이다. 희랍 사람들은 철학적, 역사적 전통과 함께 종교적, 신화적 전통도 동시1덕한 요소까지도 포함되어 있었다. 철학적, 역사적 전통의 관점에서 볼 때 종교적, 신화적 전통은 받아들이기가 어려웠다. 그럼에도 불구하고 희랍인들이 종교적 전통에 대해 갖는 애착 때문에 이를 쉽게 포기할 수가 없었다. 그래서 이 양자(兩者) 간의 갈등을 해소하기 위해 종교적 전통을 우화적으로 해석하기 시작했다. 다시 말하면, 종교적 전통에 속한 신화적 비이성적 요소들을 문자 그대로 해석하는 대신 신화적 언어를 사용하여 표현하려고 하는 진정한 의미는 문자 뒤에 놓여 있다고 함으로 철학적-역사적 전통과 종교적-신화적 전통 사이의 갈등을 해결하려고 한 것이다. 이러한 우화적 해석법은 헬레니즘 문화의 중심지인 알렉산드리아에 자연스럽게 유입(流入)되었고, 거기에 거주하던 유대인에게도 전파되어 결국은 이들을 통해 교회에 침투하게 된 것이다. 알렉산드리아의 유태인 가운데 우화적 해석법을 사용한 대표적 인물은 필로(Philo)이다. 필로는 희랍 문화에 심취해 있었는데, 희랍의 철학과 성경, 특히 모세 오경과의 충돌을 해결하기 위해 우화적 해석법을 광범위하게 사용했다.

알렉산드리아의 유태인들은 알렉산드리아의 그리스도인들에게 영향을 미치게 되었고, 그 결과 우화적 해석법은 어렵지 않게 교회 내에 들어오기 시작했다.

알렉산드리아의 그리스도인 가운데 우화적 해석법으로 잘 알려진 사람으로는 클레멘트(Clement of Alexandria)와 오리겐(Origen)을 들 수 있을 것이나, 후자가 교회에 훨씬 더 큰 영향을 끼쳤다. 오리겐에 의하면, 성경은 세 가지 의미, 즉 문자적(literal), 도덕적(moral), 신비적(mystic) 의미를 갖는데, 이는 사람이 몸, 혼, 영으로 구성된 것과 같다는 것이다. 그가 세 가지 의미를 말하고 있기는 하지만, 실제로는 세 번째 의미에만 치중해 우화적 해석법을 광범위하게 사용하고 있다. 필로나 오리겐 같은 우화주의자(allegorist)는 본문 자체가 저자와 최초의 독자에게 어떤 의미였는가 하는 것에는 관심이 없고, 본문 뒤에 숨겨져 있는 깊은 영적 의미를 찾는 데만 급급한 나머지 갖가지 상상과 억측으로 뒤범벅이 된 해석 아닌 해석을 내놓고 말았다. 그렇기 때문에 성경의 본문을 바로 연구하고 해석하기 위해서는 문자적 해석법(literal method of interpretation)을 따라야 할 것이다.

◉ 본문을 문자적으로 연구, 해석한다는 것은 본문에 쓰인 단어의 의미를 연구, 분석하라는 의미이다. 설교자는 연구할 만한 가치가 있는 단어나 구(句)를 골라서 집중적으로 연구할 필요가 있다. 신학적으로나, 윤리적으로 이해하기에 어렵거나, 설교자가 생각할 때 청중에게는 어려울 것같이 보이거나 하는 부분은 반드시 연구할 필요가 있다.

만일 고린도후서 2:12~17을 설교한다면 연구해야 될 부분이 상당히 많지만 17절의 '혼잡케 한다'는 표현을 연구할 필요가 있을 것이다. 사도 바울은 말하기를 "우리는 수다한 사람과 같이 하나님의 말씀을 혼잡하게 하지 아니하고 곧 순전함으로 하나님께 받은 것같이 하나님 앞에서와 그리스도 안에서 말하노라." "하나님의 말씀을 혼잡하게 하지 아니한다"는 것은 무엇을 의미하는가? '카펠류오'(καπηλεύω; 혼잡하게 하다'는 신약성경에서는 단 한 번밖에 사용되지 않지만, 일반 헬라문헌에서는 상당히 많이 쓰이고 있다. '카펠류오'는 '카펠로스'(καπήλος)에서 나왔는데 '카펠로스'는 '소매상'이란 뜻이다. 그러나 이 단어는 그냥 소매상을 가리키는 것이 아니고, 사람들을 속여서 부당한 이익을 취하는 소매상이란 뜻을 내포하고 있다. 이 단어는 또한 희랍의 궤변론자들(Sophists)이 돈을 목적으로 지식을 팔아먹는 것을 매도할 때에도 사용되었고,

순수한 포도주에 물을 섞어 부당한 이익을 얻는 경우에도 사용되었다(cf. 사 1:22). 사도 바울이 고린도후서 2:17에서 '카펠류오'라는 단어를 사용할 때 위와 같은 것을 배경으로 했을 것은 아마 거의 틀림이 없을 것이다. 사도 바울이 "하나님의 말씀을 혼잡하게 하지 아니하고"라고 말할 때 그는 금전을 목적으로 하나님의 말씀을 팔아먹는 일이나, 어떤 이익을 얻기 위해 하나님의 말씀을 변조(變造)시키는 일을 하지 아니하고 하나님의 말씀을 있는 그대로 전한다는 것을 의미한다. 이러한 예를 통해 문자적 연구가 얼마나 본문의 의미를 생생하고 구체적으로 전달해 주는지를 알 수 있다.

⑤ 문법(Grammar) 및 구문(Syntax)을 연구하라

설교자는 본문의 문법과 구문을 연구함으로써 다음과 같은 관계들을 연구하게 될 것이다.

- ◉ 문법적인 관계: 본문에 단어들이 어떻게 배열되어 있는가? 시제(과거, 현재, 미래), 수(단수, 복수), 그리고 성(남성, 중성, 여성) 등의 문제들이 기본적인 관찰의 내용이 될 것이다.
- ◉ 논리적인 관계들: 본문에 사고가 어떻게 전개되어 있는가? 저자가 자신의 주장하는 바나 전하고 싶어 하는 바를 어떠한 논리적인 전개를 통해 표현하고 있는가?
- ◉ 시대적·지리적인 관계: 본문에 나타나는 시간적, 지리적 상황이 어떠한가?
- ◉ 심리적인 관계: 본문에 표현된 단어들 속에 함축된 어떤 심리적인 측면이 있지 아니한가?
- ◉ 문학 양식의 관계: 문학 양식의 관계는 본문이 어떠한 종류의 문학적 작품인가에 관한 문제이다. 성경에 나타나는 문학 양식들이 있다. 즉 교훈, 내러티브, 시가서, 비유, 기적, 예언 등이다.[22] 예를 들어 설교자에게 문법 및 구문의 연구가 중요한 이유는 어떤 설교자는 "모든 그리스도인은 다 방언을 해야 한다"는 식으로 가르치고 있는 것을 볼 수 있는데, 이것은 성

---

22) Ramesh Richard, *op. cit.*, 47-48.

경적인 가르침인가? 과연 모든 그리스도인들은 방언을 해야 하는가? 이 질문에 대한 해결책은 고린도전서 12장:29~31까지를 구문론적으로 분석해 보면 그리 어렵지 않게 발견할 수 있을 것이다. "다 사도겠느냐 다 선지자겠느냐 다 교사겠느냐 다 능력을 행하는 자겠느냐 다 병 고치는 은사를 가진 자겠느냐 다 방언을 말하는 자겠느냐 다 통역하는 자겠느냐" 원문을 잘 관찰해 보면 각 문장이 모두 '메'(μὴ)로 시작하는 부정 의문문인 것을 알 수 있다. 헬라어에서는 부정 의문문을 '우'(οὐ)로 시작할 수도 있고, '메'(μὴ)로 시작할 수도 있는데, '우'로 시작할 경우는 질문자가 '예'(yes)라는 긍정적 답변을 기대하고 묻는 것이다. 예를 들면, 마태복음 13:55에서 고향 사람들이 예수님을 가리켜, "이는 그 목수의 아들이 아니냐?"라고 물었을 때, 물은 사람들은 긍정적인 답변을 기대하고 있었다. 이와 반대로 질문을 '메'로 시작할 경우, 질문자는 '아니'(no)라는 부정적인 답변을 기대하고 있는 것이다. 고린도전서 12장에서 사도 바울이 "다 선지자겠느냐……다 방언을 말하는 자겠느냐……"로 질문할 때 '메'라는 단어를 쓰고 있는 것으로 보아 '아니'라는 답변을 기대한 것이 분명하다. 다시 말하면, 사도 바울의 마음속에는 모든 그리스도인이 다 사도일 수 없고, 모든 그리스도인이 다 선지자일 수 없고, 모든 그리스도인이 다 선생일 수 없고, 모든 그리스도인이 다 방언할 수 없고, 모든 그리스도인이 다 신유의 은사를 가질 수 없다는 것이 분명했다. 성령의 인도하심으로 하나님의 말씀을 기록한 사도 바울이 "모든 그리스도인이 다 방언하는 자일 수는 없다"고 분명하게 가르치고 있다. 이와 같이 문법 및 구문의 연구는 난제 해결에 도움이 되기도 하고 본문의 새로운 이해나 올바른 이해에도 중요한 역할을 하기 때문에 문법 및 구문을 연구할 수 있는 능력이 있는 설교자는 이 과정을 소홀히 하거나 간과해서는 안 될 것이다.

⑥ 역사적, 문화적 배경을 연구하라

성경은 지금으로부터 최소한 2000년 전에 고대 근동(Ancient Near East) 지역을 배경으로 기록된 책이다. 오늘 우리와는 언어도 다르고, 지리적 환경, 역사적 상황도 다르고, 사고방식도 다르고, 습관이나 풍속도 다르다. 그래서 성경을 바로 알기 위해서는 당시의 역사적-문화적 배경에 대한 지식을 필수적으로 구비해야 한다. 성경 고고학에 관한 지식은 성경의 세계와 우리의 세계 사이에 놓여 있는 시간적·문화적·공간적 간격을 메워 주는 데 많은 기여를 할 것으로 생각한다. 설교자가 역사적·문화적 배경에 관한 이해가 얼마나 중요한가 하는 것은 예로 들어 설명하고자 한다. 창세기 15장을 역사적·문화적 배경에 대한 이해가 없이 읽을 경우 그 의미를 제대로 파악하기조차 힘들다. 아브라함이 짐승을 잡아 둘로 쪼개고, 아브라함은 깊은 잠에 빠져 있고, 횃불이 쪼갠 고기 사이로 지나가고……하는 것이 도대체 무엇을 의미하는가? 역사적·문화적 배경을 모르는 설교자는 본문을 영적으로 해석해 버리거나 아예 취급도 제대로 하지 않고 대강 얼버무려 버리고 만다. 본문을 바로 이해하기 위해서는 그 당시의 언약(계약)에 관한 관습을 이해해야 한다. 쌍방이 피의 언약(blood covenant)을 맺을 경우 짐승을 잡아 둘로 쪼개고 그 쪼갠 사이로 언약을 맺는 당사자가 동시에 지나감으로써 그 언약에 대한 조인을 성립시켰던 것이다. 창세기 15:9~10에서 짐승을 잡아 둘로 쪼갠 것은 언약을 맺는 데 사용하기 위한 것이며, 이 언약에는 특이한 점이 있다. 그것은 이 언약은 분명히 하나님과 아브라함 쌍방 간의 언약인데, 아브라함은 깊은 잠에 떨어져 있고(12절), 하나님 혼자서만 횃불의 형태로 쪼갠 고기 사이로 지나가신 것이다(17절). 그럼에도 불구하고 본문은 언약이 분명히 조인되었음을 보여 주고 있다. 18절에서 "여호와께서 아브람으로 더불어 언약을 세워"라고 하여(히브리어 '카라트'는 조약을 맺을 때 사용하는 보편적인 용어임) 쌍방 간의 언약의 성립을 명백히 말하고 있다. 이것은 무엇을 의미하는가? 그것은 '아브라함과의 언약'(Abrahamic Covenant)은 비록 쌍방 간의 언약이지만 무조건적 언약(unconditional covenant)이며, 그 언약의 궁극적 성취에 대한 책임을 하나님이 일방적으로 온전히 담당하겠다는 것을 의미한다.

이와 같이 설교자들이 역사적·문화적 배경을 연구할 때 봉착하는 하나의 큰 난관은 성경의 어느 구절이 '문화적 용어'(Cultural Terms)로 표현되어 있을 경우 그것을 어떻게 해결해야 하는가 하는 문제이다. 다시 말하면, 문화적 제약을 받는 표현(Culturally bound expressions)의 경우, 그 표현 자체를 액면 그대로 취할 것인지, 그러한 표현을 통해 전달하고자 하는 원리를 취할 것인지, 아니면 양자를 다 버리거나, 다 취할 것인지 등이 문제로 등장한다. 그렇기 때문에 이런 문화적 표현 문제를 해결하는 데 도움이 되는 몇 가지 지침(指針)이 필요할 것 같다.

◉ 일반적으로, 문화적 제약을 받는 표현의 경우 그 형태(form)는 변경하여 그에 상응하는 현대적 형태로 바꾸어 표현할 수 있으나, 그러한 표현이 가르치는 원리는 불변한다. 예를 들면, "너희가 거룩한 입맞춤으로 서로 문안하라"(롬 16:16, 고전 16:20 등)는 명령의 경우, 만일 오늘날의 한국의 경우, 입맞춤으로 문안하는 것은 용납될 수 없는 것이다. 그렇기 때문에 이것은 그에 상응하는 현대적 형태로 바꾸어서 표현해야 하나 가르치는 원리는 불변한다.

◉ 어떤 표현이 비록 문화적 제약을 반영한다 해도 그것이 불변하는 하나님의 성품에 근거를 두고 있다면 그것은 변함없이 그대로 유지되어야 한다. 예를 들면, 창세기 9:6의 경우 "무릇 사람의 피를 흘리면 사람이 그 피를 흘릴 것이니 이는 하나님이 자기 형상대로 사람을 지었음이니라"고 했는데, 이 명령은 노아와 그 아들들에게 주어진 것이 분명하지만, 이 명령은 오늘날도 유효하다. 하나님은 고의적인 살인 행위에 대해서 살인자에게 보복하거나 형벌을 가하는 것을 허락하심을 알 수 있다. 즉 인간의 생명의 존엄성을 근본적으로 지적하는 말씀으로 살인자를 반드시(아크-surely) 처형당해야만 하는 당위성을 보여 주는 말씀이라고 할 수 있다. 그 이유는 인간이 하나님의 형상대로 창조되었기 때문이며 살인자는 하나님의 형상의 파괴하는 죄로서(Keil), 곧 하나님을 모독하는 죄(창 1:26~27)이기 때문이다.

◉ 문화적 표현이 하나님의 창조 질서와 관련되어 있을 경우 그것은 영속적이다. 예를 들면 "바리새인들이 예수께 나아와 그를 시험하여 묻되 사람이 아내를 내어 버리는 것이 옳으니이까 대답하여 가라사대 모세가 어떻게 너희에게

명하였느냐 가로되 모세는 이혼 증서를 써주어 내어 버리기를 허락하였나이다 예수께서 저희에게 이르시되 너희 마음의 완악함으로 인하여 이 명령을 기록하였거니와 창조 시로부터 저희를 남자와 여자로 만드셨으니 이러므로 사람이 그 부모를 떠나서 그 둘이 한 몸이 될지니라 이러한즉 이제 둘이 아니요 한 몸이니 그러므로 하나님이 짝지어 주신 것을 사람이 나누지 못할지니라 하시더라" (마가복음 10:2~9)는 명령은 오늘날도 그대로 유효한데, 이는 하나님의 창조 질서와 관련되어 있기 때문이다. 결혼과 이혼 문제(마 19:5~6)는 하나님의 창조 질서에 근거하고 있기 때문에 오늘날도 구속력이 있다.

◉ 이방인의 관습으로 하나님의 도덕적 성품과 관련되어 있기 때문에 구약 및 신약에서 금지된 것은 지금도 여전히 금지된다. 예를 들면, 동성애(롬 1:26~27, 레 18:22)는 구약 시대에나 초대교회 시대에는 물론 지금도 여전히 금지되고 있다. 그 이유는 현대의학의 견해는 동성의 상태를 의학적 치료를 필요로 하는 정신병리학의 한 형태로 보려고 하지만 성경은 동성 행위를 유전적이거나 후천적인 질병의 형태가 아니라 하나님의 거룩한 성품에 반하는 추악한 죄이기 때문에 강력하게 금지하고 있다.

◉ 역사나 문화와 관련되어 있지만 하나님의 성품이나 창조 질서와 관련되지 않은 명령은 그 적용에 있어서 융통성이 있을 수 있다. 예를 들면, 레위기 24:8~9에서 진설병은 아론과 그의 자손만 먹으라고 했는데, 사무엘상 21:1~6에 보면 다윗과 그의 군대가 곤경에 처했을 때 먹은 것을 볼 수 있고, 주님도 비상시에는 그러한 것이 허락될 수 있음을 가르치고 계신다(마 12:1~5).

◉ 어떤 가르침이나 명령이 본문에서 어떻게 취급되고 있는지를 잘 살펴서, 본문에서 취급한 대로 취급해야 한다. 예를 들면, 본문 자체가 어떤 명령이나 가르침에 대한 적용을 제한할 경우(cf. 고전 7:8, 출 3:5, 마 21:2~3), 그것은 오늘 우리에게는 구속력이 없다. 그러나 본문이 그러한 제약을 가하지 않을 경우, 그 가르침이나 명령은 역사적-문화적 상황을 뛰어넘어서 보편성을 갖는다

(cf. 살전 4:11, 4:17). 이러한 여섯 가지 일반적 지침을 따를 경우, 대부분의 문화적 표현은 큰 어려움 없이 해결할 수 있을 것이고, 오늘날의 청중에게 적용시키는 데에도 별 문제가 없을 것으로 생각한다.

(2) 본문 연구에 필요한 자료

설교자는 성경 본문을 읽고, 연구하고, 관찰한 다음, 전문적인 주석가들의 도움을 필요로 한다. 설교자가 혼자서 본문을 연구할 때 가질 수 있는 편견이나 스스로 깨닫지 못할 진리들을 주석을 통해서 도움을 받을 수 있다. 주석을 통해서 본문의 바른 이해, 그리고 본문이 속한 성경의 배경, 즉 시대적 역사적 배경, 목적, 주된 사상, 수신자 등에 대한 정보와 바른 지식을 얻을 수 있다. 동시에 주석을 통해서 계시사적, 언약사적 입장에서 본문을 살핌으로써 구속적 의미와 신학적인 지식을 얻게 된다. 베드로 사도는 "먼저 알 것은 경의 모든 예언은 사사로이 풀 것이 아니니 예언은 언제든지 사람의 뜻으로 낸 것이 아니요 오직 성령의 감동하심을 입은 사람들이 하나님께 받아 말한 것임이니라." (벧전 3:20~21)고 했다. 억지로 성경을 풀어서는 안 되며 성경은 성경으로 해석해야 하고 모르는 것은 겸손히 성령의 도우심을 기다리는 것이 옳은 자세이다. 「웨스트민스터 신앙고백」 제1장 9절에는 "성경을 해석하는 정확무오한 법칙은 성경 자체이다. 그러므로 다양하지 않고 단 한 가지 의미만 있는 어떤 성경 한 구절의 참되고 완전한 의미에 관하여 의문이 있으면, 더 분명하게 말한 성구를 통해서 살피고 이해해야 한다."라고 기록하고 있다.

① 성경: 설교자는 원어성경과 함께 여러 종류의 성경 번역본을 사용할 필요가 있다. 한글 개역본은 물론 새 번역, 표준 번역, 현대인의 성경, 현대어 성경 등도 참고서로 사용할 수 있다. 성서원어대전(한국 성서 연구원)이나 헬-한 대조 신약성경(지평서원) 등을 활용할 수 있다. 또한 영어 번역판 가운데는 KJV (King James Version), NKJV(New King James Version), NASB(New American Standard Bible), NIV(New International Version) 등이 좋다. NASB는 KJV나

NKJV와 같이 원문에 충실하게 번역하려고 했고, NIV는 직역보다는 원문의 의미 전달에 강조를 두고 있기 때문에 의역(意譯)의 성격이 강하다. 그리고 KJV(흠정역)의 경우는 1611년에 출판된 성경이기 때문에 현대인에게는 너무 낡아 불편하지만 익숙하기 때문에 고집하는 자들이 있다. 최근에 소위 <말씀보존학회>에서는 KJV와 '한글 킹제임스성경'만이 유일무이한 성경이고 그 외의 모든 번역판은 사탄의 모조품이고 하나님의 말씀을 변개(變改)한 것이라고 주장한다. 미국에서도 피터 럭크만(Peter Ruckman) 같은 극단적인 사람들이 KJV는 영감된 성경이고 그것만이 유일하다는 식으로 학문적으로 검증되지 않은 하나의 학설을 진리인 양 주장해 전문적인 지식이 없는 많은 사람들을 오도하는 무리가 있는데, KJV가 좋은 번역판 중의 하나이고 따라서 전반적으로 믿을 만하다는 데 대해서는 이의를 제기할 사람들이 거의 없을 것이다. 그러나 그것만이 영감되었다든지, 유일무이한 번역판이라는 주장은 용납할 수 없다.[23)]

② 성구사전: 성구사전(concordance)은 성구를 찾는 데 도움이 될 뿐만 아니라 단어 연구를 하는 데 있어서도 필수 불가결하다. 어느 주어진 단어가 특정한 문맥 내에서 어떤 의미로 사용되고 있는가를 연구하려면 성구사전을 이용해야 된다. 한글로 된 성구사전에는 『성구대사전』(혜문사), 『최신판 성구사전』(한국성서협회), 『성구사전』(기독교문화협회) 등이 있다. 성경원어와 영어에 익숙한 설교자들은 구약의 경우에는 위그럼(George V. Wigram)의 『The Englishman's Hebrew Concordance of the Old Testament』, 맨델컨(Salomon Mandelkern)의 『Concordance on the Bible』이 있다. 신약의 경우는 모울턴과 기던(W. F. Moulton and A. S. Geden)의 『A Concordance to the Greek Testament』나 위그럼(George V. Wigram의 『The Englishman's Greek Concordance of the New Testament』 등이 있다.

③ 주석: 주석은 구약주석 시리즈로 카일·델리치의 주석(기독교 문화사), 신·구약을 다 포함하고 있는 주석 시리즈로는 『옥스포드 성경 주석』이 간결하면서

23) 장두만, 다시 쓰는 강해 설교 작성법, 서울: 요단출판사, 2000), 82

도 핵심을 잘 다루고 있는 주석이다. 미국의 보수신학자들이 저술하여 프랭크 게이블라인(Frank Gaebelein)이 편집한 『엑스포지터스 성경연구 주석』(기독 지혜사), 『Word Biblical Commentary』, 『성경주석 뉴인터내셔널』(생명의 말씀사), 『이상근 박사 신약 주석』, 『알포드 신약 원어 주해』(기독교 문화사), 『옥스포드 주석 시리즈』 등이 있다. 그리고 원어 연구에 도움이 되는 책으로는 라버트슨(A. T. Robertson)의 『신약 원어 해설』(요단출판사)이 있다.

④ 사전류: 사전류에는 발터 바우어(Walter Bauer)의 『헬라어 사전』(A Greek-English Lexicon of the New Testament and Other Early Christian Literature)과 브라운·드라이버·브릭스(Brown, Driver and Briggs)의 공편(共編)인 히브리어 사전(A Hebrew and English Lexicon of the Old Testament with an Appendix Containing the Biblical Aromatic)이 있다. 또 히브리어 사전으로는 루트비히 쾰러와 발터 바움가르트너(Ludwig Koehler and Walter Baumgartner)의 공편인 Lexicon in Veteris Testament Libros와 Theological Dictionary of the Old Testament(TDOT), Theological Wordbook of the Old Testament(TWOT) 등이 있고, 헬라어 사전으로는 Theological Dictionary of the New Testament(TDNT), New International Dictionary of New Testament Theology(NIDNTT), J. P. 루와 유진 나이다(J. P. Louw and Eugene A. Nida)의 공편인 Greek-English Lexicon of the New Testament Based on Semantic Domains, 호르스트 발쯔와 게르하르트 슈나이더(Horst Balz and Gerhard Schneider)의 공편인 Exegetical Dictionary of the New Testament(EDNT) 등이 있으며, 성서사전으로는 『위클리프 성경사전』(지평서원), 『성서대백과』(기독지혜사), 『기독교대백과 사전』(기독교문사) 등이 있다. 영어로 된 것 가운데에는 Zondervan Pictorial Encyclopedia of the Bible (Ed., M. C. Tenney), International Standard Bible Encyclopedia(Ed., G. W. Bromiley), Encyclopedia of the Bible(Ed., Walter Elwell), Dictionary of Jesus and the Gospels(Eds., Joel B. Green, Scott McKnight and I. Howard Marshall), Dictionary of Paul and the Letters(Eds, Gerald F. Hawthorne, Ralph P. Martin and Daniel G. Reid) 등이 있다.

⑤ 기타: 성경의 배경이나 성서 고고학에 관한 저서로서 성서 지리나 유대인들의 관습에 대한 책도 갖추어야 할 것이다. 유태인의 관습에 관한 책으로는 롤랑 드 보(Roland de Vaux)의 『구약시대의 생활 풍속』(대한기독교출판사)과 프레드 와이트(Fred Wight)의 『성지 이스라엘의 관습과 예의』(보이스사), 윌리엄 콜만(William Coleman)의 『성경시대의 상황과 풍습』(서울서적), 『유대인 이야기』(두란노)는 성경 시대의 유대인 관습과 이해에 주요한 길잡이가 될 것이다. 이밖에도 다른 설교자의 설교집이나 강해집 같은 것도 구비해서 참고로 사용할 필요가 있다.

3) 중심 명제

- 제3단계: 본문의 중심 명제를 파악하라

성경으로 설교를 조각하는 설교 준비의 제3단계는 본문의 중심 명제를 파악하는 것이다. 설교자는 '성경적인 사상의 단위'(a unit of biblical thought) 또는 '단일한 사고 단위'(A Single Unit of Thought or Expository Unit)를 가진 성경 본문에서 본문의 중심 내용을 파악해야 한다. 성경에는 독자들을 위하여 성경을 단락으로 나누어 놓았는데, 각 단락은 각기 하나의 주된 내용, 지배적인 내용을 가지고 있다. 단락은 하나의 주제를 가지고 있는 본문의 단위라고 하는데 이러한 주된 내용을 '본문의 중심 명제'(CPT, Central Proposition of the Text)라고 부른다. 이와 같이 중심 명제 즉 중심 내용이란 본문이 가르치는 핵심적인 내용을 보편적인 진리의 형태인 한 문장으로 표현한 것이다. 곧 설교의 명제는 그 설교의 출발점이며 통일점이며 중심점이다. 이제 제3단계에서는 본문의 중심 명제를 파악하는 과정이다.

(1) 중심 명제의 중요성

설교자는 본문을 묵상하면서 인내하되 본문의 지배적 사상(dominant thought)

을 찾아내도록 해야 한다. 설교자는 그 본문 또는 그 문단에서 '중심 메시지'를 찾아내야 한다. 설교자는 본문 안에서 발견한 모든 것을 다 사용하고 싶어 하는 욕망이 있다. 그러나 가장 중요한 것은 그 본문의 핵심이요 중심 사상이다. 너무 많은 것을 강조하려다가 오히려 설교의 지배적인 주제를 놓칠 수 있다는 것을 명심해야 할 것이다. 설교는 가장 중요한 메시지만을 전달하려는 목적을 가지고 있어야 한다. 설교는 참석한 청중들이 선포된 말씀을 살아 있는 하나님의 말씀으로 받아들이게 하고, 그들이 들은 많은 것을 다 기억하지 못한다 해도 설교의 중심 사상, 즉 본문의 핵심 주제를 기억하도록 해야 하는 목적이 있기 때문이다. 설교의 중심 명제는 단순하고, 명확한 것이어야 하고, 본문의 내용과 일치해야 하며, 또한 전개의 가능성이 있어야 한다는 것을 기억해야만 한다. 그러므로 설교는 하나의 메시지, 본문의 주제, 중심 사상을 향하여 유연하고도 정확하게 날아가는 화살과 같아야 한다고 말할 수 있다.

(2) 중심 명제의 구성 요소

설교의 목적은 성경 본문의 중심 명제를 현대적 감각에 맞게 전달하는 데에 있다. 바로 이 중심 명제가 본문의 심장에 해당한다. 그리고 설교자는 바로 이 중심 명제를 찾아내야 한다. 이 중심 명제는 때로는 본문의 중추, 본문의 강조점, 설교의 원동력 또는 빅 아이디어(Big Idea)라고 불리기도 한다. 중심 명제는 주제를 중심으로 본문이 얽혀지고 있는 것을 의미한다. 우리는 성도들이 듣고 이해하며 순종할 수 있는 하나의 메시지를 전달하기 원하기 때문에 각 본문의 중심 명제를 현대의 감각에 맞는 언어들을 사용해서 전달해야 한다. 만일 우리가 본문의 중심 명제에 대해 확신이 없다고 한다면 하나님 말씀의 진리를 성도들에게 전달하는 일에 있어서 불필요한 존재들이 되고 말 것이다.

본문의 중심 명제는 본문 속에 있는 모든 상세한 부분들을 하나로 묶어 주며, 또한 그것들에게 의미를 부여해 주는 하나의 사고 단위이다. 중심 명제는 항상 완성된 문장의 형태를 취하게 된다. 완성된 문장이 아니면 그 정의상 명제가 될 수 없다. 중심 명제는 어떻게 구성되어 있는가? 중심 명제는 두 개의 구성 요소를 가지고 있다.

첫째, 본문의 주제로서 '저자가 이 본문에서 무엇에 대해 말하고 있는가?'에 대한 답변을 제공해 준다. 둘째로 본문의 술어로서 본문의 술어는 '저자가 이 본문에서 말하고 있는 주제에 대해서 무엇이라고 말하고 있는가?'에 해당하는 부분이다.

주제: 저자가 본문에서 무엇에 대해 말하고 있는가?
술어: 저자가 본문의 주제에 대해서 무엇이라고 말하고 있는가?[24)]

본문의 주해 과정에서 가장 도전적인 단계 중의 하나는 해당 이야기에 관한 주해상의 중심 사상을 찾아내는 일이다. 설교자는 한 이야기 안에서 몇 개의 아이디어를 찾아낼 수 있겠지만 그 와중에서도 반드시 던져보아야 할 질문은 "여러 아이디어를 통합시키고 있는 핵심은 무엇이고, 이 이야기를 통해서 저자가 독자에게 전달하려고 하는 핵심적인 메시지는 무엇인가?" 하는 것이다. 이 메시지를 찾아내고 이를 하나의 명료한 문장으로 작성하는 것은 주해 과정에서 매우 중요한 과업이다. 설교를 작성하는 과정에서 주어가 분명하지 않으면 설교에 구심점이 없으며 청중들이 설교를 이해할 수 없어 산만해진다. 그러므로 설교의 중심 명제는 단순하고 명확하게 표현되어야 하며 본문 내용과 일치되어야 한다.

(3) 중심 명제의 추출

설교의 중심 명제를 주석적 명제 또는 주해적인 아이디어(Exegetical idea)라고 할 수 있는데 이것은 주석을 통해서 얻어지기 때문이다. 본문의 중심 명제 즉 주석적 명제를 파악하려면 본문의 주어가 무엇이며, 또 술어가 무엇인지를

---

24) *Ibid.*, 90.

먼저 알아내야 하고, 만일 그것이 보편적인 명제이면 그대로, 보편적인 명제가 아니면 보편적인 명제로 바꾸어서 현재 시제로 표현해야 된다. 여기서 말하는 주어란 문법적 주어를 말하는 것이 아니라, 주어진 본문 전체의 주어를 말하는 것이다. 한 본문에서 문법적인 주어는 여러 개가 있을 수 있지만, 본문 전체의 주어는 단 하나밖에 없는 것이다. 여기서 말하는 주어란 쉽게 말하면, 본문 전체가 무엇을 말하려 하느냐는 질문에 대한 답변이라고 생각할 수 있다. 여기서 말하는 술어는 문장 전체의 술어를 뜻하고 있다. 술어는 본문이 주어를 어떻게, 무엇이라고 설명하느냐에 대한 답변이라고 하겠다. 어떻게 중심 명제를 추출하는가? 가령 마태복음 5:13~16을 중심으로 할 경우 중심 명제는 무엇인가?

◎ 13~16절은 한 가지 사실을 말하고 있다. 즉 세상의 빛과 소금에 대한 말씀이다. 13~16절은 같은 주제 또는 하나의 통일된 내용을 다루고 있다.

◎ 13~16절은 왜 성도들을 가리켜 이 세상의 빛과 소금이라고 말씀하셨는가에 대한 이유를 설명해 주고 있다.

◎ 16절에서는 성도들의 빛 된 삶이 갖게 되는 실생활에서의 의미를 설명하면서, 하나님께 영광을 돌리게 하라는 말씀으로는 그 결과에 대해 말하고 있다.

◉ 주제: 한 단락의 주제는 구체적이어야 한다.[25] 그러므로 정확하고도 적절한 중심 명제를 얻어내기 위해서는 본문의 모든 주된 요점들이나 요약 정리한 내용들에서 뽑아낸 단일한 주제를 집어넣어야 한다. 저자가 무엇에 대해 말하고 있는가? 아마 대부분의 독자들은 주저하지 않고 '빛과 소금'이라고 말할 것이다. 그러면 과연 본문은 우리가 아는 하늘의 태양이나 염전에서 생산되는 소금에 관한 것을 말하려고 하는가? 그렇지 않다는 것은 본문에서 어렵지 않게 발견할 수 있다. 여기서 말하는 빛이나 소금은 다른 무엇을 가리키기 위한 수사적 표현이지, 문자적인 빛이나 소금을 지칭하는 것은 아니다. 그러면 빛과 소금으로 표현하고자 하는 '그 무엇'은 과연 무엇일까? 그것은 그리스도인의 삶 또는 행실과 관계가 있다

25) *Ibid.*, 92-95, 227.

고 보는 것이 가장 바람직할 것이다. 그러므로 본문의 주어는 '영향력 있는 삶'이라고 할 수 있을 것이다.

◉ 술어: 이제 주제의 술어가 무엇인가를 알아보자. 저자는 주제에 대하여 무엇을 말하고 있는가? 그러면 술어를 무엇이라고 하는 것이 좋을까? 본문에서는 그리스도인의 삶이 빛과 소금으로 비유되고 있기 때문에 "영향력 있는 삶은 빛과 소금 같다"고 하면 무난할 것이다. 여기서 중심 명제의 파악과 관련하여 한 가지 언급해야 될 것은 위와 같은 방식으로 발견한 중심 내용은 어디까지나 잠정적이라는 사실이다. 중심 명제를 발견했다고 해서 그것으로 완결된 것이 아니고, 잠정적인 중심 명제를 가지고 본문을 연구하는 과정을 통하여 잠정적인 중심 명제가 본문의 중심 명제로 확정되어야만 한다.[26)]

(4) 중심 명제의 발전시키기

설교의 중심 명제를 찾아내는 것은 마치 땔감용 나무를 조갤 때 실수로 나무의 옹이(나무의 몸에 박힌 가지의 그루터기)를 내려치는 것과 비슷하다. 그 옹이를 피할 수 있는 좋은 방법은 본문에서 서로 긴밀하게 관련을 맺고 있는 하나님의 모습과 이에 대한 타락한 인간의 모습을 찾아내는 일이다. 이러한 실마리가 설교자로 하여금 본문의 핵심적인 과녁에 올바로 도달하도록 안내해 줄 것이다. 설교자가 본문 내의 여러 요소들을 함께 살피면서 결국은 저자가 전달하려고 하는 의도를 파악하는 데 도움을 줄 보조적인 실마리들이 몇 가지 있다.

① 첫번째 실마리는 해당 구절이 전제하고 있는 하나님의 특정 모습 즉 '그리스도의 사역'이다

성경의 대부분의 구절들은 창조주나 심판주로서의 하나님의 속성들 중의 특정 모습을 전제로 하고 있다. 즉 구원이라는 정황에서 볼 때, 모든 성경 구절

---

26) 설교학자들은 명제를 6가지로 구분하여 가능성의 명제, 예언적 명제, 명령적 명제, 비교적 명제, 평가적 명제 그리고 선언적 명제로 나누어 현재나 미래 시제로 쓰기도 한다.

은 구원의 네 가지 초점 중에 적어도 한두 가지 의미는 가지고 있다. 즉 모든 성경 본문은 그리스도의 사역을 예언하거나(predictive), 그리스도의 사역을 준비하거나(preparatory), 그리스도의 사역을 반영하거나(reflective), 그리스도의 사역의 결과를 나타낸다. 그러므로 성경 본문에서 반영하고 있는 하나님의 본성, 즉 그리스도의 사역을 허락해 주신 하나님의 본성은 무엇인지를 물어봄으로써 설교자는 그 안에 계시된 하나님의 의, 공의, 거룩, 선, 인자, 신실, 섭리, 구원 등을 발견할 수 있다.

② 두 번째 실마리는 해당 구절이 전제하고 있는 인간의 '타락의 요소'이다 (de pravity factor)이다

특정 본문이 전제로 하고 있는 인간의 '타락의 요소'(depravity factor), 즉 하나님의 모습에 대항하여 타락한 인간이 반항하고 있는 모습은 어떻게 나타나고 있는가? 하나님의 속성 중의 특정한 양상에 올바로 반응하지 못하도록 만드는 인간의 죄악의 모습은 이 본문에서는 어떻게 나타나고 있는가? 브라이언 채펠(Bryan Chapell)은 이것을 가리켜서 성경 본문의 FCF(Fallen Condition Focus, 타락한 상황에 초점 맞추기)라고 부르기도 한다. 왜냐하면 그 구절이 쓰인 진정한 목적이 바로 FCF이기 때문이다. FCF는 성경이 쓰인 그 시대의 사람들에게만 해당되는 상황이 아니라 모든 인간이 처해 있는 공동의 상황이다.

이러한 본문의 핵심적인 과제를 파악한 후에 그 중심 명제 즉 중심 사상(big idea)을 다음의 세 가지 용어, 즉 주해적 아이디어(Exegetical idea)와 신학적 아이디어(Theological Idea), 그리고 설교적 아이디어(Homiletical Idea)로 세분화시킨다. 주해적인 아이디어는 성경 본문의 저자가 의도한 바를 정확하게 반영할 수 있는 방식으로 주해 작업을 통해서 얻어진 주해적인 개념을 정리한 것이다. 설교 준비의 다음 단계에서 설교자는 이 주해적인 아이디어를 가지고 다시 설교적인 아이디어로 전환시켜야 한다. 설교적인 아이디어는 성경 본문을 정확하게 반영함과 동시에 그것을 오늘의 청중에게 의미심장하게 연결시킬 수 있는 방식으로 성경적인 내용을 정리한 것이다.

설교의 중심 명제를 3단계로 파악함에 있어서 첫 번째 단계는 주해적 아이

디어(Exegetical idea)를 찾아내는 일이다. 주해적인 아이디어는 성경 본문의 본래 독자나 청중의 문화와 시간을 반영하면서 이들을 향하여 원저자가 의도했던 의미를 담고 있는 문장이다. 여기에는 관련된 내러티브에 등장하는 등장인물들의 이름을 포함하여 본문 자체의 용어들이나 단어들이 사용된다.

그다음 단계는 신학적 아이디어(Theological Idea)를 파악하는 단계이다. 신학적인 아이디어로 표현되는 중심 사상은 본문의 핵심적인 의미를 특정 시기에 관계없이 하나님의 구원 역사 아래에 놓여 있는 하나님의 백성들 모두에게 적용되는 무시간적인 용어들로 표현된다.

마지막으로 설교자는 중심 사상을 설교적 아이디어(Homiletical Idea)로 소화해 낼 수 있어야 한다. 설교적인 아이디어는 본문의 중심 사상을 좀 더 구체적이고 특정 시기와 관련해서 연관성이 높게 표현하는 것이다.

4) 본문 구조

- 제4단계: 본문의 구조(설교의 골격)를 파악하라

성경 말씀으로 설교를 조각하는 과정의 4단계는 분문의 구조를 파악하고, 성경 저자가 본문 전체를 어떻게 구성하고 있는가를 이해하는 단계이다. 본문의 구조를 잘 이해할 때 설교자는 저자가 실제로 말하고자 의도했던 바를 설교할 수 있을 뿐 아니라 저자가 어떻게 말하고 있는가를 강조할 수 있게 된다. 그러므로 지금까지 준비한 모든 자료들을 잘 구성하고 배열하여 설교의 골격을 어떻게 형성하느냐가 설교자가 해야 할 본격적인 작업이다. 훌륭한 설교자들은 대부분 자료를 잘 배열하고 그 자료들을 중심 사상에 맞추어서 훌륭한 형태로 만든다. 설교의 골격에 해당되는 본문의 구조를 파악하는 작업은 주어진 본문의 구조를 분석하며 요약하는 방법을 통해 진행된다.

(1) 본문의 구조를 나타내는 열쇠

우리는 문법의 열쇠와 주제의 열쇠라는 두 개의 열쇠를 가지고 본문의 구조를 이해하게 된다.

① 문법의 열쇠

문법의 열쇠는 일반적으로 미미한 단어들에 지나지 않지만 본문 전체에 아주 커다란 영향을 미치게 된다. 이 '미미한' 단어들은 종종 무시를 당하지만, 그러나 실재에 있어서는 저자의 논리 전개와 강조하고자 하는 바에 기초적인 근간을 이룬다. 단어들과 구절들 간의 논리적 관계는 비록 미미하지만 결정적인 역할을 담당하고 있는 단어의 예를 들어보기로 한다.

"요한은 배가 고프기 때문에 여기에 왔다"라는 짧은 문장을 생각해 보자. '때문에'라는 표현은 세 글자에 지나지 않지만 이 문장의 논리를 이해하는 데에 결정적인 역할을 담당한다. '때문에'는 요한이 이곳에 오게 된 이유를 설명해 주고 있다. 다른 표현을 사용함으로도 같은 의미가 가능하다. 즉 '요한은 배가 고픈 고로 이곳에 왔다', '고로'라는 표현 역시 요한이 이곳에 오게 된 이유를 설명해 준다.

성경에는 이와 같이 커다란 의미를 내포하고 있는 미미해 보이는 단어들이 상당히 많이 있다. 이와 같이 미미하게 보이지만 역동적인 힘을 가지고 있는 단어들이 많이 있다. 헬라어 원문을 모르는 경우에 한 가지 실마리가 있다. 본문의 구조를 쉽게 이해하게 해 주는 믿을 만한 실마리는 성경 본문의 각 절 구분이다. 절이나 단락이나 장의 구분은 성령님의 감동으로 된 것은 아니지만, 성경을 번역한 학자들이 본문의 사고와 구조의 흐름을 염두에 두면서 구별해 놓은 것이기에 많은 도움을 줄 수 있다. 심지어는 절 내의 각종 구두점들도 구조를 이해하는 데 도움을 줄 수 있다. 그러므로 마침표, 콜론, 세미콜론, 쉼표 또는 느낌표 등 모든 구두점에 대해서도 신경을 써야 한다.

② 주제의 열쇠

때로는 문법의 열쇠를 가지고 구조를 이해할 수 없는 경우가 있다. 이러한 경우에는 내용 또는 주제가 구조를 이해하는 데에 도움을 줄 것이다. 즉 내용의 변화, 새로운 주제의 등장, 반복, 그리고 기술 형태 변화 등을 통해 본문의 구조를 이해할 수 있다.[27)]

(2) 본문 구조의 이해를 위한 단계

본문의 구조를 이해하는 데에 필요한 4단계를 작업을 활용하면 유익하다.[28)] ① 가능성이 있는 모든 문법의 열쇠, 내용 또는 주제의 열쇠들을 찾아낸다. ② 더 중요한 열쇠들과 덜 중요한 열쇠들을 구별한다. 본문의 구조를 이해함에 있어서 더 중요한 열쇠들에 더 많은 비중을 두어야 한다. ③ 더 중요한 열쇠들의 의미나 그 중요성을 이해해야 한다. ④ 열쇠들의 중요성을 감안해서 본문 구조의 아우트라인을 작성한다. 이러한 본문 구조 이해의 과정은 더 중요한 열쇠들을 덜 중요한 열쇠들로부터 분리할 수 있게 해 준다. 마치 몸의 각 부분을 연결해 주며 나뉘게 하는 뼈들 중에 커다란 뼈가 있고 작은 뼈가 있는 것과 마찬가지로, 성경의 본문 속에도 커다란 뼈가 있고 작은 뼈가 있다. 본문의 크고 작은 단락의 구분을 잘 할 수 있어야 한다. 성경의 본문들 속에 커다란 뼈와 작은 뼈가 있다고 한다면, 어떻게 위의 4단계 작업을 활용할 수 있는지 알아보도록 한다.

◎ 커다란 뼈와 작은 뼈(구조를 이해하기)

☞ *모든 뼈들을 이해하라.*

☞ *커다란 뼈들과 작은 뼈들을 구분하라.*

☞ *커다란 뼈들의 의미나 그 중요성을 이해하라.*

☞ *그 중요성들을 감안해서 뼈들을 정돈하라.*

---

27) *Ibid.*, 71-74.

28) *Ibid.*

이제 어떻게 이 4단계를 본문에 적용할 것인가? 성경 본문을 가지고 직접 설명하며 예를 들어본다.

첫째, 가능성이 있는 모든 문법의 열쇠, 내용 또는 주제의 열쇠들을 찾아낸다. 노트를 꺼내서 본문을 옮겨 적는다. 길거나 특이하거나 반복되는 단어들과 구절들을 먼저 찾아낸 후에, 더 중요한 단어들을 이해하는 데 도움을 주는 덜 중요한 단어들에 동그라미를 치거나, 밑줄을 긋거나, 또는 색칠을 한다. 다음과 같은 문장을 예로 들어보자. "요한은 배가 고프기 때문에 먹기 위해서 학교에서 집으로 왔다." 이 문장은 구조를 이해하는 데 도움이 되는 세 개의 단어들을 가지고 있다. '때문에', '에서', '위해서'이다.

둘째, 더 중요한 열쇠들과 덜 중요한 열쇠들을 구별한다. 구조를 이해하는 데 도움이 되는 위의 세 개의 단어들, 즉 '때문에', '에서', '위해서'가 의미를 전달하기 위해 꼭 필요한 단어들이기는 하지만, 모두 동일한 중요성을 가지고 있는 것은 아니다. '때문에'라는 표현은 뼈들을 연결시키는 역할을 하므로 '에서'나 '위해서'라는 표현보다 더 중요하다. '때문에'는 문장의 두 부분을 연결해 주고 있다. '에서'는 '집'과 '학교'라는 두 단어를 연결시켜 주고 있다. '위해서'는 '학교'와 '먹다'는 표현을 연결시켜 주고 있다. 그러므로 '뼈를 연결하는' 더욱 중요한 표현을 덜 중요한 표현과 구별해 주어야 한다.

셋째, 더 중요한 열쇠들의 의미나 그 중요성을 이해해야 한다. 이 단계에서는 구조를 나타내는 문법적 열쇠를 참조해야 한다. 때로는 그것들을 이해해 가면서 분리해야 하지만, 또 때로는 뼈들을 분리해 가면서 그 뼈들의 중요성과 기능과 용례를 이해하게 되는 경우도 있다. 요한의 배고픔에 관한 예문을 다시 보면, '때문에'라는 표현은 이유를 설명하고 있다. 그보다 더 중요한 '으로'라는 표현은 장소를 나타내고 있다. 또한 '위해서'는 목적을 말하고 있다.

마지막으로, 열쇠들의 중요성을 감안해서 본문의 구조의 아우트라인을 작성한다. 구조를 이해하고 나면 저자의 강조하는 바를 근거로 해서 본문의 아웃라인을 작성할 수 있게 된다. 더 중요한 열쇠들과 덜 중요한 열쇠들을 구별함으로써 본문의 상세한 내용들을 서로 연결해 주고 있는 본문 전체의 구조 또는 골격을 이해하는 데에 도움을 얻게 된다. 구조를 나타내는 표현들 또는 뼈들을 연결해 주는 연결고리들은 연결되는 단어들의 중요성을 나타내 준다. 덜 중요한 것들일수록 아우트라인에서 더 오른쪽에 위치하게 된다.

◎ *가장 중요한 구조의 열쇠: 로마 숫자* *I, II, III*
◎ *그 다음 중요한 구조의 열쇠: 영어 대문자* *A, B, C*
◎ *그 다음 중요한 구조의 열쇠: 아라비아 숫자* *1, 2, 3*
◎ *그 다음 중요한 구조의 열쇠: 영어 소문자* *a, b, c*
◎ *그 다음 중요한 구조의 열쇠: 괄호 속의 아라비아숫자* (*1*), (*2*), (*3*)
◎ *그 다음 중요한 구조의 열쇠: 괄호 속의 영어 소문자* (*a*), (*b*), (*c*)

(3) 본문의 주요 부분들을 요약한다

요약이라고 하는 것은 크게 도움이 되는 작업이다. 요약은 기본적으로 성경 전체, 각 권, 각 장 그리고 각 단락 등의 문맥을 이해하면서 연구하려고 하는 본문의 내용을 일목요연하게 보는 작업이다. 예를 들면, 성경의 저자는 어떤 한 가지 요점을 전하기 위해 여러 가지 상세한 내용들을 기술하게 된다. 본문의 흐름을 이해하게 됨에 따라 본문의 주된 내용을 알아내게 된다. 본문에 나타나는 각각의 대지들을 요약함으로써 결과적으로 저자가 염두에 두고 있는 주제와 주된 의도를 알 수 있다.

본문의 단락들을 요약함으로써 본문의 주된 흐름을 발견할 수 있다. 이 과정은 또한 다음 단계, 즉 하나의 주제 또는 중심 명제를 중심으로 해서 설교의 구조를 작성하는 과정에도 커다란 도움을 주게 된다. 요약하기 위해서는 본문의 구조를 분석하면서 작성했던 아우트라인으로 되돌아가야 한다. 그러고는 아우트라인의 대지의 수준에 담겨져 있는 개념들을 가지고 완성된 문장의 형태로 요약한다.[29] 예를 들어, 에스라 7:10의 주요 부분은 다음과 같이 요약할 수 있다.

I. 에스라는 여호와의 율법을 연구할 것을 결심했다(10절 상).

---

29) *Ibid.*, 80-81.

II. 에스라는 여호와의 율법을 준행할 것을 결심했다(10절 중).
III. 에스라는 여호와의 율법을 이스라엘에게 가르칠 것을 결심했다(10절 하).
1. 에스라는 여호와의 율례를 가르치기로 했다.
2. 에스라는 여호와의 규례를 가르치기로 했다.

5) 설교 목적

• 제5단계: 청중을 분석하고 설교의 목적을 설정하라

성경으로 설교를 조각하는 설교 준비의 제5단계는 청중을 분석하고 그 분석에 따라 설교의 목적을 설정하는 과정이다. 청중을 분석하고 설교의 목적을 설정하는 작업은 지금까지의 성경 본문을 연구하는 해석적 노력을 지나 성경을 선포하는 설교학적 작업으로 옮겨가는 과정이다. 그러므로 설교의 목적을 설정하는 일은 설교의 두뇌에 해당되는 중요한 일이다. 설교자는 설교할 성경 본문을 주석하듯이 설교의 대상인 청중을 주석하는 일도 중요한 작업이다. 청중 분석에 대한 구체적인 내용은 제6장 설교의 전달에서 설명할 것이다.

(1) 청중 분석

① 청중 분석의 이유

"만일 숲 속에서 나무가 큰 소리를 내면서 쓰러질 경우 아무도 그 소리를 듣는 사람이 없다면 그 나무는 소리를 낸 것인가, 내지 않은 것인가?" 어떤 학자들은 소리는 오직 귀에 내지 들릴 때에만 소리이고 그 전까지는 오직 '소리의 가능성'(potential sound)일 뿐이라고 주장한다. 설교는 산천초목이나, 허공을 향해 외치는 것도 아니다. 아무도 들어줄 사람이 없다면 설교는 그 존재 이유를 상실하고 말 것이다. 설교는 특정한 장소에 특정한 목적을 위해 모인 사람들을 대상으로 하는 것이기 때문에, 설교자가 그의 청중과 그들의 필요를 더 잘 알면 알수록, 그의 설교는 청중에게 더 잘 적용될 수 있는 것이다. 그러므로 설교에 있어서 본문을 석의하기 전에 청중을 석의하는 것이 얼마나 중요한가 하는 것은 아무리 강조해도 지나침이 없다 하겠다.[30] 청중을 석의해야 할 이유를 데이비스(Ken Davis) 박사는 다음과 같이 말했다. "우리가 설교를 준비할 때 흔히 설교를 잘 하려는 데에만 너무 집중한 나머지 커뮤니케이션의 나머지 절반 팀, 즉 청중을 잊어버리는 일이 있다. 그들이 없이는 커뮤니케이션이 불가능하다. 설교자는 청중을 움직여야 한다. 커뮤니케이션 과정에서 그들이 많이 연관되면 될수록 청중은 설교에 더 민감할 것이고 그만큼 그들이 들은 것을 더 오래 기억할 것이다."[31]라고 지적했다. 또 플루하티와 로스(George W. Fluharty & Harold R. Ross) 박사는 "청중 분석을 정확히 한다는 것은 힘들다는 것을 인정해야 한다. 그럼에도 불구하고 연설가는 그 일을 시도해야 한다. 왜냐하면 분석 없이 연설을 한다는 것은 진단도 없이 약을 주는 것과 같기 때문이다. 환자라는 환자에게는 모조리 아스피린을 처방해 주는 의사가 과연 성공적일 수 있겠는가? 청중에 대한 지식 없이 연설하는 연설자가 성공한다면 그것은 우연히 그렇게 된 것에 불과할 것이다."[32]라고 말했다.

② 청중 분석의 내용

설교자가 청중을 분석한다는 것은 매우 어려운 일이지만 분석해야 할 부분은 크게 둘로 나누어서 생각할 수 있다.

첫째로 외적 요인(external factors)으로 집회의 성격, 청중의 규모(size), 집회의 장소나 분위기 등도 설교자가 반드시 알아두어야 할 외적 요인에 속한다.

---

30) 그러나 이러한 견해에 대한 의견이 다양하다. 제이 E. 아담스(J. E. Adams)는 그의 저서 「목적이 있는 설교(Preaching with Purpose)」와 「바울의 설교와 강연에서의 청중 적응(Audience Adaption in the Sermon & Speeches of Paul)」에서 청중을 분석하는 것이 매우 중요하다고 강조하고 있다. 반면에 로이드 존스(Lloyd-Jones)는 설교자 앞에 있는 모든 사람이 같은 질병(the same disease)인 죄로 하나같이 고통을 받고 있기 때문에 설교자는 그의 청중에 관한 개인 상황들을 알 필요가 없다고 주장하기도 한다. 청중 분석의 필요성에 대해 제6장 설교의 전달 방식을 참조하라.

31) Ken Davis, *Secrects of Dynamic Communication* (Grand Rapids, MI: Zondervan, 1991), 90.

32) George W. Fluharty & Harold R. Ross, *Public Speaking* (New York: Barnes and Noble, 1996), 38.

둘째로 내적 요인(internal factors) 청중의 성별, 연령층, 사회적 신분, 교육 정도, 청중들의 신앙 상태도 반드시 고려해야 될 내적 요인 가운데 하나이다. 설교의 대상인 청중들이 거듭난 그리스도인들을 대상으로 할 것인지, 아니면 불신자들을 대상으로 할 것인지 알아야 될 필요가 있다. 설교자가 청중을 분석하는 과정에서 기억해야 할 것은 청중의 필요(need)와 청중의 욕구(want)가 반드시 일치하는 것은 아니라는 사실이다. 이럴 경우에는 어떠해야 하는가? 그런 경우에는 청중의 욕구 중심이 아니라 필요 중심이라야 된다. 비록 청중이 듣기 원치 않는 것이라도 그들에게 필요한 것이라면 담대하게 전해야 한다. 예를 들어 죄를 지적하고 회개를 촉구해야 할 청중들에게는 청중의 기호(嗜好)에 영합하지 말고 전해야 할 것이다.

(2) 목적 설정

① 설교 목적의 중요성

당신은 왜 설교를 하고 있는가? 라는 이 분명한 질문에 대하여 대답을 할 수 없다면 정곡을 찌르는 설교를 할 수 없을 것이다. 그러므로 설교의 목적은 설교를 행한 결과로서 듣는 사람들에게 어떤 변화가 일어나기를 바라는지를 말해 주는 것이다. 즉 그의 설교가 어떤 구체적인 면에서 사람들의 삶을 변화시켜야 한다는 것을 의미한다. 토저(A. W. Tozer)는 말하기를 성경에 나타난 교리를 그 교리 자체를 위해서 가르치는 것만큼 어리석고 무의미한 일도 거의 없다. 생활과 유리된 진리를 성경적 의미에서 이미 진리가 아니다.[33] 그러므로 청중의 필요를 알고 있는 설교자는 마음속에 나름대로의 목적을 가지고 메시지를 자유롭게 발전시킬 수 있다. 이 지점에서 설교자는 설교의 목적을 결정할 필요가 있다. 설교의 목적을 정하는 것은 실제적인 효과를 얻게 한다. 그것은 설교가 궤도를 유지하도록 도와줄 것이다. 과도한 설명과 불필요한 세부 사항들을 삭제하라. 불필요한 것들을 벗어버림으로써 설교는 전체적으로 짜임새 있는 모양을 갖추게 된다. 따라서 설교 목표는 구체적이 되어야 한다. 또한 달성

33) Of God and Men(Harrisburg, PA.: Christian, 1960), 26.

할 수 있는 것이 되어야 하며, 측정할 수 있는 것(be measurable)이 되어야 한다. 그러므로 설교자는 설교 목표를 설정하는 훈련 과정을 통하여 본문 말씀을 더 정확하고 예리하게 관찰하게 되고, 자신의 설교를 분명한 목표를 가지고 확신 있게 전개해 나갈 수 있게 된다. 그래디 데이비스(H. Grady Davis)는 설교의 목표 설정을 위해서 최소한 세 가지 방향 중에 하나를 결정해야 한다고 강조하였다. 첫째, 복음 전도적 구원을 위하여(kerussein) 둘째, 성도들을 교육시키기 위하여(didaskein) 셋째, 치료하기 위하여(therapenein), 이 세 가지 중 하나를 선택하여 설교를 작성해야 한다.[34] 이것은 예수 그리스도의 3중 사역(마4:23), 즉 전파하시고(preaching), 가르치시고(teaching), 병자를 고치신 것(healing)과 일치하는 것이다.

② 설교 목적의 발견

설교의 목적을 어떻게 발견할 수 있는가? 리차드(Ramesh Richard)에 의하면 다음과 같은 질문을 던짐으로 발견할 수 있다. "본문의 중심 내용에 근거해서 하나님께서 나의 청중이 무엇을 이해하고 무엇을 순종하기를 원하는가?" 그러므로 설교의 목적은 본문의 가르침과 일치해야 할 뿐만 아니라 설교 본문으로부터 자연스럽게 흘러나와야 한다. 그는 말하기를 유효적절한 설교의 목적은 다음과 같은 유익을 준다고 하였다. 첫째, 설교에서 제기될 성도들의 필요에 대해 설교의 서론이 집중할 수 있도록 해 준다. 둘째, 설교의 본문에 무엇이 삽입되어야 하며 무엇이 제외되어야 하는지를 결정해 준다. 셋째, 설교의 결론과 적용의 내용들에 영향을 끼치게 된다. 넷째, 설교의 목적을 이루는 데 필요한 보조 자료 즉 예화를 선택하는 데에 도움을 준다. 다섯째, 설교의 성공 여부를 측정할 수 있는 보다 객관적인 기준을 제공해 준다. 여섯째, 무엇보다도 설교의 목적은 설교의 중심 명제에서 주제의 형태를 결정짓는 데에 직접적인 영향을 미치게 된다. 성경 본문과 설교 사이를 연결짓는 고리로서 설교의 목적의 중요성은 말로 다할 수 없이 크다고 하겠다.[35]

---

34) 이동원, *op. cit.*, 195-96.
35) Ramesh Richard, *op. cit.*, 106.

③ 설교의 목적 결정

그러면 설교자는 어떻게 설교의 목적을 결정하는가? 그는 설교 본문의 배후에 있는 목적을 찾아냄으로써 설교의 목적을 결정할 수 있다. 설교자는 설교를 준비하는 과정에서 성경 본문의 석의의 일부로서 이런 질문을 해 보아야 할 것이다. "성경 저자는 왜 이 본문을 기록하였는가? 처음 독자들에게 그가 기대했던 결과는 어떤 것이었을까?" 본문의 중심 명제를 근거로 설교를 통해 성도들이 무엇을 이해하고 순종할 것을 기대할 것인가? 본문의 중심 명제에 비추어서 청중들의 필요가 무엇이며, 그들이 어떠한 상황에 처해 있는가? 하나님께서 나의 청중이 무엇을 이해하고 무엇을 순종하길 원하고 계신가?

그러므로 설교자는 반드시 설교의 목적을 본문에서 찾아야 한다. 영감으로 기록된 성경 말씀은 우리가 "온전케 되며 모든 선한 일을 행하기에 온전케" 될 수 있도록 하려고 주어졌다(딤후3:16~17). 여기에서 설교자는 그의 설교를 행하고 또 청중들이 그것을 들음으로써 어떤 질의 삶이나 어떤 선한 일이 이루어져야 하는지 말로 분명히 나타낼 수 있어야 한다는 결론이 나온다. 그러므로 목적을 말하게 되면 가야 할 목표는 물론 거기에 도달하기 위해 따라갈 길도 분명해지고, 가능하다면 우리의 목표에 도달했는지의 여부를 어떻게 알 수 있는지를 말해 줄 수 있다. 설교의 목적을 결정하는 작업을 다음과 같이 3단계로 설명할 수 있다.

◈ 설명: 이것은 일반적인 성경의 어떤 교리나 가르침이 무엇을 의미하는지 분명하게 하기 위한 경우에 있을 수 있는 설교 목적이라 할 수 있겠다. 일반 연설의 경우에는 어떤 사실의 설명이나 정보 제공을 위한 연설이 상당히 많이 있겠지만 설교의 경우에는 순전히 설명이나, 정보 제공의 목적만으로 설교하는 경우는 그리 흔하지 않을 것이다.

◈ 확증: 이것은 설명의 단계에서 진일보하여 청중들로 하여금 성경의 어떤 교리나 가르침을 사실 또는 진리로 받아들여 믿게 하려는 경우에 있을 수 있는 설교 목적이라 하겠다. 예를 들면, 예수 그리스도의 동정녀 탄생을

진리로 받아들여 믿게 한다든지, 그리스도의 부활이 사실이었음을 믿게 한다든지 하는 것이다. 확증 또는 설득을 목적으로 하는 설교라고 하겠다.

◈ 적용: 이것은 확증의 단계에서 진일보하여 청중으로 하여금 설교자가 기대한 어떤 목적을 향해 행동하게 하려는 경우에 있을 수 있는 설교 목적이라 하겠다. 어떤 목표를 향해 청중을 움직이기 위해서는 그 예비 단계로서 설명 또는 정보 제공과 설득이 필요하겠지만, 적용 즉 행동 촉구를 목적으로 하는 설교는 설명이나 설득으로 끝나지 않고 한 단계 더 나아간다. 예를 들면, 청중으로 하여금 그리스도를 구세주로 영접하게 한다든지, 주의 거룩한 일에 헌신하도록 촉구하는 경우에 가능할 것이다.[36] 그러므로 설교의 목적은 청중들에 대한 성경 저자의 기대했던 바와 일맥상통해야 할 것이다.

이와 같이 설교의 목적이란 설교를 들은 결과로서 듣는 사람 편에서 일어나리라고 기대되는 것이다. 그러므로 측정할 수 있는 결과를 제시하는 목적 설정 즉 구체적인 행동으로 옮길 수 있도록 진술된 설교의 목적은 설교자로 하여금 어떤 태도나 행위가 변화되어야 하는지에 대하여 반성할 수 있게 해 준다. 이런 의미에서 스코틀랜드의 설교가 데이빗 스미스(David Smith)는 '설교를 행동으로 결론지어지는 말'이라고 묘사했다.

6) 설교 형태

• 제6단계: 본론을 전개할 설교의 형태(전개 방식)를 결정하라

성경으로 설교를 조각하는 설교 준비의 제6단계는 설교의 본론을 전개할 설교의 형태를 결정하는 과정이다. 설교자는 주석적 연구로 얻어진 설교의 목적

36) 장두만, *op. cit.*, 130-31.

을 설정한 후에 이제 청중들에게 생생하고 살아 있는 설교로 만들기 위해서는 설교를 어떻게 전개해 나갈 것인가를 결정해야 할 것이다. 설교의 전개 방식에 대한 구체적인 방법은 제6장 설교의 전달에서 설명할 것이다.

(1) 석의적 대지와 설교적 대지

설교자는 설교할 본문을 전개하기 전에 먼저 석의적 대지(exegetical outline)와 설교적 대지(homiletical outline)의 차이점과 함께 그 구성하는 방법을 알아야 하겠다. 또 설교자가 설교를 하기 위해서는 정확한 석의(exegesis)를 해야 한다. 석의(釋義)는 주어진 본문의 의미가 무엇인지를 밝히는 데 주안점이 있기 때문에 그것은 과거 지향적이고, 따라서 보편성이 없다. 어떤 설교자들은 석의의 결과만 가지고 그대로 설교를 하는데, 때때로 석의 결과만 가지고도 설교할 수 있는 경우가 있지만 그런 경우는 흔하지 않을 것이다. 특별히 석의적 대지와 설교적 대지가 사실상 동일한 경우에는 그렇게 해도 별문제가 안 될 것이다. 그러나 원칙적으로 이런 설교는 바람직하지 않다. 본문 석의의 결과만 가지고는 주석을 만드는 데는 충분하겠지만 설교로는 부족하다. 석의의 결과를 설교화 하는 노력을 게을리 하고 석의만으로 설교하려는 설교자는 효과적인 설교자가 되기는 어려울 것이다.

그러면 석의의 결과를 그대로 사용한 석의적 대지와 석의를 설교화한 설교적 대지는 어떻게 다른가? 양자 간의 차이를 분명히 아는 것은 설교의 내시를 만들 때에는 물론 중심 내용의 표현이나 적용 등에 모두 필요하다. 석의적 대지는 과거 지향적이며, 원리가 포함되어 있지 않으며, 특정적이고 제한적이며, 청중에 대한 배려가 없다. 그러나 설교적 대지는 현재 지향적이며, 원리가 포함되어 있으며, 보편적이고 제한이 없으며, 청중이 포함되어 있다.[37] 예를 들어 석의적 대지와 설교적 대지를 구체적으로 비교해 보도록 하자.

37) 장두만, *op. cit.*, 135.

* 석의적 대지: 하나님은 이스라엘 백성이 도둑질하는 것을 금하셨다.
* 설교적 대지: 하나님은 도둑질을 금하신다.

위의 두 대지에서 석의적 대지는 이스라엘 백성들을 향하여 주신 말씀으로 과거 지향적이며 특정적이며 제한적인 말씀이다. 그러나 설교적 대지는 현재 지향적이며 보편적이며, 따라서 누구에게나 적용될 수 있는 말씀이다.

따라서 석의적(주석적) 대지(exegetical outline)와 설교적(목회적) 대지(Homiletical outline)를 비교하면 그 차이점은 다음과 같다.

석의적(주석적) 대지(Exegetical outline)	설교적(목회적) 대지(Homiletical outline)
* 성경시대의 청중에 대한 저자의 의도이다	* 성령의 조명에 의한 현시대적 적용이다
* 과거 지향적이다	* 현재 지향적이다
* 원리가 숨겨져 있다	* 원리가 포함되어 있다
* 특정적이며 제한적이다	* 보편적이고 제한이 없다
* 청중에 대한 배려가 없다	* 청중이 포함되어 있다

(2) 전개를 위한 3가지 질문

설교자의 주석적 연구의 결과는 그릇에 담긴 곡물처럼 종이 한 장에 다 담길 수 있다. 그것을 생생하고 살아 있는 설교로 만들기 위해 할 수 있는 일은 재진술(Restatement)을 통하여 설명(Explained)될 수 있으며 증명(Provided)될 수 있고 적용(Applied)될 수 있어야 한다. 설교자는 3가지 질문을 통하여 설교의 내용을 분명하고 구체적이며 인상 깊게 전할 수 있을 것이다. 즉 설교자는 본문의 주해적인 아이디어를 확보한 다음에, 이 아이디어를 이해의 차원(설명)과 확신의 차원(확증), 그리고 행동의 차원(적용)을 다루는 세 가지의 발전적 혹은 기능적 질문에 대비시켜 보아야 한다. 즉 이상의 세 가지 질문을 가지고 본문과 청중의 양쪽을 분석해 보는 것이다. 이때 설교자는 본문에서 저자는 설명하거나 확증시켜 주거나 또는 적용시킴으로써 자신의 요점을 발전시키고 있는가라고 질문을 던지면서 이 분석을 시작할 수 있다. 그 다음에 설교자는 또 과연 나의 청중은 '그것을 설명하거나 확증시키거나 또는 적용해 보라고 말함으로써 과연 이 요점에 반응하겠는가라는 청중 중심의 질문을 계속 이어갈 수 있다. 이 과정에서 염두에 둘 점은 설교자는 인간의 사고 작용이 진행되는 방식을 고려해야 하기 때문에 이상의 세 가지 질문은 일련의 연속적인 흐름으로 이어진다는 점이다. 즉 설교자는 사람들이 이해하지도 못한 것을 증명하거나 확증할 수 없으며, 사람들이 지적으로 받아들이지 않은 것을 의지적으로나 실제 행동으로 적용시킬 수 없다.

① 이것은 무엇을 의미하는가?

첫째로 "이것은 무엇을 의미하는가?"(What is this meaning?)라는 질문을 성경을 향해서 할 때 그것은 "내 앞에 놓인 이 본문에서 성경 저자는 기본적으로 설명을 통해서 자기 사상을 발전시키고 있는가?"라는 질문이 된다. 둘째로 "이것은 무엇을 의미하는가?"라는 발전적 질문을 청중을 향해서 할 때 그것은 청중에 대한 면밀한 분석이 따르게 될 수 있다. 그것은 여러 가지 형태를 취한다. 내가 주석의 결과로 얻은 관념을 단순히 진술하기만 한다면 청중은 "그는 저것으로 무엇을 의미하고 있는가?"라는 반응을 보일 것이다. 본문에는 우리 시대의 청중에게 '설명'이 필요할 것이라고 성경 저자가 인정하는 요소가 있는가?

바울이 고린도전서 8장에서 고린도 사람들에게 우상에게 바쳤던 제물에 관하여 권면할 때 우상숭배와 희생 제물은 그의 청중들에게는 매우 익숙한 것으로서 현대의 청중들에게 쇼핑센터가 익숙해 있는 것과 같다. 반면에 오늘날의 사람들에게 우상숭배의 실제를 이야기한다면 그것은 당시의 고린도 사람 한 사람을 슈퍼마켓 한 가운데 세워 두는 것만큼이나 당혹스러운 것이 될 것이다. 그러므로 민감한 설교자는 "우상에게 바쳤던 음식"에 관한 이야기를 시작할 때 얼마간의 설명을 하지 않을 수 없다는 사실을 감지할 것이다. 그 문제가 대두되어 나오는 배경을 청중이 이해하지 못하는 한 본문 말씀은 오해되거나 더욱 나쁜 것은 잘못 적용될 수도 있을 것이다. 이방 신에게 드리는 희생제에 바쳐졌던 고기를 먹음으로써 생기는 심리적·감정적·영적 긴장 상태 속으로 청중 자신이 들어가 보아야 하는 것이다. 설교를 효과적으로 하는 데 중요한 요소 중의 하나는 본문이 말하는 명제의 의미를 자기의 청중이 이해할 수 있도록 명료하게 설명하는 것이다.

그러므로 '이것이 무엇을 의미하는가?'라는 첫째 기능적 질문은 다음과 같은 질문의 형태로 오늘날의 청중과의 관계 속에도 던져보아야 한다. "설교의 중심 사상이 오늘날의 청중에게 제시될 때에 그들은 '그것이 무슨 뜻인지 잘 모르겠다'고 반응하겠는가? 아니면 '그것을 좀 더 설명해 주십시오'라거나 아니면 '그것이 도대체 무슨 뜻인가'라는 반응을 보이지는 않을까? 그리고 내가 증거하는 요점 속에는 오늘날의 청중이 이해하지 못할 수도 있는 그러한 요소들이 담겨져 있지는 않는가?" 그래서 설교자는 오늘날의 청중들에게 고대의 청중들의 특정 관습이나 지리적 형편 그리고 신학적 내용이나 언어들에 대한 부가적인 설명이 필요할 것이다.

② 그것은 사실인가?

또 다른 하나의 발전적 질문은 정당성을 묻는 질문이다. 어떤 명제가 의미하는 바를 이해하고 난 뒤에 혹은 그것을 이해했다고 생각한 후에 흔히 우리는 "그게 정말 사실인가?"(Is it true?)를 묻게 된다. '나는 정말 그것을 믿을 수 있는가?' 사람은 이때 '증거'를 요구한다. 성경 말씀을 진지하게 받아들이려는 사람들이 처음으로 받는 충격은 이 질문을 무시한 채 어떤 관념(Idea)이 성경에서 나온 것이니까 그것은 무조건 진실한 것으로 받아들여야 한다고 가정하는 것이다. 그러나 심리적 수용은 성경 말씀만을 인용한다고 해서 되는 것은 아니다. 추리와 증거와 실례를 통해서 확실하게 받아들여져야만 하는 것이다. 그러므로 이 발전적 질문을 사용하는 데 있어서 설교자는 성경 저자 자신이 말하고자 하는 바를 어떻게 정당화시키고 있는지에 주의를 기울여야 한다. 사도들은 청중들로부터 동의를 얻는 데 이용 가능한 모든 합법적 수단을 사용하였다.

오순절 설교를 할 때 베드로는 "너희가 십자가에 못 박은 이 예수를 하나님이 주와 그리스도가 되게 하셨음"(행 2:36)을 증명하기 위하여 경험과 성경 말씀 양자로부터 추론하였다. 예수의 기적들, 십자가, 부활, 다윗의 무덤, 오순절날의 현상들, 이 모든 입증할 수 있는 사건들이 베드로가 펴는 논의에 무게를 더해 주었다. 유대인들로부터 선지자들로 존경을 받는 요엘과 다윗 두 사람의 사람들이 경험한 바를 설명하기 위한 증언자로 인용되었다. 글을 쓸 때나 설교를 할 때나 사도들은 자기 생각의 정당성을 밝히는지를 입증하기 위해서 독자나 청중의 기득 지식에 적응해 나갔다. 유능한 설교자가 되려면 성경 저자가 어떻게 자기의 정당성을 입증하는 것도 중요하지만 청중들로부터 나올 수 있는 "그게 사실인가? 내가 정말 그것을 믿을 수 있는가?"라는 질문에 답을 하지 않으면 안 된다.

③ 그것이 무슨 변화를 가져오는가?

세 번째 종류의 발전적 질문은 적용과 관련된다. 강해자가 어떤 본문에 나타난 진리를 설명하는 것이 필수적인 것인 반면 그 본문을 청중의 경험과 관련지을 때까지 그의 이야기는 끝나서는 안 될 것이다. 결국 회중석에 앉아 있는 사람들은 설교자가 "그래서 어쩌란 말인가?, 그것이 나와 무슨 상관이 있는가?"(What difference does it make?)라는 질문에 답해 주기를 바라고 있는 것이다. 모든 기독교인은 이 질문을 해야 할 책임이 있다. 그들은 성경적 계시에 비추어 하나님의 섭리 하에 살아가도록 부름을 받았기 때문이다. 지각 있는 적용에 기본적인 것은 정확한 주석이다. 먼저 본문이 무엇을 의미하는지를 결정하지 않는 한 그것이 우리에게 무슨 의미가 있는지를 결정할 수 없다. 이렇게 하기 위해서 우리는 성경 저자 앞에 앉아서 그가 처음의 독자들에게 전하려고 했던 것이 무엇인지 이해하려 하지 않으면 안 된다. 우리는 그가 자신의 말로 그의 시대의 사람들에게 전하려고 했던 것을 포착하고 난 이후에라야 오늘의 삶에서 그것이 어떤 중요성을 갖게 되는지 분명히 말할 수 있게 된다. 어떤 본문을 정확하게 적용하기 위해서 우리는 원래 그 계시가 주어졌던 그 상황을 규명하고 그 다음에 현대인이 원래의 독자들과 함께 나누어 가져야 하는 것이 무엇인지 또는 나누어 가져서는 안 되는 것이 무엇인지를 결정해야만 한다. 현대인과 성경 시대의 사람들 간의 관계가 더 밀접하면 할수록 적용도 더욱 직접적으로 된다.[38)]

이러한 발전적 질문을 통해 청중의 경험과 관련지을 때, 설교자들이 어려움에 직면하는 곳이 설교의 적용의 단계이다. 그러나 문제는 설교자들이 특정 본문에서 합당한 적용점을 어떻게 뽑아낼 수 있는가?

① 첫째는 도덕화(Moralizing)의 적용에 주의해야 한다

구약신학자 그레엄 골즈워디는 구약 본문을 다룰 경우, 본문 저자의 의도에 근거하여 적용을 끌어내는 대신에 무조건 윤리적인 적용만을 이끌어내는 것을 가리켜 "잘못된 형태의 교훈점 만들기"라고 비판한다. "우리는 이 기록된 사건(historical narrative)을 마치 성도의 삶에 대한 도덕적 교훈들이나 본보기들을 제공해 주는 일련의 사건들에 지나지 않는 듯이 간주해서는 안 된다. 구약 본문을 그리스도인의 삶에 적용하려는 이러한 대부분의 시도들은 본문을 도덕화하는 것에 불과하다. 도덕화의 작업은 거의 대부분이 하나님의 행동을 그 배경으로 삼아서 경건한 사람들과 불경건한 사람들의 행위를 관찰하는 일과, 그 다음에 여기에서 얻어진 관찰 결과로부터 교훈을 얻도록 사람들을 권면하는 일로 이루어져 있다. 바로 이런 이유로 인물중심의 성경 연구-모세의 생애, 다윗의 생애, 엘리야의 생애-방법이 성경의 내러티브를 연구하는 데 애용되고 있다. 사실 우리가 다른 사람들의 사례에서 무언가를 배워야 한다는 점에서 이러한 인물 연구식의 방법은 전혀 잘못된 것은 아니다. 그러나 이러한 인물중심의 성경 연구는 너무나도 자주 성경적 가르침의 여러 근본적인 요소들을 간과해 버리고 있다는 점에 큰 잘못이 있다."[39)]

② 둘째는 하나님 중심(God-centered)의 적용을 이끌어내야 한다

설교자는 주어진 본문에서 사소한 사건들이 아니라 저자의 원래 의도한 의미에 근거하여 적용점을 이끌어낼 수 있는가? 이 문제와 관련해서 다음과 같은 질문을 제기해 보는 것이 매우 유용하다는 것을 발견하였다: 이 이야기는 하나

38) Haddon W. Robinson, *Biblical Preaching,* 81-93.

39) Graeme Goldsworthy, Gospel and Kingdom: A Christians Guide to the Old Testament (Minneapolis: Winston, 1981), 24.

님에 대해서 그리고 하나님의 인간과의 관계에 대해서 무엇을 가르쳐 주고 있는가? 성경의 일차적 목적은 너는 이것을 해야 하고, 저것을 해야 한다는 것을 알려 주려는 것이 아니라, 인류는 하나님과 어떤 관계를 맺고 있으며 하나님은 그들과 어떤 관계를 맺고 있는지에 관한 통찰을 제공하기 위함이다. 성경에 대한 이러한 통찰은 우리가 앞에서 살펴보았던 것, 즉 하나님의 모습과 타락한 인류의 모습에 관한 이야기의 시각이라고 하는 두 가지의 개념을 상기시켜 준다. 성경의 관심사가 이것이기 때문에 설교자는 이러한 개념들을 중심으로 적용점을 구성해야 한다. 이것이 바로 평범한 도덕화의 적용과 하나님 중심의 적용을 구분 짓는 잣대이다. 하나님의 모습과 타락한 인간의 모습을 찾아냄으로서 설교자는 본문에서 고대의 상황으로부터 쉽게 보편적이고 신학적인 원리를 찾아낼 수 있다. 그 다음 설교자는 신학적인 원리를 오늘의 세계 속으로 가져와서 만일에 오늘의 청중이 자신의 삶 속에서 그 원리에 적절하게 반응하면서 살아갈 때에 그 모습은 어떤 것인지를 점검해 보아야 한다. 그러나 관건은 설교자 자신의 일차적인 환경을 넘어서서 설교를 듣게 될 청중의 입장에서 신학적 원리를 숙고하는 일이다.[40]

(3) 본문의 전개 방식

성경 본문을 전개하는 방식은 본문에 따라 달라질 수밖에 없기 때문에 굉장히 다양한 방법을 선택할 수 있을 것이다. 중요한 것은 본문을 전개하는 방식을 설교자 자신의 스타일대로만 일률적으로 선택하는 것이 아니라 본문의 형식과 내용에 따라 선택하는 것이 설교의 전달에 효과적이다. 그러나 성경 본문의 전달 양식은 어디까지나 전달 방법에 의해 결정되는 방법론적 문제이며 학자에 따라서 다소의 차이가 있기 마련이다. 그러므로 전달 방식의 특징들은 완전한 원고를 준비하고 그것을 충분히 숙지하되 주로 기억에 의하는 것이 아니라 일체감에 의하여 그리고 노우트 없이 설교를 전달하는 방식이 좋을 것이다. 자유

40) Steven D. Mathewson, *The Art of Preaching Old testament Narrative* (Gand Rapids, MI: Baker Book House, 2002), 101-102.

스런 전달은 다른 전달 방식들의 장점을 모두 취한다는 것이다. 그것은 원고를 읽는 방식과 기억에 의한 방식에서처럼 가장 철저한 준비를 하게 하되 청중의 신뢰감이나 설교자의 자유를 제한하지는 않는다. 또한 그것은 메모 설교에서와 같이 전달하는 동안 창조적인 생각을 요구하고 최대한의 수사학적 탁월성을 제공해 주는 한편 보다 엄밀하게 준비하도록 한다. 자유스런 설교의 방식은 대다수의 청중들에게 보다 받아들여질 만하고 보다 도전적이 되도록 해 주며 설교자로 하여금 상황에 보다 쉽게 적응하도록 해 주는 경향이 있다. 그러나 근본적으로 필요한 것은 설교하는 데 있어서 자기에게 가장 큰 자유와 효과를 주는 전달 방식을 설교자 각자가 발견하여 사용하는 일이다. 모든 설교자가 전술한 전달 방법들 가운데 어느 하나를 사용하여 설교해야 한다고 주장하는 것은 설교의 전개 방식을 잘못 이해하고 있다는 것을 의미한다.[41] 전개 방식에 대한 여러 유형들을 제6장 설교의 전달에서 설명할 것이다.

(4) 적절한 표현 양식

앤드류 블랙우드는 설교의 표현 양식(style)이란 설교 속에 담긴 진리의 몸체를 입히는 의상을 의미한다고 하였다. 또한 자기가 설교하는 방식에 관심을 끌지 않게 한다는 생각은 애매함이나 어색함 그리고 조야함 등 성경 본문의 정신이나 형식에서 벗어난 어떤 것도 단념하게 한다고 말했다. 존 칼빈(John Calvin)이나 아담 스미스(Adam Smith) 같은 설교자들은 표현 양식 그 자체보다도 훨씬 높은 목적을 위해 문학적 표현 양식을 사용하는 데 탁월했다. 후대의 많은 사람들은 학술적 강해에 강조점을 두었으나 문학적 형식에는 주의를 기울이지 않았다. 그리하여 그들의 많은 설교 중 상당수에는 명료성과 흥미, 아름다움과 힘이 결여되어 있다.

앤드류 블랙우드는 몇 가지 적절한 표현 양식을 제시하였다. 첫째, 수정 같은 명료성을 추구하라. 둘째, 인간의 흥미에 호소하라. 셋째, 모든 종류의 사실

41) 장두만, *op. cit.*, 134.

을 이용하라. 넷째, 심미안을 개발하라. 마지막으로 상상력에 호소하라. 우리 주님께서 설교하셨던 시대와 마찬가지로 오늘날도 설교의 효과는 문학적 형식에 크게 의존한다. 또 이것은 아서 퀼러 카우치(Arthur T. Quiller-Couch)경이 주장하는 바와 같이, 머리로 배울 수 있는 학문이 아니라 좀더 미묘한 방법으로 배울 수 있는 예술인 것이다. "최상의 것에 이르는 것은 머리가 아니라 가슴이다." 주님께서 설교자로 부르신 사람은 누구나 명료하고 재미있게 그리고 아름답고 설득력 있게 말하는 법을 배울 수 있는데, 그것은 주로 하나님께서 주신 상상력을 효과적으로 사용함으로써 가능하다. 설교의 문학적 형식은 설교자가 하나님을 위해 행하는 다른 일에서와 같이, 오직 그가 최선을 다할 때 왕의 왕을 대변하기에 충분하게 된다. 그래서 하나님의 사람은 윌리엄 퀘일리(William Quayle) 주교가 말한 '재미없는 죄'를 피해야 한다. 또한 설교자는 주님이 아니라 자기 자신에게 청중의 주의를 집중시키는 일을 두려워해야 한다.[42]

(5) 대지 분류하는 기본 원칙

설교의 대지는 설교자가 자신의 사상을 명백히 할 수 있게 해 주는 동시에 전개시켜 나갈 수 있게 해 주며, 청중이 설교하는 길을 따라가면서 어디에서 쉬어야 하고, 어느 장소에서 바라보아야 하는가를 암시해 주며, 그들이 듣고 있는 내용을 상기할 수 있게 도와준다. 보통 대지를 셋으로 나누는 것은 삼단 논법에 의거해서 '시작, 중간, 끝'이라고 하는 완성의 개념도 연상시키며, 성경에 종종 나타나는 강조 시의 표현이나 감명 깊은 말들이 세 번씩 반복하여 쓰는 경우에 따른 것이라 하겠다. 따라서 설교의 가장 보편적인 설계가 무엇(what), 왜(why), 어떻게(how) 또는 그러면 무엇을(what then) 이용하여 설명하고, 증거하고, 적용하게 되는 단계를 거치게 됨으로서 자연히 세 가지 대지를 선호하게 되는 것임을 알 수 있다. 그러나 꼭 여기에 얽매일 필요는 없으며 억지로나 무리하게, 인위적으로 나누는 것은 옳지 못하다. 대지는 반드시 본문 안에 있도록

---

42) Andrew Blackwood, *Expositoy Preaching,* 127-143.

해야 하고, 또 그것들은 자연스럽게 나오도록 해야 한다.

따라서 대지는 논리적이며, 상호 연관성과 통일성을 가지며, 질서가 있고, 균형이 있는 배분으로 구성된다면 설교 구조와 청중의 설교 이해에도 많은 도움이 될 것이다. 또한 대지는 점진적(progression)이어야 하며 논제와 쟁점의 해결을 위해서 계속 나아가야 한다. 진전이 없는 설교는 지루하고 비효과적이 되어 청중들을 피곤하게 만들고, 결국은 청중들의 흥미를 시들게 하고 설교의 방향을 잃어버리고 방황하게 할 것이다.

(6) 전환 문장

설교에 있어서 전환 문장은 서론과 본론, 본론과 결론, 그리고 대지와 대지 사이를 연결할 때 사용하는 연결 질문(설교의 명제를 몇 개의 대지로 나누어서 논리적으로 연결시키기 위한 질문) 또는 연결 문장(설교의 대지를 통일성 있게 연결시키기 위한 문장이나 단어들)은 여러 가지 유익한 점이 있다. 예를 들어서 전환 문장은 첫째, 둘째, 셋째와 같은 순서에 의한 방법이 있으며, 접속사(그러나, 그러므로, 더 나아가 등)를 사용하는 것, 그리고 논리적인 연결을 가능케 하는 문장이나 단어를 사용하는 방법도 있다. 따라서 설교자가 전환 문장을 적절하게 잘 사용함으로서 설교의 진행에 여러 가지 유익을 가져올 수 있다. 첫째, 이 전환 문장은 설교의 통일성을 연결시켜 준다. 둘째, 이 전환 문장은 서론의 방향을 제시할 수 있다. 셋째, 이 전환 문장은 설교의 흐름을 무리가 없이 유연한 전개와 흐름을 가능케 해 준다.[43] 서론이 길수록 서론과 본론을 연결하는 일이 중요하다. 또한 대지와 대지 사이에도 연결시키기 위해 어떤 질문을 사용할 것인가, 혹은 어떤 전환 문장으로 연결시켜 줄 것인가라는 것이 중요하므로 설교를 작성할 때 설교자는 잘 생각하여 단어나 문장을 선택해야 한다. 전환 문장의 중요성은 전체의 흐름을 통일성 있게 잘 연결시켜 주며 물이 흘러가듯이 거침없고 무리 없이 훌륭한 진행을 위한 중요한 다리가 되어

---

43) 배굉호, *op. cit.*, 316.

준다는 데 있는 것이다. 적절한 표현들은 설교의 통일성과 질서와 진전을 확실하게 해 준다.

① 전환 문장의 형태

전환 문장은 다양한 형태를 취할 수 있으나 그 가운데 세 가지 유형이 있는데 첫째는 부과적 형태이다. 이것은 앞에서 이미 말한 내용에다 새로운 것을 덧붙이는 형태이다. 예를 들면, "지금까지 우리는 그리스도의 보혈이 하나님 보실 때에 어떤 가치가 있나 하는 것을 생각해 보았습니다. 이제 둘째로 이 보혈이 어떤 효능을 갖는지, 우리 개개인에게 어떤 의미를 주는지를 생각해 보고자 합니다."와 같은 것이 부가적 형태가 되겠다.

둘째는 추론적 형태이다. 이것은 앞에서 취급한 내용이나 주장으로부터 어떤 논리적 결과나 원리 같은 것을 추출해 낼 때 사용하는 형태이다. 예를 들면, "예수께서 핏값으로 우리를 사셨기 때문에 우리는 주님의 것이고 주님을 위해서 살아야 합니다."와 같은 것이 추론적 형태에 속한다고 하겠다.

셋째는 대립적 형태이다. 이는 앞에서 취급한 내용과 반대되는 것을 도입할 때 사용하는 형태이다. 예를 들면, "우리는 1절로부터 3절에서 하나님의 뜻대로 순종할 때 어떻게 되는가를 생각해 보았습니다. 이제 두 번째로 4절부터 6절에서 하나님께 불순종할 때 어떻게 되는지를 함께 생각하고자 합니다."라고 할 때에 대립적 형태에 속한다고 하겠다.

위의 세 가지 유형을 설명할 때 사용된 예들을 주의 깊게 살펴보면, 설교자가 앞에서 취급한 내용을 한두 문장으로 간단히 요약한 후 이것을 새로 도입할 부분과 연관시키고 있음을 알 수 있을 것이다. 이러한 "요약-예고"(Summary-Preview) 방식이 가장 일반적이고 손쉬운 방법이기 때문에 어떤 설교자라도 조금만 유의하면 사용할 수 있을 것이고 그렇게 되면 앞에서 취급한 내용을 간단히 복습해 청중의 기억을 새롭게 함과 동시에 다음 부분과의 자연스런 연결을 가능케 한다는 이중적 목적을 성취할 수 있게 될 것이다.[44]

---

44) *Ibid.*, 170-71.

7) 개요 작성

- 제7단계: 설교의 개요를 작성하라

성경으로 설교를 조각하는 설교 준비의 제7단계는 설교의 청사진이라 할 수 있는 설교 개요를 작성하는 과정이다. 어떤 건축가가 집을 지으려고 할 때는 그 집의 기능과 형태를 생각하면서 건축을 시작할 것이다. 집을 지을 때 그 건축가는 자기의 생각이 어떻게 철과 돌과 유리로 바뀌어 건물이 될 것인지를 자세하게 보여 주는 청사진을 그려 볼 것이다. 성경의 자료와 청중의 필요로부터 어떤 개념을 얻어낸 설교자는 이제 하나의 청사진 곧 설교의 개요를 만들지 않으면 안 된다.

(1) 개요 작성의 기준

설교 작성에 있어 개요는 왜 필요한가? 좋은 개요는 어떤 가치가 있는가? 설교의 개요를 작성하려면 다음의 4가지 목적에 기여하도록 해야 한다. 첫째로 개요는 설교의 각 부분 사이에 맺어지는 관계를 설교자의 눈과 마음에 분명하게 한다. 둘째로 설교자는 자기 설교를 하나의 전체로서 볼 수 있으며 설교의 통일성에 대한 감각을 높일 수 있다. 셋째로 논리적 요점들의 순서를 정연하게 해 줌으로써 듣는 사람들에게 적절한 순서로 설교할 수 있다. 마지막으로 설교자는 개요에서 설교의 각 대지를 발전시키기 위해서 보충 자료를 더 필요로 하는 곳이 어디인지를 알 수 있다.

(2) 개요 작성의 기본 원칙

설교학자 스티브 D. 매튜슨 박사는 효과적인 개요 작성의 원칙들을 다음과 같이 제시하였다.[45]

---

45) Steven D. Mathewson, *op. cit.*, 123-26.

첫째, 설교의 개요를 청중에게 기억시키려고 의도하지 말라.

설교의 개요는 설교자에게 설교 전달 시의 계획과 방향 감각을 제시하는 것이다. 그래서 설교자는 설교 전에 미리 개요를 마음속에 명심하고 있어야 하겠지만 청중도 그럴 필요는 없다. 설교가 구조나 구성을 갖기 위해서는 설교 안에 개요가 있어야 한다. 그러나 그 개요는 설교의 표면으로 튀어나와서 청중에게 각인될 필요는 없다. 물론 설교자는 설교가 끝났을 때 청중의 마음속에 설교의 중심 사상을 간직하고 떠나기를 원한다. 그런데 이 중심 사상은 개요가 아니라 이미지나 그림들을 통해서 그들의 마음속에 새겨진다. 설교가 끝나고 청중은 하나님의 진리, 특히 그 진리를 각자의 삶 속에 구현시킬 때 어떤 모습으로 드러날지를 보여 주는 그림을 간직한 채 집으로 돌아가야 한다.

둘째, 설교의 중심 대지를 설교의 시작이 아니라 끝으로 간주해야 한다.

내러티브 자체는 귀납적으로 작동하는 반면에 설교의 개요는 연역적으로 움직인다는 것이다. 존 프랭클린도 이야기의 개요와 전형적인 서수 나열식 개요의 차이점을 이렇게 설명한다. 서수 나열식 개요에서 각각의 진술문들은 논제거리를 담은 문장들로서 각 단락의 초두에 나타나야 할 내용들을 구체화시켜준다. 그래서 각각의 개요에서 첫째 문장은 해당 단락을 시작하는 사상들을 대변한다. 바로 이런 이유에서 논리적인 글을 쓰는 작가들은 먼저 자신의 전제를 제시하고 그 다음은 이를 발전시키거나 논증해 나간다.

셋째, 개요의 요점들을 온전한 문장으로 제시하는 것이다.

해돈 W. 라빈슨은 개요 작성에 대한 합리적 정당성을 이렇게 설명한다. 설교의 개요에서 각각의 요점들은 설교의 중심 사상을 담고 있음을 설교자는 명심해야 하며, 따라서 개요상의 요점들은 문법적으로 온전하고 명확하게 표현되어야 한다. 요점들이 그저 구절이나 낱말로 제시되면 이는 불완전하고 모호하기 때문에 청중에게 혼란감을 심어줄 수 있다. 온전한 문장이 아닌 부분적 진술 때문에 설교의 핵심 사상은 청중의 마음에 온전히 뿌리내리지 못하고 기름칠한 축구공처럼 휩쓸러 가 버린다.

넷째, 논리적 관점이 아닌 설교의 움직임의 관점에서 개요를 작성하라.

개요 작성은 논리적 요점이 아니라 연속적 흐름의 관점에서 개요를 구상하는 일이다. 설교는 하나의 아이디어에서 또 다른 아이디어로 이어지는 언어의 움직임이며, 각각의 아이디어는 단어 꾸러미들을 통해서 만들어진다. 따라서 설교할 때 우리는 어떤 정형화된 연속적 흐름 안에 배열된 언어들의 구성단위들을 따라 가면서 말한다. 이러한 언어의 구성단위(modules of language)를 가리켜서 움직임(moves)이라고 한다.

(3) 개요 작성법

첫째, 각 대지, 소지, 소소지에는 반드시 하나의 내용만 포함해야 한다. 아우트라인의 목적 가운데 하나는 각 부분 간의 상호 관계를 보여 주는 것이기 때문에 한 대지나 소지 안에 두 개 또는 그 이상의 내용이 포함되어 있으면 그 목적을 달성할 수 없다. 그렇기 때문에 한 대지에는 하나의 내용만 포함시켜야 한다.

둘째, 한 대지는 다른 대지와, 한 소지는 다른 소지와 구별되어야 하며, 따라서 유사한 대지나 소지는 만들지 말아야 한다. 예를 들어, 다음과 같은 두 개의 대지가 어떤 설교에 포함되어 있다고 가정해 보자.

1. 참된 사랑은 지속적이다.
2. 참된 사랑은 변함이 없다.

이 경우에 두 대지는 서로 내용이 유사해서 그 차이가 무엇인지 사실상 구별이 잘 안 된다. 그렇기 때문에 이러한 식의 대지는 피해야만 된다.

셋째, 가능하면 같은 형태의 표현을 계속 반복해서 사용하는 것이 좋다. 그렇게 할 때 청중이 기억하기 쉽고, 또 그 기억은 오래 지속될 것이다. 그렇기 때문에 각 대지나 소지가 서술형이면 서술형으로, 의문형이면 의문형으로, 명령형이면 명령형으로 해야지 여러 가지를 뒤섞어서 사용하는 것은 바람직하지 않다. 다음과 같은 대지를 한번 보자.

1. 우리는 서로 사랑해야 한다.
2. 당신은 참으로 헌신적인가?
3. 서로 용서하라.

이 대지는 서술형, 의문형, 명령형 등 세 가지의 각각 다른 형태의 종지형(終止型)을 사용하고 있어서 청중들이 설교를 이해하며 기억하기에 좋지 못하다.

넷째, 각 대지는 완전한 문장으로 표현하고, 소지도 가능하면 완전한 문장으로 표현하는 것이 좋다. 단어나 구만으로는 완전한 뜻을 전달하지 못하기 때문에, 각 대지나 소지는 독립적으로 의미를 전달할 수 있는 문장의 형태로 표현하는 것이 가장 바람직하다.

다섯째, 번호는 일관성 있게 사용해야 한다. 모든 대지는 항상 같은 번호로, 또 소지는 대지와는 다르게, 그러면서 모든 소지는 똑같은 번호로 표기해야 한다. 그렇지 않고 혼합되어 있으면 설교 개요는 그 존재 이유를 상실해 버리고 말 것이다.

여섯째, 설교에서 모든 부분이 다 동일하게 중요한 것이 아니기 때문에 가장 중요한 부분이나 포괄적인 부분은 대지가 되고, 대지를 뒷받침해 주는 부분은 소지가 되어야 한다. 이것은 다음과 같이 표시할 수 있을 것이다.

1. 첫째 대지: 중심 내용을 뒷받침한다.
 1) 첫째 소지: 첫째 대지를 뒷받침한다.
 2) 둘째 소지: 역시 첫째 대지를 다소 다른 각도에서 뒷받침한다.
2. 둘째 대지: 중심 내용을 첫째 대지와는 다른 면에서 뒷받침한다.
 1) 첫째소지: 둘째 대지를 뒷받침한다.
  (1) 첫째 소소지: 첫째 소지를 뒷받침한다.
  (2) 둘째 소소지: 역시 첫째 소지를 다소 다른 각도에서 뒷받침한다.
 2) 둘째 소지: 역시 둘째 대지를 다소 다른 측면에서 뒷받침한다.

일곱째, 성경 본문을 연구하고 묵상하여 수집해 놓은 자료 가운데 설교에 포함시키기에 부적당한 것이나 설교의 흐름을 방해하는 것은 과감히 잘라 버리고, 이런 것은 설교 개요에 포함시키지도 말고 설교할 때 언급하지도 말아야 한다. 어떤 구절은 해석상의 어려움으로 서너 가지 견해가 있을 수도 있다. 이런 경우 설교자가 개인적으로 연구할 때는 각 견해를 다 검토해야 되겠지만 설교 개요를 작성하기 전까지는 어느 견해가 가장 타당한지 결정을 내리고, 개요에서나 실제 설교에서는 그 견해만 언급해야 할 것이다. 설교는 강의가 아니기 때문에 설교자의 연구 과정이나 결론 도출 과정을 실제 설교시에 다 언급할 필요가 없고, 오직 그 결과만 체계적으로 제시하면 되는 것이다.

여덟째, 각 대지와 소지는 가능하면 간단명료해야 한다. 길고 복잡한 문장보다는 간단한 것이 기억하기에 쉽다. 그렇기 때문에 설교자는 그 대지를 중문(重文)이나 복문(複文)으로 표현하기보다는 단문(單文)으로 표현하는 것이 좋다.

아홉째, 한 대지에서 다음 대지로 넘어갈 때 그리고 때로는 한 소지에서 다음 소지로 넘어갈 때 전환 문장(경과구)을 사용해야 하고, 또 전환 문장은 개요에서 괄호 안에 묶어서 표시해야 한다. 경과구는 한 대지에서 다른 대지로, 때로는 한 소지에서 다른 소지로 넘어간다는 것을 청중으로 하여금 알게 하고, 또 그 과정을 부드럽고 무리 없이 처리하기 위해서 반드시 사용해야 한다. 설교자는 눈앞에 설교 개요를 가지고 있기 때문에 각 부분 상호 간의 관계를 일목요연하게 알 수 있지만, 청중은 그렇지가 못하다. 청중이 설교의 흐름이나 각 부분 상호 간의 관계를 잘 이해하여 설교자가 가지고 있는 설교의 구조를 그대로 따라올 수 있게 하기 위해서 경과구가 필요한 것이다.[46] 이러한 개요의 기본 형태에 대해서 부록(II)을 참조하라.

8) 예화 준비

- 제8단계: 적용 및 예화를 준비하라

성경으로 설교를 조각하는 설교 준비의 제8단계는 설교의 적용과 함께 보조

---

46) 장두만, *op. cit,* 167-69.

자료 즉 예화를 준비하는 과정이다. 적용이 없는 설교는 아무리 학문적으로 정확한 설교라고 하더라도 아무런 의미가 없다. 성도들이 단순히 하나님의 말씀만을 듣는 자리에서, 그 진리에 의해 권고를 받으며 순종해 나가는 자리까지 옮겨 가도록 할 때 적용은 일어난다. 사도 바울은 그의 서신에서 종종 주장(헬라어 직설법)에서 명령(헬라어 명령형)으로 바꾸어 적용시켜 주는 것을 볼 수 있다. 적용은 성도들에게 맞도록 변환되어야 하며 구체적이어야 한다. 따라서 설교의 영향력은 설교 속에 들어 있는 예화와 항상 관계가 있다. 훌륭한 의사전달을 위해 좋은 예화를 사용하는 것은 예화가 의사 전달의 원리와 부합되는 것이기 때문이다. 예화는 설교의 대상인 청중을 그들이 알고 있는 것들로부터 모르는 것들로 이끌어 가는 일이기 때문이다.

(1) 적용을 어떻게 할 것인가?

① 성경 저자의 의도를 파악하는 질문으로 시작된다

설교자는 그의 해석이나 적용에 관해 공격을 받게 되면 자기 앞에 놓인 본문에 호소하지 않고 성경의 어떤 본문이나 자기와 청중이 공통으로 가진다고 생각되는 어떤 신학에다 호소한다. 이와 같이 적용은 반드시 성경 저자의 신학적 목적으로부터 시작되어야 한다. 여기에 성경 저자의 신학적 목적을 찾아내는 데에 도움이 되는 5가지 질문들이 있다.[47)]

㉮ 본문에는 목적을 가리키는 것이나, 편집상의 주해나 사건들에 대한 해석적 진술이 들어 있는가?

㉯ 본문에서는 신학적 판단을 하고 있는가?

㉰ 이 이야기는 본보기로 주어졌는가, 아니면 경고로서 주어졌는가? 만일 그렇다면 정확히 어떤 방법으로 주어졌는가? 이 사건은 표준적인 것인가, 아니면 예외인가? 거기에는 어떤 한계성(limitations)이 있는가?

---

47) Haddon W. Robinson, *op. cit.*, 92-93.

㉣ 이 계시의 말씀이 처음으로 주어졌던 그 사람들과 그 글을 읽게 될 그 다음 세대들에게 어떤 메시지를 전하고자 하여 기자는 이 글을 썼을까?

㉤ 성령께서는 왜 성경 말씀에 이 이야기를 포함시키셨을까?

② 설교자와 현대 청중들에게 질문해야 한다

㉮ 하나님의 말씀이 처음으로 전해졌던 그때의 상황은 어떠했는가? 현대인들이 그때의 청중들과 공통으로 가지고 있는 특징은 어떤 것인가?

㉯ 어떻게 우리 자신을 성경 시대의 사람들과 동일화시킬 수 있는가? 어떻게 그들이 처한 상황에서 하나님의 말씀을 듣고 바로 응답하거나 또는 응답에 실패한 것처럼 우리 자신이 할 수 있을까?

㉰ 계속적인 계시를 통하여 우리는 하나님께서 자기 백성을 다루시는 데 관하여 어떤 통찰력을 더 얻었는가?

㉱ 내가 영원한 진리나 지침이 될 만한 원리를 이해하였을 때, 나와 회중을 위하여 어떤 특수하고 실제적인 적용을 시도할 것인가? 그것은 어떤 관념이나 느낌, 태도나 행동에 영향을 미쳐야 하는가? 나 자신은 이 진리에 순종하는 생활을 하고 있는가? 나는 그렇게 하려고 하는가? 청중들이 바른 응답을 못하게 방해하는 장애 요소들은 어떤 것인가? 하나님께서 원하시는 응답을 하게 하려면 어떤 제안이 도움이 될까?[48]

③ 설교자는 적용의 정확 여부를 측정해야 한다.

㉮ 나는 사실을 정확히 이해하였으며 그 문제와 관련된 질문들을 적절히 공식화하였는가? 그 질문들은 다른 문제점들이 부각될 수 있도록 다른 방식으로 진술될 수는 없는가?

㉯ 나는 고려되어야 하는 모든 신학적 원리들을 결정하였는가? 그리고 각 원리에 얼마만큼의 중점을 두고 있는가?

㉰ 내가 지지하는 그 신학은 참으로 성경적인가? 즉 성경 본문에 대한

---

48) *Ibid.*, 94-95.

전문적 석의와 정확한 해석에 기초된 것인가?

설교의 적용에 있어 단순한 해석의 합리성을 주장하기 위하여 성구를 인용하는 것은 특별히 위험하다. 앞뒤 문맥과는 관계없이 또는 성경 저자의 목적은 전혀 고려하지 않고 행한 해석으로부터 본문에서 어떤 교리나 윤리적 명제의 뒷받침을 얻으려고 하는 것은 올바른 적용이 될 수 없다.[49]

④ 구체적인 적용이 있는 설교를 작성한다

어떻게 설교를 구체적으로 작성할 수 있을까? 설교를 작성할 때 막연하거나 추상적인 의미로 표현하지 말고 행동 변화를 분명하게 나타나도록 준비해야 한다. 그러기 위해서는 행동 변화를 위한 메시지를 선포했을 경우, 그 이유를 자세히 설명해야 한다. 설교자는 설교의 작성에 있어서도 언제나 논리적이고 설득력 있는 분명한 메시지의 내용을 준비해야 한다. 먼저 설교자는 설교 원고를 작성할 때 청중들이 특별히 관심을 갖고 있는 것들에서 주제를 이끌어내야 한다. 청중의 필요가 무엇인지를 정확하게 파악하여 연관성이 있는 실제적인 주제를 다루는 것이 효과적이다. 필요할 경우 청중들의 필요에 따라 주제를 세분하여 연속적인 시리즈 설교를 하는 것은 매우 깊은 관심을 끌게 될 것이다. 그리고 청중들의 아픈 상처가 무엇인가를 물어야 한다. 청중이 상처받고 있는 문제들을 어떻게 제거해 주어야 하는지에 민감하게 반응하는 설교는 적용에 있어 뛰어난 설교가 된다. 또한 이 시대를 살아가는 청중들이 특별한 관심을 갖고 있는 것들에 집중하여 공감할 수 있는 주제를 선택해야 한다. 그뿐만 아니라 현대인들이 위협받고 있는 심각한 현안들에 대하여 성경적인 대처 방법을 가르쳐 주는 구체적이고 세부적인 주제들을 시리즈로 다루는 설교는 매우 뛰어난 적용으로 청중의 삶에 변화를 주게 될 것이다.

---

49) *Ibid.*, 96.

(2) 예화를 어떻게 사용할 것인가?

① 예화 작성법

성경 본문에 충실한 설교자는 예화를 사용할 것이다. 그러나 적절한 곳에, 적절한 시간에, 올바른 목적으로 사용해야 한다. 예화를 바르게 사용하는 방법은 설명하려는 요지가 예화보다 앞서 나와야 되며, 또한 예화의 뒤에도 다시 나와야 한다는 것이다. 이렇게 함으로서 성도들이 설명하는 요점을 이해하며 기억할 수 있게 된다(설교를 할 당시나 또 그 이후에도). 예화가 사용되는 순서는 다음과 같다. 예화를 어떻게 사용할 것인가?[50]

◎ 요지를 제시하라(전환하는 표현이 필요할지도 모른다).
◎ 요지에 대한 예화를 말하라.
◎ 성도들과 연관을 시키라.
◎ 요지를 다시 제시 또는 복습하라.

가령 시편 133편의 설교 중에 한 요지를 설명하기 위해 예화를 사용하는 순서를 예로 소개해 본다.

◎ 요지: 우리가 우리 밖에 있는 어떤 한 가지 목표에 집중하게 될 때에 거기에는 하나 됨이 있습니다.(전환: 이 사실을 다음과 같은 예화를 통해 발견하게 됩니다).
◎ 예화: 알래스카의 말과 나귀는 하이에나에 대한 적대감을 공통적으로 경험합니다. 공격을 당하게 되면 말들은 머리를 안쪽으로 하고는 원을 그립니다. 그러고는 다리를 바깥쪽으로 하고 뒷발질을 마구합니다. 그렇게 해서 그들의 적을 퇴치합니다. 공격을 당하면 나귀들도 원을 그립니다. 그러나 다리를 안쪽으로 하고 머리를 바깥쪽으로 합니다. 그러고는 뒷발

50) Ramesh Richard, *op. cit.*, 173-75.

질을 열심히 함으로써 나귀들은 서로를 죽이고 합니다.

◎ 성도들과의 연관: 우리는 서로를 차서 죽이는 나귀가 아니라 적을 무찌르는 데 힘을 집중하는 알래스카의 말과 같이 되어야 합니다.

◎ 요지를 다시 제시: 우리 밖에 있는 어떤 공동의 목표에 집중하게 될 때에 우리는 하나 됨을 이룰 수가 있습니다.

② 얼마나 많은 예화를 얼마나 자주 사용할 것인가?

얼마나 많은 예화를 얼마나 자주 사용할 것인가? 기본적인 원리는 설교의 목적을 달성하기 위해 필요한 만큼의 예화를 사용하는 것이다. 사용하기 원하는 모든 예화 또는 준비한 설교의 내용을 다 사용할 만큼 시간이 충분한 경우는 없다. 그러므로 조정이 필요하게 된다. 어디서 예화를 사용할 것인가? 설교 중에 딱딱하거나 지루한 모든 부분은 예화를 필요로 한다. 그러나 항상 예화가 필요한 부분들이 있는데 아래와 같다.[51]

◎ 성도들의 관심을 끌며 필요를 제기하게 되는 서론 부분

◎ 설교를 끝마치게 되는 결론 부분

◎ 설교 중간, 매 대지마다 적어도 하나씩의 예화를 사용할 것을 권한다. 때로는 소지에도 짧은 예화를 사용하기도 한다.

③ 설교 중에 예화를 어디에 사용할 것인가?

설교 전체를 염두에 두고 아래와 같은 질문들을 던져 보면서 어디에 예화가 필요한가를 살펴보도록 해야 할 것이다.

◎ 연관성의 문제: 어느 부분에 어떠한 예화를 사용하면 더욱 설명이 잘 될 수 있겠는가? 만일 "주 예수께서 항상 여러분과 함께 하십니다"가 요지라고 한다면, 추가적인 설명이 필요하다. 다음과 같은 질문이 나올 수 있

---

51) *Ibid.*, 174.

다. "눈으로 볼 수 없는데 어떻게 우리와 함께 계신다는 것을 알 수 있는가?" 이러한 질문은 예화를 필요로 한다. 우리 생활 속에서 경험하는 것을 예로 사용할 수 있다. 마치 우리가 비행기나 배로 여행을 할 때 눈에는 보이지 않지만 항상 같이 있는 비행기 조종사나 배의 선장과 같이, 예수님은 우리와 함께 계신다.

◎ 신빙성의 문제: 어떠한 예화 또는 예화의 어느 부분이 요지의 진리 됨을 성도들이 보고 믿으며 받아들일 수 있도록 하는 데 도움을 줄 수 있는가? 예를 들면, 내가 타고 있던 배가 폭풍에 휩싸였을 때에 눈에는 보이지 않았지만 선장이 배를 안전하게 항해하도록 조정했던 경험을 예화로 사용할 수 있을 것이다.

◎ 주장의 문제: 어떠한 예화가 성도들로 하여금 요지가 의미하는 바를 깨달으며 생활에 적용할 수 있도록 도울 수 있을까? 예를 들면, 내가 배 안에 있으면서 걱정을 해 봐야 그 걱정이 선장의 기술을 향상시키거나 배의 안전을 도모하는 일에는 전혀 도움이 되지 못한다는 것이다.[52)]

많은 종류의 예화가 있으며 문화적 상황에 따라 더욱 효과적인 부류의 예화가 있을 수 있다. 배경적인 설명이 없는 한 줄짜리 예화는 안 통하는 문화도 있을 것이다. 어떤 성도들에게는 유머러스한 것이 다른 성도들에게는 그렇지 않을 수도 있다. 어떠한 문화의 성도들은 피상적인 이야기를 오랫동안 해도 잘 이해할 수 있는 경우도 있지만, 그렇지 못한 경우도 있을 것이다. 일화는 어느 문화에도 효과적인 것 같다. 하지만 특정한 성도들의 필요를 채워 줄 수 있도록 알맞게 조정을 해야 한다.

이 모든 것 위에 성도들을 위한 예화의 필요성, 그들의 학습의 습성, 특정한 사회가 진리를 선포할 때에 어떠한 화법을 사용하는가 등의 문제에 대해 민감

---

52) *Ibid.*, 74-75.

해야 할 것이다. 예화의 필요성과 어떤 예화를 사용할 것인가를 숙고할 때 이 질문을 던져 봐야 한다. '성도들의 사고 체계에 비추어 볼 때에 나의 설교의 목적을 제대로 달성하기 위해서 본문의 어느 부분이 예화를 통해 설명되어야 하겠는가? 어떠한 예화가 성도들로 하여금 알고 있는 진리를 통해 모르고 있는 진리를 이해할 수 있도록 도움을 줄 수 있겠는가?'

9) 서론, 결론 및 제목

- 제9단계: 설교의 서론, 결론 그리고 제목을 준비하라

성경으로 설교를 조각하는 설교 준비의 제9단계는 설교의 서론, 결론 그리고 설교의 제목을 준비하며 결정하는 과정이다. 설교 작성에서 서론과 결론은 본론에 비하면 그 길이가 짧은 부분이지만 매우 중요한 부분이다. 서론을 하는 동안 청중들이 설교자에 대해여 받는 인상은 흔히 그 설교를 어떻게 받아들일 것인지를 결정하게 된다. 설교자가 적대감을 느끼게 했다든지 준비가 미흡하다든지 하면 청중들은 설교를 들으려고 하지 않을 것이다. 반면에 설교자가 다정하며 흥미를 불러일으킨다면 청중들은 설교자에 대하여 적극적인 태도를 보이게 될 것이다. 이처럼 그 길이나 시간에 있어서는 짧지만 매우 중요한 부분인 제9단계에서는 설교의 서론 및 결론을 작성하는 과정을 다룬다. 서론과 결론에 대한 자세한 내용은 제4장 구조론에 설명하였다.

(1) 설교의 서론

① 서론 준비는 설교 본문을 근거로 한 내용으로 할 수 있다.

설교자가 사용할 수 있는 기본적인 방법은 본문의 배경 설명과 전후 문맥의 관계를 설명하는 것으로 시발점을 찾을 수 있다. 설교자가 본문을 해설하기 위해서 본문의 배경 설명은 반드시 설명되어야 한다. 그렇지 않으면 회중들은 그 메시지를 받아들이는 데 문제점을 안게 되고 그 설교는 실패하고 만다. 그러므

로 설교자는 한 본문을 그 본문의 배경 안에서 설명해야만 한다. 그리고 설교의 본문의 의미가 설명을 필요로 할 때, 이에 대한 설명이 곧 서론이 될 수 있다. 그러므로 내용에 대한 설명이 본문의 의미에 대하여 빛을 던져 줄 때 그 서론은 훌륭한 서론이라고 볼 수 있다. 그러나 많은 사람들은 이렇게 하는 방법이 지나치게 전통적이고, 지나칠 정도로 외식적이며, 너무 지루한 것이라고 여겨 이러한 방법을 사용하지 않는다. 어떤 학자들은 생각하기를 설교자는 그가 청중들을 데리고 가고 싶은 어떤 위치 혹은 어떤 장소에서가 아니라, 청중이 있는 곳에서 시작하거나 또는 현재의 상황에서 시작해야 한다고 주장한다. 성경적 설교는 성경에 근거를 두어야 하기 때문에 설교의 서론은 설교의 성경적 근거를 제시하고 또 회중들로 하여금 그 설교와 교리의 관련성 및 그것의 중요성까지 암시하기 위해 꼭 필요한 부분이 된다.

② 서론 준비를 설교 제목을 중심으로 할 수 있다

설교에 있어서 용기와 격려를 주며, 신앙의 영감을 더해 주고 소망을 소생시키는 것과 같은 긍정적인 요소가 필요할 경우 설교의 시작을 주의를 끌게 하는 명확하고 뚜렷한 제목으로 시작할 수 있다. 설교의 시작에 다양성을 취하는 것은 신선함을 줄 수 있고 주의력을 끌게 되고 설교에 대한 기대감을 가지게 한다. 어떤 충격적인 것은 아닐지라도 처음에 시작하는 부분에서 다양성을 취하는 것은 설교자의 의지나 직감에서 창작된 것이라면 하나의 시발탄을 터뜨리는 매우 효과적인 서론이 될 것이다. 그 결과 서론에서 겨냥한 목표가 성취되었을 때에는 주제에 대한 본론을 감행하는 데 지체하지 말아야 할 것이다.

③ 서론 준비를 청중들에게 설교의 청사진을 보여 줌으로 할 수 있다

설교자가 주제를 제시할 경우, 청중들이 그 주제를 잘 알고 있으면 흥미를 갖지 않으려고 할 것이다. 특히 설교자가 청중들에게 특별한 어필이 될 수 없는 제목이나 본문을 제시할 경우에는 여하한 방법과 수단을 쓰더라도 관심을 갖게 하도록 하는 것이 설교자의 서론에서 가져야 할 과업이다. 그러므로 설교자는 고상한 논의와 문제를 제기한다든지, 설교자의 독특한 독창력으로 청중들

을 자기 관심 안에 넣을 수 있는 새롭고 신선한 관심과 지식을 갖도록 개발하는 것이 서론 준비에서 매우 중요하다. 그래서 설교자가 서론을 통하여 주의를 끌고, 관심을 불러일으키며, 주제 전개에 대한 기대감과 분위기를 조성하였다면 좋은 서론에 이르렀다고 하겠다.

(2) 서론 작성의 원리

① 서론은 설교의 목적과 밀접하게 관련된 내용을 나타내어 자연스럽게 주제에 관심을 일으키도록 해야 한다. 설교자가 청중들의 관심을 어떤 아이디어의 전개에 집중시켜 명확하고도 중요한 결론에 이끌어 가기로 결심했을 때 설교자는 선정된 범위를 벗어나서는 안 된다.

② 서론은 매우 모호하고 광범위하며 진부한 것으로 시작하는 것을 피하는 것이 바람직하다. 서론은 아는 것에서부터 시작하여 더 깊은 곳으로 이끌어 가야 한다.

③ 서론은 너무 많은 내용들을 약속하는 듯한 인상을 주어서는 안 된다. 서론은 또 하나의 설교라고 할 수 있다. 그러므로 간결하고 명료한 내용을 전해야 하며, 서론은 소개하려는 것이므로 서론 자체에 주의를 끌지 않도록 해야 한다.

④ 서론은 설교의 얼굴에 해당되므로 면밀하게 준비되고 분석된 것으로 준비되어야 한다. 잘못된 서론은 "칼자국이 난 얼굴처럼 보이며, 사람들은 이런 사람을 아주 형편없는 조타수로 항구에서 나오는 배를 부딪치게 할 것이다." 이 말은 서론의 중요성을 대변한 것이라 할 수 있다.[53] 그래서 서론의 자료는 수집될 자료 가운데 가장 맨 나중의 것이다.

⑤ 서론은 청중들의 관심사나 최근의 뉴스를 선별함으로 시작할 수 있다. 특별히 청중들이 지금 무엇을 필요로 하고 있는지에 대해 민감해야 하며, 관심을 기울이고 있는 문제들을 찾아내어 청중들의 삶에서부터 주제를

---

53) William G. T. Shedd, *Homiletics and Pastoral Theology* (New York: Charles Scribner's Sons, 1867), 187-89.

끄집어내어 시작하는 것이 좋다.

(3) 설교의 결론

결론은 설교의 서론에서 출발하여 본론을 거쳐 최종 목적지에 안착하게 하는 착륙장치를 만드는 단계이다. 결론은 청중들이 설교 전체를 한꺼번에 가장 가까이서 볼 수 있는 순간이기도 하다. 그것은 이슈가 가장 분명하게 보며, 가장 예리하게 느끼고, 삶의 문제를 해결하고 다시 삶으로 돌아가는 순간이다. 이처럼 중요한 순간인 결론을 어떻게 준비하며 작성할 것인가?

① 결론 작성의 원리

◎ 대지들에 대한 요약과 함께 중심 명제를 분명하게 선포하는 것은 좋은 결론을 맺는 하나의 방법이다.

◎ 개인적으로 순종할 수 있는 전략을 포함한 적용을 제시하는 것은 더욱더 효과적일 수 있다.

◎ 본문의 진리를 간단한 하나의 문장으로 제시하거나, 기억하기 쉽게 현대 감각에 맞도록 표현된 중심 명제를 밝혀 주면 아주 효과적일 것이다.

◎ 마지막으로 중심 명제를 보충적으로 설명해 주는 이야기를 들려주는 것도 좋은 방법일 것이다. 이때에 그 이야기는 예화의 세 가지 기준, 즉 연관성 신빙성 그리고 주장의 기준에 부합되는 예화여야 할 것이다.

결론에 대해 성도들의 어떠한 반응을 기대할 것인가? 최대의 결실은 역점을 두어 설명했던 인격과 행동의 변화를 가져올 수 있는 창의적인 방법과 함께 설교의 마지막 강조점을 실천에 옮길 수 있도록 결단을 내리게 하는 것이다. 캠벨 모르간(G. Campbell Morgan)의 표현을 빌리자면, 영향력 있는 결론은 다음과 같다. "의지의 아성을 폭풍우로 내려치는 것과 같다. 자, 가서 성도들의 의지를 폭풍우로 내려치도록 하자!"[54)]

② 결론 작성의 방법

◎ 설교의 중심 명제와 대지들을 반복하라. 그리고 재진술하라. 설교가 한 대지에서 다음 대지로 넘어가도록 논리적으로 구성되어 있다면 대지들의 재검토는 청중들의 기억을 확고하게 해 줄 것이다. 청중들이 기억을 잘하면 할수록 적용도 높아질 것이다.

◎ 앞에서 언급된 적용을 강력하게 권면하라. 중심 명제와 대지들을 살펴본 후에는 권면이 따라야 한다. 앞에서 도출된 적용점으로 권면하라.

◎ 적절한 인용으로 끝맺어라. 인용문은 설명을 필요로 하지 않으며 명확하고 생동감 넘치는 말로 붙잡아야 한다. 적절한 인용문을 사용하라.

◎ 간결하면서도 적합한 시를 인용하라. 좋은 시를 골라 그것을 반드시 암송하도록 하라. 암송함으로 청중들에게 단순히 단어들을 듣게 하는 것이 아니라 단어들로 그려진 그림을 보게 할 것이다.

◎ 짧은 이야기나 예화를 가지고 강조하라. 내용과 조화를 이루고 적절한 감정적 호소력을 지닌 이야기를 선택할 수 있도록 주의하라.

◎ '만약……한다면 어떻게 될까?'에 호소하라. 삶에서 그리고 설교의 적용에서 '현재의 상황'으로 인해 '일어날 수 있는 상황'에 대한 탐구와 발견이 일어나도록 하라. 이상한 힘이 있는 '……를 한다면 어떻게 될까?'에 호소하라.

◎ 적합한 기도와 축복을 사용하라. 설교를 주의 깊게 준비하는 것처럼 마침 기도를 자료를 활용하여 실제적으로 만왕의 왕 되신 하나님의 보좌 앞에 초대받았다고 가정하면서 문자적으로 초대장을 작성해 보라.

◎ 개인적인 결단을 할 수 있도록 도전하라. 도전이나 용기를 주는 일은 회중들로 하여금 결단하도록 고무시킨다. 도전은 메시지에 담긴 지식에 따라 행동하도록 촉구하는 최종적이면서 직접적인 호소가 되어야 하며, 그리스도의 이름으로 무장하라는 요청인 것이다.

◎ 도전에 약속을 수반하라. 도전에 뒤따르는 약속은 하나님께서 믿음의

---

54) Ramesh Richard, *op. cit.*, 178.

기업 안에서 그들을 버리지 않을 것이라는 언어적인 재확인이 필요하며 약속은 양날을 가진 검이다.

◎ 적절한 찬송가를 사용하라. 결론을 맺을 때 설교 후에 부르게 될 찬송가의 해설을 곁들여라. 이것은 청중들로 하여금 찬송 속에 담긴 메시지의 깊은 표현 속으로 몰입하게 하며, 잘 선택된 찬송가는 예배의 주제를 강화시켜 주고 청중들이 설교를 잘 기억하도록 도움을 줄 것이다. 찬송가의 내용이 설교에서 발견한 진리를 확인하는 것이면 그것은 또한 적용을 향한 작은 첫걸음이 된다.

(4) 설교의 제목

설교의 제목은 설교 자체의 가장 간단하고 분명한 진술이지만 설교의 매력(attractiveness)은 제목의 선택에 의존하게 된다. 그러므로 설교에 있어서 그 제목이 얼마나 중요한가를 알 수 있다. 제목은 본문에서 산출되며, 어떠한 목적을 가지고 유도해야 하는가의 문제들을 결정해야 한다. 그러므로 제목은 설교의 내용을 잘 나타내며, 정확하고 선명한 제목이어야 하며, 청중의 이해와 청중의 필요에 부응되며, 성경의 진리를 분명하게 가르치는 내용으로 표현되어야 한다. 알프렛 깁스(Gibbs)는 설교 제목의 선정 방법을 아래와 같이 소개하고 있다. 제목을 정하는 방법은 여러 가지가 있는데, 매력적인 질문 형태, 단순한 구(phrase), 흥미 있는 화제, 다양한 형태의 표현으로 정할 수 있다고 했다.[55]

설교의 제목은 사람들의 관심을 끄는 효과와 광고의 효과를 동시에 가져야 한다. 예술가가 자신의 작품에 제목을 붙이듯이 설교자도 자신의 설교에 제목을 붙인다. 그러므로 회중의 관심을 설교에 집중시키는 좋은 방법은 좋은 설교의 제목을 정하는 것이다. 제목은 간단하고 분명한 진술이며 전체 내용을 한정시키는 것이다. 즉 설교자가 청중들에게 알리려는 설교의 중심 진리를 미리 알 수 있도록 유도하는 것이 제목이다. 설교의 제목에 대한 구체적인 내용은 제4

---

55) A. P. Gibbs, *The Preacher and His Preaching,* 289-292.

장 설교의 구조를 참고하라.

10) 원고 작성

- 제10단계: 원고를 작성하고 자신의 설교로 소화하라

성경으로 설교를 조각하는 설교 준비의 마지막 제10단계는 설교의 원고를 준비하고 자신의 설교를 소화하는 과정을 통해 설교를 선포하기 전에 준비된 설교에 성령의 조명과 기름 부으심을 위해 간절히 기도하며 준비하는 단계이다. 이제 설교 작성의 마지막 단계로서 어떻게 이 설교에 적합한 문체를 만들 수 있는가? 왜냐하면 좋은 문체는 설교의 명확성과 흥미를 증대시키기 때문이다. 나아가서 제시간에 도착하기 위해서는 속도를 어떻게 조절해야 하는가? 좋은 설교는 역시 계획되어야 하고 정각에 목적지에 도착해야 한다. 그뿐만 아니라 설교자는 자신이 준비한 설교를 통하여 성도들이 열매를 맺도록 기도해야 한다. 그러므로 마지막 단계의 목표는 청중들의 필요에 맞추어 배열하는 작업이다.

(1) 설교 원고 작성

① 원고 작성의 중요성

설교학자 해돈 W. 라빈슨은 설교 원고의 작성에 대하여 말하기를 "서재에서 적절한 표현을 찾아 고심하는 가운데 원고지에 기록하는 과정을 통해서 실제로 선포할 설교가 설교자의 마음에 내면화된다. 기록된 설교 원고는 설교자가 강단에 올라가서 말씀을 전할 때 언어를 사용하는 행위에 많은 영향을 준다. 강단에서 전부가 아니더라도 대부분의 어법은 실제로 설교할 때 설교자에게 떠오른다. 메시지를 한참 전하는 중간에는 미리 준비했던 문장의 구조가 바뀌기도 하고 새로운 구절들이 떠오르기도 하면서 설교자의 연설은 마치 즉흥적인 대화처럼 고무되기도 한다. 결국 설교자가 미리 준비한 원고가 실제 설교 현장에서

그대로 전달되지는 않는다고 하더라도 설교자의 사고와 말씨에 지대한 공헌을 하는 것은 분명하다.[56] 이처럼 원고 작성은 설교가 발전되어 가는 과정을 직접 볼 수 있으므로, 설교의 내용을 향상시킬 수 있다. 예화나 전환 구절 또는 적용 등에 더 필요한 부분이 있는가를 알 수 있게 해 준다. 또 설교의 길이가 얼마나 될 것인가를 알 수 있으며, 따라서 그 길이를 조정할 수 있게 된다.

② 원고 작성의 기본 원칙

◈ 명확하게 기술하라

단어들과 문장들의 불필요한 표현들과 복잡한 생각들을 단순하게 만들어야 한다. 신학적인 전문용어들을 설교단으로 끌고 올라가서는 안 된다. 주일 설교를 듣고 있는 대상들은 신학생들이 아니며 다양한 계층의 여러 부류에 속한 자들임을 잊지 말아야 한다. 추상적인 개념은 모호함의 사촌이며 의사소통을 명확하게 하는 데 있어서 치명적이라는 사실을 기억해야 한다.

◈ 구어체 형태로 기술하라

원고 작성 시 중요한 점은 구어체 형태로 기록해야 한다는 점이다. 선택된 단어들은 청중, 특정한 상황, 주제 그리고 설교자 모두에게 적합해야 한다. 청중들의 상황에 따라 자유스럽고 평안해야 하며 대화체여야 한다.

◈ 청중에게 익숙한 언어로 기술하라

명확하고 정확한 언어는 또한 청중에게 호소력을 갖는 것이 확실하다. 직유와 은유 같은 화법들은 명확성에 대한 단순한 보조 역할 이상을 한다. 잘 선택된 단어로 표현된 생각은 시간이 지나면 녹아서 효과를 나타내는 한약과 같아서 서서히 생활에 적용된다. 나아가서 청중들의 마음속에 일치하는 행동을 낳게 된다.

---

56) Haddon W. Rabinson, *op. cit.*, 186.

(2) 설교 시간의 계획

① 무엇을 빼야 하는가?

훌륭한 설교는 잘 계획되고 정한 시간에 목적지에 도착해야 한다. 당신의 정시 도착률은 어느 정도인가? 정확한 도착을 위해서는 불필요한 말을 삭제하여야 한다. 그리고 메시지의 진행을 방해하는 세부 사항들을 빼야 한다. 설교자가 설교 원고의 작성으로 주제, 보조 문장, 목적, 그리고 제한된 시간을 앎으로써 빼야 할 것이 무엇인지 알게 된다.

② 설교는 어느 정도의 길이로 해야 하는가?

설교를 위해 주어진 값진 시간을 결코 낭비하거나 오용하지 말아야 한다. 우리가 대중 매체를 통해서 대부분을 인식하는 사회 속에 살고 있다. 생활은 한 시간이나 30분마다 나오는 광고들에 의해 통제되고 있다. 가장 많은 대중들을 상대로 하는 텔레비전 제작 실무자들은 프로그램을 초단위로 계획한다. 설교자가 이와 같은 생활에 익숙한 청중들에게 설교의 길이를 잘 디자인하는 것은 정말 좋은 시간의 지름길이다. 설교는 서론, 본론, 결론의 균형 잡힌 배분으로 계획되어야 한다. 그러나 시간을 의식하여 전환을 급하게 하는 경우는 마치 바퀴가 두 개 달린 차를 타고 모퉁이를 도는 것과 같다고 하겠다. 설교자가 원고를 작성하여 설교 시간을 계획하는 것은 중요한 부분들을 효과적으로 전환하여 적절하게 목적지에 도착하게 하는 것이다.

③ 옆길로 빠지는 경우 어떻게 해야 하는가?

너무 긴 설교에 대한 해결책은 이용 가능한 시간을 신중히 사용하는 것이다. 좋은 설교는 잘 겨냥된 화살과 같이 목표를 향해 똑바로 날아간다. 그러면 옆길로 빠지는 경우 어떻게 해야 하는가? 시작하기 전에 여행을 계획하고 계획대로 시행하는 것이다. 그러나 어떤 설교자는 “내가 설교하는 동안, 나의 계획에 없던 것들을 성령께서 더하시려고 하는 것이 느껴질 때에 어떻게 합니까?”라고 말한다. 하나님의 성령에 의해 인도된 사역들은 위대한 부흥이 일어났다는 사실을 반드시 기억해야 할 것이다. 그러므로 하나님의 성령의 기름 부으심을 받는 설교는 비록 1시간이 넘는 설교라고 할지라도 25분처럼 느껴지는 설교일 것이다. 그러나 오늘날처럼 대중 매체에 익숙해져 빠른 시간에 익숙한 청중들에게 계획을 잘못하여 시간을 낭비하는 사람들은 자신의 설교를 신중히 평가할 필요가 있다. 이것은 효과적인 강단 사역을 위해 필수적인 것이다.

(3) 설교를 위한 기도

① 설교자는 그리스도의 비밀을 선포할 수 있도록 기도해야 한다

골로새서 4:3을 보면 "또한 우리를 위하여 기도하되 하나님이 전도할 문을 우리에게 열어 주사 그리스도의 비밀을 말하게 하시기를 구하라"라고 하였다. 바울은 무엇보다도 예수님에 대해 설교하기를 원했다. 그러나 바울은 그것이 쉬운 일은 아니라고 생각했다. 그는 아직도 자신이 예수님에 대해 많이 배워야 한다는 것을 알고 있었다. 자신이 아직도 예수님에 대해 다 알지 못하고 있기 때문이다. 그래서 그는 이것을 '비밀'이라고 말하고 있다. 이 '비밀'은 영어 번역으로는 '신비'다. 바울은 모든 것을 다 이해하지는 못하고 다 설명할 수는 없었지만 예수님께서 정말 누구이신지와 우리를 위해 무엇을 하셨는지를 설명하기를 원했기에 성령님의 도움이 필요했다. 그래서 골로새 성도들에게 기도의 도움을 요청하고 있는 것이다. 설교한 후에 설교를 듣는 사람들이 예수님께서 누구이신지를 더 깊이 깨달았다면 그리고 그 설교를 들은 사람들이 예수님과 더 가까워졌다면 그날 설교를 통해 이루고자 하는 바를 달성했다고 볼 수 있다.

② 설교자는 명료하게 설교할 수 있도록 기도해야 한다

바울은 설교했을 때 어떻게 설교하기를 원했는가? 골로새서 4:4를 보면 "그리하면 내가 마땅히 할 말로써 이 비밀을 나타내리라"라고 했다. 바울은 '마땅히 할 말'로 설교하기를 원했다. 바울은 분명하게 설교하기를 원했다. 바울은 그의 설교를 듣는 사람들이 잘 이해하기를 원했다. 에스라도 설교를 듣는 사람들이 정말 잘 이해하기를 원했다. "하나님의 율법 책을 낭독하고 그 뜻을 해석

하여 백성으로 그 낭독하는 것을 다 깨달게 하매"(느 8:8). 설교자는 설교할 때 신자들이 더 쉽게 성경 말씀을 이해할 수 있도록 설교해야 한다. 설교자의 가장 중요한 책임은 청중이 성경 말씀을 더 쉽게 이해하도록 설명하는 일이다. 따라서 설교자는 설교할 때 복잡한 단어나 신학용어 사용을 가급적 자제해야 한다. 꼭 그 단어나 용어를 사용해야 한다면 먼저 그 뜻을 알기 쉽게 설명해 주어야 한다. 그리고 쉽고 현대적인 표현을 사용하여 설교하는 것이 좋다.

③ 설교자는 모든 기회를 잡을 수 있도록 기도해야 한다

골로새서 4:5에 "외인을 향하여서는 지혜로 행하여 세월을 아끼라"는 말씀이 있다. 영어 번역에는 "세월을 아끼라"는 말은 "기회를 잡으라"는 말로 되어 있다. 본문에서 바울은 골로새에 있는 성도들이 기회를 잘 잡기를 원했지만, 동시에 자기 자신이 기회를 잘 잡을 수 있도록 기도했다. 한국 목회자들은 설교할 기회가 많다. 주일 낮 예배, 저녁 예배, 수요 예배, 새벽 기도회, 철야 기도회와 심방할 때 등이 그 예다. 한국 목회자들은 그들의 많은 기회를 낭비하지 않도록 기도해야 한다. 한국 목회자들은 설교할 기회가 너무 많아서 매번 제대로 말씀을 연구하고 묵상하고 기도하지 않고서 쉽게 늘 하던 말로 설교를 하려고 하는 유혹이 있을 것이다. 매주 많은 설교를 해야 할 경우 시간이 충분하지 않아서 준비가 소홀해 질 위험이 크다. 성경 말씀으로 설교하는 일은 대단히 큰 특권이다. 하지만 동시에 그것은 큰 책임이기도 하다. 설교자는 이런 사실을 잘 기억해야 한다. 따라서 설교자는 설교하도록 주어진 기회를 낭비하지 않고 잘 사용할 수 있도록 기도해야 한다.

④ 설교자는 자신의 행동과 설교 내용이 일치하도록 기도해야 한다

설교자의 행동이 자신의 가르침과 일치하지 않으면 그 설교는 공허한 소리에 불과하다. 신자들은 설교자의 행동이 가르침과 일치하지 않는 것을 보면 그 가르침을 받아들이지 않을 것이다. 골로새서 4:6을 보라. "너희 말을 항상 은혜 가운데서 소금으로 고르게 함같이 하라 그리하면 각 사람에게 마땅히 대답할 것을 알리라" 설교자들은 특별히 언어 사용에 조심해야 한다. 한 입에서 설교와 절제 없이 내뱉는 말이 함께 나오지 않아야 한다. 설교자들은 특별히 자신의 혀를 지배할 수 있도록 기도를 많이 해야 한다. 설교자들은 자신의 혀를 성령님께 복종해야 한다. 야고보는 혀가 얼마나 큰 영향력을 발휘하는지를 강조하고 있다. "누구든지 스스로 경건하다 생각하며 자기 혀를 재갈 먹이지 아니하고 자기 마음을 속이면 이 사람의 경건은 헛것이라"(약 1:26). 또한 야고보서 3:6에서 "혀는 곧 불이요 불의의 세계라 혀는 우리 지체 중에서 온몸을 더럽히고 생의 바퀴를 불사르나니 그 사르는 것이 지옥 불에서 나느니라"고 했다. 또한 9절과 10절에서 "이것으로 우리가 주 아버지를 찬송하고 또 이것으로 하나님의 형상대로 지음을 받은 사람을 저주하나니 한 입으로 찬송과 저주가 나는도다. 내 형제들아 이것이 마땅치 아니하니라"고 했다. 따라서 바울은 항상 그의 말이 은혜 가운데서 소금으로 고르게 함같이 될 수 있도록 기도했다.

(4) 설교 소화하기

설교 원고를 다 작성한 후에는 그 내용을 충분히 소화해야 한다. 설교 준비를 처음 시작할 때부터 직접 만들어 낸 설교이기 때문에 이미 그 설교는 설교를 준비한 설교자의 일부가 되어 버렸고 설교의 본문과 준비 과정이 강단에서 기억을 되살려 주는 역할을 할 것이다. 특정한 예화나 특정한 부분에서의 전달 스타일 등을 기억해 두어야 하겠지만 설교 내용을 글자 그대로 다 외울 필요는 없다고 생각한다. 그러나 설교의 원고의 전부를 외울 필요는 없지만 설교 전달을 위해 준비하는 동안에 설교에 나오는 모든 대지들과 예화들은 모두 적어 놓을 것을 권장하고 싶다. 예를 들어 어떤 재미있는 일화를 예화로 사용하려고 한다면 그것을 어떤 방식으로 얘기할 것인가를 미리 생각해 두어야 한다. 다른 사람의 글을 인용하려고 할 때에 그것을 다 외우지 못했다면 작은 종이에 써서 설교 중에 그 내용을 직접 읽을 수도 있다. 프랜시스 베이컨은 "독서는 든 사람을 만들어 낸다. 대화는 준비된 사람을 만들어 낸다. 글을 쓰는 것은 정확한 사람을 만들어 낸다."라고 말했다. 설교자는 정확한 사람이라는 소리를 듣기를 간절히 소망한다.

설교자는 준비된 설교를 선포하기 전에 성령의 기름 부으심을 위해 간절히 기도해야 한다. 성령님은 이미 주어진 기록된 하나님의 말씀을 새롭게 조명하셔서 그 말씀 안에 들어 있는 뜻을 깨닫게 하고 정확하게 오늘 우리들의 삶에 적용시키신다. 만일 설교자가 자신의 노력으로만 설교를 준비한다면 아무리 좋은 설교를 준비했다 하더라도 초라한 설교에 지나지 않을 것이다. 그러나 설교자가 설교를 준비하는 가운데 하나님 앞에 무릎을 꿇고 기도하며, 성령의 조명하심을 따라 준비한 설교는 단순한 성경 본문의 해석이 아니라 오늘 우리들에게 들리는 살아 있는 하나님의 말씀을 전하게 될 것이다. 설교자는 설교를 준비하는 가운데 성령의 조명과 성령의 기름 부으심을 위해 기도해야 할 것이다. 그러므로 설교자는 지속적인 성경 본문을 연구해야 하며, 말씀 묵상을 통해 하나님의 음성을 듣는 훈련이 되어 있어야 한다. 그래서 필립 부룩스는 "설교는 설교자의 인격을 관통한 하나님의 말씀"이라고 하였다. 사실 어느 설교도 똑같을 수 없을 것이다. 트리니티복음주의신학교의 설교학 교수인 도널드 코건은 "매 설교의 드라마에는 세배우가 있다. 곧 성령님과 설교자와 회중석에 앉아 있는 청중이다."[57]라고 하였다. 성령은 익명의 배우지만 성령은 최고의 해석자시오, 말씀의 거룩한 주석가이시다. 설교단에서 펼쳐지는 구속의 드라마를 총지휘하는 감독이기도 하다. 그는 성경을 열어 보여 주며, 우리의 주위의 사건들을 말씀의 빛으로 보게 하며 그리스도의 존귀함을 보게 해 준다. 그는 부활하신 주께서 엠마오로 가던 제자들의 마음을 열어주신 것같이 우리의 마음을 열어주신다.[58]

57) Donald Coggan, *Preaching: The Sacrament of the Word*(New York: Crossroads, 1988), 79.
58) D. W. Cloverly Ford, Preaching Today(Epworth Press & SPCK, 1969), 30-31.

제 6 장

설교의 전달

1. 설교와 커뮤니케이션

1) 커뮤니케이션의 개념

‘커뮤니케이션’이란 무엇인가? 커뮤니케이션의 사전적인 의미는 전달 행위, 전달된 사실이나 정보, 사상이나 의견의 상호 교환, 효과적 사상(ideas)을 다루는 예술이다. 커뮤니케이션이란 말의 어원은 본래 ‘공통’ 또는 ‘공유하다’ 혹은 ‘나누어 가지다’는 의미를 지닌 라틴어인 ‘*communicare*’에서 유래된 것이다. 이 *communicare*라는 라틴어는 ‘성찬’(Lord’s supper)과 ‘어떤 행위나 상황을 공유함’을 지칭하는 기독교인적 의미(Christian Significance)의 이중성(double entendre)을 지니는 communion’(영성체)과 동일한 의미를 갖고 있다.[1] 플램(J. H. Plam)은 커뮤니케이션은 가장 넓은 의미로는 생물체와 외계가 결합되어 있다는 기본적 사실을 가리키며, 학문적으로는 생물체가 상호 간에 관계를 가지고 있다는 사실, 그리고 그것들은 서로 이해할 수 있다는 사실, 내적인 사건이나 상태를 표현하고 다른 사람에게 의미와 내용을 전달하며 어떤 특정한 행동을 하도록 요구할 수 있다는 사실을 가리킨다고 정의했고, 찰스 라이트(C. R. Wright)는 개인과 개인 사이의 의미 전달 과정으로 정의했다. 모어(William F. More)는 하나님을 믿는 사람들에게 있어 커뮤니케이션과 기독교인적 신앙 행위 사이의 밀접한 관계는 단순히 언어적 우연성에 의하여 지배되는 것이 아니라, 효과적인 가톨릭 신앙정신(Christianity)에 대한 효과적인 커뮤니케이션의 역사적 중심성(centrality)을 대표하는 것이라 보았다. 따라서 기독교적 증언(Christian Witness)이나 복음 전파(evangelism), 관리(stewardship), 교육, 선교 활동 등의 모든 것이 커뮤니

---

1) 최창섭, *교회와 커뮤니케이션 총론*(서울: 성바오로출판사, 1978), 30.

케이션 행위라는 것이다. 이런 점에서 신의 은총(grace)과 신의 재현(revelation of grace)은 신앙정신을 통해서만 가능한 커뮤니케이션 행위이다.

커뮤니케이션 연구는 다른 분야와는 달리 다음과 같은 다양한 분야의 학문과 깊은 연관을 맺어 왔다. 인류학, 예술, 생물학, 경영학, 경제학, 교육 공학, 영문학, 역사, 인간관계, 국제관계, 저널리즘, 도서관학, 언어학, 매스 미디어, 수학, 신경 생리학, 간호학, 철학, 정치학, 정신병학, 심리학, 사회 심리학, 사회학, 연설, 연극, 신학, 동물학 등과 같이 많은 학문 분야가 포함되어 있으나 그것들만이 전부가 아니다. 그 이유는 모든 인간은 커뮤니케이션의 바다 속에 살고 있다고 해도 과언이 아니기 때문이다. 설교는 일반 연설과 많은 공통점을 가지나 성경적 범주를 다루며, 성령의 사역 안에서 유일한 도움을 발견한다. 그럼에도 불구하고 설교자가 커뮤니케이션 이론가들의 발견과 통찰력에 마음을 닫아 버리는 것은 현명하지 못한 일이다. 따라서 복음을 선포하도록 하나님의 부르심을 입은 사람은 설교를 더욱더 능숙하게 잘할 수 있는 기술 습득에 관심을 기울여야 하며 교회를 섬기는 데 도움이 되는 기술을 구체화시켜야 되는 것이다.[2)]

2) 설교와 커뮤니케이션의 관계

(1) 설교는 커뮤니케이션이다

설교와 커뮤니케이션의 관계는 어떤 것인가? 첫째는 설교가 커뮤니케이션이라는 것이다. 커뮤니케이션은 설교의 기본 도구가 되므로 설교자는 인간 커뮤니케이션(human communication)을 연구해야 한다. 사실 커뮤니케이션과 관련된 학문은 모든 분야를 거의 포함한다.[3)] 그래서 데이빗 포터(David Potter)가 말한 대

---

2) 배광호, *설교학*(서울: 개혁주의실행협회, 1998), 336.

3) Myron R. Chartier, Preaching as Communication, 차원호 역, 설교에 있어서 커뮤니케이션(서울: 소망사, 1984), 14-23.

로 '모든 인간은 커뮤니케이션의 바다 속에 살고 있다'. 그러나 실제로 커뮤니케이션에 대한 이론도 학자에 따라 퍽 다르게 쓰이기도 한다. 어떤 이론가들은 커뮤니케이션을 언어, 그림, 숫자, 그래프 같은 기호(symbol)를 수단으로 하여 정보, 사상, 감정, 기술 등을 전달하는 것이라고 한다. 이런 의미에서 설교는 하나님의 말씀이 설교자를 통해 성도들에게 전달되는 것이다. 또 다른 사람들은 커뮤니케이션이란 그것을 통해서 어떤 힘을 발휘할 수 있는 전달 수단(vehicle)으로 본다. 이런 관점에서 본다면 설교는 사회적 영향력이나 통제력 안에서 설교를 듣는 사람들의 신념, 태도, 가치관 행동 등을 하나님의 말씀에 일치시키도록 노력하는 활동이라고 해석할 수 있다. 행동주의적 관점(behavioristic perspective)으로 보면, 인간의 커뮤니케이션은 언어에 의한 기호(verbal symbols)를 통해서 수신자에게 어떤 반응을 불러일으키는 것이라고 정의된다. 이 정의에 따르면, 설교는 설교를 듣는 청중들로부터 하나님의 말씀에 대한 미리 의도한 반응을 이끌어내기 위한 자극이라고 할 수 있다. 그리고 커뮤니케이션이 단일 혹은 일련의 메시지라고 할 수 있다면, 설교는 메시지의 구성과 전달 방식에 중점을 두는 메시지전달 행사라고 간주할 수 있다.[4)]

커뮤니케이션은 연설자와 메시지, 청중을 잇는 일직선 모형으로 정의된다. 이 모양의 골자는 궁수(설교자)의 화살이 하나님의 말씀(설교 내용)을 실어 표적(청중)에 명중시키는 단계적 과정으로서 청중의 태도와 신념과 행동에 변화(개종)를 줄 수 있는 효과가 있다는 것이다. 그래서 설교는 동적(動的)이며 진행적이다. 그것이 곧 커뮤니케이션과 같다는 것이다. 설교는 하나의 의도적 커뮤니케이션이다. 차티어는 커뮤니케이션을 언어적 커뮤니케이션(oral communication)과 비언어적 커뮤니케이션(non-oral communication)으로 분리하는데 전자는 단어를 기호로 사용해서 대상, 사건, 사상 등을 나타내는 메시지 행동이라고 정의할 수 있다. 그리고 후자는 메시지 행동 이외의 모든 형태, 신호 언어, 행동 언어, 사물 언어, 공간, 시간 등을 일컫는다고 한다. 그러므로 사람들은 어떤 모양이든지 커뮤니케이션을 하지 않을 수 없다. 커뮤니케이션은 말에 의한 커뮤니케이션(oral

---

4) *Ibid.*

communication)도 있고 글로 말미암은 커뮤니케이션(written communication)도 있다. 설교자는 가끔 말에 의한 커뮤니케이션만을 사용하나, 대부분의 경우 미리 준비한 원고나 설교 메모를 통해 말에 의한 커뮤니케이션이 실시되기 때문에 양자를 모두 사용할 때가 있다.[5]

(2) 설교는 대중(Mass) 커뮤니케이션 형식이다

설교는 분명히 일상적인 연설이지만 거기에는 명백한 특징이 있다. 공중 연설일지라도 공중강연이 아니며, 그것이 교훈적인 특징이 있을지라도 강의는 아니다. 그것은 대중 커뮤니케이션 형식이지만 독특하다. 이제 우리는 대중 커뮤니케이션의 몇 가지 특징을 살펴보겠다.[6]

대중 커뮤니케이션의 첫 번째 특징은 설교에도 해당되는 것인데, 공중 가운데서 행해지므로 공중 커뮤니케이션(Public Communication)이다. 설교는 모든 사람이 환영받는 열려진 교회에서 행해진다. 메시지는 특정한 한 사람을 향한 것이 아니고 모든 사람을 향한 것이다. 대체로 발신자 한 사람과 대다수의 수신자가 있기 때문이다. 이 일반적인 특징은 대중 매체의 현저한 특징이다. 그것은 가능한 많은 수신자들에게 도달하고자 하기 때문이다. 그러므로 설교 준비를 할 때 설교자는 개개인에게 말하려고 노력해야 한다. 대중 커뮤니케이션에 관하여 논쟁중인 커뮤니케이션 원리는 개인에게 말하는 화자는 다수에게 말하고 있는 반면 다수에게만 말하는 화자는 개인을 놓치기 쉽다는 것이다. 여기에서 설교자가 회중을 심방하는 것이 도움이 된다. 그가 회중들 사이에서 목회활동을 하는 동안 목회적인 귀를 갖고 성도들 개개인에게 주의 깊게 귀를 기울여야 한다. 그러할 때에야 그의 설교는 개인을 향하게 된다.

대중 커뮤니케이션의 두 번째 특징은 커뮤니케이션 과정의 균형이 같지 않다는 것이다. 우리는 발신자와 수신자가 같은 보조를 맞출 때 커뮤니케이션이

5) *Ibid.*
6) H. J. C. Pieterse, *Communicative Preaching,* 정창균 역, 설교의 커뮤니케이션(합동신학대학원대학교출판부, 2000), 191, 195.

효과적이라는 것을 보았다. 그런데 대중 커뮤니케이션의 경우에는 그렇지 않다. 왜냐하면 어떤 의미에서 발신자가 결론을 가지고 있기 때문이다. 대중 매체는 수신자가 복종해야 하는 힘을 갖고 있으며 그에게 피드백에 기여할 동등한 기회를 주지 않는다. 설교에서는 보통 불평등한 입장에서 커뮤니케이션이 행해지는데, 이렇게 되는 이유로서 설교자의 권위가 존재한다. 회중은 설교에 끼어들 수 없으며 나중에도 보통 토론의 기회도 없다. 이와 같이 대중 커뮤니케이션에는 균형이 없다.

대중 커뮤니케이션의 세 번째 특징은 피드백이 두 가지 이유로 문제시되고 의심스럽다는 점이다. 먼저 수신자들은 대중 매체를 자유롭게 사용할 수 없다. 왜냐하면 그것은 보통 조직이나 그것을 통제하는 데 필요한 뛰어난 정치적인 세력을 가진 개인의 소유이기 때문에다. 또 하나는 수신자가 매체에 접근하려고 해도 그것의 기술은 보통의 수신자가 이용할 수 없을 정도로 특별한 훈련과 전문기술을 필요로 한다. 결국 방대한 수의 수신자들은 매체를 통한 대화자의 메시지에 효과적으로 반응하는 것은 불가능하다는 사실만을 발견한다. 설교에서도 사람들은 설교를 이해하지 못하면 단지 교회에서 떨어져 있을 뿐이다. 참여하지 않은 오랜 습관 때문에 참여할 기회나 동기가 부족하다. 이러한 피드백의 부족은 우리가 지금 보았듯이 모든 커뮤니케이션의 특유한 특징이다. 결과적으로 독백 설교에는 여러 가지 한계가 있다.[7)]

(3) 커뮤니케이션과 대화는 예배 이전에 시작된다

신학적으로 설교는 대화로 구성되는 것으로 겉으로 보기에는 독백 같지만 본질적으로는 대화이다. 그러나 오늘날 교회에서 실시되고 있는 독백적인 설교에 압력이 가해지는 것은 현대 세계에서 커뮤니케이션이 점차 중요해지고 있다는 사실 때문이다. 결국 설교가 적절하게 전달되려면 교회 밖에서의 일상적인 관계에서 이루어지는 설교자와 회중 간의 건전한 커뮤니케이션이 중요하다. 설

---

7) *Ibid.*

교가 실제로 전달되기 전과 후, 전달되는 도중 그것은 대화로 둘러싸여야 한다. 커뮤니케이션의 두 가지 원리는 설교의 성공이나 그것의 부족을 미리 결정하는데 중요하다. 그것은 인간적인 교제와 신뢰인데, 이 두 가지는 커뮤니케이션을 향상시킬 수 있고 부족하면 커뮤니케이션을 방해한다.

대화가 커뮤니케이션의 기본적인 요소이므로 말하기와 듣기가 중요하다. 설교자와 회중들의 삶 가운데 두 가지 측면은 오랫동안 인간적인 교제를 확립하기 위하여 계속 주의를 기울여야 한다. 분명히 교제는 설교자의 목회 활동이다. 필요한 것은 규칙적인 목회적 방문, 그룹 사역에의 참여 그리고 목회적 준비이다. 사람들이 목회자에게 자기 마음을 열고 인간성과 개성을 스스로 드러내기까지는 오랜 시간이 걸리므로 목회자가 오랜 기간 동안 같은 회중에 머물러 있어야 한다.

예배 전에 발생하는 대화와 커뮤니케이션에서 중요한 또 다른 요소는 구역원들 사이의 관계이다. 그들이 서로 잘 알면 알수록 그들의 신앙적 관계와 대화의 관계가 깊어지긴 하나, 설교 시간 전후 그리고 설교 중에 설교자와 회중 사이뿐 아니라 회중들 서로 간에도 대화가 더 잘 이루어지게 된다. 그들은 회중 안에서 주님으로 인해 셀 수 없이 많은 국면들에서 동역해야 한다. 사람들이 한 팀으로 동역할 때 커뮤니케이션이 풍성하게 된다. 그러므로 활력 있고 헌신된 회중은 설교의 커뮤니케이션에서 결정적으로 중요하다.[8]

(4) 설교 중의 커뮤니케이션은 적극적인 대화를 실행한다

설교는 회중을 향하여 선포되고 전달되어야 하며, 회중으로 하여금 실감하게 해야 한다. 설교는 또한 청중 안에서 발생해야 하는데, 그렇게 할 때에만 설교가 이루어지는 것이다. 욘커(W. D. Jonker)는 설교가 주석 없이는 존재할 수 없지만 설교는 사람들에게 전달되어야 한다는 점에서 단순한 주석 이상의 것이라고 지적하고 있다. 우리가 지금까지 설교에 관해서 말한 모든 것이 이제 역

---

8) *Ibid.*

할을 수행하기 시작한다. 선포되는 사건(spoken event)은 설교에서 위대한 순간이다. 설교에 관한 모든 논의는 사람들, 즉 우리 주님의 교회 가운데서 이루어지는 이 선포되는 사건에 목표를 둔 것이다. 설교자는 설교에서 회중 간에 선포되는 말에 관해서 자신 없어 할 필요가 없다. 선포되는 말은 굉장한 힘이 있다. 언어가 우리 마음의 본체라면, 말은 행동이다. 주어진 상황에서 적합한 말을 발견하여 말할 수 있는 사람은 혼돈으로부터 의미를 창출하는 것이다. 그의 말씀을 통하여 하나님은 혼돈으로부터 창조를 하셨다. 설교자와 회중이 성경에 관한 대화에 참여할 때 그들의 말 가운데서 하나님의 말씀이 들린다면, 그때 신적인 말씀이 현실화되는 것이며 사물은 이제 더 이상 설교 이전과 같은 상태가 아니다.

설교의 대화적 성격은 설교의 전달에서 매우 분명하게 나타나는데, 준비 단계에서 설교는 이미 대화적으로 계획되어야 한다. 대화는 회중의 삶의 세계를 설교 안으로 끌어들여서 성도들로 하여금 말씀의 호소에 반응하게 해야 하는 것을 의미한다. 이것은 분명히 예수님의 설교 방식이었다. 선한 사마리아인의 비유에서 그의 청중들의 삶의 세계가 그의 '독백'에서 생생하게 묘사되고 있으며, 그 호소력이 너무나 강렬히 목적을 향하고 있으므로 그들은 반응하지 않을 수 없었다.

그러나 설교 준비 중에 형성된 이러한 대화는 그것이 대화적 성격을 지닐 것이라는 확신을 주기에 충분치 않다. 실제로 설교하는 동안, 특히 설교자와 청중들 간에 계속해서 일어나는 비언어적인 커뮤니케이션을 통하여 이 성격이 유지되어야 한다. 그러나 그들 간에 그러한 비언어적인 대화의 상호작용은 몇 가지 조건에 의존한다.

설교자는 설교를 하는 동안 회중의 눈이나 얼굴, 그들의 자세 등의 표현에서 그들의 반응을 인지하는 방법으로 회중과 접촉해야 한다. 이것들은 회중에게서 설교자를 향하여 가는 메시지들이다. 사람은 늘 무언가를 전달하고 있기 때문이다. 설교자 쪽에서도 또한 몸짓 언어를 사용한다. 설교자는 사람들의 반응에 열려 있고 그들에게 반응하기를 배워야 한다. 이 목적을 위하여 그는 매우 자발적으로 설교를 전해야 하며 눈을 설교 원고에 고정시켜서는 안 된다.

설교 중에 비언어적인 대화가 효과적이기 위해서는 설교자가 진실되고 일관성이 있어야 한다. 사람들은 우리가 무엇을 말하는가가 아니라 우리가 어떻게 말하는가에 주로 주의를 기울인다. 마음으로부터 진실되게 말하는 사람은 그가 비록 유창한 연사가 아닐지라도 의사를 잘 전달한다. 설교자가 자신이 전달하고 있는 메시지에 진정으로 사로잡혀 있다면 청중에게 분명하게 다가갈 것이다. 설교자의 인격이 당연히 설교 중의 비언어적인 대화에 중요한 영향을 끼친다. 그러므로 설교자는 항상 그의 인격이 설교 안에 들어가 있어야 한다는 의미에서 인격적으로 설교해야 한다. 설교가 진행되는 동안 회중에게도 큰 요구사항이 있다. 듣는 것은 활동이며, 커뮤니케이션의 기본적인 행동 가운데 하나이다. 그리고 설교자의 듣는 행위만큼 중요하다. 신실한 청중은 설교자 못지않은 노력과 열정을 설교에 기울일 것이다. 듣는 것 또한 기술이며 듣는 회중은 이 기술을 훈련해야 한다.[9]

(5) 설교 후의 커뮤니케이션과 대화는 지속된다

설교 후에는 피드백의 기회가 온다. 설교 과정에서는 대화를 나누었다. 설교자와 회중 간의 실제적인 상호작용이 그들의 비언어적인 커뮤니케이션을 통하여 표현된 설교자의 말과 회중의 듣기에서 실현되었다. 설교 후에 피드백은 성도들 사이에서, 또 성도들과 설교자 간에 언어적인 대화로 바뀐다. 이것은 설교 후 즉시, 혹은 예배 후에 성도들이 질문을 하고 그들의 생각을 표현하는 기회가 이루어지는 것을 의미한다. 그것은 메시지를 의심하는 문제가 아니며 케리그마의 선포적 성격이 논점이 될 필요는 없다. 잘못된 생각이 밝혀지고, 이러한 방법으로 커뮤니케이션의 소음이 제거될 것이다. 그러나 여기에는 그것 이상의 것이 있다. 거기에는 또한 말씀을 통한 대화가 있어야 한다. 설교의 권위는 모든 선포의 위대한 주체이신 하나님의 것이다. 우리는 열린 대화로 우리가 복음에 실망할까 봐 두려워 할 필요가 없다. 회중이 질문과 의심을 가지고 다가올

9) *Ibid.*, 240-43.

때 설교자는 말씀의 보물함을 그들에게 열어 성경으로 그들을 훈육할 기회를 갖는다.

설교를 논의할 때 두 가지 극단이 있는 것 같다. 한편에서는 회중이 설교의 내용에 대해 공동 결정하고 어떤 의미에서는 공동 책임을 진다. 그들은 설교자를 회중에게 초청하였으므로 책임이 있다. 그들은 설교 전에-목회적 방문과 다른 접촉, 즉 성경 공부와 설교 연구그룹을 통하여-대화를 나누었다. 어떤 의미에서 그들은 설교의 내용을 공동 결정한다. 왜냐하면 어떤 설교자든지 설교 준비를 하고 설교를 전달할 때 의식적으로나 무의식적으로 청중을 고려하기 때문이다. 그러나 더욱 중요한 것은 회중에게도 말씀과 성령이 있다는 것이다. 그들은 그리스도의 몸이다. 이러한 이유로 그들은 성경에 근거한 대화에 참여할 수 있으며 말씀을 선포하고 서로를 가르칠 수 있다. 그러므로 설교 후의 토론은 설교자 자신의 관점만을 기초로 한 논쟁이 되어서는 안 된다. 그것은 하나님의 말씀 안에서 하나님의 말씀을 통한 풍성함이어야 한다.

다른 한편에서의 극단은 회중은 설교하지 않고 케리스(*keryx*), 즉 하나님의 사자에게 귀를 기울인다. 설교자의 임무는 부분적으로는 회중을 가르치는 비평적인 도구로 하나님의 말씀을 사용할 것을 의미한다. 이들 극단은 둘 다 중요하므로 그들 간에 균형을 유지하기 위하여 노력해야 한다. 토론이 결실을 맺기 위해서는 목회자가 그것을 인도하고 조직해야 한다. 그는 단지 강단에 머물러서 한 몸인 청중에게 질문이 있는지 물어서는 안 된다. 토론은 어떻게 조직되어야 하는가? 하나의 방법으로는 회중들이 앉아 있는 그대로 그들을 그룹으로 나누어 그룹 토론을 하도록 한 뒤에 보고를 하게 하는 것이다. 그런 다음 마지막으로 설교자와 상호작용을 하는 것이다. 그룹 토론의 다른 형태들도 마찬가지로 효과적이다. 교회 건물 내의 다른 방들에서 그룹 모임을 갖게 한 후 피드백을 위해 다시 교회로 돌아오게 하는 것도 고려해 볼 만하다. 설교 연구그룹에서 예배 전에 이루어진 대화는 예배 후 회상 토론회(retrospective discussion)에서 계속되어야 한다. 이 피드백은 본문의 메시지가 핵심을 찔렀는지, 그것이 성도들의 일상생활에 도움이 되었는지 보여 줄 것이다. 그것은 또한 설교자가 설교의 커뮤니케이션을 향상시키고 청취자들이 설교에서 무엇을 기대하는지를 발견하는 데 도움이 된다. 그러한 회상적 대화는 목회 심방 시 각 교구의 가정, 또 주중 교회 모임, 그리고 교회협의회 모임에서 실시되어 설교에 관한 커뮤니케이션의 기회로 사용되어야 한다.[10]

3) 커뮤니케이션과 설교의 명확성

설교가 정확하게 전달되는 커뮤니케이션의 효과를 높이기 위해 설교자는 정확하고 명확한 커뮤니케이션을 할 수 있도록 관심을 가지고 노력해야 한다. 설교자가 메시지를 상대방에게 명확히 전달하기 위해서 지켜야 할 몇 가지 원칙들이 있다. 이 원칙들은 커뮤니케이션의 목표, 자세, 기술, 관계 요인(the frame of reference) 등과 밀접한 관계가 있다. 그러므로 설교자는 미리 무엇을 전할 것인가에 대한 분명한 목표를 가지고 있어야 한다. 차티어는 설교에 있어서 커뮤니케이션에서 메시지가 상대방에게 명확히 전달되기 위한 몇 가지 원칙들을 제시하였다.[11]

(1) 커뮤니케이션의 목표

설교자는 전달하고자 하는 내용, 즉 청취자의 가슴속에 심어주고자 하는 의미를 미리 명확하게 구상해 놓아야 할 필요가 있다. 즉, 설교의 목적 달성을 도와줄 명확한 주제나 핵심적인 주장이 포함되어야 한다. 이러한 첫 번째 원칙은 복잡하거나 애매한 내용을 설교할 때 특히 효과가 있다. 성도들에게 무엇인가를 확신시키며, 정보나 의견을 나누고자 할 때는 주제에 대하여 명확히 파악해 놓고 있어야 한다.

10) *Ibid.* 245–47.
11) M. R. Chartier, *op. cit.*, 82–95.

(2) 전달자의 기본자세

커뮤니케이션의 '정확성'(accuracy)은 메시지를 전달하는 사람의 기본자세에 의해서도 상당한 영향을 받는다. 전달하는 사람의 기본자세가 정도 이상으로 긍정적이거나 혹은 부정적으로 치우쳐 있다면 커뮤니케이션의 '정확성'은 그만큼 떨어지기 쉽다. 왜냐하면 사람들은 각자 가지고 있는 편견에 따라 듣는 내용을 평가하려는 성향이 강하기 때문이다.

(3) 커뮤니케이션의 기술

커뮤니케이션의 명확성(clarity of communication)은 메시지 전달자와 청취자의 커뮤니케이션 기술(communication skills)의 좋고 나쁨에 따라 크게 좌우될 수 있다. 설교자가 말을 잘한다는 것과 내용을 통찰력 있게 구성하고 생생한 언어를 사용하며, 의미를 분명하게 해 주는 적절한 몸짓을 사용할 줄 안다는 것은 전혀 별개의 문제이다.

(4) 개인적인 배경에 따른 특성

커뮤니케이션은 의미(meanings)를 상대방과 공유하는 과정이라고 말할 수 있다. 사람들은 제각기 색다른 특성을 갖고 있다. 이런 특성은 가족, 친구, 학교, 교회를 통한 다양한 문화적 배경 속에서 얻어진 삶의 경험과 결단의 과정에 의하여 형성된다. 모든 사람은 인식, 사고, 감정, 행동 등의 각 영역에 대한 개인적인 배경을 갖고 있다. 이러한 개인의 특성은 커뮤니케이션의 성공과 실패를 좌우할 수 있는 중요한 영향력을 지니고 있다.

(5) 커뮤니케이션의 환경

설교의 명확성에 영향을 미치는 요인 중에는 물리적 환경(physical context)이 있다. 이 말은 설교 장소가 조그마한 교회당인가 아니면 대교회당인가 또는 축구 경기장처럼 옥외 집회인가에 따라서 커뮤니케이션의 효과는 달라진다는 말이다. 어느 일정한 환경에서 설교자와 신도들에게 필요한 커뮤니케이션의 '명확성'과 '정확성'의 정도는 커뮤니케이션 기술(communication skills)과 사용 가능한 커뮤니케이션 경로(communication channels)의 숫자에 따라 결정된다. 또한 중요한 설교 내용이 어느 정도 반복될 수 있는가와 목회자와 성도 상호 간의 인간관계도 이에 영향을 미치는 주요한 요인이 된다. 그러므로 설교자는 어떤 환경에서 설교를 하더라도 달성할 수 있는 커뮤니케이션의 명확성이 어느 정도인가를 미리 계산해 두어야 할 필요가 있다.

(6) 메시지의 기호화

설교자가 전하고자 하는 생각을 명확하게 하기 위해서는 메시지의 기호화(encoding a message)가 필요하다. 즉 메시지가 성도들과 관련성을 가질 수 있도록 하고, 전하고자 하는 생각을 가능한 한 단순화하며, 먼저 개념을 정한 후 그 개념의 전개에 앞서 그것들을 미리 설명하는 것이 필요하다. 그러고 난 다음 체계적인 단계로 구성하고 메시지의 중요 개념을 계속 반복하며, 새로운 내용과 그 이전의 내용을 연관시켜 나가되, 설교 내용 중에 가장 필수적이고 중요한 면을 중점적으로 강조해야 한다. 설교 내용의 명확성(clarity)과 정확성(accuracy)을 더 완전하게 하기 위하여 일곱 가지의 원칙들이 필요하다.[12)]

① 성도들이 쓰는 말을 사용하여 메시지가 그들과 연관성을 가질 수 있도록 하라(관련성의 원칙).
② 가능한 한 가장 간단한 말로 내용을 설명하라(단순성의 원칙).
③ 새로운 개념은 미리 정의를 내려 주고, 설교에 사용하기 전에 세밀히 설명하라(선정의 원칙).

---

12) *Ibid.*

④ 내용은 한 번에 한 가지씩 단계별로 전달하라(구성의 원칙).
⑤ 메시지의 주요 부분은 적당히 반복하여 강조하라(반복의 원칙).
⑥ 새로운 사실은 성도들이 이미 알고 있는 지식과 비교하거나 대조하여 이해시켜라(비교대조의 원칙).
⑦ 설교의 어느 내용을 특별히 강조할 것인가를 결정하라(강조의 원칙).

(7) 커뮤니케이션의 경로(channels)

메시지가 일단 구성이 되면 하나 혹은 그 이상의 커뮤니케이션 경로를 통하여 전달하게 된다. 따라서 명확한 전달을 위해서 도움이 되는 몇가지 요인들을 기억해야 할 것이다.
① 명확성을 기하기 위해 되도록 많은 커뮤니케이션 경로를 사용하라.
② 여러 커뮤니케이션 경로에서 드러나는 피드백(feedback) 현상을 주시하고 활용하도록 하라.
③ 소음은 없애 버리거나 줄이도록 하라.
④ 커뮤니케이션 경로의 정보 처리 능력과 모인 사람들의 성격에 따라 메시지의 양과 전달 속도를 조정하라.

4) 커뮤니케이션과 성령의 역할

성령은 설교를 준비할 때 설교자에게 영감을 주고, 실제로 강단에서 설교할 때 열정을 주며, 설교가 행해진 뒤에 청중들의 마음을 변화시켜서 하나님 앞에 헌신하도록 하는바 열매를 맺게 하는 원동력이 되는 것이다. 요한 낙스(John Knox)는 말하기를 "참된 설교는 처음부터 끝까지 성령의 역사이다."라고 했다.[13] 설교에 관한 글을 쓰려는 사람은 누구나 이 견해에 이의를 제기하지 못

13) John Knox, *The Integrity ol Preaching* (Nashville: Abingdon Press, 1957), 89.

할 것이다. 인위적인 그 어떤 방법보다도 여기서 말하는바 성령의 역사는 하나님의 존재를 인정하고, 그의 보내신바 독생자 예수 그리스도를 신뢰하며, 오늘의 삶의 길을 바로 인도하는데 가장 중추적인 역할을 담당하고 있음을 받아들이게 된다. 바클레이(William Barclay)는 "설교자는 학자일 수도, 교회의 행정가일 수도, 교회의 대변인일 수도, 재치가 번뜩이는 설교가일 수도, 사회개혁가일 수도 있다. 그러나 그가 성령의 사람이 아니라면 아무것도 아니다"라고 했다.

칼빈(John Calvin)도 "성령의 역사는 인간과 더불어 시작된다. 설교자는 성령이 만들므로 설교자가 되기를 원하는 사람은 성령으로 채워져야 한다."고 하였다.[14] 설교 시에 성령의 역할을 강하게 인정하면서도 전적으로 여기에 의존하는 설교자가 적다는 것은 역설적인 일이 아닌가? 그러므로 결코 인간적인 차원에서의 일반 커뮤니케이션의 수단만으로는 효과를 기대하기 어렵다.

(1) 성령과 설교자

성령은 사람과 더불어 시작하신다. 성령은 설교자를 만드신다. 특히 사도행전에서 의사 누가의 묘사는 세계 선교분야에서 인도하시고 도우시는 성령의 역할을 분명하게 보여 주고 있다. 특히 설교자의 생활 가운데 성령으로서의 하나님이 하시는 일은 무엇인가? 성령은 설교자를 변화시키신다. 성령은 설교자를 봉사자라고 부르신다. 성령은 성경을 조명해 주신다. 성령은 그의 증인들에게 능력을 주신다. 성령은 설교자를 통하여 사람들을 변화시키신다. 지금도 성령은 숨겨져 있는 설교자들을 변화시키어 섬기라고 부르신다.

(2) 성령과 설교

설교와 일반 연설의 차이점은 어디에 있는가? 3가지 측면에서 생각해 보자.

첫째, 설교는 그 정의에 따라서 성경의 진리를 전하는 것이어야 한다. 그 주제는 성경에서 추론되어야 하며 그리스도 중심적이어야 한다. 성경은 설교를

---

14) John Calvin, *Institutes of Christian Religion* Ⅲ. 2. 23.

판단하나 설교가 성경을 판단하지는 못한다. 기독교의 설교는 언제나 이런 본성을 지녀야 한다.

둘째, 설교는 확신적인 기대가 있다. 설교자는 진리를 말로만 전하는 것이 아니라 진리대로 살아야 한다는 것을 의미한다. 말과 행동의 분리 현상이 커뮤니케이션을 가로막는 것이 된다.

셋째, 참된 설교자는 성령님을 이용하는 것이 아니라 성령님께서 그 설교자를 이용하신다. 즉 하나님의 능력이 설교자를 지배하는 것이다.[15] 그러면 성령께서는 설교와 어떻게 관계를 맺으시는가? 이 문제를 가장 포괄적으로 다룬 사람은 페리스 휫셀(Faris D. Whitesell)이다. 그는 말하기를,

> "성령께서는 때를 맞추어 우리가 올바른 성경 말씀을 선택하도록 인도해 주신다. 그는 우리가 성경을 연구하기 위하여 읽어야 할 책을 선별하도록 인도해 주시며, 그 본문을 연구할 때 조명해 주시고 통찰력을 주신다. 그는 우리의 기억을 도우시며 관련되는 성경구절이 기억나게 하시고 알맞은 예화를 떠오르게 하신다. 그는 우리가 본문에 집중할 때에 기쁨을 주시고 설교원고를 쓰거나 말로 표현해 볼 때에 힘을 주신다. 그는 우리가 실제로 설교할 때 용기와 확신을 주시고, 설교하는 도중에 새로운 생각들이 떠오르게 하시며 전해야 할 것들을 덜 빠뜨리게 하신다. 그는 청중을 하나로 만드시며 주의를 기울이게 하시고 마음을 열게 하시며 기대하였던 방법은 물론 기대하지 못했던 방법으로도 말씀을 적용하게 하신다. 성령께서는 확신을 주시며 회개시키시며 위로를 베푸시고 영감을 주신다. 그는 의로 책망하시고 바르게 하시며 가르치신다. 그는 듣는 사람들의 마음과 기억 속에 말씀을 심으셔서 그것이 옥토에 뿌려진 씨처럼 열매를 맺게 하신다. 그렇다면 성령의 권능과 관계없이 설교를 준비하고 말씀을 전하려고 하는 것이 얼마나 어리석은 일이겠는가?"라고 했다.[16]

커뮤니케이션의 모든 행동은 내용과 관계의 두 가지 차원을 가지고 있다. 내

15) 정성구, *op. cit.*, 666-67.
16) Faris D. Witesell, *Power in Expository Preaching* (Grand Rapids: Baker Book House, 1965): J. D. Bauman, *An Introduction the Contemporary Preaching* (Grand Rapids: Baker Book House, 1972), 282-83.

용 차원은 상징들의 조정을 통하여 커뮤니케이션이 되며, 결과적으로 메시지의 언어적 부분이 되는 것이다. 이 내용 차원은 커뮤니케이션의 '자료'를 전달하는 것이고, 거기에 반하여 관계 차원은 어떻게 커뮤니케이션이 받아들여지는가를 말해 준다. 설교에도 내용의 차원과 관계의 차원이 있다. 다시 말하면 무엇을 말해야 하는가의 문제와 어떻게 전달할 것인가의 문제가 있다는 말이다. 설교자에게는 설교를 작성하는 것만 중요한 것이 아니고 그보다 더 결정적으로 설교를 어떻게 보다 더 설득력을 가지면서 효과적으로 전달(커뮤니케이션)할 것인가가 문제이다. 그러나 설교는 하나님의 말씀의 선포이며 하나님의 말씀은 성령으로 기록되었기 때문에 성령께서 설교할 때 설교자와 청중에게 함께 작용할 때 완전한 커뮤니케이션이 이루어진다.[17]

2. 설교와 청중 분석

1) 청중 분석의 중요성

커뮤니케이션에 대한 행동적 연구 방법의 가장 중요한 공헌 가운데 하나는 청중에 초점을 맞추었다는 것이다. 이렇게 청중에 초점을 맞춤으로써 청중에게 일어난 결과 곧 변화된 태도, 신념, 가치 등을 관찰할 수 있게 될 것이다. 그러나 이러한 견해에 대한 의견이 다양하다. 제이 E. 아담스(Jay E. Adams)는 그의「목적이 있는 설교(Preaching with Purpose)」와「바울의 설교와 강연에서의 청중 적응(Audience Adaption in the Sermon & Speeches of Paul)」에서 청중을 분석하는 것이 중요하다고 강조하고 있다. 그러나 청중에 대한 관심과 분석하는 측면에 대해서 반대하는 사람들도 있다. 즉, 청중들의 수준에 맞게 메시지의 내용을

17) 정성구, *op. cit.*, 669.

각색하는 것은 청중들로 하여금 설교자를 조종하게 하는 위험한 행위라고 생각하는 것이다. 로이드 존스(Lloyd-Jones)는 강하게 반대한다. 그는 설교자가 사람들에게 참된 설교를 할 수 있도록 설교 전에 청중들의 정확한 상태를 반드시 알아야 한다는 것을 거짓 주장이라고 한다. 따라서 설교자는 그의 청중에 관한 개인 상황들을 알 필요가 없다고 한다. 그 이유는 설교자 앞에 있는 모든 사람이 같은 질병(the same disease)인 죄로 하나같이 고통을 받고 있기 때문이다. 그리고 그는 "교회의 영광(the glory of the church)이란 교회가 모든 유형의 사람들, 모든 계층의 사람들, 가능한 한 다양한 인간성을 가진 사람들로 구성되어 있다는 것이며, 그들이 이러한 공통적인 생활(this common life)을 누리고 있기 때문에 함께 모이고 똑같은 설교를 즐길 수 있다는 것"이라고 한다.[18]

물론 그의 말대로 명백히 하나의 한계 목적이 수단을 정당화시키지 못한다(the end does not justify the means)는 것은 맞는 원리이다. 그러나 청중들을 무시한 채 메시지가 준비되어 전달될 때에는 과연 얼마나 효과적으로 말씀이 전파될 것인가를 우리는 질문해 보아야 할 것이다. 우리는 효과적인 말씀 전파를 위해서 청중들을 무시할 수 없다. 하나님의 의사소통 방식이 청중 중심적이기 때문이다. 하나님께서는 구약 시대에 자신의 메시지를 그의 백성들에게 바로 전하기 위해서 선지자라는 매개체를 통해서 각색하는 것을 우리는 볼 수 있다. 신약에서 사도 바울은 청중들에 따라서 그들에게 맞는 설교를 전한 기록이 나오는데, 때로는 감정에, 때로는 이성에 호소했으며 권위 있는 사람의 말을 인용하기도 했고, 다양한 어휘를 구사했으며, 불필요한 논쟁을 피하기 위해 논점들을 신중히 선택했고, 청중들의 관심사와 희망과 필요들에 관심을 두었다.

하나님은 그의 구원계획을 역사 속에서 점진적으로 계시하실 때, 그의 청중들의 능력에 적합하게 계시해 나가신다는 것을 알 수 있다. 그러므로 하나님의 말씀을 효과 있게 전달하기 위해서는 청중들에 대한 관심과 분석이 필요한 것이라 할 수 있다. 청중들은 자신들이 처해 있는 상황에서 그 메시지를 해석하려 하기 때문이다. 하나님의 말씀이 선포될 때 자신의 처지와 형편과는 동떨어

---

18) Llyod Jones, *op. cit.*, 133-35.

진 메시지를 대부분의 청중들이 듣는다면 별 관심이 없기 때문에 싫증과 피곤함을 느끼게 된다. 룰 L. 하우(Reuel L. Howe)는 그의 저서 「설교의 파트너」(Partners in Preaching: Clergy & Laity in Dialogue)에서 청중들의 설교에 대한 반응을 심각하게 보고 설교 후에 그 교회의 각 계층을 대표하는 평신도들을 모아서 다음의 몇 가지 질문을 가지고 토의한 결과를 제시하였다.[19)]

◈ 질 문

㉮ 설교자는 당신의 가슴에 무엇을 이야기해 주었는가?

㉯ 당신이 들은 메시지와 당신의 생활 사이에 차이가 있다고 한다면 그 차이는 무엇이라고 생각하는가?

㉰ 설교자가 사용한 방법, 언어, 예화, 전달기술은 당신이 그의 메시지를 듣는 데 어떻게 도움을 주거나 방해가 되었는가?

㉱ 예배와 설교의 관계는 어떠하다고 보았는가?

㉲ 당신은 설교자가 설교를 하는 데 도움을 주었는가? 도움을 주었다면 설명해 보아라.

◈ 청중들의 반응

㉮ 이구동성으로 불평하는 것은 설교가 너무 많은 관념들을 전달하므로 그 관념들을 삶의 의미와 관련시킬 만큼 마음속에 오래 간직할 수 없다는 것이다.

㉯ 설교 분석은 너무 많이 하면서도 대답은 너무 적다.

㉰ 설교가 너무 형식적이고 개인과 관계가 없는 것이다.

㉱ 설교자들은 평신도들이 실제로 가지고 있는 것보다 더 훌륭한 지식을 가지고 있으며, 성경적, 신학적 지식과 언어에 대하여 실제보다 더 잘 이해하는 것으로 가정한다. 그 결과로 청중들은 설교자가 전하는 다양하고 생생한 관념을 제대로 설명하지 못하고 설교의 요지를 파악하는 데 실패한다.

㉲ 설교가 너무 딱딱한 명제들로 되어 있으며 그런 설교는 예화가 너무 적

---

19) Reuel L. Howe, *Partners in Preaching: Clergy & Laity in Dialogue,* 정장복 역, *설교의 파트너*(서울: 양서각, 1982), 117-35.

고 그리고 예화가 있어도 그것은 너무 문학적이어서 도움이 안 된다.

㉥ 너무나 많은 설교가 단순히 좋은 목표에 도달했지만 책임 있는 행동으로 옮겨 실행하도록 하지는 못한다.

위의 내용들은 소위 말하는 전통적 설교에서 설교자가 목적하고 있는 내용이 제대로 전달되지 못하고 있다는 것이다. 따라서 설교 커뮤니케이션의 심각한 문제가 해결 과제로 주어진 것이다.

2) 청중 분석의 기초

(1) 청중의 필요를 읽어라

설교자는 청중이 지금 무엇을 필요로 하는지에 대해 민감해야 한다. 매슬로우는 인간의 기본적인 욕구를 7단계로 분석하였는데, 이 분석을 통해 우리는 한 사람의 청중이 무엇을 단계적으로 필요로 하고 있는가를 알 수 있다. 즉 1단계: 육체적 필요, 2단계: 자기 필요, 3단계: 사랑·예정·소속감, 4단계: 자기존중, 5단계: 자기실현, 6단계: 지식·이해, 그리고 7단계: 미(美)로 분석하고 있다.[20] 매슬로우는 인간의 가장 기본적인 필요는 육체적인 필요, 즉 먹을 것, 입을 것, 휴식, 성에 대한 욕구라고 말했다. 다음은 자기 자신을 안전하게 할 필요이다. 경제적인 안정, 정서적인 안정, 사업과 직장에서의 안정에 대한 욕구이다. 다음은 소속에 대한 필요인데, 이것은 사랑하고 사랑받고자 하는 인간의 욕구이다. 다음은 자아 존중의 필요성이다. 스스로에 대해 한 인간으로서 인정받고 싶은 욕구이다. 이 욕구가 실현되지 못하면 인간은 자기 갈등을 겪게 된다. 여기서 더 나아가 자기실현의 필요를 느끼게 된다. 자기가 세운 꿈과 목표, 야망을 성취하고자 하는 욕구를 가진다. 그 위에 있는 필요는 지식과 이해에 대

20) 김의종, *릭 위렌의 설교 분석 리포트*(서울: 한국강해 설교학교출판부, 1999), 49-54.

한 필요이다. '삶이 무엇인가, 신은 존재하는가, 인간의 최고의 선은 무엇인가?' 등과 같은 지식을 알고자 하는 욕구이다. 마지막 필요는 인간에게 궁극적으로 필요한 것으로 심리적인 필요이다. 즉 아름다움에 대한 추구, 조화에 대한 추구가 있다.

매슬로우는 의식주와 같이 살아가기 위해 절대적으로 필요한 것이 채워지고 난 다음에 자아실현이라든가 지식에 대한 욕구, 심리적인 필요로 나아간다고 이야기하였다. 그리스도인이 이러한 욕구 충족의 단계에 전적으로 얽매여 있는 것은 아니지만, 욕구 충족의 단계를 완전히 초월하는 것이 아님을 주지해야 한다. 설교자는 아래 단계의 기본적인 욕구충족이 되어야 다음 단계로 나아갈 수 있다는 사실을 기억해야 한다. 당장 먹을 것이 없는 사람에게 인생이 무엇이고 가치 있는 삶이 무엇인지를 논하는 것은 설득력이 없는 일이다.

(2) 청중의 정체성을 파악하라

① 청중을 대상별로 분석하라

나이, 결혼 상태, 수입, 교육, 직업으로 청중들의 분포를 살피는 일은 중요하다. 젊은 청년들은 내세에 대해서 별로 관심이 없다. 젊은 청년들이 많은 곳에서 내세에 대해서 설교한다면 별로 설득력이 없을 것이다. 이들에게는 예수 그리스도를 믿는 것이 현재적으로 어떤 의미를 가지고 있는지를 강조해야 한다. 반면 노인들은 내세에 더 많은 관심을 가지고 있다. 결혼을 한 사람과 미혼인 사람의 관심도 많이 다르다. 저소득층과 중산층, 고소득층은 각각 다른 문제에 관심을 가지고 있다. 고등학교를 졸업한 사람과 대학원까지 졸업한 사람은 다른 관점을 가지고 세상을 바라본다. 이처럼 청중들은 그들의 상황에 따라 다양한 관심과 시각을 가지고 있다. 청중들을 대상별로 분석하게 되면 청중들의 관심이 무엇인지 쉽게 파악할 수 있게 된다.

② 지역 사회를 분석하라

지역 사회를 분석하는 것은 청중의 정서를 이해하는 것이다. 도시 사람은 도시의 정서를 가지고 있고, 농촌은 농촌의 정서를 가지고 있다. 이 특유한 정서는 쉽게 사라지거나 변하지 않는 성질을 가지고 있다. 농촌에 가서 도시의 정서로 설교를 한다면 청중들은 거부감을 가지게 될 것이다.

③ 청중의 영적인 상태를 분석하라

다시 말하면 청중의 신앙의 상태를 파악해야 한다는 것이다. 젖을 먹어야 하는 어린아이에게 밥을 먹이는 것은 어리석은 일이다. 소화를 시키지 못할 뿐 아니라, 건강에도 해를 끼칠 수 있다. 그러므로 청중의 영적인 상태를 파악하는 일은 매우 중요하다. 릭 워렌 목사는 성도들을 군중, 등록 성도, 헌신된 자, 핵심 멤버로 구분하였다. 이것은 교회 내 성도들을 영적인 상태에 따라 분류한 것이다. 이렇게 분류하고 나면 방향이 정해진다. 군중은 등록 성도가 되도록 이끌어야 한다. 등록 성도는 헌신된 자로, 헌신된 자는 핵심 멤버로 인도해야 한다. 설교의 방향도 영적인 분류에 따라 달라진다. 군중이 등록 성도가 되도록 하는 복음 설교가 이루어질 수도 있고, 등록 성도가 헌신된 자가 되도록 헌신의 설교가 행해질 수도 있다. 릭 워렌 목사는 '새들백 샘'이라는 성도의 모델을 만들었다. 바로 이런 사람들에게 그는 설교를 하였다. 이것이 설교자들에게 하나의 통찰력을 주기에 충분하다고 본다. 그의 저서 「새들백교회 이야기」에서 릭 워렌은 그의 타깃 그룹의 모델인 '새들백 샘'에 대해서 다음과 같이 묘사하고 있다.

> "새들백 샘은 삼십대 후반에서 사십대 초반이다. 그는 대학을 졸업하였고 그 이상의 학위를 가지고 있을 수도 있다. 새들백 밸리는 미국전역에서 가정별 교육 수준이 가장 높은 지역 중 하나다. 그는 새들백 새맨타와 결혼했고, 그들은 스티브와 샐리 두 자녀를 두었다. 조사 결과에 따르면, 샘은 그의 직업을 좋아하고, 그가 사는 곳을 좋아하며, 5년 전보다 지금 더 삶을 즐기는 것으로 나타났다. 그는 지금 자기가 처해 있는 삶의 환경에 대해 자기만족에 빠져 있고, 잘난 체하는 편이다. 그는 전문직에 종사하거나 관리인이거나 성공한 기업가다. 샘은 미국인 중 가장 부유한 층에 속하지만, 비싼 집 때문에 많은 은행 빚을 지고 있다. 샘과 그의 가족은 건강과 신체 관리에 높은 우선순위를 부여한다. 동네 사람들은 매일 아

침 그가 조깅하는 것을 쉽게 볼 수 있다. 새맨타는 헬스센터에 일주일에 세 번씩 에어로빅을 하러 간다. 그들은 둘 다 컨트리 뮤직을 좋아하며, 특히 운동을 할 때 그런 음악 듣는 것을 즐긴다. 다른 사람들과 어울릴 때 샘과 새맨타는 작은 모임보다는 큰 모임을 선호한다. 왜 그런가? 큰 모임에서는 익명으로 지낼 수 있으며 그가 특히 중요하게 생각하는 프라이버시를 지킬 수 있기 때문이다. 샘은 전화번호부에 기재되지 않은 전화번호를 가지고 있고, 마을 입구에 경비원이 보초를 서고 있는 문이 있는 동네에 살고 있을 수도 있다."[21]

④ 청중의 다양성을 인식하라

청중들 가운데 어떤 사람들은 기뻐하고, 어떤 사람들은 슬퍼한다. 어떤 사람들은 희망에 차 있고 어떤 사람은 절망의 수렁 속을 헤매고 있다. 어떤 사람은 기운이 넘치지만 어떤 사람은 피곤해 있다. 이러한 다양한 계층과 삶의 정황 앞에서 설교자는 민감해야 한다. 설교자가 청중의 분위기에 민감해야지, 자기 자신의 기분에 빠져 있어서는 안 된다. 청중의 위기가 다양한 만큼 설교 내용도 다양해야 한다. 고난과 함께 부활의 기쁨이 담긴 설교를 준비해야 한다. 왜냐하면 고난을 당하는 사람이 있는 반면 부활의 기쁨을 경험하는 사람도 있기 때문이다. 일년 정도의 설교 방향을 정할 때 여러 계층을 포함하는 설교의 균형이 필요하다. 유식한 사람과 무식한 사람, 남자와 여자, 젊은이와 노인, 기혼자와 미혼자 등과 같은 다양한 청중들의 필요를 고려해야 한다.

3) 청중 분석의 내용

오늘날 많은 설교가 청중들을 변화시키지 못하는 이유 중 하나는 청중에 대한 분석이 부재하기 때문이다. 청중들의 존재론적 상태와 상황적인 상태에 대한 청중들의 다양한 필요와 피부에 와 닿는 접촉점을 무시하여 청중의 상황에 민감하지 못한 설교는 삶을 변화시키지 못하는 설교가 될 것이다. 그러므로 설

---

21) *Ibid.*

교자는 반드시 청중에 대한 이해가 있어야 한다. 설교자는 청중을 분석할 때 첫째, 기계적으로 비망록, 성도 기록부, 설문지, 그 외의 접촉 형태를 비롯하여 지나친 기교 속에 저울질해 보는 태도와 통계적 정보 수집을 할 수 있는 다른 수단들을 도구로 한다. 둘째, 자기 자신의 감수성을 도구로 한다. 또한 피드백(feedback)도 청중 분석에 도움이 될 것이다. 청중 분석은 다른 사람들과 더불어 살고 관계를 맺어가는 바로 그 과정에서 아주 비공식적으로 행해져 왔다. 효과적인 커뮤니케이션을 위해서는 이러한 일을 좀 더 공식화할 필요가 있다. 즉, 그것을 좀 더 체계적으로 행할 필요가 있다. 왜냐하면 설교자 앞에 앉아 있는 모든 사람들이 바로 그 상황에 육체적 필요와 심리적 필요로 뒤얽힌 문제들을 가져오며, 거기다가 의미 있는 커뮤니케이션이 이루어지려면 반드시 이해되어야 하는 신학적 변형까지 복합되어 있기 때문이다.

그러면 청중 분석의 목표는 무엇인가? 결국 설교자의 메시지 작성에 어떤 영향을 미치며 도움을 얻게 하는 데 있다고 할 수 있을 것이다. 따라서 설교자는 청중 분석을 통해서 그들의 소망, 두려움, 관심사와 가치관을 파악하여 그들의 '절실한 필요'와 그들의 가장 근본적인 영적 문제, 즉 '근본적인 필요'에 대한 목록을 얻게 될 것이다. 청중 분석에 도움을 주는 네 가지 요소는 ① 영적 상태 ② 배우는 방식 ③ 사회적인 요인들 ④ 외적인 요인들이다.[22)]

(1) 영적 상태

① 그리스도인이 아닌 사람들

◎ 의식적(意識的)인 불신자: 자신이 그리스도인이 아니라는 것을 알고 있다.

A. 부도덕한 이교도: 몹시 부도덕하고 불법한 인생을 살아가고 있다.

B. 지적인 이교도: 신앙이란 이치에 맞지 않는 것 또는 비이성적인 것이라고 주장한다.

---

22) 배평호, *op. cit.*, 347-52.

a. 모방적인 이교도: 유행을 따라 회의적이긴 하지만 심각하지는 않다.
b. 진정한 사색가: 진지하고 깊이 있게 성찰된 반대 이유들을 가지고 있다.
c. 종교적인 불신자: 심각하게 잘못된 교리를 믿는 조직화된 종교나 사이비 종교, 종파 등에 속해 있다.

◎ 교회에 출석하지 않는 명목상의 그리스도인: 기독교의 기본적인 교리에 대한 믿음은 가지고 있으나 교회와는 관계가 전혀 혹은 거의 없다.

◎ 교회에 출석하는 명목상의 그리스도인: 예배에 참석하지만 거듭나지는 않았다.

A. 어느 정도 활동적인 도덕주의자: 꽤 도덕적이나 그의 종교는 확신이 없고 모든 행위가 의무적이다.
B. 활동적이고 자기 의(義)에 가득 찬 그리스도인: 아주 헌신적이고 교회 활동에 열심이며 선행에 근거하여 구원받는다는 확신을 가지고 있다.

◎ 죄인임을 각성한 그리스도인: 자신의 죄를 각성하고 뉘우치고 있으나 아직 복음이 주는 평화를 경험하지 못하고 있다.

A. 호기심이 있는 그리스도인: 주로 지적인 측면에서 동요되고 있으며 의문이 많고 성경 공부를 열심히 한다.
B. 죄를 뉘우쳤으나 거짓된 평화를 누리는 그리스도인: 복음을 이해하지 못하고 있으며, 교회에 출석하고, 기도를 하고, 무엇인가를 함으로써 하나님과의 올바른 관계에 있다고 믿고 있다.
C. 위로를 받지 못하는 그리스도인: 자신의 죄를 심각하게 의식하고 있으나 은혜의 복음을 받아들이지 못하거나 이해하지 못하고 있다.

◎ 배교자: 한때는 헌신적으로 교회 일에 열심을 보였으나 후회 없이 신앙을 버렸다.

② 그리스도인들

◎ 새 신자: 최근에 회심한 자

A. 의심이 많은 자: 자신의 새로운 신앙에 대해 많은 두려움과 망설임을

지니고 있다.

B. 열심이 있는 자: 기쁨과 확신, 배우고 섬기고자 하는 열심이 있다.

C. 과도하게 열심이 있는 자: 약간 교만해져서 다른 사람들을 판단하며, 자신의 능력을 과신하고 있다.

◎ 성장하는 그리스도인: 다음에 열거한 거의 모든 기본 상황들을 겪되 목회자의 치유에 빨리 반응하고 또 자신을 어떻게 치유해야 하는지 알고 있기 때문에 그러한 상황들을 통해 발전한다.

◎ 고통을 당하는 자: 영적인 힘을 점차로 약화시키는 무거운 짐과 근심 아래 살아가고 있다. 스스로 고난을 초래하지 않은 사람을 흔히 우리는 '고통을 당하는 자'(afflicted)라고 부른다.

A. 육체적인 고통을 당하는 자: 육신의 쇠약함을 겪고 있다(병자, 노인, 불구자).

B. 죽어 가는 자:

C. 손실을 당한 자: 사랑하는 사람을 잃었거나 다른 어떤 중요한 손실을 경험하고 있다.

D. 외로운 자:

E. 핍박이나 학대를 당하는 자:

F. 가난하거나 다른 경제적인 어려움을 겪는 자:

G. 황폐 상태에 있는 자: 은혜의 방편들을 사용하는데도, 하나님께서 자신이 가까이 계시다는 느낌을 없애 버리는 행동을 하셨다는 생각 때문에 영적으로 메말라 있다.

◎ 시험을 당하는 자: 아직도 강하게 남아 있는 죄의 유혹과 싸우고 있다.

A. 사로잡힌 자: 생각과 욕망의 영역에서 크게 유혹을 받고 있다.

B. 죄악에 넘어간 자: 어떤 특정한 죄가 습관적인 행동이 되어 버렸다.

◎ 미성숙한 그리스도인: 성장해야 하는데 성장하지 않는 영적인 아이

A. 훈련되지 않은 자: 단지 은혜의 방편들에 영적 은사를 사용하는 면에 게으르다.

B. 자기 만족적인 자: 교만과 자기만족이 성장을 가로막고 있으며, 다른 많

은 그리스도인들에 대해 냉소적이고 경멸적인 태도를 갖는다.

C. 균형을 잃은 자: 신앙의 지적, 감정적, 의지적 측면 중 하나가 지나치게 강조되었다.

D. 이상한 교리에 빠져 있는 자: 영적 성장을 저해하는 왜곡된 가르침에 빠져 있다.

◎ 의기소침해 있는 그리스도인: 부정적인 감정을 경험하고 있을 뿐만 아니라 그리스도인의 의무를 공격하고 불순종하고 있다(주의: 새신자이거나, 유혹을 당하고 있거나, 고통을 당하고 있거나, 미성숙한 그리스도인이 그에 적절한 치유를 받지 못하면 영적으로 의기소침해진다. 이 외에 아래의 문제들도 의기소침으로 이어질 수 있다).

A. 걱정: 근심과 두려움을 제대로 처리하지 못할 경우 의기소침해진다.

B. 피곤: 과로로 인해 활기 없고 건조하게 된다.

C. 분노: 비통함이나 억제되지 않은 분노를 적절히 처리하지 못할 때 의기소침해진다.

D. 내성적임: 실망과 반감 가운데 살고 있으며 확신이 부족하다.

E. 죄의식: 양심의 가책을 받고 있는데 아직 회개를 하지 못하고 있다.

◎ 실족한 그리스도인: 의기소침한 상태를 넘어서서 하나님과 및 성도 간의 교제를 끊었다.

A. 부드러운 상태: 자신의 죄를 아직은 쉽게 뉘우치며, 회개의 부름에 민감하다.

B. 굳어진 상태: 냉소적이고 경멸적이며 죄를 뉘우치기 어렵다.

(2) 배우는 방식

청중들이 무언가를 배울 때에 어떤 방식으로 하는지에 관해 생각해 보는 것도 가치가 있는 일이다. 이에 관해서는 페니 제틀러(Penny Zettler)가 「리더십」(Leadership)지(誌) 제8권, 3호(1987년 여름)에 실은 “사람마다 학습방법이 다르다”라는 흥미로운 기사에 다음과 같은 종류의 학습자들이 소개되고 있다.

① 추상적인 학습자: 단순한 정보에만 관심이 있다. 이들은 빈틈없는 논리와 권위 있는 증거를 원한다.
② 상호 영향을 주는 학습자: 다른 사람들이 무엇을 생각하는지에 관심이 있다. 자기 생각이 상대방에게 이해되고 있다고 느끼기를 원한다.
③ 구체적인 학습자: 자신이 그 일을 어떻게 해야 하는지를 알기 원한다. 이들은 본보기를 원하며 일을 처리하는 방법들을 알기 원한다.
④ 역동적인 학습자: 이들은 도전받기를 원한다.

(3) 사회적인 요인들

사회적인 요인들은 분명하게 나타날 수 있지만 흔히 간과되는 경우가 많다. 청중들을 성별, 나이, 인종, 사회 경제적 지위, 직업, 교육 정도 등의 견지에서 분석하라.

(4) 외적인 요인들

청중의 수, 환경적인 요인들(음향 상태, 분위기, 청중들과의 거리), 그리고 행사의 종류(공식적, 비공식적) 등도 청중들의 수준에 맞게 메시지를 각색하는 데 영향을 끼치는 요소가 될 것이다.

이러한 분석의 목표는 무엇인가? 청중 가운데 의미심장할 정도로 존재하는 모든 요인들을 보면서, 자기 자신에게 이렇게 물어 보라. “이것이 나의 메시지 작성에 어떤 영향을 미치는가?” 특별히 다음과 같이 두 종류의 목록을 만드는 것이 도움이 될지도 모른다.

① 절실한 필요의 목록: 이 사람들의 소망, 두려움, 관심사, 가치관은 무엇인가?
② 근본적인 필요의 목록: 이 사람들의 가장 근본적인 영적 문제들은 무엇인가?

특히 청중 분석에는 3대 주요 차원이 있다.

첫째, 설교 전의 분석으로 무엇보다도 먼저 일반적인 정보 곧 회중의 연령,

성(性), 부부 관계, 거주 장소, 직업, 수입, 학력, 정당 지지 성향 등을 알아내기 위해서는 인구 통계학적 분석을 해 보아야 하며 그 다음에는 좀 더 의도적인 분석으로 청중의 이해 수준, 어떤 경험, 설교 주제에 대한 찬반의 정도 등을 분석해 보아야 한다.

둘째, 설교 중의 분석은 말하는 사람의 선택과 언어 사용, 메시지의 조직, 외모와 제스처, 목소리의 특징 등의 영향을 받아 변한다. 청중이 주는 암시에 반응을 보일 줄 아는 능력에 따라 설교자의 효율성을 예견할 수 있다. 이것은 설교자의 훈련 경험에 따라 정확성을 증진시킬 수 있고, 설교자 자신의 효율성도 높일 수 있다.

셋째, 설교 후의 분석으로 예배가 끝난 후에 설교자가 회중들과 개인적인 만남을 통해서 알 수 있으며, 설교 피드백(feedback)을 통해서도 알 수 있다.

3. 설교의 전달 방식

1) 설교의 전개 방법

설교를 전개하는 전달 방식은 기술과 내용 그리고 본문에 따라 달라질 수밖에 없기 때문에 굉장히 다양하다. 그렇기 때문에 모든 방식을 다 취급한다는 것은 불가능하다. 중요한 것은 본문을 전개하는 방식을 설교자 자신의 스타일대로만 일률적으로 선택하는 것이 아니라 본문의 형식과 내용에 따라 선택하는 것이 설교의 전달에 효과적이라는 것이다. 그러나 성경 본문의 전달 양식은 어디까지나 전달 방법에 의해 결정되는 방법론적 문제이며 학자에 따라서 다소의 차이가 있기 마련이다.[23] 따라서 여기서는 설교의 구성에 따라 설교자가 선택

23) 장두만, *op. cit.*, 134.

할 수 있는 방법들과 신선하고 생명력 있는 설교를 위한 실험적인 방법들로 나누어 고찰해 보도록 하겠다.

(1) 설교 구조에 의한 방법

① 대조형

대조형의 구성법은 본문의 구조가 허락하면 어떤 종류의 장르(Genre)에도 다 사용할 수 있는 구성법이다. 이 경우는 대개 설교가 2대지로 구성된다. 1대지에서는 부정적인 측면을, 2대지에서는 긍정적인 측면을 다루는 방식이 될 수도 있고, 1대지에서는 나쁜 면을, 2대지에서는 좋은 면을 다루는 방식이 될 수도 있다. 야고보서 2:14~26을 예로 들어보자. 야고보서는 그리스도인의 삶을 강조하는 책이다. 참된 신앙이 있다면 그것은 올바른 행실로 나타나야 한다는 것이 야고보서 전체의 큰 흐름이다. 그러면 본문은 어떤가? 본문은 참된 믿음을 강조하는가, 아니면 행함을 강조하는가? 본문 14절, 17절, 18절, 20절, 22절, 26절 등에 주목해 보면 본문이 가르치려는 바는 산 믿음 또는 온전한 믿음인 것을 알 수 있다. 그러면 산 믿음은 어떻게 나타나는가? 그것은 바로 행함으로 나타난다. 따라서 본문의 중심 내용은 '산 믿음은 행함으로 나타난다', '온전한 믿음은 행함과 병행한다'와 같이 표현하면 될 것이다.[24)]

② 설명형

성경의 교리나 진리를 청중에게 이해시키려 할 때 설명의 방식을 취할 수 있을 것이다. 이 경우에 각 대지는 단계적으로 중심내용을 설명해 나가게 된다. 이 방식은 주로 교훈문학을 본문으로 택할 경우에 흔히 쓸 수 있는 방법이다. 본문을 마태복음 6:1~4로 해서 한번 생각해 보자. 본문의 주제가 '구제'라는 것은 그리 어렵지 않게 발견할 수 있을 것이다. 따라서 중심내용은 '올바른 구제는 은밀한 중에 해야 한다'로 잡으면 별문제가 없을 것이다.

---

24) *Ibid.*, 141-64.

③ 문제 해결형

이 방식은 1대지에서 어떤 문제를 먼저 제시하고 그다음 대지에서 그 문제에 대한 해결책을 제시하는 방식으로 구성된다. 이 구성법은 '질의 응답형'이라고 부를 수도 있다. 본문의 성격이 문제 제기와 그 해결책을 제시하는 내용이라면 본문의 문학 장르와 관계없이 어떤 본문에도 이 구성법이 사용될 수 있을 것이나 이런 성격의 본문이 그리 많지는 않다.

④ 증명형

이 방식은 설교의 중심 내용을 증명해 나가는 방식으로서 이 경우에 설교자는 중심 내용을 변호하는 입장이 되고, 각 대지는 중심 내용을 증명해 주는 이유나 증거가 된다. 고린도전서 15:12~13이 좋은 예가 될 것 같다. 여기서 사도 바울은 우리의 신앙에서 육체적 부활이 얼마나 중요한가 하는 것을 증명하고 있다. 따라서 본문의 중심 내용은, '육체의 부활은 우리의 신앙을 의미 있게 만든다'고 하면 좋을 것 같다. 이 경우에 설교의 목적은 물론 '청중으로 하여금 육체적 부활은 기독교 신앙의 핵심적 진리임을 보여 주기 위해서'라고 하든지, 이와 유사하게 정해야 될 것이다.

⑤ 원리 적용형

이 방식은 설교자가 서론이나 첫째 대지에서 원리를 제시하고 나머지 대지에서는 그 원리를 하나씩 적용시켜 나가는 방식이다. 베드로전서 2:11~3:3은 원리 적용의 방식으로 본문을 구성하는 것이 좋을 것 같다. 본문의 중심 내용은 '인간의 제도에 대한 그리스도인의 태도는 순종이어야 한다' 또는 '그리스도인은 인간의 제도에 순종해야 한다'라고 할 수 있겠고, 설교의 목적은 '그리스도인으로 하여금 권위에 대해 순종하는 태도를 갖게 하기 위해서'라고 할 수 있겠다.

⑥ 귀납법

귀납법은 서사문학(Narrative Literature)에서 본문을 택할 경우 흔히 사용되는 방식이다. 귀납법은 설교의 중심 주제가 구체적 사상들이 회중에게 완전히 알려지기까지 자세하게 알려지지 않고 있다가 결론 부분에 가서야 밝혀지는 것이다. 회중을 설득해야 할 경우에 처음부터 거부 반응이 일어나지 않도록 귀납법적 방법을 사용하는 것도 현명할 것이다. 귀납법적 구조의 하나는 문제 해결 형태이다. 이 구조는 두 가지 점을 이용한다. ㉮ 문제의 제기와 발전과 분석을 문제의 복합성과 그 문제의 특별한 관심과 청중과의 관계에 비추어서 한다. ㉯ 해결점의 제시와 복음적 자료에서 끌어낸 해결점의 응용은 특별한 필요에 의해서 한다.

⑦ 연역법

연역법이란 하나의 명제나 주제를 설정하고 그 다음에 주석이나 강해나 예증과 같은 특수한 내용을 통하여 이를 발전시키는 것으로 형식상 논리적인 구조를 가지고 있다. 찰스 콜러(Charles W. Koller)는 기본 형식이라고 부르는 연역적 구조를 권하고 있는데, 설교의 본문이 결정되고 주석적 연구와 강해적 연구가 끝난 다음의 첫 단계는 설교자가 설교의 중심이 되는 하나의 명제 또는 주제를 설정하는 것이다. 이 명제는 계속될 논의의 과정을 보여 주며, 그것은 신중하고 정확하게 공식화되어야 하며, 어떤 기대를 일으키려고 너무 많은 것을 보여 주지 말고 단순히 설교가 취할 방향만을 보여 주어야 한다.[25] 그리고 둘째 단계는 그 중심 개념에 대한 하나의 질문을 만드는 것이다. 그 질문은 설교의 주제와 대지들을 이어 주기 때문에 결정적인 중요성을 갖는다. 그 방법은 그 명제에 대하여 일곱 가지의 잘 알려진 의문사, 즉 '누가'(who or, whom), 어느 것을(which), 무엇을(what), 왜(why), 어디서(where), 어떻게(how) 중의 하나로 묻는 것이다. 다음 단계는 하나의 주요 단어(the key word)가 확립하여야 하는데 그 중심어는 구체적인 것이 되어야 한다.[26] 일반적으로 기본 형식의 설교에서는 하나의 전환문이 설교의 도입부를 본론에 연결시켜 준다. 이 전환문

25) Charles W. Kroll, *Expository Preaching Without Notes* (Grand Rapids: Baker Book House, 1962), 72-73.
26) *Ibid.*

은 보통 하나의 의문문과 같은 문장, 중심어와 명제를 포함하게 되고, 그 뒤에 네 번째의 설교를 위한 계획, 즉 대지들이 따르게 된다. 대지들은 간결하나 완벽한 문장이나 구로 표현되며, 서로 배타적이며 균형을 이루어야 하고, 통일성과 연속성을 가진다. 또한 연역적 구조를 좀 더 변형시킨 것으로는 망원경적(telescopic) 또는 사다리적 방법이 있다.

⑧ 연역적-귀납적 방법

어떤 설교에서는 귀납법과 연역법이 결합될 수도 있다. 강해자는 서론과 제일 대지를 귀납적으로 발전시켜 설교의 관념을 진술할 수 있게 하고, 그 다음에 설교의 남은 부분을 연역적으로 발전시켜 그 관념을 설명하거나 증명하거나 적용해 나가는 것이다. 귀납법과 연역법을 결합시켜 변화를 주는 방법을 쓰면 어떤 문제를 깊이 있게 다룰 수 있다. 서론과 첫째 대지에서 설교자는 어떤 개인적인 문제나 윤리적인 문제를 밝히고 그 문제의 원인을 탐구하며 아마 부적절한 해결책까지도 논의할 수 있다. 둘째 대지에 들어가서 그는 성경적 원리나 그 문제에 대한 성경적 태도를 제시하고, 설교의 남은 부분 전체를 통하여 그것을 설명하거나 옹호하거나 적용한다. 문제 탐구형 설교 가운데 한 가지 특별한 범주는 삶의 상황(life-situation)에 따른 설교이다. 서론에서 설교자는 어떤 질문이나 문제 또는 실망이나 슬픔 같은 당황케 하는 경험을 개인적인 입장에서 논의한다. 그 다음 그는 그때의 특수한 경우가 실지로 좀 더 일반적인 신학적 혹은 철학적 문제를 반영하고 있음을 실증할 수 있다. 마지막으로 그는 실질적이고 이용 가능한 방법으로 적극적인 성경적 해결책을 제시한다. 그러므로 그러한 설교는 한편에서는 개인적인 필요와 다른 편에서는 성경적 진리 사이에 생긴 간격을 이어주는 교각 건설 작업이 된다.[27]

27) Haddon W. Robinson, *Biblical Preaching,* 125-27.

(2) 실험적인 방법

① 심리적 방법

심리적 방법은 청중의 주의를 끌어들여 놓고 시작하는 것인데 알랜 몬로(Alan H. Monroe)는 다섯 단계의 '그다음 단계를 유발하는 법'을 사용했다. 그 단계는 주의(attention), 필요(need), 만족(satisfaction), 구상화(visualization) 그리고 행위(action)이다.[28] 이 다섯 단계는 ㉮ 주의를 끌고 ㉯ 어떤 유의 행동을 위한 필요를 느끼게 하고 ㉰ 어떤 제안을 제시하고 그것이 건전한 것임을 증명함으로써 그 필요를 만족시켜 주며 ㉱ 청중들로 하여금 그 만족을 구상하게 하고 ㉲ 마지막으로 들은 사람이 행동에 옮기도록 하려는 것이다.[29]

② 드라매틱(dramatic) 방법

드라마 방법을 내러티브(narrative)의 방법으로, 내용은 역사적이나 전기적일 수 있다. 역사적일 경우 설교자는 그가 말하려고 하는 중심 되는 진리를 이끌기 위해서 사실들, 실례들, 경험들, 사건들 등의 일련의 환경 요인들을 관련시켜 설명하게 된다. 그리고 전기적 방법을 이용할 때에는 설교자가 어떤 특수한 진리를 중심으로 작성하지 않고 어떤 사람의 주변에서 설교를 작성한다. 내러티브 설교는 매우 흥미롭고 극적인 설교 형식이기는 하나 설교자가 어떤 결론을 내리는 데 급급해질 때 그것은 흔히 오용되기도 하고 결과를 망치게도 할 수 있다. 하나님의 말씀은 어떤 극적인 효과나 방법이 아닌, 말씀 그 자체와 설교 그의 본질에 성령의 역사가 함께 하는 것이기 때문이다.

③ 대화적 방법

설교는 대부분 일방적인 선포의 형식을 띠고 있다. 그러나 설교는 양 방향으로 통하는 길이 되어야 한다. 좀 더 효과적인 설교가 되기 위해서는 설교하는 과정에서 회중이 참여하는 설교를 연구 개발하는 방법도 필요하다. 강해설교

---

28) J. D. Bauman, *op. cit.*, 111.
29) 배광호, *op. cit.*, 364.

시에 전체 흐름에 벗어나지 않는 한, 질의와 짧은 응답을 하는 방법도 상당히 고무적인 것이 될 것이라 보는 견해가 있다. 그러나 정규 예배 시의 설교는 하나님의 말씀을 선포하는 것이므로 대화나 질의응답은 할 수 없다. 다만 특수한 집회(사경회 등)나 성경공부 시간에는 가능하다고 볼 수 있다.[30)]

④ 혼합 매체(Mixed Media) 활용

이것은 감관에 의해 전해지는 우연한 메시지가 아니라 보는 사람 자신이 그 경험으로부터 자기의 결론을 자유로이 이끌어낼 수 있도록 의도적으로 계획된 프로그램으로서 아주 주의 깊게 짜인 것이다. 전형적 혼합 매체의 자료는 슬라이드, 필름, 음향, 명곡, 드라마 등을 포함할 수 있다. 혼합 매체 프로그램은 프로그램은 그 시대의 절박성과 교회가 당면한 위기를 보여 주는데, 그 목적은 복음이 성령을 통하여 창조적으로 전해질 수 있는 환경을 조성하는 것이다.[31)]

⑤ 시각적 방법(Visual)

설교자가 칠판, 그림, 도표, 오버헤드 프로젝트(Overhead Projectors), 그리고 오페이크 프로젝트(Opaque Projectors) 등을 이용할 때 단순히 어떤 메시지에 귀를 기울여 듣는 것보다 보는 것이 더 효과적임을 알 수 있다. 가능하면 복음의 메시지를 전하는 방법을 신중하게 검토하고 개발할 필요를 가져야 한다. 설교 본문의 전개 방식에는 위에서 언급한 것 외에도 변증법적 구성법, 원인·결과식 구성법 등도 있고, 몇 가지 방식을 결합한 방식도 있을 수 있다. 어떤 설교를 어떤 방식으로 구성하느냐 하는 것은 본문의 성격에 의해 좌우되는 것이다.

이상에서 우리는 설교 커뮤니케이션에 있어서 가장 중요한 문제는 설교자 자신임을 알 수 있다. 설교자 자신이 가능한 한 효과적인 설교 전달을 위해서 노력해야 한다는 것이다. 그러므로 우리가 여기에서 요약해 볼 수 있는 것은 ㉮ 어떤 구조도 성스럽지 못하고 다만 복음만이 거룩하다는 것, ㉯ 어떤 구조라도 잘 사용하면 도움이 될 수 있다는 것, ㉰ 효과적인 커뮤니케이션을 위해

30) *Ibid.*
31) J. D. Bauman, *op. cit.*, 117.

서는 방법이 변화되고 발전되어야 한다는 것이다. 커뮤니케이션에 방해되는 것은 과감히 버릴 줄 알고, 커뮤니케이션을 향상시켜 주는 것이라면 신중한 고려 속에 효과적인 방법을 선택하여 이용해야 할 것이다.[32)]

2) 설교의 전달 방법

필립 부룩스(Phillips Brooks)는 설교는 한 사람에 의하여 다수의 사람들에게 주어지는 진리의 전달(Communication)이라고 하였는데 이는 설교 전달의 중요성을 말해 주고 있다. 결국 설교란 설교자와 청중이 설교(Sermon)라는 매개체를 통하여 설교(Preaching)되고 받아들여질 때 완전한 설교의 완성을 가져오는 것이다. 그러므로 설교자는 강단에서 하나님의 말씀이 선포되는 때는 그 선포되는 하나님의 말씀을 통하여 청중들이 하나님을 만나는(Encounter) 창조적인 순간이 되므로, 이 귀중하고 가장 값진 순간에 최대의 효과를 거두기 위해 가장 효율적이고 합리적인 설교 전달양식을 찾아야만 되는 것이다.

곽안련박사는 복고설교, 원고설교, 암송설교로 나누고 있고, W. M. Kroll 교수는 원고설교(manuscript method), 암기 혹은 기억설교(memorization method), 즉석설교(impromptu), 그리고 즉흥설교(extemporaneous method)로 나누고 있으며,[33)] H. C. Brown, H. G. Clinard, 그리고 J. J. Northcutt 교수는 원고설교(manuscript method), 암송설교(memorization method), 즉각적 전달설교(impromptu method), 요지 설교(theme method), 그리고 자유전달설교(preaching without note)로 나누고 있다.[34)] 또한 A. W. Blackwood 교수는 원고없는 설교(preaching without note), 암기설교(memorization method), 원고설교, 그리고 메모설교(memo method)로 나누고 있으며,[35)] Baumann은 메모없이 하는 법(without Notes), 원고를 가지고 하는

32) 배굉호, *op. cit.*, 366.
33) W. M. Kroll, *op. cit.*, 115.
34) H. C. Brown, H. G. Clinard, & J. J. Northcutt, *Steps to the Sermon* (Nashville: Broadman Press, 1963), 185-90.

법(with a Manuscript), 메모를 가지고 하는 법(with Notes)으로 구분한다.[36]

설교 전달양식은 어디까지나 전달방법에 의해 결정되는 방법론적 문제이며 학자에 따라서 다소의 차이가 있기 마련이다. 따라서 아담스(J. E. Adams)의 말처럼 설교의 스타일(preaching style)의 목적은 설교내용을 적절하고 효과적으로 전달하기 위한 매개체를 준비하는 것이다. 따라서 스타일은 청중들에게 메시지를 가져다주는 하나의 수단이며 결코 그 자체가 목적이 되어서는 안 된다.[37]

(1) 원고설교(The Manuscript Method)

원고설교는 강단에서 낭독될 수 있도록 완전히 원고를 준비하고 시행하는 설교이다. 이러한 전달 양식은 조나단 에드워즈(J. Edwards), 브슈넬(H. Bushneil), 조웨트(J. H. Jowett) 그리고 반다이크(H. V. Dike) 등의 유수한 설교자들에 의해 사용되어 왔던 방법이다. 이 원고설교는 매우 명확한 유익한 점이 있기 때문에 폭넓은 사용 양식이 되어 왔다. 이 설교는 가장 완벽한 준비를 요구하고 있다. 주지하는 바와 같이 설교자에게 그 준비과정에 있어서 기록하는 것보다 가치 있는 훈련은 없는 것이다. 기록한다는 것은 설교자에게 그것의 내용뿐 아니라 그것의 양식을 고려하도록 요구한다. 그럼 원고설교의 몇 가지 장점을 살펴보자.

첫째, 설교자가 전하려는 내용을 정확하게 전달할 수 있다. 조나단 에드워즈(Jonathan Edwards)의 "진노하신 하나님 손안에 든 죄인"이라는 설교가 잘 알려진 원고설교인데 그것은 그가 정성스레 읽은 원고설교였다. 헨리 슬로안 코핀(Henry Sloan Coffin)은 이렇게 설명했다. "나는 많은 사람들이 내가 원고 없이 설교하는 것을 더 좋아한다는 것을 알고 있다. 그러나 나는 또한 주어진 시간안에 내가 좀더 많은 것을 이야기해야 하며, 원고없이 할 때보다 좀 더 정확하고 그리고 좀더 훌륭한 문장으로 이야기해야 한다는 것도 알고 있다."[38]

---

35) A. W. Blackwood, *op. cit.*, 229-237.
36) J. D. Bauman, *op. cit.*, 274-78.
37) Jay E. Adamas, *Preaching with Purpose* (Presbyterian & Reformed Publishing Co., 1982), 110.

둘째, 원고설교는 설교자에게 안도감을 준다. 대부분의 설교자는 해야 할 설교를 앞에 두고 일말(一抹)의 불안감을 가질 수 있다. 그런데 원고를 잘 준비한 설교자는 적어도 설교 내용에 관해서는 설교하기 전이나 하는 동안에 불안감은 거의 갖지 않게 된다.

셋째, 설교자가 원고 쓰는 훈련을 하게 된다. 원고를 가지고 설교하는 사람이나 원고없이 설교하는 사람이나 간에 규칙적으로 원고를 쓰는 것은 가치 있는 일이다. John Baird는 "당신의 구어체는 당신의 문어체와는 전혀 다르지 않으면 안 된다. 당신은 많은 실제적인 연습의 결과로 당신의 구어체를 확실히 하기까지는 원고를 쓰려고 해서는 안 된다."고 했다.[39)]

넷째로 이 방법은 후일에 설교집을 출판할 때나 다른 곳에 설교를 기록할 때 그대로 사용할 수 있는 유익이 있다.

반면에 원고설교에는 몇 가지 단점도 함께 발견할 수 있다. 첫째, 원고설교는 설교자로 하여금 원고에 집착하게 하므로 청중에게 시선을 주기 어렵고, 청중의 반응을 제대로 파악하기도 어렵다. 둘째, 원고설교는 청중에게 설교자에 대한 불신감을 불러일으킬 가능성이 있다. 설교자가 원고에 얽매이게 되면, 청중은 설교자의 준비성을 의심하게 되며, 설교를 제대로 소화시키지도 못한 채 불신감만 키울 가능성이 많다. 셋째, 원고설교는 전반적인 전달 효과에 있어서 다른 방식보다 덜 효과적이다. 엄밀히 말하면 설교라기보다는 글을 읽는 것이기 때문에, 낭독에 아무리 숙달되어 있다 해도 눈의 접촉 부재, 제스처 부재, 낭독으로 인해 오는 부자연스러움, 읽을 곳을 제대로 찾지 못함으로 인해 야기되는 설교의 중단 등의 문제점을 피할 길이 없다. 넷째로, 성령역사의 가능성을 배제해 버릴 수 있다. 설교자가 아무리 준비를 열심히 해도 실제로 설교를 하다 보면 성령께서 역사하셔서 설교 준비 시에 생각하지 못했던 것, 즉 원고에 기록되지 않았던 것들을 말하게 하실 수 있다. 그런데 원고 낭독에 얽매여 있는 설교자는 이런 성령의 특별한 역사를 무시할 수 있다. 그렇기 때문에 이 방

38) Bauman, *op. cit,* 276.
39) *Ibid.*

법은 별로 권장할 만한 것이 되지 못하며 꼭 이 방법을 사용하려고 할 때는 많은 연습을 통해 그 단점을 극복하고 난 다음에나 하는 것이 나을 것이다.

(2) 원고없는 설교(Preaching Without Manuscripts)

원고없는 설교는 강단에서 원고없이 설교를 해야만 한다는 것을 의미하지 않는다. 칼빈은 자신의 서재에서는 '충분한 준비를 했지만' 강단에는 성경만을 가지고 나갔다고 한다. 즉, '즉석설교'(extemporaneous sermon)라고 하기도 하는데 반드시 형태상 즉석에서 즉흥적으로 연술하는(the impromptu method) 방법은 아닌 것이다. 충분히 생각하고 기도하고 준비하는 것이지만 원고를 가지지 않는 것이다. 곽안련(C. A. Clak) 박사는 "사람이 설교자가 무엇을 말하려고 하는가를 알고 있으나 그것을 어떻게 말하려고 하는지를 모르는 설교"라고 정의하면서 원고의 유무보다 준비의 유무에 의거한 분류를 하였다.[40] 스키너(C. Skinner)교수는 이러한 형태의 설교를 'extemporaneous preaching'이라고 하면서 가장 탁월한 설교양식이라고 했다. 이 양식은 상황의 다양한 적응을 기대할 수 있고 또한 설교의 철저한 준비과정에서 연원되는 불타오르는 감동을 느끼게 한다.[41]

이 형태의 설교는 몇 가지의 전제가 있는데 ① 완전한 원고를 준비해야 하고, ② 그것을 완전히 유지하되 결코 암기에 의해서가 아니라 이해(comprehend)에 의해서 원고에 정통해야 하며 요지 없이 설교해야 하는 것이다. 또한 ③ 이 양식의 설교는 설교를 전달하는 순간에 창조적인 생각을 요구하며, 보다 엄격한 준비를 요구하지만 아울러 최대한의 웅변적 탁월성을 제공하는 것이다.[42] 블랙우드(A. W. Blackwood) 교수도 이 설교양식을 가장 이상적이며 가장 자연스러운 전달 방식이라고 천명하면서 이 양식은 '가슴과 가슴, 눈과 눈의 만남'이라는 커뮤니케이션적인 강단의 사역을 풍요하게 한다고 했다.[43]

---

40) 곽안련, *설교학*(서울: 대한기독교서회, 1976), 294-96.

41) C. Skinner, *The Teaching Ministry of the Pulpit* (Grand Rapids: Baker Book House, 1973), 194-95.

42) 배굉호, *op. cit.*, 372.

43) A. W. Blackwood., *op. cit.*, 229-232.

이와 같이 원고 없는 설교의 형태에는 몇 가지 장점이 있다. 첫째, 커뮤니케이션적 측면에서 매우 탁월한 것인데 설교자가 청중의 표정을 읽으면서 말하기 때문에 청중의 이해와 수용에 호소하여 청중과의 감정의 일치, 즉 감정 이입(empathy)을 기대할 수 있다. 둘째, 설교자가 강단에서 생각하는 사고의 능력을 고취시킨다는 것이다.[44)]

반면에 원고 없는 설교의 형태에는 몇 가지 단점도 따른다. 첫째, 이런 형태의 설교는 너무 순간적인 영감에 의지하는 경향이 있다. 따라서 설교가 즉흥적(impromptu)이 되기 쉽다는 것이다. 그리고 사상적 흐름이 상실될 수도 있으며 그 결과 중대한 설교의 자료가 생략될 가능성도 있다. 둘째, 강단에서 가장 중요시해야 하는 안정(settlement)이 상실될 소지가 많다는 것이다. 원고없는 설교는 여러 설교가들, 또는 설교학자들(A. W. Blackwood, J. Broadus, G. Campbell Morgan, G. W. Truett, J. Wesley, F. D. Whitesell. H. J. Ockenga 등)이 애용해온 양식이었는데, 매카트니(C. E. Macartney)교수는 이 양식의 성공요인으로서 다음과 같은 요소들을 제시하고 있다.

① 주의 깊은 개요의 사용과 주제의 논리적 발전 ② 신체의 건강유지 ③ 영적인 준비 ④ 암송의 훈련 ⑤ 적은 숫자의 인용 사용 ⑥ 전기체 설교(Biographical Preaching)로부터 시작하고 ⑦ 이 양식에 숙달하기 위한 노력의 경주와 자발적인 인내심의 배양 등이다.[45)]

(3) 암기 설교(The Memorization Method)

스키너(C. Skinner) 교수는 암기에 의한 설교는 잘 훈련된 설교자에게는 그들의 방법에 사용하여 힘찬 메시지가 될 소지가 있겠지만 기억의 한계성이라는 문제를 고려할 때 실패의 소지가 크다고 말하고 있다. 그래서 이 양식에 대해 블랙우드(A. W. Blackwood) 교수, 브라운(H. C. Brown), 클리나드(H. G. Clinard), 노르드컷(J. J. Northcutt) 교수, 스키너(C. Skinner), 크롤(W. M. Kroll)

44) 배굉호, *op. cit.*, 372-73.
45) 이주영, 현대 설교학(서울: 성광문화사, 1983), 201.

교수 등의 현대 설교학자들이 제한을 제기하는 데 동의하고 있다. 그러나 미국 텍사스 주 달라스시의 제일침례교회 담임을 하는 크리스웰(W. A. Criswell) 목사는 원고 없이 오랜 기간 동안 훌륭히 설교해 왔다고 말하고 있다.

> "내가 약관 열일곱 살에 설교사역을 시작했을 즈음, 무릎을 꿇고 하나님께 나로 하여금 원고없이 설교하게 해 달라고 간구하였다. 원고없이 설교하는 일은 내게 크나큰 두려움이었다. 강론 도중에 다음 대지를 잊으면 어떻게 될까? 그런 일은 흔히 있을 수 있다. 그러나 나는 믿음 안에서 하나님께 도우심을 간구하였다. 그것이 벌써 51년 전의 일이다. 그런데 51년 동안 하나님은 한번도 나를 저버리지도 않았고, 주저앉게 하지도 않으셨다. 한순간 강론 도중에 내용을 잊는 수가 있다. 그러나 계속 말씀을 강론하다 보면 마침내 대지가 다시 마음속에 떠오른다. 그러한 종류의 다면적 강단목회 노력에로 접어드는 실제적 지침들은 다음과 같다. 나는 넷 페이지 분량의 타이프라이터 종이를 접은 지면 위에 조심스럽게 강론의 줄거리를 적는다. 설교를 하면서, 마음의 눈으로 한 페이지를 더듬고 나서 그것을 넘겨 놓고 설교한다. 그런 다음에는 다음 페이지를 넘겨 놓고 설교한다. 그러고 나서는 마지막 페이지를 넘겨 놓고 설교한다. 세심한 메시지 준비와 절대적 하나님 의지에 충실할 때 이 가장 복된 전천후 설교방식을 체득할 수 있다는 것이 나의 지론이다."[46]

크롤(Kroll) 교수는 기억(암기)을 잘할 수 있는 몇 가지 법칙을 제시했다. 첫째, 설교자가 보유하기를 원하는 어떤 것에 대한 깊고, 풍부하고, 생생한 인상(impression)을 가지는 것이다. 그러한 인상적인 것이 없이는 기억은 상실될 것이다. 둘째, 인상적인 것이 만들어진 후에 좋은 암기를 위한 다음 단계는 친숙해지는 것이다(association). 셋째, 반복(repetition)이다. 이것이 아마 가장 중요한 요인이 될 것이다. 암기형 설교에는 여러 가지 장점이 있다.[47] 암기에 의한 설교의 장점은 원고낭독형 설교와 같이 설교자가 전하려는 내용을 정확히 전달하게 해 주고, 설교자에게 좋은 훈련이 되며, 원고를 후일에 다른 목적으로 사용

---

46) W. A. C,iswell, *크리스웰의 목회자 지침서*, 김경신 역(서울: 정음출판사, 1984), 57.
47) Kroll, *op. cit.*, 124.

하기에 용이하다는 장점이 있다. 가장 좋은 장점은 자유로움이다. 원고를 다 암기하기 때문에 원고에 얽매이지 않게 되고, 따라서 눈의 접촉이나 제스처 같은 것을 자유롭게 할 수 있다. 청중에게 설교자의 표현이 아주 미려하고 세련되어 있다는 좋은 인상을 줄 수 있다.

또한 스티브 D. 매튜슨은 원고 없이 설교하는 방법을 터득하기 위한 기본적인 방법을 다음과 같이 제시하였다.[48]

첫째, 설교 전체 내용을 잘 조직화하라. 설교할 내용을 미리 한 자 한 자 기록하는 가운데 설교자는 자신의 설교내용의 전체를 조직화함으로 기억하게 된다. 그래서 기록은 사고를 증진시키는 좋은 방법이다.

둘째, 그 내용을 마음속에 내면화시키되 전체를 기억하려고 하지 말라. 설교 내용을 계속 곰곰이 되씹어보는 것이다. 원래 "묵상하다"는 단어는 동물들이 으르렁거리거나 끙끙대는 소리를 묘사했던 단어였다. 그러다가 무언가를 읽는 소리를 포함해서 반복적인 소리를 묘사하는 데 사용되는 단어로 변화하였다. 성경을 묵상한다는 것은 그것을 반복적으로 읽고 또 읽는 것을 의미한다. 마찬가지로 설교자 역시 원고를 굳이 암기하려고 할 필요가 없다. 원고를 내면화시키기 위해서 설교자는 원고를 계속 훑어보는 것이 좋다. 이를 위해서 미리 며칠 동안은 잠자리에 들기 전에 원고 전체를 반복적으로 훑어보는 것도 좋은 방법이다.

셋째, 내면화된 설교 내용으로 기도하라. 설교에서의 중요한 전환이나 흐름을 기도에서의 요구로 전환시키라. 그리고는 각 단락을 분명하게 전달할 수 있도록 도와달라고 하나님께 간구하라. 또 필요하다면 어떤 부분은 달리 말할 수 있도록 해 달라고 기도하라.

마지막으로 예행연습을 해 보라. 설교하게 될 빈 강단으로 원고를 가지고 올라가서 먼저 설교문의 한 단락을 읽어 보라. 그 다음 원고를 저리 치워놓고 원고 없이 그 부분을 전달해 보라. 잊어버린 부분이 있다면 잠깐 설교문을 참고

---

48) Steven D. Mathewson, *op. cit.*, 153-54.

하고 어느 부분을 잊어버렸는지, 그리고 왜 그 부분을 잊어버리게 되었는지 살펴보라. 설교할 날이 점점 가까워오면 설교 전체를 원고없이 연습해 보라. 만일 동일한 부분을 계속 잊어버린다면 흐름이 자연스럽지 않은 그 부분은 바꾸거나 수정이 필요할 수도 있다.

(4) 즉석형 설교(Impromptu Method)

즉석형 설교는 설교자가 사전에 특별한 준비도 없이 즉석에서 '성령께서 인도하시는 대로' 설교하는 방식이다. 설교자는 어떤 부득이한 경우에 사전에 준비하지도 못한 채 설교해야만 될 예외적인 경우가 있을 수 있다. 그러나 이런 경우는 그리 흔하지 않은 편이기 때문에 설교자가 평소에도 이런 방식으로 설교한다면 설교자로서 자질이 부족한 사람이다. 그것은 곧 하나님에 대한 불충이요, 자신과 성도에 대한 기만이다. 그러므로 설교자는 어디에서나 어떤 상황에서도 설교할 수 있도록 평소에 설교에 대한 준비와 훈련이 되어 있어야 할 것이다.

(5) 아웃라인형 설교(Outline Method)

아우트라인형의 설교(Outline Method, or Extemporaneous Method)는 원고낭독형이나 암기형과 마찬가지로 사전에 충분히 준비를 하지만, 설교내용을 완전히 다 기록하는 것이 아니라 설교하고자 하는 바를 아웃라인 형식으로 만들어서 실제 설교할 때에는 아우트라인만 가지고 설교하는 방식이다. 이 방식은 철저한 원고준비와 설교연습이 된 상황 속에서라면 어느 방식의 설교보다 바람직하다고 할 수 있을 것이다.

아우트라인 방식의 설교에는 몇몇 장점을 가지고 있다. 첫째, 이 방식은 아우트라인을 가지고 설교하기 때문에 설교자가 하고자 하는 말을 거의 정확하게 전달할 수 있다. 설교내용 중 지엽적인 것들은 일부 삭제할 수도 있겠지만 설교 전체의 내용이나 흐름에 지장이 없을 것이다. 둘째, 이 방식은 아주 자연스럽다.[49] 왜냐하면 원고에 얽매이지 않고 자유롭게 할 수 있어 청중과의 눈의 접촉, 제스처 등을 아주 자연스럽게 할 수 있기 때문이다. 셋째, 이 방식은 그 내용에 다소 융통성이 있을 수 있다.[50] 청중의 반응이나 성령의 인도하심에 따라 설교를 준비할 때 미처 준비하지 못했던 것을 추가해서 말할 수도 있다.

그러나 아웃트라인 방식의 설교는 몇 가지 단점도 가지고 있다. 첫째, 아웃트라인형의 설교는 준비를 완벽하게 하지 않을 채 설교할 가능성이 있다.[51] 둘째, 아웃트라인만 가지고 설교하면 횡설수설하는 경우도 있을 수 있다.[52] 셋째, 어떤 사람들은 이 방식이 아웃트라인을 보기 때문에 설교의 맥이 끊어지고 또 눈의 접촉이 좋지 못할 수 있다고 한다.[53] 그러므로 아웃트라인형의 설교는 원고에 얽매이지 않을 정도로 설교 내용을 잘 암기하고 있으면 자연스럽게 전달할 수 있을 것이다.

(6) 자유전달형 설교(Free Delivery Method)

많은 사람들이 인정해 온 전달방식은 자유전달형 설교이다. 이 전달 방식의 특징들은 완전한 원고를 준비하고 그것을 충분히 숙지하되 주로 기억에 의하는 것이 아니라 일체감에 의하여 그리고 노트 없이 설교를 전달한다는 것 등이다. 자유스런 전달의 가장 큰 장점은 다른 전달 방식들의 단점들을 제거하고 그 장점을 모두 취한다는 것이다. 그것은 원고를 읽는 방식과 기억에 의한 방식에서처럼 가장 철저한 준비를 하게 하되 청중의 신뢰감이나 설교자의 자유를 제한하지는 않는다. 또한 그것은 메모설교에서와 같이 전달하는 동안 창조적인 생각을 요구하고 최대한의 수사학적 탁월성을 제공해 주는 한편 보다 엄밀하게 준비하도록 한다.

어떤 사람들의 경우 자유스러운 설교를 시작함으로써 그들의 설교사역에 일

49) Brown, Clinard & Northcott, *op. cit.*, 189.
50) *Ibid.*
51) Broadus, *op. cit,* 271.
52) Kroll, *op. cit.*, 119.
53) Brown, Clinard & Northcutt, *op. cit.*, 190.

대 변혁을 가져오게 되었다. 예를 들면, 자기의 개인적인 경험에 근거하여 어떤 사람은 용감하게 노트 없이 설교함으로써 어떤 설교자나 자기의 설교능력을 적어도 20% 증가시킬 수 있고 많은 경우 그들의 설교를 50%에서 100%까지 더욱 효과적인 것으로 만들 수 있다고 단언한다. 클레어런스 매카트니(Clarence E. Macartney)는 자기 목회의 주요소로서 자유전달형 설교를 발견했다고 하였다. 블랙우드(Blackwood)와 같은 권위자도 자유스런 설교를 성경과 기독교의 역사와 동일시하여 그것이 전달 방법에 있어서 가장 이상적인 동시에 '자연스러운' 것이라고 넌지시 말한다. 블랙우드에 있어서 자유전달형 전달은 설교에 '마음과 마음 및 눈과 눈'의 만남을 회복시켜 주기 때문에 설교사역을 변혁시키는 것이다. 바로 이것이 설교의 최고 이상이다.[54)]

위에서 말한 장점들 외에 자유전달형 설교에 대해 아주 흔히 나오는 주장들은 다음과 같다. 그것은 설교가 대다수의 청중들에게 보다 받아들여질 만하고, 보다 도전적이 되도록 해 준다. 그것은 설교자로 하여금 상황에 보다 쉽게 적응하도록 해 주는 경향이 있다. 그것은 자기 스스로 생각할 수 있는 노력을 강화시킨다. 그것은 원고설교와 암기 설교에서처럼 설교를 보존하는 일에 무한한 도움이 된다. 그것은 공중 설교에서 음성과 신체의 필수적인 기능들을 성취하는 데 대하여 최선의 가능성을 제공해 준다. 자유전달형 설교를 찬성하는 강력한 주장들이 있음에도 불구하고 우리는 그것을 사용함으로 인한 몇 가지 손실의 가능성을 인정하지 않을 수 없다.

첫째로, 그것은 시간을 너무 요구할 수 있다는 점이다. 설교 원고가 기억되지 않았을 동안 그것은 완전히 기록되고 자주 고쳐지게 되고 완료된다. 한 주일에 두세 매의 원고를 쓰고 이와 같이 그것들을 기억 완료하는 일은 어떤 사람들에게는 거의 불가능하다. 이 사실은 적어도 자유전달형 설교와 메모식 설교를 약간 혼합할 것을 요구하는지도 모른다. 또한 가능한 단점으로는 자유전달형 설교는 반복적이고 진부한 것이 될 수 있다. 노트 없이 하는 성공적인 설

---

54) Blackwood, *The Preparation of Sermon,* 194.

교는 설교자의 건강에 지나치게 의존한다. 만일 설교자가 참으로 자유스럽지 못하다면 자유스런 설교도 생기 없는 것이 되어 버릴 수 있다. 인용문의 정확한 사용이 제한을 받는다. 설교 내용이 맥을 놓치거나 중요한 자료를 빠뜨릴 수 있다. 설교단에서 필요한 안정감을 상실할 수도 있다. 노트 없는 설교가 성공적으로 이루어지려면 몇 가지 절차가 의무적으로 지워진다. 아마도 자유전달형 설교를 고무하고 가르치기 위해 가장 널리 쓰이는 책은 클래어런스 매카트니(Clarence E. Macartney)의 '노트 없는 설교'(Preaching Without Notes)일 것이다. 그러한 설교의 비결로서 그는 다음과 같은 것들을 열거하고 있다. 신중한 아우트라인의 사용과 주제의 논리적 전개, 건강, 영적인 준비, 기억 훈련, 인용문을 조금만 사용하려는 의지, 전기적인 설교로 시작하는 일, 이 전달 방식을 숙달하려고 꾸준히 노력하는 일이다.[55]

(7) 개인적 결단에 따른 설교

설교자가 사용할 수 있는 여러 종류의 전달 방식들은 무슨 근거로 개인적인 전달 방식을 선택할 수 있는 것인가? 설교자는 자기에게 가장 맞는 전달 방식을 찾기 위해서 몇 가지 방식들로 시험해 보기를 원할 것이다. 때때로 전달 방식들을 바꾸거나 결합하는 것도 가능하다. 예를 들면, 단순히 어떤 사람이 자유전달형 설교에 더욱 호감을 갖고 있다는 이유만으로 그가 절대로 노트를 가지고 설교하려 하지 않는다는 것을 의미해서는 안 된다. 다음으로 그는 원고를 준비하는 것이 불가능할 때에 노트 없이 주를 단 아우트라인을 전달할 수도 있는데 이것은 메모방식과 자유전달형 방식을 결합한 것이다. 근본적으로 필요한 것은 설교하는 데 있어서 자기에게 가장 큰 자유와 효과를 주는 전달방식을 설교자 각자가 발견하여 사용하는 일이다. 모든 설교자가 전술한 전달 방법들 가운데 어느 하나를 사용하여 설교해야 한다고 주장하는 것은 잘못이다. 예컨대, 존 헨리 조웻(John Henry Jowett)이 다음과 같이 심금을 울리는 말을 했

---

55) *Ibid.*, 153-72.

을 때 그 설득력은 대단한 것이다. "설교에 대한 문제들 가운데 내가 비교적 무관심한 것들이 몇 개 있다. 완전한 원고로 설교할 것인가 아니면 노트로 할 것인가, 낭독할 것인가 아니면 보다 초연하게 전달할 것인가 등 이러한 문제들은 그다지 나에게 관심이 없다. 만일 그 배후에 영혼의 열정으로 불타는 실제적이고 열렬한 '산' 인간이 있다면 방법 역시 생생하고 효과적일 수가 없는 것이다."56)

4. 설교 전달의 기술

1) 언어적 커뮤니케이션

설교가 효과적으로 되기 위해서는 '무엇을 말할 것인가?'(설교의 내용)와 함께 '어떻게 말할 것인가?'(설교의 전달) 하는 두 가지 문제가 해결되어야 한다. 훌륭한 내용을 가진 설교도 전달을 제대로 하지 못하면 그 효과는 상당한 정도로 감소된다. 이와 반대로 효과적으로 잘 전달하면 기대 이상의 결과를 가져올 수도 있다. 그러나 훌륭한 설교는 훌륭한 내용과 효과적인 전달, 이 두 가지를 다 갖춘 설교일 것이다. 설교에 있어서 전달이 그처럼 중요함에도 불구하고 많은 설교자들은 이 분야를 너무나 경시하고 있다. 전달 능력을 생득적(生得的) 능력이나 되는 것같이 착각하는 설교자가 많은 것 같다. 설교의 내용을 준비하기 위해서는 엄청난 시간과 에너지를 투자하면서도 효과적인 전달을 위해서는 전혀 준비하지 않는다는 것은 엄청난 모순이 아닐 수 없다. '전달과 내용은 상호 보완적이란 의미에서 함께 일한다'는 것을 기억한다면 하나는 준비하고 다른 하나

56) John Henry Jowett, 정장복 편역, *설교의 구성론*(서울: 도서출판 엠마오, 1984), 254 재인용.

는 준비하지 않음으로 설교를 절름발이로 만들지는 않을 것이다.

(1) 단어 선택의 문제

설교는 문자 언어가 아니고 음성 언어이기 때문에 설교에서 사용하는 단어는 에세이(Essay)에서 사용하는 단어와 달라야 한다. 여기에 대한 분명한 인식이 없는 설교자는 좋은 설교자가 되기 위한 중요한 자격을 결여하고 있는 것이다. 그러면 설교에서는 어떤 단어를 어떻게 사용하는 것이 효과적인가?

첫째, 이해하기 쉬운 단어를 사용하라. 설교자는 설교 시 지나치게 난삽하고 현학적인 단어 사용은 피해야 한다. 신학적, 철학적 전문용어를 연발한다든지, 고사성어를 계속 사용한다든지, 난해한 어휘를 사용한다든지 하는 것은 설교자의 어휘력 과시는 될지언정 청중의 설교 이해에는 전혀 도움이 되지 않는다. 설교자 스펄전(C. H. Spurgeon)이 말한 바와 같이, 시장(市場)의 사람들은 학문적 언어를 배울 수 없기 때문에 학문하는 사람들이 시장의 언어를 배워야 한다. 어려운 단어를 쉽게 번역하는 것은 목사가 해야 할 숙제이지 성도들의 숙제는 아닌 것이다.[57] 웨슬리(John Wesley)는 가끔 자신의 설교를 하녀에게 읽어 주면서 네가 이해하지 못하는 단어나 구를 내가 쓰거든 나를 중단시키라고 하면서 쉬운 용어를 사용하였다. 설교자는 평이한 단어를 쓰면서도 고상하고 세련된 표현을 하도록 열심히 살고 닦아야 할 것이다.

둘째, 명쾌한 표현을 사용하라. 독일의 철학자 니체(F. Nietzsche)는 자신이 심오하다는 것을 아는 사람은 명쾌하게 하려고 노력하고, 자신이 대중에게 심오하게 보이고 싶은 사람은 애매모호하려고 노력한다고 말했다. 해던 라빈슨(Haddon W. Robinson)은 강단에서 아지랑이가 끼면 회중석에서는 안개가 낀다고 말했다.[58] 설교자는 하나님의 말씀을 사람들이 이해하고 변화되게 하기 위

---

57) Haddon W. Robinson, *Blending Bible Content and Life Application,* 58.

58) Reg Grant & John Reed, *Power Sermon,* 장두만, *강해 설교 작성법*(서울: 요단출판사, 200), 259.

해서 설교하는 사람이다. 그렇기 때문에 사람들이 알아들을 수 있도록 말해야 한다는 것은 설교자의 절대적인 의무이다.

셋째, 짧은 문장을 사용하라. 설교는 음성 언어이기 때문에 듣는 순간 바로 이해할 수 있도록 해야 한다. 그렇기 때문에 긴 문장, 복잡하게 얽히고설킨 문장은 피하고 가능하면 간결한 문장을 사용해야 한다. 일반적으로 말하면 추상적이고 애매한 말은 긴 문장으로 표현된다. 그렇기 때문에 설교자는 가능하면 짧은 문장을 통해서 청중이 이해하기 쉽게 표현하도록 노력해야 할 것이다.

넷째, 구체적 표현을 사용하라. 문장 표현에 있어서 사용되는 단어가 추상적이면 추상적일수록 그 표현은 오해될 수 있는 가능성이 많다. 그래서 릿핀(Duane Lifin)은 추상적 단어와 연관하여 다음과 같은 원리를 제시한다. "단어가 추상적이면 추상적일수록 그 단어는 재미가 없고 기억하기도 어려워진다."[59] 그렇기 때문에 설교자는 가능하면 구체적인 표현을 사용하도록 최선을 다해야 한다.

다섯째, 감각적인 표현을 사용하라. 감각적인 단어는 우리의 오감(五感) 가운데 어느 하나에 어필(appeal)하는 단어인데, 이런 단어는 그렇지 않은 단어에 비해서 훨씬 생생한 느낌을 준다. 감각적인 표현은 단어 그 자체를 통해서 나타낼 수도 있으며, 의성어나 의태어의 사용을 통해서 나타낼 수도 있고, 은유법이나 직유법 같은 수사법을 통해서 나타낼 수도 있다. 랠프 루이스(Ralph Lewis)의 연구에 의하면, 하나님의 사랑을 전한 호세아 선지자는 호세아서에서 600여 개 이상의 감각적 언어가 사용되고 있다고 한다. 시각과 관련된 표현이 98개, 청각과 관련된 것이 46개, 미각과 관련된 것이 55개, 후각과 관련된 것이 6개, 촉각과 관련된 것이 34개, 근육의 움직임과 관련된 것이 129개, 내적 심상(Internal images)과 관련된 것이 234개에 달한다는 것이다.[60] 감각적인 표현은 성경에서는 물론 위대한 문학 작품이나 일상적 언어생활에서도 다반사로 사용되고 있다.

---

59) A Duane Litfin, *Public Speaking,* 293.

60) Ralph L. Lewis, *Persuasive Preaching Today,* 216-17.

(2) 설교자의 음성

설교에서 표준어를 쓰는 것도 중요하지만 명랑한 음성과 장중한 어조가 필요하다. 설교에 있어서 가장 원초적인 수단은 목소리이며, 목소리를 통해서 자신들의 생각(thought)의 움직임에 대해 스스로가 주시하게 되고, 또한 설교자와 설교를 듣고 있는 청중들에 대한 요구에 응함으로써 전반적인 분위기를 조성하고, 복음의 인격화를 그들이 인식하고 있음을 보여 준다. 이런 현상은 설교하는 모든 순간에 나타난다. 사람마다 생김새가 다르듯이 음성과 음색과 음량이 다르다.

① 발성과 음성량

사람마다 얼굴 모습이 다르듯이 목소리도 각기 다른 특색을 가지고 있다. 높은 소리, 낮은 소리, 밝은 소리, 흐린소리, 어두운 소리 등 천차만별이다. 소리로 그 사람됨을 직감하는 것은 사람의 음성에는 각각 특징이 있기 때문이다. 설교자로서 음색과 음량의 폭이 넓고 부드럽고 중음(바리톤)을 내어서 교회당 안에 있는 모든 청중에게 잘 들릴 수 있는 소리로 설교할 수 있는 사람은 좋은 재능을 가졌다고 하겠다. 설교자는 음성을 억지로 변조하거나 짜내는 듯하지 말고 부드러운 바리톤으로 사람을 피곤치 않게 하여야 한다. 중요한 것은 꾸미는 음성이 아니라, 자연스러움과 부드러움 그리고 확신에 찬 음성이 필요하다.

② 음성의 고저(volume)

전달에 있어서 피해야 될 최대의 금기(禁忌)는 '단조로움'(Monotony)이다. 낮은 음성으로만 계속 설교한다든지, 아니면 반대로 높은 음성으로만 계속 설교하는 것은 전달에 있어서 최대의 적이다. 설교자는 청중이 설교 중에 졸지 않게 하려면 음성의 고저를 변화무쌍하게 사용해야 한다. 어떤 경우에는 속삭이듯이 낮게, 어떤 경우에는 맹수가 포효하듯이 사자후(獅子吼)를 토해야 하며, 어떤 경우에는 자연스런 대화식으로 해야 된다.

설교자의 음성의 크기는 대개 세 가지 요인에 의해 결정된다. 첫째는 음성을 내기 위해서 어느 정도의 힘을 사용하느냐 하는 것이고, 둘째는 설교자와 청중의 거리가 얼마나 되느냐 하는 것이며, 셋째는 설교하는 환경이 어떠한가, 즉 설교를 방해하는 요소가 있느냐 없느냐 하는 것이다. 설교자는 예배에 참석한 모든 사람들이 충분히 알아들을 수 있을 정도의 큰 소리로 말해야 한다. 그러나 그것도 설교의 내용에 따라서 수시로 바꾸어야 한다.

③ 발음과 속도(Rate)

설교자의 말의 속도는 설교자의 인격과 회중의 규모, 건물의 음향 상태, 설교의 특성에 따라 그대로 변하는 음성 요소이다. 일반적으로 회중이 많고 음향장치가 좋지 않을수록 말의 속도는 느려야 한다. 격려하거나 교훈적인 목적을 가진 설교들은 전달을 보다 천천히 할 필요가 있다. 설교자의 인격은 다른 어떤 영역에서보다 말의 속도에 있어서 결정적이다. 가장 좋은 원칙은, 생동감을 보여 주기에 충분할 만큼 다양하고 빠른 동시에 분절을 뚜렷하게 하기에 충분할 만큼 느리게 하는 것이다. 대부분의 청중은 1분에 약 500단어 정도를 생각할 수 있지만, 그러한 속도로 말을 들을 때에는 듣는 내용을 다 소화시킬 수가 없다. 설교나 연설에서 정상적인 속도는 1분에 120단어에서 170단어 정도의 속도로 말하는 것이다. 음성의 속도를 변화시키면 여러 가지 유익이 있다.[61)]

첫째, 설교자가 전하려는 의미가 분명해진다. 둘째, 그것은 독서 시 구두점과 같은 역할을 해서 청중이 설교의 내용을 더 잘 이해할 수 있게 해 준다. 셋째, 그것은 한 가지 내용에서 다른 내용으로의 전이(轉移)를 용이하게 해 준다. 넷째, 그것은 중요한 개념을 강조해 준다. 다섯째, 그것은 청중의 관심을 끌게 해 준다.

④ 휴지(Pause)

설교에서 휴지란 단어와 단어 사이, 문장과 문장 사이에 간격을 두는 것을

61) Ralph Lewis, *op. cit.*, 71.

말한다. 설교에 있어서의 휴지는 '어', '에' 같은 말을 되풀이하면서 말이 막혀서 쉬는 것이 아니라 4, 5초 동안 의도적으로 잠깐 말을 멈추는 것이다. 그것은 음성변화와 마찬가지로 문장에서의 구두점과 같은 역할을 한다. 먼로우(Alan H. Monroe)와 에닝거(Douglas Ehninger)는 휴지에 대해서 말하기를 "휴지는 사고에 구두점을 찍는다. 쉼표나 세미콜론이나 마침표가 문장의 단어들을 사고 단위로 분리시키듯이 상이한 길이의 휴지는 연설의 단어들을 의미 단위로 분리시킨다. 그렇기 때문에 연설을 할 때나 원고를 읽을 때 휴지를 제대로 사용하지 못하면 인쇄물에서 잘못된 구두점을 사용함으로써 독자들에게 가져다주는 혼란과 같은 혼란을 청중에게 가져다준다."고 하였다.[62]

설교자가 휴지를 사용할 때에는 하나의 사고 단위가 끝난 다음에 해야 할 것이다. 문장의 중간에나 어떤 논리를 한창 전개해 나가는 도중에 그렇게 하면 그것은 혼란만 가중시키고 청중의 의혹만 받게 된다. 휴지는 종종 강조의 효과를 거두기 위해 사용될 수 있다. 적절한 시기에 설교를 잠깐 중단하고 멈추는 것은 어떤 강력한 언어보다도 설교자의 감정이나 의향을 더 잘 표현해 준다.

⑤ 기 타

설교의 전달에 있어서 몇 가지 주의할 점들이 있다. 첫째, 설교자는 전달할 때 열정(enthusiasm)이 있어야 한다. 둘째, 설교자는 문장의 끝을 너무 떨어뜨려서는 안 된다. 셋째, 설교자는 비어를 사용하지 않도록 해야 한다. 넷째, 가능하면 문법에 맞는 표현을 쓰도록 해야 한다. 다섯째, 원어의 사용은 자제하는 것이 좋다. 여섯째, 사투리를 사용하지 말아야 한다.

---

62) Monroe & Ehninger, 장두만, *op. cit.*, 268.

2) 비언어적 커뮤니케이션

(1) 비언어적 커뮤니케이션의 기능

설교에 있어서 비언어적 커뮤니케이션에 관심을 갖기 시작한 것은 최근의 일이다. 1966년 율겐 루취(Jurgen Ruesch)와 키츠(Welden Kees)가 '비언어적 커뮤니케이션'(Non-Verbal Communication)이라는 책을 펴냄으로써 시작되었다. 그 후 여러 연구가들도 인간을 전적으로 언어에 의해 의사소통을 하는 존재가 아니라, 모든 감각을 활용할 수 있는 다감각적 존재(multi-sensorial being)로 보았다. 버드 휘스텔에 따르면, 보통 사람이 하루에 말을 하는 시간은 모두 합쳐 10분 내지 11분밖에 안 된다고 한다. 한 문장을 말하는 데 소요되는 평균 시간은 겨우 2.5초밖에 걸리지 않으며, 정상적인 두 사람이 대화를 나눌 때 말을 통해 전달되는 의미는 35%에 불과하고 나머지 65% 이상은 비언어적 형태로 전달된다는 것이다.[63]

비언어적 현상의 기본 요소로는 목소리와 몸짓, 사물, 환경 등이 있다. 음성학자들은 목소리를, 그 사용법에 따라서 다양한 의미로 전달할 수 있는 유사언어로 본다. 그래서 목소리는 언어적인 면과 비언어적인 면을 나누는 경계선 같은 것이라고 볼 수 있다. 목소리라는 유사 언어에는 음질, 특징어, 어조 등이 있다. 인간의 목소리는 수천 가지의 미묘한 인간의 감정을 담아 전달할 수 있다. 또 비언어적 커뮤니케이션은 몸짓이라는 매체이다. 즉 이는 신체 동작을 의미한다. 신체 동작에는 눈과 입을 포함한 얼굴 표정, 손, 머리, 다리, 몸통 등의 사용과 전체적인 신체 형태까지 포함된다. 메레비언(Albet Merebian)은 감정이나 태도를 다른 사람에게 표현함에 있어서 언어보다 비언어적 행동이 더욱 효과가 있다는 것을 증명해 보였다. 그는 자신의 조사 결과를 토대로 다음과 같은 공식을 만들었다. 즉 표현된 감정=언어(7%)+목소리(30%)+얼굴 표정(55%)이라는 것이다.[64]

---

63) Ray L. Birdhistell, *Kinesics and Context* (Philadelphia: University of Pennsylvania Press, 1970), 158.

비언어적 커뮤니케이션 중에서 서로 눈길을 주고받는 것은 의사소통의 가장 기본적인 요소이다. 인간의 의사소통에 있어서 눈길을 주고받는 것은 상대방으로부터 확신을 받고 있다는 안정감을 느끼게 되며, 그렇지 못할 경우 가슴속 깊이 불안감이 조성된다. 비언어적 커뮤니케이션의 요소 환경이란 매체(the medium of environment)도 있다. 여기에는 시간과 공간, 건물 구조상의 특징도 포함된다. 같은 설교라도 어떤 시간에 듣는가에 따라서 다른 반응이 나오는 것은 이러한 이유 때문이다. 그러므로 우리는 비언어적 커뮤니케이션의 기능을 다음과 같이 정리해 볼 수 있을 것이다.[65]

첫째, 음성 언어 이외에 또 다른 경로를 이용하게 되면 커뮤니케이션의 효과를 배가할 수 있다. 둘째, 비언어적 기호는 음성 언어보다 더 많은 의미를 전달한다. 셋째, 사람의 인품은 비언어적 행위에 의해 전달된다. 넷째, 느낌이나 감정도 언어 수단보다는 비언어적 행위에 의해 더욱 정확히 전달된다. 다섯째, 인간관계는 주로 비언어적 커뮤니케이션을 통해 더욱 가깝게 된다. 여섯째, 커뮤니케이션은 기만이나 왜곡, 혼돈이 없이 있는 그대로의 의미나 의도를 전달한다. 일곱째, 비언어적 커뮤니케이션은 무언(無言)의 메시지의 전달에 가장 적당하다. 따라서 비언어적 측면에서 설교자의 진실성, 신뢰성, 성령에 붙들린 바 된 삶이 자연스럽게 표출될 때 비언어적 커뮤니케이션의 문제를 능히 극복할 수 있으리라고 본다.

(2) 몸으로서의 설교

설교자는 자신이 의식하든 하지 아니하든 자기의 몸을 가지고 설교단에 오르게 된다. 거기에서 그가 그 몸으로 행하는 것은 그가 행하는 설교에 하나의 중요한 재산이 되든지 아니면 하나의 빚이 된다. 신체의 사용은 설교자의 인격을 나타내 준다. 설교자의 거의 숨은 행동이나 외모 조차도 청중에게 그에 대

64) A mehrabian, *Silent Message* (Belment: Wadsworth, 1971), 44.
65) *Ibid.* 120-24.

한 강한 인상을 심어준다. 아담스(J. Adams)는 설교자의 몸짓을 동작에 의해서 상품을 배달하는 것으로 표현하고 있다. 설교자가 움직일 때는 그 동작은 의미가 있어야 한다.[66]

① 표정과 자세

설교자의 얼굴은 설교의 변화하는 분위기와 의미를 표현하는 데 있어서 굉장한 가능성을 가지고 있다. 생물학자들은 얼굴의 근육조직은 2만 개 이상의 다른 표정들을 만들어 낼 수 있다고 한다. 그러나 많은 설교자들은 얼굴로서 적절하게 자기들의 내적 감정을 표현하는 일이 전혀 없다. 강단에서 얼굴 표정은 의도적이거나 계획적이 되어서는 안 된다. 표정은 기계적일 수 없고, 내면으로부터 나와야 한다. 다만 전달하고자 하는 욕구와 대화의 생기를 가지고 말할 수 있는 능력 향상이 있어야 되리라고 본다. 또한 설교자는 설교단에서 의미 없는 동작은 피해야 한다.

② 복장 및 외모(Dress and Appearance)

설교자는 복장이나 외모를 단정하게 하고서 강단에 서야 할 것이다. 그렇다고 해서 설교자가 최첨단 유행을 따라야 된다는 말은 아니다. 설교자가 너무 유행에 민감하면 경박하다는 인상을 주고, 너무 유행에 뒤지면 시대에 뒤져 있다는 인상을 준다. 따라서 설교자는 중용을 취해야 할 것이다. 복장 및 외모에 관련해서 주의해야 될 것은 그것이 장소나 분위기와 잘 조화되어야 한다는 사실이다.

③ 몸과 손의 움직임(Body Movement and Gestures)

설교자는 눈과 머리, 어깨로도 몸짓을 표현하지만 주로 몸과 손과 팔을 사용한다. 연설의 일반 원칙에 의하면 제스처의 원리는 다음과 같다.

---

66) Jay E. Adamas, *Pulpit Speech,* 김형준 역, *설교의 기술* (*하*)(월간목회사, 1980), 194.

첫째, 기타의 신체 행동과 마찬가지로 제스처도 내부로부터 우러나와야 한다. 따라서 제스처의 빈도수는 설교자마다 다를 수가 있다. 인위적으로 계획을 세워서 나오면 어색하다. 자연스럽게 몸에 밴 대로 하는 것이 좋다. 둘째, 제스처는 부드러워야 한다. 따라서 몸 전체가 유연하게 또는 조화롭게 사용되어야 한다. 제스처가 엉뚱하거나 무뚝뚝하면 어색한 일이 되고 만다. 셋째, 제스처의 시의(時宜)에 적절해야 한다. 꼭 필요한 때에 필요한 제스처를 사용해야 한다. 제스처가 말의 내용과 맞아떨어져야 한다. 제스처는 강조점보다 순간적으로 앞서야 하는데 거의 동시적이어서 청중이 그 강조하는 말을 듣고 그 행동을 볼 때에 하나의 인상을 받도록 해야 한다. 시간적으로 적절하지 못한 제스처는 커뮤니케이션을 깨뜨려 버린다. 넷째, 제스처는 상황과 회중의 규모 및 설교의 특성에 적절한 것이어야 한다. 제스처는 회중의 유형과 위치에 따라서 변화되고 감정의 차이를 표현하게 된다. 다섯째, 제스처는 다양해야 한다. 어떤 설교자들은 그들이 전달하고자 하는 사상에 관계없이 동일한 제스처만 계속하는데, 그 제스처는 별 의미가 없게 된다.

④ 눈의 접촉(Eye Contact)

설교자가 자신의 눈을 어떻게 사용하느냐 하는 것은 비언어적 전달(Non-verbal Communication)의 중요한 측면 가운데 하나이다. 로마의 웅변가 키케로(Cicero)는 전달에 있어서 음성 다음으로 그 효과 면에서 중요한 것은 얼굴 표정이다. 그리고 그것은 눈에 의해서 좌우된다고 하였다. 남의 시선을 피한다든지, 계속 노려본다든지, 머뭇머뭇하면서 남을 쳐다본다든지 하는 것 모두가 다 무엇인가를 전달해 준다. 앞서 언급한 대로 심리학자 메라비안(Albert Merabian)은 설교의 총체적 효과는 7%의 단어와 38%의 음성과 55%의 얼굴로 되어 있다고 했다. 설교에서 청중과의 눈의 접촉이 그만큼 중요하다는 뜻이다.[67)]

동물학자들에 의하면 털이 많은 동물들의 본성 중의 하나가 불을 싫어한다는 것이다. 그런데 서커스를 보면 호랑이나 사자가 불을 뛰어넘는 것을 볼 수

---

67) 장두만, *op. cit.* 276.

있다. 우리는 생각하기를 그것은 거듭되는 훈련으로 되는 것으로 생각한다. 그러나 조련사들의 말에 의하면 아무리 훈련을 시켜도 동물은 불을 향해 돌진할 수 없다고 말한다. 그럼 털이 많은 동물들이 불을 향해 뛸 수 있게 만드는 것은 무엇인가? 그것은 바로 자기 주인에 대한 믿음이라고 말한다. 동물은 불을 향해 뛰기 전에 먼저 자기 주인의 눈을 바라본다는 것이다. 그리고는 믿고 불을 향한 뛰어드는 것이다.

E. 시벅은 연구 조사를 통해 눈을 마주 바라봄으로써 상대방에게 확신 받고 있다는 안정감을 느끼게 되며, 그렇지 못할 경우 가슴속 깊이 불안감이 조성된다는 사실을 밝혀냈다. 설교자는 차례로 모든 청중의 시선을 마주쳐야 한다. 이를 통해 청중에 대한 설교자의 지극한 관심을 나타내 보여 줄 수가 있는 것이다. 회중들 한 사람이라도 놓치지 않으려는 노력 속에 한 사람 한 사람의 눈과 마주쳐 나아가면서 말씀을 전하는 설교자만이 대화적인 설교(dialogical preaching)를 하고 있는 것이다.[68]

스티븐슨(Stevenson)과 디엘(Diehl)은 이렇게 말했다. "당신이 사람들과 말할 때에는 그들을 한 사람씩 한 사람씩 둘러보라. 그리고 그들이 무언중에 당신에게 들려주는 말이 무엇인지 보도록 하라. 스스로 듣는 사람들과의 대화에 끌려들도록 하라. 어떤 목사들은 몇 사람 안 되는 성도들을 앞에 두고 마치 2천 명의 군중 앞에 선 것처럼 설교한다. 찰스 스펄전은 2천명을 앞에 두고도 마치 한 사람에게 개인적으로 이야기하는 것처럼 설교했다고 한다."[69] 단순히 보는 것이 아니라 그들이 어떤 반응을 보이고 있는지 읽을 수 있도록 보아야 한다. 듣는 사람으로 하여금 설교자가 자기를 생각하고 있으며 자기에게 개인적으로 말해 주고 있다고 느끼도록 하는 관계가 이루어져야 한다.

(3) 커뮤니케이션의 실패 이유

로이드 페리(Lloyd M. Perry)가 지적하고 있는 커뮤니케이션의 실패하는 여

68) 정장복, *설교학 서설*, 213.
69) Bauman, *op. cit.*, 269.

덟 가지 이유는 모든 설교자가 기억해야 할 내용이라고 생각된다.[70] 첫째, 에세이(Essay)와 연설을 구별하지 못하기 때문이다. 에세이와 연설 사이에 유사성이 있다면 양자는 모두 단어로 구성되어 있다는 점이다. 에세이는 문자로 표현된 것이고 청중이 눈앞에 있지 않기 때문에 그들이 어떻게 반응하느냐 하는 것이 그 순간에는 별로 문제가 되지 않는다. 그러나 연설에 있어서는 청중이 바로 눈앞에 있기 때문에 그들이 어떻게 반응하느냐 하는 것은 굉장히 중요하다. 연설의 경우에는 비록 그 내용이 에세이와 동일한 것이라 할지라도 청중이 관심을 갖고 경청하도록 하지 못한다면 실패라고 할 수 있다. 둘째, 명백한 것만 주로 취급하려 하기 때문이다. 환언하면, 연설이나 전달에서 독창성이 결여되어 있기 때문이다. 셋째, 청중을 무시하려는 경향 때문이다. 청중과 함께 호흡을 같이하면서 무엇인가를 나누려 하기보다는 청중이 듣거나 말거나 개의치 않으면서 일방적으로 말해 버리려는 경향 때문에 실패하는 경우가 많다. 넷째, 성취하고자 하는 분명한 목적 또는 목표가 설정되어 있지 않기 때문이다. 다섯째, 청중으로부터 너무 조급하게 많은 반응을 기대하기 때문이다. 설교자가 기대하는 궁극적인 반응은 청중이 어떤 행동을 취하도록 하는 것인데, 이 반응을 얻는 데 필요한 다른 요인은 무시하거나 경시한 채 최종 결과만 얻으려고 하기 때문에 실패하는 경우가 많다. 여섯째, 설교자나 연설자가 자기 자신을 청중에게 주지 않기 때문이다. 메시지는 단순히 설교의 원고만을 읽어 주는 것이 아니기 때문에 설교자의 열성, 신실함, 진지함 등이 함께 가야 하는데, 이런 면을 제대로 고려하지 않은 채 단순히 원고 내용만을 청중에게 전해 주려 할 때 실패하게 된다. 일곱째, 청중의 청취 능력이 설교자가 생각하는 것보다 훨씬 더 제한적이라는 사실을 제대로 인식하지 못할 때 실패한다. 마지막으로, 공식적인 원리들을 기계적으로 인간 세계에 그대로 이식(移植)시키려고 하기 때문에 실패한다. 청중은 기계가 아니라 인격체라는 사실을 염두에 두어야 한다. 사람을 감동시킨다는 것은 복합적인 요인을 포함하고 있기 때문에 설교자는 최선을 다해서 이런 요인들을 발견해 설교에 적용할 수 있어야 할 것이다.

---

70) Lloyd M. Perry, *Biblical Preaching for Today's World,* 174–76.

3) 커뮤니케이션의 과제

(1) 뉴미디어 시대의 설교

로버트 듀페트(Robert G. Duffett)는 급격하게 변화하는 오늘의 시대를 조명하면서 설교자들은 아무도 듣지 않으려는 시대 속에서 말씀을 전해야 하는 때가 되었다고 주장한다. 하나님께서는 말씀 전파를 위임하시면서 "때를 얻든지 못 얻든지"(in season and out of season) 힘쓸 것을 명하셨는데(딤후 4:2), 그 말씀에 비추어 보면 오늘의 시대는 점점 말씀을 전하기가 어려운 시대(out of season)가 되고 있다. 말씀을 듣지 않으려는 시대에서도 복음전파의 사역을 계속하도록 위임받은 설교자들은 적어도 오늘의 시대의 변화와 특징에 깊이 관심하면서 그러한 시대에 적합한 설교의 패러다임을 추구해야 할 것이다. 21세기 설교자들은 어떤 문화적, 사회적인 변화에 직면해 있는가? 첫째로 기존의 권위와 전통을 거부하는 혹은 크게 위협하는 포스트모던(post-modern)이다. 우리 사회는 문화적, 사회적으로 과거와는 전혀 다른 형태의 가치관이 지배하는 시대를 맞았다. 나아가서 우리 사회의 변화는 커뮤니케이션 환경의 변화에서 찾아볼 수 있다. 현시대는 멀티미디어 시대로서 문자와 음성 위주의 커뮤니케이션 시대가 지나가고 뉴미디어가 지배하는 멀티미디어 시대가 다가왔다. 사회의 여러 분야에서 멀티미디어 시대에 대한 대응 혹은 적응을 주제로 한 논의가 활발히 일어나고 있다. 설교 분야에서도 멀티미디어 시대의 설교라는 주제를 중심으로 다양한 문제 제기와 제안들이 이루어지기 시작하고 있다. 일부에서는 오늘의 전통적인 설교가 멀티미디어 시대의 설교로서 적합한가라는 보다 근본적인 문제를 제기한다. 이러한 문제의식은, 소리의 시대 즉 음성 매체의 시대는 지나가고 있다는 공통된 인식에 근거하고 있다. 이제는 들려주는 시대가 아니라 보여주는 시대라는 입장이다. 그리하여 설교에 있어서도 설교자의 언어행위, 즉 음성 매체에 의존하는 설교형식으로는 뉴미디어 시대에 적응할 수 없으며 적합하지도 않다는 결론에 이르게 되고, 그러므로 다양한 뉴미디어의 도입과 활용을 통해 보여주는 설교로 변화되어야 한다는 것이다. 강단 주변과 예배당

내부는 특수 기기들과 다양한 미디어 시설의 설치로 그 분위기가 바뀔 것이다. 설교에 대하여 지향하고 있는 바는 설교문의 구조나 형식의 변화에 그치는 것이 아니다. 설교의 커뮤니케이션 미디어 자체, 설교 환경의 변화를 지향하는 것이다. 그러나 분명한 것은 음성 매체를 주요 수단으로 하는 설교를 다른 어떤 것으로도 대체할 수 없다는 것이다. 최첨단의 멀티미디어 기기가 준비되어 있다고 하더라도 설교자가 직접 강단에 서서 음성 매체를 사용하여 메시지를 선포하는 설교행위는 결코 뉴미디어에 의해서 대체될 수 있는 것이 아니다.

① 새로운 설교의 패러다임

멀티미디어 시대는 더 이상 소리의 시대 즉 음성매체 위주의 시대가 아니라는 것은 의미한다. 그러므로 멀티미디어 시대의 설교는 보여주는 커뮤니케이션 방법에 관심을 가져야 하며, 이를 위하여 개발된 각종 뉴미디어 수단과 기기들의 도입에 적응해야 한다는 주장이다. 그러나 여기서 우리가 기억해야 할 중요한 사실은, 우리의 설교가 직면하고 있는 시대가 음성매체의 시대는 아닐지 모르나, 그 근본은 여전히 언어의 시대라는 것이다. 그리고 언어는 그 사용에 따라서는 읽는 사람이나 듣는 사람으로 하여금 '보게 하는' 놀라운 능력을 가지고 있다는 점이다. 눈으로는 글자를 읽고 있는데 실제로는 다른 세계를 경험하고 있고, 귀로는 말을 듣고 있는데 눈으로는 생생한 장면을 보고 있는 일이 얼마든지 가능하다는 사실은 누구도 부인할 수 없다. 보여주는 TV와 보게하는 책의 영향의 차이 때문에 우리는 TV시대의 우리 아이들을 그렇게 염려하는 것이 아닌가? 이것은 듣는 자들 스스로가 이미지화 혹은 영상화시킬 수 있는 능력이 있다는 것이며, 설교는 듣는 자들이 이 능력을 발휘하여 스스로 볼 수 있도록 해야 할 책임이 있다는 것이다. 이러한 점에서 음성의 시대가 지나감으로, 보여주는 뉴미디어를 찾아 나서자는 것에서 멀티미디어 시대의 설교의 돌파구를 찾으려는 시도는 그 필요성을 인정하면서도 한편으로는 무책임한 처사가 될 수도 있다는 것이 지적되어야 할 것이다. 우리가 당면한 더욱 근본적인 과제는 보여주는 설교가 아니라 오히려 보게 하는 설교에 있다고 보아야 할 것이다.

② 그림언어 및 행동언어

멀티미디어 시대를 대응하여 보게 하는 설교의 관건은 무엇인가? 보게 하는 설교의 가능성은 무엇다도 두 가지 전제에 근거하고 있다. 청중에게는 보이지 않는 것을 보는 능력이 잠재되어 있다는 것과 언어는 청중에게 잠재되어 있는 이 능력을 깨우는 힘을 가지고 있다는 전제이다. 이 문제는 필연적으로 설교문의 형식과 스타일 그리고 언어와 표현 등이 설교에 있어서 결코 소홀히 여길 수 없는 문제라는 결론에 이르게 한다. 단편적인 주제의 나열보다는 전체가 하나의 흐름을 가지고 한 세계를 펼쳐 나가는 형식을 촉구하며, 특별히 관념적, 추상적 언어의 사용보다는 생생한 그림언어, 행동언어의 개발과 사용에 관심을 가질 것을 촉구하게 된다. 그리고 설교에 있어서 상상력의 역할에 대한 관심을 촉구하게 된다.

청중이 설교가 전달하는 본문의 세계를 경험하고 그리하여 설교가 목적하는 청중의 변화를 유발하는 데는 청중의 상상력의 적극적 참여가 요구된다고 보는 것이다. 이러한 입장에서 설교자는 청중을 향한 메시지의 전달이라는 차원에서만이 아니라 본문 접근의 차원에서도 변화를 일으킬 수 있다. 실제로 이 상상력(imagination)의 문제는 이미 해석학 분야와 설교학 분야에서 중요한 이슈가 되고 있다. 설교자는 '본문의 이 사건은 엄청나게 슬픈 사건입니다'라고 말하는 데서 그치지 않고 청중을 슬프게 해야 한다. 기쁨을 주제로 기쁨에 대하여 설명하는 데 그치지 않고 기쁘게 하며, 소망에 대하여 논증하는 데서 그치지 않고 소망을 품게 하는 것이 설교자가 해야 하는 일이다. 설교자는 어떻게 하면 이러한 사건이 일어날 수 있을까를 자신의 설교형식과 스타일, 언어와 표현 등과 관련하여 끊임없이 고민해야 할 것이다.

(2) 상상력이 담긴 설교

① 상상이 담긴 설교의 가치

상상력은 우리가 하나님의 말씀을 이해하고 해석하는 데 도움을 줄 수가 있다. 상상력은 성경사전과 원어 대조 성경이 그렇듯이 성경해석학이라는 학문의 본질을 이룬다. 우리가 성화(聖化)된 상상력으로 성경의 내용을 대하는 것이 성경의 가치를 평가 절하하는 것은 아니다. 오히려 성경을 우리에게 주어진 그대로, 즉 직유와 은유로, 비유와 풍유로, 시와 설화로, 노래와 잠언으로 받아들이는 것이다. 케어드(G. B. Caird)가 저술한 『성경의 언어와 상상』(The Language and Imagery of the Bible, Westminster, 1980)과 같은 책에 감명받은 설교자는 성경 해석학과 설교학 양자에 대해 새로이 눈뜰 것이다. 스펄전은 말하기를 "나는 오늘 아침 이 설교를 통해 하나님께서 매일 매일, 매년 모든 계절마다, 모든 장소에서, 여러분이 반드시 따라야 하는 모든 부르심 속에서 여러분께 비유를 들어 말씀하고 계시다는 것을 보여드리기 위해 열심히 노력할 것입니다."라고 하였다. 설교에서 상상력의 가치에 대해 의문을 품는 설교자는 스펄전의 설교를 연구해야 할 것이다. 그 다음에는 조용히 돌아가 지금까지의 자신의 설교 형태를 반성해야만 할 것이다. 많은 설교자들은 오로지 성경의 장면을 재구성하는 데에만 그들의 상상력을 사용하려 한다. 그나마 재구성은 정확성과 통찰력을 가지고 수행할 때, 제자리를 찾는다. 설교자의 상상력이 훌륭하면 훌륭할수록 말을 통한 서술은 더욱 간결해지며 그림 속의 붓놀림이 더욱 선명하게 나타난다. 그러나 위런 위어스비 목사는 재구성보다는 동일시(identification), 즉 성경 본문의 정신에 공감하고 성경 저자의 마음과 가슴에 공감하며 그 문학 장르에 일치하는 동일시를 권한다.[71)]

또한 상상력은 설교자를 회중들과 동일시하도록 도와주며 말씀을 회중들의 삶에 적용하도록 도와준다. 만일 당신이 원하는 모든 것이 그저 한 가지 주제를 설명하는 것이라면, 당신은 필요한 것을 충족시키는 데 대해 걱정하지 않아도 된다. 헬포드 루콕(Halford Luccok)은 이렇게 말했다. "참된 목회 가운데 타인들의 삶 속에서 자신의 길을 감지하는 능력보다 더 중심적인 것은 아무것도 없다……그것은 동감 이상의 어떤 것, 즉 다른 사람의 존재 속으로 우리의 의식을 상상적으로 투사하는 것, 다시 말하면 감정이입인 것이다." 조셉 파커(Joseph Parker)는 이렇게 말했다. "목사는 설교 준비를 할 때, 상상력으로 자신의 성도들을 자신의 책상 곁으로 데리고 와야 한다." 위런 위어스비 목사는 말

71) 위런 위어스비, *심령을 꿰뚫는 설교를 합시다*, 배용준 역, 설교자에게 필요한 상상력 (서울: 나침반출판사, 1996), 61-75.

하기를 "상상력은 당신으로 하여금 사람들의 의문과 반대를 예상할 수 있게 해 준다. 당신이 그들의 입장에 놓일 때, 그들에게서 반드시 제거되어야 하는 정신적 장애물들과 당신이 반드시 폭로해야 하는 편견들을 발견한다. 그리고 청중들로 하여금 당신의 논거를 수용하게끔 하기 위해서 당신이 대답할 필요가 있는 반대들을 그들에게서 발견한다."고 말했다.72)

설교자의 상상력은 진리의 수용을 촉진시키는 방식으로 진리를 제시하도록 도울 수 있다. 스펄전 목사는 말하기를 "성도들에게 생 밀알을 내던지지는 말라! 그것을 고운 가루로 빻아 빵을 구워라. 그 다음 교인들을 위해 빵을 조각으로 자르라. 거기에 꿀까지 발라서 준다면 더할 나위 없이 좋을 것이다. 비록 우리가 종종 추상적인 진리들을 다루고 있기는 하나, 그 추상적인 진리를 일깨우는 최선책은 예증과 영상을 통해 그것을 구체화시키는 것이다." 스펄전은 가르치던 신학생들에게 또 이렇게 말했다. "여러분들은 공들여 애쓴 끝에 여러 가지 정의(定義)들과 설명들을 제시할 수 있을 것이다. 그러나 그럼에도 불구하고 여러분의 경청자들을 여러분의 취지에 관해 몽매한 암흑 상태에 그냥 내버려 둘 수도 있다. 하지만 철두철미하고 적절한 비유는 놀랍게도 그들의 인식을 명료하게 해 줄 것이다."73)

몇몇 설교자들은 성경의 교리를 무미건조하게 만들 수 있다는 것이 놀랍기만 하다! 신약성경에 있는 중요한 교리적 용어 하나하나는 각자가 하나의 흥미로운 영상의 일부이다. 칭의(justification)라는 용어는 신학교로 이사해 오기 전에 법정 용어였다. 구속(redemption)이라는 말은 헬라와 로마의 노예 제도에서 태어났다. '거듭난다'는 말은 헬라인들에게 친숙한 용어였다. 그리고 그것은 오늘날의 모든 설교들을 분명히 하는 그런 의미들을 가지고 있었다. 낱말들을 연구하지 않는 설교자는 진리를 전달하는 데 효과적인 도구를 자신에게서 스스로 강탈하는 것이다. 우리가 알고 있는 역량 있는 설교자들 가운데 몇 사람들, 즉 캠벨 모르간, 존 헨리 조옛(John Henry Jowet) 그리고 윌리암 카일 감독(Bishop William Quayle) 등의 설교자들이 낱말을 연구하는 학생들이었고 사전들을 읽

72) *Ibid.*
73) *Ibid.*

는 독서가들이었으며 낱말 끼워 맞추기의 애호가들이었다는 것은 우연한 일이 아니다.[74)]

상상력은 특수한 것들 속에서 보편적인 것을 보여 준다. 그런데 보편적인 것은 종종 은유나 직유를 통해 표현된다. 이런 종류의 수사법이 성경을 흠뻑 적시고 있다. 바울은 교회를 묘사하기 위해 수십 가지의 서로 다른 이미지들을 사용하였는데 폴 마이니어(Paul Minear)가 저술한 『신약성경에서의 교회 이미지』(Images of the Church in the New Testament)라는 책을 보라. 그 이미지들의 거의 대부분이 여전히 오늘날 인간사고(思考)의 일부를 이루고 있다.

설교는 하나의 학문인 동시에 하나의 예술이다. 해석학과 설교학은 우리에게 뼈대를 제공할 수 있지만, 뼈들에 살을 붙이기 위해서는 상상력이 필요하다. 설교학 학자들은 성경 본문의 부검을 썩 훌륭하게 수행해 낼 수 있다. 그러나 그들은 죽은 것을 일으키지 못한다. 괴테(Goethe)가 이렇게 말한 적이 있다. "예술가인 동시에 숙련공이지 않은 그런 예술가는 조금도 훌륭하지가 못하다. 그러나 아, 슬프도다. 우리의 예술가들은 숙련공에 지나지 않는구나!" 상상력이 바로 한 사람의 숙련공을 한 사람의 예술가로 변형시키는 것이다. 이 말은 설교자들이 아이디어의 조직자 이상이라는 것을 의미한다. 설교는 열매를 맺는 하나의 생명체이다. 그리고 그 열매는 그 속에 더 많은 열매를 맺기 위한 씨앗을 가지고 있다. 우리는 그때마다 축복을 가져다주고 그때마다 사유의 새로운 지평을 열어주는 설교들을 거듭 반복해서 베풀 수 있다. 카일 감독은 다음과 같이 말하였다. "설교자로서 가장 치명적인 죄는 재미없는 설교를 하는 죄이다."[75)] 만일 당신의 설교가 관심을 끄는 설교가 되기를 바란다면, 비유의 능력과 상상력을 키워야 한다.

② 상상력을 개발하는 방법

설교자는 다른 어떤 사람들보다 상상력을 계발하는 데 큰 이점을 갖고 있다. 그 이점이란 무엇보다도 설교자는 자신이 한 명의 학생이 되기로, 독서가가 되

74) *Ibid.*
75) *Ibid.*

기로 마음먹는다는 것이다. 상상력은 반드시 먹이를 받아먹어야 한다. 나누어주면서 우리의 가슴이 자라나듯이 받아들이면서 우리의 정신은 자라난다. 오로지 기본적인 설교 자료들(성경사전류, 주석류)만을 읽는 설교자, 그래서 시야가 좁은 설교자는 자신의 상상력을 계발하는 데 어려움을 겪을 것이다. 다음은 위렌 위어스비가 지적한 상상력을 개발하는 방법을 제시한다.[76]

첫째, 광범위하게 독서하라. 특히, 장구한 세월이 승인 도장을 찍어 준 고전들을 읽으라. 역사와 전기 그리고 신학 서적과 마찬가지로 시와 어린이 동화들도 읽으라. 모든 진리는 하나님의 진리이다. 그리고 필립 브룩스가 상기시켰던 것처럼 모든 진리는 서로 교차한다. 성경에 대한 몇 가지 새로운 통찰력을 얻는다면 진리와 대면하게 되어있다. 그러나 상아탑의 독서광은 사람들의 필요를 결코 충족시켜 주지 못할 것이다. 교육도 중요하지만, 경험도 중요하다. 설교자에게는 반드시 삶이 있어야 한다! 설교자는 배우는 것과 삶을, 도서관과 장터를 서로 혼합해야 한다. 설교자는 동료 목사들과 성자(聖者)들과 함께는 물론 이거니와 세리와 죄인들과도 함께 하여 그의 교인들 사이에 섞여야만 한다. 에머슨은 이렇게 말했다. 여러분이 글 쓰는 것을 배우기 원한다면, 그것을 배워야 할 장소는 바로 거리이다……글 쓰는 자의 고향은 대학이 아니라 사람들이다. '글 쓰는 자'를 '설교자'로 대체하라. 그 다음 이 말을 가슴에 새기라. 마틴 루터는 기도와 묵상 그리고 고난이 한 사람의 설교자를 만들어 낸다고 말했다. 설교는 책들로부터 만들어지기보다는 투쟁들과 무거운 짐들로부터 만들어지는 것이다. 확실히 삶에서 한 가지 중요한 요소는 생활의 현장에서 진지하게 살아가는 사람과 나누는 창조적 교제가 필요하다.

둘째, 유머 감각을 계발하라. 물론 예외들이 있겠지만 일반적으로 이야기하자면, 창조적인 사람들은 유머 감각을 지니고 있다. 어쨌든 유머를 아는 사람은 한 번에 한 가지 이상의 것을 깨달을 수 있는 사람이라 간주된다. 상상력이 관여하는 모든 것도 바로 그것이다. 만일 당신이 어떻게 웃길 것인지 안다면,

---

76) *Ibid.*, 77-80.

당신은 유머로써 당신의 상상력에 먹이를 줄 수가 있다.

셋째, 어린아이의 경이감을 느끼도록 하라. 당신의 두 눈과 두 귀를 활짝 열어 놓고서, 머릿속으로는 무엇인가를 끊임없이 질문하면서 하루하루를 보내라. 당신이 그 모든 것을 배웠다고 느끼는 삶의 어떤 지점에, 그 모든 것을 완수했다고 느끼는 삶의 지점에 이르지 않도록 조심하라. 그런 지점에 이를 때, 당신은 거리의 막다른 뒷골목에 들어서고 있는 것이다. 광고계의 거물 알렉스 오스본(Alex Osborn)이 물었다. 우리의 상상력이 그릴 수 있는 수많은 근사치들의 모습이 아니라면 경험이란 무엇인가? 정확한 채널에 주파수를 맞추고 기다리라. 당신의 자녀와 손자 손녀들이 당신에게 많은 것을 가르쳐 줄 것이다. 창의적 상상력을 계발하는 데에는 많은 시간이 소요된다. 그리고 대부분의 설교자들은 너무 바빠서 창의적인 상상력을 계발할 여유가 없다. 창조적인 사람들에게는 조사하는 시간뿐만 아니라 숙고하는 시간도 필요하다. 당신은 일을 하다가도 예기치 않게 좋은 생각이 떠오를 때가 있었을 것이다. 사물을 명확하게 보기 위해서는 약간 멀찌감치 떨어져 봐야 할 필요가 있다. 이 말은 곧 자기 시간을 원하는 대로 사용하지 못하는 바쁜 설교자는 반드시 긴장 완화를 위한 시간과 명상을 위한 시간을 따로 떼어놓아야 한다는 것을 의미한다. 개개인 각자는 자신만의 독특한 주기(週期)에 대하여, 즉 언제 공부할 것인지, 언제 책상에서 일어설 것인지, 그리고 어떻게 자유시간을 가장 보람 있게 사용할 것인지에 대하여 알아야 한다. 우리 삶에는 막간 휴식이 필요하다. 이 말은 우선순위들을 정해 놓는 것을 의미한다. 창조적인 사람들은 '싫으면 싫다, 아니면 아니다'라고 말할 수 있다. 상상력은 설교자가 소홀히 취급해 온, 봉사할 준비를 갖추고 기다리는 협력자와 같다. 만일 우리가 창조적인 사람이 되어야겠다고 결심한다면, 우리는 마땅히 그에 대한 대가를 지불해야 한다. 그러나 그러한 결심을 하지 않는다면, 우리는 실로 엄청난 대가를 지불하게 될 것이다. 설교를 듣는 이들은 우리가 어떤 선택을 했는지 알아차릴 것이다.[77]

---

77) *Ibid.*

5. 스티브 브라운의 설교 전달법

1) 청중을 사로잡는 파워 토킹

미국 리폼드신학대학원(Reformed Theological Seminary)의 설교학 교수이며 키라이프(keylife) 라디오방송을 운영하고 있는 스티브 브라운(Steve Brown) 박사는 그의 저서 「How to talk so people will listen」에서 일대일 대화에서부터, 각종 프리젠테이션, 그리고 설교 전달까지 청중의 마음을 사로잡는 파워 토킹(The Power of speech 10) 10가지를 다음과 같이 제시하고 있다.

• The Power of speech ❶ 말의 위력을 알자

일생을 바꾸어 놓을 수 있는 말의 위력을 알자! 당신이 느낀 말의 위력은 무엇인가?

(1) 말은 축복할 수 있는 힘을 지니고 있다. 불확실한 인생을 살아가는 사람이 되느냐, 아니면 위대한 꿈을 향해 나아가는 사람이 되느냐는 한 마디의 격려에 달려 있다.

(2) 말은 파괴할 수 있는 힘을 지니고 있다. 우리는 고통과 슬픔 속에 살아가고 있으며 그러한 고통과 슬픔은 대개 말에서 온다. 저주와 욕설은 우리를 파멸시킬 수 있는 힘이 있다.

(3) 말은 우리가 자신을 어떻게 보고 있는지 뚜렷이 밝혀 준다. 당신이 이야기할 때 사용하는 단어들은 당신이 자신에 대해 어떤 생각을 하고 있는지 분명하게 보여 준다.

(4) 말은 사람들이 당신에게 어떻게 반응할 것인가를 보여 주는 변수이다. 당신이 권위 있게, 사랑스럽게 말하면 상대방도 당신을 권위 있는 사람으로 사랑을 가지고 대할 것이다. 당신이 입에 거품을 물고 분노에 찬 어조로 말을 하

면 상대방은 당신을 피할 것이며 다른 사람과 싸우는 데 전사로 내세우려고 할 것이다

• The Power of speech ❷ 대화의 적, 두려움을 알자

대화에 자신이 없는 사람이라면 공포심을 다루는 법을 배우라. 당신은 언제 두려움을 느끼는가?

(1) 걱정이 몰려올 때

① 해결방안1 – 자기 자신의 실상을 직시하라.

② 해결방안2 – 우리가 두려워하는 것을 정면으로 맞서거나 그것을 직접 실행에 옮길 경우 오히려 두려움이 없어진다.

③ 해결방안3 – 자신이 누구이며 무엇을 느끼고 있는지에 대해 자기 자신에게 말하는 법을 배워라.

(2) 적대감이 생길 때

① 해결방안1 – 자신이 모든 사람과 일일이 다 대화할 필요가 없다는 것을 기억하라.

② 해결방안2 – 적대감은 거의 대개가 불안의 표시라는 사실을 인식하라.

③ 해결방안3 – 때로는 적대감을 적대감으로 맞서는 것이 필요하다는 것을 주지하라.

(3) 상대방의 지위 때문에 주눅이 들 때

① 해결방안1 – 대단히 탁월한 지위에 오른 사람들은 자신이 그런 자리에 올랐다는 사실에 대해 다른 누구보다도 스스로가 더 놀라고 두려워한다는 것을 기억하라.

② 해결방안2 – 종종 능력있는 자리에 있는 사람들은 우리가 대중 매체를 통해서 접하는 인상과는 다르게 훨씬 더 온화하고 친절하다.

③ 해결방안3 – 또한 지위와 인기를 지닌 사람들에게 공개적으로 말하거나 개인적으로 대화를 나누어야 할 경우 기꺼이 위험을 감수할 자세를 가져야만 한다.

(4) 나에게 없는 전문 지식이나 기술이 상대방에게 있다고 느껴질 때

① 해결방안1－상대방이 전문가라는 사실 때문에 두려울 때 이런 생각을 한번 해 보자. 아무리 전문가라도 백년 안에는 고인이 된다. 죽음이야말로 모든 인간을 평등하게 만드는 최고의 도구이며 만민이 지엄한 죽음의 신 앞에 동등하게 서게 되는 때이다.

② 해결방안2－최고의 전문가란 존재하지 않는다는 것을 명심하라.

(5) 내가 대화에서 성공할 수 없는 환경이라고 생각될 때

① 해결방안1－주어진 상황들에 대해 선입견을 갖지 않는 자세를 배워라. 때로는 최악의 경험이 될 거라고 예상하고 그 상황을 기꺼이 받아들이는 사람들에게 오히려 깜짝 놀랄 만한 상황이 벌어진다.

• The Power of speech ❸ 어휘를 익히고 단어를 성공적으로 사용하는 법

당신의 메시지를 가장 적절한 표현으로 권위 있게 말하라.

(1) 어휘를 익히는 잘못된 방법

① 단어들의 리스트를 작성하여 그 뜻을 무작정 암기하지 말라.

② 청취자의 관점에서 볼 때 아무도 이해하지 못할 단어들은 외우지 말라.

③ 난해한 단어들을 암기하는 데 시간을 소비하지 말라.

(2) 어휘를 익히는 올바른 방법

① 듣고 읽어라.

② 익힌 단어는 활용하라.

③ 가장 적절한 단어를 찾으려고 하다가 오히려 빈약한 대용어를 사용하는 경우들을 주목하라.

④ 부드러운 단어와 강한 단어의 차이를 배워라.

⑤ 많은 단어들을 특별한 단어로 자유롭게 구사할 수 있는 단계에까지 이르도록 어휘를 늘려라.

(3) 단어를 성공적으로 사용하는 법

① 간결함을 유지하라.

② 부적절한 상황에서 단어를 남용함으로써 그 본래의 의미를 퇴색하게 하는 일이 없도록 조심하라.

③ 극단적인 상황을 제외하고는 저주의 말을 사용하지 말라.

• The Power of speech ❹ 커뮤니케이션을 가로막는 방애물

당신의 대화가 문제가 있다고 생각된다면 커뮤니케이션을 가로막는 장애물을 제거하라.

(1) 메시지를 전하는 데 우물쭈물하지 말라. 커뮤니케이션의 첫 번째 장애물은 우리가 뜻하고자 하는 바를 제대로 말하지 않는다는 것이다. 다른 사람들의 감정에 지나치게 과민 반응을 보이기 때문에 전하려던 메시지를 코트로 덮어버리는 결과를 초래하는 것이다. 그렇게 되면 상대방은 메시지를 보는 것이 아니라 그것을 덮은 코트를 보는 셈이다.

(2) 청취자 혹은 청중에게 둔감하지 않도록 하라. 당신이 상대방을 얼마나 귀하게 여기느냐 하는 것과 그 사람에게 직접적으로 전달되는 커뮤니케이션의 효과는 밀접한 관계가 있다는 것이다. 여러분이 진지하게 귀를 기울여 주고 거기에 상응하는 관심을 보여 준다면 무감각 내지는 둔감함 때문에 생기는 커뮤니케이션의 실수들 가운데서 70%는 이미 해결된 것이나 다름없다.

(3) 여러 가지 얘기를 한꺼번에 섞어서 전달하지 말라. 여기서 말하고자 하는 핵심은 여러분이 존재하고 있는 모습, 여러분의 말하는 방식, 여러분의 눈길과 시선, 이 모든 것이 커뮤니케이션의 '도구'가 된다는 것이다. 이 사실을 만약 여러분이 대수롭지 않게 여긴다면 커뮤니케이션 자체가 성립되지 않는다는 사실을 여러분 스스로 깨닫게 될 것이다.

(4) 청중의 반응을 무시하지 말라. 훌륭한 커뮤니케이션의 네 번째 걸림돌은 자기 자신에게 너무 관심을 쏟은 나머지 여러분의 이야기를 듣는 상대방에 대해 관심을 갖지 못하는 경우이다. 한 가지 훌륭한 커뮤니케이션 습관은 상대방에게 이렇게 말하는 것이다. "저, 제가 당신의 이야기를 올바로 이해한 건지 한번 들어봐 주십시오. 당신의 이야기를 들어보니 이런 내용인 것 같습니다." 이렇게 상

대방 의견에 대한 응답으로 그 사람의 말을 반복해서 말하는 습관은 대화에서 진행된 내용을 스스로 이해하는 데 있어서 생각 밖의 큰 도움을 준다.

(5) 용어를 제대로 정의하라. 제대로 논쟁을 하려면 무엇보다 자신이 말하고자 하는 단어나 용어를 올바로 정의하는 것이 그 첫 단계라고 할 수 있다. 그렇게 하지 못했을 경우, 논쟁은 속된 말로 주제와는 상관없이 목소리 큰 사람이 이기게 되어 있다.

- The Power of speech ❺ 소모적인 대화를 피하라

훌륭한 대화의 기본 원칙: 소모적인 대화를 피하라.

(1) 대화의 첫 번째 원칙

① 훌륭한 대화자는 상대방을 우선시한다.

② 귀 기울여 듣는 것은 말하는 것만큼이나 중요하다.

③ 상대방의 말에 비난이나 비판없이 응답해 주는 것은 대화를 훌륭하게 지속시켜 준다.

④ 대화, 특히 새로 사귄 사람과의 대화는 상대방의 관심사에서 이야기가 이루어질 때 더욱 부드럽게 진행될 수 있다.

⑤ 자신이 대화를 서툴게 하고 있다고 생각이 될지라도 상대방은 그 사실을 눈치를 채지 못할 수도 있다.

(2) 대화의 두 번째 원칙

① 대화할 때 상대방의 '안전지대'를 결코 침범해서는 안 된다.

② 대화의 문은 감정보다는 사실에 대한 이야기를 가지고 여는 것이 더 낫다.

(3) 대화의 세 번째 원칙

① 대화의 방향에 대한 모든 계획은 거의 헛수고일 뿐이다.

② 대화에서는 '물 흐르듯 자연스럽게 흘러가는 것'이 중요한 의제를 개진하기 위해 '뚝뚝 끊어지는 것'보다 훨씬 바람직하다.

• The Power of speech ❻ 논쟁의 필수 요소를 숙지하라

중요한 논쟁에 이기려면 논쟁의 필수 요소들을 숙지하라.

(1) 논쟁의 1단계－적이 아닌 사람과의 논쟁

① 당신이 사랑하는 사람이 제시한 주장을 결코 반박하지 말라.

② 간단히 메모하라. 그리고 신속하게 그 혼란을 정정하라.

③ '파멸의 무기'는 절대 꺼내지 말라.

④ 빨리 사과하라.

⑤ 인정할 것은 쉽게 인정하라.

⑥ 때로는 타협하라.

⑦ 주제에서 벗어나지 말라.

⑧ 문제를 해결하는 방향으로 가닥을 잡으려면 논쟁의 요지를 찾아 거기에 집중하라.

(2) 논쟁의 2단계－원수 사이가 되고 싶지 않을 때의 논쟁

논쟁에서 이기고 나아가 그를 친구로 만들고 싶다면 상대방의 급소를 물지 말고 한층 주의를 기울이면서 논쟁의 1단계 규칙들을 잘 활용하라.

(3) 논쟁의 3단계－원수와의 논쟁

이 논쟁은 상당히 치열한 전투에 비할 만하며 오로지 죽기 아니면 살기의 각오로 철저하게 논쟁에 임하라.

(4) 논쟁의 4단계－분노나 복수심에 가득 찬 원수와의 논쟁

첫째도 논쟁하지 말고 둘째도 논쟁하지 말고 셋째도 논쟁하지 말라.

(5) 청중 앞에서의 논쟁

일대일 논쟁이라면 얼마든지 친절하게, 때론 양보하면서 상대방과 대화를 할 수 있지만, 청중이 있을 경우, 자신의 메시지의 신뢰성을 유지해야 한다는 중요성 때문에 그 논쟁에서 이겨야 하되, 설사 그 상대방이 상처를 받는다 할지라도 그 논쟁에서 재빨리 승리를 거두어라.

(6) 논쟁의 무기

① 논제에 대한 지식이 없으면 논쟁에 참여하지 말라.

② 여러분의 지식을 토론 목적에 맞게 명쾌하게 표현하라.
③ 실패의 경험을 통해 논쟁에서 승리하는 법을 배우고 연습하라.
④ 감정 조절을 잘 할 수 있도록 훈련하라.
⑤ 상대방의 의견에 반대되는 확실한 자료를 가지고 권위 있게 도전하라.
⑥ 논쟁이 탁상공론에 불과하다고 생각될 때는 현실문제에 적용시켜 자신의 논증을 입증하라.
⑦ 논쟁에 임할 때는 겸손한 자세를 보이라.
⑧ 적의에 찬 상대방의 말에 유머로 대응하라.
⑨ 상대방의 주장을 반복해서 말하되 당신의 생각과 입장을 첨가해서 반복하라.
⑩ 상대방의 주장이 전혀 고려할 가치가 없다는 생각이 들 때 퇴장함으로써 그의 주장을 무시해 버려라.

(7) 논쟁의 마무리
① 승리했다고 해서 기뻐하며 들떠서는 결코 안 된다.
② 항상 상대방을 칭찬하라.
③ 때로는 논쟁에서 지기도 하라.

• The Power of speech ❼ 커뮤니케이션의 5대 원리(tulip)

강연이나 설교를 하기에 앞서서 생각을 꽃을 피우려면 다음을 기억하라.

(1) 유익함이 담겨야 한다.
(2) 틀에 얽매이지 않아야 한다.
(3) 명쾌하게 말하라.
(4) 예를 들어 설명하라.
(5) 열정을 느껴라.

• The Power of speech ❽ 원고 작성법

훌륭한 연설의 기초 원고를 이렇게 준비하라.

(1) 청중을 생각하라. 청중의 평균 연령, 성별, 교육 수준 등을 고려하라.
(2) 주제를 생각하라.
① 당신의 관심을 사로잡는 주제를 뽑는다.
② 청중의 관심을 사로잡는 주제를 뽑는다.
③ 당신이 어느 정도 알고 있거나 연구를 통해서 원하는 수준 이상으로 충분히 내용을 숙지할 수 있는 주제를 뽑는다.
(3) 깔때기의 원리를 사용하라.
① 주제 선택 후 충분한 자료 조사를 하라.
② 방대한 자료 중 핵심적인 내용을 추려서 체계화하는 작업을 하라.
(4) 포맷을 잡아라.
① 서론 작성법
(가) 사과하지 말라.
(나) 품위를 떨어뜨리지 말라.
(다) 잘났다고 생색을 내지 말라.
(라) 청중의 관심을 사로잡아라.
(마) 청중의 식욕을 돋우라.
(바) 청중에게 주제를 암시해 주라.
② 본론 작성법
(가) 강연이나 설교의 성공 여부는 청중들의 질문에 얼마나 답변을 잘 하는가에 달려 있다.
(나) 메모를 할 수 있는 청중의 능력과 강연의 효과는 직접적인 상관관계를 갖는다.
③ 결론 작성법
(가) 결론은 짧아야만 한다.
(나) 결론은 최종적인 느낌을 주어야만 한다.
(다) 결론에 이르기도 전에 강연이 실패했다면 결론에 가서 만회하기란 극히 힘든 일임을 기억하라.

2) 전달의 십계명

- The Power of speech ❾ 성공적인 전달법

(1) 두려움에 대처하는 법

① 자신의 두려움을 정당하다고 인정하라.

② 자신의 두려움의 정체를 밝혀라.

③ 자신의 성공을 마음속으로 그려 보라.

④ 자신의 두려움을 포옹하라.

⑤ 스스로를 자유롭게 하라.

(2) 전달의 십계명

① 준비 없이 서지 말라.

② 한 가지 방법만으로 강연하지 말라.

③ 네 자신에게만 집중하지 말라.

④ 강연을 길게 하지 말라.

⑤ 모든 사람의 비판에 일일이 다 귀를 기울이지 말라.

⑥ 우물우물하며 중얼거리지 말라.

⑦ 자신의 본모습을 찾아라.

⑧ 온화하고 품위 있게 말하라.

⑨ 몸짓 언어(body language)를 활용하라.

⑩ 일상적인 궤도에서 벗어나라.

3) 전달의 위기 관리법

- The Power of speech ❿ 강연이 실패했을 때 취하는 방법

당신의 강연이 막혔을 때－위기 관리법

(1) 성공적인 커뮤니케이션을 평가하는 법

① 성공이 얼마나 덧없는 것인가를 기억하라.

② 자신이 가진 모든 것이 하나님의 섭리의 결과라는 것을 기억하라.

③ 청중의 박수갈채를 들을 때 자신의 강연이 생각하는 것만큼 훌륭했다고 생각하지 말라.

④ 성공했을 때 성공의 대가에 대해서 불평하지 말라.

⑤ 실패로부터 배우는 것보다 성공으로부터 배우기가 훨씬 더 어렵다는 것을 기억하라.

(2) 실패한 커뮤니케이션을 다루는 법

① 주차장에 있는 한 사람을 잊지 말라.

② 한 번의 실패를 가지고 자기 자신을 단정하지 말라.

③ 부정적인 마음 자세를 가짐으로써 더 많은 실패를 불러일으키는 과오를 범하지 마라.

④ 자신의 잘못된 신앙관 때문에 더 많은 실패를 초래하는 일이 없도록 하라.

제 7 장

설교의 적용

1. 적용의 성경적 근거

설교의 적용에 대한 성경적 근거에 대하여 아담스(J. E. Adams)는 고린도전서 9장 9~10절의 말씀을 예를 들어 설명했다. "모세 율법에 곡식을 밟아 떠는 소에게 망을 씌우지 말라 기록하였으니 하나님께서 어찌 소들을 위하여 염려하심이냐 전혀 우리를 위하여 말씀하심이 아니냐. 과연 우리를 위하여 기록된 것이니 밭가는 자는 소망을 가지고 갈며 곡식 떠는 자는 함께 얻을 소망을 가지고 떠는 것이라." 또한 고린도전서 10:6의 "그런 일은 우리의 거울이 되어 우리로 하여금 저희가 악을 즐긴 것같이 즐기는 자가 되지 않게 하려 함이라."라는 말씀을 보라. 이러한 말씀들은 성경의 저자이신 성령께서 모세, 다윗, 이사야, 요한, 바울 등을 통하여 자신의 말씀들을 오는 이 시대의 우리의 상황에 맞도록 적용하신 것이다.[1] 그리고 사도행전 2장에 나오는 오순절 성령 강림 사건 이후 성령 충만한 베드로의 설교를 듣고 3천여 명이 "형제들아 우리가 어찌할꼬"(행 2:37) 하며 부르짖을 때, 베드로는 "너희가 회개하여 각각 예수 그리스도의 이름으로 세례를 받고 죄 사함을 얻으라. 그리하면 성령을 선물로 받으리라."(행 2:38)라고 말했는데 그것이 구체적인 적용이다. 이 말씀은 베드로가 하나님의 말씀을 각 청중 개인에게 맞추어 '내가 무엇을 어떻게 하여야 하는가?'에 대한 답변으로 준 것이라고 할 수 있다. 하나님은 진리를 추상적으로 말씀하지 않으셨다. 주께서 계시를 주셨을 때마다 그의 백성의 삶의 상황(the context of the lives of his People) 속에서 말씀하셨다. 진리는 그것이 적용된 상황 안으로 계시된 것이다. 그러므로 우리 시대에 성경을 신실하게 설교하는

---

1) Jay E. Adams, *Preaching with Purpose* (New Jersey: Presbyterian & Reformed Publishing Co., 1982), 131.

것은 하나님께서 원래의 환경(Che original circumstance)에서 그때(then)에 말씀하신 것을 하나님께서 지금(and now) 어떻게 적용하고 계시는가를 발견하는 것이다.

그러나 부적절한 적용은 맞지 않는 주석만큼이나 파괴적일 수 있음이 성경에 기록되어 있다. 사탄이 광야에서 예수님을 시험할 때, 성경 말씀을 잘못 악용함으로써 승리를 거두고자 하였음을 성경에서 볼 수 있다. 광야에서 금식하고 계신 주님에게 사탄 즉 시험하는 자는 놀랄 만큼 교묘하게 시편 91편의 말씀을 속삭였다. “저가 너를 위하여 그 사자들을 명하사 네 모든 길에 너를 지키게 하심이라 저희가 그 손으로 너를 붙들어 발이 돌에 부딪히지 않게 하리로다”(시91:11~12). 그 다음 사탄은 추리를 계속하였다. 너는 이 위대한 약속을 받았으니 성전꼭대기에서 뛰어내려 단 한번에 네가 하나님의 아들이심을 실증해 보여 주는 것이 마땅치 않느냐고 속삭인다. 이러한 시험하는 자를 물리치실 때, 예수님은 하나님의 말씀을 교묘하게 이용하려는 마귀의 잘못된 적용을 공격하셨다. 그러한 마귀를 향하여 우리 주님께서는 마귀의 잘못된 인용을 지적하기를 “또 기록되었으되 주 너의 하나님을 시험치 말라 하였느니라”(마4:7)는 말씀으로 시험하는 자를 물리치셨다. 예수님께서는 3번의 마귀의 시험을 모두 물리치실 때마다 “기록되었으되”(마4:4, 7, 10)라는 3번 모두 기록된 하나님의 말씀을 명확하게 적용하심으로 시험하는 자를 물리치셨다. 이처럼 성경의 명확한 적용은 마귀의 권세를 물리치는 능력을 나타내지만, 반면에 부적절한 적용은 맞지 않는 주석만큼이나 파괴적일 수 있음을 성경은 분명하게 보여 주고 있다. 또한 선명하지 못한 설교는 창조적인 적용이 부족한 결과라고 할 수 있다.

2. 적용의 개념

1) 적용의 정의

설교에 있어서 적용(Application)이란 무엇인가? 먼저 적용에 대한 학자들의 정의를 살펴보자. 위어스비(Warren Wiersbe)는 적용을 매우 구체적으로 표현하고 있다. "적용이란 하나님의 진리와 하나님의 백성을 하나가 되게 하여, 하나님의 백성들로 하여금 그 진리를 마음(Heat)으로 느끼게 하고, 머리(Mind)로 그 진리를 이해하게 하며, 하나님의 말씀으로부터 들은바 진리에 근거해 의지적인 행동을 하게 하는 것이다."[2] 리차드(Ramesh Richard)는 적용에 관해서 이렇게 말하고 있다. "적용이 없는 성경강해는 영적 변비증을 낳는다. 설교자가 학문적으로 아무리 정확해도 그 정보(Information)가 당신의 청중을 변화시키지 못한다면 아무런 소용이 없다. 설교자가 청중을 움직여서 청중이 단순히 계시를 받아들이는 데서 하나님의 진리를 수행(Implementation)하는 단계로까지 나아갈 때 비로소 적용이라고 할 수 있다." 스펄전(C. H. Spurgeon)은 "적용이 시작될 때 설교가 시작된다."고 했으며,[3] 이터(J. W. Etter)는 "적용이 없는 설교를 하는 설교자는 마치 그의 환자에게 일반적인 건강에 관해 강의만 하고는 처방전을 지어 주기를 잊어버린 의사와 같다."라고 했다.[4]

2) 적용의 의의

적용을 좀더 구체적으로 설명하자면 설교자는 생생하고 살아 있는 설교를

---

2) Warren W. Wiersbe, *Preaching and Teaching with Imagination.* 217.
3) John Broadus, *On the preparation and Delivery of Sermons,* 165.
4) John W. Etter, *The Preacher and His Sermon,* 372.

준비하기 위해서 청중들에게 다음과 같은 세 가지 질문에 대해 명쾌한 답변을 할 수 있어야 한다.

첫째, 이것은 무엇을 의미하는가? 설교자가 주석의 결과로 설교를 전개시켜 나갈 때 청중들이 알지 못하고 있는 것을 예상하고 명료한 설명과 함께 반드시 답을 주어야 한다.

둘째, 그것은 사실인가? 혹은 그게 사실인가? 청중들이 설교자가 전하는 말씀을 들을 때, 혹은 그것을 이해하고 그 말씀을 받아들일 때, 성경 말씀만 인용했다고 쉽게 받아들이지 않는다. 설교자는 성경 저자들이 정당성을 입증하면서 청중들에게서 나올 수 있는 질문은 곧 '그게 사실인가? 내가 정말 그것을 믿을 수 있는가?'라는 질문에 답을 주기 위해 추리와 증거와 실례를 통해서 설명을 하지 않으면 안 된다.

셋째, 그것은 무슨 변화를 가져오는가? 그래서 어쩌자는 것인가? 그것이 무슨 상관이 있는가? 설교자에게 있어서 어떤 본문에 나타난 진리를 설명하는 것이 가장 필수적이지만, 반면에 그 본문을 청중들의 경험과 관련을 지을 때, 청중들에게 '그래서 어쩌자는 것인가? 그것이 무슨 상관이 있는가?'라는 질문에 대한 구체적인 답을 주는 것도 중요하다. 설교자가 어떤 본문을 강해하면서 자신의 설교를 듣고 있는 청중들이 원래의 독자들과 함께 나누어 가져야 것이 무엇인지를 분명하게 밝히는 명확하고 구체적인 적용을 하지 못한다면 그것은 설교라고 할 수 없다. 설교자의 잘못된 적용은 내일의 이단을 양상하는 결과를 초래하게 될 것이다.

3. 적용의 목적

칼빈은 만일 사람들에게 자신이 배운 것을 직접 행할 것인지 선택할 수 있는 권한을 준다면 그들은 결코 한 걸음도 떼려 하지 않을 것이라고 하였다. 그래서 교리 자체만으로는 어떤 유익도 얻을 수 없다고 말했다. 만약 어떤 설교자가 성도들에게 성경적인 지식을 제공해 주기만 하면 그들이 자동적으로 그 영적 진리를 자신의 일상생활과 연결시킬 수 있을 것이라고 생각한다면 근본적인 실수를 저지르고 있는 셈이다. 모르티머 애들러(Mortimer J. Adler) 박사는 책을 이론적인 것과 실천적인 것으로 분류하고 있다. 이론적인 책은 일단 이해하고 나면 서고에 그냥 꽂혀 있을 것이다. 반면에 실천적인 책은 읽혀야 할 뿐 아니라 사용되지 않으면 안 된다. 이렇게 볼 때, 성경은 매우 실천적인 책이다. 왜냐하면 성경은 이해를 위해서는 물론 순종을 위해서 쓰였기 때문이다. '그리스도 중심의 설교'(Christ-centered Preaching)의 저자인 브라이언 채펠은 그의 저서에서 적용의 3가지 목적을 말했다.[5]

1) 삶의 변화

적용은 청중의 생활과 마음을 변화시키는 것이다. 적용은 지금 현실에서 나타난 영적 진리의 결과라고 할 수 있다. 적용이 없다면, 설교자가 설교를 할 이유가 없다. 왜냐하면 적용이 없는 진리는 쓸모가 없기 때문이다. 이것은 설교가 진리를 선포할 뿐만 아니라 그 진리를 적용하는 데까지 나아가야 한다는 뜻이다. 웨스트민스터 교리문답서에서도 "성경은 근본적으로 무엇을 가르치고 있는가?"라는 질문에 대해서 이와 같은 입장을 공식화하였다. 즉 성경은 근본적으로 우리가 믿어야 하는 하나님에 관한 지식이 무엇인지, 그리고 하나님이 사람들에게 요구하시는 의무가 무엇인지 가르치고 있다." 이것은 곧 성경의 의미를 설명하는 설교자의 의무도 두 가지라는 사실을 말해 준다. 다시 말해서, 하나님이 사람들에게 무엇을 요구하시는지 설명하기 전까지는 설교를 완벽하게 끝마쳤다고 할 수 없다. 하나님이 요구하시는 의무는 설교의 '그래서 무엇을'

5) Bryan Chapell, *Christ-centered Preaching,* 256-61.

(so what)이며, 이 질문을 통해서 적용을 이끌어낼 수 있다.

이 점에 있어서 데이비드 비어맨(David Veerman)의 간략한 설명을 보라. 간단히 말해서 적용은 다음의 두 가지 질문에 대답하는 것이다: '그래서 무엇을?'(so what?) 그리고 '지금은 무엇을?'(now what?). 첫 번째 질문은 '이 구절은 나에게 왜 중요한가?'라는 뜻이며, 두 번째 질문은 '나는 오늘날 이것과 관련해서 무엇을 행해야 하는가?'라는 뜻이다. 적용은 특정한 상황, 즉 생활에서 하나님의 말씀의 진리에 초점을 맞추는 것이다. 적용을 통해서 사람들은 자신이 배운 것을 어떻게 사용하고, 무엇을 행해야 할지 이해하게 된다. 적용은 사람들로 하여금 행동하게 만든다. 적용은 대부분 어떤 행동을 권하는 형태이긴 하지만, 그러나 태도의 변화를 필요로 하는 것도 많고, 신앙의 헌신을 강조하는 것도 있다. 생활을 변화시키는 것과 함께 마음을 변화시키는 것이 적용이 추구하는 목적이다.

2) 강해의 정당성

적용은 설교자의 성경 본문의 강해를 정당화시킨다. 만약 청중이 본문에 대한 설명이나 역사적, 전기적인 사실에 주의를 기울일 명백한 이유가 없다면, 설교자는 청중이 계속해서 자신의 설교에 귀 기울여 주기를 기대할 수 없다. 의사가 환자에게 이유는 설명하지 않은 채 '이 약을 복용하시오'라고 말한다면 치료에 성공하기 힘들 것이다. 적용이란 청중이 설교에서 제시하는 약을 먹어야 하는 이유를 설명해 주는 것이다. 적용을 통해서 설교자는 은연중에 성도들이 메시지의 설명을 들어야 한다고 권고하게 된다. 왜냐하면 적용을 통해서 성도들의 응답이 왜 필요하고 정당한 것인지 설명해 주기 때문이다. 그래서 적용은 설교에서 꼭 제시되어야 하는 중요한 부분이다. 유능한 설교자일수록 설교의 구성 요소를 모두 사용하여 강해에 바탕을 둔 건전한 적용을 제시하기 위해서 최선을 다한다.

3) 설교의 초점

적용은 설교자의 설교에 초점을 제공해 준다. 만약 설교자가 분명한 목적의식을 가지고 있지 않다면, 그 설교의 해석과 설명은 끝없는 나락에 빠질 것이다. 왜냐하면 성경 본문의 한 구절에도 합당한 해석이 여러 가지가 있을 수 있기 때문이다. 거의 모든 성경 구절에 대한 타당한 해석을 한 권의 책으로 만들 수 있을 정도이다. 그러나 설교자가 본문의 의미를 설교할 수 있는 시간은 몇십 분 정도에 불과하다. 한 구절에 대한 해석이 그렇게 다양한데 그중에서 어떤 해석을 제시해야 할 것인가? 이 질문에 대한 대답은 적용을 통해서 얻을 수 있다. 즉 메시지의 FCF(The Fallen Condition Focus),[6] 타락한 상황에 초점 맞추기)에 비추어서 본문이 제시하는 대답을 가장 강력하게 뒷받침해 주는 해석이 무엇인지 결정하는 것이다. 적용은 청중에게 다음과 같은 의미의 말을 함으로써 FCF를 지적해 준다. 즉 우리는 적용을 통해서 설교에서 초점을 맞추어야 할 것이 무엇인지 알 수 있다. 설교자가 적용을 제시하면서 확실한 FCF를 염두에 두지 않았다면, 그 메시지는 설교자 자신의 의견이 첨부된 율법 중심의 연설로 전락할 수밖에 없다. 적용도 강해이며 다만 성경 본문에 현대적인 의미를 부여함으로써 본문을 설명한다는 점이 다를 뿐이다. 우리는 지식뿐만 아니라 행동을 통해서도 자신의 삶에 대한 하나님의 뜻을 분별해야 하기 때문이다 (롬12:1~2참고).

---

6) Bryan Chapell박사가 말하는 FCF(The Fallen Condition Focus, 타락한 상황에 초점 맞추기)란 이 세상과 우리 모두가 타락했기 때문에 우리에게는 하나님의 도우심이 절실히 필요하며, 이런 필요에 대한 하나님의 응답이 곧 말씀이며, 이 말씀은 모든 부분에서 우리가 필요로 하는 것들에 초점이 맞추고 있다는 것이다. 그는 궁극적으로 설교란 오늘날 성도들에게 FCF를 대처해 나가는 방법을 성경본문에서는 어떻게 이야기하고 있는가를 말해 주는 것이라고 하였다.(Bryan Chapell, *Christ-centered Preaching,* Baker Book House, 1994)

4. 적용의 범위

설교에 있어 적용의 범위는 어떠한 제한이 따르지 않으며 설교자와 청중들의 삶의 전 영역이다. 설교자는 본문에서 발견한 진리를 자신과 청중들의 모든 생활, 즉 다양한 형편에 있는 사람들 개인의 영적 생활뿐만 아니라 가정, 교회, 직장, 학교, 사회 등 모든 생활에 다 적용할 수 있다. 왜냐하면 하나님의 말씀은 생명의 양식이며(요 6:35), 어두움을 비추는 등불이며(벧후 1:19), 교훈과 책망과 바르게 함과 의로 교육하기에 유익하며(딤후 3:16), 하나님의 사람으로 온전케 하며(딤후 3:17), 우리의 신앙과 생활의 유일한 규범이 되는 말씀이기 때문이다.

1) 설교자-성령께서 설교자의 인격과 경험 속에 먼저 적용시키신다

적용의 구체적인 범위를 말할 때, 적용은 가장 먼저 설교자 자신에게 적용시켜야 한다. 설교자 자신이 연구하고 발견한 진리가 강해자의 인격과 경험에 적용되어야 한다. 이것은 하나님께서 설교자를 설교라는 과정에 두고 계심을 의미한다. 따라서 설교자와 그의 메시지도 서로 분리될 수 없다. 그러므로 모든 성도는 설교자를 지나서(past) 주님(The Savior)에게로 가지 않으면 안 된다. 그래서 빌립 브룩스(Phillips Brooks)는 설교를 '인격을 통해 부어지는 진리'라고 묘사했다. 설교자의 삶이 그의 메시지에 영향을 미치는 것이다. 그는 성경적인 진리를 외치면서도 녹음 장치로부터 흘러나오는 전화 목소리만큼이나 비인격적일 수 있고, 라디오 상업광고만큼이나 피상적일 수도 있으며, 사기꾼만큼이나 능란한 재주를 피울 수 있다. 그러나 청중은 설교를 듣지 않고 그의 사람됨을 함께 듣는 법이다.

윌리암 쾌일(Willian A. Quayle)은 말하기를 설교는 한 편의 설교를 준비하고 그것을 전하는 기술인가라는 질문에 그는 아니다. 그것은 설교가 아니다. 설교는 한 사람의 설교자를 만들고 그를 전하는 기술이라고 했다. 다시 말해서 강해는 설교자를 원숙한 크리스천으로 발전시켜 준다. 폴사이드(P. T. Forsyth)의 말처럼 성경은 설교자를 향한 최상의 설교자이다. 그러므로 설교의 적용은 가장 먼저 최우선적으로 설교자에게 적용되어야 한다.

2) 청중-성령께서 설교자를 통하여 그의 청중에게 적용시키신다

성령님께서는 설교자가 전하는 그의 진리를 설교자의 인격과 경험에 적용시킬 뿐만 아니라 그 다음으로 그의 청중들에게 적용시키신다. 청중들의 개인적 삶(Personal Life)의 영역에는 영적인 면과 육체적이며, 정신적인 면이 있다. 그리스도인은 가정생활(Family Life), 교회생활(church Life), 직장생활(work), 사회생활(Community) 등 모든 삶의 영역에서 소금과 빛으로 살아가는 것이다. 그러므로 설교자는 하나님의 말씀이 모든 사람들에게 다 적용될 수 있도록 설교해야 한다. 그러나 지금 설교를 듣는 청중들이 누구이며, 그들의 형편이 어떠한가에 대한 청중 분석이 명확할 때 더 적합한 설교의 적용을 할 수 있는 것이다.

5. 적용의 원리

1) 일치성

첫째, 적용은 본문의 교훈에 초점을 맞추는 것이다. 적용은 어떠한 경우에도 항상 본문의 가르침과 일치해야 한다. 흔히들 '해석은 하나이나 적용은 여럿이다'라고 말한다. 최소한 그 원리상으로 볼 때 한 본문에 대한 해석은 하나여야 하나, 거기에서 나올 수 있는 적용은 여럿일 수가 있다. 그렇다고 해서 적용은 아무것에도 제한을 받지 않고, 설교자가 원하는 대로 할 수 있다는 뜻은 결코 아니다. 적용은 여럿 있을 수 있다. 그러나 그 어느 것도 본문의 가르침을 떠나서는 안 된다.

2) 구체성

둘째, 적용은 구체적이어야 한다. 적용에는 설교의 주제에 대한 실제적이고 구체적인 교훈이 제시되어야 한다. 설교자는 교리적이고, 추상적이며, 논리적인 진리체계를 증거할 때, 청중의 입장에 서서 구체적으로 그 말씀이 오늘날 나에게 무엇을 요구하고 있는가를 제시할 수 있어야 한다. 그러기 위해서는 설교자는 청중들에 대한 이해가 필요하다. 그들의 문화적, 지적, 사회적 환경과 배경에 따라서 구체적인 방법으로 적용을 할 수 있다. 설교자가 설교에 적용을 하지 않는다든지, 적용을 하더라고 아주 일반적이고 애매하며 추상적으로 한다면, 그의 메시지는 설득력이 없을 것이다. 추상적이고 막연한 진리는 힘이 없다. 그러한 경우 청중은 말씀을 구체적으로 스스로에게 적용하지 않는다. 그들은 말씀을 구체적으로 적용할 수 있는 방안을 얻지 못했기 때문에 스스로에게 적용시키기보다는 빨리 그 말씀에서 벗어나고 싶어 하는 것이다.

3) 다양성

셋째, 적용은 다양한 방법과 수단을 제시해야 한다. 브로더스(Broadus)는 "실제적인 훌륭한 제시를 주는 것은 종종 체험과 사려 깊은 관찰의 결과들을 요구하는 일이 되고, 때때로 교묘하게 요령을 피우도록 요구하는 과제가 되기도 한다."고 했다.[7] 그는 적용의 요령으로서 일반적인 의무인 가족기도나 개인기도, 성경 읽기, 가난한 자와 눌린 자를 구제하는 것 등을 제시하였다. 또한 적용은 특정한 의무를 이행할 수 있도록 다양한 방법을 제시해 주어야 하며, 더 나은 것을 행하려는 소망을 깨우쳐 줌으로써 그것을 지키려는 노력을 자극시켜 주어야 한다.

4) 필요성

넷째, 적용은 청중의 필요에 부응되어야 한다. 17세기 체스터(Chester)의 주교였던 존 윌킨스는 말하기를 "설교의 주된 목적은 설득하는 것이다. 그러므로 자신의 강화에는 단지 일반 개념들만 넘쳐나게 한 채 어떤 특정한 논증을 길러 내지도 않고, 자신의 청중들에게 믿음 혹은 어떤 진리나 의무에 대한 실행 등을 강조하려고도 않는 그러한 설교자는 텅 빈 영역에 그물만 넓게 쳐 놓았기 때문에 노력에 대한 어떠한 성공도 도무지 기대할 수 없는 지혜롭지 못한 어부와 같다."고 했다.[8] 설교자가 적용하려는 이유는 청중을 설득하기 위함이다. 설교자는 자신이 전파하는 그 설교내용, 즉 진리가 청중들의 삶 속에 구체적으로 나타나도록 제안하고 방향을 설정하도록 해 주어야 한다. 적용은 청중이 반응하도록 해야 하는 것이다. 그러므로 설교의 목적은 결국 적용을 통해서 성취되는 것이다. 그렇기 때문에 설교의 목적이 잘 성취되려면, 적용이 적절해야 되고, 적용이 적절하기(relevant) 위해서는 청중의 필요에 부응해야 되는 것이다.

5) 보편성

마지막으로, 적용은 청중 전체를 위한 것이 되어야 한다. 특별한 경우를 제

7) J. A. Braodus, *On the Preparation and Delivery of Sermon,* 224.
8) John Stott, *op. cit.*, 268-69.

외하고 설교는 어떤 계층이나 특수한 개인을 향해서 하는 것이 아니라 일반적이어야 하며 청중 모두를 위한 것이 되어야 한다. 적용이 전체를 대상으로 하지 아니하면 일부에서는 호응이 있을지 모르나 다른 청중들은 거부 반응을 일으킬 수 있다는 것을 설교자는 기억해야 한다. 예외적인 경우도 있을 수 있겠지만 청중 가운데 일부만을 대상으로 해야 하는 경우는 그리 많지 않다. 가령 헌신예배의 경우에 헌신예배의 목적 자체가 어느 특정그룹을 위한 것이어서 그 그룹만을 위해서 설교한다 하더라도 동시에 전체 성도들에게 다 해당될 수 있는 설교를 해야 한다. 그러나 적용은 설교자를 통하여 역사하시는 성령의 감동으로 나타나는 것이다. 워커(Daniel D. Walker)는 말하기를 "성도들이 주일 아침에 교회를 떠날 때, 예배하는 동안에 무엇이 일어났는가가 아니라, 예배하느라고 보낸 시간 때문에 무엇이 일어날 것인가에 감명을 받고 가야 한다."[9]라고 하였다. 그러므로 적용할 때 사용하는 용어에 주의해야 한다. 설교의 적용에서 '그들', '누군가' 등과 같은 3인칭 복수나 부정대명사는 가능하면 쓰지 않는 것이 좋다. 그러한 용어는 청중으로 하여금 '나에게 말하고 있구나.'하는 느낌보다 '다른 사람들에게 말하고 있으니 나와는 별 상관이 없구나.'하는 생각을 하게 만든다. 설교에서 구체적인 적용이 주어질 때 가장 먼저 설교자 자신을 포함시켜야만 한다. "성도 여러분들! 열심히 기도하십시오."라는 표현보다는 "우리 모두가 열심히 기도해야 합니다."라고 하는 것이 좋다. 왜냐하면 청중이나 설교자가 다 함께 말씀의 가르침에 순종해야 될 의무가 있기 때문이다.

6. 적용의 구성 요소

설교에서 제시되는 적용은 다음의 네 가지 주요 질문에 대답할 수 있어야

9) Daniel D. Walker, *Enemy in the Pew?*, 94.

한다. 현재 하나님이 나에게 요구하시는 것은 무엇인가?(what) 하나님은 그것을 어디에서 행하기를 원하시는가?(where) 하나님이 요구하는 것을 왜 내가 행해야 하는가?(why) 하나님이 요구하는 것을 어떻게 행할 수 있는가?(how)라는 네 가지의 질문이다.[10)]

1) 나에게 요구하시는 것이 무엇인가?(What)

설교자는 "지금 하나님이 나에게 요구하시는 것은 무엇인가?"라는 청중의 질문에 대답하기 위해서 본문에서 발견한 성경 원칙을 근거로 해서 교훈을 제시해 주어야 한다. 이런 구체적인 교훈은 고대 역사의 일부였던 성경본문을 현재의 지침으로 번역한 결과라고 할 수 있다. 성경의 취지를 정확하게 발견하기 위해서 설교자는 본문에서 그 시대의 사람들에게 제시되었던 성경원칙을 식별해내야 하고, 이 원칙을 이 시대 사람들에게 적용시켜 그들의 행동과 태도와 신앙을 이끌어 줄 수 있는 교훈을 제시해 주어야 한다. 본문에서 발견한 원칙에 근거해서 교훈을 제시해야 한다는 것은 곧 대지를 보편적인 진리로 표현해야 한다는 것이다. 설교자는 옛 성경시대의 사람과 현대인들의 차이를 인정해야 하므로 성경본문을 단순히 설명하는 것만으로는 적용을 제시할 수 없다. 적용의 제시는 원칙에 근거해야 하며, 이 원칙은 성경본문에 근거해야 한다. 따라서 설교자가 본문에서 원칙을 끌어내겠다는 목적으로 본문을 설명하지 않는다면 "이제 무엇을 해야 하는가?"라는 적용도 실패할 수밖에 없다. 본문의 내용만 열거한 뒤, 그 결론에 아무렇게나 덧붙인 적용은 설교자의 개인적인 의견이나 독단, 혹은 무지를 들어낸다. 설교자는 본문의 내용이 자신이 제시한 적용을 직접 뒷받침한다는 사실을 증명해야 한다. 왜냐하면 적용은 설명에서 제시한 성경적 원칙에서 나와야 하기 때문이다. 설교자가 본문을 설명하는 목적은 적용의 토대가 되는 원칙의 타당성을 확립하기 위한 것이어야 한다. 강해의 원칙

10) Bryan Chapell, *Christ-centered Preaching,* 204-10.

과 설교의 적용의 일관성을 확보하는 단순하면서도 효과적인 방법은 적용의 틀을 작성할 때에 대지를 설명할 때 사용했던 핵심개념이나 용어를 사용하는 것이다.

2) 그것을 어디에 행하기를 원하시는가?(Where)

현재의 청중들이 행해야 할 일을 결정하기 위해서 적용은 성경의 원칙을 이용한다. 하지만 설교자가 이런 원칙을 적용할 수 있는 장소를 실제적으로 제시하지 못한다면, 그 적용은 생활과 무관하게 추상적인 것일 수밖에 없다. 이웃을 사랑해야 한다는 단순한 훈계는 분명히 성경의 원칙을 반영하고 있지만, 이 훈계를 통해서 우리는 어떤 새로운 통찰력이나 도전을 느낄 수 없다. 이런 일반적인 가르침을 전혀 모른 채 교회에 온 사람이 어디 있겠는가? 설교자는 청중이 처해 있는 현재 상황을 직시하고 그 안에서 성경 원칙을 적용함으로써, 일반적인 원칙으로부터 예리한 적용으로 한 단계 나아갈 수 있다.

적용을 제시하면서 그대로 실천할 수 있는 상황을 구체적으로 명시해 주는 것은 성경적인 설교의 주요 특징이다. 적용을 제시할 때 설교자들은 종종 두 가지 경우 중 하나에 빠진다. 지나치게 단순하게 일반화시키거나, 교훈을 너무 세분화시키는 것이다. 첫 번째 실수는 생각의 결핍이며, 두 번째 실수는 방향이 없는 생각이다. 본문의 교훈을 몇 배로 증가시켜 제시함으로써 그 사상의 깊이를 드러낼 수 있다고 생각할 때, 설교자는 두 번째 범주의 실수를 범하게 된다. 설교자들은 본문에 나타난 성경 원칙을 확인한 후에 "이 설교를 들을 사람들은 누구인가?"라고 스스로에게 묻는다. 이처럼 설교자가 자신의 설교를 듣고 적용시킬 사람들에 대해서 미리 생각하게 되면, 성도들의 삶의 표면만을 스쳐 지나가는 적용이 아니라 그들의 개인적인 체험 속에 깊이 침투할 수 있는 적용을 제시할 수 있다. 설교자가 설교 준비를 하면서 성경원칙을 적용시킬 대상을 생각한다면, 그는 성경본문에 나타난 지침뿐만 아니라 성도들이 처한 상황에도 주의를 기울이게 된다. 일반적인 교훈은 성경본문에서 제시해 주지만, 특정한 상황에 맞는 구체적인 적용은 설교자의 경험과 용기, 배려, 그리고 영성을 통해서 직접 만들어야 한다.[11)]

3) 왜 내가 행해야 하는가?(Why)

적용은 적절한 교훈뿐만 아니라 동기까지 제공해 주어야 한다. 우리는 잘못된 동기를 가지고서도 올바른 행동을 할 수 있다는 것, 그리고 이런 사람들이 죄를 범한 사람보다 더 고결한 것이 아니라는 사실을 바리새인의 행동을 통해서 알 수 있다. 내 친구들은 "천국을 갈망하고 지옥을 무서워하는 마음은 사탄에게서 온 것이다. 이런 마음이 바로 정당화된 이기심이기 때문이다"라고 흔히 말한다. 우리는 청중에게 우리가 제시하는 적용을 행해야 하는 이유를 알려 주어야 한다. 하나님이 죄악의 권세나 죄의식으로부터 백성들을 자유롭게 하셨으므로, 설교자들이 그들을 거룩하게 만든다는 명목하에 예수님이 벗겨 주신 짐을 다시 지게 해서는 안 된다. 많은 설교자들에게 있어서 이것은 특별히 지키기 어려운 명령이다. 왜냐하면 그들은 죄의식에 의해서 동기 부여를 받아 왔기 때문이다. 즉 그들은 사람들이 하나님을 위해서 일할 수 있도록 동기를 부여하는 데 있어서, 현실적으로 죄의식 외에 다른 개념을 경험해 보지 못한 것이다. 사실 그들은 죄의식 이외에 사람들의 순종을 이끌어낼 수 있는 현실적인 지렛대가 없다는 사실 때문에 두려워하고 있다.

모든 성경은 우리 앞에 이 은혜를 나타내 보이기 위해서 쓰였으며(눅 24:27, 고전 2:2), 진정한 설교는 각각의 성경 본문이 포함하고 있는 그 은혜를 나타내 보이는 것이다. 이렇게 은혜를 나타내는 것은 하나님의 자비가 신앙의 근본이며, 또한 성도들에게서 순종을 이끌어낼 수 있는 가장 정당한 이유이기 때문이다(롬 12:1). 그러므로 은혜는 성경에서 말하는 율법을 변경시키는 것이 아니라,

---

11) *Ibid.*

오히려 그 율법에 진정으로 순종할 수 있게 해 준다. 사랑을 통해서 동기 부여를 받을 때, 주님과 그의 영광이 우리의 목적이 되며, 또한 그의 목적이 우리의 목적이 된다. 사랑이 없으면 어떤 적용을 제시해도 성도들로 하여금 자신이 아닌 다른 대상을 섬기게 만들 수 없다.[12)]

4) 어떻게 행할 수 있는가?(How)

설교자는 적용을 제시할 때 동기 부여뿐만 아니라 그 방법도 제시해야 한다. 어떤 당선자가 유권자들의 비위를 맞추기 위해서 획기적인 법안을 통과시켰지만 그 법안에는 실행 방법을 설명하는 조항이 포함되어 있지 않다면, 결국 이 계획은 중요한 것처럼 보이지만 실행될 수 없다. 설교자가 성도들에게 어떤 행동을 지시하면서 그 방법을 제시하지 않는다면, 똑같은 실수를 저지르게 될 것이다. 미워하고 있는 사람을 어떻게 사랑할 수 있겠는가? 마약 중독자가 어떻게 마약을 끊을 수 있겠는가? 태만한 사람을 어떻게 성숙시킬 수 있겠는가? 과거에 영적인 훈련을 전혀 하지 않았던 사람을 어떻게 헌신적인 성도로 만들 수 있겠는가? 오랫동안 이기적으로 살아 온 사람이 어떻게 이타적인 사랑을 가진 사람으로 변화될 수 있을까?

적용을 구체적으로 제시하려면 설교의 목표를 성취하게 해 줄 실제적인 방법과 함께 영적인 방법도 제시해야 한다. 설교에서 불신자가 죄를 회개하고 주님께 헌신하기 위해서 무슨 일을 해야 하는지 전혀 지적하지 않은 채 구원으로의 초청으로 설교를 끝맺는 것은 청중에게 행동에 필요한 교훈을 제공해 주지 못하는 설교가 된다. 설교자들이 청중에게 이웃을 네 몸과 같이 사랑하라고 설교하면서, 이런 사랑을 가능하게 해 주시는 분은 성령뿐이라는 사실을 지적해 주지 않는다면, 성도들은 이 사랑을 자기 스스로 만들어 낼 수 있다고 생각하게 될 것이다. 설교자들이 제시하는 적용은 대부분 인간 중심적인 훈계로서,

---

12) *Ibid.*

자신의 힘으로 더 잘 행할 수 있다고 가르친다.[13)]

설교에서는 적용이 매우 중요한 부분을 차지하므로, 설교자가 적용을 준비할 때에도 '무엇을, 어디에서, 왜 그리고 어떻게'라는 질문에 대답해야 한다. 따라서 적용을 제시하면서 이 네 가지 질문 중에 한 가지라도 무시한다면, 그 적용은 불완전할 뿐만 아니라 성경 본문에 충실한 설교라고 할 수 없을 것이다. 왜냐하면 어떤 차원에서는 하나님의 백성으로 하여금 하나님을 섬길 수 있도록 준비시키는 데 실패했다고 볼 수 있기 때문이다.

7. 적용의 형태

1) 직접적 적용

설교에서 적용이란 예배에 참석하지 않은 죄인들을 향한 것이 아니라 설교단 바로 앞에 앉아 있는 청중들에게 메시지를 적용하는 직접적 적용이어야 한다. 직접적인 적용에는 청중을 향한 징계의 경고가 포함되어야 한다. 후크마(Heokema)박사는 설교자들은 자기 청중들에게 나단과 같이 '당신이 그 사람입니다'라는 것을 포함해야 한다고 말했다. 신실한 설교란 설교자가 말씀에 근거하여 사회적인 부패와 비리를 얼마나 예리하게 잘 지적하고 비판하는 탁월한 웅변을 하느냐가 아니라 자기의 청중들에게 그들의 죄악을 하나님 말씀의 거울 앞에 적나라하게 지적해 주는 데에 얼마나 충실했느냐에 달려 있는 것이다. 직접 적용에도 여러 가지 형태가 있을 수 있다.

첫째로 권고(Admonition 또는 Exhortation)가 있다. 이것은 청중이 해야 할

13) *Ibid.*

일을 명쾌하게 밝혀서 청중으로 하여금 메시지에 대해 긍정적 반응을 보이게 하고자 할 때 사용하는 방식이다. 이 경우 설교자는 이슈(Issue)가 무엇인지 분명히 하여 청중이 어떤 반응을 보여야 하며 어떻게 행동해야 하는가에 대해서 애매함이나 혼란 같은 것이 일어나지 않도록 배려해야 한다. 빌리 그래햄(Billy Graham)은 전도 집회에서 대체로 직접적인 권고의 형태를 취한다. 그러나 권고형의 적용에서 특별히 설교자가 청중들로 하여금 어떤 죄를 버리라고 할 경우, 믿음의 담력과 함께 지혜와 연민의 정(Compassion)이 필요하다. 죄를 지적할 때 사람들의 눈치를 살피거나 그들의 인기 같은 것을 의식하지 않고 말씀을 말씀 그대로 증거하는 담력도 있어야 하지만, 죄를 짓고 있는 사람들에 대한 사랑과 연민의 정도 반드시 필요하다. 그들을 위해서 눈물을 흘리는 연민의 정이 함께 있을 때 설교자의 권고는 단순한 권고로 끝나지 않고 죄인의 마음을 움직여서 변화되게 할 수 있을 것이다.

둘째로 질문의 형태가 있다. 적용을 할 때 질문을 연속적으로 던짐으로써 잠자던 영혼의 마음을 깨우기도 하고, 제대로 의식하지 못하고 있던 문제를 깊이 의식할 수 있는 계기를 만들어 청중들의 마음속에 깊이 아로새기게 하는 방식이라고 하겠다. 그러할 때 청중은 설교자의 질문으로 인해 어떤 결심을 할 수 있게 될 것이다.

셋째로 과장법을 사용하는 형태가 있다. 과장법을 너무 자주 사용하게 되면 청중들의 감성이 너무 무디어지게 되어 더 이상 반응을 보이지 않게 될 수도 있기 때문에 이것을 남용하는 것은 별로 바람직하지 않다. 그러나 때때로 과장법을 적절하게 사용하면 몽롱한 상태에 있던 사람들의 정신을 바싹 차리게 할 수도 있다. 예를 들면, 마가복음 3:42이하에서 예수님은 “만일 네 손이 너를 범죄케 하거든 찍어 버리라 불구자로 영생에 들어가는 것이 두 손을 가지고 꺼지지 않는 지옥 불에 들어가는 것보다 나으니라 만일 네 발이 너를 범죄케 하거든 찍어 버리라 절뚝발이로 영생에 들어가는 것이 두 발을 가지고 지옥에 던지우는 것보다 나으니라 만일 네 눈이 너를 범죄케 하거든 빼어버리라 한 눈으로 하나님의 나라에 들어가는 것이 두 눈을 가지고 지옥에 던지우는 것보다 나으니라”고 말씀하셨다. 주님께서 문자 그대로 손을 찍어 버리고 발을 찍어 버리고 눈을 빼어 버리라고 하신 의미가 아니다. 주님께서 의미하시는 바는 지옥은 참으로 끔찍한 곳이기 때문에 어떠한 희생을 치르더라도 절대로 지옥에만은 들어가지 말라는 것으로, 그것을 강조하시기 위해서 이러한 과장법을 쓰신 것이다. 때때로 이러한 방법을 사용하는 것은 좋은 효과를 가져 올 수 있을 것이다.[14)]

2) 간접적 적용

직접적용은 청중이 해야 할 일을 구체적으로 하나씩 제시해 나가는 방법이다. 그러나 간접적용은 청중이 할 일을 구체적으로 제시하는 것이 아니라 은근히 암시적으로 제시하여 청중 스스로가 성령의 도우심을 통해 메시지를 자기 자신에게 적용시키도록 하는 방법이다. 설교자는 흔히 직접적용만이 효과가 있고, 간접적이고 암시적인 적용은 별로 효과가 없을 것이라고 생각하나 반드시 그런 것은 아니다. 어떤 경우에는 간접적용이 직접적용보다 훨씬 더 좋은 결과를 가져오기도 한다. 어느 방법을 사용하느냐 하는 것보다도 어떤 방법을 어떻게 사용하느냐가 더 중요한 것이다. 간접적용의 형태로는 세 가지를 들 수 있겠다.

첫째로 예화의 형태가 있다. 청중이 공감할 수 있는 적절한 예화는 뜻을 분명하게 부각시켜 줌으로서 청중이 해야 할 일을 구체적이고도 명백하게 제시하지는 않지만, 청중들에게 설교자가 전하는 진리에 관심을 갖게 하며, 감각을 자극시켜 일깨워 주고, 청중이 그 스스로 결심하게 한다. 예화가 감동적이고 적절하면서도 청중이 쉽게 공감할 수 있는 성질의 것일 경우 좋은 결과를 가져올 수 있다.

둘째로 선다형(選多型)이 있다. 이 형태는 설교자가 선택 가능한 몇 가지 경우를 제시한 후 청중으로 하여금 스스로 어느 한 가지를 선택하도록 하는 방식이다. 예를 들면, 갈멜산에 모인 이스라엘 백성을 향해 엘리야는 이렇게 외쳤

14) 장두만, *op. cit.*, 193.

다. “너희가 어느 때까지 두 사이에서 머뭇머뭇 하려느냐 여호와가 만일 하나님이면 그를 좇고 바알이 만일 하나님이면 그를 좇을 지니라”(왕상 18:21). 여호수아 24장에서 여호수아도 이스라엘 백성을 향해 여호와나 “너희 열조가 강 저편에서 섬기던 신이나 너희의 거하는 땅 아모리 사람의 신” 중에서 하나를 택하라고 함으로 선다형의 방식을 택하고 있다(수 24:15). 엘리야나 여호수아가 사용했던 선다형의 적용 방식을 오늘날의 설교자도 사용할 수 있다. 이처럼 청중이 무엇을 해야 할지를 직접 보여 주지 않으면서도 설교자가 원하는 것을 청중이 결정하도록 하는 것도 적용의 형태라고 할 수 있겠다.

셋째로 간증의 형태가 있다. 적용에 있어 간증의 형태는 설교자가 진리에 대한 자신의 경험과 자신의 관찰이나 결단을 증거함으로써 메시지를 간접적으로 적용시킬 수 있다. 그는 자기가 고백하고 있는 복음이 자기에게 어떤 의미를 가지는지를 사람들에게 이야기한다. 설교자가 자기 자신의 어떤 체험이나 결정을 청중들에게 간증함으로서 청중들은 스스로 올바른 신앙의 결단을 내리도록 촉구하는 방식이다.

그러면 직접적용과 간접적용 두 가지 방법 가운데 어느 것이 더 좋은가? 어느 것이 좋다고 단정적으로 말하기는 어렵다. 어떤 방법이든 그것을 사용하는 사람의 역량에 따라 효과는 달라질 수밖에 없을 것이다. 그때의 형편에 따라 직접적용의 형태도 사용하고 간접적용의 형태도 사용하여 양자가 균형을 이루도록 하는 것이 좋을 것이다. 그러나 일반적으로 말하면 청중에 따라 다양한 방법을 선택하는 것이 좋을 것 같다. 또 청중의 지적 수용 능력에 따라 지적 수용 능력이 낮을 경우 간접적용보다 직접적용을 더 많이 사용하고, 청중의 지적인 수용 능력이 대체로 높은 경우에는 직접적용보다는 간접적용을 더 많이 사용하는 것이 효과적일 것이다.[15] 하블런드(Carl Hovland)와 재니스(Irving Janis)와 켈리(Harold Kelley)는 그들의 공저에서 “고도(高度)로 지적인 개인들로 구성된 청중의 경우에는 어떤 전제(Premises)의 함축적 의미(Implications)를 자세하게 설명할 필요가 줄어들게 되고 또 전달자 자신이 추출해 낸 결론이 청중에게 큰 유익이 되지 않는다. 반

15) *Ibid.* 196.

대로, 덜 지적인 개인들의 경우에는 전제만 가지고 스스l로 올바른 결론에 도달할 수 있는 가능성이 더 낮은 것이다."라고 말했다.[16] 그러므로 설교자는 청중의 수준을 감안해서 효과적 방법을 결정해야 한다.

3) 보편적 적용(universal application)

구원은 특정 문제로부터 벗어나는 것이 아니라 '전인'을 하나님과의 바른 관계에 두는 것이다. 그러므로 모든 청중들을 공통분모로 축소시키고 인간의 근본적인 필요에 대해 메시지를 적용하는 것이 설교의 필수적인 부분이다. 보편적인 적용은 시간과 장소에 따라서 가변적인 인생 문제의 표면적 차원에 기초하지 않고 불변하는 인간의 심층 상황에 기초한다. 따라서 복음은 사람의 자연적인 차이에 관여하는 것이 아니고 인간의 기본적인 상황이 그 적용의 대상이 된다. 즉 인간의 전적 부패는 성경 저자가 살던 시대의 사람들에게서만 아니라 오늘날에도 동일한 종류의 사람들에게서 발견할 수 있는 것이다. 그러므로 보편적 적용은 하나님 자신의 불변하는 성품과 그의 백성을 다루시는 불변하는 방법에 기초하고 있다. 예를 들어 죽음은 사람이 그것을 어디에서 어느 때에 직면하게 되든 어디까지나 죽음이다. 왜냐하면 죽음은 시간이나 문화의 조건과 상관이 없는 것이기 때문이다. 이런 의미에서 그것은 설교자가 자신의 설교를 듣고 있는 사람의 성향을 알든, 모르든 간에 전혀 차이가 없다. 왜냐하면 복음은 궁극적으로 사람의 타고난 차이점들과 관련이 없기 때문이다. 이 점과 일치하여 한마디로 보편적인 적용은 자기 백성을 다루시는 하나님 자신과 그의 방법의 불변성에 근거를 두고 있는 것이다. 이와 같이 불변하는 기독교의 진리와 교리들은 오늘날에도 적용되어야 하며, 그 적용들은 궁극적으로 사람의 실제 상황과 관련이 있도록 해야 한다. 왜냐하면 좋은 설교는 항상 시대를 초월하여 들어야 할 말씀이면서, 동시에 시대마다 그 시대의 상황에 적용되는 말씀이기 때문이다.

---

16) Carl Hovaland, I. Janis, & H. Kelly, *Communication and Persuasion,* 103.

4) 정황적 적용(Contextual application)

대부분의 성경적 가르침은 아무런 변화 없이 오늘날 우리가 처한 모든 문화들의 근본적인 문제들에 보편성 있게 적용될 수 있지만, 경우에 따라 재적용의 필요성을 소홀히 해서도 안 된다. 재적용의 필요는 역사적인 공백이 있다는 사실에 근거한 것으로 최초의 청중들의 상황과 오늘날의 청중들의 상황이 다를 때 생긴다. 그러므로 설교자는 이것을 그것이 최초에 기록되었던 배경에서 해석해야 할 뿐 아니라 그 나름의 특수한 배경에서도 해석해야 한다. 왜냐하면 하나님께서 새로운 계시를 주실 때마다 그의 백성들의 삶의 상황 속에서 그렇게 하셨기 때문이다. 그러므로 성경적 메시지를 설명하고 적용하는 것은 이 두 정황이 계속 서로 주고받는 과정 속에서 상호 관련되어 있다는 것을 의미한다.

적용은 또한 현재 시제(現在 時制)로 되어야 한다. 그것은 단순히 '무엇을 할까?'가 아니라 '지금 무엇을 해야 하는가?'이다. 설교는 단순히 "주께서 이렇게 말씀하셨다."가 아니라 "주께서 이렇게 말씀하시고 있다."라고 말해야 한다. 그렇지 않으면 설교는 과거에 대한 공허한 메아리로 들릴 것이다. 이런 목적을 이루기 위해서 설교자는 과거의 역사적 상황은 물론, 오늘날의 역사적 상황까지도 이해해야 한다. 그 이유는 정황적 적용에는 적절한 적용을 위한 역사적 간격이라는 현실 문제가 있기 때문이다.

따라서 이 정황적 적용에서는 고대의 청중의 상황과 오늘날의 청중의 상황 모두에 적당한 무게가 주어지며, 그 원리는 항상 정확하게 똑같다. 그러나 그 적용은 상황이 다를 때 다르게 나타난다. 그렇기 때문에 두 상황은 자기들의 영적 상태와 긴밀하게 연관되어 있는 것이지 문화적 상황과 그렇게 연관되어 있는 것은 아니다. 따라서 현대를 사는 하나님의 백성들은 읽히는 하나님의 말씀을 들을 뿐 아니라 스스로 자신들의 성경을 읽고 그 말씀대로 행할 수 있는 것이다. 설교는 그 설교가 선포하는 진리만큼 오래된 것이고, 또한 그것이 선포되는 날만큼 최신의 것이다. 메시지는 영원에서 오는 것이지만 그것은 적용을 통해서 새로운 것처럼 된다.

따라서 설교자는 정황적 적용을 해석할 수 있어야 한다. 하나님의 말씀의 본뜻은 모든 세대를 위해서 적절하게 해석되고 또한 적용되어야 하기 때문이다. 동시에 설교자는 성령을 의지해야 하는데 그것은 하나님의 말씀을 전하고 또 성령의 도움을 입는 사람들의 삶 속에 실제적인 방법으로 시간에 제한을 받지 않는 영원한 진리들을 적용하시는 분이 바로 성령이시기 때문이다.

5) 실제적 적용(Practical application)

실제적 적용에서 실제적이란 정치적, 사회적, 혹은 경제적인 상황을 의미하지 않고 일반적으로 그리스도인들의 일상생활에서 부딪치는 문제들을 다루는 것을 의미한다. 따라서 적용은 회중에게 가까운 범위 내에서 이루어져야 하며, 설교는 실제적인 적용이 제시되어야 한다. 설교(preaching)는 단순한 강의가 아니다. 강의인 경우에는 강의하는 사람은 성경에 관해서 이야기한다. 그러나 설교는 성경으로부터 회중에 관해서 이야기한다. 설교(sermon)와 교훈은 모든 생활 부문에 적용되어야 할 뿐 아니라, 오늘날의 신자를 향해 주어지는 것이기도 해야 한다. 만일 복음을 전하는 설교(preaching)가 실제적인 것이 아니면 그 설교는 능력 있는 설교가 못된다. 진리는 변하지 않는다. 우리는 언제라도 이웃을 사랑해야 한다. 그러나 적용은 변하지 않을 수 없다. '이웃이 누구인가? 언제 사랑하라는 것인가? 어떤 상황에서 어떤 관점으로부터 사랑하라는 것인가? 그것은 어떤 모습으로 표현되어야 하는가?'등의 질문이 나올 수 있는 것이다. 사람들은 언제라도 회개하지 않으면 안 된다. 그것은 진리이다. 그러나 무엇을 회개하라는 것인가? 죄는 사람마다, 각 세대마다, 각 문화마다 서로 다른 복합 형태를 지니고 있다. 설교는 하나님에 관한 진리를 전한다. 그러나 그 진리는 지금 그들의 환경에서 그들의 현실적인 필요를 알고 내 앞에 직접 서 있는 그 사람들과 관계되는 진리이다. 적용은 결코 고정된 형식으로 주어질 수는 없다.

이런 목적을 이루기 위해서 설교는 해설과 그리스도인다운 삶을 살도록 하기 위한 실제적인 적용을 함께 제공하는 것이 되어야 한다. 그렇게 할 때 설교는 기독교 진리를 이행하는 데 따른 도움이 되고 이치에 맞는 지침들을 제공할 수 있다. 설교자는 다음과 같은 질문을 해야 한다. 내 설교를 듣는 청중의 현재 상태는 어떤가? 그들에게 무엇을 기대할 수 있을까? 현재의 상태에서 그들은 어디로 움직일 수 있으며, 또 얼마나 멀리까지 나아갈 수 있을까? 따라서 설교자가 자신의 설교를 청중에게 적용할 때 그는 설교 처음부터 끝마칠 때까지 청중이 가져야 할 하나님과의 올바른 관계와 이웃과의 올바른 관계를 다루면서 설교 전체를 청중을 향하는 설교가 되도록 설교해야 한다. 그래서 로이드 존스는 "복음의 설교가 실제적이 아니라면 그것은 참된 설교가 아닙니다."라고 말했다.

6) 전편의 적용

강해자가 자신의 전하는 진리를 설교 전체에 걸쳐서 적용하는 경우도 있다. 어떤 의의에서 이러한 형태의 설교 자체는 적용식 설교라고 할 수 있을 것이다. 하지만 설교와 설명 그리고 적용을 배합하고 있는 형태이기도 하다. 다시 말하면 설교자가 설교의 중심명제를 확립한 다음에 전적으로 적용하는 경우이며, 설교 전체에 걸쳐서 항상 적용의 논조로 끝을 맺는 경우라고 하겠다. 이러한 형태의 적용은 어떤 특정 문제로부터 벗어나는 것이 아니라 '전인'을 하나님과의 바른 관계에 두는 주제를 다루면서 청중들을 공통분모로 축소시키면서 메시지를 적용하는 것이다. 복음의 진리는 사람의 자연적인 차이에 관여하는 것이 아니고 인간의 기본적인 상황이 적용의 대상이므로 이러한 형태의 적용이 가능한 것이다. 왜냐하면 기독교의 진리와 교리들은 오늘날에도 적용되어야 하며, 그 적용은 궁극적으로 모든 시대에 걸쳐 모든 사람들에게 실제 상황과 관련이 있도록 해야 하기 때문이다. 그러므로 이러한 형태의 적용은 기독교의 중요한 진리나 교리를 설교할 경우 그것을 매우 적절하고 살아 있는 설교가 되게 할 것이다.

로이드 존스는 교리와 적용은 분리할 수 없다고 했다.[17] 왜냐하면 구원을 이론적으로만 생각하고 교리에만 멈추게 되면 그러한 설교는 때때로 너무 현실로부터 유리되고, 지적이고 신학적이고 학적이고 정통적일지라도 마음에 감동을 주지 못하기 때문이다. 따라서 계속해서 균형있는 강단 사역은 교리 일변도나 적용 일변도가 되어서는 안 되고 둘 다를 포함해야 하고 바른 순서에 두어야 한다. 적용에 앞서서 교리가 나오는 것은 신약성경의 불변의 법칙과도 같다. 그러므로 설교자는 교리에 대해 무관심하고 실제적인 문제에만 적용하는 설교이거나, 교리나 진리에만 치중한 나머지 실제적인 삶에 적용을 등한시하는 설교도 아닌 둘 다를 포함하는 설교를 해야 한다.

8. 적용의 자세

1) 권면하는 자세

적용이란 하나님이 자기 백성에게 어떤 변화를 요구하시든지, 그 변화에 설교 전체의 초점을 맞추는 것을 의미한다. 이 시간은 점잔빼며 말하는 시간도 아니며, 책임을 포기하는 시간도 아니다. 적용을 사랑을 가지고 정확하게 지시하라. 사랑하는 사람에게 이야기하듯이, 강단에서 자신이 뜻하는 바를 정확하게 이야기하라. 다른 사람들의 영적 행복을 위해서 성경의 의미를 추상적인 관념론으로 애매하게 만들어서는 안 되며, 그래서 사람들을 혼란스럽게 만들거나 설교자 자신을 곤란에 빠뜨려서는 안 된다. 만약 청년들이 폭력 영화나 포르노 영화를 보지 말아야 한다고 생각한다면, 그들에게 그렇게 이야기하라. 만약 교회 내에서 험담을 하지 말아야 한다고 생각한다면, 그렇게 이야기하라. 정치적

17) 정근두, *로이드죤스의 설교론* (서울: 여수룬 출판사, 1993), 202.

인 견해의 차이 때문에 성도들이 분열된다고 생각한다면, 그대로 이야기해라. 반드시 사랑으로 이야기하되, 그 상황에서 꼭 필요한 말과 성경에서 지시하고 있는 말을 반드시 전해 주어야 한다.

2) 대화의 자세

설교자들은 적용 부분에서 열정을 쏟아 놓는다. 적용이 없다면 설교자들이 열정적으로 설교하기가 쉽지 않을 것이다. '바울이 이고니움에서 루스드라로 갔다'는 내용을 열정적으로 이야기할 사람은 없을 것이다. 설교자들은 하나님의 백성이 반드시 알아야 한다고 느낄 때, 진심에서 우러나 열정적으로 그 말을 할 것이다. 진지한 생각을 없애고 평범함을 추구하는 적용은 설교에 힘을 실어 줄 수 없다. 자신의 말이 중요하다고 하면서도 감정이 없이 무덤덤하게 이야기하는 사람이 있다면, 아무도 그 사람의 말에 주의를 기울이지 않을 것이다. 친구와 함께 현재의 관심사에 대해서 대화를 나누듯이 이야기할 때, 우리의 설교에도 자연적으로 열정이 생긴다. 어느 날 저녁에 친구가 찾아와서 비행 청소년이 된 자신의 아들에 대해서 털어놓는다면, 우리는 친구를 편안한 의자에 앉게 한 뒤에 솔직한 대화를 할 것이다. 친구의 눈에 담긴 고통이 과장된 관념론에서 벗어날 수 있게 해 줄 것이고, 실질적인 도움을 주어야 한다는 생각에서 성경을 찾게 될 것이다. 어렵고 힘든 이야기를 해야겠지만, 두 사람 사이에는 사랑이 넘칠 것이다. 적용은 마치 우리가 마주앉아 있는 친구에게 이야기하듯이 제시해야 한다. 즉 시내산에서 받은 계명을 청중에게 전해 주기 위해서 준비한 설교보다는 영적인 실천 가능성 즉 영적 잠재력을 지닌 설교여야 한다. 성경의 기록을 보면, 예수님이 말씀하실 때 사람들이 그의 말을 듣는 것을 기뻐했다. 왜냐하면 예수님은 그들의 관심사에 대해서 매우 분명하게 이야기했기 때문이다. 설교는 예수님을 증거하는 것이므로 설교자는 예수님처럼 말하려는 노력이 필요한 것이다.

3) 용서의 자세

적용을 제시하는 데 있어서 궁극적인 자세라고 할 수 있는 용서의 마음을 유지하지 않는다면, 우리의 목소리 또한 가라앉아 버릴 것이다. 단순하고 미숙한 설교의 특징은 설교자가 옳은 것을 지시했기 때문에 사람들이 올바른 일을 행할 것이라고 기대하는 것이다. 어떤 죄는 대화를 통해서 고쳐질 수 있지만, 어떤 죄는 오랜 세월을 두고 성실하게 설교해야 고쳐질 수 있다. 성도들이 설교를 듣지 않은 사람처럼 행동할 때에도 그들에게 성경이 무엇을 요구하고 있는지, 그리고 하나님이 그들을 얼마나 사랑하고 있는지 설명해 주지 못하는 설교자는 결국 강단에서 하나님의 뜻을 행하는 데 실패하게 된다. 하나님의 백성이 말씀을 적용하는 데 자주 실패하는 것을 용서하지 못하는 설교자에게는 항상 좌절과 분노, 절망이 함께할 것이다. 견실하고 힘있는 적용은 성령님께 붙잡힌 마음과 타락한 세상에서 상심한 사람들을 깊이 생각하며 고뇌하는 마음에서 생겨나는 것이다.

9. 적용의 과제

1) 한계점의 분별

구체적인 상황을 제시함으로써 적용을 효과적으로 만들 수 있지만, 이런 이유 때문에 적용이 설교의 구성 요소 중 가장 어려운 부분이라고 할 수 있다. 설교자들은 구체적인 상황 제시가 필요하다는 생각 때문에 정신적으로, 그리고 영적으로 긴장하게 된다. 정확하게 설명을 하는 것은 결코 쉬운 일은 아니지만, 설명을 끌어낼 수 있는 원재료는 성경 구절에 포함되어 있다. 적용은 독창력과 창의성의 용기를 필요로 한다. 독창력은 성도들이 일상생활에서 하나님의 진리를 지키기 위해 싸우는 여러 가지 상황을 상상하는 것이며, 용기는 개인적인 차원에서 이런 현실을 이야기하는 것이다. 형식이나 구조, 내용과 관련된 설교학적인 전문어들은 차치하더라도, 설교자들은 적용을 설교 중에서도 가장 어려운 부분으로 만드는 것이 무엇인지 직감적으로 알 수 있다.

청중은 설교의 대지에 대한 설명과 예화가 계속되는 동안에는 유쾌한 마음으로 고개를 끄덕이거나, 혹은 고개를 저을 수도 있다. 그러나 적용은 중립이나 동의가 아니라, 헌신과 행동을 요구한다. 건전한 적용은 가설적이고 추상적인 개념에서 과감하게 벗어나서 사업이나 가정생활, 사회생활, 인간관계나 태도, 개인적인 습관, 그리고 영적인 우위성을 인정하는 데까지 나아가는 것이다. 이렇게 적용은 성도들의 생활을 혼란스럽게 만들며, 따라서 청중이 설교 중에 가장 귀를 기울이지 않는 부분이 적용이다. 대부분의 설교의 한계점은 적용이다.

그러나 이 한계점을 부인한다고 해서 얻을 수 있는 것은 아무것도 없다. 사람들에게 이런 인간적인 약점이 있다고 해서 그들을 비난하는 것은 좌절로 이끌 뿐이다. 성숙한 회중에게는 그러한 허물이 없다고 믿는 것은 순진하기 짝이 없는 생각이다. 그렇다면 청중의 거부를 최소화시키기 위해서 설교자가 적용을 피해야 하는가? 성경은 하나님의 훈계를 무시하는 그런 행동을 용납하지 않을 것이다. 하나님의 백성 앞에서 인간이 행해야 할 의무가 무엇인지를 분명한 용어로 설명하는 것이 설교자의 사명이다. 하나님은 우리가 한계점을 무시하지 않고 그것을 극복하기를 원하신다.[18]

2) 한계점의 극복

미리 경계를 받는 것은 미리 무장하는 것이다. 설교자가 적용 때문에 자신의 메시지가 부정적인 반응을 불러일으킬 수 있다는 사실을 알고 있을 그때, 그는

---

18) Bryan Chapell, *op. cit.*, 216.

이런 사실에 대처할 수 있는 기회를 갖는다. 그러나 설교자는 이런 기회를 하나님의 요구를 완화할 수 있는 기회로 생각해서는 안 되며, 오히려 청중이 하나님의 요구를 긍정적으로 받아들일 수 있는 최적의 청취 상태를 만들기 위해서 이 기회를 사용해야 한다. 때때로 설교는 복음에 충실하기 위해서 사람들의 감정을 상하게 해야 할 때도 있지만(롬 9:33), 이런 감정 상함이 진리 자체에서 유래된 것이어야 하며, 결코 설교자가 진리를 현명하게 제시하지 못했기 때문에 생긴 것이어서는 안 된다(고전 10:32~33). 설교자 자신의 태도가 아니라 하나님의 메시지가 사람들의 마음을 상하게 해야 한다는 사실을 망각한 채, 이런 마음 상함이 정설(orthodoxy)이 갖고 있는 특성이라고 믿는 목사들을 볼 때, 우리는 가슴 아파해야 한다(고후 6:3, 6, 7). 성령 충만한 성도들은 설득력 있는 진리, 즉 설교자의 재능보다는 하나님의 자비를 표현하는 진리라면 그것이 어떤 것이든지 모두 기쁨으로 받아들일 수 있는 자세를 가질 수 있다(살전 1:6). 다음에 제시한 방법은 설교자가 성경을 우선시하면서도 적용의 한계점을 극복하기 위해서 사용할 수 있는 방법이다.

(1) 결론적인 주장(conclusive argument)

설교의 가장 중요한 도구는 진리이다. 설교자는 하나님의 말씀이 우리에게 무엇을 요구하는지 논리적으로 증명한 후에, 그 사실을 적용해야 한다. 불행하게도, 결론적인 주장이 항상 설득력을 가지고 있는 것은 아니다. '자신의 의지에 반하여 행동하는 사람은 자신의 소신에도 따르지 않는다'라는 옛 격언의 진리가 모든 시대의 교회에도 종종 나타난다. 설교자들이 이 사실을 인정하지 않으려 한다면, 그들은 자신의 마음을 자세히 살펴보아야 할 것이다. 하나님이 요구하시는 것이 무엇인지 잘 알고 있으면서도 우리는 왜 계속 죄를 짓는가? 결론적인 주장이 우리를 하나님께 순종하게 할 만큼 설득력이 없었기 때문이다. 이런 이유 때문에 우리에게 효과적인 적용을 제시하는 데 도움이 되는 부수적인 방법이 필요하다.

(2) 노여움을 가라앉혀 주는 예화(disarming illustrations)

딘 켐퍼(Deane Kemper)는 말하기를 어떤 글을 인용하거나 예화를 제시할 때 얻을 수 있는 중요한 효과 중 하나는 청중들의 감정적인 반응을 잠시 중단시킬 수 있다는 점이다. 청중들이 선뜻 받아들이지 않거나 반감을 가질 수 있는 사상을 제시할 때 예화를 사용하면, 이 예화가 간접적인 도입부 역할을 해 주기 때문에 정면으로 훈계를 하는 것보다는 청중들이 훨씬 더 쉽게 받아들이게 된다고 했다. 또 그 이야기가 설교자를 호의적으로 보이게 만들 수도 있다. 이렇게 이야기는 청중을 성경의 결론 속으로 자연스럽게 이끌어 가는 능력을 가지고 있는데, 이것은 청중을 성경의 논증과 직접 직면하게 함으로써 반감을 일으키게 하는 것보다 훨씬 좋은 방법이다. 설교자 한 사람의 권위에 의해서는 소중하게 생각하지 않았을지도 모르는 사상도 훌륭한 대가들의 글을 인용하여 설명하면 청중이 훨씬 더 쉽게 마음을 연다는 사실을 딘 켐퍼는 지적하고 있다.

(3) 상식적인 제안(common-sense proposals)

적용은 당면 문제와 관련이 있어야 하고, 현실적일 뿐만 아니라 실천할 수 있는 것이어야 한다. 상식이 결여된 적용은 설교자의 신용을 훼손할 뿐만 아니라, 청중이 성경의 진리를 받아들이는 데에도 방해가 된다. 설교자가 상식이 부족하여 제시하는 적용에는 다음과 같은 세 가지 형태가 있다.[19]

① 그림의 떡 같은 원칙

'항상 기뻐하라', '마음을 다해서 이웃을 사랑하라', '아무것도 염려하지 말라' 이런 적용은 목사의 이상주의나 영적 과장에서만 있을 수 있다. 즉 앞에서 제시한 훈계는 결코 실천할 수 없는 원칙이다. 이 적용은 실생활과 관련이 없으며, 제시되어서는 안 될 원칙이었다. 이 때문에 청중은 자신이 성경의 요구를 실행할 수 없다고 믿게 되고, 목사까지도 위선자로 생각하게 된다.

---

19) *Ibid.*

② 높은 장애

다음의 적용은 소수의 사람을 제외한 대부분의 사람들이 행할 수 없는 어려운 행동이다. '내가 말하는 진리를 확인해 보기 위해서 여러분은 헬라어와 히브리어를 배워야 합니다.' 혹은 '여기에 있는 모든 사람들이 성지에 가 보아야 합니다. 그래서 예수님께서 살았던 곳이 어떤 곳이었는지 직접 보아야 합니다.' 등과 같은 경우이다. 이런 것은 목적이 좋은 것이라는 사실을 부인할 사람은 없지만, 그러나 보통 사람에게는 이런 교훈을 실천할 수 있는 기회가 없다.

③ 한정된 대상

누구나 할 수 있는 일이지만 아무도 행하지 않을 것 같은 적용은 가치가 없다. 예를 들어 많은 설교자들은 강단에서 책을 추천한다. 그러나 그 책이 대다수의 청중에게 극적인 영향력을 주지 못했다면, 시간을 내어 서점에 가서 책을 주문하고, 돈을 주고 사는 사람이 과연 몇 명이나 되겠는가? 더구나 그날 저녁 식사 때까지 그 책의 제목을 기억하는 사람이 과연 몇 명이나 되겠는가? 실행하는 사람이 거의 없는 적용을 자주 제시하면, 설교자의 신용도 손상된다. 물론 설교자가 진리를 적용할 때, 실행 가능성이 적다는 이유 하나만으로 적용을 회피해서는 안 된다. 왜냐하면 청중들의 마음이 완고해서 행하지 않는 적용도 있기 때문이다. 이런 경우에 문제가 되는 것은 상식이 아니라, 설교자의 용기이다. 하나님은 백성들이 듣고 싶어 하지 않는다는 이유로 진리를 선포하지 않아도 된다고 말씀하시지 않았으며, 설교자들이 백성들의 손이 미치지 않는 곳에 말씀을 놓아두는 것도 원하지 않으신다. 훌륭한 적용이지만 시기적으로 부적절할 때, 즉 백성들이 아직 그런 말을 들을 만큼 성숙하지 못했을 때 제시될 수도 있다. 예루살렘공회에서 안디옥교회에게 주신 가르침은 다음과 같았다. "성령과 우리는 이 요긴한 것들 외에 아무 짐도 너희에게 지우지 아니하는 것이 가한 줄 알았노니"(행 15:28). 예수님도 제자들에게 "내가 아직도 너희에게 이를 것이 많으나 지금은 너희가 감당치 못하리라"(요 16:12)고 말씀하셨다. 이렇게 적용을 제시할 때는 성경의 훈계뿐만 아니라 설교자의 신중함도 필요하다. 왜냐하면 성경에서 충성과 함께 인내를 지시하고 있기 때문이다(갈 5:22).

(4) 감정을 실음(task sensitivity)

설교자가 강한 격분과 제스처로 "우리 교회의 성도들은 서로 사랑해야 합니다."라고 설교한다면 아마도 설교자가 의도했던 것과는 정반대의 결과를 초래하게 될 것이다. 설교의 어조와 내용은 서로 어울려야 한다. 적용에서 사랑을 강조해야 한다면, 설교자 또한 애정을 가지고 이야기해야 한다. 또 설교자가 장례식장에서 "만약 우리가 부활을 진실로 이해했다면 이렇게까지 슬퍼하지는 않았을 것입니다."라고 이야기했다면, 그 설교자는 자신의 표현이 청중들을 위로하기보다는 비난하는 것에 가깝다는 사실을 깨달아야 한다. 어떤 적용은 가혹하고 엄격한 표현을 필요로 하며(딛 1:10～13), 어떤 적용은 부드러움을 요구한다(딤후 2:24～26). 예수님은 환전하는 자들을 성전 바깥으로 쫓을 때 채찍을 사용하신 반면에 '상한 갈대'를 꺾지 않는다고 말씀하셨다(사 42:3). 하나님의 말씀이 선포자들에게 권위를 주었다는 말은 우리가 항상 백성들을 꾸짖고 힐책해야 한다는 뜻이 아니다. 우리는 이 권위를 통해서 부드럽게 권면하는 권위도 함께 부여받았다는 사실을 명심해야 한다(딛 2:15).

(5) 분별 있는 인도(mature guidance)

만약 설교자가 성도들이 행해야 할 일만 제시한다면, 그들은 결코 성장하지 못할 것이다. 설교자가 성도들에게 스스로 결론을 내리지 못하게 하고, 자신의 행동에 대해서 책임을 지게 하지 않으면, 성도들은 항상 영적 어린아이로서 살게 된다. 때때로 설교자들은 구체적인 상황을 지적해 주면서, 동시에 성도들이 스스로 결정할 수 있을 만큼 충분한 정보와 지침을 주어야 한다. 심지어 사도의 권위를 가진 그들도 영적인 성숙함을 기르기 위해서 이런 종류의 참가 적용(participatory application)을 실행하였다(행 15, 고후 1:23～24, 2:9, 딤후 2:24～26, 몬 8～9, 14, 21). 설교에서는 직접적인 적용뿐만 아니라 간접적인 적용도 제시할 필요가 있다. 이런 설교는 청중에게 필요한 정보를 제공해서 올바른 결정을 내리게 하고, 그 후에 그 결정과 직면하게 함으로써 청중이 자신의 신앙을 발전시켜 나가는 데 도움을 줄 수 있다.

(6) 명쾌한 지시(mandate clarity)

성경의 지시(Scriptural mandate)와 유익한 제안(good suggestion) 사이의 차이점을 구별하지 못하는 설교자는 설교에서 성경의 능력을 고갈시키는 우를 범하게 된다. 설교자가 제시하는 적용은 설교자 자신의 생각이 아니라 성경에서 요구하고 있는 것이어야 한다. 설교자는 청중이 하나님의 요구를 성취하는 데 도움이 된다고 생각하는 것을 제안할 수는 있다. 하지만 이렇게 제시한 제안이 곧 성경적 요구라고 생각하는 것은 큰 잘못이다. 가족끼리 저녁 식사를 할 때 성경을 읽으라거나, 성경 연구 모임에 가입하거나, 혹은 성경 암송 과정에 등록하거나, 매일 몇 분 정도 헌신의 시간을 가지라고 말하는 것은 좋은 제안이다. 그러나 성경에서는 이렇게 구체적인 훈련 방법을 요구하지 않는다. 훌륭한 제안을 택해서 그것을 성경의 지시로 만든다면, 그것은 자신의 생각을 성경의 규범으로 사칭하고 있는 셈이다. 그뿐만 아니라 이런 규범을 준수하면 은혜를 받을 수 있다고 은연중에 암시함으로써 바리새주의를 설교하게 된다. 성경의 요구에 부합하는 적용을 제시하기 위해서 이런 행동을 언급해야 할 때가 있지만, 이런 제안은 문자 그대로 제안일 뿐 결코 명령으로 강요되어서는 안 된다.

(7) 복잡함을 인정함(respect for complexity)

설교의 적용을 제시함에 있어 커다란 관심사 중에서 좁은 하나의 측면을 다루거나, 첨예하게 쟁점이 되는 주제들이나 혹은 보다 광범위한 해답은 나중에 좀 더 많이 생각한 다음으로 미루는 것은, 가벼운 대답이나 신속한 해결, 그리고 진부한 비난을 제시하는 것보다 오히려 적용에 훨씬 더 도움이 된다. 설교자는 '잘 모르겠다' 혹은 '대답하기 전에 좀 더 연구를 해 보아야 할 것 같다'라고 말하면 자신의 신용이 손상된다고 생각한다. 그러나 이런 대답은 설교자의 지혜를 가장 잘 나타내는 말이다. 사려 깊은 성도들은 모든 것에 대해서 완벽하게 알고 있는 사람은 아무도 없다는 것을 잘 알고 있다. 그러므로 설교자들이 모든 것을 다 아는 것처럼 행동할 때 오히려 그 설교자의 신용은 손상된다. 보통 우리는 자신이 갖고 있는 전문적인 지식 이외의 것에 대해서 설교할 때 가장 나쁜 적용을 제시하게 된다. 성경의 원칙을 명확하게 적용할 수 있는 곳에서 설교자들은 이런 문제에 대해서 말할 수 있는 권리가 있다. 그러나 안타깝게도 많은 설교자들이 어떤 것을 말하고 싶은 욕망을 어떤 것이든지 말할 수 있는 권리로 혼동하고 있다는 사실을 기억해야만 한다.

설교자들은 첨예하게 대립되거나 쟁점이 되는 주제에 대해서 적용을 제시할 때, 충분한 연구 조사도 없이 적용을 극단적으로 단순화시키지 않도록 조심해야 한다. 도입 부분에서부터 결론 부분까지 항상 FCF(타락한 상황에 초점 맞추기: The Fallen Condition Focus)를 염두에 둔다면, 적용이 강해의 길을 벗어나는 일은 일어나지 않을 것이다. 설교의 한 부분이 자신의 적용을 뒷받침하고 있다고 해서, 그 적용이 항상 이치에 맞는 것은 아니다. 만약 지금 설교가 설교자의 적용을 충분히 뒷받침해 주지 않는다면. 그 적용을 제시하기 전에 다시 생각해 보아야 한다. 설교자는 논쟁이라는 뱀을 풀어놓기보다는 뱀을 죽일 수 있는 성경의 지팡이를 제공하려 해야 한다.

(8) 영적인 고결함(spiritual integrity)

적용에도 설교자 개인의 신용이 필요하다. 자신이 행하고 싶지 않거나, 행하지 않았던 일, 혹은 변화가 필요한 일을 설교자가 행하라고 지시했을 때, 성도들이 왜 그를 믿고 순종해야 한다고 생각하겠는가? 만약 성도들이 '설교자가 주님뿐만 아니라 우리를 사랑하기 때문에 우리가 필요로 하는 진리를 제시해 주는 것이다'라고 생각하지 않는다면, 설교자가 제시하는 적용은 귀머거리들을 향한 것일 수밖에 없다. 심지어 그 적용이 듣는 사람들에게 아픔이 된다 할지라도, 설교자가 영적으로 고결한 사람이라는 사실을 알고 있다면 그들은 기꺼이 들을 것이다. 이런 신뢰는 학문적인 연구를 통해서 생기는 것이 아니고, 설교 내용에서 찾아질 수 있는 것도 아니며, 다만 설교자의 삶에 성령이 내재한다는 사실이 느껴질 때 생겨나는 것이다. 목회에는 신중함과 판단력 그리고 분별력이 필요하다. 문제에 정면으로 부딪혀야 할 때가 언제인지 어떻게 알 수 있는가? 정직하게 어떤 일을 행하라고 이야기해야 할 때가 언제인지, 그리고 그들 스스로 결정할 수 있도록 해야 할 때가 언제인지 어떻게 알 수 있는가? 관대함이 타협으로, 그리고 강력함이 오만함으로 변질되는 때는 언제인가? '잘 모르겠다'라고 말해야 할 때가 언제인지 어떻게 알 수 있는가? 우리가 갖고 있는 자원은 말씀과 성령이다. 매일 말씀과 성령의 조명하심으로 마음과 뜻을 하나님의 뜻에 일치시킨 설교자만이 지혜와 성숙한 판단력을 발휘할 수 있으며, 이런 지혜와 판단력을 통해서만 적용의 한계점을 극복할 능력을 얻을 수 있다. 적용은 설교자가 강단에 서서 닥치는 대로 비판을 해도 좋다는 면허장이 아니며, 자신의 개인적인 관심사에 대해서 설교해도 된다는 인정서도 아니다. 이런 식의 적용을 제시하는 설교자는 자신의 뻔뻔함을 용기로 생각하겠지만, 사려 깊은 사람들이라면 이런 설교자를 성령의 뜨거움 대신 인간적으로 치장한 사람으로 인정할 것이며, 결국 그들의 말에 주의를 기울이지 않을 것이다. 결국 말씀의 진리를 적용할 수 있는 분은 성령 한 분뿐이시다. 따라서 우리가 전적으로 성령의 역사에 의지하면서 그 분의 목적을 성취하기 위해서 설교할 때만 적용에 성공할 수 있다.

제 8 장

설교의 예화

1. 예화란 무엇인가?

1) 예화의 의미

감화력 있는 설교는 본문의 각 대지마다 설명과 함께 예화와 적용을 제시함으로써 진리를 증명하여 그 진리에 생명력을 불어넣는다. 예화는 성경의 원칙을 상세히 말하고 설명하며 발전시키는 경험의 이야기로서, 청중을 그 경험에 동화되게 만든다. 이야기의 장면을 통해서, 청중은 상상으로 설교의 진리를 경험하게 된다. 이야기가 실화나 현시대의 것일 필요는 없지만, 설교자는 청중이 그 이야기를 자기의 경험으로 동화시킬 수 있게 해야 한다. 설교자는 청중이 사건에 직접 다가설 수 있도록 그 사건의 전모와 시기, 장소 그리고 이유를 설명한다. 설교자는 이 방법을 통해서 청중이 그 이야기 속에 직접 들어가 존재하는 것처럼, 그 사건을 보고 느끼고 맛보고, 혹은 냄새를 맡을 수 있게 해 준다. 이렇게 이야기를 감각적으로 들려줌으로써, 설교자는 그러한 상황에 있는 사람이 어떻게 느끼고 생각하고 반응하는지 청중에게 자연스럽게 알려 준다. 이렇게 감각적이고 감정적으로 이야기를 함으로써 설교자는 "생명 있는 육체"와 같은 상세한 설명(lived-body details)을 하는데, 이것이 곧 예화가 단순한 암시나 담화, 실례와 구별되는 기준이 된다. 대부분 설교자들이 인용이나 인유(allusion), 실례를 제시할 때는 단순히 이야기를 전하는 것에 불과하지만, 예화는 청중으로 하여금 그 이야기를 직접 경험할 수 있게 해 준다. '생명 있는 육체'와 같은 상세한 설명은 청중으로 하여금 예화 속에 들어가게 함으로써 현실감을 줄 수 있다. 그래서 설교자가 제시하는 예화가 청중에게 새로운 것이든지, 혹은 그들의 기억을 되살려 내는 것이든지 간에, 설교자는 설교의 주제를 설명

하기 위해서 인생의 한 단면을 재현한다고 할 수 있다.[1]

2) 예화의 정의

먼저 예화는 설교의 주제를 조명하는 것이다. 예화(illustration)는 설명 또는 해명이란 의미를 가지고 있다. 이 말은 라틴어 '*llustrati*'로 창문으로 들어오는 광선, 조명을 의미하며 '조명하다' 또는 어두운 대상물에 '빛을 던지다', '광휘를 주다'라는 뜻을 가진다. 데이비스(O. Davis) 교수는 예화란 꼭 닮은 진리를 명백하게 하기 위하여 사용되는 어떤 사실, 어떤 사건, 또는 비유적 표현이라고 하였다. 다시 말해 빛을 유도하는 창문이라고 했다. 스펄전은 집 안에 창문을 내는 가장 중요한 이유는 풀러(Thomas Fuller)가 말한 것처럼 빛이 들어오도록 하기 위해서라고 하였다. 비유, 직유, 은유 등은 이러한 효과를 가지는데, 그러므로 우리는 주제를 조명하기 위해서, 또한 빛으로 밝히기 위해서 예화들을 사용한다고 했다.[2] 따라서 예화는 하나의 예를 사용하여 설교에 빛을 제공하는 것으로 이 예화를 통해서 선포된 설교의 진리들이 청중들에게 더욱더 쉽게 포착되게 도와주는 것이다. 창문이 없는 집은 어둡고 침침하나 반면에 창문이 너무 많아도 산만하여 설교를 이해하는 데 도움이 되지 못한다.

둘째로 예화는 성경의 진리를 청중의 구체적인 세계로 전환시키는 능력이다. 예화는 무엇보다도 설교를 단순하게 만들어 주는 것이라고 할 수 있다. 라일(J. C. Ryle)은 설교를 단순하게 하고자 한다면 반드시 풍부한 일화와 예화들을 이용해야 한다고 하였다.[3] 사람들은 직유와 예증 그리고 적절히 표현된 이야기들을 좋아한다. 그리고 그 밖의 다른 어떤 것에도 관심을 갖지 않게 될 때에야 그런 예화들에 귀를 기울이게 된다고 하였다. 예화는 청중들이 설교의 주제를 쉽고 구체적으로 이해하도록 도와준다.

---

1) Bryan Chapell, *op. cit.*, 163-64.
2) C. H. Spurgeon, *Lectures on My Students,* Ⅲ. (Zondervan, 1980), 1-3.
3) Timothy Keller, *op. cit*., 106.

셋째로 예화는 청중의 감각을 일깨워 진리를 체험하게 한다. 아담스(J. E. Adams)는 예화를 감각에 대한 호소 또는 생생함으로 불렀는데 그는 말하기를 "설교자가 오감(the five senses) 중의 하나 또는 그 이상을 자극하고 그래서 감정을 움직이게 하면, 그때 듣는 사람은 그 사건을 체험(experience)했다고 할 수 있다." 라고 하였다. 그런 식으로 그 사건은 그에게 사실이 되는데, 그것은 곧 그 사건이 구체화(concretize) 또는 개별화(personalize)되고, 기억할 수 있는 것(memorable)이 되며, 가장 충실한 의미에서 이해할 수 있게 되는 것(understandable)을 의미한다.[4] 라고 하였다. 예화는 청중들에게 감각을 자극시켜 일깨워 줌으로써 진리를 체험하며 잘 기억하게 한다.

2. 예화의 기능

1) 명제의 명료화

예화는 설교를 명쾌하게 설명해 준다. 설교자가 강단에서 외치는 설교 내용 가운데 어떤 부분은 매우 이해하기가 어려워 청중들의 마음속에 큰 감명을 주기가 어렵고, 따라서 청중의 뇌리에서 금세 사라지고 만다. 그렇기 때문에 설교자는 진리를 전할 때 그 진리를 명쾌하고 구체적인 진리로 바꾸기 위해서 최선을 다해야 하고, 그 방법 가운데 하나가 적절한 예화를 사용하는 것이다. 그러므로 예화는 설교자가 강조하고자 하는 명제를 선명하고 구체적인 진리로 실감나게 해 준다. 예화는 설교의 주제를 뚜렷하게 부각시켜 진리의 본뜻을 분명하게 그 본뜻을 파악하도록 진리를 설명(Explain)해 준다.

미국 고든코웰신학대학원의 설교학 교수 해돈 W. 로빈손(Haddon W. Robinson)

---

4) Jay E. Adams, *Preaching with Purpose,* 86.

은 "훌륭한 설교는 추상적인 것들에서 구체적인 것들에까지 왕복하며 움직인다. 설교자가 심오한, 광범위한, 일반적인 진리를 진술할 때마다 청중들의 마음은 '예를 든다면?' 하고 묻는다. 이때 당신에게 '추상성을 밝혀 주는 점등가(點燈家)', 즉 진리를 적용하는 구체적인 실례가 필요하다."고 하였다. 이처럼 예화는 추상적인 진리를 구체적인 진리의 논점으로 환하게 비추어 주는 역할을 한다. 중동 지방의 금언 중에 "가장 훌륭한 화자(speaker)는 두 귀를 두 눈으로 바꾸는 자이다." 이처럼 예화 사용은 설교자의 논점을 청중에게 쉽고도 분명하게 이해시켜 줄 수 있다.

2) 주의력 집중

예화는 귓가를 울리는 메아리와 같은 설교의 흐름을 변화시켜서 청중들의 주의와 관심을 끌어 설교에 귀를 기울이게 한다. 설교자는 청중의 주의력 지속 기간에 한계가 있음을 기억해야 한다. 예를 들면, 유치부 어린이의 경우 주의력 지속 기간은 10분 정도이고 짧은 경우는 2분에 불과하다. 초등학생의 경우는 주의력 지속 기간이 15분 정도이고 짧으면 7분 정도밖에 되지 않는다. 성인의 경우는 지속 기간이 대개 30분 정도이다. 그러나 30분이란 설교자가 전파하는 내용이 무엇인가에 따라 다를 수 있다. 그렇기 때문에 설교자가 청중의 주의력을 가능하면 오랫동안 붙잡아 놓기 위해서는 예화를 사용한다. 예화는 청중의 주의와 관심을 끌게 하며, 팽팽한 청중의 긴장을 풀어주게 되며, 그 결과 예화 다음에 이어서 나오는 진리에 더욱 주의를 집중하게 됨으로써 설교자가 다음의 강조점을 행해 끌어갈 수 있다. 그러나 설교자가 청중의 관심과 흥미를 유발시키려는 예화사용에 있어서 피해야 할 유혹에 대해서 미국 캘리포니아 주 얼바인장로교회를 담임하는 벤 패터슨 목사는 다음과 같이 지적하였다.[5)]

---

5) Warren W. Wiersbe, 심령을 꿰뚫는 설교를 합시다(서울: 도서출판 나침판사, 1996), 123-31.

첫째, 설교자는 연기자가 되려는 유혹을 피해야 한다.

설교를 잘하려는 설교자는 청중들의 갈채와 칭찬을 얻기 위해 공연을 하려 한다. 만일 그 청중이 하나님이라면 그러한 행동은 문제될 것이 없다. 그러나 불행하게도 하나님을 보기가 그리 수월치가 않다. 우리가 실제로 보는 것은 긴 의자에 앉자 있는 사람들이다. 그러나 우리는 지나치리만치 그들의 칭찬을 갈구한다. 천로역전의 저자 죤 번연(John Bunyan)목사는 아주 힘있는 설교를 했다. 설교가 끝난 후 한 사람이 찾아와 설교에 대단히 은혜를 받았다고 말했다. 죤 번연은 이렇게 대답했다. "예, 저도 압니다. 설교를 마치고 강대상에서 내려오는데 마귀가 그러더군요." 그러나 설교를 마친 후에 그러한 분별력을 추스르기가 수월치 않다.

둘째, 설교자는 성경 말씀을 설교 자료로만 생각하는 유혹을 피해야 한다.

설교자는 성경을 읽을 때마다 어떤 특별한 구절에서 통찰력을 얻으려고 노력한다. 그 다음, 어떻게 하면 그 내용으로 성도들에게 설교할 수 있을까 궁리하기 시작한다. 거의 모든 경우, 그 말씀과 자신과의 관계에 대해서는 그냥 지나쳐 버린다. 바로 그것이 치명적인 것이다. 사도 바울도 "내가 남에게 전파한 후에 자기가 도리어 버림이 될까 두려워함이로라"(고전 9:27)고 자신이 이러한 유혹과 투쟁하고 있음을 암시하고 있다.

셋째, 설교자는 돌을 떡으로 바꾸려는 유혹을 피해야 한다.

어떤 의미에서 설교자는 연기자이기 때문에 돌을 떡으로 바꾸기 위해 성도들에게 필요한 것을 주는 대신에 성도들이 원하는 욕구만을 채워주고 싶은 이 유혹의 한 가지 변종은 이야기들과 예화들을 남용하는 것이다. 이러한 욕구가 지나치게 강하면 설교자는 마치 지진 진동계처럼 성도들의 취향에 민감하게 된다.

넷째, 설교자는 제사장보다 선지자가 되려는 유혹을 피해야 한다.

선지자는 사람들 앞에 서서 하나님의 말씀을 대언하는 자이고, 제사장은 하나님 앞에 서서 사람들을 대변하는 자이다. 선지자는 인간의 거짓과 하나님의 진리를 대면시키지만, 제사장은 하나님의 은혜가 인간에게 미치도록 힘쓴다. 선지자의 직분에 연연하고자 하는 유혹은 독야청청의 입장에서 연구에 전념하고 주석 작업에 열중하고 성도들에게 진리만을 선포하기만 하면 된다. 그러나 성도들에게 전하는 진리가 그들의 죄를 고백하게 하고 아픔을 치유하는 것이 아니라 그들을 곤봉으로 내리치는 결과를 가져올지도 모른다.

다섯째, 설교는 성경을 보면 당면 문제에 짜 맞추려는 유혹을 피해야 한다.

목회자는 당면 문제와 성경을 관련짓기 위해 성경을 짜 맞추기 위해, 성경을 성도들에게 이해시키려면 생생한 예화를 자주 들게 된다. 이러한 특수한 유혹에 대해서 보나드 램(Bernard Ramm)박사는 "설교는 성도들로 하여금 성경이 지닌 당면 문제와의 관련성을 보게 하는데 그 목적이 있어야지, 성경을 당면 문제와 관련된 것으로 만드는 데 그 목적이 있어서는 안 된다."[6]라고 하였다.

3) 진리의 입증

예화는 설교자의 설교를 생생하고 실감나게 해 준다. 옛말에 백문이 불여일견이라(百聞不如一見)는 말이 있다. 말의 힘은 위대하지만 동시에 말은 많은 제약성을 갖고 있다. 설교도 언어를 매체로 하기 때문에 언어가 갖는 일반적 한계성을 초극(超克)할 수는 없다. 이 언어의 한계성을 극복하기 위해 언어에 회화적 요소를 가미해 주는 방법으로 적절한 예화를 사용하는 것이다. 그러할 때, 회화적 감각이 발달해 있는 현대인들에게 설교가 더욱 생생하고 실감이 나게 되는 것이다. 설교자는 적절한 예화를 사용함으로 이런 욕구를 충족시킬 수 있는 것이다. 예화는 진리를 설명하며 증명해 주므로 설교자는 진리를 입증하는 데 생생한 예화를 매우 효과적으로 사용할 수 있다.

설교가 죤 스토트는 "예화는 추상적인 것을 구체적으로, 고대를 현대로, 낯선 것을 친근한 것으로, 일반적인 것을 특별한 것으로, 모호한 것을 분명한 것으로, 비실제적인 것을 실제적인 것으로, 불가적인 것을 가시적인 것으로 바꾼다."라고 말했다.[7] 이처럼 예화는 간접적이긴 하지만 청중으로 하여금 성경에

---

6) ***Ibid.***

7) John Stott, *Between two Worlds: The Art of Preaching in the Twentieth Century* (Grand Rapids, Eerdmans, 1982), 239.

대한 이해를 넓혀 주고 깊게 해 줌으로써 진리를 체험하게 하며 경험하는 세계로 인도하게 된다. 따라서 프린스톤신학대학원의 설교학 교수였던 토머스 롱(Thomas Long)은 "예화는 말씀의 창문이 될 수 있지만 그러나 그것들이 또한 말씀과 대면하고, 말씀을 분별하고, 발견하고, 경험하는 무대가 될 수도 있다."고 하였다.[8)]

4) 적용의 구체화

예화는 설교의 적용에 구체성과 실제성을 더해 줌으로써 설교에 대한 깊은 인상을 갖게 한다. 설교를 듣는 청중은 많은 경우에 설교의 내용보다 설교자가 사용한 예화를 훨씬 더 오랫동안 기억하는 경향이 있다. 매카트니(Clarence E. Macanrtney)는 그의 저서 『노트 없는 설교』(Preaching without Notes)에서 어떤 목사의 체험을 기술하고 있는데, 그 목사는 자기 성도 20여 명에게 그가 몇 달 전에 한 어떤 설교의 내용을 얼마나 기억하느냐고 물은 적이 있었다. 그런데 응답자 가운데 설교의 아우트라인이나 그 밖의 중요한 내용을 기억한 성도는 한두 명에 불과했다. 그러나 그 목사가 맨 마지막에 들려준 예화는 거의 모든 사람들이 다 기억하고 있었다.[9)] 이러한 현상은 곧 주객(主客)이 완전히 전도(顚倒)된 상황인 것이다.

심리학자들의 연구에 의하면, 어떤 내용을 단순히 귀로만 들었을 경우 3일 후에는 그 내용의 10% 정도밖에 기억을 하지 못하고, 눈에 보여 주기만 할 경우에는 20%, 귀로 들려주면서 동시에 눈으로 보게 할 경우에는 70%를 기억한다는 것이다. 설교에서 적절한 예화를 사용하는 것은 청각과 시각을 동시에 사용하는 것과 같은 효과를 갖기 때문에 청중의 기억력을 훨씬 더 제고시켜 주게 되는 것이다. 따라서 예화나 예증은 진리를 밝혀 주고 꾸며 주는 데(ornament

8) Thomas Long, *The Witness of Preaching* (Louisville, Kentucky: Westmister & John Knox Press, 1989), 160.

9) Clarence E. Macanrtney, *Preaching without Notes,* 33.

truth) 그 목적이 존재하는 것이며, 예화 그 자체에 무엇이 존재하는 것이 아니다. 그러므로 설교자는 자신이 선포하려는 논지를 명확하게 해석하기 위해 하나의 예화를 사용하여 명확하게 연결시켜야 한다. 이러한 연결 작업이 명확하게 이루어지면 청중은 예화와 함께 설교자가 선포한 진리의 내용도 함께 연상해 내거나, 아니면 최소한 그 예화가 무엇을 의미하고 있는가를 기억하는 데 도움이 될 것이다. 아주 적절하고 명확한 예화는 청중들에게 깊은 인상을 주게 되고 설교자가 전하는 진리가 구체적인 적용되는 것이다.

5) 메시지의 수용성

설교의 목적은 청중이 하나님의 말씀을 듣고 깨달아 삶의 변화를 가져오게 하는 데 목적이 있다. 그런데 청중은 구두 논증(verbal argumentation)보다 시각적이고 흥미 있는 예화를 통해서 결정을 내리는 경향이 훨씬 더 강하다. 예화는 단순히 설교를 흥미있게 하는 것으로 끝나지 않는다. 브라인 채플(Bryan Chapell) 박사의 말대로, 예화는 설득하고, 동기를 부여하고, 사람의 의지를 움직이고, 마음에 감동을 주고, 설명해 주고, 결정을 내리게 한다. 적절한 예화는 말보다 더 빠르게 사람의 생각과 행동을 변화시킬 수 있다. 그래서 적절한 예화는 청중들에게 확신을 가져오도록 하는 '강력한 도구(a powerful tool)'가 될 수 있다. 특히 결론 부분에서 자연스럽게 적합한 예화를 사용할 수 있으면 청중들이 효과적으로 메시지를 잘 경청하여 오랫동안 기억하게 되고, 하나님의 진리의 말씀을 잘 포착하여 결단을 내리는 데 도움이 될 것이다.[10)]

해돈 W. 로빈슨은 예화가 효과적인 전달을 위한 방편으로 적확하게 사용된다면 그 예화는 빵 속에 섞여 있는 건포도와 같다[11)]고 하였다. 결국 어쭙잖은 예화와 적합한 예화 사이에는 분명한 차이점이 있다. 마크 트웨인의 말대로

10) Bryan Chapell, *Using Illustrations to Preach with Power,* 69.

11) Haddon Robinson, Raisians in the Otomeal: The Art of Illustration, ed. James D. Berkley, *Preaching to Convince* (Carol Stream, IL: Word Books, 1986), 93.

"적확한 말과 어쭙잖은 말의 차이는 번갯불과 반딧불의 차이"[12]인 것이다.

6) 마음의 휴식

청중들이 집중적으로 설교자가 증거하는 말씀을 들을 때 긴장하고 피로를 느끼게 된다. 이에 설교자가 적절한 예화를 사용하면 청중들의 마음에 휴식이 제공되며, 설교에 계속적인 관심과 기대를 갖게 하는 좋은 분위기를 조성할 수 있다. 청중들은 설교자의 예화를 들으면서 전하는 메시지에 대한 새로운 흥미와 관심을 갖게 될 것이다. 그러므로 적절한 예화의 사용은 청중들에게 휴식을 줌으로 진리에 대한 기억을 도와주며 그 진리를 보존시키는 데 유익한 것이다.

3. 예화를 제시하는 이유

예화는 청중으로 하여금 성경을 삶의 상황에 기초해서 이해할 수 있게 해 주기 때문에, 하나님의 말씀을 전인적으로 이해할 수 있게 해 준다. 훌륭한 설교에서 예화는 없어서는 안 될 필수 요소이다. 왜냐하면 예화는 청중의 흥미를 쉽게 유발시킬 뿐만 아니라, 본문의 의미를 더 넓고 깊이 있게 이해할 수 있게 해 주기 때문이다. 예화는 단순히 지적인 지식만을 제공하는 것이 아니다. 예화는 성경의 진리를 모든 사람들이 동감할 수 있는 상황에서 보여 주기 때문에 성경의 진리와 인간의 경험을 결합시켜 주고, 그렇게 함으로써 하나님의 말씀을 이해하기 쉽고, 적용하기 쉬우며 현실적인 것으로 만들어 준다. 이런 효과는 단순히 논지만 제시하고 설명하는 것에서는 얻을 수 없다. 우리가 설교의 다른

12) Warren W. Wiersbe, *op. cit.,* 84.

요소를 오용할 수 있듯이, 예화 또한 잘못 사용할 수 있다. 그러나 예화가 숙련된 기술자의 손에 들어가면, 그것은 설교자가 소유할 수 있는 가장 설득력 있는 설교 방법 중 하나일 것이다. 이런 장점을 충분히 이끌어내기 위해서, 우리는 예화를 효과적으로 사용할 수 있는 방법을 배워야 하며, 또한 그것이 잘못 사용된 경우를 식별해 낼 수 있어야 한다.[13)]

1) 바르게 제시되지 못한 경우

(1) 흥미 위주의 예화

예화가 잘못 제시되는 첫 번째 경우는 흥미 위주로 예화를 제시하는 경우로 그러한 설교자는 결국 메시지의 토대를 파괴하게 된다. 흥미 위주의 윤리 강의는 강단을 공허하고 무의미하게 만들 뿐만 아니라 청중도 천박하게 만든다. 이런 교회에 출석하는 성도들은 은연중에 자신의 요구와 감정을 예배의 목적으로 삼게 된다. 즉 이들은 예배의 성공 여부를 평가할 때 성령에 대한 확신보다는 기분이 얼마나 유쾌해졌느냐는 관점에서 평가하게 된다. 다시 말해서 설교를 이끌어 가는 것은 성령이 아니라, 설교에서 제공하는 흥미에 기준을 둔다. 이런 천박한 기대는 무의미하고 겉치레뿐인 설교, 즉 개인적인 환호를 목적으로 할 뿐, 보다 순수하고 의미 있는 목적에는 전혀 관심이 없는 메시지를 통해서 충족될 수 있다. 이런 설교는 결국 심오한 영적 분별을 필요로 하는 세상에서 성도들에게 자신의 감정이 농락당했다는 사실에 분노하게 만들 것이다. 진리가 인간적인 흥미와 타협하게 되면, 그 진리는 진리로서의 매력을 잃게 된다.

(2) 영적 미숙함을 전제한 예화

성도들이 지적으로 총명하지 못하거나 영적으로 미숙하기 때문에 예화를 사

13) Bryan Chapell, *op. cit.*, 167-78.

용해야 한다고 생각하는 설교자는 설교에서의 예화 사용의 의미를 전혀 알지 못하는 것이다. 물론 어려운 진리를 단순화시켜 명백하게 설명하기 위해서 예화를 제시하는 것이지만 설교자는 예화를 제시하지 않고서도 그 진리를 성도들이 명료하게 이해할 수 있도록 설교해야 한다. 만약 설교자들이 소위 무식한 자들에게 숟가락으로 떠먹이듯이 하나하나 가르쳐 준다는 의미에서 예화를 사용한다면, 그들은 자신의 메시지를 너무 복잡하게 만들거나 성도들의 지식을 과소평가하게 되는 것이다. 이 두 경우 모두 설교자의 오만이며, 이런 자세는 대부분의 성도들이 오래 참아 주지는 않을 것이다. 때로는 예화가 흥미를 유발시키거나 어린아이에게 하나하나 가르쳐 준다는 의미를 함축하기도 한다. 그러나 예화의 주된 목적이 성도들의 졸음을 쫓기 위한 것이 아니며, 그 진리를 분명하게 설명할 다른 방법이 없어서 예화를 제시하는 것도 아니라면. 설교에서 예화를 필요로 하는 이유가 무엇인가를 깊이 탐구해 보아야만 할 것이다.[14]

2) 바르게 제시된 경우

(1) 설교의 위기 극복

오늘날 설교에 대한 불만이 교회에 널리 퍼져 있는데, 이런 불만은 설교가 너무 추상적이고 전문어투성이일 뿐만 아니라, 급격한 변화의 시대에 분명한 길을 제시해 주지 못한다는 사실에 불만을 가지고 있다. 사상이 너무 고상해서 현실 생활에 영향을 줄 수 없다는 사실 때문에, 과거에 노예 전쟁으로 인해 강단에 대한 대중의 신뢰가 약화된 후로 미국 설교자들이 받아야 했던 것과 같은 비평이 야기되었다. 그래서 설교자들은 다투어 해결책을 찾기 시작했고, 학자들은 연구하고 조사하며 평가하기 시작했다. 그들이 내린 결론은 항상 성경의 우위성에 기초한 것도 아니었으며, 만족할 만한 해답을 제시한 것도 아니었

---

14) *Ibid.*

다. 그러나 클리드 레이드(Clyde Reid)는 목회자나 교수들처럼 전문적인 사역에 종사하는 사람들을 연구한 후에, 다음과 같은 결론을 내렸다. ① 설교자들은 평범한 사람들이 이해할 수 없는 복잡한 고어를 사용하는 경향이 있다. ② 오늘날 대부분의 설교는 지루하고 따분하며 흥미롭지 못하다. ③ 오늘날 대부분의 설교는 현실과 관련이 없고 무의미하다. ④ 오늘날 설교는 대담하거나 도전적이지 못하다. ⑤ 의사 전달이 잘 되지 않는다. ⑥ 설교가 사람들을 변화시키지 못한다. ⑦ 설교가 지나치게 중요시되거나 강조되어 왔다.[15)]

롤 하우(Reuel Howe)는 성도들과 함께 담화를 나눈 뒤에, 그들의 불만 사항을 다음과 같이 분류하였다. ① 설교가 복잡한 사상을 너무 많이 포함하고 있는 경우가 종종 있다. ② 설교가 너무 분석적이면서도 해결책은 거의 제시하지 않는다. ③ 설교가 너무 형식적이고, 비인간적이다. ④ 설교에서 신학적인 전문어를 너무 많이 사용한다. ⑤ 설교가 너무 설명 위주이며, 예화를 충분히 제시해 주지 않는다. ⑥ 대부분의 설교가 무의미한 결론을 이끌어낼 뿐, 어떤 행동을 하고 어떻게 현실에 참여해야 할지 가르쳐 주지 않는다.[16)]

이와 유사한 연구 및 조사 결과를 토대로 해서, 새로운 설교 방법들을 옹호하는 작업이 시작되었다. 그러나 새로운 방법을 발전시키기 위해서 급하게 서두르면서, 목욕물을 버릴 때 아이까지 함께 버려 버리는 일, 즉 소중한 것을 필요 없는 것과 함께 버려 버리는 일이 종종 일어났다. 이런 새로운 방법이 지속적으로 가치를 가질 수 있을지는 시간이 말해 줄 뿐이다. 지금 분명한 것은 만족스러운 방법은 거의 없다는 사실이다. 하지만 많은 사람들이 이런 영적 작업을 시도한다는 사실은 그들이 자신의 상황을 얼마나 처절하게 인식하고 있는지 말해 준다. 또한 설교자나 성도들 모두 설교가 실생활과 직접적인 관련이 없다는 사실에 주목하였다. 그러므로 설교를 성도들과 다시 연결시키려면 그들이 처해 있는 상황을 이해해야 한다.

---

15) Bryan Chapell, *Using Illustrations,* 21.

16) cf. Bryan Chapell, *Christ-centered Preaching,* 169.

(2) 시청각 중독증의 극복

우리는 '시각적인 지식의 시대'(age of visual literacy)에 살고 있다. 일반 성인들이 일 년에 50시간 설교를 듣는다면, 집에서 텔레비전을 시청하는 시간은 2,000시간이라고 한다. 미국의 학생들은 고등학교를 졸업할 때까지 수업 시간(12000시간)보다 텔레비전을 시청하는 시간(15,000시간)이 더 많다고 한다. 또 어린아이가 학교에 입학하기 전에 텔레비전을 시청하는 시간이 평생 동안 아버지와 대화를 나누는 시간보다 더 많을 것이라고 추정하는 사람들도 있다. 이런 아이들은 고등학교를 졸업할 때까지 광고방송을 35만 번 이상 시청하게 될 것이다. 여기에 영화, 비디오 게임, 고속도로 광고, 식품 포장, 빌딩의 광고 화면, 영사기, 비디오테이프 그리고 아날로그 컴퓨터 등이 더해진다. 그래서 우리는 다음과 같은 결론을 내릴 수밖에 없다. "우리는 탁월한 일러스트의 시대에 살고 있다. 즉 이 시대 사람들은 자신의 생각을 영상화하는 데 익숙해져 있다." 교회의 성도들도 평범한 시민들이기 때문에, 정보를 얻는 데 있어서 말에만 의존하지 않는다. 한 나라가 전쟁에 돌입했거나, 선거에 관한 뉴스를 알고 싶거나, 비극적인 참사에 관한 정보를 얻으려 할 때, 그들이 제일 먼저 접하는 정보는 전문가의 분석이나 활자화된 기사가 아니다. 현대인들은 통계학적인 분석 자료보다는 시각적인 이미지를 더 선호한다. 즉 분석 자료로 가득 찬 신문이 가까운 신문 판매대에 산더미처럼 쌓여 있지만, 상가나 공항의 군중들은 잠깐 스쳐 지나가는 뉴스를 보기 위해서 텔레비전 앞에 모여든다. 그러나 모든 사람들이 신문을 전혀 읽지 않는 것은 아니다. 하지만 다른 정보 매체보다도 신문이나 뉴스 잡지를 선호하는 사람들은 극소수에 불과하며, 대부분의 사람들은 보다 상세한 정보를 얻고자 할 때에만 활자화된 정보를 이용한다. 그러나 신문 발행자들조차도 독자들 중 4~5%만이 기사를 한 단락 이상 읽는다는 것, 또한 사진이 함께 실린 기사는 그렇지 않은 기사보다 3~4배 정도 더 읽힌다는 사실을 잘 알고 있다. 즉 이런 매체 속에서도 감각적인 것과 관련이 있을 때, 독자들은 더 흥미를 느끼기 때문에 정보도 그만큼 더 잘 전달된다는 사실을 알 수 있다.

어떤 사람들은 이런 경향이 현대 문화가 갖고 있는 '시청각 중독증' 때문이라고 생각한다. 현대인들의 일상 속에서 텔레비전과 오디오는 항상 접할 수밖에 없는 벽지와 같은 존재가 되어 버렸다. 전기를 사용해서 보고들을 수 있는 화면과 소리들도 일상생활에서 그들과 항상 함께하고 있으며, 컴퓨터 소프트웨어나 카세트테이프, 아이파드 등 감각적인 정보를 원하는 우리의 취향에 맞게 만들어져 있다. 이런 경향이 실제로 문화 발전의 결과인지, 아니면 보다 근본적인 인간의 사고 과정에 대한 개발인지는 앞으로 검토해 보아야 할 문제이다. 그러나 현대 문화가 우리로 하여금 경험(감각)을 통해서 생각하고 반응하게 만든다는 사실에는 이의가 없을 것이다. 현대의 설교자들은 자신이 이런 문화에 잘 적응하지 못하고 있더라도 이런 문화적 경향을 인정하고 받아들여야 한다. 또 우리가 물려받은 귀중한 설교의 유산을 경솔하게 포기해서는 안 되겠지만, 동시에 현재 필요한 것을 가장 잘 채워 줄 수 있는 방법이 무엇인지 진지하게 물어보아야 한다. 청중의 감각적인 요구를 소홀히 하는 설교는 청중의 일상생활이나 그들을 교육시키는 데 있어서 대체로 둔감할 수밖에 없다.[17)]

(3) 시각적 언어의 효과

오늘날 "듣는 것을 보는 것으로 변화시켜라"라는 설교자의 옛 조언이 어느 때보다도 중요한 말이 되었다. 그러나 많은 설교자들은 설교 중에 여러 가지 이미지를 사용하는 것이 이 시대의 악이나 단점에 굴복하는 것이 아닌가 하고 두려워하고 있다. 그러나 모든 사람들이 훌륭한 설교라고 인정하는 설교를 잠시 살펴본다면, 이런 두려움은 사라질 것이다. 즉 기독교 역사상 가장 설득력이 있는 설교를 보면 거의 예외 없이 일관되게 설교에서 여러 가지 이미지를 제시하고 있는 것을 알 수 있다. 사도들이 자신의 사상을 갑옷이나 달리기 경주, 산돌, 감람나무, 빛 가운데 걸어가는 것 등의 이미지를 사용해서 강조하지 않았다면, 우리는 그들의 사상을 기억하기 위해서 크게 노력해야 한다. 조나단 에드워즈

---

17) *Ibid.,* 170–71.

(Jonathan Edwards)가 불구덩이 위에 매달려 있는 벌 받은 거미 이야기를 하지 않았다면, 아무도 '분노하신 하나님의 손안에 있는 죄인들'의 상황을 생생하게 이해하지 못했을 것이다. 만약 윌리엄 J. 브라이언(William Jennings Bryan)이 "여러분은 인류를 금 십자가에 매달아서는 안 됩니다."라고 말하지 않았다면, 그의 설교는 그 다음 날 잊혀져 버리고 말았을 것이다. 만약 마틴 루터 킹 목사가 꿈을 통해서 우리를 산꼭대기로 이끌어 주지 않았다면, 워싱턴에서의 행진이 지친 발걸음으로 산책로를 걷는 것보다 나은 것이 무엇이 있었겠는가?[18]

우리는 서적들을 통해서 스펄젼의 감각적인 글들이 얼마나 매력적이었는지, 피터 마샬(Peter Marshall)이 제시한 이미지, 클로비스 채펠(Clovis Chappell)이 사용한 특징적인 표현들, 해리 E. 포스딕(Harry Emerson Fosdick)이 꾸민 인간적인 극본이 얼마나 훌륭했는지 알 수 있다. 이들은 모두 신학적인 관점을 다양하게 표현했지만, 이들 중 누구도 설교를 하면서 시각적인 이미지에 종속되지는 않았다. 다만 그들은 자신의 설교에 설득력 있는 예화(이미지)라는 아름다운 옷을 입혔는데, 그 결과는 매우 효과적이었다. 이들 설교의 거성들은 현재와 같은 시각적인 지식의 시대 훨씬 이전에 이미 인간의 이해력에 대해서 보다 깊이 있고 근본적인 것을 타진해 보았던 것 같다. 우리는 이제 막 근본적인 것이 무엇인지 발견하기 시작했다.[19]

(4) 실제 경험의 체험 효과

우리는 현실적인 것을 가장 완벽하게 이해할 수 있다. 제이 E. 아담스(Jay E. Adams)와 같은 이론가들까지도 우리가 경험을 통해서 진리를 받아들일 때, 혹은 그 진리가 우리에게 미칠 영향을 감지했을 때 그 진리를 가장 완벽하게 이해할 수 있다고 주장하였다. 유명한 설교자 스티브 브라운(Steve Brown)은 보다 대담하게 만약 예를 들어 설명할 수 없는 진리는 진리가 아니다. 우리는 교리가 단순히 교리 그 자체를 위한 것이 아니며, 신학적인 전제가 또한 신학적

18) *Ibid.*
19) *Ibid.*

인 전제 그 자체를 위한 것이 아니라는 사실을 자주 망각한다. 예화는 우리가 발견한 실체를 전달하는 방법이며, 그 실체는 곧 시간과 공간 안에 존재한다고 주장하였다. 아는 것과 행하는 것의 결합, 즉 이해와 경험의 결합은 수십 년 동안 발전해 오면서 더욱더 강화되었다. 1950년대 초반, 에드가 데일(Edgar Dale)은 어떤 사실과 직접적으로, 그리고 의도적으로 연관지을 수 있게 했을 때 학습 효과가 가장 높다는 사실을 증명하였다. 1960년대 교사들은 '학습 피라미드'(learning Pyramid)의 의미를 숙고하였는데, 이것을 통해서 들은 것은 그 내용의 10%를 이해하게 되고, 본 것은 30%, 그리고 직접 행한 것은 60%를 이해하게 된다는 사실을 알 수 있다. 1970년대에 이르러 연구자들은 가장 효과적으로 가르칠 수 있는 여러 가지 경험의 형태를 분류했고, 이렇게 함으로써 어떤 경험을 상세하게 설명해 주면, 실제 경험을 통해서 배우는 것과 똑같이 배우게 된다는 사실을 발견했다. 1980년대부터 1990년대에까지, 이런 연구는 우리 문화 곳곳에 영향을 미쳤다. 경험이 배제된 표현은 무조건 혐오하는 이런 현상들은 현대 지성인들 사이에서 전형적인 모습을 드러냈다. 점차 많은 학교들이 단순한 강의식 교육에서 경험과 관련된 교육으로 방향을 바꾸어 가고 있다. 왜냐하면 연구 논문이 어떤 세대이든지 전체 학생 중 70%가 분석을 통해서 학습하지 않는다고 지적했기 때문이었다. 10명의 중학생 중 8~9명이 1차적인 추리력을 필요로 하지 않는 문제를 선호하였다. 10명의 고등학생들 중에 여섯 명이 추상적인 사고보다는 확실한 경험을 통해서 학습 효과를 높일 수 있었다. 과거에는 사례연구 방법이 법학과에서만 사용되었지만, 이제는 여러 전문 분야의 학습에서 이 방법이 우위를 차지하게 되었다. 전문 경영인들도 면세 채권을 파는 방법이나 노동 협약을 체결하는 방법을 배울 수 있든지 없든지 간에, 다양한 사례연구를 통해서 간접적인 체험을 할 수 있을 것이라고 기대하면서 주말세미나에 참석한다. 이들은 사무실에 출근해서 세미나에서 예로 든 상황이 얼마나 현실적이고 실제적인가 하는 것에 근거해서 세미나의 성공 여부를 평가하게 된다. 현재 주요 대학이나 전문학교에서도 사례연구를 통해서 학생들을 가르치는 경험이 많은 노련한 교수들을 양성하는 데 재원을 사용하고 있다. 지금까지의 메시지는 청중을 끌어들이고 개입시키지 않으면 그들은 설교자가 말하는 내용을 학습하지 못할 것이다. 설교자들은 이것을 명심해야 한다.

(5) 성경적인 학습의 효과

복음은 논리적이긴 하지만, 동시에 영적이며, 비이성적이고, 인상적이다. 성경은 우리에게 마음을 다하고 뜻을 다하고 힘을 다하여 하나님을 사랑하라고 하였다(신 6:5, 마 22:37). 이런 까닭에 이해의 과정에 전인(全人)을 개입시키는 예화는 우리의 복합적인 본성에 대한 성경적 개념과 일치하는 방식으로 작용한다. 행동심리학 교수 웨인 오우츠(Wayne Oates)는 "히브리 기독교가 이해하고 있는 인격은 복합적이다."라고 했다. 성경은 가장 첫째 되는 계명을 다음과 같이 말하였다. "들으라, 이스라엘이여, 우리 주 하나님은 한 분이시다. 너희는 주 너희 하나님을 마음을 다하고 뜻을 다하고 힘을 다하여 사랑해야 할 것이다." 헬라어 'holes'는 '모든'(all)으로 번역할 수 있는데, 이 구절에서 네 번이나 반복되었다. 인격을 이해할 때, 그 인격을 여러 가지 '기능'(faculties)이 분리된 것으로 보지 않고 단일성, 전체성을 강조한다. 어떤 사람이 마음을 다해서 사랑할 때, 인격의 한 부분이 아니라 인격 전체가 관여한다. 그래서 감수성이 강한 청중에게 설교할 때, 우리는 단순한 '감정의 덩어리'가 아니라 존재 전체로서의 그들에게 이야기한다. 예화는 결코 비윤리적이거나 비지성적인 기술이 아니다. 사람들의 마음을 감동시키고 반응을 이끌어 냄으로써 전인으로 지식을 직접 경험하게 하는 예화는 강력하고 성경적인 학습과 동기 부여의 도구가 된다. 성경에서는 인간이 순수 정신으로만 이루어진 존재가 아니라고 가르치므로 효과적인 설교를 하려면 지성에만 호소해서는 안 된다.[20]

이런 사실을 숙고해 볼 때, 설교자들은 예화를 대중적인 설교가 갖고 있는 어리석은 태도 정도로 여기지 말고, 설교를 효과적으로 전달할 수 있는 설교의 고유한 부분으로 받아들여야 한다. 예화는 설교의 사상을 돋보이게 만드는 것 이상의 역할을 한다. 삶의 경험은 우리의 영혼과 정신, 그리고 생각에까지 스며

---

20) *Ibid.* 173-34.

들기 때문에, 그런 경험을 인용하고 언급함으로써 자신의 의사를 효과적으로 전달할 수 있다. 예화는 설득하고, 흥미를 느끼게 하고, 마음을 감동시키고, 의지를 불러일으키며, 결심을 이끌어낸다. 설교자가 자신의 설교를 설명하고 그 설교에 힘을 부여해 주는 실생활과 연결된 중간 매체를 무시하는 것은 자신이 조작할 수 있는 효과적인 도구를 버리는 것과 같다. 의사 전달은 어떤 형태로든지 이루어질 수 있다. 하지만 청중은 그 내용을 자신의 경험을 통해서 이해하고 받아들이며, 이런 과정에서 잘못된 길로 접어들 수도 있다.

(6) 성경이 보증해 주는 방법

만약 설교에서 예화를 사용하는 것을 성경이 보증하지 않았다면, 설교자가 문화적 경향이나 인간적인 관례, 학습 이론, 혹은 동기 부여 같은 것에 유의할 필요가 없다. 설교자는 하나님의 말씀이 정당하다고 인정하신 설교 방법만을 모범으로 삼아야 할 것이다. 그리고 설교자는 성경이 정당하다고 인정한 방법이 무엇인지 찾아다닐 필요가 없다. 왜냐하면 성경에서 예수님은 "비유가 아니면 말씀하지 아니하셨다"(막 4:34)고 분명하게 말하고 있기 때문이다. 예수님은 자신의 의사를 전달할 때, 예증적 이야기나 비유, 알레고리, 이미지 등을 통해서 그 진리를 설명하는 방법을 사용하셨다. 그리스도 이전의 랍비 전통에서 '하가다'(*haggadah*)는 율법에 대해서 사리에 맞도록 숙고하는 방법과 반대되는 방식으로 이야기를 하는 방법을 사용하였으며, 성경도 성경적인 진리를 상징과 이미지, 설화들을 사용해서 설명하고 있다. 앨리스터 맥그래스(Alister MacGrath)는 이 점을 강조하면서 "설화는 성경에서 발견할 수 있는 주된 표현 방법이다."라고 말하였다. 또한 랠프 루이스(Ralph Lewis)는 "성경에서 설화 부분을 제거하면 단편적인 조각들만 남을 것이다."라고 말했다. 데이비스(Davis)도 이 말은 성경 속에 설명적인(보편적인) 진리가 존재하지 않는다는 뜻이 아니라 성경에 있는 경험적인 묘사나 설화에 비해서 이런 부분이 아주 작다는 뜻이라고 말하였다.[21)]

---

21) *Ibid.,* 175–78.

성경 저자에게 영감을 불어넣으신 분은 성령이시며, 성령은 우리에게 사람들이 단순한 설명보다는 이미지를 훨씬 쉽게 이해한다는 것, 그리고 그 이미지의 의미를 완전히 파악했을 때 비로소 그 뒤에 있는 원리도 이해한다는 사실을 확인시켜 주셨다. 물론 예화만으로는 부족하며, 예화 뒤에 설명과 진술이 수반되어야 한다. 그러나 성경은 예화와 이미지, 실례 등을 통해서 진리를 가르치고, 명백하게 설명하며, 전형화시키는 방법을 사용하고 있다. 생명나무와 선악을 알게 하는 나무는 아담 언약(adamic covenant)을 상징한다(창2장). 하나님은 무지개라는 가시적인 증거를 통해서 노아와 언약을 맺으셨다(창9장). 그는 전통적인 언약 의식을 통해서뿐만 아니라(창15장), '피'라는 예언적인 상징을 통해서도 노아와의 언약을 확증하셨다(창17장). 하나님은 모세와의 언약을 기적과 상징적인 사건을 통해서 세우셨으며(예를 들어, 불타고 있는 떨기나무, 지팡이가 뱀으로 변한 것, 홍해가 갈라진 것), 상징과 의식을 통해서 보전하셨고(예를 들어, 언약궤, 속죄 양, 유월절 어린양, 성전, 제사 제도, 축일), 그 진리의 특성을 다분히 상징적인 이야기를 통해서 나타내셨다(예: 만나의 공급, 구리 뱀, 광야 생활, 가나안 입성).

구약의 역사서는 그런 상징들의 의미가 무엇인지 설명한다. 즉 하나님께서 자기 백성들에게 어떻게 역사하셨는지 설명함으로써 하나님의 구원 계획을 조명해 준다. 다윗 언약의 확립 과정과, 응답－반역－회복의 과정이 반복되는 이스라엘의 역사를 이야기함으로써, 하나님이 인류를 어떻게 다루셨는지 보여준다. 이렇게 성경은 모든 이야기와 인물을 이용해서 중심 진리를 조명한다. 가끔씩 완벽한 형태의 설명적인 진술이 나타나긴 하지만, 그 진리의 핵심 또한 이야기를 통해서 예증하기 때문에, 그 진리는 분명하게 설명될 뿐만 아니라 이해하기 쉽고, 오랫동안 기억에 남으며, 적용하기도 어렵지 않다. 또한 성경의 시가서에도 성경의 진리가 의미심장하게 표현된다. 이런 지혜서는 일반적으로 이야기 형식을 포함하지 않지만(욥기는 예외이다). 은유와 상징, 그리고 이미지를 사용함으로써 사람들로 하여금 성경의 진리를 마음으로 체험해 볼 수 있게 만들어 그들의 마음을 깊이 감동시킨다. 또 예언서 안에서도 차원 높은 설명을 찾아볼 수 있지만, 여기에서도 예화는 중요한 부분을 차지한다. 예레미야 13장에서 하나님은 선지자에게 베띠를 감추라고 하셨고, 여러 날 뒤에 그것을 다시 취하라고 말씀하셨다. 예레미야가 그 띠를 다시 취했을 때 그것은 썩어 있었다. 그때 하나님은 "내가 유다의 교만과 예루살렘의 큰 교만을 이같이 썩게 하리라"(9절)고 말씀하셨다. 에스겔 12장에서, 하나님은 선지자에게 이스라엘 백성들의 눈앞에서 행구를 준비하고 이사하여서, 그들이 회개하지 않으면 포로로 잡혀갈 수도 있다는 사실을 경고하라고 말씀하셨다. 즉 '네게 네 처소를 다른 곳으로 옮기는 것을 그들이 보면 비록 패역한 족속이라도 혹 생각이 있으리라"(3절)고 말씀하셨다.[22]

이와 유사한 이야기가 소선지서에도 나타난다. 하나님은 호세아에게 간음한 아내 고멜을 용서하고 받아들이라고 요구하셨다. 그리고 "이스라엘 자손이 다른 신을 섬기고 건포도 떡을 즐길지라도 여호와가 저희를 사랑하나니"(호 3:1)라고 말씀하셨다. 한편 아모스에게는 여름 과일이 담긴 광주리를 보여 주시면서 "내 백성 이스라엘의 끝이 이르렀은즉 내가 다시는 저를 용서치 아니하리니"(암 8:2)라고 말씀하셨다. 진리를 직접 표현한 것뿐만 아니라 예화를 사용하여 진리를 설명한 것이 소선지서 안에도 너무 많기 때문에 일일이 다 언급할 수가 없다. 다만 구약의 다른 부분과 마찬가지로, 예언서 역시 예화를 일관된 도구로 사용하고 있으며, 이것이 이해하기에도 쉽다는 사실을 언급하는 것만으로 충분하다. 라센(Larson)은 『설교의 해부』(The Anatomy of preaching)에서 이 사실을 "구약성경의 75%가 이야기이다. 그리고 이 이야기는 오늘날 설교의 폭발적인 요소가 되고 있다"라고 증거하였다.

복음서를 통해서 분명히 알 수 있듯이, 신약성경 역시 예화를 주로 사용하는 구약의 의사 전달 방법을 포기하지 않았다. 헌터(A. M. Hunter)는 "누가복음에서는 비유적인 내용이 전체의 52퍼센트에 달한다."고 했다. 또 멕퍼슨(Macpherson)은 복음서에 기록된 예수님의 가르침 중에서 예화가 차지하는 비율은 75퍼센트 이상이라고 추정하였다. "신약성경에서 예수님의 실제 말씀은 20퍼센트에 달한다." 이것은 곧 복음서의 상당 부분이 예화로 이루어져 있으며, 주님이

---

22) *Ibid.*

우선적으로 사용하신 설교 방법도 예화였음을 의미한다.[23)]

그러나 랠프 루이스(Ralph Lewis)는 교회가 지난 300년 동안 그리스도의 설교 방법을 버리고 추상적이고 보편적인 개념을 제시하고 실례는 거의 제시하지 않은 채 훈계만을 강조하는 방법을 설교 형태로 제도화시켜 왔다고 주장했다. 심지어 교리를 지향했던 바울도 자신의 서신서를 이스라엘 역사와 경기장, 군대, 시장, 성전, 가정, 학교에 관한 이야기들로 채워 나갔다. 데이비드 칼혼(David Calhoun)에 의하면, 사도행전에 바울의 설교가 네 번 나오는데 이 설교들의 차이점은 예화에 있었다고 한다. 즉 바울은 설교를 할 때마다 청중의 문화적 배경이 달랐기 때문에 이들이 처해 있는 각각의 문화와 관련이 있는 예화를 제시하려 했다. 물론 성경의 예화들이 성육하신 하나님의 말씀을 나타내지 않는다면, 그 예화는 불완전할 수밖에 없다. 왜냐하면 성육하신 말씀, 다시 말해서 그리스도가 곧 진리이기 때문이다. 우리가 하나님의 존재를 인식하고 알아 갈 수 있는 것도 그분의 본성을 분명하게 예증하고 있는 예수 그리스도를 통해서이다. 우리는 하나님을 직접 볼 수는 없지만, 하나님은 아들을 통해서 자기 영광을 드러내셨다. 즉 아들은 성부 하나님을 "알려주신(made known)" 분이시다(요 1:14, 18 참고). 로버트슨(A. T. Robertson)에 의하면, '알려주다'라고 번역된 단어는 전통적으로 '이야기 안에서 이끌어내다'라는 뜻이었다고 한다. 다시 말해서, 그리스도의 이야기는 실제로 하늘의 아버지를 예증하기 위해서 제시된 것이었다. 우리는 직설적인 설명과 예화를 상호 작용시킴으로써 영적인 것을 이해할 수 있다. 하나님의 말씀이 예화를 보증해 주시고 또 그 본보기를 보여 주셨으므로, 설교자들은 영적 진리를 전달하기 위해서 예화를 사용하는 방법을 배워야 한다.[24)]

---

23) *Ibid.*
24) *Ibid.*

4. 예화를 제시하는 방법

1) 삶의 한 단면을 취하라

설교자는 자신이 경험한 사건이나 대화, 인간관계나 깨달음 속에서 한 가지 측면을 분리하여 이끌어내게 되고, 그것을 자신이 설명하고자 하는 논지나 개념, 원칙과 결합시킨다. 우리는 이런 방식으로 청중에게 경험을 제공하고, 청중은 이 경험을 통해서 우리가 제시한 원칙을 특별한 상황에서 해석하고 이해하게 된다. 그래서 예화는 삶의 스냅사진(엿봄, 훔쳐보기, 단편)이 된다. 즉 예화는 이야기라는 틀을 통해서 독특한 분위기와 순간들, 기억을 포착하는 것이며, 삶의 한 단면을 마음으로 보고, 이해할 수 있게 해 준다. 어떤 사건에서 특별한 측면을 이끌어내어 자신이 원하는 개념과 결합시키는 이 과정에 특별한 순서가 있는 것은 아니다. 때때로 설교자들은 어떤 것을 경험하면서, 그 경험 속에서 그것과 관련이 있는 원칙을 깨닫기도 한다. 이때 우리는 이 사건과 관련이 있는 설명을 필요로 할 때까지 이 사건을 정리하여 보관한다. 또 어떤 개념이나 직설적인 설명을 먼저 정해 놓은 다음에, 이 사상을 청중이 직접 경험하게 하기 위해서 그와 관련이 있는 사건을 생각해 내려고 노력하기도 한다. 그러므로 예화를 효과적으로 사용하기를 원한다면, 경험을 분리해서 이끌어내고 결합시키는 능력을 키워야 한다. 이를 위해서 설교자들은 먼저 주위의 모든 것들이 예화가 될 수 있다는 사실을 배워야만 한다. 사건과 상황, 특성, 심지어 환상까지도 예화로 사용될 수 있다. 설교자는 사진 기자처럼 한 순간이나 사건, 그리고 일련의 장면을 계속 포착해야 한다. 이렇게 함으로써 평범한 시각으로는 평범하게 보이는 것도 중요한 의미를 갖게 된다. 설교자들은 하나님의 경외로움과 연관시키기 위해서, 그리고 청중의 일상적인 경험과 연관시키기 위해서, 웅장하기도 하고 단순하기도 한 삶의 순간을 계속 포착해야 한다.

설교자는 인식하지 못한 채 지나쳐 버리는 삶은 있어서는 안될 것이다. 예화를 잘 사용하는 설교자들은 세상이 주목할 만한 사실을 알려줄 때까지 가만히 앉아서 기다리지 않는다. 설교자는 세상으로부터 다른 사람들은 깨닫지 못하는 보물을 발견할 수 있어야 한다. 만약 설교자들이 볼 수만 있다면, 수면의 유막 안에 아름다움이 있고, 합성 세제 광고에 풍자가 있고, 헛간에 화려함이 있고, 버려진 기찻길에 슬픔이 있다는 사실을 깨달을 것이다. 시편 저자는 제비 둥지를 통해서 주께 가까이 가고 싶은 갈망을 느꼈다(시 84:3). 예수님은 겨자씨를 통해서 믿음이 무엇인지 인식하셨다(마 17:20). 만약 진리를 설명할 때 경험을 이용하기 위해 노력한다면, 설교자는 노력한 만큼보고 이해할 수 있다. 그리고 청중은 설교자가 제시한 경험을 통해서 원문을 뛰어넘어 그 진리를 이해할 수 있게 될 것이다.

설교자가 삶의 경험을 이용해서 진리를 설명하면, 청중은 그 경험을 통해서 신학적인 원칙을 이해할 수 있을 뿐만 아니라, 세상을 영적인 틀 안에서 바라보는 데 익숙해질 수 있다. 만약 역사적인 사건을 예화로 제시하려 한다면, 그 사건의 상황과 줄거리, 인물들을 상세하게 설명함으로써 하나의 삶의 정황으로 만들어야 한다. 즉 청중이 그 사건 속에서 자신의 모습을 발견할 수 있게 해야 한다.[25)]

2) 이야기 형식으로 구성하라

예화를 유효하게 사용하려면 예수님으로부터 이야기의 원칙을 배워야 한다. 예화를 제시할 경우, 그 특성상 삶의 한 단편이며, 시작과 끝, 배경과 전개 과정 그리고 정점을 가지고 있다. 다시 말해서 예화는 하나의 이야기이다. 이야기의 구성 요소 중 많은 것이 직접 말하기보다는 암시되고, 분명하게 표현되기보다는 추정된다. 제이 E. 아담스는 설교의 예화는 이야기의 형식을 완벽하게 갖춘 것으로부터 그 요점만 간단하게 언급하는 것까지 다양한 형태를 지니며 이

---

25) *Ibid.,* 179–81.

런 이야기가 청중을 끌어들여 그들의 감각에 호소하게 된다고 주장하였다. 그래서 우리는 수십 년 전에 "실제로 모든 예화는 짧은 이야기처럼 형식적으로나 기술적으로 완벽해야 한다."고 말한 브라이언(Dawson C. Bryan)의 의견에 동의하게 된다. 그는 설교 준비를 성실하게 해야 한다고 주장했을 뿐만 아니라, 예화가 갖추어야 할 기본 형식에 대해서도 설명했다. 브라이언은 좋은 이야기는 네 가지 요소 즉 발단, 행위, 절정, 결론으로 구성된다고 주장하였다. 그러나 아담스의 견해는 조금 다르다. 그는 배경에 대한 설명이 있어야 하고, 분규 혹은 문제가 발생해야 하며, 긴장 상태, 절정, 그리고 결론이 있어야 한다고 주장했다. 두 사람의 의견이 서로 보완적이기 때문에 이 두 가지 의견을 결합하면 예화를 가장 잘할 수 있는 이상적인 모델이 될 것이다. 즉 예화는 일반적으로 도입, 세부적인 설명과 표현, 결정적인 순간의 행동, 다시 말해서 긴장 상태를 초래하면서 절정으로 이끌어 가는 행동, 그리고 결론으로 이루어진다.

3) 기술적으로 시작하라

예화를 제시할 때 가장 흔한 방식은 "예를 들어보자"라고 말하는 것인데, 이것은 매우 서투른 방법이다. 브라이언은 이때 사용할 수 있는 여러 가지 방법을 제시하였다. "지금까지 설명한 영적 사상을 보다 인상적인 예화를 통해서 살펴보자……아마도 여러분은 다음에 제시할 예화를 통해서 이 차이점을 확실하게 이해할 수 있을 것이다." 혹은 "어떤 사건을 신문에서 발췌했는데, 이 사건을 통해서 내가 이제까지 설명한 의미를 생생하게 이해할 수 있을 것이다." 그러나 이런 방법으로 예화를 시작하게 되면 청중을 예화 속으로 끌어들이기보다는 예화와 진리 사이에 벽을 놓는 것처럼 보이기도 한다. 그리고 진리는 반드시 예화를 통해서 증명되어야 한다는 느낌이 들기도 한다. 물론 이런 방법이 때로는 필요하고 유용하기도 하지만, 설교자가 청중을 자신의 사상 속으로 끌어들이기를 원한다면 이런 방법은 자주 사용해서는 안 된다. 청중에게 예화를 제시하겠다는 말을 직접 하지 않아도 그들은 모두 인식할 수 있다. 예화를 제시하겠다는 도입적인 말은 글을 읽는 독자들에게는 필요하지만, 설교를 듣는 청중에게는 불필요하다. 즉 설교자의 태도를 통해서 예화를 제시하겠다는 의미를 충분히 전달할 수 있기 때문이다. 실제로 예화는 설명 구절 앞이나 뒤에서 설명한 내용을 증명해 주는 삽입절과 같다. 그래서 예화는 그 자체로 말의 흐름의 변화라고 할 수 있다. 하지만 그것은 어떤 행위를 중단시킨다기보다는 '기어'를 바꾸는 것과 같은 역할을 한다. 눈에 거슬리지 않고 효과적으로 예화를 시작하는 간단한 방법은 잠시 숨을 돌리는 것, 즉 '기어'를 바꿀 준비를 하기 위해서 클러치를 밟는 것이라고 할 수 있다.

두 번째로 설교자들은 예화로부터 어떤 상황을 이끌어내야 한다. 그 사건이 일어난 시간과 장소를 말하라. 이때 예화에서 이끌어낸 상황과 청중이 현재 당면하고 있는 상황을 분리시켜라. 예수님은 포도원 품꾼의 비유를 말씀하시면서 시간을 분리하셨다. "천국은 마치 품꾼을 얻어 포도원에 들여보내려고 이른 아침에 나간 집 주인과 같으니"(마 20:1). 부모가 아이들에게 이야기를 들려줄 때 보통 '옛날 옛날에'라는 말로 시작하는데, 여기에서도 시간 분리의 원칙을 발견할 수 있다. 이 원칙은 지금도 매우 유용하다. 설교자가 "밤 12시 5분인데도 그녀는 집에 있지 않았다."라는 말로 시작할 때, 청중은 현재의 장소로부터 떨어져 나가 경험의 차원으로 나아가게 된다. 또 재판관을 귀찮게 한 과부의 비유에서, "어떤 도시에 하나님을 두려워 아니하고 사람을 무시하는 한 재판관이 있는데"(눅 18:2)라고 한 것처럼, 공간을 분리시켜 예화를 제시할 때에도 이런 경험의 차원으로 나아갈 수 있다. 이야기의 도입부에서 시간과 공간의 분리를 함께 언급할 수도 있다. 별들의 전쟁(Star Wars)은 '아주 먼 옛날에, 은하수 저 멀리에'라는 말로 시작된다. 이런 결합을 통해서 우리는 경험이 한 가지, 혹은 두 가지 차원으로 제한되지 않는다는 점을 알 수 있다. 그래서 예화를 시작할 때 분리된 상황은 명확하게 설명해야 하지만, 시간과 공간을 반드시 따로 설명해야 할 필요는 없다. 상황이란 그 사건과 관련된 사람들이 만들 수도 있고(즉 그들 사이의 관계라든지, 어떤 성취, 혹은 행위들), 제시되고 있는 사건 속에서 만들어질 수도 있으며(즉 그 사건의 영향과 의미, 혹은 과정), 그 사건이나 이야기, 혹은 인간관계에 대해서 설교자가 갖게 된 느낌이나 생각을 직접 진술함으로써 특별한 상황을 만들어 낼 수도 있다. 예수님은 씨 뿌리는 비유를 제시하면서 간단하게 “씨를 뿌리는 자가 뿌리러 나가서”(마 13:3)라고 말씀하셨다. 어떤 장소나 시간을 명확하게 언급한 것은 아니지만, 주님은 특별한 상황, 사람들이 직접 동화될 수 있는 삶의 경험을 만들어 내셨다.

이런 도입 부분에서 청중의 관심을 끌기 위해서 몇 가지 주의할 점이 있다. 먼저 청중은 설교자가 예화를 제시하기 직전에 설명한 내용과 관련된 예화를 제시할 것이라고 생각한다. 만약 설교자가 3분전에 말했거나 바로 앞에서 설명했던 내용과 관련된 예화를 제시하려 한다면 예화를 제시하기 전에 그 부분을 요약해 주거나 반복해서 설명해야 한다.

그 다음으로 설교는 연구 결과를 보고하는 것이 아니라는 점을 명심해야 한다. 예화의 출처를 밝히는 것이 더 효과적인 경우를 제외하고는 청중에게 예화의 출처까지 밝힐 필요는 없다. 브라이언은 “예화를 제시할 때 곧장 내용으로 들어가는 것이 현명하다. 저자와 제목, 그리고 출처를 설명하는 것은 예화의 효과를 반감시킨다. 훌륭한 예화도 이런 이유 때문에 처음부터 실패작이 되기도 한다.”라고 기록하였다. 이것은 예화를 기술적으로 시작한다는 것 이상의 문제이다. 일반 청중이 읽을 수 없거나 읽지 않은 책을 출처로 제시하면서 예화를 시작하면, 청중은 처음부터 그 예화로부터 멀어질 수도 있다. 그러나 불필요한 정보(예화의 저자나 출처)를 제공해서 청중을 괴롭히지 말라는 말은, 남의 사상을 자신의 것처럼 훔쳐도 좋다는 뜻은 아니다. “내가 들은 이야기 중에……” 혹은 “전에 내가 들은 적이 있는데”라고 언급함으로써, 목회자로서의 양심을 얼마든지 지켜 나갈 수 있다. 이런 말은 예화의 효과를 약화시키지 않으면서도, 목회자를 표절 시비로부터 보호해 줄 수 있다.[26]

26) *Ibid,* 182-84.

4) 생생한 세부 묘사를 하라

예화가 결론에 이를 때까지 계속 청중의 주의를 집중시키기 위해서는 청중과 관련된 세부 항목을 상세하게 설명함으로써 예화의 모든 부분을 그들의 경험과 밀접하게 연결시켜 주어야 한다. 웹 게리슨(Webb Garrison)은 구체적인 묘사가 예화에 힘을 부여하고 이해를 촉진시킬 수 있는 이유를 다음과 같이 설명하였다. "만약 내가 아들의 부러진 팔을 맞추는 것을 보고 깨달은 점을 상세하게 이야기한다면 그것은 내가 느낀 감정을 보고하는 것에 불과하다. 그러나 내가 그런 감정을 느끼게 된 원인을 상세하게 설명한다면, 여러분은 그 경험 속으로 들어가 나와 같이 느끼게 될 것이다. 이렇게 자신을 감동시킨 그 상황을 그대로 재현하는 것과, 자신이 느낀 감동을 설명만 하는 것은 전혀 다른 일이다. 상황을 구체적으로 설명하여 청중이 쉽게 경험할 수 있게 함으로써, 자신이 전달하고자 하는 메시지에 힘을 부여하라."[27)]

다음 질문은 '어떻게?'이다. 어떻게 청중에게 그 경험을 생생하게 전달할 수 있을까? 이 질문에 대해서 렌스키(Lenski)는 대상과 인물, 행위, 상황 등을 구체적으로 완벽하게 묘사해야 한다고 대답하였다.[28)] 예수님은 탕자의 비유에서 두 사람의 재회 장면을 말씀하실 때 "아버지가 고집 센 자식을 계속 걱정하고 사랑했다"라는 식으로 간단하게 요약하신 것이 아니라 다음과 같이 말씀하셨다. "아직도 상거가 먼데 아버지가 저를 보고 측은히 여겨 달려가 목을 안고 입을 맞추니 아들이 가로되 아버지여 내가 하늘과 아버지께 죄를 얻었사오니 지금부터는 아버지의 아들이라 일컬음을 감당치 못 하겠나이다" 하나 아버지는 종들에게 이르되 "제일 좋은 옷을 내어다가 입히고 손에 가락지를 끼우고 발에 신을 신기라 그리고 살진 송아지를 끌어다가 잡으라 우리가 먹고 즐기자 이 내 아들은 죽었다가 다시 살아났으며 내가 잃었다가 다시 얻었노라 하니 저희가 즐거워하더라."(눅 15:20～24)

---

27) Gerrison, Creative *Imagination in preaching,* 95.

28) R. C. H. Lenski, *The Sermon: Its Homiletical Construction* (Grand Rapids: Kaker Book House, 1968), 236.

예수님은 사소한 것까지 상세하게 묘사함으로써 예화에 생명을 불어넣으셨다. 예수님은 깨달음과 행동, 대화 내용, 경구, 그리고 장면의 변화까지 세심하게 설명하셨다. 이것은 모두 한 가지 사상을 말해 준다. 아버지는 여전히 아들을 사랑하고 있다. 상세한 묘사는 청중이 직접 경험해 보지 못한 상황 속으로 들어갈 수 있게 해 준다. 청중이 그 상황에서 느낄 수 있는 감정이나 소리, 모습들을 상세하게 묘사함으로써, 상상으로나마 청중이 그런 경험을 할 수 있게 만드는 것이다. 그래서 리오넬 플레쳐(Lionel Fletcher)는 "예화를 급하게 이야기하지 말고, 충분히 완벽하게 이야기하라. 배경을 세우고, 전체 장면을 묘사하고, 청중의 눈앞에서 살아 움직이게 만들라."고 충고했다. 또 게리슨(Garrison)은 "색깔이나 형태, 소리, 냄새 등 유형적인 것들을 설명함으로써 배경을 묘사하게 되고, 그 배경은 청중의 감정을 일깨워 준다. 설교자 자신을 감동시킨 것은 청중도 감동시킬 수 있다. 자신이 감동을 느낄 수 있었던 상황을 청중도 직접 경험할 수 있게만 해 준다면 구체적인 묘사가 중요하지만, 그 정도가 지나치거나 이질적이어서는 안 된다. 설교자들이 세부 묘사를 하면서 너무 기교에 치우치면. 청중이 함께 경험할 수 없고 동감할 수 없는 예화를 만들어 낼 수도 있다."라고 하였다. 레만(Lehman)은 "청중이 문을 발견하고, 우리와 함께 문턱을 넘어가게 만들기 위해서는 어느 정도의 묘사는 필요하다. 그러나 이것이 시(poetry)의 출현을 요구한다는 뜻은 아니다. 설명만이 필요할 뿐이다. 불필요한 수식, 과다한 설명, 지나친 세부 묘사는 청중의 머릿속에 부적절한 생각으로 가득 차게 만들 수 있으므로, 비록 설교자가 자신의 박식함을 자랑하고 싶더라도 한 가지 경험에 초점을 맞추거나 의미를 부여할 수 없게 된다. 청중을 진정으로 감동시키려 한다면, 설교자는 분명하고 간결한 말로 생생한 세부 묘사를 해야 한다. 수식어들로 가득 찬 철학자들의 명상이나 심리학자들의 횡설수설, 이야기꾼들의 두서없는 말은 피하라."라고 하였다.[29] 스펄전은 지나친 묘사와 관련해서 주의할 점을 다음과 같이 요약하고 있다.[30]

---

29) Lehman, *Put a Door on it.*, 69.
30) Charles H. Suurgeon, *The Art of Illustration* (London: Marshall Brothers, 1922), 5-11.

> "우리는 우아한 예술 작품으로 가득 찬 수정 궁전을 만들기 위해서가 아니라, 현명한 건축가처럼 신성이 거할 수 있는 영적인 집을 만들기 위해서 이 세상에 보내졌다. 이 건물은 오랫동안 존속되어야 하고, 매일 사용될 목적으로 만들어졌기 때문에, 모든 것이 화려한 수정이어서는 안 된다. 만약 번쩍이는 화려함만을 추구한다면, 우리는 모두 길을 잃게 된다. 어떤 사람들은 창문을 장식할 화려한 유리 조각을 찾기 위해서 바다와 육지를 두루 돌아다닌다. 그들은 불필요한 장식품을 들여놓기 위해서 설교의 담을 부숴 버렸다. 만약 그들이 이런 장식품을 통해서 자신의 지혜를 과시하고 청중에게 좋은 인상을 주었을 것이라고 생각한다면, 그들은 실수를 하고 있는 것이다. 가장 밝은 빛은 가장 깨끗한 유리창을 통해서 들어온다. 유리에 너무 많은 색깔을 입히면 태양 빛이 들어올 수 없다. 주님께서 제시한 비유는 아이들이 읽는 동화처럼 단순했으며, 골짜기에서 피어나는 백합처럼 자연스러운 아름다움을 갖고 있었다……주님의 비유는 주님 자신이나 그 주위 환경과도 같아서, 결코 부자연스럽거나, 별나지도 않았고, 현학적이지도, 인위적이지도 않았다. 이런 모습을 본받자. 이보다 더 완벽한 모범을 찾을 수 없을 뿐만 아니라, 현 세대에 이보다 더 적합한 방법도 없기 때문이다."

또 예화의 모든 부분은 앞에서 제시한 설명을 뒷받침하고 입증하는 것이어야 한다. 예화는 앞에서 설명했던 개념을 증명해야 할 뿐만 아니라, 그때 사용했던 핵심 용어까지 그대로 반영해야 한다. 이 말은 우리가 예화를 제시할 때 소지에서 사용했던 표현(혹은 대지의 핵심 용어)을 그대로 사용해야 한다는 뜻이기도 하다. 예를 들어 "열심히 계속해서 기도해야 한다"는 것이 앞에서 설명한 소지였다면, 예화에서도 이 용어를 사용해서 이야기해야 한다. 만일 설교자가 다른 사람에게 열렬히 간청하는 사람에 대해서 이야기한다면, 청중은 이 예화가 앞에서 설명한 내용과 어떤 관련이 있는지 의아해할 것이다. 설교자는 '다른 사람에게 열렬히 간청하는 것'이 '열심히 그리고 계속해서' 기도하는 것과 같은 뜻이라고 생각할지 모르지만, 청중은 일치된 표현을 원한다. 설교자가 소지를 설명할 때 사용했던 핵심 용어는 청중에게는 하나의 표지판이 된다. 그런데 예화를 제시하면서 이런 표지판을 제거해 버린다면, 청중은 길을 잃고 당황할 것이다. 설명에서 사용한 핵심 개념과 용어가 예화를 제시하는 동안 청중을 이끌어 주는 지침이 되어야 한다.

5) 절정의 순간을 만들라

예화의 각 부분은 이야기를 절정의 순간으로 끌고 나아가야 한다. 이야기의 절정이라고 해서 반드시 비극적이고 위협적인 사건으로만 이루어져야 하는 것은 아니다. 과학적인 지식을 제시하고, 혹은 새로운 창문을 열어 평범한 것을 새로운 관점에서 보게 함으로써 절정의 순간을 만들 수도 있다. 절정이란 어떤 지점에 도달하기 전의 긴장 상태를 말한다. 즉 이 시간에 제시될 해답과 해결, 깜짝 놀랄 만한 대답을 아직 모르고 있거나, 혹은 그런 대답이 어떻게 나왔는지 모르고 있을 때의 상태를 말한다. 청중이 어떤 문제를 해결하는 데 흥미를 느낄 수 있고, 그 해답을 발견하기 위해서 이야기를 모조리 듣고 싶어 하는 문제가 있다면, 그 문제와 관련이 있는 사실을 제시할 때 절정이 생겨난다. 만약 설교자가 청중에게 놀라움과 슬픔, 분노, 혼란, 두려움, 혹은 깨달음의 감정을 전해 주지 못한다면, 그가 제시한 예화는 알맹이 없는 껍데기에 불과할 뿐이다. 예화에서 제시하는 내적 긴장 상태는 청중의 주의를 집중시키는 역할을 한다. 왜냐하면 그런 긴장 상태를 통해서 사람들이 관심을 가져야 할 경험에 더욱 주목할 수 있게 되기 때문이다. 바리새인과 세리의 비유를 보면, 도덕적으로 정반대인 두 사람의 상반된 태도가 긴장 상태를 만들어 낸다. 외식하는 바리새인은 '서서 따로'(눅 8:11) 기도하였다. 그러나 멸시받는 세리는 "감히 눈을 들어 하늘을 우러러보지도 못하고 다만 가슴을 치며 가로되 하나님이여 불쌍히 여기옵소서 나는 죄인이로소이다"(눅 18:13)라고 기도하였다. 이때 청중에게 있어서 절정의 순간은 진정한 기도가 무엇인지, 그리고 자신의 의보다는 하나님의 은혜에 의지하여 기도하는 것이 무엇인지 결정하는 것이다. 짤막한 이야기이지만, 이 안에 내재된 갈등이 긴장 상태를 초래한다. 즉 상반된 두 사람들이 해야 하는 기도와, 실제로 그들이 한 기도 사이에 긴장 상태가 형성된 것이다. 이런 절정이 없었다면, 이 이야기는 청중에게 아무런 영향도 미칠 수 없었을 것이다.[31]

---

31) Bryan Chapell, *Christ-centered Preaching*, 188.

6) 의미 있는 결론을 내려라

"쇠는 뜨거울 때 내려쳐야 한다"는 속담을 따른다면 절정이 최고조에 달해서 '뜨거울' 때 예화의 결론을 '내려쳐야' 한다. 즉 "가능한 한 예화의 끝부분에 절정의 순간을 만들라." 이때 절정은 청중의 흥미를 자극하며 예화의 경험 속으로 청중을 끌어당기게 된다. 청중이 예화에 나타난 경험을 가능한 한 많이 체험할 수 있게 하려면, 설교자는 그들의 흥미나 관심이 줄어들기 전에 예화의 요지를 충분히 설명해야 한다. 예화의 결론 부분, 즉 끝부분은 다음의 두 가지 요소를 갖추어야 한다.

예화의 도입 부분은 경험을 분리시키며, 상세한 세부 묘사는 예화에 형태를 제공하고, 절정은 청중을 끌어들인다. 예화의 결론은 예화에 나타난 사건과 앞에서 설명한 요지를 연관시킴으로써 그 의미에 초점을 맞춘다. 이렇게 예화의 사건과 설교의 요지를 결합시키는 데에는 여러 가지 방법이 있지만, 보통 설교자들은 요소를 납득시킬 수 있을 만큼 힘 있는 말로 일격을 가하는 방법을 사용한다." 레만(Lehman)은 "예화와 그 해석 사이의 연결고리는 결코 흔들려서는 안 되며, 불완전하게 설명되어서도 안 된다고 말했다. 이런 연결고리는 일반적으로 '그룹 진술'의 형태를 취한다. 다시 말해서 한두 개의 문장 안에서 설교자가 청중에게 전달하고자 하는 사상과 관련된 부분을 예화에서 찾아내고, 그것을 추출해 내어 그 사상과 결합시키는 것이다.

그룹 진술은 예화의 일부와 설교의 진리 사이에 유사점이 있다는 사실을 증명하는 것이다. 그래서 설교자는 다음과 같은 구절을 이용해서 예화의 결론을 내릴 것이다. 즉 "우리가 이러이러한 점을 발견한 것처럼……우리도 해야 한다." "이와 똑같은 방법으로……우리 역시……해야 한다." 혹은 "이제까지의 이야기를 통해서……를 배울 수 있었다." 또 다른 방법은 핵심 구절과 같은 표현을 사용해서 적용을 이끌어 내거나, 예화 속에 나타난 사상을 언급하는 것이다. "그의 도움이 없었다면, 그는 자신의 길을 찾지 못했을 것이다."라는 말로 예화를 끝맺었다면, 이에 대응하는 그룹 진술은 다음과 같을 것이다. "하나님이 없다면,

우리는 결코 우리 자신의 길을 발견할 수 없을 것이다." 이런 대구법을 사용하면, 설교자가 예화와 설교의 요소를 연관지어 결론을 내리려 한다는 식의 서론적인 진술을 하지 않아도 된다. 왜냐하면 대구 자체가 이미 이런 연관 관계를 의미하고 있기 때문이다.[32] 도널드 그레이 베른하우스(Donald Grey Bemhouse) 때문에 유명해진 예화가 많지만, 그중에서도 설교자가 그룹 진술을 사용하는 방법을 가장 훌륭하게 보여 주는 예화가 있다. 이것은 아이들에게 엄마의 죽음을 알리는 장면인데, 그 내용은 다음과 같다.

> 베른하우스가 아내의 장례식에 아이들을 데리고 가던 중 교차로에서 멈추게 되었다. 그들 앞에 큰 트럭이 멈춰 서 있었는데, 트럭의 그림자가 눈으로 뒤덮인 땅을 가로질러 늘어져 있었다. 베른하우스 박사는 그림자를 가리키며 아이들에게 말했다. "땅위에 늘어진 트럭의 그림자를 봐라. 만약 너희들이 치여야 한다면, 트럭에 치이기를 원하니, 아니면 그림자에 치이기를 원하니?" 가장 어린 아이가 먼저 대답했다. "그림자요. 그림자는 아무도 다치게 하지 못하잖아요." "맞아."라고 베른하우스는 대답하였다. "그리고 예수님 자신이 직접 트럭에 치여 죽으셨다는 사실을 기억해라. 그래서 우리는 트럭 때문에 죽는 일은 절대로 없단다. 엄마도 이제 예수님과 함께 살고 있단다. 다만 트럭의 그림자가 엄마를 지나갔을 뿐이야."

이 예화는 심오한 성경 진리를 감동적으로 설명해 줄 뿐만 아니라, 예화의 표현이 효율적이어야 한다는 사실을 말해 준다. 청중은 베른하우스가 처한 상황에 관심을 집중시키면서 아이들이 보는 것을 보고, 그들의 대화까지도 직접 엿듣게 된다. 그러나 그 사건을 대리 체험하는 것보다 더 중요한 것은 베른하우스가 자녀들에게 한 마지막 말, 즉 예화의 한 부분을 그리스도의 죽음과 연관시킨 말이었다. 해석 진술은 짧게 두 문장으로 되어 있다. 그러나 예화와 신학적인 개념을 결합시킨 핵심 용어를 제시함으로써, 베른하우스의 예화는 자녀들에게도 그랬던 것처럼, 우리에게도 위로가 되었다. 어떤 사건을 완벽하게 묘사해도, 그 사건 스스로 해석을 제시하지는 못한다. 그래서 이런 그룹 진술을

32) *Ibid.*

통해서 예화의 결론을 내려 주는 것이 중요하다. 그룹 진술을 직접 언급하거나 암시할 수도 있지만, 그 요점만은 청중의 마음속에 확실하게 전달될 수 있어야 한다.[33)]

5. 예화의 종류

1) 보조 자료들

예화는 설교를 돕기 위해 사용하는 여러 종류의 이야기들로서 역사적 사건일 수도 있고, 어느 개인의 일화(逸話)일 수도 있고, 해학일 수도 있고, 어느 개인의 전기(傳記)에서 나올 수도 있다. 예화는 몇 가지 종류로 구분할 수 있을 것이다.[34)]

(1) 유추 예화

유추란 서로 다른 현상을 그 비슷한 점으로부터 그 성질과 상태를 같이하고 있다고 미루어 형성되는 과정을 설명하는 것이다. 예수님께서는 마태복음 13장에서 씨 뿌리는 비유에서 유추 예화를 보여 주셨다. 씨 뿌리는 사람의 행위는 하나님 나라의 복음(무형의 대상)이 인간의 마음(또 다른 무형의 대상)에 어떻게 영향을 주는가를 보여 주고 있다. 이러한 예화를 통하여 성경의 진리를 농경 문화권에 속해 있는 자신의 청중들의 세계로 구체화시켰다.

---

33) *Ibid.*
34) 배광호, *op. cit,* 327-28.

(2) 실례로서의 예화

이것은 특정한 성경적 원리들이 어떻게 일상생활에서 실제로 실천되고 적용되는가를 묘사하는 것이다. 예를 들어 누가복음 3장에서 세례 요한은 "회개에 합당한 열매"에 대하여 설교를 한 후에 여러 계층의 사람들에게 '실례로서의 예화'를 제시한다. 그는 세리와 군병들에게는 그들의 업무를 성실히 행하라고 외치고, 모든 사람에게 가난한 자들과 소유를 나누어 가지라고 외친다(눅 3:10~14). 예수님의 씨 뿌리는 비유의 예화는 농사의 실제에 관하여 가르치기 위한 것이 아닌 반면, 세례 요한의 예화들은 부의 청지기적 관리에 관하여 가르치는 것을 목표로 한 것이라 볼 수 있다.

(3) 기 타

성경에 나오는 수많은 이야기들은 좋은 성경적 예화가 된다. 설교자 자신의 경험, 그리고 다른 사람의 경험 등은 예화가 될 수 있다. 역사의 사건 혹은 역사에 나타나는 인물 중에 취한 예화는 말씀 증거에 좋은 효과를 나타낼 수 있다. 천문학, 식물학, 화학, 지질학, 물리학 등 자연 과학 속에서도 많은 과학적 예화들을 얻을 수가 있을 것이다. 이 과학적 예화의 목적 역시 성경의 진리를 확증시켜 주는 데 도움이 되는 것이다. 진리를 설명하는 데 도움이 되는 어떤 물체를 이용하여 설명할 때 효과가 있을 것이다.

2) 통계 자료(Statistics)

통계는 단순한 숫자가 아니라 어떤 대상에 있어서 그 개체 상호 간의 관계를 보이기 위해 사용하는 숫자를 말한다. 이 숫자는 주어진 대상에 속한 각 개체에 양적인 증감 관계를 보여 주기도 하며, 크기의 대소 관계를 보여 주기도 하고, 한 현상이 다른 현상에 대해 어떤 영향을 주는가 하는 것을 보여 주기도

한다. 어떤 대상을 선택해 그에 관한 여러 가지 자료를 적절한 방법으로 수집, 분석 정리하면 그 결과는 객관적인 사실이 되어 버리고, 이 사실은 청중을 설득하기 위한 강력한 도구로 사용될 수 있는 것이다. 그러나 설교자가 통계 자료를 설교에 예화로 제시할 때에는 몇 가지 유의해야 할 점이 있다.35)

첫째, 꼭 필요한 경우가 아니면 개략적 수치(數值)만 언급해야 한다. 예를 들면, '2,002,913' 같은 수를 말할 때 약 2백만이라고 말하면 족할 것이다. 청중이 수치를 정확히 기억한다는 것은 불가능하기 때문에 개괄적 수치만으로도 소기의 목적은 달성할 수 있다.

둘째, 통계는 많은 내용을 간략하게 압축한 것이기 때문에 한꺼번에 너무 많은 통계 자료를 제시하지 말아야 한다. 한 설교에 부득이 통계 자료를 여러 번 사용해야 될 상황이라면 한꺼번에 다 언급하는 것보다는 가능하면 몇 번으로 분산시켜서 하도록 해야 할 것이다.

셋째, 통계 자료는 일견(一見) 숫자의 나열같이 보이기 때문에 청중이 그 의미를 즉각적으로 이해하기가 힘든 경우가 많다. 그렇기 때문에 설교자는 통계 자료를 제시할 뿐만 아니라, 그것이 무엇을 뜻하는지 반드시 해석도 해야만 된다. 또 필요하다면 일반 청중이 알아들을 수 있는 용어로 쉽게 풀어서 설명하기도 해야 할 것이다. 예를 들어, 설교자가 각 연도별로 결혼한 쌍의 수와 이혼한 쌍의 수를 제시할 때에는 천 자리 숫자 정도까지는 언급하고 이혼율을 퍼센트로 설명해 주며, 청중에게 이해하기 쉽도록 해석해 주는 것이다.

넷째, 통계 자료를 특별히 설득의 목적으로 사용할 경우, 숫자가 정확해야 신빙성이 있을 것이다. 그럴 경우 설교자는 자료의 정확성에 최우선을 두어야 할 것이다. 설교자는 자료의 정확성과 그것의 개략화(概略化)를 혼동해서는 안 될 것이다. 예를 들어, 실제로는 72,325인데 이를 82,325라고 하는 것은 부정확한 것이다. 그러나 이것을 약 72,000이라고 하는 것은 개략화이다. 예를 들면, "1999년 8월 1일자 뉴욕 타임즈(New York Times)의 조사 결과에 의하면……" 이라는 식으로 통계 자료를 발표한 공신력이 있는 단체명을 통계 자료와 함께

35) Litfin, *op. cit.,* 202.

언급하면 청중은 설교자가 제시하는 통계 자료에 대해 훨씬 더 큰 신뢰감을 가질 수 있게 될 것이다.

3) 인용(Quotations)

설교에서 다른 사람의 말이나 글을 인용하는 것도 예화를 제시하는 좋은 방법 가운데 하나이다. 우리가 설교할 때나 글을 쓸 때 다른 사람의 말을 인용하는 이유는 대체로 두 가지이다. 첫째는 설교자가 하고 싶은 말을 어떤 저자가 아주 적절하게 표현했기 때문이다. 그 저자의 표현이 적확(的確)하고, 효과적이기 때문에 충분한 효과를 위해 직접 인용하게 된다. 둘째는 그 저자의 권위 때문에 인용하는 경우도 있다. 어떤 권위 있는 저자를 인용함으로 그 저자의 권위를 빌어서 설교자의 어떤 주장에 대한 권위를 부여할 수 있는 것이다. 그런데 다른 사람의 말이나 글을 아무런 원칙 없이 인용하면 그 효과가 감소될 수 있으므로 인용 시에 반드시 주의해야 될 사항이 몇 가지 있다.[36]

첫째, 어떤 저자를 인용할 경우 반드시 그 소재를 밝혀야 한다. 그 저자에 관한 설명이 길면 그중에서 청중에게 꼭 필요한 부분만 언급하면 된다. 그러나 그런 경우에도 누구의 저서에서 인용하고 있는가 하는 것은 반드시 밝혀야 한다.

둘째, 인용은 가능하면 간결해야 한다. 너무 길게 인용하면 청중의 관심을 끌지 못한다. 긴 내용을 반드시 인용해야 될 경우에도 설교자가 원저자의 말을 의역한다든지 해서 짧은 글의 형식을 취하는 것이 좋을 것이다.

셋째, 어떤 저자의 권위에 호소하기 위해서 인용한다면, 그 저자가 청중에게 반드시 존경받는 인물이어야 한다.

넷째, 한 설교에 너무 많은 인용을 해서는 안 될 것이다. 브룩스(Phillips Brooks)는 설교에 있어서 끊임없이 인용을 하는 것은 조악성(粗惡性)의 증거라

---

36) *Ibid.*, 207-208.

고 생각한다고 했다. 설교라는 것이 여러 저자들의 글을 꿰어 놓은 것같이 되어서는 안 될 것이다.

4) 설명(Explanations)

설명이란 것은 본문에 나타난 어떤 단어나 구(句)나 혹은 문장의 의미를 이해하기 쉽도록 풀어서 말하는 것을 가리킨다. 어떤 설교자들은 설명이란 것이 무슨 예화가 되겠느냐고 생각할지도 모르지만 실상은 그렇지가 않다. 예를 들어, 마가복음 14:3~9를 본문으로 해서 설교할 경우, 본문에 나오는 단어나 개념 가운데 설명을 필요로 하는 것이 많이 있지만, 300데나리온이 무엇을 뜻하는지 현대의 청중이 이해할 수 있도록 반드시 설명할 필요가 있다. 한 데나리온은 그 당시 일꾼의 하루 품삯이었으니 200데나리온은 약 300일 분의 품삯이요, 여기에다 약 60일 정도의 공휴일을 감안한다면 300데나리온은 1년분의 봉급에 해당되는 것이다. 이런 식으로 데나리온의 의미를 설명한다면 설교가 훨씬 더 이해하기 쉽게 될 것이다.[37]

5) 재진술(Restatement)

재진술이란 반복(Repetition)과는 달리, 같은 말을 그대로 다시 한번 되풀이하는 것이 아니라, 동일한 내용을 여러 가지 다른 말로 다시 표현하는 것을 말한다. 설교자가 어떤 진리를 강조하고자 하거나, 어떤 진리가 특히 중요하다고 생각할 경우, 단 한번 언급하고 지나쳐 버리면 청중에게 깊은 인상을 남기지 못할 가능성이 있기 때문에, 청중의 기억을 돕기 위해 여러 가지 다른 표현으로 동일한 진리를 몇 차례 반복해서 말할 필요가 있을 경우가 종종 있다.[38] 에스

---

37) 장두만, *op. cit.,* 214-15.

겔 선지자가 이스라엘 목자들의 죄에 대한 하나님의 심판을 선포할 때 재진술을 통해 이스라엘 목자들의 죄악상과 하나님의 심판을 강조하였다(참조, 겔 34:1~6). 여기서 에스겔 선지자는 재진술을 통해 목자 없는 이스라엘의 참상을 참으로 효과적으로 잘 설명하고 있다. 오늘날의 설교자도 어떤 진리를 강조하고자 할 때 에스겔이 사용한 방법을 사용할 수 있다.

6) 유머(Humor)

설교자가 사용할 수 있는 예화 가운데 아주 효과적이면서도 흔히 간과되고 있는 것은 유머이다. 어떤 설교자는 신성한 강단에서 코미디 같은 언사를 쓰는 것은 강단의 권위를 실추시키는 것이 아니냐고 하면서 유머 사용에 강한 불만을 토로하기도 한다. 그러나 달라스신학교(Dallas Theological Seminary) 하워드 헨드릭스(Howard Hendricks) 교수는 효과적인 유머 사용을 통해 학교 강의실과 설교 강단을 빛내고 있는 대표적인 인물 가운데 한 분이라고 할 수 있겠다. 그러면 유머는 어떤 가치가 있는가? 그 중요한 가치 몇 가지를 제시하면 다음과 같다.[39]

첫째, 유머는 우리의 정신과 육체에 유익을 준다. 유머는 정신과 육체의 긴장을 풀어 준다. 그것은 마치 조깅(jogging)과 같아서 신선함을 청중에게 줄 수 있다. 일단 긴장이 풀어지면 청중은 그 다음에 나오는 말을 큰 어려움 없이 들을 수 있게 된다.

둘째, 유머는 마음을 부드럽게 해 준다. 적대적인 청중이나 무관심한 청중의 마음을 녹여서 하나님 말씀에 대해서 열린 마음을 갖게 하는 데 있어서 유머 이상의 좋은 약은 없다.

---

38) H. Grady Davis, *op. cit.,* 259-60.

39) Ken Davis, *Secrets of Dynamic Communication,* 118-22.

셋째, 유머는 청중으로 하여금 긍정적 반응을 하게 한다. 청중이 우스꽝스러운 진리를 듣고 한바탕 웃고 나면 더 이상 수동적인 청중이 아니라 설교자에게 긍정적인 반응을 보이는 적극적인 청중으로 바뀌게 된다.

넷째, 유머는 설교자에게 집중하게 한다. 유머는 산만하게 되어 있는 청중의 주의를 설교자에게 집중시켜서 설교를 듣게 하는 효과가 있다. 그러나 유머 사용에는 많은 주의가 필요하다. 유머에 은사가 있는 분이 있으면 강단에서 적절하게 잘 사용하여 설교의 효과를 높일 수 있기 바란다. 그러나 설교자는 '그의 설교 중에 한번 청중들을 웃게 하였다면 한 번은 반드시 울릴 수 있어야 한다.' 그리하여 설교의 전체 분위기에 설교의 균형을 이루어 긴장감을 유지해야 할 것이다.

7) 기 타

위에서 언급한 것 외에 비교와 대조(Comparisons and Contrasts), 시각 교재(Visual aids), 기타 많은 과학적 예화들을 사용할 수 있을 것이다. 설교자는 항상 주변의 모든 사건들을 성경의 진리를 확증시켜 주는 데 도움이 되는 예화로 사용할 수 있어야 할 것이다.

6. 예화의 자료

1) 예화의 원천은 성경이다

설교자에게 설교를 위한 예화의 원천은 성경이다. 성경은 설교에 사용할 예화의 보고이다. 성경은 흥미있는 예화로 가득 차 있다. 아브라함, 요셉, 삼손, 룻, 사무엘, 다윗, 골리앗, 나아만, 게하시, 압살롬 등에 관한 이야기는 수천 년이 지난 지금도 사람들의 흥미와 관심을 불러일으키기에 충분하다. 그렇기 때문에 유능한 설교자는 예화의 보고(寶庫)로서의 성경을 결코 무시하거나 경시하지 않을 것이다. 그러므로 성경 자체가 예화를 찾을 가장 좋은 것 중의 하나이다. 하나님의 계시는 항상 행동을 설명하는 말과 아울러 행동으로 입혀 있다. 애굽으로부터 이스라엘을 건져 낸 구속은 어느 의미에서 사람이 죄의 속박에서 건짐을 받는 하나의 길고 영광스러운 예증이 된다. 하나님은 사람에게 하시려는 말씀을 인간 역사 안에서 행동으로 표시하셨고 구약은 신약 진리의 예화의 보고이다. 불행하게도 많은 사람이 구약을 모르나, 구약의 이야기를 신약 교훈의 예증으로 사용하여 진리를 명확히 하고 동시에 구약의 실용성을 들어내지 못하고 있다. 그러나 선지자들이 그들의 메시지를 적절한 예화로 표시하였다.

2) 광범위하게 독서하라

설교자의 광범위한 독서는 설교자의 필수적인 습관 가운데 하나가 되어야 하며, 독서하는 가운데 예화를 찾아서 수집하여 예화 자료를 준비해야 한다. 스튜어트(James S. Stewart)는 말하기를 "설교 일화집을 잔뜩 쌓아 놓는 것은 파산된 지성의 마지막 도피처이다. 가장 좋은 예화란 독서와 관찰을 통해서 자연스럽게 얻어진 예화이다. 당신 자신이 바로 예화 편집자가 되어라."[40] 설교자는 다른 사람들의 전기나 자서전, 다른 설교자의 설교집, 신앙 서적, 수필집, 소설, 신화집, 우화집 등의 책을 광범위하게 읽을 필요가 있다. 그리고 이러한 책을 읽을 때 좋은 예화가 발견되면 발견된 예화 전부를 일괄적으로 다 모아서 잘 정리해 두면 나중에 이용하기가 쉬울 것이다. 그러나 이것보다 더 좋고 영구적인 방법은 예화를 모으는 파일을 만들어서 예화를 발견하는 대로 주제별

40) James S. Stewart, *Preaching,* 126.

로 분류해서 파일화하는 것이다. 또 개인용 컴퓨터에 예화 전체를 주제별로 분류해 입력시켜 놓으면 필요할 때 아주 효과적으로 활용할 수 있을 것이다. 그러나 설교자가 명심해야 할 것은 폴 리즈가 말한 것처럼 "단지 이야기들을 발췌하기 위해 독서하지 말라. 당신의 질을 향상시키기 위해, 예화들을 주시하며 독서하라. 그러나 이야기들이 당신의 체험과 설교의 주제와 관련이 있을 때 한해서 예화를 고르라."[41]고 충고하고 있다.

3) 신빙성 있는 예화 자료를 들라

설교 예화들이 가지고 있는 가장 큰 위험들 가운데 하나는 이따금 예화들이 과장되었다는 인상, 혹은 어쭙잖게 꾸며졌다는 인상을 준다는 것이다. 그래서 설교자의 인격과 체험에 일치하지 않음으로서 허공에 뜬 느낌을 주는 것이다. 해돈 W. 로빈슨은 지적하기를 "모든 설교자는 설교를 듣는 청중들과 일종의 언약관계에 들어간다. 이 언약 속에서 설교시간에 대한 암묵의 동의, 학문의 깊이, 예화들의 신빙성에 대한 암묵의 동의가 들어 있다. 어떤 형식으로건 이 언약을 배반한다면 당신은 청중들을 잃을 것이다."[42] 설교자의 예화 자료집을 통해서도 좋은 예화를 발견할 수 있다. 영어로 된 예화집 가운데에는 폴탠(Paul Lee Tan)이 편집한 『15,000예화집』(Encyclopedia of 15000 Illustrations)이나, 그린(Michael P. Green)의 예화집(Illustrations for Biblical Preaching)이 우수하다. 최근에 여러 종류의 번역 예화 자료집 등 다양한 종류의 예화 자료집을 찾을 수 있다. 그러나 모든 설교자들이 예화에 대해 논할 때 '신빙성'이란 단어는 항상 강조되는 말이라는 사실을 기억해야만 한다.

---

41) Warren W. Wiersbe, *op. cit.,* 107.
42) *Ibid.,* 117.

4) 일상적인 것을 관찰하라

설교자는 자신의 주변에서 일어나는 일상적인 일들에 대한 영적 통찰력으로 성실한 관찰자가 되어야 한다. 자신의 개인적인 체험도 훌륭한 예화의 자료가 될 수 있기 때문이다. 그리고 설교자 자신의 과거의 경험 가운데서 좋은 것을 정선해서 보조자료로 사용해도 좋을 것이다. 설교자 자신의 경험 가운데서 예화를 끌어내면 설교자는 그것을 다른 어떤 예화보다 더 생생하고 실감나게 전파할 수 있을 것이다. 체험에서 나온 진실된 예화야말로 삶에 감동을 줄 수 있다.

해돈 W. 로빈슨 박사는 언급하기를 "훌륭한 설교들은 부싯돌이 부싯돌을 때릴 때, 한 개인의 체험이라는 부싯돌이 하나님의 말씀이라는 부싯돌을 때릴 때 발생한다. 바로 이때가 여러분이 스파크를 일으키는 때이다."[43] 그러나 어떤 설교자는 말씀의 거울을 통한 성찰이 없는 개인적 체험에만 의존하여 예화를 끄집어내는 경우가 있는데, 이런 것은 마땅히 피해야 할 것이다. 아무리 풍부한 체험을 가진 설교자라 하더라도 자신의 체험에 하나님의 말씀의 부싯돌로 때리지 못한 체험이라면 청중들은 그 예화에 쉽게 식상하고 말 것이다.

5) 한 손에 성경, 다른 손에 신문 잡지를 들라

성경에 충실한 설교자는 신문이나 잡지를 결코 경시하지 않을 것이다. 칼 바르트(Karl Barth)가 말한 바와 같이 설교자는 "한 손에는 성경을, 한 손에는 신문을" 들어야 할 것이다. 신문이나 잡지는 우리 주변의 여러 사건들, 갖가지 사회 문제 및 그에 관한 통계, 여러 가지 문화적 정보 등을 풍부하게 싣고 있기 때문에 신문이나 잡지를 통해서 설교자는 많은 보조 자료를 발굴해 낼 수 있을 것이다. 예수님도 당시 그 주변에서 일어난 일들을 예화의 목적으로 사용하셨다. 누가복음 13장에 보면 빌라도가 어떤 갈릴리 사람들의 피를 저희의 제물

---

43) *Ibid.*, 119.

에 섞은 일이나, 실로암에서 망대가 무너져 18명이 죽은 사건 등이 우리 주님에 의해서 예화로 사용된 것을 볼 수 있다. 주님께서도 그 주변에서 일어나는 여러 가지 사건에서 예화를 발견하셨다면, 오늘날의 설교자도 그렇게 하는 것이 마땅할 것이다.

6) 자연 및 과학을 사용하라

설교자가 자연에 민감해진다면 그는 자신의 설교에 실제 삶의 모습과 감흥을 체색하여 특징 있게 만들 수 있을 것이다. 18, 19세기 웨일즈의 설교자들은 썩은 물이 고여 있는 연못에서 조금씩 흘러나오는 한 물줄기와 같은 단순한 것에서 아담의 타락으로 그 근원부터 오염된 인간성을 암시하는 것으로 여겼다. 동물, 식물, 자연 현상 등을 잘 관찰하면 풍부한 예화를 발견할 수 있을 것이고, 여러 가지 과학적 사실을 통해서도 유익한 자료를 발굴해 낼 수 있을 것이다. 특별히 현대인은 과학에 관심이 많기 때문에 과학에서 보조 자료를 끌어내면 청중의 흥미와 관심을 불러일으키는 데 아무런 어려움이 없을 것이다.

저명한 설교가였던 스펄젼은 과학지식이 미천하던 19세기에 끊임없이 과학을 연구했다고 한다. 과학 자료를 예화에 사용할 때, 그 주장하는 사실들이 정확한 것인지 분명히 확인해야만 한다. 만일 과학적 예화의 정확성을 입증할 수 없다면 성도 중 전문가들과 접촉을 가져야 한다.

7) 상상력을 개발하라

때때로 설교자는 예화를 창작할 수도 있다. 예화의 창작에 관해서 브라운(H. C. Brown)과 클라이너드(H. Gordon Clinard)와 노스컷(Jesse J. Northcutt)은 그들의 공저에서 말하기를 "설교자는 그가 원하는 바를 적절하게 표현할 예화를 발견하지 못할 경우 자신의 상상력을 동원해 예화를 창작할 수도 있다. 만일 설교자가 그러한 예화가 실제로 있었던 것처럼 하지 않는다든지, 그 예화가 예시하는 진리가 실제로 일어난 사실에 의존하고 있다고 하지 않으면 예화의 창작은 아무 문제가 되지 않는다. 그러한 예화를 도입할 경우에는 그것이 상상에 의한 것이라는 것을 언급하는 것이 좋다. 설교자는 이 경우에 '가령……라고 상상해 보자'는 식으로 시작할 수 있을 것이다. 이렇게 창작된 예화는 신빙성이 있어야 된다. 다시 말하면, 청중이 그러한 예화를 들을 경우, 그런 것이 실제로 일어날 수 있다는 것을 믿을 수 있어야 한다는 말이다."[44] 또 로이드 존스는 상상은 '하나님의 선물'(a gift of God)이라고 했다.[45] 상상은 진리를 진리로 전파하는 데 진정한 위치를 차지하고 있다. 그러므로 어떤 상상력을 동원하느냐, 또는 어떤 예화를 사용하느냐 하는 것은 청중들의 마음속에 상상을 불러일으킬 수 있는 설교자의 능력과 결부된다. 어떤 구체적 상황에서 상상력이나 예화를 사용하는 기술은 곧 청중들이 실제로 살고 있는 세계 속에 성경의 진리를 구체화하는(incarnating) 기술이기 때문이다.[46]

앤드류 블랙우드는 상상력을 세 단계로 보고 있다. 첫째, 묘사적 상상력(구체적인 내용을 선택적으로 제시함으로써 단순히 그 장면을 떠올리게 하는 것)이고 둘째, 종합적 상상력(이미 알고 있는 것을 종합하여, 새롭고 신선한 영상으로 만드는 것)이며 셋째, 창조적 상상력(종합적인 상상력의 아주 놀라운 형태)이다.[47] 제이 E. 아담스는 상상을 세 가지로 구분했다. 첫째, 자신이 보고 정신적으로 그림을 그리는 능력이다. 둘째, 상상은 다른 사람이 볼 수 있게 하기 위해 구두로 그림을 그리는 능력이다. 청중이 설교를 듣고 난 후에 "아, 이제 보인다."라고 말할 수 있게 해야 한다는 것이다. 셋째, 상상이 필요한 적당한 장소와 상상력의 능력을 전혀 이해하지 못하면서 사용해서는 안 된다. 적당한 시간과 적합한 주제를 개발하기 위해서는 노력해야 한다.[48]

---

44) Brown, Clinard & Northcutt, *op. cit.,* 77.
45) Lloyd-Jones, *op. cit.,* 235.
46) Timothy Keller, *op. cit.,* 99.
47) Andew Blackwood, *Preaching from Bible* (Abingdom: Cokesburey, 1941), 203-09.
48) Jay E. Adams, *op. cit.,* 64.

그러나 상상은 말씀의 한계를 벗어나서는 안 된다. 설교자의 상상력이 계속 줄달음쳐서 그 자체가 목적이 되어 상상력의 근거가 되는 진리와의 접촉을 잃어버릴 때 위험하다. 결국 진리의 말씀보다 상상력이 사람들에게 더 큰 영향을 미치는 것이 문제가 되는 것이다. 말씀의 선을 넘어서 사람을 흥분시키는 것은 진리가 아니며, 다만 그 장면에 대한 하나의 생생한 장면에 지나지 않는 것이다. 설교자의 임무는 진리가 사람들의 마음을 감동시키게 하는 것이지 지나친 상상력으로 마음을 움직이게 하는 것이 아니다. 설교자가 항상 진리를 밝혀 주는 상상력을 사용해야 하고 그 목적이 이루어질 때 그곳에서 정리할 수 있어야 한다.

8) 당신만의 비법을 찾으라!

비록 예화의 중요성이 분명하게 강조되고 있다고 할지라도, 훌륭한 설교 예화들을 만들기 위한 엄격한 규칙들이 실제로 그렇게 많지 않다는 것이다. 사실상 설교예화를 위해 무엇을 하고 무엇을 하지 말아야 하는지에 완고하게 집착하는 것은 훌륭한 예화 창출을 질식시킬지도 모른다. 개개인의 설교자는 어떤 제안은 수용하고 다른 제안은 거부하기도 하면서 궁극적으로 자기 자신만의 방법을 찾아야만 한다. 중요한 것은 설교자 개개인의 끊임없이 지각하는 사고방식이다. 광범위한 독서, 예리한 통찰력, 주변 사람들이 겪는 체험에서 얻어지는 정보, 이 모든 것이 창조적이며 신빙성 있는 예화를 만드는 데 필요하다. 그러나 문제는 해돈 W. 로빈슨이 지적하는 것처럼, 당신의 삶을 어떻게 바라보는가에 따라 예화는 질적으로 차이가 나타나게 된다는 것이다.

7. 예화 사용의 지표

1) 기본 원칙

예화가 설교에서 차지하는 중요성에 대해서는 아무리 강조해도 지나침이 없다. 그러나 그것이 중요한 만큼 사용할 때에도 지켜야 될 몇 가지 기본적인 원칙이 있다.[49]

첫째, 예화는 핵심적 진리에 대한 보조 역할을 해야 한다. 예화를 올바로 사용하지 못하게 되면 청중의 관심은 설교자가 선포하는 진리로 향하는 것이 아니라 예화 쪽으로 향하게 되고 만다. 이렇게 되면 본(本)과 말(末)이 완전히 뒤바뀌는 결과가 되는 것이다. 그래서 데이비스(H. Grady Davis)는 말하기를 "예화는 예화 그 자체가 아니라 설교자의 주장에 관심을 집중시키는 한에서만 가치가 있다. 따라서 자연스러운 예화, 즉 그 자신에게가 아니라 진리에게로 관심을 모으는 예화야말로 가장 가치가 있는 예화이다. 만약 예화가 그 자신에게로 관심을 모으게 되면, 그 예화는 사고의 전달을 도와주는 대신 오히려 방해하고 있는 것이다."라고 하였다.[50] 만일 어두운 방에 명화가 걸려 있고 그 명화를 사람들에게 보이기 위해 촛불을 켠다면, 그 촛불을 명화의 한가운데 놓아서 사람들이 명화를 감상하는 것을 방해해서는 안 될 것이다. 오히려 그것은 한쪽 옆으로 옮겨 놓아야만 명화를 밝게 해서 사람들이 감상하는 것을 돕는 역할을 제대로 수행할 수 있게 될 것이다. 설교에서 사용하는 예화도 마땅히 그러해야 한다.

둘째, 예화는 적절해야 한다. 예화는 설교의 주제를 잘 이해하게 하기 위한 것이기 때문에 그것은 항상 어떤 주장이나 가르침과 관련 있는 것이어야 한다. 어떤 설교자는 단순히 청중의 긴장을 풀기 위한 목적으로, 그저 한번 웃겨 보

49) 장두만, *op. cit.,* 206-210.

50) H. Grady Davis, *Design for Preaching,* 255.

기 위해서, 말하자면 예화 자체를 위한 예화를 사용하는 경우가 종종 있다. 설교자가 선포하는 진리를 뒷받침해 주지 못하는 예화는 그 존재 가치가 없다. 그러나 이와 반대로 적절한 시기에 적절한 예화를 제대로 사용하면 그것은 수십 마디의 설명보다도 더 큰 효과를 가져올 수 있는 것이다.

셋째, 예화는 분명해야 한다. 예화는 선포된 진리를 보다 분명하게 하기 위해 사용하는 것이기 때문에 설명을 필요로 하는 예화는 전혀 무가치한 것이다. 그렇기 때문에 설교자는 설교를 준비하는 과정에서 어떤 예화를 사용하고 싶으면 그 예화의 내용이 분명한지 사전에 점검해서, 분명하지 못한 예화는 아무리 좋아 보여도 사용하지 않도록 해야 할 것이다. 예화가 분명해야 된다는 말은 또 다른 한 가지 의미를 갖는다. 어떤 경우에는 설교자가 그의 주장이나 가르침을 뒷받침하기 위해서 어떤 예화를 사용하지만, 설교자가 선포하는 진리와 그가 사용하는 예화가 어떤 관계인지 분명하지 않을 경우가 있다.

넷째, 예화는 믿을 만해야 된다. 현실성이 너무 없는 예화는 가능하면 피하는 것이 좋다. 설교자가 현실성이 없는 예화를 자주 사용하면 청중은 설교자가 너무 과장되게 말한다고 생각하거나, 아니면 현실성이 없어 그것을 사실이라고 믿을 정도로 너무 순진(Naive)하다고 생각하게 될 것이다.

다섯째, 예화는 그 길이가 적절해야 한다. 예화는 어디까지나 보조의 역할을 하는 것이기 때문에 그 길이가 적절해야 한다. 이것은 설교가 예화만을 연결한 것으로 형성되고 성경은 중간 중간에 양념으로 끼어서는 안 된다는 것으로, 예화의 길이가 적절해야 된다는 뜻이다.

여섯째, 설교자가 예화 자료를 사용할 경우에는 소화한 후에 해야 한다. 설교자가 어떤 책에서 좋은 예화 자료를 발견했을 경우 그 책을 강단으로 가지고 가서 그 내용을 그대로 읽어 주는 것은 바람직하지 못하다. 설교자는 그 보조 자료의 내용을 자기 자신의 말로 표현할 수 있을 정도로 충분히 소화한 후에 그것을 사용해야 할 1다. 필요하다면 메모해서 가끔씩 보아 가면서 하는 것은 별로 문제가 없을 것이나, 그대로 읽어 주는 것은 피해야 한다.

마지막으로 예화의 반복 사용에는 독창적인 변화를 주어야 한다. 사경회와 같은 특별 설교를 할 경우는 더 많이 성경 안에 있는 예화를 반복하여 사용할 경우가 있을 것이다. 이럴 경우에는 좀 더 독창적으로 변화를 주어서 사용하는 것이 좋을 것이다. 설교자 자신이 좋아하는 예화들은 자주 반복할 수 있을 것이다. 같은 청중이나 같은 장소에서는 반복하는 것은 삼가는 것이 좋으며, 다른 청중 앞에서는 이미 사용한 예화를 사용할 수 있을 것이다.

2) 중요 지표(指標)

체임버의 사전(Chamber's Dictionary)은 '예증하다'(illustrate)라는 동사를 정의하기를 '밝게 하다, 꾸미다, 마음에 뚜렷하게 하다, 그림으로 설명하고 꾸미다' 라고 하였다. 설교 예화는 바로 이러한 일들을 해야 한다. 예화는 전하는 내용에 새로운 빛을 가져와야 하고, 마음에 진리를 뚜렷하게 하며, 청중으로 하여금 이해하기 어려운 것을 쉽게 그려 볼 수 있게 해야 한다. 예화는 메시지가 아니다. 그것은 메시지를 예증한다. 예화가 당신을 끌고 달아나 설교의 요점이 될까 주의해야 한다. 사람들은 좋은 예화를 기억할 것이다. 그러나 그것만을 기억하고 그것이 예증하려는 진리는 잊어버리면 실패한다. 예화를 사용할 때는 몇 가지 중요한 점들을 조사하는 것이 필요하다.[51)]

(1) 무엇을 설명할 것인지 확인하라

만일 도중에 이것을 잊어버리면 회중은 빛을 얻지 못할 것이다. 그러므로 예화를 철저히 잘 알고 어떤 사람이 좋은 이야기를 하는 것을 들었다고 하여 갑자기 그 이야기를 꺼내어서는 안 된다. 예화는 설교의 다른 부분과 마찬가지로 많은 준비가 필요하다. 물론 그 사실을 잘 알고 그것이 요점을 잘 설명하리라고 확신하면 마음에 떠오르는 그 순간이라도 사용하기를 두려워할 필요는 없다.

---

51) Denis J. V. *Preach the Word,* 최낙재역, 강해 설교(서울: 한국성서유니온, 1982), 111-14.

(2) 한 가지 사실을 설명하라

만일 한 예화로써 여러 가지 교훈을 가르치려 한다면 끝마치려 할 무렵에는 청중은 혼동되고 지루하게 여길 것이다. 예수께서 비유를 말씀하셨을 때 그는 하나의 중요한 목적을 가지셨다. 사람들이 그 교훈을 얻도록 그것을 설명하여 주실 필요가 없었다.

(3) 메시지에 예화를 더하라

복음 전도자들이 이야기에 이야기를 더하여 마음을 끌어가고 청중은 그 모든 말에 귀 기울이는 그런 집회에 여러 번 참석하였는데, 마침내 마칠 때에 이르면 죄나 회개나 때로는 십자가나 성경까지도 도무지 말하지 않은 것을 발견하게 된다. 하나님의 말씀을 하나님의 성령께서 적용하시면 사람들이 죄를 깨닫고 주님에게로 돌아온다. 예화는 전할 내용을 도와야 하고 그것을 다스려서는 안 된다.

(4) 청중에게 맞도록 선택하라

때때로 서양 설교자들이 아시아를 찾아와 자기들의 문화권 내에서 뜻이 있지만 아시아에서는 무의미한 예화를 훌륭하게 생각하고 이야기한다. 농촌 사람에게는 도시의 예화가 별 도움이 못된다. 한번은 선교사가 부활 후에 고기 잡으러 가는 제자들을 묘사하고 있었다. 그 장면을 묘사하면서 달이 물위에 비치고 있었다고 하였다. 그런데 그 청중이 어부여서 문제가 되었다. 어부는 고기가 달밤에는 없기 때문에 달밤에 고기 잡으러 가지 않는 것을 그들은 알고 있었다. 잘 아는 사람에게 설교할 때는 문제가 없겠지만 어디를 방문할 때에는 사용하려는 예화를 미리 조사하는 것이 필요하다.

(5) 필요한 것만을 선별하라

어느 의미에서는 이것은 한 가지 점을 강조하는 것과 같다. 그러나 이것은 또한 이야기 가운데 강조하고자 하는 요점과 꼭 맞지 않는 것들을 잘라 낼 것을 말한다. 좋은 슬라이드 그림은 너무 어둡지도 않고 너무 밝지도 않다. 또한 사람들이 보기를 원하는 그 목적물은 슬라이드가 화면에 비치자마자 시선의 중심이 된다.

(6) 흥미 잃은 청중에게 많이 사용하라

신앙의 교훈을 잘 받지 않았거나 그들의 문화 속에서 연속 강연을 듣는 데 익숙하지 못한 청중들은 설교에 흥미를 가지는 것이 쉽지 않을 것이다. 온 종일 들에서 일한 사람은 저녁때가 되면 매우 피곤할 것이며 그의 마음은 보통 추상적인 용어로 생각하지 않는다. 그러므로 진리는 그의 눈앞에서 생생하게 되어 그가 그것에 끌리어 구체적인 말로 그릴 수 있어야 한다.

(7) 예화에 너무 기대하지 말라

예화를 잘못 사용하게 되면 예화가 메시지를 몰아낸다. 이러한 관점에서 말씀을 전하는 데에 유머를 사용하는 것도 주의해야 한다. 잠깐의 유머는 어느 점을 매우 분명하게 전달할 수 있으나 곧장 사람들을 다시금 요점으로 이끌 수 있어야 한다. 그런데 너무 유머를 사용하면 그것이 불가능하다. 하나님의 뜻을 명확하고 효과적으로 전하려는 동시에 잊지 말아야 할 것은, 신령한 것은 그리스도와 생생한 접촉을 갖는 데서 오는 것이고 좋은 이야기를 할 수 있는 능력에서 오지 않는다.

(8) 예화의 한계가 있음을 기억하라

가장 좋은 예화에도 한계가 있음을 기억해야 한다. 어느 예화도 완전하지 않으며 기껏해야 설명에 도움이 되고 빛을 약간 비출 뿐이다. 허점이 전혀 없는 예화는 없다. 예컨대 삼위일체를 생각할 때 모든 진리를 다 밝힐 예화는 아직 없다. 하나님의 가장 심오한 존재상의 진리는 인간의 분석을 넘어서기 때문이다. 그러나 예화는 모든 인간 이성보다 깊은 것을 좀 더 이해할 수 있게 만들 것이다. 우리가 해를 볼 때 우리는 실지로 해를 보는 것이 아니고 해의 빛을 본다. 만일 우리가 해 자체를 들여다본다면 우리는 장님이 될 것이다. 마찬가지로 하나님은 실재하시지만 우리는 하나님을 볼 수 없고 '하나님의 영광의 광채시요 그 본체의 형상'이신 그분 곧 아버지의 영광의 광채이신 예수 그리스도를 볼 수 있다.

(9) 예화를 지나치게 중시하지 마라

설교 예화에 현실성과 진실성, 깊은 감동이 있을 때 설교의 설득력은 두세 배로 증가한다. 하지만 예화의 이런 요소들은 자동적으로 생기지 않는다. 주의 깊게 만들지 못한 예화는 본의 아니게 목회자의 인격을 깎아내리거나 설교자에 대한 회중의 신뢰감을 허물 수도 있다. 예화는 목표가 아니라 수단이다. 설교의 목표는 예화를 제시하는 것이 아니라 성경의 진리를 제시하는 것이다. 예화가 분명 유익할 수 있지만 설교가 견실한 성경강해 위에 서지 않고 예화 위에 세워지면 초점이 이동될 우려가 있다. 설교를 위해 좋은 예화를 사용하는 것과 예화를 위해 설교하는 것, 이 둘의 차이는 별 것 아닌 듯하지만 실상은 매우 크다. 양자의 차이를 인식하지 못하는 설교자의 설교사역은 부지불식간에 쉽게 왜곡될 수도 있다. 강해를 위해 예화를 사용하는 게 아니라 예화를 위해 설교를 만드는 설교자는 불가피하게 강단에서 무대로, 목사에서 쇼맨으로 전락할 것이다.

(10) 세속적인 성공 의식에 초점을 두지 마라

훈련받은 연사라면 어떤 주제를 선정할 때 청중의 심금을 울릴 만한 다수의 이야기들을 모을 수 있을 것이다. 그러나 이것은 설교가 아니다. 멋진 서두 장식, 미리 준비한 일화, 감정 고조 등이 청중을 사로잡고 청중에게 기쁨을 줄 수 있다 하더라도 그런 것들 자체가 설교는 아니다. 하나님의 말씀을 통해, 말씀과 함께 역사하시는 성령님만이 인간의 마음속에 영적 변화를 일으킬 수 있으며, 이런 영적 변화만이 진정한 설교의 표지이다. 강단에서 성경 진리의 설명에 제일 우선권을 두지 않는다면 온갖 예화 파일들과 설교 잡지들을 섭렵한다 하더라도, 이것이 설교자의 궁극적 직무에 어울리는 메시지를 만드는 데 반드시 필요한 자료가 될 수는 없다. 일차적으로 청중을 즐겁게 하기 위해 만든 어느 설교가 그 안의 여러 이야기를 통해 계속적인 웃음과 눈물의 파동을 일으킨다면, 우리는 자칫 이런 설교를 대단히 효과적인 설교로 생각하기 쉽다. 하지만 그 설교에서 대중의 수용을 위해 말씀의 진리가 최소화되거나 혹은 희생당한다면 그런 생각은 크게 잘못된 것이다. 예화의 초점은 세속적인 성공 의식을 충족시켜 주는 데 있는 것이 아니라 성경의 진리를 제시하고 들려주고 적용하는 데 있다.

(11) 효과적이며 균형 있게 배분을 하라

적절히 삽입된 예화는 설교에 균형감과 조화미를 부여한다. 전통적인 무게 있는 강해에서는 좋은 예화로 긴장을 완화시키고 메시지에 대한 친근감을 제공함으로써 청중이 메시지의 부담을 잘 감당하도록 도와주어야 할 때가 종종 있다. 반면 예화가 지나치게 많은 메시지는 설교자에 대한 신뢰감을 손상시킨다. 에드워드 마쿼트(Edward Marquart)는 그런 설교를 '마천루'라 칭했다. 전통적인 설교에서는 설교의 각 대지마다 예화가 하나씩 들어간다. 예화를 모든 소지(小旨)들의 끝부분, 즉 대지(大旨)의 요약 부분에 두어야 할 것인가, 혹은 설명하기가 아주 어려운 어느 소지 바로 뒤에 두어야 할 것인가, 아니면 두 대지 사이의 관계를 보여 주기 위한 과도장치로 두어야 할 것인가 등의 문제는 메시지 전체에 필요한 것을 잘 감지할 수 있는 설교 당사자에게 맡기는 것이 낫다. 예컨대 결론 부분에 어떤 강력한 예화가 있다면, 마지막 대지의 예화를 일찍 사용함으로써 이 마지막 대지의 예화가 결론 부분의 클라이맥스와 충돌하지 않게 하는 것이 현명할 수도 있다. 마지막 대지의 예화와 결론의 예화가 함께 너무 가까이 겹치면 설교의 리듬이 깨지고 두 예화의 효과도 감소한다.

제 9 장

설교의 분석 및 평가

1. 설교 분석의 중요성

왜 설교자는 자신의 설교뿐만 아니라 다른 설교자들의 설교에 대해서도 연구해야 하는가? 다른 설교자의 설교를 연구하는 것은 자신의 설교 능력을 향상시키고 개선하기 위해서 필요하다. 다른 설교자들의 스타일과 방법들을 집중적으로 연구함으로써 자신만 독특한 설교 스타일을 개발하여 강화시킬 수 있을 것이다. 설교를 분석한다는 것이 다른 설교자들의 주해와 견해를 모방하거나, 설교 내용을 표절하는 것으로 오해를 받기도 쉽다. 설교 분석을 연구하는 것은 개인적으로는 설교들을 잘 알게 될 뿐만 아니라 설교 분석의 원리들을 설교에 적용시킴으로써 자신의 고정된 설교 방법을 개선하는 큰 유익을 얻게 된다. 그러므로 설교 분석의 목적은 설교의 능력을 향상시키고 개선하여 자신의 독특한 스타일과 방법을 개발하기 위한 것이다. 설교자가 한 교회에서 20~30년 동안을 단조롭고 익숙한 설교 스타일과 방법으로만 설교하고 다양한 설교 스타일의 개발을 위해 노력하지 않는다면, 그의 설교는 생동감의 결핍으로 권태롭고 진부하게 될 것이다. 그러므로 설교자는 다양한 설교를 연구함으로서 시대적, 문화적 차이를 뛰어넘어 개인적이고 영적이고 전문적이며 더 발전된 장점을 준비해야 할 것이다. 그러므로 설교 분석은 당장의 설교에 대한 커다란 변화와 성공을 가져다주지는 않지만 점점 설교의 각 영역에서 균형 있는 성장을 이루게 될 것이다.

2. 설교 분석의 원리

설교들을 분석하기 위한 J. E. 아담스의 설교분석의 8단계는 그 기술을 획득하고 발전시키는 데 기본적으로 입증된, 쉽게 배울 수 있는 만족할 만한 방법이다. 여기에서 제안하는 원리들과 과정들을 꾸준히 규칙적으로 따르는 것만이 필요한 재능과 양식들을 쌓을 수 있는 길이다.[1)]

(1) 제1단계: 분석할 설교를 선택하라

① 분석할 설교 자료들을 준비하라

설교를 연구하는 방법 가운데 설교를 듣고, 보고, 읽는 것 사이에 큰 차이점들도 있다. 가장 분명한 것은 읽을 때에는 목소리나 동작을 알 수 없다는 것이다. 설교문을 읽을 때에는 설교자의 목소리와 동작을 알 수 없다. 오디오 테이프에는 다른 차원이 더해 가고, 비디오테이프에는 한 차원이 더 더해진다. 선포된 설교를 듣고 보는 것과는 달리 기록된 설교문은 좀 더 집중할 수 있다는 것을 알게 될 것이다. 목소리와 동작을 삭제함으로써 덜 산만하게 설교의 다른 면에 집중할 수 있다. 그러나 목소리나 전달에 대해 연구하고 싶다면, 당연히 인쇄된 설교문보다는 다른 것들이 필요할 것이다. 특히 설교문과 관계된 대단히 많은 문제들은 주로 기록된 설교문을 연구함으로써 해결될 수 있다. 설교를 연구하기 위한 최선의 준비는 기록된 설교문과 오디오 테이프, 비디오테이프 모두의 복사본을 얻는 것이다. 그렇게 하고 나면, 설교의 각 영역에서 독특하고 유리한 점을 별도로 연구할 수 있다.

② 선택한 설교 자료의 전체 내용을 파악하라

처음 시작할 때부터 설교를 분석하려고만 하지 말라. 자신의 영적 유익을 위

---

1) Jay E. Adams, *Sermon Analysis: A Preacher's Personal Improvement Textbook and Workbook*, 김의종 역, J. E.아담스의 설교 분석 리포드(서울: 엠맨출판사, 2001), 14-36.

하여 단순히 그 설교를 읽거나 듣거나 보라. 만일 분석하기 시작한다면, 절대로 당신이 분석하기를 원하는 설교가 어느 것인지 알 수 없을 것이다. 먼저 더욱 일반적인 방법으로 연구하기 원하는 설교가 어떤 종류인지 결정하라. 이것은 앞부분만 본다고 해서 전체를 결정할 수 있는 일이 아니다. 그렇기 때문에 비판하지 말고 먹을 것을 찾는 배고픈 양처럼 전체의 내용을 파악하라.

③ 그 설교에 대해 스스로 질문하라

* 내가 그것에 의해 도움을 받았다면 어떤 형태의 도움이었는가?
* 내가 어떻게 도전받았는가?
* 나는 이 설교자의 메시지를 수용하는 데 있어서 어떤 점에서 다를 것 같은가?
* 나는 그 설교를 좋아했는가?
* 나는 하나님과 성경과 나 자신에 대해 무언가 배웠는가?
* 그 설교가 내가 설교하는 사람들에게 도움이 될 것 같은가?

이런 종류의 질문들에 대해 생각해 봄으로써 그 설교를 분석하는 데 시간을 투자하기를 원하는지 결정하는 일에 도움을 받을 수 있다. 그리고 설교 한 편의 전반적인 가치를 평가함에 있어서 자신의 의견뿐만 아니라 다른 사람들의 견해를 고려하는 것은 지혜로운 일이다. 그들의 의견을 중요시하는 오륙 명의 사람들이 어떤 특정한 설교에서 커다란 도움을 입었다고 말한다면, 그 설교를 연구해야만 한다. 그러나 최종 분석에서는 자신이 어떤 설교를 연구할 것인지 판단해야만 한다.

(2) 제2단계: 집중적으로 연구할 분야를 결정하라

① 설교 자료에서 연구할 다양한 요소들을 확인하라

연구할 설교를 선택하고 나면 실제 분석을 시작해야 할 것이다. 그 설교에서 자신에게 인상을 준 것이 무엇인지 발견하고 싶을 것이다. 내용에 있어서 어떤 것인가? 아니면 형식인가? 아니면 둘 다인가? 이것은 처음으로 해야 하는 가장 광범위한 결정이다. 이러한 판단은 그 두 가지가 전적으로 분리되어 있는 것이 아니어서 쉽지 않을 것이다. 그러나 대부분의 경우에 그 양상이 이 두 영역 중 어디에 속하는지 구분할 수 있을 것이다. 자신이 연구하려는 것이 내용의 요소라면, "그 내용에 있어서 나에게 인상을 준 것은 무엇인가?"라고 물어라. 그것이 주해인가? 그것이 나타내는 진리 혹은 정확함의 새로움인가? 예화 자료인가? 분명히 자신이 그 양상을 구분하면서 형식에 관해서도 질문할 것이다. 그 정확함이 단순히 예리하고 정확한 사고의 문제인가, 아니면 그것이 매우 정확한 어휘를 포함하고 있는가? 또한 자신이 연구하려는 양상이 형식의 영역에 있는 것이라면, 그 형식에 있어서 예외적인 것이 무엇인지 반드시 결정해야만 한다. 개요인가, 서론인가, 결론인가? 그 언어에 있어서의 활기참, 구체성, 아름다움, 생동감, 능력, 대담성, 명확함인가? 아니면 무엇인가?

② 한 가지 양상을 선택하여 차례로 분석하라

설교에서 연구하고자 하는 양상이 한 가지 이상이라면, 그것을 기록해 놓았다가 나중에 연구하라. 한 번에 한 가지 이상을 다룸으로써 자신을 혼란케 하는 것은 좋지 않다. 자신이 알고자 하는 모든 것을 알려고 처음부터 너무 강하게 밀고 나간다면 훨씬 못 배우는 결과를 낳을 것이다. 비밀스러운 것을 찾지 말고, 먼저 명백한 것을 가지고 작업하라. 작업의 목적은 자신이 원래 평가하는 동안 그 설교를 예외적인 것으로 보이게 하는 것이 무엇인지를 정확하게 밝히는 것이다.

한편 설교 분석에서 적용할 수 있는 네 가지 체계들이 있다. 그것은 내용체계와 조직체계, 언어체계와 전달체계이다. 이러한 각각의 체계들은 수많은 양상들로부터 차례로 관찰될 수 있는 다양한 요소들을 포함하고 있다. 그리고 설교에서 영적 역동성은 별개라는 것을 반드시 유의하라. 성령은 한 체계가 아니라 설교자와 회중 가운데 역사하시는 한 인격이시다.

그러나 한 요소에 대한 집중적인 연구란 무엇인가? 그것은 모든 타당한 양상들 안에서 그 요소에 대해 연구하는 것이다. 그것들의 출처는 무엇인가? 설교에서 사용된 예들은 어디에 있는가? 그것들의 음조와 색조는 각 요점에서 그 논의와 적합한가? 그것들이 설교의 분위기에 기여하는가? 무슨 목적들 때문에 그것들이 사용되는가? 그것들은 명백한가? 그것들은 진리를 구체화하는가? 그것들은 기억하기 쉬운가? 설교자는 어떻게 더 흥미롭게 그의 예들을 소개할 것인가? 그것들은 짧고 힘이 있는가? 혹은 길고 자세한가? 아니면 다양성이 있는가? 대화와 직접적인 연설이 들어 있는가? 사물과 활동하는 사람과 동물들과 관련이 있는가? 예화의 사용은 어느 면에서 탁월한가? 이러한 방법으로 적용 가능한 요소 혹은 당신이 설교에서 연구하고자 하는 요소들을 분석하고 정할 수 있다.

③ 그 연구의 중요성을 다시 한번 확인하라

이런 방법으로 연구할 때, 자신에게 영향을 준 것은 그 전체 설교가 아니라고 결론지을 수 있을 것이다. 아마도 한두 요소가 다른 설교들로부터 선택될 것이다. 그러나 설교를 탁월하게 하는 요소 혹은 그 요소들을 정한 이상, "따로 떼어 연구한 이 요소 혹은 특정한 양상들이 정말로 주제를 소화하기에 필요한 시간을 보낸 나의 설교에 기여할 것인가?"라고 스스로 물어야 한다. 그 양상이 자신이 연구하기 위해 정말 필요한 것인가? 정직하라. 당신을 이미 탁월하게 한 것들을 연구하는 것은 별로 유익이 없다.

(3) 제3단계: 설교 및 설교자의 각 요소들을 분석하라

① 우선적인 요소부터 다양한 각도에서 분석하고 진술하라

먼저 자신이 가장 우선적인 요소를 정했을 경우, 그것이 무엇이며 그것이 자신의 연구에 가치 있는 것인가를 결정하면서, 그것의 적절한 각 면을 고찰함으로써 그 요소 자체를 분석할 필요가 있다. 그리고 정확하게 자신이 그 요소에 대해 결론지은 것을 종이 위에 단 한 줄로 진술하라. 예를 들면 "반하우스(Barnhouse)는 예화의 대가이다."라고 적는다. 그리고 나서 모든 각도에서 조사한 후, 자신의 진술에 자신이 생각하기에 적절하고 도움이 되는 것을 밝혀 주고, 설명하고, 한정적인 논평을 추가하라. 가령 "그는 묘사에 있어서 최고이다.

그는 진리를 생생하게 만든다. 그는 예화를 항상 사용하는 것은 아니다. 때때로 너무 많이 사용하기도 한다. 때론 필요 없을 때에도 사용한다. 그의 예화들이 요구하는 바는 항상 명백하고 적절하고 대체로 흥미롭다. 그는 자신의 경험에서 나오는 예화를 사용하고 있는데 꽤 다양하다."라는 식으로 기술한다. 이러한 부가적인 진술과 함께 반하우스가 예화를 사용하는 것에 대한 더 깊은 개념을 알기 시작할 것이다. 이것을 자신의 설교에도 적용할 수 있다. 이제 어떤 종류의 것들을 자신이 배우고자 하는지 결정할 수 있을 것이다. 아마도 반하우스의 예화기법에서 가장 자신에게 충격을 준 것은 그가 예화의 자료로 자신의 경험을 사용한다는 점일 것이다. 그래서 이제 설교를 분석하는 자신이 어떻게 그렇게 하는지 배우기를 원할 것이다. 그것은 이러한 한 양상의 분석에 있어서 당신이 생각하는 모든 양상으로부터 그것을 바라볼 것이라는 것을 의미한다. 다음과 같이 질문을 할 것이다. 그가 어떻게 과장된 자기중심성을 배제하는가? 무슨 방법으로 자신의 자만을 피하고 있는가? 그의 경험의 어떤 영역으로부터 이런 예화들이 주로 오는가? 얼마나 개인적으로 취하는가? 우리로 하여금 그가 경험한 것이라고 느끼게 하는가? 얼마나 자세하게 하는가? 무슨 종류인가? 이러한 모든 것에 노력을 기울여야 한다.

② 설교 분석자에게 준 효과를 어떻게 성취했는지 정하라

그러한 결론에 도달함에 있어서 분석자는 노트에 기록할 것이다. 예를 들어 로이드 존스(Lloyd-Jones)는 "자신의 설교에 물음표가 있도록 하고, 종종 감정적으로 긴장된 구절에서는 많은 질문을 한다. 그러나 그는 종종 질문에 의해 사고를 앞으로 나아가게 한다. 또한 그는 주된 요점들과 하위 요점들의 차이를 질문으로 다리를 놓는다."라는 부가적인 관찰을 메모할 것이다. 그리고 분석자는 "그가 하는 질문 중 가장 좋아하는 질문은 그것이 의미하는 바가 무엇인가라는 질문이다."라고 쓸 것이다. 결국 분석자는 다음과 같이 끝맺을 것이다. "때때로 그는 '무엇인가?'와 '어떻게?'와 같은 한 단어 질문을 효과적으로 사용한다. 이렇게 하는 것은 설교에 '펀치(punch)'를 날리는 것 같고 순수한 단순성으로 인해 사고에 명확성을 더해 주는 것 같다." 분석자는 이러한 관찰을 하기

시작할 때, 자신이 하고 있는 연구가 유용하게 되는 곳에 도달해 있는 것이다.

(4) 제4단계: 설교자의 삶의 정황을 면밀히 분석하라

① 분석자가 선택한 요소와 관련된 설교자의 전기를 연구하라

설교자의 전기를 연구할 때, 종종 그가 왜 그렇게 했으며, 자신이 연구하고 있는 그 양상을 그가 어떻게 전개하는지에 대한 실마리들과 근본적 이유를 발견할 수 있을 것이다. 아마도 분석자는 필립스 브룩스(Phillips Brooks)가 성육신과 특별히 삼위일체에 대해 설교한 횟수에 대해 충격을 받았을 것이다. 그 내용 체계의 이러한 양상을 연구하려고 결정했을 수도 있을 것이다. 그러나 그 설교에 대한 자신의 연구와 함께 브룩스의 전기를 읽어야 할 것이다. 읽다 보면 그가 당시 유일신론(Unitarianism)의 중심지인 보스턴에서 설교했었음을 발견하게 될 것이다. 그리고 그의 유년 시절에 가족들이 유일신론자가 된 회중교회에서 나와서 성공회에 가입했다는 사실을 읽게 될 것이다. 그래서 이제 유일신론의 잘못에 대항하여 성공회 신부로서 돌아온 브룩스가 여기에 있는 것이다. 그러나 브룩스는 그 도시에서 사랑을 받게 되고, 심지어 그를 기념하는 기념비가 세워졌고, 유일신론의 중심지인 하버드대학교에서 가장 유명한 채플 설교자가 되었다. 이 모든 것에서 분석자는 무언가 다른 것들을 발견하는 것이다. 브룩스는 유일신론의 중심지에서 명확하게 삼위일체를 설교했을 뿐만 아니라 그는 그 일을 명쾌하게 해 낸 것이다. 이러한 사실을 깨달은 후에는 분석자는 자신의 연구를 "어떻게 삼위일체 교리를 설교했는가?"에서 "어떻게 적대적 환경에서 명쾌하게 설교했는가?"로 바꾸고 싶어 할 것이다.

② 설교자의 전기를 통해 광범위한 다양성을 발견하라

설교자의 전기를 연구할 때, 사역에 있어서의 전환점이나 위기들과 같은 설교자의 생애의 세부적인 사항들은 설교에 영향을 주기 때문에 기록해 두어야 한다. 그가 직면한 문제들과 설교 외에 그가 행한 작업들과 그의 설교에 대한 다른 사람들의 논평, 취미 그리고 특별히 흥미를 갖는 것들은 모두 가치 있는

것들이다. 이러한 것에 대한 예는 에드워드(Edward)의 거미에 대한 호기심과 스펄전(Spurgeon)의 벌에 대한 연구 같은 것들이다. 때때로 연구 중에 있는 양상에 대한 중요한 통찰이 그의 신학 저작이나 다른 저작에서 발견되기도 한다. 칼빈은 그의 주석에서 설교에 대한 많은 중요한 논평을 한 것이 한 예이다.

③ 선택한 요소를 전체적이며 집중적으로 연구하라

어떤 설교자의 설교에서 한 요소를 연구하려고 결심할 때마다 그 사람에 대한 큰 연구를 떠맡고 있다는 사실을 인정하고 정선하라. 어쩌면 6개월 이상의 긴 시간을 그와 함께 보내게 될지도 모른다는 것을 깨달아라. 물론 특별히 선택한 요소에 집중하고 다른 일들은 하지 않으면서 그의 설교를 단순하게 연구할 수도 있을 것이다. 이렇게 하는 것이 도움을 줄지는 모르지만, 만일 분석자가 모든 것을 다 연구한다면 전체에 대한 당신의 이해는 더욱더 향상될 것이다. 예를 들면, 스스로 전기식으로 질문을 하라. "로버슨(F. W. Robertson)은 그들의 설교를 관통하는 죄악 된 인간의 성품에 대한 날카로운 통찰력을 어떻게 발전시키고 있는가?" 그 질문에 대한 대답은 그 답을 찾는 데 요구되는 모든 시간과 같은 가치가 있는 연구를 요구한다. 가령 자신이 한 요소를 연구하고, 그것을 전체적으로 연구하려고 시작했다면, 어떤 경우에는 만만찮은 일을 떠맡게 될 것이다. 그러나 얻어진 성장과 만족은 자신이 소비한 모든 시간만큼이나 가치 있는 것이다. 이와 같이 조심스럽고 분석적인 설교에 대한 연구는 그것 자체로 자연히 한 설교자로 성장하는 것을 촉진한다. 그리고 설교와 설교자들에 대한 집중적인 연구에 의해 좋은 설교에 포함된 것이 무엇인지 알 수 있는 강화된 자각과 의식을 획득하게 될 것이다.

(5) 제5단계: 다른 설교들과 비교하여 독특한 요소를 연구하라

① 설교자의 다른 설교에서 나타나는 특색 있는 요소를 발견하라

어떤 설교자의 설교에서 나타나는 특색 있는 요소에 대한 조심스럽고도 정확한 연구는 있음직한 그 사람의 다른 많은 설교들에 대한 연구로 결론지어진

다. 어떤 경우에는 현존하는 설교가 수백 편 혹은 수천 편 있다는 것은 사실이다. 어떤 설교자에 대한 포괄적인 연구는 제안하지 않는다. 그러나 대부분의 경우에 유용한 설교가 적당량 있다. 그러면 적당량이 얼마인가? 그 대답은 정확한 값이 없다는 것이다. 분석자가 만족할 때까지 계속 그 설교들을 연구하라는 것이다. 만족은 자신의 설교에 그 양상을 성공적으로 사용하기 시작했다는 것을 의미하기도 한다. 또한 자신이 그것을 충분히 정확하게 이해해서 당신에게 묻는 다른 사람들에게 그것을 설명할 수 있을 뿐만 아니라, 민첩하게 그것을 다른 문맥이나 구절에 이용할 수 있다는 것을 의미하는 것이다.

분석자가 동일한 설교자의 다른 설교들을 읽을 때 다음과 같이 질문하라. "이 설교들이 내게 비슷한 충격을 주는가? 첫 번째 설교에 있는 그 양상이 예외적인가 혹은 전형적인가? 첫 번째 설교에서 내게 충격을 준 동일한 요소가 나머지 설교들에서도 효과적인 양상으로 두드러지게 눈에 띄는가? 첫 번째 설교에서 나타나지 않았지만 연구할 만한 가치가 있는 다른 양상들이 있는가?" 한편 설교에서만 나타나는 한 요소에 대한 연구가 유익하겠지만, 그 설교자의 모두 혹은 많은 설교에서 자신이 발견한 설교자의 장점인 요소들을 연구하는 것 또한 더욱더 유익하다는 것을 인정해야 할 것이다. 그러므로 자신이 연구하는 요소가 규칙적으로 나타나고 있다는 것을 발견했을 때 기뻐하라. 아마도 당신은 무언가 대단한 것을 알아차리고 있는 것이다.

② 분석한 요소를 통해 그 효과를 어떻게 성취했는지를 집중적으로 연구하라

"다양한 설교에서 발견되는 공통점은 무엇인가?"라고 질문하라. 또한 "다양성은 무엇인가?"라고도 질문하라. 만일 동일한 효과가 그 요소가 빠져 있는 다양한 면들 중 몇몇에서 성취될 수 있다면, 그러한 다양성은 그 양상에 본질적인 것이 아니며 분석자가 고려하려는 것들에서 제외시켜도 될 것이다. 다수의 설교에서 공통점과 다양성을 연구하는 것은 분석자가 연구하고 있는 요소의 본질적인 면들과 부수적이 아닌 것들과 자신이 거리가 있음을 확신하게 할 것이다. 설교 한 편만 연구하는 것은 보호막을 제공하지 못한다.

(6) 제6단계: 연구한 요소들을 파일화하라

① 분석자는 자신의 연구들을 노트에 자세히 적어라

연구하는 요소에 대해 배운 모든 것을 한두 문장으로 써 보라. 그리고 그것을 자세하게 묘사하라. 그것이 나타나거나 삽입된 설교로부터 발췌록을 복사하거나 자신이 쓴 것과 나란히 파일화해라. 자신이 그것에 대해 알고 있는 모든 것을 상술하라. 즉, 그 요소가 무엇인지와 그것이 무슨 영향을 주었는지를 적어라. 또한 설교자가 자신이 한 것처럼 왜 전개했는지, 그리고 어떻게 그것을 사용했는지, 언제 그것을 사용했는지, 사용하지 않았는지, 어느 상황 하에서 그가 그것을 어떤 형태로 제시했는지, 충분한 효과를 얻기 위해 단계적으로 각 양상마다 무엇을 취했는지, 그리고 그가 수년 동안 그것을 어떻게 재정의했는가를 적어보라. 만일 분석자가 열심히 이러한 사실들을 기록한다면, 잃어버릴 수도 있었던 자료들을 보존하게 될 것이다.

(7) 제7단계: 분석한 요소들을 자신의 설교에 적용하라

① 분석자 자신의 창의적인 방법들을 첨가하라

자신이 연구한 요소와 그것의 활용에 대해 유의해서 깊이 생각해 보라. 자신의 아이디어 중 어떤 것을 그것에 집중하도록 하라. "그것을 어떻게 다르게 활용할 것인가? 무슨 목적으로? 무슨 방법으로?" 스스로 물어보라. "항상 같은 양상들만 있어야 하는가? 항상 같은 순서대로 사용되어야 하는가?" 같은 질문들과 유사한 질문들이다. 연속적인 구절의 연구에 대한 당신 자신의 기여한 바를 분명히 표시하여 그 요소에 대한 다른 각도나 다른 면들을 더해 주는 창조성을 발휘하게 될 것이다. 설교자가 한 것처럼 성공적으로 그 양상을 사용하기 전까지는 이런 종류의 변화를 시작하지 말라. 그렇게 하고 나면 자신의 새로운 각도가 개선된 것인지 아닌지 알 수 있는 위치에 있게 될 것이다. 자신의 비결을 사용한 후에는, 그것들이 어떻게 효력을 잘 나타내고 있는지 주목해야 한다.

② 분석한 설교의 강점들을 자신의 설교에 증가시키라

분명한 사실은 위대한 설교자들의 설교에도 개선할 곳이 있다. 분석자가 본 것처럼 그들은 모든 영역에서 동일하게 강한 것이 아니다. 아마도 놀라운 것은 크게 읽는 것이 분석의 본질적 부분이라는 것이다. 이러한 실습을 통해 자신의 운율과 소리의 조합, 구문의 길이와 다양성, 규칙적 문장과 질문, 감탄과 같은 수사적 기교와 다른 많은 문자적 문제들에 대해 많은 것을 배울 수 있을 것이다. 분석한 모든 설교를 적어도 한 번씩 읽는 규칙적인 연습을 하라. 또한 이미 몇 가지 요소에서 강점을 나타내는 설교에 다른 설교자의 강점들을 부가함으로써 설교의 강점을 증가시키도록 하라. 이렇게 함으로서 설교가 즉시 개선되어 얼마나 큰 변화를 나타내는지 놀랄 것이다. 이미 좋은 설교가 아주 강력한 것으로 변하는 것이다. 그렇게 개선하는 일에 숙달된 후에는 전에 작성한 자신의 설교 중 몇 편을 정해서 동일한 작업을 해 보라.

그러나 항상 다른 사람의 설교들을 가지고 시작하라. 그 원리들을 객관적으로 적용하는 것이 더 쉬워질 것이다. 다른 사람들의 설교를 개선하기 위해 원리들과 기술, 기교를 어떻게 사용하는지 배우고 나면, 자신의 설교를 수정하기 위해 더 나은 준비를 한 것이 될 것이다. 이 과정에서 설교를 개선하는 작업은 자신의 설교에도 수행하는 자세를 낳는다는 것을 발견하게 될 것이다. 더욱더 자신이 해 놓은 것에 대해 비판적이 된다는 것을 알게 될 것이다. 과거에 안주해 있던 그런 종류의 준비로는 만족하지 못하게 될 것이다. 올바른 설교를 얻기 위해 스스로 계속적으로 변화하고 세련되는 것을 알게 될 것이다. 이러한 사고방식은 설교 연구를 통해 얻을 수 있는 가장 중요한 이점이다.

(8) 제8단계: 적용한 요소들을 비판적으로 평가하고 반복하라

① 분석자는 자신의 설교에 연구한 방법들을 어떻게 사용할 것인지를 채택하라

분석자는 자신의 설교에서 그 양상의 사용 방법을 결정하라. 어느 설교에 이 요소의 사용이 요구되는지 결정하고, 그 반죽 속에 그것을 혼합하라. 분명히 말

하지만 제시된 분석방법들에는 남의 것을 답습하는 것은 포함돼 있지 않다. 힘든 노력을 통해 다른 사람들의 설교로부터 파내서 자신의 것으로 만든 원리와 실례를 사용하는 방법들을 제시한 것뿐이다. 답습하지 않고 다른 사람이 어떻게 했는지를 배워야 한다. 이것이 예술가의 그림을 따라 하는 것과 배우는 것의 차이점이며, 화법 연구를 통하여 한 사람의 유능한 예술가가 되는 것이다.

분석자는 설교자보다 더 철저하게 과정과 실례를 연구하여 보통 한 요소를 채택할 때는 반드시 자신의 기교를 첨가할 것이다. 분석자가 몇몇 설교자에게서 한 공통 양상을 알아챘다면, 자신의 각도를 가지고 그들 모두를 연구했을 것이고, 그들 중 어느 누가 사용한 것과도 정확히 일치하지 않는 합성물을 만들어 냈을 것이다. 그것은 독특한 자신의 것이 될 것이다. 중요한 것은 자신이 배워 온 것을 수용하기 시작해야 한다는 것이다.

② 분석자는 자신의 설교를 녹음하고 새로운 요소의 효과에 대해 비판적으로 분석하라

분석자가 생각하기에 새로운 요소를 포함한 것이 상당한 차이를 만들었는지 정직하게 결정하라. 그렇지 않다면 자신이 그것을 충분히 요령 있게 사용했는지, 결정하거나 어색하게 다루어진 면들이 있는지 생각해 보라. 만일 어색한 점이 있다면, 자신이 전에 간과한 요소의 어떤 면을 무시한 것에서 유래했는지 생각해 보라. 그러한 생략된 면들에 대해 그 요소를 다시 연구하라. 그러고 나서 새로운 양상을 전개시키는 방법과 사용방법을 개선하기 위해서 가능한 모든 평가를 하라. 그것이 자신의 설교 레퍼토리(repertory)의 유효하고 중요한 부분이 될 때까지 개선하는 동안 내내 그것을 반복, 반복, 반복 사용하라.

3. 설교의 평가

1) 설교의 평가 내용

설교 분석 및 평가서의 일련의 질문들은 현재 미국달라스신학대학원 설교실에서 사용되고 있는 것이다. 다음의 내용들은 라메쉬 리차드(Ramesh Richard) 박사가 해돈 라빈슨(Hadddon W. Rabinson)의 저서 Biblical Preaching: The Development and Delivery of Expository Message에서 발췌하여 확대시켜 자신의 방법론에 맞추어 제시한 것이다. 다음의 질문들은 설교의 구조를 작성하는 면에서, 그리고 설교를 전달하는 면에서 많은 도움을 줄 것이다.[2] 여기에 제시된 원리들은 회중들이 메시지를 전달하며 받아들이는 방법에 기초해서 작성되었으므로 모든 설교자에게 적용될 수 있는 자료이다. 설교를 작성하며 선포할 때마다 이 질문들을 스스로에게 던져 보면 좋을 것이다.

① 설교 구조에 대한 평가

◈ 제 목

현대적 감각에 맞는가?
성도들의 주의를 끌 수 있는 것인가?
내용에 대한 분명한 진술인가?
직접적으로 또는 암시적으로 설교 내용을 반영해 주고 있는가?
일상생활과 연관된 것인가?

◈ 서론의 서두

설교 앞부분의 예배 분위기를 고려하고 있는가?

---

2) Ramesh Richard, *A Do It Yourself Manual for Biblical Preaching,* 250–54.

설교자에 대한 성도들의 자세를 고려하고 있는가?
성도들과 공감대를 형성하고 있는가?
서론의 서두와 서론의 본론 사이에 분명한 전환이 이루어지고 있는가?

◈ 서론의 본론
성도들의 관심을 끄는가?
직접 또는 간접으로 필요를 제기하는가?
주제, 중심 명제, 아니면 첫 번째 대지로 성도들의 관심을 끌고 있는가?
설교의 목적이 선포되었는가?
그 길이가 적절한가?

◈ 본문 읽기
본문의 장, 절이 바르게 전달되었는가?
본문을 찾을 수 있는 충분한 시간이 주어졌는가?
본문 봉독이 잘 이루어졌는가?

◈ 서론 내의 요지
본문이나 설교의 배경 설명이 잘 이루어졌는가?
배경 설명이 주제, 목적, 또는 중심 명제의 이해에 도움을 주는가?

◈ 설교 본문의 구조
대지들이 선명하게 표현되었는가?
본문에 충실한가?
본문을 통해 적절하게 증명되었는가?
적절하게 설명되었으며, 적용되었는가?
본문의 전개가 분명한가?
전반적인 구조가 선명한가?
설교의 중심 명제가 있는가?

그것을 말할 수 있는가?
전환이 분명한가? 복습을 시켜 주는가?
대지들 사이에 연결고리가 있는가?
대지와 중심 명제 사이에 분명한 관련이 있는가?
소지들과 대지 사이에 분명한 연결이 있는가?

◈ 설교의 구성

설교가 효과적인 방법으로 설계되어 있는가?
논리적인 배열을 가지고 있는가?
시간적인 순서 배열을 이루고 있는가?
설교 가운데 제기될 수 있는 심리적인 또는 사회적인 문제들에 대해 민감한가?

◈ 결 론

설교가 절정을 향해 발전되고 있는가?
가장 중요한 요점에 대한 적절한 요약이 있는가?
설교의 중심 명제가 반복해서 선언되었는가?
효과적인 마지막 호소나 제안이 있는가?
구체적인 행동을 생각하는 시간을 갖게 했는가?
구체적으로 결단하게 하고 행동을 취하게 했는가?

② 설교 내용에 대한 평가

◈ 중심 명제와 주석

저자의 의도(목적)가 무엇인가?
그 주제가 본문과 성도들에게 적절한 것인가?
본문의 중심 명제가 선언되고 설교 중에 분명하게 나타났는가?
설교가 좋은 주석 위에 근거하고 있는가?
설교를 전개해 나가면서 지금 본문의 어디에 있다고 알려 주는가?

주제에 대한 분석이 철저하며 논리적인가?
논리가 설득력이 있는가?
내용이 독창적인가?

◈ 보조 자료(예화)

보조 자료가 설명하려는 것과 잘 연관을 맺고 있는가?
보조 자료가 재미있는가?
구체적인가? 충분한가?
보조 자료를 통해 설명하려고 하는 바가 무엇인지 알려 주는가?
요지와 예화를 구별해서 그 전환을 알려 주는가?
요지들이 성도들의 공감을 불러일으키는가?
예화 후에 그 요지를 다시 말하거나 복습을 시켜 주는가?

◈ 적 용

본문의 가르침과 일치하는가?
적용이 올바른 시점에서 되고 있는가?
성도들의 상황에 맞게 변화되어 있는가?
적용이 "그래서?"에 대한 답을 주고 있는가?
적용이 "이제 나는?"에 대한 답을 주고 있는가?

◈ 스타일에 대한 평가

문법적으로 맞는가?
단어가 구체적인가?
생생한가?
다양한가?
언어의 사용이 올바른가?
언어의 선택이 설교의 효과를 증진시키는가?

③ 일반적인 효과에 대한 평가

◈ 성도에게 맞는 변화

설교가 성도들의 관심과 태도에 맞도록 잘 변화되었는가?

성도들이 알고 있는 바에 대해 잘 접목하고 있는가?

성도들의 필요를 채워 주는가?

④ 설교 전달에 대한 평가

◈ 지적인 전달

목소리의 크기가 적절한가?

직접 성도들을 향해 말하는가?

친근감이 있는가?

설교의 전달이 생동감이 있는 대화와 같은가?

◈ 언어적 전달

명랑한 목소리로 설교를 하는가?

발음을 정확하게 하는가?

목소리의 고저와 크기와 속도에 변화를 주는가?

효과적으로 중간에 쉬었다 가는가?

어떤 단어의 발음에 곤란을 겪고 있는가?

◈ 몸가짐을 통한 전달

몸 전체를 활용하며 설교를 하는가?

제스처가 적절하며 확실한가?

성도들을 산만하게 하는 진부한 행동을 삼가려고 노력하는가?

얼굴의 표정이 적절한가?

성도들의 눈을 바라보며 설교하는가?

성도들의 반응을 읽어 가며 설교하는가?

2) 설교의 평가 양식

설교 제목		설교자	
설교 본문		날 짜	

구분	평가 내용	1	2	3	4	5	6	7	8	9	10	합계
서론	청중의 이목을 집중시키는가?											
	직접/간접으로 사람들의 욕구를 다루는가?											
	설교의 주제가 잘 전달되는가?											
	설교의 주된 사상이 잘 전달되는가?											
	서론의 길이는 적당하였는가?											
본론	성경 내용이 잘 설명되고 있는가?											
	설교는 정확한 주석에 기초를 두고 있는가?											
	설교 속에 중심되는 아이디어가 있는가?											
	설교자가 본문 중 자신의 위치가 어디인지 보여 주는가?											
	예화 및 적용은 적절하게 사용되고 있는가?											
	설교 내용에 독창성이 있는가?											
	그리스도 중심의 설교인가?											
결론	설교의 목적이 분명하게 성취되었는가?											
	설교의 전체 내용을 잘 요약했는가?											
	끝마칠 때 효과적인 제안이나 호소가 있는가?											
구조	진행이 명확했는가?											
	전체적인 구조는 명확했는가?											
	부수적인 요점들은 중요한 요점에 연결되어 있는가?											
	전개되는 과정이 명확했는가?											
	각 요점들 사이에 심리적, 논리적 연결이 되어 있는가?											
	요점들이 중심 아이디어에 연결되고 있는가?											

전달	설교자가 자기의사를 분명하게 전달하고 있는가?											
	설교자가 당신과 같이 말하고 있다고 느끼는가?											
	설교자가 친밀한 태도인가?											
	설교가 진짜 살아 있는 대화처럼 들리는가?											
	단어들은 정확하게 발음되고 있는가?											
	알아듣기 쉬운 음성인가?											
	음성의 고저에 변화가 있는가?											
	설교하면서 온 몸 전체를 사용하는가?											
	자연스러운 제스처를 사용하고 있는가?											
	설교자가 청중과 시선을 마주치고 있는가?											
	얼굴 표정은 좋은가?											
	청중들이 좋은 반응을 보이고 있는가?											
스타일	설교자가 정확한 문법을 사용하고 있는가?											
	사용하는 단어들은 구체적이고 생생한가?											
	사용하는 단어들이 다양한 이미지를 나타내는가?											
	단어들이 정확하게 사용되고 있는가?											
설교의 효과	주제에 맞게 제목을 정했는가?											
	당신(회중)이 가진 지식과 연관이 있는가?											
	설교가 설득력을 가지고 있는가?											
	설교가 청중들의 필요를 채워 주고 있는가?											
	설교가 흥미를 끄는가?											
	설교자가 회중들의 반응을 잘 의식하고 있다고 느낌이 드는가?											
	청중들의 영혼에 불을 지핀 설교인가?											
기타												

* 위의 설교 평가 양식 외의 설교 평가 양식은 부록을 참조하라.

제 10 장

개혁주의 설교론

1. 개혁주의 설교의 원리

설교단은 하나님의 백성의 구체적인 필요와 기대에 맞추어 그들의 심령을 찾으시는 하나님의 살아 있는 말씀을 전하는 곳이다. 이런 점에서 '설교'는 성령으로써 우리에게 오시는 하나님의 말씀 사역이라 할 수 있다. 개혁주의자들은 "오직 성경"(*Scriptura Sola*)으로, 그리고 "성경 전부"(*Scriptura* Tota)를 부르짖으면서 그 원리를 그들의 성경 해석과 설교에 공히 적용하였다. 즉, 성경 해석과 설교의 자료와 성격 그리고 그 과정 모두가 '성경 스스로 말하게 하라'는 원리에서 나와야 한다. 설교의 모든 권위는 우리의 신앙과 생활을 지배하는 '오직 성경'의 원리 문제에 어떻게 답을 하느냐에 따라 서기도 하고 넘어지기도 한다. 그래서 우리가 '오직 성경'으로써 청중들의 마음에 어떤 적실한 설교를 하며, 그때 성경을 어떻게 사용하느냐의 여부가 설교와 관련된 말씀 사역의 중대한 관건이 된다. 그러므로 하나님의 말씀을 증거하는 설교자들은 오직 성경만을 증거해야 한다. 그러므로 개혁주의자들이 말하는 성경적인 설교의 원리는 첫째는 "오직 성경"(Scriptura Sola)으로, 둘째는 "성경 전부"(Scriptura Tota)를 선포해야 한다는 것이다.

1) 개혁주의 설교의 원리

(1) 오직 성경으로 설교하라(Scriptura Sola)

그럼 설교를 함에 있어서 "오직 성경"으로 설교하라는 것은 무슨 뜻일까? 오늘날 신학적으로 현대주의를 주장하는 사람들은 설교의 메시지를 캐내는 데 성경의 내용과 범위에 얽매이지 않으려고 한다. 왜냐하면 그들은 성경의 초자연적 영감과 성경적 계시의 특이성을 부인하기 때문이다. 이러한 신학적인 바탕을 갖고 있는 사람들은 설교 때 습관에 따라서 성경을 봉독하고 시작하지만, 청중들은 대개 그 설교가 성경 본문에 의해서 결정되리라고는 기대하지 않는다. 우리는 '오직 성경만'을 설교의 원칙으로 삼는다고 할 때 아주 중요한 의미를 갖게 된다. 설교자가 하는 설교의 내용은 바로 하나님의 말씀이다. 이 말씀은 변해지는 것이 아니라 여전히 살아 있는 하나님의 말씀이다. 구체적인 실례로 인간의 언어가 진리를 전달함에 있어서 불완전한 매개체임을 인정하더라도 언어는 극히 귀중하고 또 유용한 매개체임이 틀림없다. 결국 말들(words)은 의미들(meanings)을 지니고 있다. 돌이란 말은 빵을 가리키는 것이 아니며, 살해란 단어는 생명을 소생시키는 것이란 말과 동의어가 될 수 없다. 그렇기 때문에 성경에서 하나님께서 천지 만물을 창조하셨다고 할 때, 이 말은 우주가 하나님으로부터 독립해서 별개로 존재하게 된 것이 아니고, 인격적인 하나님께서 그것을 만드셨다는 것을 알 수 있다. 또한 성경이 하나님은 한 분이시다라는 것을 말할 때 그것은 명백하게 다신론을 배제한다는 말이다. 그렇기 때문에 성경 본문을 접어두고 자기 마음대로 설교한다는 것은 중요한 문제가 된다. 그리고 성경을 올바로 해석하는 것은 무엇보다 중요한 것이다. 그렇지만 '오직 성경'으로의 원칙이 성경 외에 예증적 자료 사용을 배제한다는 것은 아니다. 가령 예수님께서는 그의 설교에 있어서 예증적인 자료를 풍성하게 사용했다. 즉 자연적인 것과 영적인 것이 유추(analogous)될 수 있다는 것이 그리스도의 비유의 저변에 깔려 있다. 그러나 이때 일반 계시의 모든 것은 예증의 방법으로 도입될 수 있다. 이때 그 예증은 특별계시인 하나님의 말씀을 바로 깨치고 설명하는 것이 되어야 한다. 가령 예수님께서 하나님의 나라를 가리켜서 겨자씨나 누룩에 비유를 하셨을 때, 예수님의 설교의 내용은 겨자씨나 누룩을 설교하신 것이 아니라 천국에 관한 설교를 하신 것이다. 또한 '오직 성경만'으로 설교한다는 뜻은 설교자가 성경을 가르침에 있어서 청중의 특이한 요구와 그 시대의 특이한 상황에 적용하는 것을 금한다는 뜻도 아니다. 물론 설교에 있어서 성경 해석도 그 자체가 적용될 수 있는 것이어야 한다. 화란의 신학자 비스터벨트(P. Biesterveld)는 칼빈의 설교를 다음과 같이 논하였다. "칼빈에게 있어서 설교란 언제나 순수한 성경 해석으로 일관하는데 그것은 성경을 성립하는 것으로 끝나는 것이 아니고, 설명과 적용(explanation and application)이 늘 함께 있는 설교였다." 학문적으로 깊은 진리를 증거하면서도 스콜라적 해석(exegesis scholastica)이 아니라 순수한 대중적 해석(exegesis popular)을 했던 것이다. 그러므로 설교는 성경의 진리에 비추어서 오늘을 살아가는 그리스도인들이 어떻게 살아야 할 것인가를 설교하는 것이다. 설교는 세상의 정황(context)을 무시하는 것이 아니고 하나님의 말씀이 세상에 대하여 말씀하고자 하는 것을 선포하는 것이다.

그럼 '오직 성경'의 원리가 설교학적으로 어떤 의미가 있는지를 살펴보는 것이 좋을 것이다. 웨스트민스터신학교 트림프(C. Trimp) 교수는 '오직 성경'의 원리에 대해 다음과 같이 말했다.

첫째로, '오직 성경' 원리는 그리스도 안에 나타난 구속이 오직 성경으로써만 우리에게 제시된다는 확신에서, 교회 설교의 닻과 같다. 둘째로, '오직 성경' 원리는 성문화된 전승과 구두 전승을 분리하려는 난제를 종식시킨다. 셋째로, '오직 성경' 원리는 하나님께서 우리에게 성경을 주신 것이 이 원리의 승리를 보장하기 위함이라는 확신을 교회에 제공한다. 넷째로, '오직 성경' 원리로써 교회는 성경 말씀을 통하여 교회에 임재해 계시는 그리스도께서 신앙의 반응을 교회에게서 기대하신다는 것을 고백한다. 마지막 다섯째로, 성경의 절대성을 인정하는 것은 하나님의 구원계시의 기록으로 성경을 인정하는 것을 포함한다.[3] 모든 세대를 향한 성경의 충족성을 고백하는 것은 개혁교회의 모든 사역의 기초가 된다.

그러면 설교에 있어서 '오직 성경'으로란 어떻게 설교하는 것인가? 첫째로, 설교자는 성경의 한도를 넘어서는 안 된다는 말이다. 인간은 하나님의 계시인 성경을 떠나서는 아무것도 하나님과 진리에 대한 참다운 것을 깨달을 수가 없

3) C. Trimp, *The Relevance of Preaching* (Westminster Theological Journal, 제36권, 1974-75), 1-30.

다. 우리가 설교할 때 성경은 단순히 우리의 생활의 어떤 교훈을 얻기 위한 출발점(starting point)이 아니다. 설교자는 그 말씀의 본래의 뜻과 내용을 소홀히 다루면 안 된다. 오늘날 많은 설교자들이 성경을 하나의 옷걸이용 못과 같이 하나의 출발점으로 이해하고 있는 실정이다. 강단은 정치학자나 경제학자들의 해결책을 의도적으로 제시하는 것이 아니고, '성경이 가는 곳까지 가고 성경이 멈추는 곳에 멈추고, 성경이 말하는 것은 말하고 성경이 침묵하는 것은 침묵해야 하는 것이다'. 그것은 설교에 있어서 적용을 배제한다는 뜻이 아니고, 설교는 언제나 성경 본문에 근거해야 한다는 것을 말하는 것이다.

둘째로 설교는 자기 경험이나 종교적 의식을 설교의 주제로 삼을 경우에 그것은 '오직 성경으로'의 기본 원리와 맞지 않다. 예를 들어보면 18세기 후반에 독일의 설교는 당시에 만연된 합리주의의 소용돌이 속에 휘말렸다. 그것은 곧 계몽주의 시대였는데, 이런 계몽주의적인 사상을 가진 설교자들은 자기들의 이성과 일치하지 않는다고 생각하는 성경의 원리들 즉 원죄의 교리, 속죄, 믿음으로 말미암은 의인 등의 교리는 설교 시간에서 빼버렸다. 저들은 대중들의 구미에 맞고 취향에 맞는 설교만을 했다. 이것은 실로 계시종교가 자연종교에 의해서 허물어지는 결과가 되었다. 결국 그들이 설교에 있어서 '오직 성경으로'의 대원칙을 버렸기 때문에 그들의 강단은 퇴보하고 신학적으로 자유주의를 부채질하게 되었다. 또 다른 실례를 우리는 슐라이엘마허(Schleiermacher)에게서 찾아볼 수가 있다. 슬라이엘마허는 그 시대의 합리주의 사상에 반대는 했지만 불행하게도 그의 사상 자체가 비성경적이었기에 그 이상 합리주의에 반대할 수는 없었던 것이다. 그는 성경을 인간에 대한 하나님의 객관적인 자기 계시로서의 기록이 아니라 일부 뛰어난 성자들의 주관적인 종교 경험의 기록으로 간주해 버렸다. 오늘날 많은 설교자들이 기독교는 교리가 아니라 하나의 생활이라는 전제를 해 놓고 경험과 간증을 성경의 진리 대신으로 내놓는 것은 확실히 중대한 문제가 아닐 수 없다. 설교자의 경험이나 종교의식을 설교의 주제로 삼는 것은 '오직 성경으로'의 설교 원리를 깨뜨리는 것이다. 설교자의 종교의식과 경험이 마치 성경 저자의 신앙의식이나 경험과 일치하는 듯이 이해해서는 안 된다. 성경은 정확무오한 하나님의 말씀이지만 설교자의 경험 그 자체가 설교의

주체가 되는 것은 '오직 성경으로'의 원리가 아니다.[4)]

(2) 성경 전부를 설교하라(Scriptura Tota)

설교자가 성경의 한 부분을 무시한 채 가르치고 설교하면 그곳은 내일의 이단을 위한 온상이 될 것이다. 오늘날 교회가 직면하고 있는 모든 문제들은, 만약 교회가 성경 전체를 체계적으로 강해할 계획을 세워 진행하였더라면 수천배나 더 잘 해결되었을 것이다. 현대 회중들은 방향 감각을 상실하였다. 그것은 그들이 하나님의 계획의 처음도 중간도 끝도 모르기 때문이다. 그러나 하나님은 이 모든 것을 성경 안에 분명하게 제시해 놓으셨다. 그렇다면 '성경 전부(*Scriptura Tota*)'를 설교한다는 원리에 대한 절대적인 필요조건에는 어떤 것이 있는지 살펴보자.

먼저 '성경 전부'(*Scriptura Tota*)를 설교한다는 말은 구약과 신약 두 곳에 기초를 두어야 한다는 뜻이다. 구약과 신약은 서로 분리할 수 없는 관계이다. 어거스틴이 지적한 대로 신약은 구약 안에 숨어 있고, 구약은 신약 속에 나타났다. 그것은 신구약은 하나님의 구속사(救贖史)이며, 하나님의 언약사(言約史)이다. 그러므로 구약에서 신약의 약속 성취를 내다볼 줄 알고 신약에서 구약의 하나님의 약속을 읽을 수 있어야 성경적인 설교를 할 수 있다. 그러나 불행하게도 역사적으로 슐라이엘마허는 구약설교는 예수님이나 설교들에 의하여 인용된 메시아 구절에만 제한하자고 했는가 하면, 루터파 설교자들 중에도 구약을 가볍게 취급하는 자들이 있었다. 우리가 신구약성경의 통일성을 바로 보며 조화를 찾아서 하나님의 계시의 단일성을 설교할 때 성경 전부를 설교하게 된다.

둘째, 교리와 역사와 생활이 동시적으로 조화있게 설교가 되어질 때 '성경 전부'(*Scriptura Tota*)를 증거하는 것이다. 어떤 설교자는 기독교는 교리가 아니고 생활이라고만 말하는 사람도 있다. 그러나 그것만이 강조된다면 바로 설교

4) 정성구, *설교학*(서울: 총신대학출판부, 1991), 311-12.

되었다고 할 수 없다. 기독교는 생활인 동시에 교리이며, 교리와 생활이기 전에 역사적 사건(historical fact)임을 알아야 한다. 기독교의 복음은 언제나 세 가지 면모를 가지고 있어야 한다. 그것은 역사와 교리와 윤리인데, 이러한 세 가지 방면을 조화 있게 설교하는 설교자만이 '성경 전부'를 설교하는 것이다. 기독교는 역사적 사건 위에 세워진 종교이다. 그러므로 사건의 종교로서 강조되는 동시에 거기에는 구속의 교리가 있다. 그것이 오늘을 살아가는 우리들에게 구체적으로 어떻게 교훈하며 삶의 방향을 제시하는가를 바로 알아야 한다. 오늘날 많은 현대주의 신학자들이나 설교자들은 성경의 이러한 조화와 전체성을 바로 보지 못하고 있다. 일찍이 메이첸(J. G. Machen) 박사는 "만약 종교가 역사로부터 독립되었다면 복음 같은 것은 없다."라고 말했다. 역사와 교리와 생활의 조화를 선포한다는 것은 설교에 있어서 진리의 조화를 포함한다. 다시 말하면 칼빈주의 설교를 한다면서 하나님의 주권을 강조하기만 하고 인간의 책임을 동시적으로 설교하지 않는다면 그 설교는 '성경 전부'를 증거하는 설교가 아니다. 사랑의 하나님을 설교할 때도 공의의 하나님을 확실히 증거하며, 공의의 하나님을 설교할 때도 사랑과 구원의 하나님이 분명히 증거 되어야 하는 것이다.

셋째, '성경 전부'(*Scriptura Tota*)를 설교한다는 뜻은 복음의 차안성(Dieseitigkeit)과 피안성(Jenseitingkeit)을 동시적으로 설교하는 것을 의미한다. 사회복음주의자들 중에는 전적으로 차안적인 것만을 강조하고, 세대주의자들 중에는 오직 '오는 세상'에 대한 미래만을 설교한다. 이 둘은 어느 쪽이든 '성경 전부'를 증거하는 설교가 아니다. '여기'와 '거기', '오늘'과 '내일'이 동시적으로 증거되어야 하는 것이다. 영원한 하나님의 나라가 성경대로 분명히 제시될 뿐만 아니라 오늘의 주체적인 삶 속에서 그리스도인의 책임과 소명(召命)이 무엇인가가 분명히 설교되어야 성경적 설교인 것이다.[5)]

넷째로 '성경 전부'(*Scriptura Tota*)를 설교한다는 뜻은 기록된 말씀에 근거하여 예수 그리스도를 선포한다는 것이다. 즉 실제로 성경적인 설교자는 성경에서 그리스도 중심의 설교를 하는 것이다. 그리스도가 성육신하신 하나님인 것

---

5) *Ibid.,* 313-14.

처럼 그리스도 중심의 설교(Christ-centered Preaching)와 하나님 중심의 설교(Theocentric Preaching)는 상호 교환할 수 있다.[6] 이와 같은 내용의 설교를 할 수 있는 것은 역시 구속사적인 측면에서 성경을 이해하고 해석할 수 있어야 가능하다. 그러므로 일찍이 훅스트라(T. Hoekstra)가 힘을 주어 "그리스도가 빠진 설교는 설교가 아니다."라고 말한 것은 신구약을 통한 하나님의 구속 운동의 단일성과 그리스도의 사역을 바로 알아야 바른 설교를 할 수 있다는 뜻이다. 오늘날 우리들의 풍성한 목장을 위한 성경적인 설교란 어떤 것인가의 전제 아래서 '오직 성경'(*Scriptura* Sola)으로 동시에 '성경 전부'(*Scriptura* Tota)를 지적했다. 이러한 개혁주의 설교 원리는 모든 시대를 초월하여 설교자들에게 성경적 설교의 기준과 내용이 되어야 할 것이다.

2) 개혁주의 설교의 적실성(Relevance)

(1) 설교의 적실성은 무엇으로 보장받는가?[7]

설교의 적실성(relevance)을 논한다는 것 자체가 필요 없는 일같이 생각될 정도로 이 문제는 중요하다. 개혁자들의 '오직 성경' 원리나 구속사적 설교가 과연 성경의 적실성을 위협하며 말씀 사역에 객관주의적인 것을 도입하게 했는가? 물론 방관자처럼 앉아 있는 회중들 앞에 본문의 내용을 그 역사적 맥락 속에서 이성적으로 설명하는 객관주의적 설교만으로 교회가 건재할 수 없다는 것은 자명하다. 객관주의적 설교에서는 항상 설교와 청중 간의 거리가 존재하기 마련이다. 메시지는 빗나가고 말씀은 청중의 마음에 와 닿지 않는다. 이러한 객관주의적 설교는 주관적인 도덕 설교만큼이나 위해(危害)하다. 이 문제를 해결하기 위하여 우리는 과연 '오직 성경' 원리가 부적실한 설교로서, 냉랭하고

---

6) S. Greidanus, *Sola Scriptura,* 140-41.

7) C. Trimp, *The Relevance of Preaching,* Westminster Theological Journal Vol.36, 1973-1974, 오광만 역, 월간목회, 1993년 1월호, pp. 111-124.

영혼의 감흥이 없는 객관적 설교인지 살펴볼 필요가 있을 것이다. 이것을 이런 식의 질문으로 표현해 보았다. "개혁자들의 '오직 성경' 원리가 어떤 식으로 설교의 적실성을 전하며, 보증하며, 또한 보장하는가?" 이 질문은 '오직 성경' 원리와 설교의 적실성에 관한 질문인데, 우리는 여기에 답하면서 먼저 개혁주의 신학에서 신앙과 행위의 의미 있는 율(律)이요 유일한 법칙인 '오직 성경'에 도전한 반대파들을 살펴보고자 한다.

① 로마가톨릭은 '교회의 전통'이 설교의 보증이다

먼저 로마가톨릭은 '전통 교리'(Doctrine of Tradition)가 설교를 보증한다는주장이다. 로마가톨릭에 있어 과거의 전통은 오늘날 교회가 언명하는 내용의 적실성을 추진하는 원동력이다. 말하자면 개혁자들에게 있어 '오직 성경' 원리가 성경 해석과 설교의 제일의 규칙이듯이, 로마가톨릭의 '전통' 개념은 성경 해석과 설교의 기본적인 원리로 작용한다. 이 전통에 대한 신학적인 개념 배후에는 성경에서만 나오는 구체적인 선포가 과연 가능할 것인가에 대한 부정적인 대답이 자리잡고 있다. 그 이유는 개혁자들의 '오직 성경' 원리가 추출, 즉 처음에 생겨났고 그 후 계속해서 수용되어 온 계시의 실체에서 나온 기록된 말씀의 추출이라는 데 있다. 물론 기록된 말씀은 계시된 진리의 구전이 선행하였다. 이 진리의 일부분이 성경에 있다. 하지만 성경이 타당하게 작용되는 것은, 마치 넓은 시내처럼 수세기를 거쳐 흘러내려 온 이 전통의 문맥에서인 것이라고 한다. 소위 '살아 있는 전통'은 계시된 진리의 연속이며 이로 말미암아 진리의 근원이신 그리스도께서 모든 세대에 임재하신다. 이 전통을 전달하는 자는 보편교회요, 또한 사도적 교회이다. 특히 사도적 교회는 사도들의 후계자요 하나님의 대리자인 교황과 주교들의 모호한 가르침으로 말미암아 그 기능을 행사한다. 이런 의미에서 전통에 묻혀 있는 성경은 교회의 책인 것이다. 그러므로 교회는 성경의 상황과 문맥을 결정하는 기능을 한다. 계시의 진리는 교회의 교사들의 작품 속에 현대어로 표현된 살아있는 전통의 건전한 전파를 통하여 우리에게 도달한다. 그러므로 교회의 진리 선포의 적실성은 성경의 계시된 진리가 직접적으로 효과를 미치는 것이 아니다. 이러한 적실성은 교회에게 맡겨진 전통에 의해서 보증된다. 성경은 이러한 조력자 곧, 교회의 도움 없이는 적실하게 말할 수 없다는 것이다. 다시 말해서 성경은 해설과 적실성을 위해 전통에 의존하게 된다. 이것은 개혁자들이 외친 '오직 성경' 원리와 정면으로 상충되는 가르침으로서 진리를 무시하는 교훈이다. 로마가톨릭의 견해를 다르게 표현한 또 다른 이론에 따르면, 그리스도께서는 성경의 도움을 받는 지고의 명예로운 소명과, 성경을 과거의 무덤에서 일으키고 그것을 문학의 굴레로부터 해방시키는 소명을 교회에 주었다고 한다. 그리고 이런 식으로 과거의 그리스도는 오늘날의 그리스도가 되신다는 것이다. 적실하게 하고 다시 임재한다는 의미에서 재임(再任)하게 하는 능력은 전통의 수호자인 교회의 가르치는 자들에게 위임되었다. 교회가 아니라면 성경은 단지 '죽은 문자'에 불과하다는 것이다.

이처럼 교회가 지니고 있는 '재현'의 능력은 성경의 단순한 역사적 기능에 반대되는 것이다. 여기서 로마가톨릭의 예식의 핵심을 이루는 전통과 성례 간의 긴밀한 연관을 찾아볼 수 있다. 로마가톨릭에서 성례는 성직자들이 말씀을 가르치는 것과 동일한 수준의 것인데 그것은 그리스도의 죽으심만 아니라 그의 계시적 진리를 재현할 목적으로 교회가 받은 능력을 표명하는 것이다. 그래서 미사는 단지 그리스도의 죽으심을 희미하게 기억하는 것이 아니라, 사제에 의하여 그리스도의 죽음이 재현되어 교회와 그리스도가 하나님께 화목의 제사가 되는 수단이다. 여기서 교회가 차지하는 위치는 대단하여, 만일 교회가 아니라면 그리스도의 화목제가 산 자와 죽은 자에게 적용되는 적실성이 상실되고 만다는 것이다.

이런 점에서 로마가톨릭의 신학은 '오직 성경' 원리에 따라 설교하는 문제에 대하여 부정적인 답을 주고 있다. 이 질문을 개신교의 현대 성경학자들에게 던져 본다고 하더라도 같은 결과를 얻을 것이다. 신학상의 차이점은 상당하다고 하더라도 그들이 내놓는 결과의 유사성은 보다 현저하다. 이것은 특별히 Vatican Ⅲ 이후 세계교회협의회(W. C. C)와 로마가톨릭 간의 가중되는 신학의 일치 운동에 따라오는 필연적인 결과일 것이다. 이들은 설교의 특징으로서 재현(Representation, 독일어로 Vergegenwarcigung)을 생각한다.

그렇다면 그들이 이렇게 생각하는 이유는 무엇일까? 저들이 설교를 '재현'으로 생각할 때, 그 속에 암시되어 있는 사상은 교회의 케리그마에 성경과 관련하여 해방시키는 능력이 있다는 확신이다. 이 케리그마가 아니라면 성경은 여전히 갇힌 채 침묵하고 있을 판이다. 이러한 판단은 성경에 대한 역사 비평적 사고와 관련이 있다. 성경에 대하여 논하거나 생각할 때, 그 출발점으로서 더 이상 성경의 영감성을 인식하지 않게 되자, 성경 연구는 대번에 인간사고의 자율성의 손아귀에 들어가 버리고 말았던 것이다. 성경의 인간성이 주장되고, 기독교의 이 기록에 있어 역사적인 제한이 있다는 것이 발견되었다. 그 결과 성경의 역사적인 기록은 역사 비평의 심판대 위에 서게 되었고, 그 결과 성경은 역사적인 오류가 있다는 것이 판명되었다고 한다. 과학은 성경의 역사적 신빙성에 반기를 들었다. 그런데 어떻게 성경이 현대인에게 계속하여 적실한 메시지를 줄 수 있단 말인가. 성경에 역사적인 오류가 산재해 있는데 어떻게 강단에서 성경을 가지고 긍정적이고 적극적인 설교를 할 수 있겠는가. 과학은 성경의 사실(사건)들의 정확성을 보장해 주지 않을 뿐만 아니라 구속 사건들에 대해서도 회의적이다.

② 현대 신학자들은 성경의 실존적 재해석이 설교의 보증이다

성경의 오류를 주장하는 현대 자유주의 신학자들은 성경 주위에 확실한 증거의 울타리를 쳐 놓고는, 이렇게 구시대적인 유대 기독교의 문서가 현대의 설교에 어떤 역할을 할 수 있을지에 대한 설교학의 질문을 제기한다. 그들의 대답은 설교의 적실성과 교회의 신앙에 있어 '의도'(intention)가 성경과 현대를 이어주는 가교(bridge)의 역할을 하며, 구시대의 이야기에서 '케리그마적 의도'를 찾아 오늘날 교훈을 삼자는 것이다. 이렇게 하여 성경은 현대인의 마음에 도달한다고 한다. M. Kahler에서 R. Bultmann에 이르는 현대의 성경 해석학은 현대인을 위한 케리그마의 해방에 대해 구체적인 행동을 취하고 있다. 이러한 행동은 비평적 탐구의 전제를 반대한다는 의미에서 수행된 것이 아니라, 소위 메시지를 실존적으로 이해한다는 보다 고차원적인 수준에서 수행되고 있다. 그래서 성경이 객관적으로는 역사적인 문서와 상관없는 것이지만, 하나님과 자아실현을 탐구함으로써 현대인과 성경의 케리그마 간의 살아있는 '이해의 만

남'(Encounter of understanding)이 있다는 것이다.

실존주의적 접근으로 말미암아 20세기의 사람들에게 문호는 개방되었으며 메시지는 열려 있다. 그래서 우리는 성경과 '대화하기 위하여' 성경에 접근한다고 한다. 성경은 질문과 대답을 주고받음으로써, 그리고 초대기독교 공동체를 실존적으로 증거함으로써 우리와 교통하는 우리의 '동반자'가 된다고 한다. 성경의 기록에서 사실과 초대교회의 '신앙의 해석'을 구별할 수는 없지만 이 해석들 뒤에는 구속 사실의 핵심이 있다는 것은 부인할 수 없다. 우리가 초대교회의 케리그마와 더불어 대화를 시도하려는 것은 교회의 초기의 증언과의 역동적인 관계, 실존적인 연합으로써 메시지가 현대인에게 적실하게 적용되게 하려는 바람 때문이다.

하지만 여기서 초대교회의 문서가 우리에게 적실한 것이 되려면 그 케리그마가 현대적으로 재해석되어야 한다. 그래야만 메시지는 시간의 제약에서 해방된다고 한다. 그러니까 역사 비평학에 있어서 케리그마를 오늘날의 사람들에게 적실한 것이 되도록 하는 것은 재해석이며, 성경 자체가 아닌 것이다. 성경은 과거라는 한계가 있다. 그것을 그가 처한 유리한 '상황'에서 성경으로 하여금 자기가 살고 있는 시대에 말하게 하는 것은 창조적인 해석자, 그의 재해석으로 말미암는 성경의 재현(Vergegen wartigung)이다. 불트만에 따르면, 케리그마는 구속의 사실을 대변하는 것이어야 하는데, 그것은 성경의 케리그마라고 생각할 수 있는 것을 재해석함으로써 이루어지며, 그러는 과정에서 성경은 적실하게 된다고 한다. 그것은 마치 성경이 여러 세기 동안 전승된 자료를 쌓아 놓은 것과 같아서, 그 본문의 자료를 탐구하고 재해석해야 하는 것이다.

예컨대, 다윗 왕에게서 그리스도를 인식하는 것은 전승 자료를 재해석한 것이다. 그것은 말하자면 아주 창조적인 방법으로 신약교회의 그리스도 경험이라는 관점에서 옛 이야기를 적실하게 한 것이다. 신약의 교회가 구약에 대하여 한 것처럼 20세기의 교회는 신약에 대하여 그렇게 행할 수 있다. 20세기의 교회는 계속해서 구속사와 대화를 나누며, 그렇게 함으로써 전승의 역사를 계속 진행시키는 것이다. 그런 점에서 성경은 교회의 최초의 설교 모음집으로서 그 기능을 행한 것이다. H. M. Kuitert에 따르면, 성경 저자의 사역과 해석, 설교자의 사역은 두 사람 모두 당대의 용어로써 그들이 하나님과 만난 것을 기록한다는 점에서 차이점이 없다. 이 말에서 우리가 내릴 수 있는 결론은, 만일 성경이 교회의 최초의 설교 모음집이라면, 적실한 설교는 성경의 가장 최근판이 된다는 것이다. 성경을 우리에게 적실한 것으로 제시하고 일련의 전승된 형식들을 살아있는 전통으로 형성하고 각 세대마다 재현하는 것은 인간의 재해석인 셈이다.

이상과 같은 간략한 개요로 인하여 분명해진 것은 설교의 적실성에 대한 로마가톨릭의 신학과 현대 개신교의 해석학적 접근이 얼마나 가까운가 하는 것이다. 두 경우 모두 교회가 재현의 힘을 받았고, 이 재현 사역으로 인해 전통이 형성되었다는 점을 견지한다. 물론 양자 간의 차이도 있다. 로마가톨릭은 전통에 있어 교회의 무오함의 가르침을 강조하는 반면, 현대 개신교의 해석학은 설교자의 카리스마를 지적한다. 하지만 공통적인 것이 더 많은데, 두 진영 모두 이런 식으로 성령께서 교회를 모든 진리 가운데로 인도하신다고 기대하는 것이다. 그래서 매 시대마다 성령께서 인도해 주셔서 성경의 케리그마에 활력을 넣어 적실한 설교가 되게 기대한다는 것이다.

(2) '오직 성경'의 원리란 무엇인가?

이 모든 경우 어디서도 개혁자들의 '오직 성경' 원리를 찾아볼 수가 없다. '오직 성경' 원리는 로마가톨릭에 의해서는 추상적인 것으로, 현대 개신교 해석학에 의해서는 성경에 대한 정통적인 신앙의 무용한 잔재로 각각 거부되었다. 그 원리가 교회의 살아있는 공동체에서 분리된 것이라면, 성경은 죽은 책이 된다. 영감은 이제 전통과 해석에서 성경으로부터 사람의 작품으로 옮겨졌다. 이 해석의 적실성은 성경의 고대 메시지에 새로운 광채를 줄 빛이 될 것이다. 이제 우리는 이러한 부정적인 대답에 반하여 개혁자들의 '오직 성경' 원리와 설교의 적실성 사이의 긍정적인 관계를 탐구하는 개혁주의 설교학 문제에 봉착하게 되었다. 먼저 이에 대한 강한 반대자들의 견해를 언급하였는데, 그것을 해결한 것이 오히려 개혁주의 설교의 장래에 결정적인 도움을 줄 것으로 생각된다.

이와 관련하여 무엇보다도 먼저 '오직 성경' 원리가 설교학에 어떤 의미가 있는지를 살펴보는 것이 좋을 것이다.

첫째, '오직 성경' 원리는 그리스도 안에 나타난 구속이 오직 성경으로써만 우리에게 제시된다는 확신에서 교회 설교의 닻과 같다. 교회가 전통의 덕택에 즉 여러 나라, 여러 세기에 걸쳐 복음을 전수받아 전승시키는 것으로써 그 생명을 유지하고 있는 것은 사실이지만, 이 전통은 다름 아니라 사도들이 기록한 하나님의 말씀 가운데에 최종적으로 형성된 메시지를 전승하는 것과 관련 있다(히 2:3, 고전 11:23, 153, 살후 2:15, 딤후 2:2, 유3 등). 성경을 가르치는 일은 그리스도가 그의 백성들과 함께 사는 것이다. 설교로써 그리스도는 우리들 가까이 계시고 그의 백성은 그리스도와 교재를 나누며 그가 주시는 복을 향유한다.

둘째, '오직 성경'의 원리는 성문화된 전승과 구두 전승을 분리하려는 모든 난제를 종식시킨다. 이 문제에 주의를 기울이는 것이 특히 중요한 이유는 실존주의자들이 선포(구전)를 더 좋아함으로써 '오직 성경' 원리에서 성문화의 요소를 배제하려고 한다는 데 있다. '오직 성경' 원리가 실존주의화되고 있다. 특히, 칼빈은 루터와는 달리 구두 전승을 선호함으로써 성경의 성문화된 것의 가치를 절하시키거나, 성문화된 성경을 설교의 방해물이라고 한 번도 언급한 적이 없다. 성경은 케리그마의 감옥이 아니다. 오히려 성경은 케리그마를 포함하며, 설교자에게 그것을 선포할 수 있는 능력을 공급한다. 하나님께서는 성경을 기록하실 때 그의 계시된 말씀을 그곳에 넣으셨고, 우리의 구원을 염두에 두셨다. 개혁주의 신조가 우리를 위하여 하나님께서 특별히 간섭하시고 돌보셨다는 사실을 높이 평가하는 이유가 여기에 있다. 성경은 역사적 관점에서 메시지를 기록하거나 과거를 보존할 목적으로 기록된 것이 아니라, 장래의 교회를 염두에 두고 기록된 것이다. 그러므로 성경은 결코 과거의 감옥 노릇을 하지 않는다. 성경이 존재하는 이유는 과거가 감옥이 되도록 하려는 데 있는 것이 아니라, 성경에 들어 있는 모든 역사적인 제한성에도 불구하고 장래의 설교를 보장하는 것을 목표로 삼는 데 있다. 기록된 성경이 케리그마의 중보에 방해가 되지 않고 오히려 그 수단이라고 한다면, 구두 전승은 성경과 마찬가지로 복음과도 관계없는 것이라고 말해야 할 것이다. 케리그마가 구원의 중보(수단)로서 사역을 할 수 있는 것은 오직 성경에 기록된 복음 선포로써이다.

셋째, '오직 성경'의 원리는 하나님께서 우리에게 성경을 주신 것이 이 원리의 승리를 보증하시기 위함이라는 확신을 교회에 제공한다. 이러한 점에서도 성경의 충족성은 입증된다. 성경을 주신 성령도 기록된 복음의 승리를 보증한다. 메시지의 명료성은 교회의 가르치는 직분을 가진 사람에 의해서가 아니라 성경 자체에 의하여 보장된다. 그래서 성경 해석의 규칙은 다름 아니라 성경 자체에 종속되어야 한다.

넷째, '오직 성경' 원리로써 교회는 성경 말씀을 통하여 교회에 임재해 계시는 그리스도께서 신앙의 반응을 교회에게서 기대하신다는 것을 고백한다. 믿음이 설교 말씀을 들음에서 나오기 때문이다. 로마가톨릭의 성례전적 구원 수단을 배척하는 '오직 성경' 원리는 하나님의 은혜 교리에 있어 신인협동설(Synergism)을 배척한다. 이러한 의미에서 '오직 성경'과 '오직 믿음'은 밀접한 관계가 있다. 그러므로 '오직 성경' 원리를 개혁신학의 '형식적인 원리'(Formal principle)로 간주하는 것은 억지이다. '오직 성경' 원리에는 믿음의 확신이 믿음에 대한 약속의 말씀으로 선포되는 그리스도의 말씀 안에서만 발견된다는 사상이 포함되어 있다.

마지막으로, 성경의 절대성을 인정하는 것은 하나님의 구원계시의 기록으로 성경을 인정하는 것을 포함한다. 모든 세대를 향한 성경의 충족성을 고백하는 것은 개혁교회의 모든 사역의 기초가 된다. 하나님께서는 '마지막 날' 그의 아들 안에서 자기 자신을 결정적으로 표현하신 이후(히1:1) 계시의 역사를 마감하셨다. 하나님의 결정적인 말씀이 성령에 의하여 세상에 선포되는 것이 바로 오순절의 특징이다. 그래서 하나님께서는 모든 세대 모든 사람들을 위하여 선지자들과 사도들의 말씀으로 그의 활동들을 영구히 기록해 두셨다. 요한복음 16:13의 약속은 성령께서 그의 사도들에게 영감을 주어 성경의 진리가 완료되게 하고 모든 세대에게 충분한 계시가 되도록 하셨을 때 성취되었다.

① 사도들의 사역과 설교자들의 사역에는 구조적 차이가 있다

이러한 '오직 성경'의 원리를 인정한 터 위에서 우리는 사도들의 사역과 설

교자의 사역 간의 구조적인 차이를 존중해야 할 것이다. 성령께서 그리스도 안에 있는 구원의 비밀(cf. 고전 2:10, 12f, 엡 1:5, 10, 골 1:5~10, 엡 3:18, 19 등)을 우리에게 알게 하시기를 기뻐하셔서 모든 것을 계시하신 것이 사도들의 글이었고, 이런 점에서 사도들의 글은 구약과 동류에 속한다. 그리스도의 완수한 사역의 충족성과 그리스도의 계시된 말씀의 충족성은 모두 "마지막 날"의 특성과 하나님의 백성이 소유하는 구원의 방도를 결정한다.

개혁주의 설교학을 성경에 기록된 하나님의 말씀 사역의 설교라고 했을 때 어떤 이는 '오직 성경' 원리의 배경에 비추어 볼 때 그 정의가 너무 겸손한 것이어서 한층 더 두드러진다는 사실을 강조한다. 확실히 이러한 정의는 '창조적인 재해석' 사상에 반대되는 것이다. '사역'(Ministering)이라는 말이 이미 준비되고 완성된 어떤 음식 같은 것을 날라다 준다거나 봉사하는 일과 관계하고 있기 때문이다. '말씀 사역'은 하나님의 말씀을 적실하게 하는 작업이라든가 하나님의 말씀이 말씀하는 사실들을 다시 제시하는 일이 아니다. 또한 '말씀 사역'은 실제적인 상황에 비추어 유대, 기독교적인 증거를 재해석하는 것이 아니다. 성경이 그리스도의 비하와 승귀 등 그리스도에 관하여 우리에게 증거하는 것은 사실이지만, 그것은 단편적인 신앙 역사의 순간적인 기록과 같은 사실들에 대한 인간적인 해석이 아니라 "우리로 하여금 하나님께서 우리에게 은혜로 주신 것들을 알게 하시는"(고전 2:12) 하나님의 성령이 제시하는 교훈이다. 여기에는 인간적인 해석이나 재해석의 문제가 있을 수가 없다. 현금에 유행하는 재해석 개념은 하나님의 말씀인 성경의 신적 권위를 부인함으로써만 존재하는 것이며 고린도전서 2:6~13에 정면으로 위배된다.

② 설교사역의 참된 의미를 발견하여야 한다

하나님께서 성경을 우리에게 주신 것은 우리로 하여금 그 내용을 다시 쓰도록 영감을 주려는 데 있지 않다. 말씀 사역은 다름 아니라 종 앞에 놓여 있는 완비된 음식을 나누어주는 것이다. 종에게 요구되는 것은 창조성이 아니라 충성심이다(고전 4:2). 그리스도께서 우리의 생의 적실한 왕이 되신다는 선포의 케리그마의 능력을 역설하는 것은 오로지 이러한 한계 내에서만 적법하다. 이것을 이렇게 표현할 수 있을 것이다. 즉 우리가 이 '마지막 날'(히 1:1)에 계시 역사의 마침이라는 배경하에서 설교를 이해할 때에만 구속사의 진전으로서의 설교를 완전하게 특징지을 수 있다.

이 사역을 이렇듯 하나님께서 그의 백성에게 오시는 범위 내에서 온당한 섬김으로 인정한다면, 우리는 이 섬김의 영광을 말할 수 있다. 신약의 하나님의 말씀 사역은 '마지막 날'에 이루어지기 때문이다. 이러한 사실이 말씀 사역에 그 온당한 위치를 부여해 줄 뿐만 아니라 우리에게 그 중요성도 밝혀 준다. 즉, 말씀 사역은 성령의 시대에 있는 영광의 사역이다(고후 3:8ff). 성령께서는 말씀 사역을 통하여 열방 가운데 살아계신 그리스도의 통치를 확립하며, 구속사를 그 정점에 도달케 하신다. 말씀 사역이 잘 수행될 때 하나님의 결정적인 말씀은 그 궁극적인 능력을 발휘한다. 예수 그리스도의 아버지께서는 수세기에 걸친 작업을 마무리하기에 분주하시고, 구원을 사람들의 생활 가운데 제시하신다. 그리스도께서 온 우주에 대하여 그 정사를 무장 해제시켜 승리하셨고, 우주를 다스리는 분이심을 선포하는 것과 하나님께서 교회를 면밀하게 돌보신다는 사실을 선포하는 것은 밀접한 관계가 있다. 이 두 가지 경우에서 그리스도는 세상을 비추는 빛으로 나타나신다(고후 4:2). 성령은 온 민족과 각 가정의 거실에 있는 등불로서 이 빛을 공급하신다. 하나님께서는 이렇게 하여 인간의 지각의 근시안적 관점에 침투하신다. 그는 소경의 눈을 뜨게 하며, 믿음이 적은 자의 근시를 낫게 하시어 우리로 하여금 그의 새 창조를 보게 하신다. 이와 같은 일이 바로 성령께서 사람에게 맡기셔서 사람의 입을 통하여 하게 하신 성령의 사역인 것이다. 그리스도께서 친히 자기의 대사들의 입을 통해 말씀하시며(고후 5:20), 그의 종으로 말미암아 자기 자신을 오늘날의 사람들에게 제시하신다. 이렇게 해서 그리스도께서는 그의 말씀이 충만하게 하는 것이다(골 125). 이 사역은 최종적이며 풍성한 힘이 있다.

이러한 유의 사역이 중요하게 암시하는 것이 곧 설교의 적실성이며, 이러한 적실성에서 설교는 사역으로서의 타당성을 찾을 수 있는 것이다. 이 시점에서 계속하여 우리에게 올무가 되는 배교적인 신학적 사고의 위협에서 우리는 자유로울 필요가 있다. 주께서는 어느 시기나 통용되는 잠언으로 자신을 계시하지 않으셨다. 그는 지상에서 단지 상징적인 방법으로 인간 역사에 투영될 수밖에 없는 초시간적인 사상을 계시하신 것이 아니다. 하나님께서는 그의 백성에게 내려오시고 언약의 하나님으로 그 백성과 접촉하기를 기뻐하셨다. 그러므로 주께서는 역사적인 사실들로 자신을 계시하셨으며, 역사의 구체적이고 결정적인 순간에 인간의 입을 통하여 알리셨다. 그는 그의 자녀들이 사용하는 언어를 통해 말씀하셨고, 그의 종들과 그의 독생자를 통해 그의 자녀들과 함께 입에서 입으로, 마음에서 마음으로 말씀하시기에 충분히 가깝게 내려오셨다. 이 계시가 역사상에 평범하게 나타날수록 거기에 담긴 내용들은 더욱 특별해졌던 것이다. 전대미문의 소식을 가져와 그의 백성들이 듣고 이해할 수 있도록 하신 분은 바로 크신 왕 하나님이시다.

이런 식으로 하나님께서는 우리에게 접근하셔서 계시하셨고 그가 마음에 품으신 생각들을 우리에게 알리셨다. 하나님께서는 그의 구원을 계시하는 데 사람 언어, 역사를 사용하셨다. 이 모든 것들은 또한 그의 계시 사역의 역사적 특징들을 이해하기 위한 수단들이다. 주님께서는 지상에 그의 영감 된 말씀을 반영시키기 위해서 사람들의 입과 사람들이 살고 있는 역사적, 문화적 배경 속에 있는 구체적인 언어들을 어떻게 사용할지를 아셨다. 하나님께서는 이렇게 하심으로써 인간의 세계관의 막다른 골목으로 질주하지 않으시고 이러한 장애물을 제거해 버리고 그의 구원을 계시하시고 그의 나라를 선포하셨다. 이래서 하나님께서는 인간적인 수단을 그의 목적에 복종시키시고, 이러한 이유로 하여 그것을 거룩하게 하셨던 것이다. 이러한 인간적인 수단들은 계시와 그 순수성과 우주적 타당성을 파괴하는 것이 아니라, 오히려 그 반대이다. 이것들은 성령께서 마련하신 계시의 방법을 창조한다. 하나님께서는 과거의 어떤 특정한 시간과 또 모든 시대를 위하여 그의 구원과 계시에 대한 역사적인 사실로써 그의 백성들에게 자신을 보여 주셨던 것이다. 이러한 역사적인 사실들이 그의 계시를 상대화하고 가두며, 과거의 한 부분이 될 수 없는 것은 바로 하나님께서 친히 자신을 계시하셨기 때문이다. 역사 자체가 우리의 구원에 관계되는 것을 계시할 수는 없고, 다만 하나님께서 역사 속에서 자기 자신을 계시하신 것이다. 이렇게 하여 그는 자기 자신을 열국 중에서 영원한 성호로 삼았다. 이 성호 때문에 하나님의 영이 우리에게 하나님의 계시를 기록한 영감 된 성경을 주셔서 다음 세대에 지속적인 하나님의 말씀으로 삼도록 하셨다. 이 동일한 성령께서 세상에 빛을 비출 등불을 제공한, 성경 말씀의 사역을 맡기셨다. 이것은 모든 세대, 언어, 문화 속에서 이룩해야 하는 것이며, 이렇게 함으로써 성령은 모든 인간적인 필요와 요구를 충족시킨다. 이 사역은 종속적이고 수단적인 사역이다. 하나님의 영은 당대의 언어를 말하고 그 시대와 문화의 지평에서 살고 있는 사람들을 활용하여 그들의 구체적인 상황이 "그리스도의 영광의 복음의 광체" (고후 4:4)를 향하게 하신다. 그들이 살고 있는 이 역사적인 맥락은 이러한 섬김에 부족하다든가 그들의 사역을 수행하는 데 장애가 되지 않는다. 오히려 그 반대이다. 역사 속에서 자신을 제시하신 동일한 하나님께서 역사 속에서 자신을 제시하는 것이다. 하나님께서는 인간의 입을 통하여 그의 성호를 선포하신다. 우리가 살고 있는 구체적인 상황을 이용하여 우리의 마음에 접촉하신다. 하나님께서는 이러한 사역을 설정하심으로써 그의 계시된 말씀의 적실성을 보호하시며, 이러한 말씀 사역으로써 살아 있고 영원히 타당한 언약의 말씀의 특성을 지닌 말씀을 계시하신다. 그러므로 이러한 말씀 사역으로서의 설교는 이전에 있던 이야기들을 객관적으로 재생시키는 문제가 아닌 것이다. 즉, 설교란 성경 본문을 웅변식으로 외치는 낭송이라든가 어느 시대에나 적용 가능한 진리의 예시로서 본문을 주경적으로 해석하는 것이 아니다. 성경은 웅변책도 철학 강론도 아니기 때문이다. 성경은 하나님의 아들 안에 계시된 하나님의 사랑을 선포하는 것이며, 사랑에 대한 하나님의 계획을 계시하는 것이요, 그의 사랑이 인간의 심장을 가로질러 죄의 저항을 분쇄하는 전쟁을 서술하는 것이다.

(3) 설교의 적실성은 성경 그 자체에 의존한다

그러므로 우리가 살고 있는 시대와 사도들과 선지자들의 시대 간의 역사적인 괴리는 우리 인간의 재현 사역(Human work of presentation)에 의해 연결되지 않고, 하나님 자신의 신실성에 의하여 연결된다. 하나님께서는 과거에 그의 아들 안에서 자신을 계시하셨다. 하나님께서는 옛 이야기들의 옷을 입고 수세기, 여러 나라를 가로질러 우리에게 접근하시며 성경의 그리스도는 우리 가운데 거하고자 하신다. 그러므로 말씀 사역이란 '재현'이 아니라 '기억'이다. 과거의 사실들이 현재로 전환된 것이 아니라, 이 사실들에 영원한 자기의 이름을 계시하신 하나님께서 임재하시고 장차 임재하실 것으로 선포되는 것이다. 적실한 구속사적 설교의 단계인 구속사의 통일성은 이러한 하나님의 신실성에 기초한다. 그 의미가 무엇인가 하는 것은 하나님께서 그의 아들과 성령을 통하여 우리에게 임하신다는 관점에서 인간이 공적으로 수행하는 설교사역을 이해함으로써 얻어진다.

설교를 사람이 그 메시지를 적실하게 하는 원리로 이해할 경우, 그것은 계시를 상대성의 원리밖에는 접근하지 못하는 것이 된다. 그럴 경우, 당대의 경험에 비추어 성경에 적실성의 계수를 부가하는 주체는 사람이 되고 만다. 그러나 만일 우리가 하나님께서 그의 성호를 지상에서 결정적으로 세우신 하나님의 말씀으로서의 성경의 역사적 독특성을 존경한다면, 설교의 적실성은 성경 그 자체에 의존하게 된다. 말씀 사역의 인간성과 역사적 결정성은 성경의 진리를 파괴하는 것이 아니라. 하나님의 말씀을 효과적으로 사람에게 향하게 하신다. 여러 세기에 걸쳐 백성들의 삶 속에서 활동하는 하나님의 놀라운 구원 사역에 이바지하는 것은 과거의 그 하나님 말씀이다. 이런 식으로 말씀 사역은 예수 그리스도의 영의 사역이 되는 것이다. 그리스도께서는 그의 영으로써 우리의 지혜, 의, 거룩, 완전한 구속으로서 임재하시며, 그의 빛을 세상의 역사 가운데 있는 우리의 매 상황과 우리 자녀들의 삶 속에 비추신다. 그러므로 설교의 적실성은 성령을 통하여 그리스도께서 임재하시는 곳에, 거기에 근거하여 있는 것이다. 그리스도께서는 적실하시다(Christ is relevant). 이 동일한 그리스도 안에서 하나님께서는 자신을 모두 표현하셨으며, 그분에 대하여 신구약성경은 증거한다.

2. 죤 칼빈의 설교 원리

개혁자들의 입장에서 본 종교개혁은 설교의 회복이요 설교의 부흥이라고 할 수 있을 것이다. 또한 종교개혁이 성경에 대한 재발견이었다면 이 성경을 제자리로 돌려놓는 운동은 설교단을 통한 말씀 전파에서 시작되었다. 그 결과는 오늘날까지 기독교에 있어서 설교는 가장 중요한 요소로 자리를 잡아왔다. 왜냐하면 기독교는 그 본질에 있어서 말씀의 종교이기 때문이다. 말씀이 육신이 되어 우리 가운데 거하셨던 예수님은 제자들을 세우셔서 복음의 설교자로 보내셨다. 오늘도 설교자들을 통해서 계속해서 말씀하시는 분이시며, 설교를 통해서 하나님의 구원의 역사는 계속되고 있다. 설교자들에게 복음 전파의 사명을 위임하시고 그들을 보내시면서 하늘과 땅의 권세를 가지셨음을 강조하신다. 또한 그 명령을 따라 감당하는 말씀사역의 현장에 언제나 함께하실 것임을 약속하셨다(마 28:18~20). 그러므로 기독교의 역사는 생명력 있는 설교를 통해서 교회를 세우며, 하나님의 백성들을 말씀으로 인도했으나, 아무런 변화도 불러일으키지 못하는 습관적으로 행해지는 무기력한 설교가 있던 시대의 교회는 깊은 영적 암흑기를 경험한다. 바로 이러한 암흑의 시대에 실로 말씀에 생명을 걸었던 강단의 거성이 있었다. 그로 인해 교회는 서서히 영적 활기로 충천했고, 영적 어두움과 고난이 서린 시대의 긴 터널을 벗어나 실로 1000여 년 만에 설교의 회복과 설교의 부흥을 통해 교회의 참모습을 복원하게 되었다. 그가 바로 종교개혁자요 하나님의 영광의 신학자이며 목회자요 설교자였던 죤 칼빈이다. 다음의 내용은 특별히 강단의 거성으로서 종교개혁을 큰 역할을 감당했던 칼빈의 설교의 세계를 살펴봄으로써 신학자 칼빈의 성경 주석들과 명작 기독교강요 등에 의해 가려져 있는 설교자 칼빈에 대한 새로운 발견을 시도하기를 원한다.

1) 죤 칼빈의 설교와 종교개혁

(1) 설교 회복으로서의 종교개혁

종교개혁과 설교와의 관계를 자세히 고찰해 보면 그 관계가 얼마나 밀접했는가 하는 것은 즉시 드러난다. 이 위대한 혁명의 사건과 업적들은 대부분 설교자와 그들의 설교가 이루어 놓은 작품이었다. 왜냐하면 종교개혁의 사건들과 원칙들은 설교에 영향이 미쳐 설교 그 자체에 새로운 정신을 불어넣고 새 힘과 새 형식 등을 주었기 때문이다. 주후 4세기 이후 약 1000여년 동안 중세교회시대의 로마가톨릭 전성시대는 설교를 잃어버린 시대였다. 교회가 박해를 받을 때는 복음을 사수하고 진리를 지키려는 뚜렷한 목표가 있었으나, 교회가 로마제국의 보호 아래 놓이자 이제는 목표와 방향을 잃어버린 교회가 되어버렸다. 말씀이 약해지니 자연스럽게 의식적인 종교가 발전되었고 설교는 의식의 그늘에 가려져서 서서히 빛을 잃고 말았다. 설교가 점점 빛을 잃어가자 외형적으로 꾸미는 의식이 점점 발전되었고 세속적인 힘을 얻으려고 했다. 이처럼 기독교가 박해에서 벗어나 자유를 만끽하게 되니 로마의 상류 사회 사람들이 교회에 들어오게 되었고 설교자들은 그들의 환심을 사기 위해서 말씀을 말씀으로 증거할 수 없게 되어 버렸다. 더구나 복음은 스콜라철학에 화를 입어 그 모습을 잃어가게 되었고 하나님의 말씀인 성경에 여러 가지 이교철학과 지식을 보태어 여러 가지 교회의 그릇된 전승을 붙여 성경을 완전히 뒷전으로 밀어내었다. 중세 로마가톨릭의 화려한 예배의식은 설교를 사소한 일로 만들어 버렸다. 왜냐하면 미사의식이 예배를 대치해 버렸고 그 외 많은 의식들이 곁들여져서 하나님의 말씀을 읽고 강해하는 것은 그다지 중요하게 여기지 않았기 때문이다. 중세 로마가톨릭의 성직자들은 설교를 등한시하였으며 그 결과 수도승들이 이러한 태만에 대해 오랫동안 항의하며 설교하는 것을 요구했지만 그들 역시 대세에 휩쓸리고 말았다. 위클리프(Wiclif)의 "가련한 성직자들"(Poor priests)은 설교를 무시하는 성직자를 책망했지만 위클리프파 교도들의 주장은 묵살되었다. 또한 영국에서 "설교하지 않는 성직자"들은 종교개혁자들에 의해 맹렬한 공격의 대상이 되었다. 이처럼 설교에 대한 무관심은 보편적이었고 많은 불평만이 있었던 반면에 설교에 대한 종교개혁자들의 열의는 실제로 놀라운 것이었다. 종교개혁자 루터와 칼빈은 열렬한 설교자들이었으며 이들은 설교사역자의 모범이 되어 주위에 영향을 미쳤다. 종교개혁자들은 개혁의 정신을 드높이기 위해서는 모든 합법적인 수단을 다 동원한 것 같았지만 그들의 개혁의 주된 도구는 하나님의 말씀을 전하는 것이었으며, 개혁자들 대부분이 이러한 말씀의 사역에 심혈을 기울였다.

종교개혁자들로 인하여 설교는 예배에서 제 위치를 회복하기 시작했다. 종교개혁 이후 예배에서는 미사가 사라지고 성경강해가 중심이 되었다. 이리하여 아마도 14세기 이후 예배에서 설교의 중요성이 더욱 부각하게 된다. 종교개혁자들로 인하여 설교가 예배 가운데 가장 중요한 부분이 되었다. 설교없는 종교개혁은 상상할 수도 없다. 종교개혁은 올바른 말씀 선포에로의 회귀였기 때문이다. 설교학자 브러더스(Broadus)는 종교개혁의 특성을 ① 설교의 회복 ② 성경적 설교의 회복 ③ 논쟁적 설교의 회복 ④ 은혜의 교리에 대한 설교의 회복[8] 등으로 간추렸다. 종교개혁은 설교가 없었던 1000여 년간의 교회에 설교의 회복과 설교의 부흥을 가져다준 설교의 혁명이었다.

(2) 성경 재발견으로서의 종교개혁

종교개혁의 원동력은 성경을 사용하는 것이었다. 종교개혁자들의 손에서 하나님의 말씀은 다시 제자리를 찾아 설교단에 서게 된다. 철학과 종교를 조화시킨 중세 로마가톨릭 스콜라시즘의 설교란 성경 본문에는 관심도 없었고 플라톤이나 아리스토틀의 격언이나 교훈 중에서 끌어다가 종교적 강화 정도의 것이었다. 더구나 6세기에 와서는 성경 본문을 읽는 것 자체를 중단해 버렸다. 중세 교회의 사제들은 성경 본문을 가지고 설교하는 것 자체가 부자연스럽다고 생각하고 성경 본문 때문에 설교자의 내용이 제한된다고 생각하고 거기서 탈출하려

---

8) Edwin C. Dardan, *A History of Preaching,* Vol. II, 김남준 역 '설교의 역사 II'(서울: 도서출판 솔로몬, 1995), 115-17.

고 했다. 그래서 설교를 할 때 성경 본문을 쓰는 것을 아주 낡은 습관으로 이해했다.[9)]

그러나 종교개혁자들은 성경을 믿음과 신앙에 관하여 유일한 권위로 인정하고 기독교 교리, 예배, 생활의 진실된 개혁에 특징적인 요소로 여겼다. 그들은 감정과 확신과 이성을 존중하며 성령께서 하나님을 믿는 자를 인도하시고 그의 뜻을 알게 하시고 행하게 하시라고 믿었으나 만일 이러한 판단이 하나님의 말씀과 부합되지 아니하면 받아들이지 아니했다. 오직 하나님의 말씀만이 결정적인 시금석(test)이요 궁극적인 심판대(appeal)가 되었다.

중세 설교자들의 무모하고 근거 없는 신비적 해석은 루터, 쯔잉글리, 칼빈과 같은 개혁자들에 의해 이성적이며 분명하고, 문법적이고, 교훈적인 강해설교로 바뀌는 것을 보면 정말 가슴이 후련하다. 칼빈의 성경 주석은 지금도 매우 귀중하며 성경 말씀의 정확한 뜻을 파악하고 표현하는 데 설교자의 귀중한 참고서가 되고 있다. 설교에 새로운 방향을 제시하고 지각 있으며 설득력 있는 성경 해석을 설교의 확고한 기초로 삼음으로써 종교개혁자들은 기독교의 진보에 가장 큰 공헌을 하였다. 따라서 종교개혁자들의 설교에는 성경이 위엄(honor)과 권위(power)를 가지게 되었다는 것은 당연한 귀결이다. 중세 로마가톨릭 설교의 대대를 형성하였던 저급한 우화들과 성인들의 전설과 이야기들이 사라지고, 있을 수 없는 기담(奇談)들은 종교개혁자의 설교에는 나타나지 않는다. 여전히 그 잔재가 남아 있고 설교의 틀과 내용에서 항구적인 영향을 마치고 있지만 그 정치(精緻)한 스콜라학풍이 많이 희색되었음을 본다.[10)] 그러나 공정하게 판단하고 스콜라적 흔적을 적당히 제거한다면 종교개혁 설교의 씨실과 날실은 바로 성경이었다는 것은 명백하고도 두드러진 사실이다. 이렇게 성경에 기초한 설교를 통한 종교개혁은 종교개혁자들에 의해 성경의 재발견이라는 가장 귀중한 유산을 물려 주었다.

---

9) 정성구, *개혁주의 설교학*(서울: 총신대학출판부, 1991), 108-109.
10) *Ibid.,* 128-29.

(3) 말씀 중심의 예배회복으로서의 종교개혁

종교개혁자들에 의한 말씀 전파의 불길은 성경의 재발견과 때를 맞추어 확산되었을 뿐 아니라 성경에 대한 새로운 번역의 시도가 동시에 일어났기 때문에 참된 예배의 복원을 가져오게 되었다. 사실 중세 로마가톨릭의 예배는 하나님의 영광과 찬양을 돌리는 예배의 본래 정신에서 이탈되어서 순전히 의식화되어 갔는데 예배는 일반인들이 전혀 알아듣지 못하는 라틴어를 사용해서 성경봉독이나 기도문으로 하였다. 그런가 하면 중세 로마가톨릭은 서서히 제사의식이 복잡해지고 성직자가 전문적으로 집행함으로서 사제계급과 평신도 계급의 이층 구조를 낳게 되었다. 의식화된 종교는 점점 성상숭배니, 마리아숭배니, 유물숭배 등이 왕성하게 되었고, 미사에 있어서 우상숭배 행위가 합법화되어 예배의 중심이 되고 말았다.[11] 그래서 중세 로마가톨릭은 하나님의 말씀이 사라지고 참된 예배를 잃어버린 의식적인 종교가 되어 버렸다. 이에 대항하여 개혁자들에게 있어서는 성경을 읽고 설교하는 것이 바로 예배 의식이었다. 성경봉독 다음에는 바로 설교를 했으며 찬송과 기도를 함께 했다. 신약시대의 예배가 희생의 예배(worship of sacrifice)의 형태가 아니고 말씀 중심의 예배(worship of Word)라면 칼빈주의 예배는 말씀 중심의 예배를 재건(Re-establish worship by Preaching)한 것이라고 할 수 있을 것이다. 사실 종교개혁자들이 이해한 것은 하나님의 말씀을 설교하는 자는 바로 하나님의 도구로 인식했다. 그래서 루터는 설교에 대한 자기의 태도를 고백하면서 “내가 설교하기 위하여 설교단에 오를 때나, 성경을 봉독하기 위해서 설교단에 섰을 때 그때는 이미 나의 말이 아니라 나의 혀는 이미 쓰신 분(하나님)의 편에 지나지 않는다.”라고 확신했다. 또 칼빈의 말을 인용하면 “영으로 계신 하나님은 설교의 말씀 선포 가운데 그리고 그 말씀을 듣는 청중에 꼭 같이 일한다.”라고 하였다. 칼빈주의 예배의 핵심은 두말할 필요 없이 말씀 중심의 강조(A central emphasis on the word)를 내세우게 된다. 그리고 언약의 말씀 선포 없이는 성찬도 무의미하다는 것이다. 칼빈은 루터처럼 “말씀과 신앙이 상

---

11) *Ibid.,* 110.

관관계가 있다"(Word and faith are correlatives)고 보고 성만찬까지도 결국 "말씀의 표"(sign a verbi)로서 이해하였다. 칼빈주의자의 예배 원리로서 설교를 가운데 둔 것은 성경 외의 것에다 무엇을 첨가하지 않으려는 태도에서 비롯된다.[12] 이와 같이 종교개혁은 중세 로마가톨릭의 비성경적 희생의 예배형태에서 말씀 중심의 예배를 재건한 중대한 의의를 가지게 되었다.

2) 죤 칼빈의 설교에 대한 이해

사실 칼빈은 설교학에 대한 논문을 전혀 쓰지 않았다. 하지만 그의 교리서, 주석서 그리고 특히 그의 수많은 설교와 신학 작품을 통해서 우리의 그의 설교학의 요소들을 끄집어 낼 수 있다. 그러나 이런 모든 요소들을 전부를 드러내기란 본 주제의 한계를 벗어나게 될 것이다. 따라서 우리는 가장 중요하게 여겨지는 몇 가지 주제들을 다루므로 그의 설교의 세계를 가늠할 수 있을 것이다.

(1) 칼빈의 설교자의 초상

① 하나님의 대언자(代言者)인 설교자

설교자는 누구인가? 그 정체(正體)를 우리는 어떻게 이해하여야 할 것인가? 이러한 질문은 우리의 설교사역에서 소중하게 생각해야 될 부분들이다. 여기에 대한 칼빈의 해석은 오늘의 설교사역자들에게 적지 않은 부담을 주기도 하거니와 자신의 정체성을 확립할 수 있는 확고한 신학적 바탕을 제시해 주고 있다. 칼빈에게 있어서 설교자의 봉사하는 말씀은 하나님의 말씀이지 자신의 것이 아니다.[13] 이와 같이 설교자가 복음을 설교함으로서 하나님께 합당하고도 큰 가치 있는 봉사를 드리기 때문에,[14] 그리고 그의 수고가 하나님께서 인정되기 때

12) 정성구, *개혁주의 설교학*(서울: 총신대학출판부, 1991), 601-602.
13) John, Calvin, *베드로전서 주석*, Vol.Ⅳ. 607.

문에 말씀의 사역은 권위를 부여받은 것이다. 하지만 무엇보다 강조되어야 할 것은 이 권위가 목사 자신에게서 나오지 않고 그를 보내시는 이에게서 비롯된다는 사실이다.[15] 이런 의미에서 칼빈은 설교자는 '하나님의 입'[16]이라고 단언하면서 하나님은 많은 탁월한 은사들을 주셔서 인간을 영광스러운 존재로 만들어 주셨지만 그중에서도 가장 놀라운 특권은 황송하게도 인생의 입과 혀를 성별하셔서 그들 속에 자신의 음성을 대언하게 하신 것이다. 이러한 칼빈의 설교자에 대한 인식은 종교개혁자들에게 영향을 끼쳐 그들은 하나님의 말씀을 설교하는 것은 곧 하나님의 말씀이라고 고백하기를 주저하지 않았다. 이처럼 그는 설교자란 하나님의 손 안에서만 존재하고 그분의 주관하에 있는 실존으로 규정하고 있다. 칼빈은 설교자들의 뿌리를 구약의 예언자들에게 두면서 그 예언자들은 성령의 발성기관으로서 오직 위탁된 말씀만을 외치는 도구로서의 역할만을 수행하는 것으로 보았다. 그 예언자들이 자의적으로 하나님의 말씀을 전하는 것이 아니라 철저하게 주어진 메시지에 국한된 사역을 감당하였다. 그러나 칼빈은 황홀경에 빠져서 제정신을 잃고 예언을 하는 이방 종교의 예언자들과는 철저히 구분을 짓고 있다. 구약의 예언자들은 비록 성령을 그들의 인도자로 알고 순종하여 따랐고 성령이 주신 영감을 받아 하나님의 말씀을 전하였지만 그들은 자신의 이성을 잃지 않고서 충분히 맑은 정신으로 말씀의 발성기관의 역할을 수행하였음을 강조한다. 이처럼 성령의 인도 속에 전체의 생을 맡기고 살았던 예언자들에게는 하나님이 그들의 눈을 열어서 그들이 결코 이해할 수 없는 것들을 깨닫게 하셨고 성령이 주시는 통찰력을 가지고 성령의 능력으로 백성들의 마음속으로 파고들어 가서 그 안에 숨겨져 있는 것을 파헤치도록 하였음을 강조하고 있다. 또 칼빈은 오늘의 설교자들 역시 예수 그리스도에 의하여 복음의 선포를 위한 도구로 고용된 말씀의 대리자임을 스스로 확인할 때 그 사용권이 고용주에게 예속된다는 사실을 강조하였다. 그러므로 설교가 하나님의 말씀이 될 수 있는 것은 대사가 자신을 파송한 분의 뜻을 이탈하지 않을

14) 로마서 주석, Vol.Ⅲ, 19.
15) Richard Stauffer, *Calvin et Sermon,* 박건택편역, 칼빈의 설교학(서울: 도서출판 나비), 63.
16) *Homilies on 1 Samuel,* xlii, 42.

때이다. 설교는 하나님의 진리이며 무오한 말씀을 바르게 해석함으로써 그 말씀에 철저하게 복종할 때 진정한 설교가 된다. 따라서 종교개혁자들이나 청교도들은 사사로운 해석이나 불확실한 설명일 수 있는 자기 자신의 특별한 견해를 제시하는 것이 아니라 철저하게 성경에 바탕을 두고 "주께서 이같이 말씀하신다"는 말로 엄청난 영향력을 미치면서 그들의 메시지를 전하였다.

② 그리스도의 사신(使臣)인 설교자

칼빈은 교회의 권위에 있어 오직 하나님의 말씀만이 교회를 다스리는 유일한 권위라고 말했다. 그는 기독교강요 4권 3장에서 하나님만이 교회를 지배하시며, 교회 안에서 권위를 또는 우월한 지위를 가지셔야 한다. 그리고 이 권위는 그의 말씀에 의해서만 행사된다고 전제했다. 그리고 그는 계속하여 눈에 보이시지 않는 하나님은 자신의 뜻을 사람들에게 전하고자 하실 때에는 친히 말씀을 사용하신다. 따라서 이 말씀 안에 사람의 섬김을 요구하신다고 말했다. 그리고 칼빈은 하나님께서 사람을 통해 자신의 말씀을 전하게 하시는 이유를 이렇게 3가지로 설명하였다.

먼저, 하나님께서 사람들을 택하여 자신을 대신하여 사신(使臣)의 직분(고후 5:20)을 주셔서 그에게 감춰진 뜻의 해설자나 또는 자신을 대표하는 자로 삼으심으로서 우리 인간을 얼마나 존중하시며 중요시하시는가를 드러내고자 함이라고 하였다. 또한 이로 인하여 「하나님의 전」이라고 일컬어지고 있음이(고전 3:16, 17, 6:19, 고후 6:16) 헛되지 않은 것을 증명하시는 것이다. 이것은 하나님은 마치 「지성소」에서 말씀하시는 것처럼 인간의 입을 통하여 인간에게 대하여 응답을 하시기 때문이다.

둘째, 하나님은 우리에게 하나님의 말씀에 복종하게 함으로써 가장 유용한 습관인 겸손을 길러 주는 유익한 훈련이 되기 위함이라는 것이다. 이는 곧 흙으로 빚어진 보잘것없는 인간이 하나님의 이름으로 말할 때 하나님의 사역자에게 겸손하게 귀를 기울여 듣게 되면 하나님께 대한 우리의 경건과 복종을 가장 잘 나타낼 수가 있는 것이며 동시에 하나님은 자신의 신적 지혜의 보배를 연약한 『질그릇』(고후 4:7)에 감추시고 그로 말미암아 우리가 그 보배를 얼마나 존중하는가를 시험하시는 것이다.

셋째, 한 사람이 목자로 세움을 받은 후 다른 사람들을 가르치고 제자로 임명된 자들이 한 입으로부터 같은 교리를 받는 일이 우리 가운데 형제 상호 간의 사랑을 길러 주는 가장 적절한 굴레가 되기 때문이다. 왜냐하면 인간이 스스로의 능력을 믿고 다른 사람의 도움을 필요로 하지 않는다면, 이것이야말로 인간 본성의 거만함이며 서로를 낮추어 보는 경향이다. 따라서 주 하나님께서는 교회의 단일성을 유지할 수 있는 가장 강력한 수단으로 일종의 가시적(可視的)인 끈을 가지고 자기의 교회를 한데 묶어 놓으셨다.[17] 그러므로 칼빈은 성직의 중요성에 대해서 말하기를 현세의 삶을 지탱하고 더욱더 풍요하게 하기 위해서는 태양의 빛과 열이나, 먹을 것과 마실 것이 필요하듯이 지상의 교회를 보존하기 위해 사도직과 목사직이 반드시 필요한 것이다[18]라고 하였다.

③ 사도적 사역의 계승자(繼承者)[19]인 설교자

칼빈의 그의 저서 기독교강요에서 교회의 조직 가운데 옛날의 선지자와 오늘[19]날의 교사가 서로 비슷하고, 사도는 오늘날의 목사와 서로 일치성을 갖는다. 즉 교회의 사역자들은 모두 주 하나님께서 보내신 주의 사자이기 때문에 사도라 불려진다는 것은 원리로 보아서나 또 어원으로 보아 정당하다고 했다.[20] 그러나 칼빈은 목사는 그들에게 맡겨진 특정한 개개의 교회를 통치하는 점이 다를 뿐이며 사도들과 동일한 직권을 가졌다는 것이다.[21] 그 이유는 우리

---

17) 죤 칼빈, 기독교강요, 제4권, 이문제 역(서울: 혜문사, 1974), 103.

18) *Ibid.*

19) 사도적 계승에 대해 한스 킹은 말하기를 부활한 주님 자신이 증인이요 사자라는 점에서 사도들의 후계자는 있을 수 없고 사도들의 부름은 계속되지 않는다. 직접의 증인이요 사자라는 기본 직무로서의 사도직은 사도들의 죽음과 더불어 사라졌다. 직접 목격자이며 직접 파견받은 자로서의 사도직은 반복과 계속은 없다. 그러나 사도적 사명과 봉사는 남아 있으며 사도적 봉사라는 사도적 사명의 존속에 사도직의 계승에 있다. 이것은 법적, 사회학적 의미의 승계가 아니며 소수의 개인이 아닌 온 교회가 사도들을 계승한다고 하였다.(Hans Kung, Was ist Kirche?, 이홍근 역, 교회란 무엇인가(서울: 분도출판사, 1997), 145-47.)

20) 죤 칼빈, *Ibid,* 114.

주님께서 사도들을 파송하실 때에 '복음을 전파하라' 또는 '……세례를 주라'는 명령을 그들에게 주셨다(마 28:19). 그러나 그보다 먼저 그는 자신의 몸과 피의 거룩한 '표적'을 자기가 몸소 보여 주신 모범에 따라서 나누어주도록 명령하셨다(눅 22:19). 보라 이것이야말로 '사도'의 위치를 계승하는 자에게 주어진 거룩하고도 침범할 수 없는 또 영원한 법이다. 즉 그들은 이 법으로 말미암아 '복음의 설교'와 '성례전의 집행'을 명령받은 것이기 때문이다.[22)]

그러면 목사는 어떠한가? "사람이 마땅히 우리를 그리스도의 일군이요 하나님의 비밀을 맡은 자로 여길찌어다"라고 말할 때(고전 4:1), 이것은 다만 자기 자신에 대하여서만이 아니라 '목사'의 직분을 맡은 사람 전부에 대해서 말했던 것이다.[23)] 또한 "감독은 미쁜 말씀의 가르침을 그대로 지켜야 하리니 이는 능히 바른 교훈으로 권면하고 거슬러 말하는 자들을 책망하게 하려 함이라"고 말하고 있다(딛 1:9). 이 구절들과 이와 비슷한 구절에서 '목사'의 직분에는 두 주요한 부분이 있음을 결론할 수 있다.[24)] 즉 '복음을 전파하는 일'과 '성례전을 집행하는 일'이다. 바로 이런 점에서 칼빈은 설교자, 즉 오늘날의 목사를 사도적 사명의 계승자로 보았던 것이다. 결국 '사도'가 전 세계에 널리 행한 그 일을 목사는 그들에게 분할되어 있는 양무리에게 행하는 것이다.[25)] 따라서 오늘날 칼빈주의자들은 교회의 사도적 계승을 로마교회[26)]와는 전혀 다른 의미에서 찾는데 "교회는 그 교회를 세우게 하는 복음이 사도들의 메시지로 주어졌고 이

---

21) *Ibid.*
22) *Ibid.*
23) *Ibid.*
24) *Ibid.*
25) *Ibid.*
26) 로마교회는 조직 면에서 자기들만이 베드로 사도를 초대 교황으로 하는 사도적 계승을 받았으며 자교회(自教會)의 신부들만이 사도 때부터 안수로 말미암아 직접 사도적 계승을 받는다고 주장하나, 교회사 분야의 권위 있는 역사학자인 샤프(Philip Schaff) 교수에 의하면 교회 권력을 한 손에 쥔 그레고리 I세(Gregory the Great I, 590-604)가 자신을 합법화시키기 위해 마16:18절을 제시하여 교황권을 주장했다. 그러므로 사도적 계승인 교황제도는 사도시대로부터 약 500여 년 동안이나 존속하지 아니하다가 AD.590년 그레고리 I세 때부터이다(Philip Schaff, *History of the Christian Church* (Eerdmans, 1957) Vol.III, 328.)

메시지가 사도들의 발걸음을 따라 다른 사자들에 의하여 계속적으로 새롭게 전파되기 때문에 사도적이라고 불린다."[27]라고 하였다.

(2) 칼빈의 설교에 나타난 설교관

① 하나님과 사람과의 만남이 되는 설교

칼빈에 의하면 설교는 예수 그리스도 안에 있는 구원의 복음에서 떠난 타락한 사람들을 하나님 면전에 오게 하는 핵심이라는 것이다. 그는 증거하기를 설교를 통해서 예수 그리스도께서는 우리에게로 오시며, 또 하나님께서는 우리를 찾으시고 가까이 오신다.[28] 우리에게 선포되는 말씀을 우리가 소유함과 동시에 하나님은 일반적이고 평범한 방법으로 대화하신다……이렇게 복음의 설교는 하나님께서 하강하셔서 우리를 찾아오시는 것과도 같다.[29] 그는 진리에 대한 명확한 해석은 설교를 듣는 자로 하여금 하나님과 관계를 맺게 하는 데 커다란 느낌을 받게 한다고 하였다. 그래서 그는 설교자가 진리를 명확하게 해석함으로써 설교를 듣는 자들이 하나님의 면전에 있다는 사실을 경고하는 데 효과적이라고 하였다. 그래서 칼빈은 그의 설교에 있어서 진실함으로서 그가 하나님의 대변자로서 모든 사람 앞에 서 있고 자기 자신이 하나님 앞에서 그의 과업을 책임 있게 이행하고 있다는 사실을 예리하게 깨닫고 있다. 칼빈은 지적인 호기심을 통해 사람들을 이끄는 것이 아니라 청중들은 설교를 묵상하는 중에 그들이 진리를 붙잡음으로써 이루어진다고 확실히 믿었다. 칼빈은 언제나 하나님 앞에서 자기를 보려고 했다. 하나님 앞에 서기 위해서는 먼저 순결한 것이 전제된다. 기도는 설교하는 중에 병행된다. 칼빈에 의하면 설교자와 청중이 함께 회개와 믿음과 복종의 겸허한 자세를 취하는 것이 하나님이 그 얼굴에 나타내는 계시라는 것을 분명하게 알고 있다는 것을 보여 준다. 그러므로 설교자는 그의 설교에서 먼저 구원의 필요성에 대해서 바른 지식을 주고 그 후에 그

27) Gustaf Aulen, *The Faith of the Christian Church* (Muhlenberg, 1948), 336.
28) 에베소서 14번째 설교, CO LI, 415
29) 사무엘하 16번째 설교, *Supplementa Calviniana,* vol. I. 136.

교훈이 사람의 심령에 생생하게 접촉하도록 해 주어야 한다. 그리고 설교자는 성령이 그 설교자 자신을 통해서 말씀하시는 성령의 도구가 되도록 기도로 준비하여야 한다는 것이다. 그리하여 칼빈은 인간은 말씀 안에서 하나님과 대면할 수 있다고 명백히 가르쳤던 것이다.

② 성령의 내적 증거[30]에 의한 설교

칼빈은 설교자에게 요구되는 자질에 대해 강조하면서 복음의 시중을 위해 맡겨진 가장 빛나는 재능들도 하나님의 간섭 없이는 어떤 능력도 발휘될 수 없음을 분명하게 강조하였다. 말씀의 외적 설교는 그 자체로서 아무런 효과도, 어떤 열매도 없다.[31] 하나님께서 자신이 세운 인간들의 입을 통해 우리에게 말씀하시는 것처럼, 마찬가지로 그가 우리 내부에서 성령을 통해 말씀하셔야 한다. 그러므로 우리는 설교를 효과있게 해 달라고 하나님께 기도해야 하고 비밀한 방법으로 우리 내부에 말씀하시기를 간구해야 한다[32]고 하였다. 하나님의 메시지를 이해하는 가장 중요한 시점에서 칼빈은 성령님의 도우심(조명)과 그 역사하심(감동)을 강조하면서 성령님께서 설교자의 앞에 놓인 말씀을 이해할 수 있는 생각을 주시고 우리의 마음이 그 가르침의 멍에가 될 때에만 하늘의 가르침은 우리에게 유용한 능력이 된다고 주장하고 있다. 칼빈에 따르면 설교자들은 철저하게 성령님의 가르침이 동반되도록 간구해야 한다. 그리고 그 설교자가 가지고 있는 지식이란 지극히 제한된 것임으로서 하나님의 진리를 모두 정확하게 꿰뚫어 볼 수 있는 길은 오직 성령님의 동행에 의해서만 가능하다고 하였다. 그리스도 안에서 하나님의 영광을 인식하고 그 말씀의 뜻을 정확하게 파악하는 모든 능력은 결코 설교자의 능력이 아니라 성령님의 조명으로부터 흘

30) 종교개혁시대에 개혁자들은 하나님의 말씀이 항상 권능 있는 것으로 신앙과 회심을 인도하는 효능을 발휘함은 오직 죄인들의 마음에 성령의 수반적 공작(隨班的 工作)에 의해서만 가능하다고 주장하였다. 또한 진리의 성화하는 감화보다 앞서서, 또는 그 감화를 유효하게 함에 필요해서, 영혼에 성령의 공작이 행한다. 그러므로 성경에는 성령의 선행적 사역(先行的 事役)을 위한 기도, 심정(心情)을 변화하며 신령한 눈과 귀를 열어 영적 사물을 식별하며 이해하게 하여 달라는 기도가 많다.

31) *요한복음 주석*, Vol. Ⅱ, 29.

32) 신명기 175번째 설교, CO XXVIII, 625.

러나오는 능력이어야 함을 말한다. 거기에 더하여 성령님의 역사(under dynamic of the Holy Spirit)에 의하여 우리의 귀가 뚫어지고 눈이 열려져야 우리들이 주의 말씀을 정확하게 듣고 이해할 수 있음을 강조한다. 이 진리는 오직 성령의 역사만이 인간의 말을 하나님의 말씀이 되게 하실 수 있다는 것이다.

③ 이중 음성(duplex vox)의 기능을 가진 설교

칼빈에 의하면 설교자는 두 개의 음성을 가져야 하는데, 첫째는 양들을 영접하고 모으는 음성으로 사람을 격려하고 위로하고 바른 길로 인도하는 부드러운 음성이고, 둘째는 이리와 도둑을 쫓아내는 음성이라고 하였다.[33] 그러므로 설교자는 이처럼 두 음성을 가져야 한다고 하였다. 부드러운 음성으로는 온순한 이들을 권면하고 또 그들이 올바른 길로 인도해야 하며, 다른 한 목소리로는 이리와 도둑들을 향해 대항하여 양의 우리에서 그들을 쫓아내고 순수한 하나님의 교리를 유지해야 하는 것이다.[34] 칼빈은 이 두 기능을 구별하기를 곧 한 기능을 통해서는 그리스도 안에 있는 하나님의 은혜가 칭송을 받으며, 또 다른 한 기능을 통해서는 우리의 삶이 하나님을 경외하고 이웃에 정직하게 행동하도록 형성하는 것이라고 하였다.[35] 첫 번째 기능은 신자의 구원을 효과적으로 인도하고 안내하는 데 있다.[36] 두 번째 기능은 우리의 모든 생각과 모든 감정을 시험과 해부대에 내맡겨서 그에 따라 우리의 삶이 개혁되고 또한 우리는 하나님께서 우리를 자신의 학교에서 가르치신 것이 결코 헛되지 않음을 지적해 주신다.[37] 칼빈은 설교는 하나님의 말씀을 전달하는 것이기 때문에 설교자 자신은 그 말씀을 변개할 수 없고 청중은 그 말씀을 거부해서는 안 된다고 강조하고 있다. 따라서 말씀의 사역자들은 하나님의 모호한 진리의 전달자가 되고 마치 대변자처럼 그의 이름을 말하기 위해 하나님에 의해 세움을 받은 자들이다.[38] 그러므로 설교를 경멸하는 것과 설교 듣기를 거부한다는 것은 하나님의

---

33) 디도서 주석, Vol.Ⅳ, p. 323.
34) 디모데 전서 22번째 설교, CO LⅢ, 265-6.
35) Richard Stauffer, 71-2.
36) 로마서 주석, Vol.Ⅲ, 210.
37) 디모데전서 47번째 설교, CO LⅡ, 560.

구속적 간섭을 거절하는 것이며, 탈주하는 말과 길 잃은 짐승이 될 것이며[39] 결국 자신을 구원으로부터 제외시키는 것이라고 했다. 설교란 독자적인 이익과 개인적인 기호를 억제하면서 신자들을 한 몸으로 연합하는 풀 수 없는 끈이다.[40] 우리가 사람들에 의해 통치되고 또 가르침을 받는다 하여 괴로워한다 해도 그리스도께서 주신 질서에 따라 외적인 설교 외에는 달리 우리를 완전케 하고 서로 연합시키는 방법은 없다고 단언하였다.[41]

3) 죤 칼빈의 설교 원리와 방법

(1) 칼빈의 설교 원리

① 하나님의 입으로서의 설교

칼빈은 설교할 때 스스로를 하나님의 대표하는 자 또는 하나님의 대사로 여겼다. 그러므로 설교는 단순히 예배의 요소들 가운데 하나라든가 교회의 임무들 가운데 하나 정도가 아니라, 그것은 일종의 하나님의 현현인 것이었다. 그러므로 그는 복음이 하나님의 이름으로 선포될 때, 그것은 하나님이 직접 말씀하시는 것과 같다고 강조했다. 그리고 '말은 내가 하지만 교육은 하나님의 영에 의해 이루어지기 때문에 나도 내가 하는 말을 들어야 합니다. 왜냐하면 내 입에서 나오는 말씀이 만일 저 높은 곳으로부터 내게 주어지는 것이 아니라면, 다른 모든 사람들에게와 마찬가지로 나를 유익되게 하지 못할 것이기 때문입니다. 그러므로 인간의 목소리는 허공에 사라지는 소리에 불과하나 그럼에도 불구하고 그것은 모든 믿는 자들을 구원으로 인도하는 하나님의 능력인 것입니다.'[42]라고 하였다. 그는 이사야 주석 55:11에서 어느 의미에서 보면, 하나님의

38) 신명기 109번째 설교, CO XXVII, 515.
39) 신명기 194번째 설교, CO XXIX, 147.
40) Richard Stauffer, 75.
41) 에베소서 주석, Vol.III, 801.
42) Richard Stauffer, 124.

입으로부터 나온 말씀은 인간의 입을 통하여 나온 말과 동일한 것이라 할 수 있다. 왜냐하면, 하나님께서는 하늘로부터 직접 말씀을 선포하시는 것이 아니라 인간을 그 도구로써 사용하시기 때문이라고 했던 것이다. 그렇기 때문에 우리는 하나님의 영광이 그의 말씀 안에서 빛나고 하나님이 그의 종들을 통하여 말씀하실 때마다 하나님과 가까이 마주 대한 것처럼, 말씀으로 무한한 감화를 받아야 한다고 결론지을 수 있을 것이라고 말씀의 거룩성과 권위를 주장했던 것이다. 그러므로 말씀의 증거자는 중보자 되신 예수님께서 복음이 전파된 곳에 오시리라는 대망을 들려주어야 하며 인간으로 하여금 설교자의 목소리를 통하여 주님의 음성을 듣도록 인도해야 할 것이라는 것이다. 칼빈은 '자신을 가혹하다고 비난하는 자들을 향해 다니엘서 21번째 설교에서는 만약 내가 예레미야 선지자가 아니라고 그들이 주장한다면 그것은 사실입니다. 그러나 그렇다고 할지라도 나는 그가 선포한 것과 동일한 말씀을 전달하고 있고, 뿐만 아니라 하나님이 그의 영으로 내게 주신 분량에 따라 그를 신실하게 섬겼음을 그분 앞에서 주장할 수 있습니다. 그러므로 칼빈은 설교자는 그의 설교에 있어서 성경 본문의 지배를 받아야 함을 강조하였다. 칼빈은 말하기를 성경을 읽는 사람이나 설교를 듣는 사람들은 그들이 어떤 어리석은 사색을 구한다든지 그들이 자기 힘으로 스스로 개조해 보려고 교회로 나온다면 그들은 복음을 더럽히는 꼴이 될 것'[43]이라고 하였다.

② 하나님의 임재의 표징으로서의 설교

설교가 하나님의 말씀의 선포라는 칼빈의 설교관에서 설교가 하나님의 임재의 표징임을 보여 준다. 칼빈의 설교에서 특기할 만한 것 세 가지 정도를 지적할 수 있는데, 첫째로, 인간이 하나님과 만날 수 있는 장소는 바로 성경의 말씀이 설교되는 곳이라는 것으로 이것은 설교와 함께 임재하시는 하나님을 가르친다. 둘째로, 칼빈은 설교에서 청중이 하나님을 만날 수 있도록 하기 위하여 엄선된 수사학적 도구를 채용하였다는 것이다. 이러한 칼빈의 의도는 설교가

---

43) *Ibid.*, 124-131.

하나님의 임재의 표징인 것을 인식한 것이 아니겠는가? 셋째로, 칼빈은 하나님의 면전에서, 책임을 가지고 그의 청중의 편에 서서 계속 일깨워 주도록 한다는 것이다. 이러한 칼빈의 설교의 특징은 그의 설교를 하나님의 임재 앞에서의 행위임을 의식한 것임을 보여 준다. 칼빈은 설교자의 입을 주저함 없이 '하나님의 입'이라는 칭호로 불렀는데 이것은 '사자'라는 칭호보다 더 우월할 것이다. 이는 설교자가 강단에 섰을 때 바로 하나님 자신이 자기 백성에게 말씀하시는 것과 같기 때문이라는 것이다.[44) 이러한 칼빈의 설교에 대한 인식은 '설교를 통해서 예수 그리스도께서 우리에게 오시며, 또 하나님께서는 우리를 찾으시고 가까이 오신다.'라고 단축할 수 있다. 이렇게 복음의 설교는 하나님께서 하감하셔서 우리를 찾아오시는 것과 같다. 그러므로 로마서 10:17에 "……믿음은 들음에서 나며 들음은 그리스도의 말씀으로 말미암았느니라" 함과 같이 만약 하나님과 인간의 만남이 가장 인간의 절망적인 상황에서 이루어진다면 그 만남은 기록된 하나님의 말씀이 설교되는 곳에서 이루어진다. 이처럼 설교는 인간이 직접 볼 수 없는 하나님만의 베일에 싸인 채 인간에게 다가오는 은총의 형태이다. 하나님의 은총으로 주어진 성경이 설교자에 의해 설교될 때 그것은 하나님의 임재의 표징이 되며 하나님을 만나는 도구가 된다는 것이다. 칼빈의 눈에 비친 설교란 그야말로 그리스도의 현현, 또는 하나님의 현현 이외의 다른 것이 아니었다.[45)

③ 그리스도의 통치 수단으로서의 설교

설교는 무엇보다도 성도들의 마음속에 심고자 하는 그리스도의 통치 수단이다. 설교가 하나님의 임재의 표징인 것은 그리스도의 통치 수단과 밀접한 관계가 있는 것이다. 왜냐하면 누구든 설교자가 설교할 때는, 비록 그가 우리와 동일하게 보이고, 대단한 존경을 받거나 그런 자격을 갖추지 못했다 하더라도, 어쨌든 예수 그리스도는 여전히 말씀이 선포되는 곳에 계시고 그의 왕적 보좌를 그곳에 두시기 때문이다. 우리는 본질상 공중권세 잡은 자의 종이니 타락과 비

---

44) 정성구, *op.cit.,* 541–42.
45) Richard Suauffer, 65.

참에 의해 지배되어야 했다. 그러나 하나님이 우리를 변형시킴으로서 우리는 복된 왕국에 들어간다. 그리고 이 왕국은 하나님이 복음을 통해 우리에게 주셨다. 복음으로 하나님은 우리를 반역자에서 거룩한 천국시민으로 바꿔 놓으셨다. 말하자면 복음은 그것으로 우리가 그리스도의 뜻에 순종할 수 있게 하는 도구이다. 복음이 우리에게 설교되는 것은 우리를 그리스도의 은혜로운 지배의 세력 아래에 두기 위함인 것이다. 이런 이유로 '하나님의 나라'의 복음이라 불릴 수 있다. 그러므로 칼빈은 "설교자는 그리스도의 통치 수단인 성경에 주어진 내용을 단순하고 간결하게 그리고 용감하게 전달해야 한다."고 말한다. 첫째는 단순하게라는 부사를 통해 설교란 청중들의 이해력에 부응하여 각 신자가 그 설교에서 자신의 몫과 분깃[46]을 얻을 수 있는 것이어야 한다고 했고, 둘째는 간결하게 평이한 간결성과 결코 애매모호함이 없도록 하여 저자의 의도를 드러내야 한다고 했던 것이다. 그리고 셋째로 용기 있게, 하나님께 반항하는 악한 인간성에 대해 공격해야 한다. 말씀의 사역자는 우물우물 말해서는 안 되며 오히려 주님께서 그의 교회가 알기를 원하는 모든 것을 가차 없이 혹은 꾸밈없이 제시해야 하는 것이다.[47] 이러한 설교자의 자세는 말씀의 선포를 통해 통치하시는 그리스도의 뜻을 확실히 전하는 데 있다. 종교개혁 당시에 교회와 설교자들은 너희 말을 듣는 자는 내 말을 듣는 것이라는 사실을 믿었기 때문에 설교단은 교회와 세속적인 사회에서 강력한 힘을 발휘했다. 칼빈은 에베소서 설교에서 설교란 그의 교회 안에서 그리스도가 통치하는 왕권일 뿐만 아니라 교회를 통치하고 나라들을 심판하기 위해 교회 그 자체에도 비밀이 알려지지 않은 교회의 장중에 있는 검인 것이다. 교회 중의 그 검은 적들을 쳐서 하나님 앞에 제물로 바칠 것이냐, 혹은 회개하지 않는 무리들을 또다시 영원히 파멸시켜 버릴 것이냐 하는 택일성의 문제를 지닌 채로 우리 앞에 놓여 있는 것이다(엡6:7). 그러므로 우리는 하나님의 말씀의 요구에 복종하지 않으려는 자들이 있음에도 불구하고 설교를 통해 다스리시고 명령하시는 그리스도의 사역에 대항해서는 안 될 것을 주장한 것이다. 그러므로 설교는 그리스도의 제자들이 나

46) 디모데후서 12번째 설교, CO LIV., 151-52.
47) 사도행전 주석, vol.Ⅱ., 186.

아가 하나님의 말씀을 증거하는 곳은 어디에나 크고 넓은 하나님의 나라를 세우는 그리스도의 통치 수단인 것이다.

④ 효력 있는 은혜의 방편[48]으로서의 설교

칼빈은 설교의 중요성에 대해 말하기를 비록 말씀이 연약한 인간에 의해 나왔다 할지라도 하나님의 말씀은 항상 그의 명령과 약속 이행으로써의 전능한 힘을 지녔다고 보았다. "하나님은 언제든지 그의 약속을 신실하게 이행하려고 준비하실 뿐만 아니라, 말씀을 통해 누구에게나 공평한 대가를 지불하시기 때문이다. 즉 그가 명하신 말씀은 바로 행하심이 되는 것이다. 그러므로 하나님께서 증거자의 입을 통하여 용서를 베푸실 때에, 그 말씀을 믿음으로 듣는 자는 진실로 그들의 죄를 용서받을 것이다. 이는 선포된 말씀이 효력을 보이는 것이다." 이러한 효력있는 말씀의 능력이 바로 은혜의 수단으로서의 설교인 것이다. 칼빈은 하나님의 은혜의 수단으로서의 설교에 대해 "그리스도는 말씀 전파자를 통하여 인간의 마음을 비추고 그들의 정신을 새롭게 하며, 즉시 그들을 온전히 거듭나게 하신다." 하나님의 음성은 살아있는 것이며 바로 효력과 연결된 것이로되, 권능과 통하는 강력한 도구이니, 주님의 신성한 입에서 나온 모든 말씀이 온전히 효력을 발휘하리로다. 복음은 단지 들려주기 위해 전파되는 것이 아니라, 영생을 위한 씨앗으로써 우리를 거듭나게 하려 함이며, 우리를 향한 아버지 하나님의 사랑이 끊임없이 증거되게 하기 위하여 전파되는 것이다. 그리하여 우리로 하여금 마음의 안식을 얻고 구원을 확신함으로써 진정한 기쁨을 누리게 하려 함이라고 하여 설교는 하나님의 은혜의 수단임을 분명히 하고 있는 것이다. 이러한 그의 설교에 대한 이해는 하나님의 선물로서의 성경, 특히 인간의 구원을 위해 주신 은총의 선물로서의 성경관과 밀접한 관계에 있음을 보여 주

48) 칼빈주의 신학자 Charles Hodge는 "은혜의 방편이란 하나님이 그의 자녀들의 영적 건덕을 방편들로 삼으시기를 기뻐하실 수 있는 모든 수단을 다 의미하는 것이 아니며, 하나님이 사람들의 영혼들에게 은혜 즉 성령의 초자연적인 감화를 주는 통상한 경로가 되기로 정하신 제도들이다"라고 했다(Charles Hodge, Systematic Theology, Vol.Ⅲ Ch. 20). 칼빈주의에서 하나님의 말씀의 선포와 성례 거행과 기도 드림은 기독교회에서 공적으로 시행되는 은혜의 방편들이다.

는 것이라 할 수 있다.

⑤ 성령의 능력의 현현으로서의 설교

칼빈은 디모데후서 1:9~10의 설교에서 말하기를 하나님께서 성령을 통하여 오묘한 방법으로 우리에게 말하거나 역사함이 없이는 또는 믿음으로 오지 않는다면 인간의 목소리를 듣는 것으로는 충분치 않다[49]라고 했다. 그러므로 청중의 가슴속에 성령의 역사에 의한 조명과 믿음의 수반 없이는 말씀의 성실한 설교일지라도 청중들에게 유익하지 못하다는 것이다. 사실은 칼빈의 설교관의 가장 중요한 교리는 '성령의 내적 증거에 의한 설교'라고 할 수 있다. 왜냐하면 자연인은 하나님의 오묘한 비밀의 어느 부분이라도 깨달을 수 없기 때문이다. 그것은 우리에게 하나님의 오묘한 비밀을 알게 하시는 이는 성령이시기 때문이라는 성령의 내적 조명을 강조하기 때문이다. 다시 말해서 모든 설교는 성령의 권능으로써만 능력을 부여받을 수 있을 뿐이며, 외적인 말 그 자체로서는 어떠한 효력도 청중에게 미칠 수 없다는 것이다. 따라서 먼저 설교자는 설교에 앞서 기도로써 준비하여 말씀을 전달하는 그 자신이 성령의 도구가 되어야 한다는 것이다. 이렇게 칼빈은 설교가 그 자체로서는 듣는 이들을 변화시킬 아무런 힘도 없음을 인식했다. 그러므로 그는 내가 말할 때, 그것은 내 자신의 마음이 감동되게 하려는 것도 아니고, 또 듣는 자들 각자에게 내가 제시하는 교리를 받도록 하기 위함도 아닙니다. 우리 주님께서 성령을 통해 자신의 말씀을 가치 있게 하셔야 하고, 또 그 말씀이 우리 안으로 들어가 뿌리를 내려 우리에게 썩지 않는 생명의 씨가 되도록 생기를 주셔야 한다는 말입니다. 왜냐하면 성경은 회개의 은사도 하나님과의 은밀한 교통이 없는 사람은 그 누구를 막론하고 회개에 이를 수 없다는 것을 못 박고 있기 때문이다. 회심은 하나님이 은밀히 역사하시는 사람 즉 선택받은 사람들 안에서만 열매와 유익을 끼칠 수 있는 것이기 때문인 것이다. 회심의 역사, 구속과 영생의 기쁨이 죄인들의 영혼에 이루어졌다면, 그것은 설교자의 설교 자체의 능력이 아니라 그 말씀을 그의 도구로

49) 디모데후서 첫 번째 설교, CO LIV, 11.

사용하시는 성령의 권능의 결과인 것이라는 말이다. 그러므로 강조되는 바는, 하나님의 말씀이 설교를 통하여 선포될 때에 그 말씀 선포의 효력은 청중의 수용능력에 달려 있는 것이 아니라는 것이요, 또한 설교자 자신의 능력이나 재능에 있지 않다는 것을 의미하는 것이다. 그래서 칼빈은 단언하건데, 인간의 입에서는, 즉 단순한 소리 중에서는 어떠한 능력도 나올 수 없으며 이는 오로지 성령이 임하실 때에만 가능한 것이라고 확언했다.

(2) 칼빈의 설교 방법

앞에서 이미 언급한 대로 칼빈은 직접 그의 설교학을 저술하지는 아니했다. 그러나 오늘날까지 보존된 그의 2000편이 넘는 설교와 칼빈이 사망한 후에 이루어진 종교개혁 저작 전집이 편집될 때 구약이 571편, 신약이 297편 868편이 수록되었다고 한다. 그러므로 우리는 칼빈이 남긴 수많은 그의 설교 가운데서 칼빈의 설교 방법과 특징을 찾아볼 수 있다. 그의 설교는 어떠한 방법이었으며 또한 그 내용에는 어떤 특징이 있는가?

① 연속적 강해 설교

칼빈의 설교에는 그 당시 개혁자들의 설교 방식이었던 성경을 정확하게 해석하여 전하는 강해 설교였다. 그의 주석들은 그의 설교와 강의의 열매였고 그의 설교들은 주해의 연장이며 또한 적용이었다. 대부분 그의 설교는 구절구절을 강해하는 방법이었는데 그럼에도 불구하고 그 속에는 사상의 흐림이 있고 논리적 연속성이 있다. 그러나 그의 설교는 단순한 주석이 아니라 신속한 지각, 확실한 감각, 능력 있는 표현 등으로 성경의 깊은 뜻을 드러내며 설교자의 기교를 부리지 아니해도 깊은 인상을 청중들에게 심어주었다. 그는 디모데전서에 대한 47번째 설교에서 설교의 3가지 방법을 설명하고 있는데 무엇보다 자신의 의도를 겉치레하지 않고 또 청중의 귀를 간질이지 않고 백성의 유익과 영혼의 구원을 생각하면서 복음을 전하라고 하였다.[50] 이러한 칼빈의 설교를 가리켜 설교학자 부로더스(Broadus)는 칼빈에게 있어서 성경 주석은 바로 명쾌한 성경

강해(Clearest Expository of Scripture)였다고 지적했다. 그의 설교 준비는 종교개혁자들의 책을 읽는 일이며 초대교부들을 포함한 스콜라 철학자들, 그리고 자기와 다른 학문적 입장을 표방하는 자들의 주해서를 깊이 있게 탐독하는 일이었다. 그 외에 그의 탁월한 성경원어와 라틴어 지식 그리고 놀라운 성경 지식이 성경 본문을 주의 깊게 연구하는 데 결정적인 역할을 했던 것이다. 그러므로 칼빈의 설교는 간단히 어떤 사색에서 나온 것이 아니라 풍성한 성경 지식과 원어 지식 그리고 성경 본문에 대한 깊은 묵상과 당시의 청중들에게 올바르게 적용하려는 데에 있었다.

칼빈은 당시의 설교가들에게 권하던 설교 준비방법은 설교 준비는 너무 체계적이거나, 미리 작성된 설교문을 준비해서 단어들을 암송하는 것으로 속박받아서는 안 된다는 것이다. 설교란 결코 읽혀져서는 안 되고 살아계신 하나님의 말씀으로 항상 선포되어야 한다는 것이다. 이러한 칼빈의 설교 방법에 대해 개혁주의 신학자들 가운데서도 1548년 10월 22일, Somerset 공에게 쓴 편지에 대한 잘못된 해석에 기초했던 Paul Henry의 가설을 다시 취하면서 칼빈은 언제나 즉흥적이며 원고 없는 설교였다고 주장하기도 한다.[51] 그러나 칼빈의 신명기에 대한 49번째 설교에서 우리는 이러한 조잡스러운 착각을 지워 버릴 수 있다. 하나님은 자기 백성들을 먹이시기에 충분한 능력이 있다는 핑계하에 설교준비에 전념하지 않으려고 하는 자들의 태도를 예를 들어 책망하기를 "그것은 마치 내가 단위에 올라서서 감히 책도 참고하지 않은 채 허튼 상상을 짜내며 내가 단위에 갈 때 하나님은 내게 말할 충분한 것을 주실 거야라고 말하는 것과도 같다. 그것은 내가 마땅히 강조해야 할 것을 감히 읽지도 않고, 생각지도 않고, 백성 교화에 어떻게 적용할 것인지를 미리 잘 숙고해 보지도 않고 나오는 것

---

50) 디모데전서, CO LIII, 561-62.

51) Das Leben Johann Calvin, *des grossen Reformators,* vol.2, Hambourg, 1838, 194-5, Richard Stauffer, *op. cit.,* 73 재인용. 이 편지에서 칼빈은 영국에 살아 있는 설교가 매우 적음과 대부분 책을 읽듯이 암송한다고 아쉬워한다(CO XIII, 70-71). 칼빈의 이렇게 말한 것은 설교를 쓰는 설교자들을 겨냥한 것이 아니고 1547년 Cranmer 대주교의 감독하에 출판된 설교집을 사용하는 그 당시 설교자들을 겨냥한 것이었다고 Richard Staufer 교수는 주장한다.

과 같다."[52]라고 하였다. 강해 설교자 칼빈의 눈에 비친 신실한 설교란 우선적으로 준비되고 성경 본문에 대한 깊은 묵상과 청중에 대한 올바른 적용이었다.

또 칼빈 연속적이며 명쾌한 강해 설교자였다는 사실은 설교 본문을 선택할 때에도 교회력(教會曆)에 있는 대로 따르지 아니했다. 그는 강해 설교를 했기 때문에, 그의 일반적인 방법은 성경 전체를 차례로 설교하는 것이었으며, 경우에 따라서 교회의 절기 때는 변경하기도 했다. 칼빈이 본문을 읽는 양은 내용에 따라서 다소 달랐다. 가령 구약의 역사서나 복음서를 읽고 줄거리를 말해야 할 필요가 있을 때는 10절에서 20절 정도 읽고 신약의 서신부나 기타 교훈적인 구절로 설교할 때는 2, 3절 정도를 읽었다. 칼빈은 성경 전체를 연속적으로 강해했는데 창세기, 신명기, 욥기, 사사기, 사무엘상하, 열왕기상하, 대선지서 전부, 소선지서 전부, 그리고 복음서 전부, 사도행전, 고린도전후서, 갈라디아서, 에베소서, 데살로니가전후서, 디모데전후서, 디도서, 히브리서 등을 강해 설교를 했다.

② 오직 성경으로

종교개혁 당시 개혁자들의 관심을 끌었던 분야들이 많이 있었지만 그중에서 설교 분야에 대해서는 스콜라적인 표준 설교와 비교해 보면 개혁자들의 설교는 성경을 체계적으로 다루는 강해 설교(expository sermon)였다. 그리고 틀에 매인 설교가 아니고 자유롭게 흘러가는 설교였다.[53] 또 개혁자들의 설교는 종합적이라기보다는 분해적이었으며, 논리적인 난해한 설교가 아니라 평범한 표현으로 진리를 말했고 수사적(rhetoric) 정확성보다는 회화적인 방법을 택한 설교였다. 칼빈

---

52) 신명기 49번째 설교, CO XXVI, 473-74.

53) 이러한 칼빈의 설교 스타일을 원고를 사용하지 않았다고 하여 즉흥적 설교 또는 원고 없는 설교(extemporaneous preaching)였다라고 그를 '변사 주석가'라고 말하는 자들도 있으나 미국칼빈신학교 Samul T. Logan 교수는 그의 저서 「설교지침서」147-49에서 extemporaneous preaching은 얼떨결에 하는 즉흥적인 설교가 아니라 철저하게 준비하되 원고 없이 하는 설교를 말한다. E*xtemporaneous*는 라틴어 ex tempore에서 왔는데 '순간적으로', '상황의 요구에 따라'라는 뜻이다. 엄밀한 의미에서 설교자는 주석가가 되도록 부름받은 것이 아니라 오히려 공동체(교회)의 요구와 시대의 필요성을 따라 성경 메시지를 해석하도록 부름받은 것이다.

도 예외는 아니었다. 칼빈의 설교는 더 단순했고, 어떤 면에서 보면 그의 설교는 다른 신학적 작품의 조직과는 전혀 다른 것이었다. 칼빈은 강해 설교를 할 때, 연속적인 문장을 각 절씩, 혹은 각 구절씩 설명과 주를 달면서 본문을 대하곤 했다. 칼빈은 늘 원문대로 설교하면서도 성경 각 권과 각 장의 중요성을 철저히 고려했다. 그의 강해 설교의 원리는 오직 성경은 성경으로 강해되고 해설되어야 한다는 것이었다. 강해 설교자로서의 칼빈은 실제로 설교를 전개해 갈 때 본문 자체의 구조 외에는 특별한 구조를 취하지 않았다. 그러므로 그의 설교에는 정연한 윤곽과 조직으로만 빠지기 쉬운 어떤 구성이 없다. 이처럼 칼빈이 특별한 조직으로서 설교를 구성하지 않은 것은, 그가 설교를 준비할 때 어떤 순서를 배열하지 않았다는 데서도 볼 수 있다. 칼빈의 입장은 미리 정해진 사상의 배열을 따르는 것보다는 성경 본문으로 말씀에 따라야 한다는 것이었다. 그래서 칼빈은 한번 어떤 주제를 미리 내걸고 거기에 맞추어서 설교하지 아니했다. 칼빈의 설교를 잘 관찰해 보면 그 설교들은 실상 모두 하나의 덩어리라고 할 수 있다. 칼빈의 설교를 듣는 사람들은 이것은 교리 설교이며, 저것은 강해 설교라는 식으로 구분할 수도 할 필요도 없다는 것을 알게 된다. 또 칼빈의 설교 중에서 이것은 전도설교이고 저것은 실제적 설교라는 구분을 할 필요도 없었다. 이 말은 칼빈이 교리나 실제를 무시했다는 뜻이 아니고 그가 성경 전체를 설교할 때 교리와 실제가 모두 포함되어 있음을 의미한다. 더욱이 칼빈에게 있어서는 '강해'와 '적용'의 구분이 없었다. 그 이유는 강해는 적용의 씨줄과 날줄이고, 적용은 강해의 옷과 같았기 때문이다. 그에게는 교리적인 것과 영적인 것과 윤리적인 것, 신앙과 생활 조화를 찾을 수가 있었다. 그래서 칼빈의 설교는 개혁주의 설교의 모델로 제시되어졌고 그의 강해 설교는 "오직 하나님의 말씀으로"(Scriptura Sola), 그리고 "하나님의 말씀 전부"(*Scriptura Tota*)를 증거하는 설교였다. 이러한 칼빈의 설교 원리는 모든 시대를 초월하여 우리들에게 성경적 설교의 기준과 내용이 되어야 하는 개혁주의 설교의 원리를 제시하였다.[54]

---

54) 칼빈의 설교원리였던 '오직 성경'(*Sola Scriptura*)으로, 그리고 '성경 전부'(*Tola Scriptura*)를 선포해야 한다는 성경적 설교의 원리를 개혁주의 신학자 C. Trimp 교수는 개혁주의 설교의 적실성(relevance)을 보장하는 것이라고 하였다. 로마교회는 교회의 전통이 설교

③ 명료함의 설교

칼빈의 설교 방식은 매우 단순하고 선명하다. 그의 설교는 매혹적이니 만큼 명백하다. 또한 그의 설교는 잘 이해되도록 짜여졌다. 칼빈의 설교 스타일의 가장 큰 특성은 그의 설교의 진지함과 솔직함과 함께 명확함과 단순함에 있었다. 이것은 당시의 다른 개혁자들의 설교와 비교해 보면 알 수 있다. 그 당시의 설교자들에게는 화려함과 모호함을 자랑하는 중세교회 시대의 특성을 떨쳐 버리지 못하고 있었다. 그러나 칼빈의 경우는 학문적이며 기교적인 방법을 그의 설교에 도입치 않고 가능한 모호한 단어사용을 피하였다. 칼빈의 설교에서 그의 문장은 매우 구체적이고도 활기 있는 단어들로 빛나고 있다. 특히 칼빈은 주목받을 만한 예화를 사용한 것으로 잘 알려져 있는데 그럼에도 불구하고 그것들은 일상적이고 평범한 생활 가운데서 이끌어낸 것들이었다. 칼빈의 설교에는 표현의 충분한 효과를 주기 위해서 비유를 사용하기도 했으나 장황하게 늘어놓지 않았으며 간결하게 처리했다. 그런데 칼빈이 사용한 언어들이 성경 자체에서 나온 것이라는 사실을 주목할 필요가 있다. 우리가 설교할 때 사용하는 궤변이나, 이른바 설교를 윤택하게 한다는 노력이 자칫하면 하나님의 말씀의 효과를 손상시킬 수 있다는 사실을 기억해야 될 것이다. 칼빈은 그의 설교 언어를 사용할 때 무엇을 꾸미려고 하지 않고 다만 회중들을 가르치기 위해서 선택했다는 것이다. 칼빈은 그의 설교 스타일에 있어 장식적이거나 기교적인 것을 피하고 오직 하나님의 말씀을 전달하는 단순하고도 명쾌한 방식을 사용했던 것이다. 칼빈은 그 이유를 설교란 '청중들의 이해력에 부응'하여 각 신자가 그 설교에서 '자신의 몫과 분깃'을 얻을 수 있는 것이 되어야 하기 때문이라고 설명하였다.[55] 이러한 칼빈의 설교 방법은 말씀의 사역자의 주된 힘은 평이한 간결함에 있는 것이요 결코 애매모호함으로부터 나올 수 없고, 순수하고 솔직함으로 쓸모없는 여담을 피하고 쓸데없는 수다를 금하며 그가 설명하려고 했던 성경 저자의 의도를 드러내는 것으로 만족해야 한다는 것이다. 그러므로 칼빈

를 보증하며, 현대 신학자들은 성경의 실존적 재해석이 설교의 보증이나, 개혁주의자 신학은 성경 그 자체에 의존한다.

55) 디모데후서 12번째 설교. CO LIV, 151-52.

의 설교방식은 단순성, 명쾌함 그리고 힘찬 하나님의 말씀의 사용이 그의 특성이라고 할 수 있다.

④ 하나님 중심(Theocentricity)의 설교

칼빈의 설교 중 가장 두드러진 특징은 철저한 삼위일체 '하나님 중심'이며 칼빈의 설교의 사상은 그의 하나님 중심 사상과 '오직 하나님께 영광'을 그 주축으로 한다. 칼빈 신학의 명제인 '하나님 면전'(*Coram Deo*)의 사상은 그의 설교에서 구체적으로 나타났다. 칼빈의 설교는 청중으로 하여금 실제적으로 하나님의 면전에 있는 것을 인식하게 한다. 그래서 크로밍가 교수는 칼빈의 설교에 대해서 언급할 때는 하나님의 면전에 있는 인간(Man Before God's Face in Calvin's Preaching)을 강조했다. 그리고 칼빈의 설교는 '하나님'이란 통괄적인 명칭으로 신성(神性)을 강조한다. 루터는 성경의 모든 구절을 그리스도 중심으로 강해(a Christ centered exposition of every Passage of Scripture)하였다. 그런데 칼빈은 알기 쉽게 삼위일체이신 구세주 하나님을 나타내고 있다. 칼빈의 설교에는 삼위일체 중의 어느 위(位)를 특별히 강조할 때 생기는 위험을 발견할 수 없다. 삼위일체를 각각 독립적으로 다루는 것이 그에게 있어서는 매우 위태로운 우상숭배에 지나지 않았다. 이것이 그가 위(位)란 용어를 꺼리고 오히려 본체(substance)란 용어를 택한 이유이다. 위대한 종교개혁자 칼빈은 교회 중심의 로마가톨릭교회의 체제와 또 인간 중심의 자유주의 철학도 논박했다. 또한 그는 삼위일체 중에서 제2위(位) 또는 제3위(位)와 같은 어느 한 위만을 특별히 강조하는, 일단의 중파들 사이에 만연된 사조를 논박한다. 칼빈의 설교에서 볼 수 있는 논증적인 구절들을 늘 명백하게 하나님 중심적인 교리에 근거하고 있다는 점이다. 칼빈은 성령 중심의 신학만 강조하게 되면 운명론적 주관주의(subjectivism)로 향하는 첫 단계가 되기 쉽고, 그리스도 중심적인 신학만을 강조하는 것은 인본주의로 조금씩 다가가는 처사라고 경고했다. 이 두 사실은 칼빈의 설교의 줄기며, 꽃이며, 뿌리이다.[56]

---

56) 정성구, *개혁주의 설교학*(서울: 총신대학교출판부, 1997), 536-37.

이로 보건데 칼빈의 설교의 입장과 현대 설교에서 나타난 이론은 확실히 차이가 있다. 오늘날의 설교자들은 대부분 삼위일체 하나님을 각 위(位)별로 독립적으로 분산시켜서 언급하려는 경향이 농후하다. 이런 경향은 설교에서뿐만 아니라 목회기도에서도 나타난다고 할 수 있을 것이다. 그러나 칼빈은 이런 위험에서 벗어나서 오히려 하나님이라는 포괄적이고 함축성이 풍부한 명칭으로 삼위일체를 동시적으로 설교하고 있다. 그의 설교는 언제 하나님 중심적(theo-centricity)인 신학적인 틀 위에 기초하고 있다는 것이다.

뿐만 아니라 칼빈의 설교의 신학적 특징 중의 하나는 역시 하나님의 섭리에 대한 강조이다. 특히 칼빈의 설교에서 하나님의 섭리에 대한 강조점은 욥기의 강해 설교에서 잘 나타난다. 이런 섭리에 대한 강조라든지 선택에 대한 강조점도 역시 천지 만물을 창조하신 창조주 하나님과 구속주 하나님에 대한 절대주권에 대한 고백에서 나온 것이었다. 그러므로 설교자로서의 요한 칼빈은 하나님의 주권적 교리를 성도의 위로로서 사용하였던 것이다. 칼빈의 설교에 있어서 '하나님의 주권'은 결코 추상적인 것으로 보이지 않았으며, 교의적으로 발전시키지 않았다. 그의 설교에서 '하나님의 주권'에 대한 강조는 바로 하나님의 거저 주시는 은혜와 연관지어져 있다. 칼빈의 설교에서 주권적 은혜는 선택의 계속적인 강조와 더불어 모든 설교의 주제였다. 칼빈의 설교는 그것이 단순히 신학의 일부분이거나, 성경의 한 조각이 아니라, 하나님의 주권 아래 있는 구원과 성도들의 삶 전체를 다루며, 하나님의 은혜의 행위로서의 삼위일체 하나님 중심의 설교였다.

4) 존 칼빈의 설교신학에 대한 논쟁

하나님의 영광의 신학자 칼빈은 성경 전체를 연속적으로 강해 설교를 했을 만큼 많은 분량의 설교를 남겼다. 그럼에도 불구하고 심지어 역사가들이 설교를 문서 자료화하여 지위를 회복했을 때나, 16세기 학자들이 칼빈의 동시대인들에게 끼친 영향이 대부분 그의 설교자로서의 활동 덕택이었음을 발견했을 때에도 그의 설교 작품들에 대한 연구는 황무지 상태였다. 그의 수많은 설교 작품들이 성경 주석들이나 기독교강요에 의해서 가려져서는 안 될 것이다. 우리는 칼빈의 설교를 계속 연구해 나갈 때, 설교자 칼빈에 대한 새로운 발견을 하게 될 것이다. 방대한 그의 신학 작품과 신학 사상에 대해 다 다룰 수 없지만 그의 설교에 나타난 설교신학적 주제 즉 하나님의 속성, 삼위일체 그리고 하나님의 형상(Imago Dei)에 대하여 Richard Stauffer 교수의 견해를 소개하려고 한다.[57]

(1) 하나님의 속성

Richard Stauffer 교수는 설교자 칼빈이 하나님의 본질과 속성에 대한 스콜라학파의 가르침과 결별함으로서 신학사에 새로운 시대를 열었다. 계시의 문제에서 이내 삼위일체 문제로 넘어가면서, 칼빈은 기독교강요에서, 그가 중세 신학자들의 관심사요 De Deo uno(유일신에 대하여)의 논문들에 나타나는 관심사들과 관계가 없었음을 보이려 했다는 것이다. 칼빈 연구의 부흥에 뒤이어 신론과 창조 및 섭리론이 먼저 기독론에 의해, 다음으로 교회론에 의해 가려졌음은 사실이다. 그러나 일련의 이러한 견해들은 칼빈이 기독교강요에서 출애굽기 34:6과 예레미야 9:23에서 인출하여 속성의 두 범주를 세우고 있다는 사실을 고려하지 않고 있을 뿐 아니라 특히 칼빈의 설교에 의해 단호히 부인된다. 워필드(Benjamin B. Warfield)는 지적하기를[58] "칼빈은 하나님의 속성에 관심을 갖고 있고, 뿐만 아니라 이 문제의 어려움에도 불구하고 높은 설교단에서 이 문제에 대해 자주 말하기를 주저하지 않았다."고 하였다. 그렇다면 설교자 칼빈의 주의를 가장 자주 끌었던 하나님의 속성은 어떤 것들이었나?[59] 그의 설교 작품에

---

57) 칼빈의 설교의 연구에 많은 저서들을 남긴 스토페르(Richard Stauffer) 교수의 저서 *Calvin et Sermon* (1977), 박건택 역, *칼빈의 설교학* (서울: 도서출판 나비, 1990)에서 인용하였다.

58) Cf. *Calvin and Calvinism,* New York, 1931, 134-35.

59) 설교자 칼빈의 설교 가운데 하나님의 속성 중 거룩성과 하나님의 위엄에 대한 속성들이 나타나지 않는다고 주장하기도 한다. 그러나 이러한 견해에 대해 하나님의 거룩성은 성령에 의해 독점되기 때문일 것이며, 개혁자 칼빈의 신학에 결정적 위치를 차지하고 있

서 큰 위치를 차지하는 속성들은 하나님의 무한성, 능력, 공의 등이다. 그러나 그 가운데 그의 설교 작품에 나타난 하나님의 속성 가운데 무한성에 대하여 살펴보기로 하겠다.

무한성에 대해 칼빈은 성경 본문 중 하나님의 위치국한(localization)에 대한 언급을 접하게 될 때 일반적으로 이 속성을 말한다. 한 동사를 사용하면서－'enclore'(가두다)라는 동사는 칼빈의 어휘에 중요한 역할을 한다－그는 하나님께서 신현 때 싸여 있는 구름이나,[60] 광야를 통과할 때 이스라엘 백성을 따라다녔던 장막이나,[61] 혹은 예루살렘 성전에[62] 갇혀 계시지 않음을 강조한다. 성경이 하나님을 장소에 국한시키는 것은 오직 인간을 우둔함과 무지함에 응하고, 또 그들의 협소함과 연약함에 적응하기 위함이다. 칼빈은 그의 청중들로 하여금 하나님을 세상 가운데 위치화시키는 모든 것을 조심케 하는 것으로 만족치 않는다. 그는 하나님께서 자기를 사람들에게 나타내시려고 내려가신다거나[63] 또는 그들을 구하시기 위해 행진하신다고 말하는 본문들을 비공간화시키려 한다. 게다가 칼빈은 내가 현대적이라고 규정짓고 싶은 그런 표현으로, 성경이 하나님을 하늘에 주거시키는 것이 그에게 정말 거주지를 설정해 주려 함이 아니라 우상숭배하기 좋아하는 인간들로 하여금 하나님을 이 땅에 가두지 못하게 하기 위함임을 보여 준다.[64] 하나님의 무한성은 이와 같은 것으로, 칼빈은 그의 설교 중에 이 무한성으로부터 그 교리적 가치가 대단한 두 가지 결과를 끌어내는데, 그리스도의 인성은 하나님의 아들의 신성을 가두어 둘 수 없었고 그리하여 이 신성은 성육신하는 동안에도 여전히 육체 밖에(etiam extra carnem) 존재하시기를 그치지 않았다는 것이다. 그가 무한의 속성에서 끄집어내는 두 번째 결과는 성례

다. 또 하나님의 위엄은 칼빈의 설교에서 경시할 수 없는 역할을 한다고 제안할 수 있다. "하나님의 영광의 신학자"(흔히 칼빈을 부르는 대로)가 하나님에 대해 말하면서 그토록 귀중한 *mysterium tremendum*(무시무시한 신비스러운 존재)을 불러내야 할 의무란 없다.

60) Cf. 신명기 175번째 설교, CO28, 628.

61) Cf. 신명기 175번째 설교, CO28, 626.

62) Cf. 신명기 81, 83, 107번째 설교, CO27, 167, 192, 491: 이사야 18번째 설교, SC2, 166-167: 그리고 미가서 2번째 설교, SC5, 11.

63) Cf. 신명기 175번째 설교, CO28, 628; 그리고 에베소서 40번째 설교 CO51, 751.

64) Cf. 사무엘하 25번째 설교, SCI, 221.

신학의 영역에서 나타난다. 하나님은 무한하시기 때문에, 그는 구름이나 장막, 혹은 성전에 갇힐 수 없었던 것 이상으로 성례에 갇힐 수 없는 것이다. *etiam extra sacramenta*(여전히 성례 밖에)라는 이 개념으로 칼빈은 그의 설교에서 화체설 교리와 싸웠고, 하나님께서 빵과 포도주 안에 갇혀 있다는 신앙을 불합리하고 조잡한 미신으로 고발했다.[65] 개혁자 칼빈의 설교 작품에 나타난 하나님의 속성에 대한 증거들은 그가 중세 신학자들의 문제 제시 방법론과 급진적으로 결별하지 않았음을 입증한다. 이것들은 또한 기독교강요의 교의학자가 그 작품에서 하기를 거절했던 것을 설교자로서 그는 설교단의 높은 곳에서 목회지 청중들을 앞에 두고 행했음을 입증하는데, 결국 그는 단순한 신자들과 더불어 기독교 사상의 가장 까다로운 문제들 중 몇 가지를 두려움 없이 다룬 셈이다.

(2) 삼위일체 교리

개혁주의 신학을 연구한 사람이라면 모두가 아는 대로, 칼빈은 기독교강요의 초판(1536)부터 정통에 합당한 태도로 삼위일체 교리를 설명했다. 그런데 1537년 '제네바 교회에서 사용하는 교서와 신앙고백'에서 성부, 성자 그리고 성령의 관계들을 기술하면서 위(*personne*)와 삼위일체라는 용어들을 사용하지 않았다고 Farel과 더불어 카롤리(Caroli)에 의해 아리우스주의로 고소되기도 했다. 그러나 칼빈은 기독교강요의 계속되는 후속 판에서 삼위일체 교리를 계속하여 발전시키는 작업을 했고, 1537년에서 1561 사이에 일련의 소논문들에서 반삼위일체주의와 극렬하게 싸웠다. 종교개혁자 칼빈의 생애에서 삼위일체 교리를 수호하는 일이 이러한 역할을 했다면, 이 교리가 그의 설교 작품에서 차지하는 위치를 결성해 보는 일 또한 어렵지 않겠다. 삼위일체에 대해서 신학자 칼빈이 설교에서의 삼위일체 교리가 매우 드문 몇 개 정도에 지나지 않음은 무엇 때문일까?

우리는 무엇보다도 먼저 설교에서, 구속의 신비를 설명하기 위해 성부 성자 성령의 사역을 언급하되 결코 삼위일체를 설명하는 용어에 의지하지 않는 문구

65) Richard Sauffer, *op. cit.*, 92.

들을 발견한다. 설교자 칼빈은 신명기 148번째 설교에서 이렇게 표명한다. "우리에게는 하나님께서 자신이 우리의 하나님이심을 천명하시면서 우리와 맺은 언약에 서명 날인하신 우리 주 예수 그리스도가 계시다. 또한 우리에게는 성령이 계신데, 이 성령을 통해 약속이 우리 마음속에서 보다 잘 비준되는 것이다. 다음으로 우리는 설교에서 논쟁적인 억양이 담긴 몇몇 텍스트들을 만난다. 그곳에서 설교자 칼빈은 성부 성자 성령을 지칭하기 위해 '위(位)'라는 말을, 하나님의 신비를 벗기기 위해 '본체'라는 말을 사용하기를 언제나 거부하면서, 성경에 익숙지 못한 그의 청중들에게 기독교의 공통된 항목들을 회상케 하려 했거나, 아니면 자신들의 고대성을 자랑하는 교황주의자들에게 개혁파들이 거룩한 족장들과 사도들에 일치한다는 사실을 보이려 했다.

형식상 성경에 주어진 것에 엄격히 만족하는 위에서 말한 본문들 외에, 우리는 결국 설교에서 칼빈이 삼위일체 교리에 차용된 용어들을, 극단적인 유보로, 또 그것들을 주석하지 않고, 사용하는 데 동의하는 몇몇 문구들을 발견한다. 에베소서 6번째 설교는, 그리스도를 "하나님의 분명한 형상"으로 제시한 후, 성자와 성부 사이의 모든 혼동을 피하기 위해 위(位)의 구별을 강조하려는 경향을 띤다. 에베소서 8번째 설교는 다시 기독론적 문맥 속에서 "결코 여러 신들이 있는 것이 아니라", 만일 예수 그리스도 안에서 "우리가 성부의 생생하고도 명백한 형상을 가질진대", 우리에게는 "본체상" 한 유일신이 계신다는 점을 지적한다. 창세기 첫 번째 설교는 창조사역을 상기시키면서 엘로힘(Elohim)이라는 복수형 단어에 대해 주시하고 "하나님 한 분 외에 다른 본체란 없다."고 말한다.

지금까지 검토한 설교들 중 어느 것도, 심지어 우연히도 "위(位)"라든가 "본체"라는 용어를 썼던 설교들조차도, 설교자 칼빈이 삼위일체 교리에 정말 주의를 기울였다고 단정하지 못한다. 그렇다고 그가 16세기에 가장 활기찬 논쟁들을 야기시킨 이 문제에 대해 강단에서 전혀 무관심했다고 결론지어야 할 것인가? 그렇지는 않다. 왜냐하면 그의 설교 작품 중 5개의 문구들에서 그는 그 문제에 결국 도달하기 때문이다. 다섯 개의 문구들을 비중의 크기의 순서대로 분류하면 디모데전서 27번째 설교, 에베소서 22번째 설교, 창세기 첫 번째와 6번째 설교, 마지막으로 공관복음 47번째 설교에서 찾아볼 수 있다. 이것들은 다시 말해 세르베투스 사건(1553) 이후에 행해진 일련의 설교들이고 또한 그들 중 대부분은 젠틸리스(Valentin Gentilis)와의 논쟁이 후의 것들이다.

설교자 칼빈의 설교 작품의 삼위일체에 대한 본문들을 조사한 후, 우리는 어째서 이러한 본문들이 그토록 드문가를 묻지 않을 수 없다. 결국 카를리가 칼빈을 아리우스주의로 의심했을 때 잘 보았다는 말인가? 물론 그것은 아니다. 설교자 칼빈이 그의 설교에서 삼위일체 교리에 대해 보여 주는 이러한 유보를 설명하기 위해서 Stauffer 교수는 네 가지 이유들을 들어 반박했다.

첫째, 칼빈은 아동교육적 순서에 대한 염려에 복종한다. Instruction et confession de foi dont on use en l'Eglise de Gengve(제네바교회에서 사용하는 교서와 신앙고백)에서와 마찬가지로, 그의 설교에서도 칼빈은 그에게 어렵게 여겨지는 기술적인 어휘를 피하려 한다(공관복음 47번째 설교에서 위라는 용어에 대해 그가 얼마나 정확하게 말하는지를 보라). 그는 성직자들만이 이해할 수 있는 언어가 아닌 언어로 기독교 교리를 제시할 생각이었다(우리가 들추어낸 본문들에서 "삼위일체"라는 말을 쓰는 것에 대한 그의 거부를 보라).

둘째, 칼빈은 신비에 대한 존경의 태도로 일관했다. 그는 창세기 첫 번째 설교에서 삼위일체가 "우리의 지각을 훨씬 뛰어넘는 비밀"이며, 우리는 그것을 오늘날 이해하지 못하기 때문에 마땅히 경배해야 한다고 표명한다.

셋째, 칼빈은 종교적 인식이 현저하게 실천적 사명을 갖고 있다고 확신한다. 이러한 확신에 대단히 차 있는 그가 설교에서 삼위일체 교리에 관심을 갖는 것은 다만 신자로서 체험적 반향, 다시 말해 구원론적 반향이 있는 경우일 뿐이다.

마지막으로 칼빈은 성경에 충실하려는 열망으로 고무되었다. 성경 계시에 대한 존경하는 태도 속에서, 그는 성경에 암시적인 방법으로밖에 들어 있지 않는 한 교리에 머무르기를 주저하는 것이다. 이 점에 대하여 설교자 칼빈이 오직 성경(Sola Scriptura)의 원리에 돌린 결정적 중요성을 생각하면서, 설교에서 보다 더 이 원리에 충실한 곳은 아무 데도 없다고 말하겠다.[66)]

(3) 하나님의 형상(Imago Dei)

하나님의 형상 문제는 칼빈 신학의 가장 복잡한 것들 가운데 하나이다. 이 문제와 관련된 텍스트들은 실상 수도 많고 또한 다양하다. 이러한 수적 풍부와 내용에도 불구하고 여전히 교의학자 칼빈의 하나님의 형상에 대한 숱한 부연들이 있지만 그의 설교의 많은 문구들에서 확증됨을 인정할 수 있다. 그러나 이런 문구들 곁에는, 설교 가운데, 특히 비기독론적 문맥에서, 칼빈은 Imago Dei를 각 인간에게 존재하는 실재(*realite*)로 여기는 것이다. 종교개혁자 칼빈은 이렇게, 여러 텍스트들에서, 죄의 경륜 속에서, 인간 피조물들은 그들의 창조주의 형상으로 지어지고 빚어졌다고 말한다. 게다가 그의 설교 작품의 여러 문구들에서 그는 전혀 애매함 없이 단정하기를 각 인간은 태어날 때 Imago Dei를 부여받는다고 한다. 예를 들어 욥기서 11번째 설교가 보여 주듯이, 하나님의 '형상과 모습'으로 지음받는 것은 인간의 '고상함'과 '위엄'인 것이다.[67] 설교 가운데의 이러한 모든 일련의 문구들은 가장 자연스럽게 해석될 때 아담의 불순종에도 불구하고 하나님께서는 그의 섭리, 곧 계속적 창조(creatio continuata)인 섭리 안에서 인간들의 탄생 시 그 존재들을 자기 형상으로 입히신다는 사실을 보여 준다. 그렇다면 imago Dei는 자연적 소유라고 말해야 될 것이 아닌가? 그렇지 않다. 칼빈에 있어서 하나님의 형상은 결코 인간의 생식에 의해 유전되지 못하고 언제나 창조주의 특별한 간섭에 의해 만들어지기 때문이다.

한 걸음 더 나아가, 존재하는 유추(*analogia entis*)의 의미로 *imago Dei*의 개념을 사용하면서 칼빈은 거기에 '거울'의 의미를 준다는 것이다.[68] 토렌스에 의하면 칼빈은 인간이 *Imago Dei*가 되는 것은 하나님이 인간 안에서 자신의 모습을 응시하는 경우에, 그리고 인간이 창조주로 하여금 인간 자신 속에서 반

66) *Ibid.,* 103-104.

67) 욥기 137번째 설교, CO35, 240.

68) 토렌스에 의하면 칼빈이 imago를 언제나 거울이라는 용어를 빌어서 생각한다는 데 아무런 의심도 없다. 거울이 한 객체를 실제로 반영할 때만. 그 거울은 그 객체의 상을 갖는 것이다. 칼빈의 사상 속에서 반영하는 행위에서 떨어져 나가는 imago로서의 어떤 것도 존재하지 않는다(Cf. Torrance의 *Calvin's Doctrine of Man*).

영되게 할 때만 이루어진다는 것이다. 이러한 로렌스의 설명에 대해 Stauffer 교수는 하나님께서 각 인간존재 안에 자신의 형상을 '새기고', 좀 더 자주 쓰인 말로 '인쇄로 찍었다'(*imprimz*)고 선언하시는 숱한 문구들을 곡해하고 있다. 자신의 명제에 모순되는 이러한 문구들을 토랜스는 다만 은유적 의미로 꾸며진 것처럼 여긴다.[69] 그러므로 중요한 것은 이제 그 문구들을 그들의 문맥에 위치시키면서 검토하는 일이다.

설교자 칼빈이 인간에게 '새겨진'(*imprimz*) Imago Dei에 대해 상세히 말하는 곳은 우선적으로 다른 피조물에 대한 인간존재의 우월성이 문제되는 곳이다. 이처럼 칼빈은 동물들과는 달리, 인간은 그 안에 '새겨진' 하나님의 형상을 소유한다고 강조한다.[70] 그런데 16세기에 피조물이라는 용어는 살아 있는 존재들만 지칭하는 것이 아니다. 그 말은 또한 무생물체들에게도 적용된다. 그리하여 칼빈은 하늘의 별들과는 달리, 인간은 '새겨진' Imago Dei를 받았다고 말하는 셈이 된다.

두 번째로 설교자 칼빈은 그의 청중들로 하여금 그들의 동류 인간들을 향한 의무를 상기시키려 할 1비록 이들이 무어족이나 바르바리 아족(=야만인)이라 하더라도 아담의 자손에는 하나님의 형상이 '새겨져' 있음을 강조한다.[71] 이러한 관점에서, 내 이웃, 역시 하나님의 형상을 지니고 있음으로 해치는 일은 '자신을 스스로 흉하게 할'[72] 뿐 아니라 바로 창조주 자신에게 해를 끼치는 일이다.[73]

---

69) 칼빈은 '새겨진' 그리고 '조각된'이라는 표현을 사용한다. 그러나 그것은 오직 은유적 의미에서이지 결코 거울의 개념에서 벗어난 그런 것이 아니다.

70) 시편 119편에 대한 10, 20번째 설교들, CO32, 594와 717-8: 욥기 11번째 설교. CO33, 145; 에베소서 28번째 설교, CO51, 599: 그리고 창세기 7번째 설교.

71) Cf. 신명기 112. 126번째 설교들. CO27, 542-543, CO28, 22: 욥기 44번째 설교. CO33, 553; 갈라디아서 41번째 설교. CO51, 105: 디모데전서 14번째 설교. CO53, 160: 사무엘하서 6, 11번째 설교. SCI, 49, 94-95.

72) "하나님이 우리를 세상에 두신 목적은 우리가 서로 연합되고 연결되기 위함이다. 그가 우리 안에 자신의 형상을 삼으셨고 또 공통된 본성을 주셨기 때문에, 이러한 것들은 우리를 자극하여 서로서로 돕게 하여야 한다. 사실 이웃을 돕는 일에서 면제되기를 바라는 자는 자신의 품위는 떨어뜨리고 있으며 자신이 더 이상 인간이기를 원치 않고" 있음에 틀림없기 때문이다."(갈라디아서 41번째 설교. CO51, 105)

73) Cf. 신명기 84번째 설교. CO27, 204.

세 번째로 설교자 칼빈이 인간 안에 '새겨진' Imago Dei를 취급하는 것은 인간들이 이 땅에서 하나님에 대한 지식, 나아가 하나님에 대한 사랑으로 이르도록 결정되어 있음을 보이려 할 때이다.[74)]

이러한 결과를 통해 Stauffer 교수는 두 가지 결론을 이끌어냈다. 첫째, 지금까지 분류한 본문들은 '새겨진 형상'이란 표현이 거울의 개념을 참조케 하는 하나의 은유라는 해석을 정당한 것으로 인정치 않는다. 이 본문들은 사실 하나님께서 인간 안에 자신을 반영시킬 수 있고 없고를 떠나서 Imago가 인간 안에 창조된 하나의 실재임을 알게 한다. 둘째, 두 경우를 제외하고는[75)] '새겨진 형상'과 관련 있는 본문들이 이 형상을 불신자나 신자를 막론하고 모두에게 돌리고 있다는 사실이다. Imago Dei를 소유하고 있는 것은 구속주의 은혜의 혜택을 받은 이들뿐만 아니라 오직 창조주의 은사만을 받은 이들도 해당된다[76)]고 반박하였다. 나아가서 우리는 영광의 신학자 칼빈의 신학의 어떤 부분들에 대한 연구를 쇄신할 수 있는 설교 작품의 중요성을 다시 한번 강조하는 것이 보다 유익하리라고 생각한다. 왜냐하면 오랫동안 기독교강요가 프랑스 개혁자의 사상을 알기 원하는 자들을 만족시켰다. 후에 성경의 해석가는 놀랍게도 기독교강요의 천재적인 조직신학자를 보완해 주었기 때문이다. 이제 제네바의 설교자에게 그가 받아 마땅한 위대성을 결정적으로 돌리고, 그의 설교들이 교의 작품이나 주석 작품과 동일하게 풍요로움을 인정해야 할 것이다. 따라서 '종교개혁자 칼빈을 이해하기 위해서는 주석가 칼빈을 알아야 한다. 또한 종교개혁자 칼빈을 이해하기 위해서는 설교자 칼빈을 알아야' 한다.

---

74) Cf. 신명기 46번째 설교, CO26, 439; 욥기 11번째 설교. CO33, 145; 그리고 디모데후서 18번째 설교, CO54, 214.
75) 신명기 90번째 설교(CO27, p. 275)에서 칼빈은 imago Dei를 유대인들에게 돌리며 이방인은 제외시킨다. 그리고 욥기 4번째 설교(CO33, 59)에서 그는 이 image를 그리스도의 형상을 갖는 개혁파 기독교인들에게만 참되게 인정하는 경향을 보인다.
76) Stauffer, *op. cit.,* 114-15.

5) 맺는말

자금의 한국 교회는 급변하는 문화 사회적 변화 앞에서 심각한 도전을 받고 있다. 전통적인 가치관은 붕괴되고, 전혀 새로운 상황이 태동되고 있으며, 가히 혁명적이라 할 수 있는 커뮤니케이션 환경의 변화, 그리고 오늘의 사회 속에서 교회의 역할의 변화는 설교사역이 점점 어려워지는 환경을 조성하고 있다. 이러한 변화와 함께 오늘의 청중들은 메시지를 받는 방식이 달라지고 어떤 사실을 받아들이고 이해하는 틀, 즉 패러다임이 달라지고 있다. 이러한 변화 속에서 영향을 받고 있는 한국 교회의 설교자는 이러한 상황 변화와 함께 '설교의 위기'들이 강하게 대두되고 있으며, 한국교회 강단은 회복되고 개혁되어야 할 설교 갱신의 강력한 요구 앞에 서 있다. 아무리 변화하는 시대에서 산다 할지라도 설교자가 가져야 할 말씀의 패러다임을 바로 가질 때, 시대를 말씀으로 조명하고 변화시키는 말씀 사역으로 감당해 갈 수 있다는 사실을 칼빈의 말씀 사역을 통해 새삼 깨닫게 된다. 약 1000여 년 동안 중세교회의 설교의 암흑시대에서 설교를 회복한 칼빈과 그의 동역자들은 "오직 성경으로(Sola Scriptura)", "말씀이 말씀되게 하라"는 슬로건은 종교개혁자들의 개혁의 외침의 중심을 이루었다. 칼빈이나 쯔윙글리, 루터와 같은 종교개혁자들은 "성경은 하나님의 말씀이다. 왜냐하면 그것이 바로 하나님의 설교이기 때문이다."라는 고백을 가지고 있었다. 그들은 성경을 수천 년 전에 쓰인 기독교의 경전이기 때문에 성경을 중요하게 생각한 것이 아니고, 오늘도 하나님께서 성경을 통해서 말씀하시기 때문이다.

21세기의 새로운 시대를 향해 말씀을 선포하는 설교자들은 급변하는 변화의 흐름 속에 있는 세상을 바라보면서 어두운 밤에 그발 강가에 서 있었던 에스겔과 같이 이 시대를 향한 몸부림과 하나님이 보여 주시는 환상(vision)이 필요한 시대를 살고 있다. 이렇게 급변하는 설교의 상황은 향락주의와 물질주의, 다원주의와 해체주의, 그리고 거대한 정보의 숲 속에서 살아가면서 생의 즐거움(entertainment)을 찾으려는 군상들의 발걸음은 빨라지는데, 이들 속에 어떻게 하나님의 말씀의 씨앗을 뿌릴 것인가? 칼빈은 말하기를 "하나님의 말씀이 신실하게 들려지고 설교되는 곳마다……하나님의 교회가 존재하고 있다는 사실은 의심할 여지가 없다."라고 하였다.

3. 죤 칼빈의 설교단에서 예배로서의 설교[77)]

하나님의 영광의 신학자 칼빈에게 있어서 설교는 하나님께 영광을 돌리는 데에 목적이 있다. 이것은 칼빈의 설교 이해에 있어서 주요한 특징들 가운데 하나이다. 칼빈은 성례전을 집례하는 일만큼이나 그리고 기도 순서만큼이나 세밀한 점에서 하나님의 회중 가운데서 성경봉독과 설교하는 것을 가장 심오한 형태의 예배로 보았다. 일반적으로 칼빈에게 있어서 예배란 하나님의 영광을 위하여 드려지는 것이다. 그렇다면 특히 하나님의 영광을 위해 드려지는 성경봉독과 설교는 어떠한 것을 말하는가? 여러 가지 다른 견지에서 이에 대한 진술을 할 수 있겠지만 여기서는 단지 두 가지 면에서 질문해 보고자 한다. 하나는 예배에 대한 지혜신학(Wisdom theology)의 관점에서이고, 다른 하나는 예배에 대한 언약신학(Covenantal theology)의 관점에서이다.

1) 설교와 지혜

먼저 성경적 지혜신학의 관점에 의하면 하나님의 말씀이 사람들에게 들려졌을 때, 하나님께서 영광을 받으신다. 하나님의 말씀을 선포함으로써, 하나님의

---

77) Hughes Oliphant Old, 송광택 역 [*원제: 죤 칼빈의 설교단에서 예배로서의 설교*], 프린스톤신학연구소의 글을 소개한다.

말씀을 공부함으로써, 하나님의 말씀을 들음으로써 그리고 하나님의 말씀을 묵상함으로써 우리는 하나님을 영화롭게 한다. 시편 19편에 대한 칼빈의 주석에서 우리는 특별한 아름다움과 함께 이런 사실을 살펴볼 수 있다. 낮이 그의 말씀을 전하고 밤이 그의 지식을 알려 주는 것처럼, 하나님은 그의 말씀이 영혼을 소생시키고 우둔한 자를 현명하게 하며 마음을 기쁘게 하며 눈을 밝게 하였을 때 영광을 받으신다(시 19:1~8). 설교 말씀은 보배로운 하나님의 지혜를 드러내며, 이로써 우리는 그 안에서 즐거워하게 된다. 이 시편 주석을 통해서 칼빈은 하나님의 지혜가 별이 반짝이는 하늘에서 발견될 뿐만 아니라 진실로 하나님의 법, 즉 성경 속에서도 발견되었으므로 그 하나님의 지혜에 놀랐다고 기록하고 있다. 그는 말하기를 "이 시편은 두 부분으로 구성되어 있다. 첫 부분은 다윗이 하나님의 영광을 그의 작품 중에서 축하하는 부분이요, 두 번째 부분은 하나님의 지식을 그의 말씀 가운데 보다 완벽하게 드러냈음을 선포하는 부분이다."라고 하였다. 칼빈은 하늘이 하나님의 영광을 선포했다고 하는 부분에 대해서도 언급하고 있다. 다윗은 여기서 비유적으로 빛나는 하늘의 천체를 하나님의 영광을 상세히 보여 주는 설교자로 묘사해 주고 있다. 물론 그 비유는 두 가지 방향에서 나타나고 있다. 별이 빛나는 밤과 떠오르는 태양이 우리들에게 하나님의 영광을 말하는 것처럼 성경도 하나님의 지혜를 선포하고 있다. 바꾸어 말하자면 칼빈은 하늘이 하나님의 영광을 선포하는 방법과 설교가 하나님의 말씀을 선포하는 방법이 유사하다고 보고 있다. 칼빈에 의하면 설교의 목적은 하나님의 영광을 선포하는 것이 아주 분명하다는 것이다.

예배에서의 말씀의 위치에 대한 칼빈의 이해는 신구약 모두의 지혜신학에 깊이 기초하고 있다. 하나님의 백성이 그의 말씀을 청종하고 그리스도의 형상으로 변화할 때, 하나님은 영광을 받으신다. 복음의 선포를 통하여 하나님의 백성은 그리스도의 형상으로 변화되어 간다. 칼빈의 그의 요한복음주석 서론에서 하나님의 아들이 하나님의 영원한 지혜이기 때문에 요한이 그를 '말씀'으로 부른다고 말한다. 하나님의 백성이 말씀을 듣고, 믿음으로 받아들일 때, 그들은 죄로부터 구원을 받으며 새롭고 영원한 생명에로 태어난다. 또한 위로부터 태어나고 성령에 의해 새로워지기 때문에 그들은 이제 신령과 진리로(in spirit and truth) 하나님을 예배한다(요 1:12, 13, 4:23). 참된 예배를 신령과 진리로 드리는 예배로 이해한다면, 하나님의 말씀을 읽고 선포하는 즉 설교하는 일의 중심적 역할은 자명해진다. 만일 그 예배가 '반드시 하나님의 말씀에 의해 생겨나는' 진정한 믿음에 기초하고 있다면, 하나님은 오직 신령과 진리로만 예배를 받으신다. 하나님은 단순히 하나님의 말씀의 선포 가운데 영광을 받으시고, 과연 그 말씀은 그것이 말하는 바를 성취하는 능력을 가지고 있다. 그 말씀은 결실을 가져오며 이 결실은 하나님의 영광을 찬미한다. 요한복음 1:4 주석에서 칼빈은 말하기를 "우리에게 생명을 주시는 분은 하나님이시다. 그러나 하나님은 영원한 말씀에 의해 그렇게 하신다."라고 했다. 하나님의 백성이 함께 거룩하게 살아가고 생명의 근원되신 하나님을 높일 때, 하나님은 크게 영광을 받으신다.

우리는 미가 4:1~4에 대한 칼빈의 설교에서 유사한 내용을 보게 된다. 그 구절은 변화된 예루살렘의 예배에 관하여 말하고 있다. 선지자는 말하기를, 그날에 땅의 모든 백성들이 하나님의 법을 배우기 위해 예루살렘으로 올라갈 것이라고 했다. 칼빈에 의하면, 이것은 성경을 읽고 선포하는 것이 교회의 예배에서 중심적 위치를 차지해야 한다는 것이다. 즉 그것은 예배의 일차적 책임이다. 바꾸어 말하면 미가는 요한복음이 우리에게 말하는, 신령과 진리로 드리는 예배가 이제 성취되어 온 것을 예언하고 있는 것이다. 참된 기독교 예배에서 이 땅의 모든 백성은 하나님의 말씀을 읽고 선포하는 것을 경청한다. 하나님의 말씀을 봉독하고 선포하는 것을 중심으로 하는, 이러한 예배 유형은 하나님께서 율법의 첫째 판에서 우리에게 명령하신 것이다. 하나님의 말씀에 대한 연구는 우리가 하나님에 대한 우리의 사랑을 표현하는 방법이다(참고. 칼빈, 기독교강요Ⅱ권 8장 1~3). 우리는 우리 자신의 기술과 상상으로 고안된 우상을 만들지 않으며, 보석과 금박으로 우상을 꾸미지도 않고, 우상을 모시고 행진하지 않으며, 그 우상 앞에서 분향하지 않는다. 우리는 하나님의 가르침에 귀를 기울인다. 제4계명에 대한 칼빈의 주석에서 명백히 드러나듯이, 하나님의 말씀을 읽고 선포하고 묵상하는 것은 안식일 준수에 필수적이었다(기독교강요, Ⅱ권 8장 28). 칼빈에게 있어서 율법의 첫째 판의 제4계명은 오늘날까지도 기독교적 예배의 성격을 정해야 한다

(기독교강요, Ⅱ권, 8장 11). 물론 이 계명들은 기독교적 형식의 기독교예배를 지시하는 것이며, 그 기독교적 형식은 예수께서 주신 율법의 요약이다. 크고 첫째 되는 계명은 "네 마음을 다하고 목숨을 다하고 뜻을 다하여 주 너의 하나님을 사랑하라"는 것이다(마 37~38). 우리가 이 크고 첫째 되는 계명을 성취하는 것은 그 무엇보다도 예배를 드릴 때이다. 예배에 관한 지혜신학의 관점에서 볼 때, 우리 주님의 말씀에 귀를 기울이는 것은 주님께 대한 우리의 사랑의 표현이요 우리를 향하신 그의 사랑을 기뻐하는 것이다.

2) 설교와 언약

이제 언약적 예배신학의 관점에서 살펴보면, 어떻게 성경을 읽고 설교하는 것이 하나님께 영광을 돌리는 일이 되는가? 언약적 예배신학은 예배를 하나님과 그의 백성 사이의 언약적 관계라는 점에서 이해한다. 예배 가운데서 언약은 수립되고, 유지되고, 자양분을 공급받고 그리고 갱신된다. 예배 가운데서 우리는 하나님을 우리의 하나님으로, 우리 자신을 그의 백성으로 경험한다(기독교강요 Ⅳ권 14, 13). 세례를 받음으로서 우리는 언약의 공동체 안으로 들어간다. 성찬뿐만 아니라 성경을 읽는 것과 설교를 통해서 우리는 언약적 관계 가운데 자양분을 얻는다. 성경봉독과 설교를 통해서 우리는 언약의 조건들을 배우고, 언약 공동체에 의해 살아가는 삶의 방식으로 인도받는다. 설교를 통해서 언약 백성의 전통들은 전해지고 하나님의 구원의 능하신 역사는 자세히 진술된다. 성찬 집례를 통해 우리는 경건의 생명 가운데 자양분을 받는다. 언약신학의 관점에서 예배는 이 세상에서의 잔치이며, 더 나아가 하늘의 잔치를 미리 맛보는 것이다. 말씀은 그 언약을 선포하고 설명하며, 성찬은 그 언약을 인친다. 기도 가운데 거듭해서 우리는 언약적 사랑의 결속을 나타낸다. 우리는 우리에게 필요한 것이 있을 때 하나님께로 향한다. 왜냐하면 그는 우리 하나님이시요 우리는 그의 백성이기 때문이다. 우리가 예수의 이름으로 아뢸 때 하나님께서 우리의 기도를 들어주실 것이라는 언약적 약속 때문에 우리는 하나님께 구한다. 구제를 하면서 우리는 매우 특별한 방식으로 언약적 책임을 수행한다. 특히 교회의 찬양 가운데, 찬송과 시편에서, 우리는 거룩한 관계에서의 경외와 기쁨을 체험한다. 우리는 감사로 그 문에 들어가고 찬양으로 그 궁정에 들어간다(시 110편).

언약의 회중 가운데서 성경을 읽고 설교하는 것이 어떤 기능을 하는지 더 자세히 살펴보자. 이미 우리는 말씀의 사역이 언약적 관계에 자양분을 공급한다는 점을 언급했다. 우리는 특히 이 점을 요한복음 6장에 대한 칼빈의 주석에서 찾아볼 수 있다. 그 주석은 예수께서 어떻게 오병이어로 큰 무리를 먹이심으로써 그의 가르치는 사역이 얼마나 영적으로 의미심장한지를 잘 설명하고 있다. 이 표적은 주님의 가르침은 그의 사역의 본질적 부분에 속한다는 것을 보여 준다. 6장의 서두에서 본문은 예수께서 가르치실 때 큰 무리가 어떻게 예수 주변에 모여들었는지를 말해 주고 있다. 주님의 가르침은, 모세의 가르침과 같이 광야의 산 위에서 이루어졌다. 칼빈에게 있어서 예수께서 광야의 산 위에서 이 가르침을 주시고 이 이적을 행하신 사실에는 어떤 섭리적 교훈이 있다. 확실히 예수의 설교사역(preaching ministry)은 모세의 사역보다 훨씬 더 위대하지만, 양자 간의 유사점을 간과하기는 어렵다. 모세가 언약의 회중에게 율법을 주기 위해 시내산 앞에 그 백성을 모은 것처럼, 예수께서는 무리를 그의 주위에 모으시고 복음을 그들에게 전하셨다. 모세가 거룩한 음식으로 언약의 회중과의 집회를 끝맺은 것처럼, 이제 예수께서는 무리를 먹이셨다. 예수께서는 성부께서 광야에서 이스라엘 백성에게 주신 만나의 관점에서 그 음식을 설명해 주셨다. 신실한 이스라엘은 만나의 의미가 "사람이 떡으로만 살 것이 아니요 하나님의 입으로 나오는 모든 말씀으로 살 것이라"는 것을 언제나 이해하고 있었다(신 8:3, 마 4:4). 오직 하나님만이 우리의 생명의 원천이시다. 이 사실은 하나님의 백성이 함께 모여 하나님의 말씀을 경청할 때 경험된다. 이러한 일이 실제로 일어나고 하나님의 백성이 거룩함 가운데 자양분을 취할 때, 하나님은 영화롭게 된다.

언약적 예배신학에 있어서, 예배가 은혜의 방편이라는 것은 아주 중요한 것이다. 예배하는 것은 무엇보다도 하나님의 영광에 봉사하는 것이나, 그것은 또한 하나님의 백성을 거룩하게 하는 방편이기도 하다. 우리가 하나님을 영화롭게 하는 가장 중요한 방법은 그의 영광을 반영하는 것이요, 우리가 그의 영광을 반영하는 방법은 하나님이 거룩하신 것처럼 우리가 거룩한 자가 되는 것이다. 이것은 성경적 예배 이해의 기본적 원리이다. 하나님의 영광에 관한 가장 주목할 만한 사실은 영광을 돌리는 것은 바로 삶이라는 점이다. 하나님의 영광은 구속적인 것이요 거룩하게 하는 것이다. 하나님의 영광이 반영될 때, 그의 영광은 확대된다. 이러한 이유 때문에 신자는 과거에 베푸신 하나님의 놀라운 구원을 기억하고, 우리 시대에 하나님의 구원하시는 영광을 증거하기 위해 함께 모여 장엄한 집회를 갖는다. 이것은 하나님의 영광을 확대한다.

칼빈은 "선지자의 글에 저희가 다 하나님의 가르침을 받으리라 기록되었은즉"(요 6:45)이라는 본문을 주석하면서 "교회가 회복될 수 있는 유일한 길은 하나님 자신께서 신자들의 교사가 되시는 길밖에는 없다. 선지자가 말하고 있는 가르침의 종류는 외적인 목소리를 통해서가 아니라, 내적인 목소리, 즉 마음속에서의 성령의 은밀한 작용을 통해서이다. 한마디로 말하자면, 이것은 우리의 마음 깊은 곳에서의 하나님의 가르침이다."(*Corpus Reformatorum,* 75: col. 149). 성경을 읽는 것과 설교하는 것은 예배이다. 왜냐하면 그것은 하나님의 일이기 때문이다. 내가 다른 곳에서 그 점을 상세히 언급한 바와 같이, 예배는 성부의 영광을 향한 그리스도의 몸 안에서의 성령의 역사이다. 성경이 하나님의 말씀이기 때문에, 성경을 읽고 설교하는 것은 예배이다. 기독교예배의 역사는 교회가 하나님의 말씀인 성경에 대한 확신을 잃을 때 그 말씀에 대한 설교도 힘을 잃어버린다는 사실을 거듭 보여 주고 있다.

또한 칼빈은 "나는 생명의 떡이라"는 본문을 주석하면서 "하나님의 영원한 말씀이 생명의 원천이 되는 것처럼, 주님의 살은 그의 신성(divinity) 안에서 본래부터 거하는 생명을 우리에게 가져다주는 강이다. 이러한 의미에서 그것은 '생명을 주는'(vivifying 혹은 life giving) 것으로 불린다"(Corpus Reformatorum, 75: col.152). 예수 안에서 성육신하신 하나님의 말씀은 그의 존재 전체로서, 그가 행하신 모든 것 가운데서 그리고 그가 전한 모든 것 가운데서 단번에 세상에 생명을 주시었다. 오늘날 교회 내의 우리가 하나님의 말씀을 전할 때, 그리스도는 영생의 원천으로서 임재하신다. 우리가 그리스도의 이름으로 기도할 때, 그리스도는 우리와 함께 현존하신다. 우리가 성례를 집례할 때 그리스도는 세상 끝날 때까지 함께하신다. 주님께서 무리를 먹이신 것은 하나님의 말씀이 생명의 원천이요 거룩한 삶의 원천이라는 표적이었다. 그것은 예수께서 설교와 성찬 모두와 관련하여 예배의 본질을 밝히신 표적이었다. 그것은 성부의 집으로 들어가서 그의 은혜를 마음껏 즐기는 것이다. 우리가 그리스도 안에서의 하나님의 능하신 구원의 역사의 유익을 즐길 때 하나님은−그가 우리의 생명의 원천이므로−영광을 받으신다.

칼빈은 예배에 있어서 성경봉독과 설교에 중심적 위치를 부여하였다. 보통 제기되는 질문은 말씀에 대해 이처럼 중심적 위치를 부여하는 것이 설교 이외의 다른 어떤 것에 많은 여지를 주었는지 어떤지에 관한 것이다. 이 질문에 답하기 위해 우리는 제네바 교회의 예배에서 설교가 위치하였던 방식을 살펴보아야 한다. 1542년의 <제네바 찬송집>(Genevan Psalter) 서문에서, 칼빈은 예배의 구성 요소 세 가지를 말하고 있다: 그것은 하나님의 말씀의 설교, 공적인 엄숙한 기도들, 그리고 성례전의 집례이다. 때때로 이 목록에는 시편과 찬송, 율법서 낭독, 죄고백, 복음서 낭독, 신앙고백, 그리고 구제헌금을 포함하기도 했다. 설교가 하나님께 영광을 돌리는 성격은 이러한 다른 요소들과 관련하여 바라볼 때 특히 명백해진다. 첫째로 우리는 기도의 사역에 대한 말씀의 사역의 관계에 대해 다루고 나서, 성만찬 성례에 대한 말씀의 사역의 관계에 대해 말하고자 한다.

3) 설교와 기도

칼빈은 기도가 우리의 신앙심의 주된 행사(prayer is the chief exercise of our religion)라고 본다. 이 유명한 진술은 우리가 언약적 맥락 안에서 기도를 이해할 때, 무엇보다도 의미 있는 것이 된다. 기도는 우리의 믿음을 행사하는 것이다. 기도는 우리가 어려울 때 하나님에게 향한다. 기도는 하나님의 부요한 약속들을 붙들고, 그 약속들이 이루어질 때까지 믿음으로 그 약속들에 매달린다. 칼빈은 라인란트(Rhineland)북부의 개혁교회에서 발전해 온 관습에 따라 성령의 조명을 위한 기도와 더불어 성경봉독과 설교를 시작하였다. 우리는 1542년의 <제네바 찬송집>에서 다음과 같은 예배 규정을 볼 수 있다. 그러고 나서 목사는 한 번 더 기도하기 시작한다. 그는 성령의 은혜를 위해 하나님께 구하여, 하나님의 말씀이 그의 이름의 영광을 위해 그리고 교회의 건덕을 위해 신실하게 해설되고, 그 말씀에 합당한 겸손과 순종으로 받아들여지기를 기도한다. 그 형식은 목사의 재량에 맡겨져 있다.(Calvin, Opera selecta, Ⅱ, 20)

이 기도에서 아주 분명하게 드러나는 사실은 설교가 하나님의 백성 중에서의 하나님의 은혜의 사역이라는 점이다. 우리는 여기서 말씀의 설교뿐만 아니라 선포된 말씀을 받는 것도 예배라는 사실에 주목하게 된다. 전체 회중은 겸손과 순종으로 하나님의 말씀을 받음으로써 하나님을 예배한다. 설교는 하나님을 영화롭게 하고 동시에 교회를 세운다. 설교는 기도처럼, 그리고 사실상 모든 예배처럼, 하나님의 영광을 향한 그리스도의 몸 안에서의 성령의 사역이다. 설교는 교회를 세우고 하나님의 백성에게 복을 전해 주며, 이 모든 것은 하나님의 이름에 영광을 돌린다. 물론 여기서 우리 설교의 목적이 하나님을 영화롭게 하는 것이라는 점은 매우 명백히 진술된다.

이러한 기도는 설교의 '에피클레시스'(*epiclesis,* 성령 강림을 구하는 기도)라고 불릴지도 모른다. 그 기도는 성령의 영감을 통하여 선지자들과 사도들이 하나님의 말씀을 선포하고 그 말씀을 기록에 맡긴 것과 같이, 동일한 성령의 영감을 통하여 말씀의 사역자가 성경을 강해하고 회중이 그 말씀을 받는다는 사실을 인정하고 있다. 이러한 기도(에피클레시스)는 설교가 설교자의 능력에 달려 있다는(ex opere operantis,[78] 문자적 의미는 from the work of the worker)

78) 역자주: *ex opere operato*(문자적 의미는 'from the work done')는 '행위의 효력에 의하여'를 뜻하고, *ex opere operantis*는 '행위자(agent)에 의하여'를 뜻한다. 본래 이 표현들은 성례의 정당한 집례를 위한 조건이나 혹은 성례의 합당한 수령과 관련하여 성례전에 대해 사용되는 표현들이다.

이해에 대항하여 교회를 방어한다. 그러나 한편 그 기도는 설교에 대한 펠라기우스적 이해에 반대하여 교회를 지킨다. 결국 그 기도는 설교가 인간적 사역이 아니라 신적인 사역이라는 사실을 분명히 한다. 확실히 하나님께서는 그의 사역자들을 통해 이 일을 행하신다. 그러나 말씀하시는 분은 하나님이시다.

성령의 조명을 위한 그 기도가 밝히고 있는 다른 사실은 하나님의 말씀이 기도의 응답이라는 것이다. 하나님의 말씀은 우리가 곤궁에 처했을 때 우리에게 베푸시는 은혜로우신 은사이다. 우리가 우리의 소외된 상태와 죄와 연약함을 발견할 때, 우리는 부르짖어 하나님께 도움을 청하고, 하나님께서는 그의 구속적 목적과 구원의 능력과 우리의 삶을 위한 그의 뜻을 보여 주심으로써 응답하신다.

죄고백의 기도는 제네바의 예배에서 앞 순서에 위치하고, 이어서 성령의 조명을 위한 기도를 한다. 두 기도는 밀접하게 관련되어 있다. 죄고백의 기도는 인간 상태의 언약함에 대한 실제적 고백으로 예배를 시작한다(Calvin, *Opera selecta,* II, 18). 경의를 표하면서 그 기도는 주 하나님, 곧 영원하시고 전능하신 아버지를 부르고, 우리의 연약함과 가난과 불법을 고백한다(Calvin, Opera selecta, II, 18). 예배자는 인간적 곤궁을 인정하면서, 겸손하게 하나님의 말씀에 다가간다. 그리스도 안에서 우리가 하나님에 의해 용납받았다는 것을 확신하면서, 우리는 하나님의 말씀을 기다린다. 설교는 기도 가운데 받아들여진다.

여기서 우리는 또한 칼빈이 옛 개혁자들 위에서 건축하고 있다는 것을 알게 된다. 특히 그는 스트라스부르크의 종교개혁자들이 발전시킨 예배 순서에 의존하고 있다. 칼빈은 그가 1542년 망명지에서 돌아왔을 때, 확신과 열심을 가지고 스트라스부르크의 예전 형식들을 제정하였다. 그가 보는 바로는 이것은 참으로 성경적이고 초대교회의 모범을 따르는 예배 순서였다. 칼빈은 시편을 노래하는 것은 제네바 교회의 예배에서 주요한 역할을 하였다. 기도와 시편 찬송은 예배 의식의 순서에서 근본적인 것이었다. <성례전의 집례를 위한 순서가 있는 기도와 찬송의 형태>라는 그의 예배모범의 제목은 바로 이 점을 충분히 말해 준다. 시편 찬송은 찬양과 감사의 맥락 가운데 설교를 두었다. 이것은 특히 설교의 '하나님께 영광을 돌리는' 의도를 확실하게 한다. 다시 우리는 칼빈의 설교들이 제네바의 예배에서 차지한 예배상의 위치에서 확인될 때, 그 설교들이 가장 잘 이해된다는 사실을 강조하고자 한다.

만일 칼빈에게 있어서 하나님의 말씀이 기도에 대한 응답이라면, 하나님의 말씀이 우리를 기도에로 부르신다는 것도 마찬가지로 사실이다. 칼빈의 설교들은 변함없이 기도가 관심을 두는 것이 교회를 향해 그날 이루어지는 성경강해라는 사실을 분명히 함으로써 끝낸다. 우리는 칼빈의 예레미야서 설교들에서 이러한 기도의 풍부한 예들을 특히 많이 볼 수 있다. 수백 개의 이러한 기도문들이 우리에게 전달되어 왔다. 각각의 기도들은 설교 끝에 행해졌다. 그러고 나서 교회의 필요를 위하여, 기독교 공동체의 지도자들을 위하여, 공직자들을 위하여, 목사들을 위하여, 모든 백성을 위하여, 온 세상을 향한 복음 전파를 위하여 그리고 환난이나 고통을 겪는 사람들을 위하여 드리는 보다 일반적인 중보기도가 뒤따른다(Calvin, *Opera selecta,* Ⅱ, 20～23). 이 기도는 하나님 나라의 도래를 위한 일반적 기도이다. 한편 설교에 이은 이 기도의 요점은 성경봉독과 설교가 우리를 기도에로 부를 뿐만 아니라 또한 우리의 기도를 조명하고 옳은 방향으로 향하게 한다. 진정한 기독교적 기도는 하나님의 말씀에 따라서 하는 기도이다. 그 기도는 하나님을 향한 예배 가운데 자리 잡은 기도이다. 그 기도는 하늘에서와 같이 땅에서 하나님의 뜻을 행하는 기도이다. 그 기도는 먼저 하늘 나라를 구하는 기도요, 더욱이 모든 다른 것들을 우리에게 더하여 주실 것이라고 확신하는 기도이다.

하나님께서 광야에서 이스라엘 백성에게 성막을 주시어, 그의 백성이 기도로 하나님께 나아올 수 있게 하신 것처럼, 그리스도께서는 새 언약의 백성에게 복음의 약속들을 주셨다. 그는 그의 이름으로 우리가 예배드리기 위해 모일 때 그중에 계시겠다고 약속하셨다. 그는 만일 우리가 그의 이름으로 기도하면 성부께서 우리의 기도에 응답하실 것이라고 약속하셨다. 더욱이 그는 우리에게 하나님 나라의 도래를 위해 기도할 책임을 주셨다. 우리가 <제네바 찬송집>에서 볼 수 있고 또한 칼빈의 설교를 받아 적은 속기사에 의해 기록된 그대로 칼빈의 기도들에서 보게 되는 그 기도의 내용들은 기도의 사역에 대한 말씀의 사역의 관련성에 대한 언약적 이해가 스며들어 있다. 예를 들면, 설교에 이은 중보 기도는 다음과 같이 시작하고 있다.

전능하신 하나님, 하늘의 아버지시여, 당신께서는 우리가 당신의 사랑하는 아들, 우리 주 예수 그리스도의 이름으로 당신께 드리는 간구들을 들으신다고 약속하셨습니다. 주님의 교훈과 사도들의 가르침에 의해서 우리는 주님의 이름으로 함께 모이도록 가르침을 받아왔습니다. 주님께서는 그가 우리 중에 임재하시며 당신께 우리의 중보자가 되시어, 우리가 당신께 구하고자 동의한 모든 것들을 우리가 얻을 수 있도록 하시겠다고 약속하셨습니다. 첫째로 우리는 당신께서 통치자와 관리로 우리 위에 세우신 자들을 위해서, 그리고 당신의 백성의 필요와, 실로 모든 사람들의 모든 필요를 위해서 기도하라는 당신의 명령을 가지고 있습니다(Calvin, Opera selecta, II, 20).

언약적 약속들과 언약적 책임들이 이 기도에서 명백히 강력한 역할을 하고 있다. 언약적 예배 이해는 은혜의 복음이 우리를 섬김(service)에로 부른다는 것을 인정한다. 이러한 중보 기도들에서 교회는 사랑의 연대 가운데 이웃을 섬기며, 이로써 하나님의 영광을 위해 일한다. 말씀과 기도 사이의 이러한 변증법은 예배의 본질이다. 말씀은 기도에 대한 응답이며, 동시에 기도는 말씀에 대한 응답이다. 말씀은 기도를 격려한다. 즉 말씀은 기도에 능력을 부여하고 기도를 바른 방향으로 인도한다. 기도는 말씀을 심으며, 우리 마음에 말씀을 뿌리 내리게 하고, 그 말씀이 꽃을 피우고 결국 열매를 맺게 한다. 그리고 이 열매는 하나님께 큰 기쁨이 되는 것이다. 말씀이 열매를 맺을 때 하나님께서는 신령과 진리로(in spirit and in truth) 예배를 받으신다.

4) 설교와 성찬

칼빈에 의하면 말씀의 사역을 성찬의 성례전 시행에 관련시켜 예배에서의 말씀의 위치에 대한 그의 언약적 이해가 어떠한지를 알 수 있다(칼빈, 기독교 강요, VI권 14, 6). 우리는 성경봉독과 설교 가운데 복음의 선포를 듣는다. 우리는 그리스도 안에 계신 하나님께서 어떻게 우리를 그분과 화해시키셨으며, 또 어떻게 우리들에게 은혜의 언약을 주셨는지를 설교를 통해 듣는다. 즉 그것은 언약이 인치는 성찬에 함께 참예함으로 이루어진다(기독교강요, VI권 17, 1). 설교를 통해서 복음의 약속이 우리들에게 선포되지만, 성례를 통해서는 그 약속이 우리에게 인쳐진다(기독교강요, VI, 14, 6). 사인(sign)이 편지를 보증해 주고 도장을 찍는 것이 확실함을 더해 주는 것처럼, 성례전은 선포된 하나님의 약속들을 확언한다(기독교강요, VI, 17, 4). 설교는 성례전에서 필수적인 요소이다. "그런데 내가 제시한 정의를 보아서 알 수 있는 것과 같이 성례에는 반드시 선행하는 약속이 있으며, 성례는 이 약속에 붙인 부록(appendix)과 같다. 그 목적은 그 약속을 확인하고 인치며 우리에게 더욱 명확하게 깨닫게 하며 이를테면 비준하는 것이다."(칼빈, 기독교강요, VI, 14, 3)[79] 성례전은 언약적 약속들의 설교(preaching)에 달려 있다. 칼빈이 우리에게 말했듯이, 언약(covenant)은 하나님의 약속이다. 성례전은 이러한 언약의 증표요 보증이다. 약속들은 필히 알려져야 한다. 그리고 약속이라는 용어는 그것들이 보증되기 전에 반드시 먼저 설명되어야 한다. 표징(sign)에 우선하는 말씀이 없다면 그 표징은 무의미한 것이다. 칼빈은 '기독교강요'에서 다음과 같이 말하고 있다. "그러나 먼저 생각하고 결정해서 말로 발표한 언약일지라도 말이 선행할 때에는 이런 언약의 표징에 의해서 그 언약의 법은 확인된다. 그러므로 성례는 우리로 하여금 하나님의 말씀의 진실성을 더욱 확실하게 믿게 만드는 의식(exercises)이다."(칼빈, 기독교강요, VI, 14, 6)

1542년의 <제네바 찬송집>의 성찬식 기원은 우리가 시행하려는 성례에서 우리 주 예수께서 우리로 하여금 그의 몸과 피에 참여할 수 있도록 은혜를 베푸시기를 기도한다. 그 기도는 계속해서, 그리스도께서 우리를 신앙 안에서 그 자신에게 연합시키시기를 기도하고, 또한 그가 우리 안에서 사시며 지금부터 영원까지 거룩하고 행복한 삶에로 우리를 인도하시기를 구한다. 이 기도는 성부께서 "우리로 하여금 새롭고 영원한 언약, 즉 은혜의 언약에 참여하는 자가 되

79) 역자주: [기독교강요] 하권, 338쪽의 번역을 참고하라.

도록" 구할 때처럼, 분명히 언약적 맥락의 생각에서 나온 것이다(Calvin, Opera *selecta,* II, 25). 칼빈에게 있어서 성찬은 복음의 설교에서 선포된 약속들을 인치는 언약의 식사(covenant meal)이다. 복음의 약속에 대한 선포가 없다면 성례전을 지키는 것은 큰 의의가 없는 것이다(칼빈, 기독교강요, VI, 17, 39)[80]. 설교는 일반적으로 예배의 필수적 부분이듯이, 특히 성례전적 예배의 필수적 부분이다.

설교는 예배이다. 왜냐하면 설교는 우리로 하여금 언약의 식사에 참여할 수 있게 하는 믿음을 표현하기 때문이다. 성찬식 기원은 "견고한 믿음으로 주님의 몸과 주님의 피를 받읍시다."라고 기도한다. 설교는 믿음에서 시작하여 믿음에로 향한다. 설교는 회중의 믿음을 표현하며, 그 믿음의 표현은 회중의 믿음에 자양분을 준다. 설교는 회중의 믿음을 세워 주고 확대시킨다. 설교를 경청한 후, 회중은 더 견고한 믿음으로 성찬에 나아가고, 이로써 성찬을 통해 하나님께 영광을 돌린다.

우리는 예수께서 친히 말씀하신바, 그가 우리 안에 거하고 우리가 그의 안에 거하는 방식으로 우리로 하여금 그의 몸과 그의 피에 참여하는 자가 되기를 진정으로 바라는 그 약속을 신자들이 믿도록 요구하는 '성찬의 권면'(the Communion Admonition)에서 동일한 사실을 발견한다. 이것은 언약의 약속들이다. 그 권면은 우리에게 분배되도록 이 식탁에서 하나님의 선하심의 모든 부요하심을 나타내는 구주의 무한한 선하심에 대해 신자들이 감사하도록 계속 촉구한다. 왜냐하면 우리에게 이 모든 것을 주시는 가운데 주님은 그가 가지신 모든 것이 우리의 것이라고 증거하신다. 우리는 주님의 죽음과 고난의 능력이 우리의 칭의를 위해 우리에게 전가되도록, 이 성례전을 하나의 증거물로서 받아들이자. 성례는 복음 안에서 선포된 언약의 약속들의 표징과 인(印)이다(기독교강요, VI, 14, 5). 복음이 선포될 때, 그 복음은 성례전에 의해 요약되고 서명된다.

설교는 예배다. 왜냐하면 설교는 성찬식에 중심적인 감사를 분명하게 드러내기 때문이다. 설교는 '하나님의 큰 일'을 자세히 이야기한다. 다른 곳에서 나는

80) 역자주: 기독교강요에서 칼빈은 "말씀이 없으면 성찬은 바르게 집행될 수 없다"고 말한다.

부활절 성찬식 이전에 행한 주님의 고난과 부활에 관한 복음서 기사에 대한 칼빈의 설교에 대해 썼다. 칼빈의 설교는 성찬식이 감사를 표하는 것을 찬양하였다. 칼빈의 설교는 말하자면 그의 성찬식 기도였다. 하나님의 구원 사역에 대해 감사하는 것은 우리의 언약적 책무의 한 부분이다. 하나님께서 도움을 청하는 우리의 부르짖음을 들으시고 우리의 기도에 응답하사, 우리를 우리의 슬픔과 죄와 비참함 그리고 무용함에서 구원하셨기 때문에, 우리는 이제 마땅히 하나님께 감사를 돌려야 한다. 우리는 하나님의 구원을 받았으므로 마땅히 하나님께 찬송과 감사의 제사를 드려야 하는 것이다. 성찬 기원에서 볼 수 있는 바와 같이, 항상 하나님께 영광을 돌리고, 하나님께 감사하며, 하나님의 이름을 찬미하는 것은 우리의 언약적 책무이다(Opera selecta, Ⅱ, 25).

설교는 예배이다. 왜냐하면 설교는 회중이 그리스도 안에서의 하나님의 능하신 구원 역사에 대해 고백하는 그 증거를 증언하기 때문이다. 설교는 주님이 오실 때까지 그의 죽으심에 대해 알린다(고전 11:26). 고린도전서 11:26에 대한 주석에서 칼빈은 신앙고백으로서의 성찬의 중요성을 분명히 하고 있다. 그 성찬 기원은 다음과 같이 기도한다. "하늘 아버지시여, 오늘 우리로 하여금 당신의 사랑하는 아들의 기념 예식을 행하고, 그의 구원 사역을 자세히 이야기함에 있어서 우리 자신의 일을 행하며, 그리고 그의 죽음의 유익을 알리도록 은혜를 베푸소서."(Opera selecta, Ⅱ, 25) 하나님의 구원 역사에 대한 이러한 고지(告知)나 선포는 공예배에서 행해지는 언약적 기념 의식의 본질이다. 예배는 하나님의 구원 역사(행위)에 대해 증거한다. 예배는 우리의 구원이 하나님에게 달려 있다고 하나님께 고백하고, 세상을 향해 우리 생명의 근원을 알리는 것이다.

성찬을 마치는 감사의 기도는 시행되는 성례전의 언약적 본질을 다시 한번 분명히 하고 있다. 그 기도는 우리를 그의 아들, 우리 주 예수 그리스도의 영적 교제 안으로 이끌어주신 것에 대해 감사한다. 그리고 우리가 하나님의 영광을 위해서 살고 우리의 이웃을 섬기며 사는 목적을 위해, 성례전 가운데 나타난 모든 것들이 우리의 마음속에 새겨지기를 기도한다. 성찬식의 끝에 언급되는 "하나님의 영광을 위하여"라는 표현은 그 모든 것의 열쇠이다. 예배에서 행해지는 모든 일은 하나님의 영광을 위해 행해지는 것이다: 즉, 시편을 노래하는 것, 기도를 드리는 것, 성례전 집례, 성경봉독 그리고 설교 등이다.

5) 맺는말

설교에 대한 칼빈의 접근은 트렌트 공의회(the Council of Trent)의 접근과 매우 다르다. 트렌트 공의회는 칼빈처럼 어떤 점에서도 설교를 예배로 이해하지 않았다. 트렌트 공의회는 1546년 6월에 설교를 위한 회기를 가졌고, 두 가지 중요한 정의를 하였다. 첫째는 설교가 감독의 주요한 직무라는 것이었다. 우리는 이 정의를 긍정적인 측면과 부정적인 측면에서 생각할 수 있는데, 부정적인 면에서 이 정의의 영향은 설교를 전제주의(absolutism)의 손에 맡기는 것이었다. 이 경우 설교는 감독과 그가 그 직무를 수행하도록 권위를 준 자들의 고유영역이 된다. 긍정적인 면에서 트렌트 공의회의 의도는 감독으로 하여금 설교하도록 격려하는 것이다. 트렌트 공의회는 설교를 기독교예배의 중심에로 돌려놓는 일에 성공하지 못했다. 설교는 여전히 주일 오후를 위한 선택적인 경건의 연습 또는 사순절을 위해 특별히 행해지는 행사로 남아 있다.

설교와 관련된 트렌트 공의회의 다른 중요한 정의는 설교의 목적을 여러 덕목들을 찬양하고, 악덕을 비난하고, 형벌에 관한 위협을 하고 그리고 보상을 약속하는 것으로 여긴다는 것이다. 프란체스코 수도회 규칙에 처음 나타나는 이러한 설교 정의는 트렌트 공의회에서 받아들여졌고, 반종교개혁기의 설교 지침이 되었다. 그것은 설교에 대한 보다 더 도덕적인 접근을 의미한다. 설교에 대한 이러한 정의와 더불어 반종교개혁기의 설교가 어떻게 고백성사적(penitential) 설교로 기울어지는지를 보는 것은 아주 용이하다. 우리는 반종교개혁기의 설교가 강림절이나 사순절의 참회 기간에 제한되는 경향을 보게 된다. 성탄절, 부활절, 마리아 축일들 그리고 몇몇 다른 날들을 위한 설교가 있었다. 그러나 덕과 악덕, 형벌과 영광에 관한 도덕주의적 경향은 반종교개혁기의 설교단에서 보편화되었다. 설교는 예배 그 자체라기보다는 오히려 예배를 위한 준비가 되었다. 그러나 그 설교들은 우리가 앞에서 논한바 '하나님께 영광을 돌리는'(*doxological*) 기능을 전혀 가지고 있지 않다. 설교에 대한 반종교개혁기의 이해는 확실히 예전 갱신 운동이 영향을 미쳤던 곳에서는 어디서나 여전히 그 효력을 가지고 있다. 말씀의 사역이 존재한다는 것과 이러한 말씀 사역을 행사하는 것이 예배라는 생각은 현대의 예배의 본질에 관한 작금의 논의에 대하여 존 칼빈이 크게 이바지하는 점이다.

부 록

1. 구성에 의한 설교의 비교

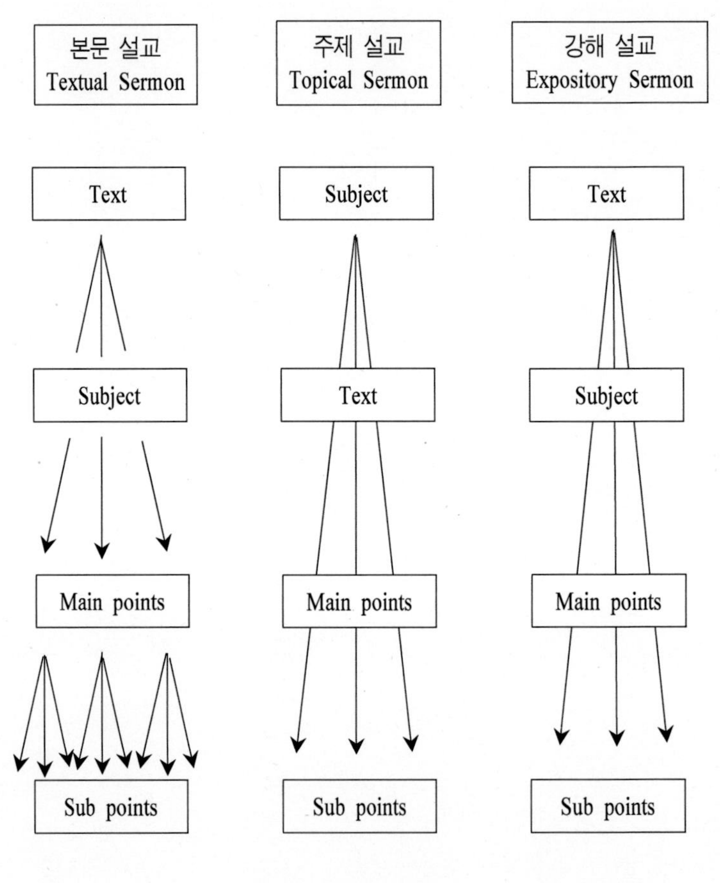

* Subject and main points come from the text, sub-points are free from the text. The text controls the subject and main points.	* Choose the subject first, then find a text which contains it. The subject controls the whole sermon.	* Subject, main poins and sub-points come from the text. The text controls the whole sermon.

2. 설교의 개요 작성 양식

제　목: ____________________
본　문: ____________________
중심명제: ____________________
설교목적: ____________________

서　론: ____________________
1. ____________________
2. ____________________
(경과구): ____________________

1. 첫째 대지: ____________________
1) 첫째 소지: ____________________
(1) 소소지: ____________________
(2) 소소지: ____________________
(3) 소소지: ____________________

2) 둘째 소지: ____________________
(1) 소소지: ____________________
(2) 소소지: ____________________
(3) 소소지: ____________________
(경과구): ____________________

2. 둘째 대지: ____________________
1) 첫째 소지: ____________________
2) 둘째 소지: ____________________
(1) 소소지: ____________________
(2) 소소지: ____________________
(경과구): ____________________

3. 셋째 대지: ____________________
1) 첫째 소지: ____________________
2) 둘째 소지: ____________________
3) 셋째 소지: ____________________
(1) 소소지: ____________________
(2) 소소지: ____________________
(3) 소소지: ____________________
(경과구): ____________________

결　론: ____________________
____
____

3. 설교의 평가 양식(1)

설교 제목		설교자	
설교 본문		날 짜	

구분	평가 내용	1	2	3	4	5	6	7	8	9	10	합계
서론	청중의 이목을 집중시키는가?											
	직접/간접으로 사람들의 욕구를 다루는가?											
	설교의 주제가 잘 전달되는가?											
	설교의 주된 사상이 잘 전달되는가?											
	서론의 길이는 적당하였는가?											
본론	성경 내용이 잘 설명되고 있는가?											
	설교는 정확한 주석에 기초를 두고 있는가?											
	설교 속에 중심되는 아이디어가 있는가?											
	설교자가 본문 중 자신의 위치가 어디인지 보여 주는가?											
	예화 및 적용은 적절하게 사용되고 있는가?											
	설교 내용에 독창성이 있는가?											
	그리스도 중심의 설교인가?											
결론	설교의 목적이 분명하게 성취되었는가?											
	설교의 전체 내용을 잘 요약했는가?											
	끝마칠 때 효과적인 제안이나 호소가 있는가?											
구조	진행이 명확했는가?											
	전체적인 구조는 명확했는가?											
	부수적인 요점들은 중요한 요점에 연결되어 있는가?											
	전개되는 과정이 명확했는가?											
	각 요점들 사이에 심리적, 논리적 연결이 되어 있는가?											
	요점들이 중심 아이디어에 연결되고 있는가?											
전달	설교자가 자기의사를 분명하게 전달하고 있는가?											
	설교자가 당신과 같이 말하고 있다고 느끼는가?											
	설교자가 친밀한 태도인가?											
	설교가 진짜 살아 있는 대화처럼 들리는가?											
	단어들은 정확하게 발음되고 있는가?											
	알아듣기 쉬운 음성인가?											
	음성의 고저에 변화가 있는가?											
	설교하면서 온 몸 전체를 사용하는가?											
	자연스러운 제스처를 사용하고 있는가?											
	설교자가 청중과 시선을 마주치고 있는가?											
	얼굴 표정은 좋은가?											
	청중들이 좋은 반응을 보이고 있는가?											
스타일	설교자가 정확한 문법을 사용하고 있는가?											
	사용하는 단어들은 구체적이고 생생한가?											
	사용하는 단어들이 다양한 이미지를 나타내는가?											
	단어들이 정확하게 사용되고 있는가?											
설교의 효과	주제에 맞게 제목을 정했는가?											
	당신(회중)이 가진 지식과 연관이 있는가?											
	설교가 설득력을 가지고 있는가?											
	설교가 청중들의 필요를 채워 주고 있는가?											
	설교가 흥미를 끄는가?											
	설교자가 회중들의 반응을 잘 의식하고 있다고 느낌이 드는가?											
	청중들의 영혼에 불을 지핀 설교인가?											
기타												

* 위의 설교 평가 양식 외의 설교 평가 양식은 부록을 참조하라.

4. 설교의 평가 양식(2)

설 교 자:	본 문:	제 목:
설교 시간	시작시간: 끝난 시간:	총 _______ 분
설교 정황	주일 오전/주일오후/ 주일 저녁/ 수요 낮/수요 저녁/기타	절기: 기타:
제 목	적절성:	관심도:
	표현성:	주제 함축도:
서 론	주제와 초점 제시	
	분량은 적절한가?	(너무 길다, 짧다) 기타:
	본문에 초점 맞추기	
	청중의 관심집중과 흥미 유발	
	본문 전개 암시	
석 의	성경 원저자의 의도 파악	
	성경은 어떻게 사용되었나?	(직접, 간접) 기타:
	역사적, 문화적, 신학적 문맥 이해	
	본문에 대한 통찰력	
해석적 관 점	본문의 현대적 의미로의 전이	
	오늘날 우리(청중)에게 주는 의미	
	설교 중심 아이디어와의 연결	
대 지	명료성	
	각 대지가 본문에 의거?	
	논리적 연결성	
	대지가 너무 많지는 않은가? 몇 개?	
	주제와의 연계성:	전개성:
	기억 용이성	
주 아이디어	설교 주제의 명료성	
	삶에의 연관성:	성경적 근거:
설교의 목적	명료한가? 성취되었는가?	
전환문	전환이 명료하게 들어났는가?	
	질문 형태/서술형태 / 요약형태	
결 론	요약, 정리가 잘 되었나?	
	그냥 끝났나? 결론을 냈는가?	
	너무 길었나? 너무 짧고 급작?	
	도전이 되었나?	
	적용은 영속적? 실제적? 구체적?	
	대지와의 연계성	
예화 및 인용	예화나 인용의 적절성	
	주제와 연관성이 있는가?	
	적용성이 있는가?	
	모델과 본이 되는가?	
	설교 전체에의 영향력, 효과는?	
	비유적 표현은 이해 용이한가?	
	인용의 정확성	

전 달	대화형인가 선포형인가?	
	설교자의 자세, 태도는?	
	소리, 톤, 속도의 적절성:	
	의사 전달이 잘 되었나?	
	표정, 움직임, 제스처는?	
	언어구사, 표현력은?	
	설교자의 의상, 깔끔함 등은?	
	발음, 휴지, 속도, 강렬함	(너무 크다/부드럽다) 기타:
	듣기 어려운 점은?	
	흔들린다, 어미가 모호한가?	
	전달의 열정	
	청중 Eye-Contact	
	이해의 용이성	
	하나님 의존성과 성령의 역사	
설 교 전체적 평 가	청중의 필요가 제시되었나?	
	청중이 문제 해결 느낌을 받았나?	
	청중 수준 파악이 된 상태인가?	설교자의 청중 이해도:
	설득적인가 감화적인가?	
	설교의 창조성	
	시의 적절성	
	흥미 혹은 지루함, 진부함은?	
	특별히 거슬리는 점	
	다른 설교에 비해 강점으로 보이는 점:	
	성경적 건전성	
	초점-하나님 중심, 인간 중심, 상황 중심	
	다시 종종 듣고 싶은 설교가 인가?	아니면 이유는?
	감동은?-지적, 정서적, 의지적	
	전체적 구성과 클라이맥스	
	설교자의 현실, 문화 상황 이해도	
	설교자의 본문 이해도	
	예배적 요소와의 관계는?	
	설교에 전개성, 움직임	
	설교의 통일성, 질서	
	주장과 전개의 일관성	
	설교에서 기억나는 것 (본문, 제목, 주제, 대지, 예화, 서론, 적용, 결론)	
	당신이 본 설교의 특징	

[참고문헌]

1. 국외 서적

Achtemeier, Elizabeth. *Preaching from the Old Testament,* Louisville: Westminster & John Knox Press, 1989.

Adams, Jay E. *Essays on Biblical Preaching,* Grand Rapids: Zondervan, 1983.

Adams, Jay E. *Preaching with Purpose: A Comprehensive Textbook on Biblical Preaching,* Pillipsburg: Presbyterian and Reformed Publishing Co., 1982.

Adams, Jay E. *Pulpit Speech,* Pillipsburg: Presbyterian and Reformed Publishing Co., 1972.

Adams, Jay E. *Studies in Preaching: Audience Adaptations in the Sermons and Speeches of Paul,* Pillipsburg: Presbyterian and Reformed Publishing Co., 1976.

Adams, Jay E. *Studies in Preaching: The Homiletical Innovation of Andrew Blackwood,* Pillipsburg: Presbyterian and Reformed Publishing Co., 1976.

Adams, Jay E. *Truth Applied, Application in Preaching*: Grand Rapids: Zondervan, 1990.

Allen, Arthur. *The Art of Preaching,* New York: Philosophical Library, 1943.

Anderson, W. K. *Making the Gospel Effective,* Nashiville: Commission on Ministerial Training of the Methodist Church, 1945.

Barth, Karl. *The Word of God and the Work of Man,* Boston: The Pilgrim Press, 1928.

Baumann, J. D. *An Introduction to Contemporary Preaching,* Grand Rapids: Baker Book House, 1983.

Baxter, Batsell B. *The Heart of the Yale Lectures,* New York: The Macmillian Co., 1947.

Beecher, Henry Ward. *Yale Lectures on Preaching,* Series I-III, 1872–74.

Berkhof L. *Principles of Biblical Interpretation,* Grand Rapids: Baker Book House, 1950.

Black, James. *The Mystery of Preaching,* New York: F. H. Revell Co., 1924.

Blackwood, Andrew W. *The Protestant Pulpit,* New York: Abingdon Press, 1947.

Blackwood, Andrew W. *Planning a Year's Pulpit Work,* New York and Nashville: Abingdon Cokesbury Press, 1942.

Blackwood, Andrew W. *Evangelism in the Home Church,* New York and Nashville:

Abingdon Cokesbury Press, 1942.

Blackwood, Andrew W. *Preaching from the Bible,* New York and Nashville: Abindgon Cokesbury Press, 1941.

Brastow, Lewis O. *The Work of the Preacher,* Boston: Philgrim Press, 1914.

Breed, Davis R. *Preparing to Preach,* New York: Geo. H. Doran., 1911.

Broadus, John A. *On the Preparation and Delivery of Sermon,* 1870. Revised by J. B. Weatherspoon, New York: Harper & Bros, 1942.

Brooks, Philips. *Lectures on Preaching,* New York: E. P. Dutton & Co, 1877.

Brown, Charles R. *The Art of Preaching,* New York: The Macmillan Co., 1922.

Buttrick, George A. *Jesus Came Preaching,* New York: Charles Scribner's Sons, 1932.

Bryan, Dawson C. *The Art of Illustrating Sermons,* New York and Nashville: Abingdon Cokesbury Press, 1938.

Calkins, Raymon. *The Romance of the Ministry,* Boston and Chicago: The Pilgrim Press, 1944.

Calvin, John. *Institutes of the Christian Religion,* Grand Rapids: Eerdmans, 1989.

Cavert, Walter D. *Story Sermons from Literature and Art,* New York: Harper & Brothers, 1939.

Chapell, Bryan. *Christ-Centered Preaching,* Grand Rapids: Baker Books House Co., 1994.

Chapell, Bryan. *Using Illustrations to preach with Power*, Grand Rapids: Zondervan, 1992.

Chrisman, Lewis H. *The English of the Pulpit,* New York: Geo. H. Doran Co., 1926.

Clowny, Wdmund P. *Preaching and Biblical Theology,* Grand Rapids: Eerdmans, 1961.

Cox, James W. *Preaching,* San Francisco: Harper & Row, 1985.

Craddock, Fred. *Preaching,* Nashiville, Abingdon, 1978.

Dodd, C. H. *The Apostolic Preaching and Its Developments,* London: Hodder & Sttoughton, 1936.

Dargan E. C. *A History of Preaching,* Vol. Ⅰ. Ⅱ. Ⅲ., Michigan: Baker Book House, 1974.

Davis, H. Grady. *Design for Preaching,* Philadelphia: Fortress Press, 1958.

Davis, Ozora S. *The Principles of Preaching,* Chicago: University of Chicago Press, 1924.

Dodd, Charles H. *The Apostolic Preaching and It's Development,* New York: Harper & Row, 1964.

Eastman, Fred. *Christ in the Drama,* New York: The Macmillian Co., 1947.

Eslinger, Richard L. *A New Hearing,* Nashiville: Abingdon Press, 1987.

Eslinger, *Narrative & Imagination,* Minneapolis: Fortress Press, 1995.

Fairbanks, Grant. *Voice and Articulation Drillbook,* New York: Harper & Brothers, 1940.

Fant, Clyde. E. & William. M. Pinson, *Twenty Centuries of Great Preaching,* Vol. I – X., Texas: Word Book, 1976.

Farmer, Herbert H. *The Servant of the Word,* New York: Charles Sons, 1942.

Flesch, Rudolf. *The Art of Plain Talk,* New York: Harper & Brothers, 1946.

Ford, D. W. Cleverley. *The ministry of the Word,* Grand Rapids: Eerdmans, 1979.

Forsyth, P. T. *Positive Preaching and the Modern Mind,* New York: Hodder & Stroughton, 1907.

Garrison, Webb B. Creative Imagination in Preaching, Nashiville: Abingdon, 1960.

Garvie, Alfred E. *The Christian Preacher,* New York: Charles Scribner's Sons, 1921.

Gibbs A. *The Preacher and His Preaching,* Kansas: Waterrick Publishers, 1964.

Greidanus, Sidney. *The Modern Preacher and the Ancient Text,* Grand Rapids: Eerdmans, 1988.

Greidanus, *Preaching Christ from the Old Testament,* Grand Rapids: Eerdmans, 1999.

Holland, DeWine T. *The Preaching Tradition,* Nashiville: Abingdon, 1980.

Hoyt, Arthur S. *The Work of Preaching,* New York: The Macmillan Co., 1917.

Hybell, Bill. Stuart Briscoe, Robinson Haddon W. ed. *Mastering Contemporary Preaching,* Portland: Multnomah Press, 1989.

Jeffs, H. *The Art of Sermon-Illustration,* London: 1947.

Jefferson, Charles E. *The Minister as Prophet,* New York: T. Y. Crowell Co., 1905.

Jowett, John Henry. *The Preacher, His Life and Work,* New York: G. H. Doran Co., 1912.

Kaiser, Walter. *Toward an Exegetical Theology, Grand* Rapids: Baker Books House, 1981.

Kaiser, Walter. *The Old Testament in Contemporary Preaching,* Grand Rapids: Baker Books House, 1973.

Kelman, John. *The War and Preaching,* New Heaven: Yale University Press, 1919.

Knott, M. E. *How to Prepare on Expository Sermon,* Cincinnati: Standard Publishing Co., 1930.

Kroll, Woodrow Michael. *Prescription for Preaching,* Grand Rapids: Baker Books House, 1980.

Larson, David L. *The Company of the Preachers,* Grand Rapids: Kregel Publications, 1988.

Larson, David L. *The Anatomy of Preaching,* Grand Rapids: Kregel Publication, 1989.

Lewis, Ralph & Lewis Gregg. *Inductive Preaching,* Wheaton, IL: Crossway Books, 1983.

Lischer, Richard. *A theology of Preaching,* Nashville: Abingdon, 1981.

Lloyd-Jones, D. Martin, *Preacher and Preaching,* Grand Rapids: Zondervan, 1971.

Loffin, H. S. *What to Preach,* New York: Geo. H. Doran Co., 1926.

Logan, Thomas G. *The Witness of preaching,* Louisville, KT: Westminster & John Knox Press, 1989.

Loveless, Wendell P. *Manual of Gospel Broadcasting,* Chicago: Moody Press, 1946.

Lowry, Eugene L. *How To preach a Parable,* Nashville: Abingdon Press, 1989.

Lowry, Eugene L. *The Homiletical Plot: The Sermon as Narrative Art Form,* Atlanta: John Knox Press, 1980.

Luccock, H. E. *In the Minster's Worship,* New York and Nashville: Abingdon-Cokesbury, 1944.

MacArther, John Jr. *Rediscovering Expository Preaching,* Dallas: Word Publishing, 1992.

MaCall, Oswald W. S. *The Uses of Literature in the Pulpit,* New York: Harper & Brothers, 1932.

Macartney. Clarence. E. *Preaching Without Notes,* New York: Abingdon-Cokesbury Press, 1946.

Marvin, R. Vincent. *The Expositor in the Pulpit,* New York: Randolph Co., 1884.

Mather, Frank J. *Concerning Beauty,* Princeton: Princeton University Press, 1935.

Miller, Calvin, *Spirit, Word, and Story,* Dallas: Word Publishing, 1989.

Miller, Dolald G. *Way to Biblical Preaching*, Nashville: Abingdon Press, 1957.

Monroe, Allen H. *Principles and Types of Speech,* New York: Scott, Foresman & Co., 1935.

Morgan, Chambell, *Preaching,* Westwood, NJ: Fleming H. Revell, Co., 1937.

Morgan, Charles. *Reflections in a Mirror,* Toronto: The Macmillan Co., 1947.

Newton, J. E. *The New Preaching,* Nashville: Cokesbury Press, 1930.

Nichols, J. Randall, *Building The Word: The Dynamics of Communication and Preaching,* San Francisico: Harper & Row, 1980.

Oman, John. *Concerning the Ministry,* London: 1936.

Orr, W. M. *The Finger Print of God,* Nashville: Cokesbury Press, 1939.

Parker, T. H. L. *The Oracles of God,* London: 1947.

Paterson, Smith, J. *The Preacher and His Sermon,* New York: Geo. Doran Co., 1922.

Pattison, T. Harwood. *The Making of the Sermon,* 1898. Philadelphia: Judson Press, 1946.

Patton, Carl S. *The Use of the Bible in Preaching,* Chicago: Willett, Clark & Co., 1936.

Perry, Lyod M. *Biblical Preaching for Today's Word,* Chicago: Moody Press, 1973.

Phelps, Austin. T*he Theory of Preaching,* Revised by F. D. Whitesell, Grand Rapids: Eerdman's 1947.

Phelps, Austin. *My Portfolio,* New York: Charles Scribner's Sons, 1882.

Pitt-Watson, Ian. *A Primer of preachers,* Grand Rapids: Baker Book House, 1986.

Rad, Gerhard von. *Biblical Interpretation in Preaching,* Trans. John E. Steely, Nashville: Abingdon, 1977.

Ramm, Bemard. *Protestant Biblical Interpretation: A Textbook of Hermeneutics,* Grand Rapids, Baker Books House, 1970.

Richard, Ramesh. *Scripture Sculpture: A Do-it-Yourself Manual for Biblical Preaching,* Grand Rapids: Baker, 1995.

Robinson, Haddon W. *Biblical Preaching: The Development and Delivery of Expository Messages,* Grand Rapids, MI: Baker, Book House, 1980.

Sarett, L. R. and Foster, W. *Basic Principles of Speech,* Boston: Houghton Mifflin Co., 1946.

Sanster, W. E. *The Art of Sermon Illustration,* London, 1947.

Skinner, Craig. *The Teaching Ministry of the Pulpit,* Grand Rapids, MI: Baker, Book House, 1973.

Smyth, J. Paterson. *The Preacher and His Sermon,* New York: Geo. H. Doran Co., 1922.

Sockman, R. W. *The Highway of God,* New York: The Macmillan Co., 1942.

Speer, Robert E. *How to Speak Effectively Without Notes,* New York: F. H. Revell Co., 1909.

Spurgeon, Charles H. *Lectures to My Students,* London: 1875(first series).

Spurgeon, Charles H. *The Art of Illustration,* London, 1894.

Stauderman, Albert P. *Let me Illustrate,* Mineaolis: Augusburg Publishing House, 1983.

Steven D. Mathewson. *The Art of Preaching Old Testament Narrative,* Grand Rapids, MI: Baker Book House, 2002.

Stewart, James S. *Heralds of God,* New York: Charles Scrbner's Sons, 1946.

Storrs, Richard S. *Conditions of Success in Preaching Without Notes,* New York: Dodd, Mead, 1875.

Stott, John. *Between Two Worlds: The Art of Preaching in the Twentieth Century,* Grand Rapids, MI: Eerdmans, 1982.

Swindol, Charles R. *Pastor and His pulpit: A Message Delivered at the Sixtieth Anniversary Pastors Conference,* Dallas: Dallas Theology Seminary, 1984.

Tarbell, Cobert. *Psychology of Persuasive Speech,* New York: Longmans, 1942.

Taylor, W. M. *The Ministry of the Word,* New York: Randolph & Co., 1883.

Terry, Milton S. *Biblical Hermeneutics,* Grand Rapids, MI: Zondervan, 1974.

Unger, Merrill. *Principles of Expository Preaching,* Grand Rapids, MI: Zondervan, 1955.

Viner, Alexander. *Homiletics,* Edinburgh, 1858.

Vines, Jerry. *A Practical Guide to Sermon Preparation,* Chicago: Moody Press, 1985.

Vines, Jerry. *A Guide Effective Sermon Delivery,* Chicago: Moody Press, 1986.

Weber, Frederick Roth. *A History of Preaching in Britain & America,* MIlwaukee, Northwestern, 1957.

Welch, J. W. *The Church and Religious Broadcasting, a booklet,* London, n. d. Wilde, Percival., The Craftsmanship of the One-Act Play, Boston: Little, Brown & Co., 1923.

Wiersbe, Warren W. *Walking with The Giants,* Grand Rapids, MI: Baker Book House, 1976.

Wiersbe, Warren W. *Preaching and Teaching with Imagination,* Wheaton: Victor Books, 1994.

Willhite, Keith and Scott M. Dibson. eds, *The Big Idea of Biblical Preaching,* Grand Rapids, MI: Baker Book House, 1998.

Wilson, C. Ronald. *Illustrations Make the Difference*: Pulpit Digest Vol.57(Sep.-Oct.) 1977.

Woolbert, C. H. and S. E. *The Art of Interpretive Speech,* New York: F. S. Crofts & Co., 1946.

Zuck, Roy B. *Basic Bible Interpretation,* Wheaton, IL: Victor Books, 1991.

2. 번역 서적

Adams, Jay E. 설교 연구, 박광철 역, 서울: 생명의 말씀사, 1985.

Adams, Jay E. *Preaching With Purpose(The Urgent Task of Homiletics),* 설교의 시급한 과제, 이길상 역, 서울: 아가페출판사, 1993.

Achtemeier, Elizaberth. *Creative Preaching(Finding the Words),* 창조적인 설교, 차호원 역, 도서출판 소망사, 1986.

Bartow, Charles L. 설교의 실제, 차호원 역, 서울: 소망사, 1988.

Baumann, J. Daniel. *An Introduction to Contemporary Preaching,* 현대 설교학 입문, 정장복 역, 서울: 양서각, 1986.

Bincher Friedrich. 현대 설교학(슐라이에르막허에서 칼 바르트), 정인교 역, 한국 신학 연구소. 1990

Blackwood, Andrew. T*he Fine Art of Preaching,* 설교학, 박광철 역, 서울: 생명의 말씀사, 1983.

Blackwood, Andrew. *Expository Preaching For Today,* 현대인을 위한 강해설교, 양낙흥 역, 서울: 생명의 말씀사, 1994.

Blackwood, A. W. *The Preparation of Sermons,* 설교준비법, 양승달 역, 부산: 성암사, 1984.

Bohren, Rudolf. *Predigtlehre,* 설교학 원론, 박근원 역, 서울: 대한기독교서회, 1979.

Braga, James. *How to prepare Bible Messages,* 설교준비, 김지찬 역, 서울: 생명의 말씀사, (1986) 1993.

Branson, Jr. Roy L. *Dear Preacher, Please Quit,* 나는 설교자로 부름받았는가? 박광철 편역, 서울: 생명의 말씀사, 1996.

Brilloth, Yngve. 설교사, 홍정수 역, 서울: 신망애 출판사, 1986.

Brooks, Philips. *On Preaching,* 설교특강, 서문강 역, 크리스챤 다이제스트사, 2001.

Brown, Carolyn C. *A Little Book for Preachers 101 Ideas for Better Sermons,* 설교를 돕는 소중한 책, 정형수 역, 서울: 요단출판사, 1999.

Brown, H. C. 외 공저, *Steps to the Sermon(A Plan For Sermon Preparation),* 설교의 방법론, 이정희 편역, 서울: 요단출판사, (1983) 1988.

Brown, H. C. 외 공저, *Steps to the Sermon(A Plan For Sermon Preparation) & The Making of the Sermon*(McCracken, Robert J.), 설교의 구성론, 정장복 편역, 서울: 도서출판 양서각, (1984) 1987.

Campbell, Charles L. *Preaching Jesus(New Directions of Homiletics in Hans Frei's Postliberal Theology),* 프리칭 예수, 이승진 역, 서울: 기독교문서 선교회, 2001.

Chartier, Myron R. *Preaching as Communication(An Interpersonal Perspective),* 설교에 있어서의 커뮤니케이션, 차호원 역, 서울: 도서출판 소망사, 1994.

Cleave, N. M. *Handbook of Preaching(Christian Helps Series),* 이일호 역, 목회자를 위

한 설교 핸드북, 도서출판, 1988.

Clowney, Edmund P. *Preaching and Biblical Preaching,* 설교와 성경신학, 김정훈 역, 서울: 한국기독교연구원, 1982.

Conn, Havie M. 편집, 성경 무오와 해석학, 정광옥 역, 서울: 도서출판 엠마오, 1992.

Cox, James W. *Preaching,* 설교학, 원광연 역, 경기도 고양: 크리스챤 다이제스트, 1999.

Dargan, Edwin Charles. *A History of Preaching,* (A. D. 70-1572), 설교의 역사(Ⅰ), 김남준 역, 서울: 도서출판 솔로몬, 1992.

Dargan, Edwin Charles. *A History of Preaching,* (A. D. 1572-1900), 설교의 역사(Ⅲ). 김남준 역, 서울: 도서출판 솔로몬, 1994.

Davis, Ken. *Secrets of Dynamic Communication,* 탁월한 설교가, 유능한 이야기 전, 김세광 역, 서울: 예영 커뮤니케이션, 1998.

Gaffin Richard B. Jr. *Perspectives on Pentecost,* 성령은사론, 권성수 역, 서울: 기독교문서선교회, 1989.

Gootjes, N. H. *Between Exegesis and Sermon(The Practice of Redemptive Historical Preaching)*, 구속사적 설교의 실제, 서울: 기독교 문서 선교회, 1991.

Greidanus, Sydney, 구속사적 설교의 원리, 권수경 역, 서울: 도서출판 학생신앙운동, 1989.

Greidanus, Sydney, *Preaching Christ from the Old Testament,* 구약의 그리스도, 어떻게 설교할 것인가, 김진섭 외 2인 역, 서울: 도서출판 이레서원, 2003.

Holland, Dewitte T. *The Tradition of Preaching,* 설교의 전통, 홍성훈 역, 서울: 소망사, 1988.

Kennedy, Gerald. *His Word through Preaching,* 설교의 이론과 실제, 차호원역, 서울: 대한기독교서회, 1971.

Knott, Harold E. *How to prepare an Expository Sermon,* 안형직 역, 서울: 생명의 말씀사, 1992.

Lane, Denis J. V. *Preaching The Word,* 강해 설교, 최낙재 역, 서울: 한국 유니온, 1983.

Lane, Denis J. V. 강해 설교는 이렇게, 두란노 서원 출판부 편집, 두란노서원, 1986.

Lewis, Peter. *The Genius of Puritanism,* 청교도 목회와 설교, 서창원 역, 서울: 청교도신앙사, 1991.

Lischer, Richard. *A Theology of Preaching(The Dynamics of the Gospel),* 설교신학, 홍성훈 역, 서울: 소망사, 1986.

Logan, Samuel. T. Jr. (edit). ***Preaching(The Preacher and Preaching in the Twentieth***

***Century*),** 설교는 왜 하는가? 천정웅, 서창원 공역, 서울: 도서출판 말씀의 집, 1990.

Logan, Samuel. T. Jr. (edit). *Preaching(The Preacher and Preaching in the Twentieth Century),* 설교자 지침서, 서창원, 이길상 공역, 서울: 서울: 크리스챤 다이제스트사, 1999.

Long, Thomas G. *Preaching and the literary of the Bible,* 성서의 문학 유형과 설교, 박영미 역, 서울: 대한기독교서회, 1995.

Long, Thomas G. *The Witness of Preaching,* 증언으로서의 설교, 정장복, 김운용 공역, 서울: 쿰란출판사, 1998.

Loyd-Jones, D. M. *Preaching & Preachers,* 목사와 설교, 서문강 역, 서울: 예수교 문서선교회, 1982.

MacArthur, John, Jr. and Master's Seminary Faculty, *Rediscovering Expository Preaching,* 강해 설교의 재발견, 김동완 역, 서울: 생명의 말씀사, 1997.

Macartney. C. E. *Preaching Without Notes,* 원고 없는 설교, 박세환 역, 서울: 개혁주의신행협회, 1998.

Massey, James Earl. 설교의 디자인, 차호원 역, 서울: 소망사, 1994.

Mattson, Sylvia. *Object Lessons From Nature,* 자연 실물 설교, 안정식 역, 서울: 생명의 말씀사, 1981.

Matzat, Donald. *The Lord Told Me……I Think.* 성경이 명확하게 다루지 않는 문제 어떻게 해결해야 하는가? 박이경 역, 서울: 나침반 출판사, 1999.

Meyers, Robin R. *With Ears to Hear: Preaching as Self-Persuasion,* 설득력 있는 설교의 비밀, 이호영 역, 서울: 쿰란출판사, 1999.

Oden, Thomas C. 목회 신학, 오성춘 역, 서울: 대한 예수교 장로회총회출판국, 1991.

Perry Llyod M. *Biblical Preaching For Today's World,* 현대인을 위한 성서적 설교, 박명홍 역, 서울: 은혜출판사, 1994.

Piper, John. *하나님의 방법대로 설교하십니까?* 이상화 역, 서울: 엠마오출판사, 1995.

Pierson, Arthur T. *The Divine Art of Preaching,* 설교의 영적 기술, 서울: 보이스사, 1991.

Pierson, Arthur T. *The Making of a Sermon,* 성서적 설교 작성의 기술, 서울: 보이스사, 1997.

Reid, Clyde. *The Empty Pulpit(A Study in Preaching as Communication),* 설교의 위기, 정장복 역, 서울: 대한 기독교 출판사, 1982.

Rice Wayne. *Hot Illustrations for Youth Talks,* 화끈한 예화, 오승재 역, 서울: 은혜출판사, 1995.

Richard Ramesh, *Scripture Sculpture,* 7단계 강해 설교 준비, 이동원 역, 서울: 도서출

판 디모데, 1996.

Ridderbos, Herman. *Studies In Scripture And Its Authority,* 성경의 권위, 김정훈 역, 서울: 한국기독교교육 연구원, 1982.

Robinson, Haddon W. *Biblical Preaching,* 강해 설교, 박용호 역, 서울: 기독교문서 선교회, (1983) 1992.

Robinson, Wayne Bradley. *Journeys toward Narrative Preaching,* 내러티브 설교를 향한 여행, 이연길 역, 서울: 한국장로교 출판사, 1998.

Stott, John R. W. *The Preacher's Portrait,* 문창수 역, 서울: 개혁주의신행협회, 1992.

Stuffer, Richard. 칼빈과 설교, 박건택 편, 서울: 나비 출판사, 1990.

Thielicke, Helmut. 현대 설교의 고민과 설교, 심일섭 역, 서울: 대한 기독교 서회, 1982.

Stott, John R. W. 현대교회와 설교, 정성구 역, 서울: 풍만출판사, 1985.

Thielicke, Helmut. 현대 설교의 고민과 설교, 심일섭 역, 서울: 대한 기독교 서회, 1982.

Thompson, William. D. *Preaching Biblically(Exegesis and Interpretation),* 차호원 역, 서울: 도서출판 소망사, 1988.

Unger, Merill F. 주해 설교의 원리, 이갑만 역, 서울: 생명의 말씀사, 1985.

Willion, William H. 목회사역과 설교, 차호원 역, 서울: 도서출판 소망사, 1994.

Willion, William H. Integrative Preaching(The Pulpit at the Center), 통합 적 설교자로서의 목회자, 차호원 역, 서울: 도서출판 소망사, 1994.

3. 국내 저서

곽안련, *설교학.* 서울: 대한 기독교 서회, 1990.

곽철영 역 편, *설교학 신론.* 서울: 제일 출판사, 1975.

구기정, *강단에 서는 목회자를 위한 음성 개론.* 서울: 도서출판 엠마오, 1992.

권율복, *설교에 기둥을 세워라.* 서울: 도서출판 줄과 추, 1998.

맹명관, *메시지 전달 혁명.* 서울: 규장 문화사, 1999.

박건택 편저, *칼빈과 설교.* 도서출판 나비, 1988.

박근원, *오늘의 설교론.* 서울: 대한 기독교 출판사, (1980) 1993.

박세환, *찰스 하던 스펄젼의 신학 사상과 설교.* 서울: 도서출판 영문, 2001.

박세환, 클라렌스 에드워드 매카트니 신학 사상과 설교. 서울: 도서출판 영문, 2001.

박영재, *설교자가 꼭 명심할 9가지 설득의 법칙.* 서울: 규장 문화사, 1997.

박영선, *설교자의 열심.* 서울: 규장 문화사, 1999.
박영재, *설교가 전달되지 않는 18가지 이유.* 서울: 규장 문화사, 1998.
박영재, *청중 욕구 순서를 따른 16가지 설교 구성법.* 서울: 규장 문화사, 2000.
박희천, *나의 설교론(부록: 설교의 실제적인 예).* 서울: 개혁주의신행협회, 1998.
박희천, *설교의 고통, 설교의 기쁨, 성경에서 방금 나온 설교.* 서울: 요나단출판사, 1997.
방선기, *설교하기는 어려워도 설교 준비는 즐겁다.* 서울: 두란노 출판사, 1999.
배광호, *설교학.* 서울: 개혁주의 신행 협회, 1998.
신세원, *한국 강도 설교 형태사.* 서울: 예손 그리너, (1990) 1997.
서철원, *복음적 설교.* 서울: 총신대 출판부, 1995.
이동원, *청중을 깨우는 강해 설교.* 서울: 요단출판사, 1990.
이상용, *설교의 이론과 실제.* 서울: 도서출판 정금, 1999.
이순한, *어린이 설교의 이론과 실제.* 서울: 한국 기독교교육연구회, 1967.
이중표외 9인, *교회발전을 위한 설교 개발(한신목회개발원).* 서울: 쿰란출판사, 1989.
이종윤 편집, *강해 설교와 영적 갱신(목회자 신학세미나시리즈).* 서울: 요단출판사, 1997.
염필형, *설교신학.* 서울: 성광문화사, (1987) 1994.
염필형, *현대 신학과 설교 형성.* 서울: 감리교신학대학교출판부, 1997.
장두만, *다시 쓰는 강해 설교 작성법.* 서울: 요나단 출판사, (1986) 2000(증보).
정성구, *설교학 개론.* 서울: 세종 문화사, 1993.
정성구, *개혁주의 설교학.* 서울: 총신대 출판부, 1993.
정장복, *설교사역론.* 서울: 대한 기독교 서회, (1990) 1997.
정장복, *한국 교회의 설교학 개론.* 서울: 예배와 설교 아카데미, 2001.
정창균, *고정 관념을 넘어서는 설교.* 수원: 합동신학대학원대학교출판부, 2002.
허순길, *개혁주의 설교학.* 서울: 기독교 문서 선교회, 1996.
총신대 부설 한국 교회 문제 연구소, *목회자와 설교.* 서울: 풍만출판사, 1995.
한제호, *성경의 해석과 설교.* 서울: 도서출판 진리의 깃발, 1995.
한진환, *설교의 영광.* 서울: 생명의 말씀사, 2005.
황대식, *설교 형태 비교 연구.* 서울: 혜선 출판사, 1987.

이 홍 찬

이홍찬(**李洪贊**)교수는 고신대학교 및 총신대학교신학대학원을 졸업하고 도미하여 미국센추럴주립대학교(BA, MA)와 미국칼빈대학교신학대학원(Th.M)에서 기독교교육학을 전공하였으며, 미국비브리칼신학대학원 및 미국리폼드신학대원(D.Min)에서 설교학을 전공하였으며 미국컬럼비아대학교대학원(Ph.D.cand)에서 교육심리학을 전공하였으며, 훼이스크리스천대학교(Ph.D)에서 심리학을 전공하여 철학박사학위를 받았다. 서울창신교회에서 부목사, 뉴욕새순교회 부목사, 동뉴욕교회 담임목사, 뉴욕총신대학교신학대학원 전임강사, 미국피더먼트대학교 교수, 서울중앙교회 담임목사로 섬겼다. 현재 서울성경신학대학원대학교 전임교수로 재직 중이며, 서울왕성교회 협동목사로 섬기고 있다.

주요 논저

『기독교교육사』
『언약과 이스라엘』
『기독교상담학개론』
『개혁주의 구원론』

「삼위일체론에 대한 교리사적 고찰」(M.Div/ 목회학석사)

「The relationship between student participation rates in New York public school extracurricular activity programs and related factors of academic achievement.」(MA / 문학석사)

「An Action Research Approach to Strategic Planning in the Context of a Christian Organization.」(Th. M / 신학석사)

「An Analysis of Problems in Preaching to a korean congregation from the Expository Preacher's View」(D. Min / 목회학박사)

「A Study Application of Orienting Framework in Theoretical Sociology for Facilitating Integrative Family Therapy.」(Ph. D / 철학박사)

개혁주의 설교학

• 초판 인쇄 2007년 1월 30일
• 초판 발행 2007년 1월 30일

• 지 은 이 이홍찬
• 펴 낸 이 채종준
• 펴 낸 곳 한국학술정보㈜
경기도 파주시 교하읍 문발리 526-2
파주출판문화정보산업단지
전화 031) 908-3181(대표) · 팩스 031) 908-3189
홈페이지 http://www.kstudy.com
e-mail(출판사업팀사업부) publish@kstudy.com
• 등 록 제일산-115호(2000. 6. 19)
• 가 격 45,000원

ISBN 978-89-534-6228-1 93230 (Paper Book)
978-89-534-6229-8 98230 (e-Book)